MUSEUM TRAVEL 101

이 책은 글을 쓰고 사진을 찍을 수 있도록 협조해주신
많은 미술관과 과학관이 있어 가능했습니다.
참, 고맙습니다.

아이와 함께 꼭 가봐야 할
미술관 과학관 101

초판 1쇄 발행 | 2016년 4월 15일

지은이 | 강민지, 박상준, 이시우
펴낸이 | 이원범
편집 총괄 | 김은숙
편집 진행 | 김경애
마케팅 | 안오영
본문·표지 디자인 | 강선욱

펴낸곳 | 어바웃어북 about a book
출판등록 | 2010년 12월 24일 제2010-000377호
주소 | 서울시 마포구 서교동 394-25 동양한강트레벨 1507호
전화 | (편집팀) 070-4232-6071 (영업팀) 070-4233-6070
팩스 | 02-335-6078

ⓒ 강민지·박상준·이시우, 2016

ISBN | 979-11-87150-05-3   14980

* 이 책은 어바웃어북이 저작권자와의 계약에 따라 발행한 것이므로
  본사의 서면 허락 없이는 어떠한 형태나 수단으로도 책의 내용을 이용할 수 없습니다.
* 잘못된 책은 구입하신 서점에서 바꾸어 드립니다.
* 책값은 뒤표지에 있습니다.

아이와 함께 꼭 가봐야 할

미술관 과학관 101

MUSEUM TRAVEL

강민지, 박상준, 이시우 지음

어바웃어북

머|리|글

지식을 쏙쏙 흡수하고,
상상력의 날개를 마음껏 펼칠 수 있는
여행이 되길 바라며

새 학기나 방학이 시작될 때쯤이면 부모들은 아이와 더욱 유익한 시간을 보내기 위해 체험거리와 여행지를 찾기 바쁩니다. 감성과 이성의 조화가 중요한 시대에 미술과 과학 교육에 대한 부담도 만만치 않습니다. 교과서에서 배운 내용을 어떻게 하면 아이가 재미있게 느낄 수 있게 할까, 매번 고민하지만 역시 공부를 놀이처럼 한다는 것은 쉽지 않습니다. 아이와 함께 '여행'이라는 방식으로 공부를 해보는 건 어떨까요. 여행이야말로 머리보다 몸으로, 아이들의 감성과 상상력을 가득 채워줄 수 있는 훌륭한 체험 학습이니까요.

이 책은 전국에 있는 미술관과 과학관 101곳을 담았습니다. 가까운 시가지부터 지방 구석구석까지 체험거리가 풍성하고 알찬 미술관과 과학관을 보물찾기하듯 선별했습니다. 전국 방방곡곡을 다니는 동안 "왜 이곳이 아직까지 알려지지 않았을까?" 싶은 미술관, 과학관이 꽤 있었습니다. 이 책은 미술과 과학에 인문학적인 여행을 결합한 곳, 교과서에 실린 내용을 현장에서 체험할 수 있는 곳 등 보석 같은 공간들을 세상 밖으로 끄집어내는 과정이자 결과물입니다. 미술관과 과학관이 문턱 높은 곳이라고 생각하는 아이와 부모에게 친근한 공간으로 다가가길 바라는 마음에서, 여행하듯 훌쩍 다녀올 수 있는 주변 여행지와 볼거리도 함께 실었습니다.

김환기 화백은 "예술은 하늘과 산 그리고 돌처럼 존재하는 것이다"라고 말했습니다. 길을 걷다 보면 생각지 못한 공간에서 예술을 발견할 때가 많습니다. 오래된 골목을 걷다 벽화를 만나기도 하고, 길 위에 덩그러니 놓인 조각작품을 보고 발걸음을 멈추기도 합니다. 미술은 꼭 미술관에서 봐야 하냐고 묻는다면, 꼭 그렇지 않습니다. 숲 속을 산책하며 예술작품을 감상할 수도 있고, 마을에서 예술가들과 예술작품을 만들 수도 있습니다. 출입문조차 없는 오래된 창고가 재미있는 미술 공간으로 탄생하기도 하고, 건물 자체가 예술작품인 곳도 많습니다.

　예술작품이 자리한 곳에 꼭 예술만 존재하냐고 묻는다면, 그렇지 않습니다. 예술작품이 있는 공간에서 작품의 흥미로운 역사와 과학 원리를 마주치기도 합니다. 마찬가지로 과학관에서 생각지 못한 화가의 이야기와 미술작품을 만나는 경우도 있습니다. 백남준아트센터에 가보셨나요? 백남준아트센터에 가면 미디어아트작품을 관람하면서 텔레비전의 과학 원리를 체험할 수 있습니다.

　이뿐만이 아닙니다. 아름다운 자연을 감상하며 예술과 과학을 즐길 수도 있습니다. 제주도 섭지코지에는 '지니어스로사이'라는 신비로운 공간이 있습니다. 섭지코지의 아름다운 풍광과 명상, 건축, 미술이 한데 어울려 있습니다. 제주의 자연과 독특한 건축물 사이를 걷는 동안 아이들은 자연스레 색다른 예술 여행을 즐길 수 있습니다. 월드컵공원에 자리한 '에너지드림센터'는 주변 명소와 함께 자연 환경의 중요성과 에너지가 만들어지는 과학 원리를 두루두루 공부할 수 있는 곳입니다. 에코투어 버스를 타고, 쓰레기매립지가 생태 공원으로 바뀐 사연도 듣고, 가을이면 센터 옆 하늘공원에서 물결치는 억새 군락을 원 없이 볼 수 있습니다. 노을공원 캠핑장에서 밤하늘의 별자리를 찾아보며 아이와 특별한 하룻밤을 보내기도 좋습니다.

　아이들은 여행을 통해 즐겁게 미술과 과학에 한발 가까이 다가갑니다. 예술가가 되거나 과학자가 되는 꿈을 꾸기도 합니다. 아인슈타인은 "상상력은 지식보다 더 중요하다"라는 말을 남겼습니다. 아이들에게는 '아는 것'보다 '상상의 힘'이 훨씬 중요합니다. 이 책에서 소개한 여행지들을 통해 아이들이 지식을 쏙쏙 흡수하고, 상상력의 날개를 마음껏 펼칠 수 있게 되길 기대합니다.

2016년 3월 강민지, 박상준, 이시우

머│리│글

지식을 쏙쏙 흡수하고,
상상력의 날개를 마음껏 펼칠 수 있는 여행이 되길 바라며 · 004

CHAPTER 1
공원 같은
미술관
과학관

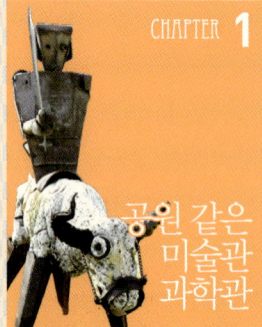
018
001
세계 5대 조각공원을
서울 한복판에서 만나요!
올림픽공원 소마미술관

024
002
고요하지만 즐거운 예술 섬
KT&G상상마당-춘천

030
003
케이블카를 타고 떠나는
우주 여행!
송암스페이스센터

036
004
광화문 골목 끝에서 만난
비밀의 정원
성곡미술관

041
005
석탄을 캐던 자리에
예술을 심다
삼탄아트마인

048
006
녹색 에너지의 비밀을 찾아서
서울에너지드림센터

056
007
일상생활 도구가 예술이 되는
온양민속박물관 & 구정아트센터

062
008
모든 과학 영역을
입맛대로 골라 즐기는
국립과천과학관

068
009
상상력과 창의력이 쑥쑥!
서울상상나라

074
010
오감으로 곤충과 교감하는
예천곤충생태원

080
011
'흙'과 '건축'을 다루는
국내 하나뿐인 미술관
클레이아크김해미술관

086
012
어린이도 현대미술과
친해질 수 있어요!
경기도미술관 어린이꿈틀

091
013
생명력이 꿈틀대는
활기찬 대지의 세계
국립생태원

098
014
놀이공원보다 신나는 미술관!
장흥아트파크

104
015
자연과 인간의 질서가 공존하는
생태미술 체험장
어린이생태미술체험관 풀잎

110
016
과학의 신비로 아이들을 유혹하는
국립대구과학관

117
017
역사, 문화, 자연이
조화롭게 어우러지는 곳
부산시민공원

123
018
우리나라를
대표하는
과학관
국립중앙과학관

130
019
예술가가
가장 많이 사는
마을의 미술관
양평군립미술관

007

CHAPTER 2

건물이
재미난
미술관
과학관

138
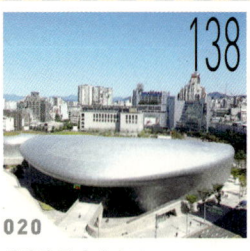
020
상상의 공간 속으로
걸어들어 가다
DDP

145

021
자연, 건축, 명상, 미술이 한자리에!
지니어스로사이

150

022
재미있는 과학 원리가 꿈틀꿈틀!
인천어린이과학관

156

023
예술로 세상과
소통하는 법을 배우는
서울시립미술관–북서울미술관

162

024
동심의 화가 장욱진을 닮은
동화 같은 미술관
양주시립장욱진미술관

168

025
과학과 예술의 콜라보레이션
백남준아트센터

176

026
젊은 감각의 현대미술을
만날 수 있는
대림미술관

182

027
책의 도시에 지어진
시 같은 미술관
미메시스아트뮤지엄

187

028
고미술과 현대미술을 집대성한
미술 교과서
삼성미술관 리움

193

029
'빛'으로 그린 작품을
'오감'으로 감상하다
뮤지엄산

200

030
화강암처럼 투박하지만
따뜻한 작품이 있는 곳
박수근미술관

207 미술관도 가고 캠퍼스 투어도 할 수 있는
031 서울대학교미술관

212 추상미술을 담고 자연에 스며든 미술관
032 환기미술관

CHAPTER 3
미술과 과학이 있는 마을

222
033 시간 여행자의 천국
군위화본마을

228
034 예술 내음이 가득한 마을
저지문화예술인마을

233
035 2200년의 시간을 품은 마을
영암구림마을
(영암도기박물관 & 영암군립하정웅미술관)

240
036 우수수 떨어지는 별을 찾아 떠나는 환상적인 천문 여행
영천 보현산천문과학관

245
037 육체를 살찌우는 쌀 창고에서 영혼을 살찌우는 예술촌으로
삼례문화예술촌

251
038 노동 현장에 찾아든 예술
문래예술공단

256
039 과학을 발끝으로 느낄 수 있는 제주 비밀 코스 여행
제주 세계지질공원

263
040 복사꽃 피는 산골에 별별 미술작품이 나타나다!
영천 별별미술마을

009

268

041

골목 사이로 예술의 그림자가
빼꼼히 고개를 내미는
서학동예술마을

274

042

'한국의 마추픽추'를 찾아서
감천문화마을

280

043

큰 나무 아래에서 마음을 놓고
작품과 소통할 수 있는 곳
헤이리 블루메미술관

CHAPTER 4

시가지에서
가까운
미술관
과학관

288

044

세계에서 가장 큰
변기 속으로 풍덩!
수원 해우재

294

045

대가의 예술 세계가
광활하게 펼쳐진
이응노미술관

299

046

상상만 하던 미래 사회를
엿볼 수 있어요!
디지털파빌리온

305

047

아이와 부모가 함께 웃고
공감할 수 있는
한국만화박물관

312

048

과학에 한 발짝 다가서는
체험 놀이터로 출발!
LG사이언스홀

317

049

어른과 아이가
손잡고 떠나는
신비한
그림책 여행
**순천시립
그림책도서관**

322

050

과학과 예술이
어우러진
융합 교육의 장
울산과학관

010

051

입장하는 순간부터
끊임없이 유쾌한
트릭아이뮤지엄

052

세상을 바꾸는 눈! 나도 발명가!
창의발명체험관

053

예술가와 어린이들이 함께
호흡하는 곳
관악어린이창작놀이터

054

뽀로로가 탄생한
애니메이션의 산실
서울애니메이션센터

055

도심 한가운데서 즐기는
별 헤는 밤
과학동아천문대

056

장난감에 숨어있는
과학 원리를 찾아라!
인천재미난박물관

057

오가며 예술을 즐기는
문턱 낮춘 문화 공간
서울시민청

058

땅의 역사가 기록되어 있는 곳
지질박물관

059

열쇠를 통해 다양한 문화를
볼 수 있는 곳
쇳대박물관

060

한밭에 현대미술 꽃이 폈어요!
대전시립미술관

061

빛을 배우고, 꿈꾸고, 상상하다
국립광주과학관

062

도자 문화와 한글을 통해
인문학을 체험해요!
반달미술관

011

391
창의력을 키울 수 있는 과학 종합 체험장
063 서울특별시 과학전시관-본관

396
지구와 생명 탄생의 순간을 볼 수 있는 곳
064 서대문 자연사박물관

CHAPTER 5
근대 유적과 문화재가 있는 미술관 과학관

404
065 경복궁 옆에서 만나는 예술 섬나라
국립현대미술관-서울관

411
066 낭만적인 정동길에서 만난 포스트뮤지엄
서울시립미술관-서소문 본관

417
067 일상이 예술이 되는 공간
서울시립미술관-남서울생활미술관

422
068 역사와 예술이 만나는 군산 여행
군산근대미술관 & 군산근대건축관 & 장미갤러리

429
069 역사와 호흡하는 '예술 창고'
인천아트플랫폼

436
070 교과서 밖 문화재 여행
인천시립송암미술관

443
071 역사를 감싸 안은 예술 놀이터
대구예술발전소

449
072 역사의 길을 따라 걷다 도착한 화가의 집
종로구립박노수미술관

455

073

천 년을 버틴 비색의
신비를 만나다
강진청자박물관

462

074

대한제국의 역사가 흐르는
궁궐 속 미술관
국립현대미술관–덕수궁관

468

075

조선시대의 에디슨을
만나러 가요!
장영실과학관

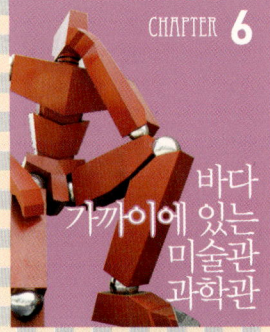

CHAPTER 6

바다 가까이에 있는 미술관 과학관

476

076

동양 최대 규모의 해양 과학관
아쿠아플라넷제주

484

077

대한민국 우주 개발 역사의
생생한 현장
나로우주센터 우주과학관

490

078

자연을 품은 물의 미술관
제주도립미술관

496

079

새처럼 날아보고,
우주선 속을 유영하고
사천첨단항공우주과학관

502

080

오감으로 체험하는 바닷속 여행
목포어린이바다과학관

508

081

화가 이중섭의
예술혼이
살아 숨 쉬는
이중섭미술관

515

082

해안가를 따라
밟는 공룡 발자국
**고성공룡엑스포 &
고성공룡박물관**

013

083
유리로 빚은 섬 속의 동화 세상
유리섬미술관 523

084
제주 여행에서
항공 과학의 원리를 배우다
제주항공우주박물관 529

085
망망대해가 펼쳐지는
자연 속 예술 체험장
하슬라아트월드 536

086
로봇과학자의 꿈에
한걸음 다가서는 공간
로보라이프뮤지엄 541

087
세계적인 조각가가 고향에 선물한
창원시립마산문신미술관 547

088
살아있는 지질 박물관
울릉도지질공원 553

089
바다로 떠나는 미술관 여행
부산시립미술관 560

090
환상적인 바다 쇼가 펼쳐지는 곳!
여수세계박람회장 566

091
갈대와 갯벌이 만든 생명의 보고
순천만습지 572

CHAPTER 7
숲 속에 있는 미술관 과학관

092
자연을 닮은 조각 전문 미술관
모란미술관 580

093
한반도의 배꼽에서 별 보기
국토정중앙천문대 586

014

592
094
공공미술과 만나는
숲 속 예술 산책
안양예술공원

598
095
옥토끼가 반기는 우주 체험관
옥토끼우주센터

604
096
숲 속에서 경험하는
놀라운 과학 원리
어메이징파크

610
097
우리나라 최초의 국립 미술관
국립현대미술관-과천관

616
098
증기기관차 타고 떠나는 우주 여행
곡성섬진강천문대

621
099
우리 산하를 여행하고 그린
겸재 정선의 화폭 속으로
겸재정선미술관

628
100
빛으로 만나는
과학과
예술 이야기
필룩스조명박물관

634
101
우주를 향한
끝없는 상상!
**포천아트밸리
천문과학관**

미술관과 과학관 여행이 100배 즐거워지는 **특별 부록**

부록 1 손 안의 미술관·과학관 • 642
부록 2 지하철로 갈 수 있는 미술관·과학관 • 662

015

CHAPTER · 1

| 일 러 두 기 |

* 이 책에 수록된 전시와 체험, 관람료, 관람 시간 등의 정보는 2016년 3월을 기준으로 작성했습니다.
* 단행본은 『 』로, 단편소설과 시 등의 문학작품과 정기간행물은 「 」로 표기했습니다.
* 그림, 조각 등의 예술작품은 〈 〉로, 노래 제목은 〈 〉, 드라마와 영화, 애니메이션, 미디어아트 등의 영상물은 《 》로 표기했습니다.
* 전시회와 체험물, 프로그램 등은 ' '로 표기했습니다.
* 인명은 외래어 표기법을 따랐습니다.
* 전시, 체험물, 프로그램 이름의 띄어쓰기는 미술관과 과학관에서 정한 표기를 따랐습니다.

공원 같은
미술관
과학관

'미술관과 과학관'이라고 하면 아이들이 가장 먼저 떠올리는 이미지가 '하품 나오는 따분한 곳'이다. 두 장소에 대한 아이의 거부감을 없애려면, 미술관과 과학관에 가자고 하기보다는 "맛있는 도시락 싸서 소풍 가볼까?"라고 제안해보자. 아이들이 신나게 뛰어놀 수 있는 넓은 잔디밭과 시원한 그늘을 드리우는 아름드리나무에 둘러싸인 미술관과 과학관이 많다. 자연에서 마음껏 뛰어놀다 보면, 어느새 아이는 '저 커다란 건물에는 뭐가 있을까?' 궁금해하기 시작할 것이다.

세계 5대 조각공원을 서울 한복판에서 만나요!
001 올림픽공원 소마미술관

주소 서울시 송파구 올림픽로 424
관람 시간 10:00~18:00(입장 마감 17:20)
휴관일 매주 월요일, 1월 1일, 설날·추석 당일
관람료 성인 3000원, 청소년 2000원, 어린이 1000원,
만 4세 미만 무료(기획전시 별도)
홈페이지 www.somamuseum.org
전화 02-425-1077

세계 5대 조각공원 중 하나로 꼽히는 올림픽공원은 도시의 허파 같은 곳이다. 번잡한 시가지에서 한 발짝만 안으로 들어오면 43만 평의 푸른 대지가 펼쳐진다. 이런 최적의 입지에 소마미술관이 있다. 소마미술관에서는 세계적인 미술 거장들의 전시와 개성 있는 기획전을 만나볼 수 있다. 뿐만 아니라 유명 조각가의 작품들을 산책하듯 만나고 역사와 생태 탐방을 겸할 수 있다.

올림픽공원을 뒤뜰처럼 품은 미술관

몽촌토성역에 내려 올림픽공원의 관문인 〈평화의 문〉과 광장을 차례로 지나면 소마미술관을 만날 수 있다. 2004년 '서울올림픽미술관'이라는 이름으로 문을 열었다가 2년 뒤 소마미술관으로 이름을 바꿔 재개관했다. 소마(SOMA)는 'Seoul Olympic Museum of Art'의 약자다. '몸'를 뜻하는 그리스어이기도 하다. 이름처럼 소마미술관과 올림픽공원은 한몸처럼 이어져 있다. 미술관 뒤뜰의 조각공원을 거닐다 보면 자연스레 올림픽공원 곳곳으로 발걸음이 스민다. 아이들의 구미를 당기는 볼거리가 많으니 차근차근 둘러보면 좋겠다.

2층 규모의 미술관은 '백남준 비디오아트홀'을 포함해 5개 전시실과 교육동 그리고 아트숍으로 구성되어 있다. 건물 안팎을 넘나드는 동선이 공원 풍경과 야외 조각작품을 자연스레 감상할 수 있게 한다.

비디오아트홀로 이어지는 복도도 눈길을 끈다. 통유리창으로 야외에 전시된 백남준의 〈쿠베르탱〉이 보인다. 근대 올림픽의 창시자인 피에르 쿠베르탱을 기리는 작품으로, 모니터를 쌓아 만든 로봇의 몸동작이 익살스럽다. 상설전시실인 비디오아트홀에서는 백남준의 작품을 관람할 수 있다.

1. 상설전시실의 비디오아트홀
2. 백남준 〈쿠베르탱〉

비행기를 타지 않고 떠나는 미술 여행

아이에게 해외 유명 예술작품을 책으로 보여줄 수밖에 없어 아쉬웠다면, 소마미술관을 방문해보자. 소마미술관은 매년 4~5개 정도 메인 전시를 연다. 그동안 백남준, 키스 해링, 요셉 보이스 등 세계 거장들의 굵직한 전시를 열어왔다. 국내 최초 전시였던 '프리다 칼로'(2015), 밀레 탄생 200주년을 기념해 미국과 일본을 거쳐 국내에서 피날레를 장식했던 '밀레, 모더니즘의 탄생'(2015) 또한 어른 아이 할 것 없이 큰 호응을 보냈다.

미술관 전시의 주된 줄기는 조각과 드로잉이지만 아이들이 재미있게 즐길 수 있는 전시도 종종 연다. 물의 이미지를 독특한 설치작품으로 표현한 'water_천진난만'(2014), 만화를 소재로 아이들의 상상력을 일깨운 '만화로 보는 세상'(2012), 창의성 개발에 초점을 맞춘 미디어아트전 '앨리스 뮤지엄'(2009)이 대표적이다.

● **키스 해링** 미국의 팝아트 미술가다. 지하철과 길거리 벽에 간결하고 강렬한 그림을 그려 '그래피티 아트'라는 현대미술의 한 장르를 만들었다.

● **요셉 보이스** 독일 출신 전위 예술가다. 1963년 백남준이 독일에서 처음 전시회를 열었을 때 느닷없이 나타나 전시 중인 피아노를 깨부순 일화가 유명하다. 이후 두 사람은 평생을 예술 동지로 지냈다고 전해진다.

● **프리다 칼로** 20세기 멕시코 미술계를 대표하는 초현실주의 화가다. 소아마비와 교통사고로 인해 평생 30여 차례 수술을 받으며 육체적 고통을 겪으면서도 아름다운 그림을 남겼다.

키스 해링

요셉 보이스

프리다 칼로

전시가 다소 어렵게 느껴진다면 '어린이워크숍'을 이용하는 것도 방법이다. 아이 눈높이에 맞춘 전시 감상과 체험 활동을 병행할 수 있다. 워크숍 일정과 참가비는 홈페이지에서 미리 확인해보고 가자.

 발길 닿는 곳마다 자리한 조각작품들

전시 관람이 끝난 뒤에는 미술관에 비치된 조각공원 지도를 챙겨들고 산책에 나서보자. 짧게는 '기획전시 마당'과 '대초원'을, 여유가 있다면 '동심의 길'을 지나 '조각의 숲'까지 둘러보면 좋겠다. 올림픽공원에는 조각작품 200여 점이 방대하게 흩어져 있다. 마우로 스타치올리의 〈88서울올림픽〉, 문신의 〈올림픽-화합〉 등 대가들의 작품을 곳곳에서 만날 수 있다. 이 중 약 절반의 작품이 소마미술관 조각마당에 전시되어 있다. 주요 작품을 집

- **마우로 스타치올리** 이탈리아 조각가다. 국내에 설치된 그의 작품으로는 여의도 일신방직 사옥 앞에 있는 〈일신 여의도 91〉, 제주도 작가의 산책길에 전시된 〈서귀포〉 등이 있다.
- **문신** 파리에서 활동하며 추상조각의 대가로 인정받은 한국 조각가다. 경남 창원에 그가 직접 건립한 창원시립문신미술관(547쪽)이 있다.
- **세자르 발다치니** 프랑스 조각가다. 고철, 산업쓰레기 등을 재료로 인체의 특정 부위를 확대해 표현했다. 1995년 베니스비엔날레에서 폐차를 압축한 작품 〈520t〉으로 주목을 받았다. 세자르 발다치니의 〈엄지손가락〉은 전 세계를 통틀어 7점밖에 없다.

마우로 스타치올리
〈88 서울올림픽〉

문신
〈올림픽-화합〉

세자르 발다치니
〈엄지손가락〉

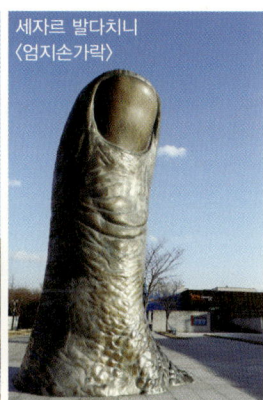

1. 조각의 숲
2. 제1경 〈세계 평화의 문〉
3. 제3경 '몽촌해자 음악 분수'

중적으로 감상하고 싶다면 소마미술관에서 운영하는 '우리 가족은 조각 탐험대' 프로그램에 참여해보는 것도 좋다. 조각공원을 돌며 퀴즈를 풀거나 조각작품을 만들어보는 등 체험 활동 중심으로 진행한다. 미술관 입구에서 처음 맞닥뜨리는 작품은 세자르 발다치니의 〈엄지손가락〉이다. 청동으로 만든 6m의 손가락이 아이들의 시선을 단번에 붙든다. 미술관 뒤편은 땅에서 솟구친 듯한 〈열림〉이, 대초원은 하늘을 떠받치듯 서있는 〈하늘기둥〉이 대표 작품이다. 한성백제박물관 뒤편으로 난 언덕을 오르면 '조각의 숲'이다. 올림픽공원 내에서 가장 울창한 숲을 이루고 있는 곳으로, 마치 비밀의 화원 같다. 보물찾기하듯 조각작품을 찾아 감상하는 것도 좋지만, 나무 아래 돗자리를 펴놓고 아이와 함께 휴식을 즐기는 것도 좋다.

 올림픽공원의 명소를 200배 즐길 수 있는 스탬프 투어

아이에게 특별한 추억을 선물하고 싶다면 '올림픽공원 9경 스탬프 투어'에 도전해보는 건 어떨까? 평화의 광장과 만남의 광장 안내센터에서 스탬프 투어 용지와 지도를 무료로 제공한다. 제1경 〈세계 평화의 문〉에서 시작해 제2경 〈엄지손가락〉, 제3경 '몽촌해자 음악 분수', 제4경 〈대화〉, 제5경 '몽촌토성 산책로', 제6경 '외톨이나무', 제7경 '88호수', 제8경 '들꽃마루', 제9경 '장미정원' 순으로 돌면 편하다. 총 3.5km 코스로 넉넉하게 2시간쯤 잡고 돌아보자. 각 장소에 놓인 스탬프를 모두 찍으면 안내 센터에서 완주 기념 선물을 받을 수 있다.

들꽃마루와 장미정원은 아이와 기념 촬영하기 좋은 장소다.

4. 제6경 '외톨이나무'
5. 제8경 '들꽃마루'

5월부터 10월까지 들꽃마루에는 꽃양귀비, 수레국화, 해바라기, 황화 코스모스가 차례로 피고 진다. 매년 6월과 10월 장미정원에서 열리는 축제도 볼거리다. 공원 내 인공 호수인 몽촌해자에서는 백남준의 《올림픽레이저 워터스크린 2001》이 상영되기도 한다. 한밤에 펼쳐지는 레이저쇼 또한 장관이다. 상영 일정은 매년 바뀔 수 있으니 소마미술관 홈페이지에서 미리 확인해야 한다.

함께 가보면 좋아요

몽촌토성 & 한성백제박물관

올림픽공원 안에 있는 몽촌토성(사적 제297호)은 빼어난 전망을 자랑하는 산책 명소다. 하늘과 맞닿은 언덕길, 목장을 연상시키는 '잔디바다'와 그 가운데 홀로 우뚝 선 '외톨이나무' 등 아름다운 풍경 덕에 출사지로 인기가 높다. 또한 백제시대 전기(기원전 18~475년)의 역사를 엿볼 수 있는 곳이기도 하다. 몽촌토성은 서울올림픽을 개최하기 위해 올림픽공원을 조성하면서 세상에 드러났다. 이곳에서 발견된 유물을 통해 몽촌토성이 백제시대에 세워진 방어성이라는 사실을 알게 됐다. 백제의 678년 역사 중 무려 500여 년 동안 한성(지금의 서울)을 수도로 삼았다는 사실도 드러났다.

몽촌토성 산책로

한성백제박물관

움집터 전시관, 한성백제박물관은 올림픽공원을 둘러본 후 아이들과 역사 탐방을 즐기기 좋다. 한성백제박물관에서는 '가족과 함께하는 한성백제 워킹 투어', '가족과 함께하는 한국고대 시간 여행' 등 흥미로운 프로그램도 진행한다. 상설전시 관람료와 프로그램 모두 무료이니 알차게 이용해보자.

002 고요하지만 즐거운 예술 섬
KT&G상상마당-춘천

주소 강원도 춘천시 스포츠타운길 399번길 25
관람 시간 갤러리 11:00~21:00, 디자인 스퀘어 11:00~21:00(행사에 따라 연장 운영)
　　　　　 카페 07:30~22:00, 레스토랑 09:00~22:00
휴관일 연중무휴
관람료 무료
홈페이지 chuncheon.sangsangmadang.com
전화 033-818-3200

의암호 주변에 위치한 KT&G상상마당 - 춘천은 건축가 고(故) 김수근이 지은 춘천시어린이회관을 리모델링한 곳이다. 김수근은 마치 숨바꼭질하듯 예술을 탐험하고 체험할 수 있도록 건물을 설계했다. 게다가 주변에는 아름다운 호수와 산책로까지 있으니, 아이의 손을 잡고 낭만적인 예술 여행을 즐겨보자.

호반에 내려앉은 예술 공간

호반의 도시 춘천은 강원도를 대표하는 낭만 여행지다. 가족끼리 가볼 만한 곳도 많고 아이들이 좋아하는 축제도 자주 열린다. 가을에는 춘천애니운페스티벌이 열리고 봄날에는 춘천마임축제가 사람들을 맞이한다. 춘천은 itx-청춘 열차로 오고 갈 수 있어 기차 여행의 매력도 있다. 또한 춘천애니메이션박물관, 로봇체험관, 꿈자람어린이공원 등 아이들의 예술 감성을 깨울 공간도 여럿 있다. 그중에서 여행의 기분을 살려 보기 좋은 KT&G상상마당- 춘천으로 발걸음을 옮겨보자.

KT&G상상마당-춘천 입구

KT&G상상마당-춘천은 KT&G가 홍익대학교와 논산에 이어 세 번째로 문을 연 복합 예술 공간으로, 2014년 4월에 개관했다. 호수를 끼고 있는 자연 환경 때문에 여타 미술관과는 느낌이 사뭇 다르다. 도심의 소음과 불빛이 차단된 고즈넉한 분위기의 예

술 공간은 마치 섬처럼 느껴진다. 호수 한가운데는 춘천의 대표 여행지 중 하나인 중도가 보인다. 예술 공간을 찾았다기보다 강변의 한적한 카페나 공원 쉼터에 온 것 같다. 옛 춘천시어린이회관을 리모델링한 KT&G상상마당 - 춘천의 건물 또한 눈여겨볼 만하다. 춘천시어린이회관은 건축가 김수근의 작품으로 '세계 어린이의 해'를 맞아 지어졌으며, 1980년 전국소년체전에 맞춰 개관했다. 한 층씩 엇갈려 가는 층 구성과 붉은 벽돌 마감은 김수근 건축의 특징을 잘 나타낸다.

건물 외관은 호수 위에 내려앉은 나비를 형상화했다. 날개와 날개 사이에는 구름다리를 두었고 안쪽에는 야외 공연장을 만들었다. 김수근은 아이들이 재밌게 뛰놀 수 있는 공간을 만들고자 했다고 한다. 세월이 흘러 공간의 주인은 바뀌었지만, 공간에 담긴 건축가의 철학은 그대로 계승되고 있다.

1. 나비의 양쪽 날개를 형상화한 이동로
2. 호수를 향해 열린 공간

 온 가족이 공감하는 생활 밀착형 전시

KT&G상상마당 - 춘천은 크게 '아트센터', '레스토랑', '카페', '야외 공간' 등으로 나뉜다. 아트센터는 '공연'과 '시각예술', '디자인', '교육' 네 개 분야로 이뤄진다. 이 가운데 아이들은 주로 시각예술과 교육 공간을 이용한다. 시각예술 공간에서는 국내외 예술가들의 작품을 전시하고 지역과 연계한 프로그램 등을 운영한다. 갤러리1은 현대미술 전시 중심의 컨템포러리 아트 갤러리다. 갤러리2는 아카이브 갤러리로 강원도와 관련한 시각 자료를 전시한다. 전시에 따라서 두 공간에 하나의 주제를 펼쳐 보이기도 한다. 갤러리2에서는 KT&G상상마당-춘천의 리모델링 과정을 담은 '봄내의 기억과 기록'을 시작으로 소규모 독립출

1. 갤러리1
2. 갤러리2
3. 공연 모습

판물과 인디 음반을 소개한 전시 '상상 BOX : BOOK & MUSIC MARKET', 만화 주인공의 입체 조형물을 모은 '돌아온 영웅' 등을 전시했다. 가족이 함께 공감할 수 있고, 아이들과 눈높이를 맞춘 전시가 자주 열렸다. '돌아온 영웅' 전시는 《로보트 태권 브이》, 《마징가 제트》 같은 추억의 만화를 회기해서 아이뿐 아니라 어른의 눈길도 사로잡았다. 만화 속 얘기를 하다 보면 자연스럽게 가족 간에 공감대가 형성된다. 특히 KT&G상상마당-춘천은 어려운 예술 전시보다는 실생활과 맞닿은 소소한 주제의 전시가 많아 관람객으로부터 설득력을 얻고 있다.

다양하고 알찬 교육 프로그램

교육 프로그램도 알차다. 20세기 다큐멘터리 사진 거장의 작품을 만나볼 수 있었던 '로베르 두아노, 그가 사랑한 순간들' 전시 때는 '로베르 두아노 할아버지와 숨은그림찾기' 프로그램을 진행했다. 에듀케이터와 함께 자유로이 갤러리를 누비며 작품에 담긴 이야기를 탐구하는 활동이었다. 작품 속에 있는 모델과 같은 포즈로 흑백사진을 촬영하는 체험도 더했다. 개관 1주년 '공간, 사람 그리고 가족' 전시는 주말 워크숍으로 가족의 24시를 기록한 '원데이샷 주니어' 프로그램을 진행했다. 폐품, 헌 물건 등으로 기억 속의 소중한 사람(목각 인형)을 만들어보는 '기억의 장난감 공방' 등도 흥미로운 체험이었다. 또한 '헬로아트 스쿨 : 미니어처 가든' 같은 별도의 체험 프로그램도 있었다. 점토,

나뭇가지, 돌 등으로 가상공간을 만드는 내용이었다. 편하게 즐길 수 있는 상설 프로그램도 있다. 매주 수요일에는 애니메이션과 영화를 무료로 상영한다. 여름에는 야외 상영으로 진행해 꿈과 낭만이 깃든다. 토요일에는 사운드홀 앞에서 버스킹 공연이나 악기 체험 프로그램이 열려 흥을 돋운다.

숨바꼭질하듯 뛰어놀며 느끼는 건축 예술

잠시나마 춘천의 호반을 느끼고 싶다면 카페나 레스토랑으로 걸음을 옮겨보는 건 어떨까. 카페 '댄싱카페인(dancing caffeine)'은 호수 쪽으로 향하는 창이 매력적이다. 너른 창이 있는 창가 자리나 야외에 놓인 테이블과 의자에서 한가로이 호수를 누려봄직하다. 잔디밭에 앉아 쉬거나 호수 변의 산책로를 따라 느릿하게 걸어도 좋다. 안개 사이를 뚫고 걸으면 평소에는 느낄 수 없는 기분 좋은 여유가 느껴진다. 2층의 레스토랑 세인트콕스(ST.COQS)는 강원도 농장에서 기른 닭으로 요리를 한다. 가족 메뉴로 안성맞춤이다. 그러나 무엇보다도 KT&G상상마당-춘천에서 빠질 수 없는 체험 공간은 건물 그 자체다. 탐험하듯 공간을 돌아다니는 것 또한 신나는 건축 예술 체험이다.

건축가 김수근은 건물을 설계한 당시 「경향신문」과의 인터뷰에서 "숨바꼭질하는 것처럼 집안에서 아늑하게 숨어있다 나오면 햇빛이 옆으로 비쳐 들어오기도 하고, 지붕에서 쏟아져 들어오기도 하고, 구름다리에서 호수와 산이 보이기도 하는 공간상의 해프닝을 테마로 삼았다"고 말했다. 그는 '어린이는 즐겁게 노는 사람'이라는 본질을 담아 공간을 설계했다. 실제로 공간의 구성이 재미나다. 1층과 2층은 계단 대신 경사로로 이어져 골목을 오가는 느낌이다. '층 없는 아이들 세상'을 의미한다. 몇몇 계단

1. 자연광이 들어오는 천장
2. 층과 층의 구분을 두지 않는 재미있는 건물 구조
3. 실내를 비추는 자연광과 계단 없는 이동로

또한 층을 나누는 용도보다는 방향을 틀어 공간에 리듬감을 부여하는 장치다. 내부 동선은 미로는 아니지만 미로를 오가는 것 같은 즐거움을 선사한다. '아이들의 발견'을 위해 존재하는 공간이 여럿 있다. 건물의 동선은 안에서 밖으로, 밖에서 다시 안으로 사람들을 이끈다. 건물 상부의 불규칙한 창에서 쏟아지는 자연광 또한 빛의 변화로 풍성한 음영을 연출한다.

KT&G상상마당 - 춘천은 목적 없이 유랑해도 좋다. 자연과 건축 그리고 예술 안에 머무는 것만으로도 아이들은 밝은 에너지를 충전한다. 호수 주변을 천천히 걷거나 흥에 겨워 뛰노는 아이들을 보면, 자연 자체가 모든 예술의 영감이라는 것을 알 수 있다.

함께 가보면 좋아요

춘천애니타운페스티벌

춘천애니타운페스티벌은 매년 9~10월 사이에 열린다. 춘천애니메이션박물관과 함께 창작 애니메이션 워크숍, 애니메이션 상영 등 다양한 프로그램으로 아이들을 꿈과 동심의 세계로 이끈다. '페이스페인팅', '로봇키트 조립', '마리오네트 만들기' 등 다양한 체험 행사도 만날 수 있다.

춘천애니타운페스티벌

춘천마임축제

매년 5월에 열리는 춘천마임축제는 프랑스 '미모스마임축제', 영국 '런던마임축제'와 어깨를 나란히 한다. 춘천마임축제는 전국에서 많은 사람들이 찾아오는 인기 축제다. 예술과 청춘의 열기로 뜨거운 진정한 축제를 맛볼 수 있다.

춘천마임축제

003 송암스페이스센터
케이블카를 타고 떠나는 우주 여행!

주소 경기도 양주시 장흥면 권율로 185번길 103
관람 시간 화~금요일과 일요일·공휴일 11:00~21:00, 토요일 11:00~21:30
휴관일 1~3월은 매주 월요일과 일요일, 4~12월은 매주 월요일
관람료 성인 5000~2만 8000원, 초·중·고등학생 4000원~2만 5000원
(프로그램별 관람료가 다양하니 방문 전 홈페이지 확인)
홈페이지 www.starsvalley.com
전화 031-894-6000

"엄마 까만 하늘 위에 우주가 있다는 게 정말이에요?" 아이가 이런 질문을 했을 때 과학적으로 설명해주기 쉽지 않다. 아이에게 피부로 와 닿지 않는 우주의 존재를 느끼게 해주고 싶다면 송암스페이스센터로 가보자.
송암스페이스센터는 사설 천문대로는 국내 최대 규모이며, 우주교육센터는 아시아 최초로 NASA 공인을 받았다. 계명산 자락에 있어 케이블카를 타고 천체관측실로 떠나는 재미도 있다.

국산 1호 천체망원경을 보유한 송암스페이스센터

계명산으로 가는 길목에서 가로수길이 끝나는 지점이 송암스페이스센터다. 돔 모양의 건물과 계명산 정상으로 향하는 케이블카가 유독 눈에 띈다. 건물 내부와 산 정상은 무엇을 품고 있을까.

송암스페이스센터는 한일철강을 창업한 고(故) 엄춘보 명예회장이 설립했다. 개인이 사설 천문대를 개관하는 것은 어려운 일이다. 그러나 엄춘보 회장은 일생의 업적을 제대로 이루고 싶었다. 첫 결실이 바로 송암스페이스센터 천문대의 주관측실인 '뉴턴관'에 설치한 망원경이다. 국내 천문대들은 일반적으로 외국에서 망원경을 구입해 들여온다. 부담스러운 가격 때문에 중고 망원경을 사용하기도 한다. 엄춘보 회장은 송암스페이스센터를 준비하면서 국산 망원경을 설치하고 싶은 욕심이 생겼다. 당시만 해도 국내 기술로 천체망원경을 한 번도 제작해본 적이 없었던 터라 쉽게 도전할 수 없는 일이었다. 그러나 송암스페이스센터는 용기 있게 도전해 구경 600mm의 '국산 1호 천체망원경'을 제작했다. 망원경 개발을 위해 한국천문연구원과 한국표준과학연구원, 한국기초과학지원연구원이 발 벗고 나섰다.

보조관측실인 '갈릴레이관'에 설치한 보조 망원경도 스페이스센터의 자랑이다. 갈릴레이관에서는 반사식, 반사굴절식, 굴절식 등 7종류의 망원경으로 우주를 관측한다. 체험에 나선 아이들은 직접 본 천체 모습을 카메라에 담아갈 수도 있다. 천문대 실내에서는 로봇댄스공연과 천체 동영상 관람이 가능하다. 3층 '하늘정원'으로 나가면 탁 트인 경치도 감상할 수 있다. 날씨가 좋은 날에는 멀리 여의도까지 보인다.

천문대를 오르내릴 때 이용하는 경사 길이 627m의 케이블카도 아이가 좋아하는 시설물이다. 케이블카를 타면 스페이스센터 전체는 물론 서울 경치도 감상할 수 있다. 특히 케이블카에서 보는 야경이 일품이다. 케이블카는 색깔에 따라 빨간색은 '알비레

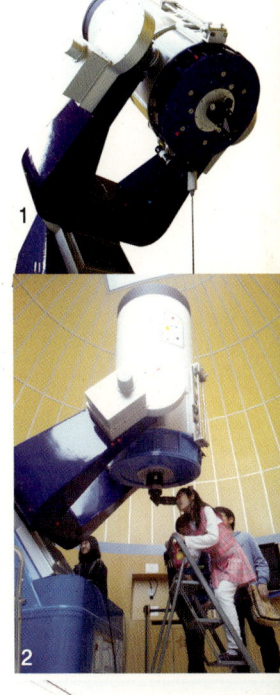

1. 국산 1호 천체망원경
2. 천체망원경으로 별을 관측하는 아이들
3. 케이블카 알비레오 알파

오 알파', 파란색은 '알비레오 베타'이다. 백조자리 쌍둥이 별(이중성)에서 따온 이름이다.

아시아 최초로 미국 항공우주국(NASA)의 공인을 받은 우주교육센터

'챌린저러닝센터(Challenger Learning Center)'는 미국 항공우주국(NASA)이 공인한 우주교육센터다. NASA는 1986년 미국 플로리다주에서 발사 직후 공중에서 폭발한 챌린저호를 기리기 위해 전 세계 48곳에 챌린저러닝센터를 만들었다. 미국에 45곳, 영국과 캐나다에 2곳이 세워졌고, 아시아에서는 송암스페이스센터에 최초로 설립했다. 특별한 센터인 만큼 이곳에서 아이와 함께 우주에 대해 적극적으로 배워보자.

송암스페이스센터에서 가장 눈에 띄는 건물이 바로 '플라네타리움(Digital Planetarium)'이다. 이곳에서는 우주와 관련한 영상과 생생한 소리를 돔 형태의 스크린으로 즐길 수 있다. 아이가 볼 만한 다양한 우주 영상이 준비되어 있다. 《Infinity Express》는 우주를 향한 인류의 끝없는 도전을 다룬 영상이다. 《Astronaut》는 우주인의 훈련 과정과 우주 여행의 위험을 소개한다. 태양계 행성을 다루는 《Planet》은 진행자가 퀴즈를 내고 아이가 맞

● **NASA** 미국 항공우주국(NASA)은 'National Aeronautics and Space Administration'을 일컫는 약칭으로 우주 개발을 위해 1958년에 창설한 미국 정부 기관이다. 대표적인 우주 개발 프로젝트는 달 착륙을 실현시킨 아폴로계획과 유인 우주왕복선 등이다.

1. 챌린저러닝센터 입구
2. 플라네타리움
3. 스타하우스
4. 챌린저시뮬레이터

추는 독특한 내용의 영상이다. 이 외에도 《Sky Quest》, 《We are ASTRONOMERS》 등의 천체 과학 영상을 볼 수 있다. 아이들은 우주에 대한 다양한 상상력을 펼치는 것뿐만 아니라 우주에 대한 지식까지 습득할 수 있다.

'스타하우스'는 송암스페이스센터에 숙박하며 프로그램에 참가하는 이들을 위해 마련한 시설이다. 방은 단체실과 가족실로 나뉜다. 세미나실, 로비, 식당 등의 공용 공간도 있어 하루 이상 머물며 우주과학을 공부하는 데 불편함이 없다.

 **우주대원이 돼서 훈련도 받고,
우주현상도 연구하는 챌린저시뮬레이터**

스페이스센터는 유치원과 초등학생 아이들을 위해 당일과 1박 2일 체험 코스를 마련해놓았다. 당일 프로그램은 오전 투어와 오후 투어로 나뉘며 시작하는 시간도 하절기와 동절기에 따라 달라지니 신청하기 전에 꼭 확인하자.

프로그램에 참가한 아이들은 '에어로켓 발사' 체험을 통해 작용과 반작용의 원리를 배우고, 플라네타리움에서 천체 관련 영상을 감상한다. 아이가 가장 좋아하는 코스는 역시 천문대 관람이다. 천체망원경으로 별을 관측하고, 로봇 댄스 공연도 볼 수 있다. 좀 더 깊은 내용을 경험하고 싶다면 1박 2일 코스를 선택하자. 당일 프로그램에 '날아라 셔틀 종이로켓 만들기', '별자리 성도 수업', '별고리 만들기 체험', '태양 수업' 등이 추가되어 더욱 유익하다.

2박 3일 프로그램도 있다. 이 프로그램의 핵심은 챌린저러닝

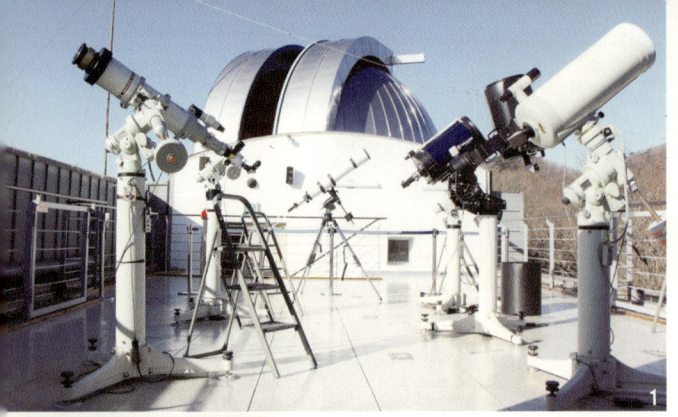

센터에서 체험하는 '챌린저시뮬레이터'(Next Generation Challenger Simulator)다. 챌린저시뮬레이터는 우주 관제 센터와 우주 정거장을 생생하게 재현한 프로그램이다. 아이는 세계 최초로 개발한 목성 탐사선 주피터 1호의 대원이 되기 위한 기본 훈련을 받고 임무를 수행한다. 우주대원이 되고자 하는 아이는 테스트에 참여하고 조 편성을 받는다. 주피터 1호에 탑승한 아이는 태양계와 우주 현상을 연구한다. 마지막으로 연구 결과를 보고하고 탐사를 마친다. 챌린저시뮬레이터 체험은 아이가 협동심과 창의성을 키우는 데 도움이 된다. 우주를 향한 도전과 과제를 수행하기 위해 토론과 발표 과정도 거친다. 아이들은 눈을 반짝이며 우주에 대해 관심을 갖는다. 마치 특별한 사람이 된 듯 즐겁고 협조적이다.

1. 챌린저러닝센터 내부
2. 로봇 댄스 공연

우주에서 통신하고, 건축물도 짓는
우주과학 프로젝트와 스페셜 프로젝트

우주과학 프로젝트와 스페셜 프로젝트는 다른 곳에서 볼 수 없는 특별한 체험이다. 우주과학 프로젝트에서는 미지의 영역인 태양계를 향한 도전을 7단계로 나눠서 경험한다. 첫 번째 단계에서는 망원경으로 신비한 우주를 관측한다. 두 번째 단계에서는 탐사를 위해 로켓을 발사하고, 세 번째 단계에서는 외계 천체를 탐사하기 위해 우주에 착륙한다. 네 번째 단계에서는 연구와 관찰을 위해 탐사에 나선다. 다섯 번째 단계에서는 채취한 우주 물질을 분석한다. 여섯 번째 단계에서는 우주에서 소통하기 위해 통신을 하고, 일곱 번째 단계에서는 우주 건축물을 건설한다. 각 단계를 밟아가며 아이들은 우주과학에 한층 가깝게 다가선다.

스페셜 프로젝트는 각 프로그램의 내용을 좀 더 깊이 있게 배우는 시간이다. '지구 46억 년', '우주에서 온 편지', '우주기상센터', '미션 패치 프로그램', '나로호 모형 제작', '스페이스 퀴즈', '해시계', '스페이스 Q&A', 'E. V. A(Extra Vehicular Activity)', '사이언스 매직쇼', '태양계 수업' 등으로 알차게 채워져 있다.

송암스페이스센터는 여름방학 기간 중 영어 우주과학 캠프도 운영한다. 'The Quest for EXO Planet'이라는 주제로 2박 3일 동안 열린다. 캠프에는 NASA 산하기관인 제트추진연구소 JPL과 Caltech 공과대학 연구원, 엔지니어, 과학자가 참가한다. 아이들은 각 반을 담당한 스태프, 매니저와 함께 우주, 태양계, 행성 등에 대해 영어로 표현하고, 배우는 시간을 갖는다. 전문적으로 우주에 대해 공부하고 체험하는 시간이다.

 생각 발산하기

우주왕복선이 폭발했다고요?

우주를 향한 인류의 역사 중 가장 가슴 아픈 날로 기록되는 순간이 있어. 1986년 1월 28일 오전 11시 30분경 미국 플로리다주 케네디 우주 센터에서 발사한 챌린저호가 73초만에 공중에서 폭발하고 말았지. 사고 원인은 로켓 부스터를 이어주는 O링의 결함 때문이었어. 추위로 인해 O링이 부식되었고 틈이 벌어져 연료에 불이 붙은 거야. 결국 탱크가 폭발하고 말았지. 이 사고가 더욱 안타까웠던 이유는 최초의 민간인 우주 비행사로 선발된 교사 매콜리프의 희생 때문이었어. 매콜리프는 우주에서 원격으로 학생들에게 수업을 진행하려던 계획을 갖고 챌린저호에 탑승했지만 꿈을 이루지 못하고 사망했어.

사고의 후유증은 심각했단다. 텔레비전 생방송으로 사고를 목격한 수많은 사람들이 충격을 받았지. 우주왕복선 계획은 전면 중단하게 되었고, 2년 9개월이 지난 1988년 9월 디스커버리호를 발사하면서 재개했단다.

챌린저호 발사 당시 모습

광화문 골목 끝에서 만난 비밀의 정원
004 성곡미술관

주소 서울시 종로구 경희궁길 42
관람 시간 10:00~18:00(입장 마감 17:30)
휴관일 매주 월요일
관람료 전시마다 유동적
　　　　　(7세 미만 무료, 조각공원 이용은 전시 관람객에 한함)
홈페이지 www.sungkokmuseum.com
전화 02-737-7650

성곡미술관은 1995년 쌍용그룹 창업자 고(故) 김성곤 선생의 옛 자택에 문을 열었다. 경희궁 뒤편 한적한 주택가 골목에 위치해 있어, 들어선 순간 마치 비밀의 정원에 와있는 느낌이 든다. 성곡미술관은 미술관 자체보다 사계절 내내 운치 있는 정원과 야외 찻집으로 더 유명하다. 그 덕에 차 한잔 마시러 오는 이도 적지 않다. 그래서 경희궁 뒷길은 '성곡미술관 가는 길'로 알려져 있다. 빌딩 숲에서 잠시 벗어나 아이 손을 잡고 동네 산책하듯 찾기 좋은 미술관이다.

도심 속 오아시스를 거닐다

경희궁길은 복닥거리는 광화문 대로에서 살짝 비껴있다. 골목길로 접어들자마자 도심의 소란함이 뚝 끊긴다. 골목을 따라 1950~1960년대 양옥집과 감각적인 현대 건물이 함께 호흡한다. 굽이굽이 감도는 길 끝에 흰색 건물의 미술관이 나타난다. 정원 입구에 들어서면 큰 너도밤나무가 관람객을 맞는다. 이곳이 도시 한복판이라는 게 새삼스럽다.

성곡미술관 정원

미술관은 지하 1층, 지상 3층으로 된 건물 두 채가 마주보고 있다. 본관과 별관 사이 언덕은 조각정원이다. 전시관과 정원 모두 규모가 작지만 오래 머물고 싶은 매력을 지녔다. 빌딩 숲에 둘러싸여 지내는 아이들과 부모에게 오아시스 같은 공간이다.

생각 발산하기

왕이 살던 궁궐치고 경희궁은 너무 작은 거 아닌가요?

성곡미술관이 위치한 일대는 경희궁이 있던 자리였대. 경희궁은 서울의 5대 궁궐 중 가장 초라하게 남아있는데, 구구절절 사연이 많단다. 경희궁이 창건된 시기는 1617년 광해군 9년 때야. 이후 조선의 왕 10명이 경희궁에 머물렀어. 지금은 터만 짐작할 뿐이지만 정동, 내수동, 사직동에 걸쳐있던 웅장한 궁궐이었어. 궐내 전각만 해도 100여 개였는데, 흥선대원군이 경복궁을 재건하면서 많은 건물이 경복궁으로 이전됐어. 남아있던 건물마저 일제시대 때 모두 파괴되고 말았단다. 2002년에야 경희궁이 복원됐지만 숭정전, 자정전, 태령전 등 전각 3채만이 현재 자리를 지키고 있어. 처음 광해군이 이 궁을 지었을 때는 이름이 '경덕궁'이었어. 그러나 정작 광해군은 자신이 지은 궁에 들어가 보지 못하고 인조반정으로 왕위에서 쫓겨났지. 이후 여러 왕이 이곳에 머물렀어. 영조 36년(1760년) 때 '경희궁'으로 이름이 바뀌었단다.

▲ 경희궁

부모들 사이에서 입소문이 자자한 어린이 교육 프로그램

성곡미술관은 현대미술 기획전을 주로 연다. 본관에 들어서면 오른쪽으로 제1전시실, 왼쪽 계단을 오르면 제2전시실과 제3전시실로 이어진다. 맞은편 별관도 세 개의 전시실로 구성되어 있다. 별관 제1전시실은 좀 더 이색적이다. 복층 구조를 활용한 대형 설치작품이 종종 놓이는데, 2층 통로에서 내려다보는 풍경이 색다르다. 가까이에서 한 번, 위에 올라가서 한 번 더 보면 작품이 가진 에너지를 깊이 느낄 수 있다. 하루 두 차례 전시 해설도 들을 수 있다. 해설 시간은 전시마다 다르니 전화로 미리 예약하는 게 좋다.

성곡미술관에서 운영하는 프로그램도 눈여겨보자. 새로운 전시가 열릴 때마다 '작가와의 대화', '특별 강연회', '어린이 교육 프로그램' 등 여러 가지 프로그램을 진행한다. 어린이 교육 프로그램은 부모들 사이에서 입소문이 자자하다. 두 시간 동안 전시장 예절 교육, 아이들 눈높이에 맞춘 작품 감상, 전시 주제와 관련된 만들기 체험을 진행한다. 아이가 수업에 참여하는 동안 부모들은 정원 찻집에서 여유롭게 시간을 보낼 수 있다.

 사계절의 정취가 완연히 느껴지는 조각정원

본관과 별관 사이 오솔길로 올라가면 『이상한 나라의 앨리스』에 나올 법한 공간이 툭 튀어나온다. 성곡미술관의 자랑인 '조각정

1. 본관 제2전시실
2. 별관 제1전시실
3. 어린이 교육 프로그램

원'이다. 분위기가 오묘하다. 마치 회중시계를 들고 있는 토끼가 곧장 뛰어나와 굴속으로 안내할 것 같다. 이곳은 은행나무, 벚나무, 단풍나무 등 100여 그루가 작은 동산을 이루고 있

1. 조각정원 산책길과 조각품
2. 눈 내리는 찻집 풍경
3. 조각정원의 작품

다. 벚꽃 흩날리는 봄이나 단풍이 든 가을이면 절정의 풍경을 뽐낸다. 한여름 배롱나무 꽃과 맥문동이 어우러진 풍경도 압권이다. 공원 뒤편에는 낮은 기와 담장과 산책길이 숨바꼭질하듯 숨어있다. 정원 곳곳에 있는 국내외 유명 조각가들의 작품도 볼거리다. 산책을 하며 아이들과 작품에 이름 붙이기 놀이를 해보는 건 어떨까. 미술관의 명물인 찻집에서 계절의 정취를 오롯이 느껴보는 것도 좋다. 눈이 펑펑 쏟아지는 겨울이나 비 오는 날 부러 찾아오는 이도 많다.

미술관 주변에 보석처럼 숨은 갤러리들

미술관을 나서면 아이들이 신기해할 만한 공간이 많다. 골목에 숨어있는 보석 같은 갤러리를 찾아 골목 탐방에 나서보는 것도 좋겠다. 성곡미술관 바로 옆에는 2015년 4월에 문을 연 '서울예술재단(Seoul Art Foundation PLUS)'이 자리하고 있다. 이곳에서는 신진 작가들의 실험적인 작품을 만날 수 있다. 매주 화요일 오전 11시에서 오후 2시 사이에는 프리마켓도 열린다. 아티스트들의 신선한 공예품을 만나볼 수 있다. 성곡미술관 맞은편 골목에 자리한 '복합문화공간 M'도 재미있는 곳이다. 기획전시를 여는 'M

1. 서울예술재단 입구
2. 서울예술재단 전시 모습

갤러리'와 레스토랑 겸 카페 '테라스222' 등이 있다. 모던 아트 전시관을 갖춘 카페 '뺑갈로', 갤러리와 한옥 공간이 멋스러운 레스토랑 '단아'는 식사와 작품 관람을 동시에 즐기기 좋다. 뺑갈로는 '아빠와 함께하는 즐거운 상상놀이터' 프로그램을 운영한다. 평소에 아빠와 놀고 싶었던 아이들의 신나는 모습을 볼 수 있다. 아빠가 놀아주는 동안 여유를 가질 수 있는 엄마들에게도 인기 있는 곳이다.

함께 가보면 좋아요

서울역사박물관

서울역사박물관

야외 광장의 전차(등록문화재 367호)

경희궁 일부가 복원된 터에는 서울역사박물관이 자리하고 있다. 성곡미술관으로 이어진 골목 초입이다. 옛 서울 사람들의 생활과 문화, 서울의 발달사 등을 살펴볼 수 있다. 어린이 체험 프로그램도 다양하게 운영한다. 야외 광장에서는 1930년대부터 1968년까지 서울 시내를 누볐던 전차(등록문화재 367호)와 옛 서울 지도 '수선전도'가 새겨진 바닥 분수를 볼 수 있다. 서울시립미술관-경희궁 분관도 옆에 있으니 함께 둘러보면 좋겠다.

005 삼탄아트마인
석탄을 캐던 자리에 예술을 심다

주소 강원도 정선군 고한읍 함백산로 1445-44
관람 시간 하절기 09:00~18:00
 여름극성수기(7월 18일~8월 23일 휴관일 없음) 09:00~19:00
 동절기 주 중 10:00~17:00, 동절기 주말 09:30~17:30
휴관일 매주 월요일
관람료 1만 3000원, 정선·태백 주민 및 광원(광부) 50% 할인
홈페이지 www.samtanartmine.com
전화 033-591-3001

모두가 수명이 다했다 말했던 공간이 예술을 만나 다시 살아난 곳이 있다. 삼탄아트마인은 탄광 산업 시설에서 문화 예술 공간으로 변신한 곳이다. 탄광촌의 옛 자취 위에 다양한 예술 요소들이 조화롭게 자리를 잡았다. 예술작품 속에서 슬며시 드러나는 옛 탄광의 흔적은 이색적인 분위기를 자아낸다. 아이들에게는 옛 탄광촌을 들여다보는 것만으로도 새로운 체험이다. 거기에 예술까지 더해졌으니 이보다 더 좋은 여행지가 있을까.

옛것에 새로운 생명을 불어넣은 예술 공간

도시 재생은 옛 건물에 새로운 용도를 부여해 생명을 불어넣는 일이다. '테이트모던갤러리'와 '졸퍼라인'이 대표적인 예다. 영국 런던의 테이트모던갤러리는 화력발전소를 개조했고, 독일 에센의 졸퍼라인은 탄광촌을 문화 예술 공간으로 탈바꿈한 경우다. 정수장을 활용한 우리나라의 '선유도공원'도 도시 재생의 좋은 예다. 옛것에 새로운 활기가 둘러싸이고, 그리하여 층층이 쌓인 시간은 도시의 정체성이 되고 나이테로 새겨진다. 옛것을 재생한 예술 공간은 아이들에게 예술이 무에서 유를 창조하는 것만이 아님을 알려준다. 때로는 기존의 이야기를 끌어들여 훨씬 풍성한 이야기를 만들 수 있다는 교훈을 남긴다. 물론 손때 묻은 자취들은 아이들의 정서에도 유익하다. 살아있는 박물관이며 무한 상상력의 보고다.

정선은 광업이 주를 이룬 탄광 도시였다. 정선의 신동, 사북, 고한 일대가 우리나라의 대표적 석탄 채광지로 꼽혔다. 고한에는 1964년부터 2001년까지 38년간 운영된 삼척탄좌 정암광업

- **데이트모던갤러리** 영국 런던의 템스강 남쪽에 있는 미술관으로 주로 현대미술 작품을 전시한다. 화력발전소로 사용되다 1980년대 들어 버려지다시피 한 건물을 테이트(TATE) 재단이 개조해 세계적인 미술관으로 만들었다.
- **졸퍼라인** 독일 에센에 있던 탄광촌이다. 1988년 문을 닫은 탄광에 '레드닷 디자인 박물관'이 들어서며 문화 예술과 디자인의 메카로 변모했다. 유네스코 선정 세계문화유산이며, 삼탄아트마인의 롤모델이기도 하다.

데이트모던갤러리

졸퍼라인

1. 삼탄아트마인 야외 전경
2. 삼탄아트마인 내부

소가 있었다. 삼탄아트마인은 옛 삼척탄좌 정암광업소를 새롭게 단장해 2013년 문을 연 문화 예술 공간이다. 삼탄아트마인은 삼척탄좌의 '삼탄'과 예술을 뜻하는 '아트(art)', 광산을 의미하는 '마인(mine)'의 합성어다. 이름처럼 문화와 예술을 결합했지만 옛 광산의 역사를 버리지 않았다. 2013년에는 그 결과를 인정받아 대한민국 공공디자인 대상을 수상했다.

 예술작품에 슬며시 드러난 탄광의 옛 자취

삼탄아트마인은 고한읍에서 정암사 가는 길에 있다. 이곳이 과거 탄광 도시였음을 말하려는 듯 석탄 수송로였던 태백선 철로

 생각 발산하기

석탄과 다이아몬드가 형제라고요?

아주 오래전 지진이나 화산 폭발 등의 천재지변으로 많은 식물이 죽고, 바람이 불어 그 위로 흙이 덮였지. 땅에 묻힌 식물들은 땅의 열이나 압력, 미생물의 작용으로 또 한 번 분해가 되었어. 이 과정을 통해 식물들은 탄소 성분이 풍부한 화석이 됐단다. 이걸 탄화작용이라고 해. 재미난 건 석탄과 다이아몬드가 똑같은 탄소 형제라는 사실이야. 탄화 과정에서 가해지는 온도와 압력에 따라 탄소끼리 모이는 모양이 달라져. 다이아몬드는 석탄보다 훨씬 높은 열과 압력을 견뎌낸 결과 지금처럼 단단하고 아름다운 모습이 되었단다.

1. 옛 탄광을 떠올리게 하는 벽화
2. 현대미술관 캠
3. 빛 바랜 서류 뭉치

가 길과 나란히 뻗어있다. 도로 변으로는 녹음이 짙다. 본관은 함백산로에서 500m 가까이를 더 들어가야 나온다. 본관 매표소에는 아직 탄광의 모습이 어렴풋하게 남아있다. 본관은 단출한 1층 건물이다. 하지만 반대쪽에서 보면 4층 건물이다. 광부가 탄광에 들어가듯 4층에서 1층으로 내려가며 전시를 감상한다. 층마다 계단에 있는 광원들을 그린 벽화가 눈길을 끈다.

본관에는 과거 삼척탄좌의 사무 공간과 광원들의 샤워실, 세화장, 수직갱 운전실이 있었다. 현재는 '삼탄역사박물관', '현대미술관 캠', '예술놀이터', '작가 스튜디오' 등으로 변신했다. 본관 4층은 카페테리아와 로비, 작가들의 숙소 겸 작업 공간이다. 옛 탄광을 잊게 하는 현대적인 인테리어지만 한편으로는 옛 탄광을 떠올리게 하는 벽화와 소품들이 적잖다. 아래층은 현대미술관 캠이다. 이곳에서는 다양한 현대미술 작품을 전시 중이다. 삼탄뮤지엄자료실도 있다. 서가에는 빛 바랜 서류 뭉치가 빼곡히 쌓여있다. 급여 명세서 등 옛 광원들과 관련된 서류들이다. 또한 전시 중인 광원들의 물건들과 종합운전실 등도 시간을 거슬러 과거를 느끼게 한다.

 탄광의 화장실과 샤워실이 이색적인 전시 공간으로 탈바꿈

2층은 3층에 비해 옛 자취가 짙게 남아있다. 특히 옛 샤워장이나 화장실 등을 활용한 갤러리가 눈에 띈다. 공간만큼 작품들도 강렬하다. 마인갤러리는 3000여 명의 광원들이 몸을 씻던 샤워장

이다. '마인(mine)갤러리'라는 이름답게 탄광이나 광원의 역사와 연계한 전시가 많다. '마인갤러리1'은 옛 샤워장을 이용했다. 186개의 샤워 수도꼭지 밑에 광원들의 건강 검진용 엑스레이 필름이 걸린 적도 있고, 광원의 초상화와 화선지 그림이 공간을 채우기도 했다. 광원들을 기리는 작품으로, 옛 공간의 주인공들을 기억하고 추모한다.

'마인갤러리3'은 옛 화장실을 재단장한 갤러리다. 이색적인 점은 바닥에 흙을 깔아서 방문한 이들의 발자국이 곳곳에 남는다는 것이다. 이밖에도 삼탄아트마인 고(故) 김민석 대표가 세계 각지에서 모은 희귀 미술품을 전시한 '기획전시실'과 광원들의 사물함이 있던 곳에 '세계미술품수장고'가 있다.

제일 아래쪽 1층은 장화를 씻던 세화장이다. 1960년대 웨딩드레스 4벌을 소재로 한 이명환 작가의 설치작품을 전시하고 있다. 실제 광원들의 아내가 입었던 웨딩드레스를 이용했다. 옛날 대형 세탁기 안에서 옷으로 만든 인형이 뛰쳐나오는 듯한 작품도 흥미롭다. 그밖에 아이들의 예술 체험을 위한 '예술놀이터', '다목적실' 등도 있다. 예술 체험은 탄광의 특징이 드러나는 프로그램은 아니지만 '팝아트', '큐티베어', '에코백 만들기' 등 유익한 체험이 많다.

4. 광원들의 가슴 엑스레이 필름으로 만든 작품
5. 이명환 작가의 설치작품
6. 대형 세탁기 앞에 옷으로 만든 인형

1. 레일바이뮤지엄
2. 키즈카페
3. 레스토랑 832L
4. 권양기

잿빛 공간 속에서 홀로 핀 꽃

본관 1층과 연결된 다리를 지나 '레일바이뮤지엄'에 이른다. 권양기가 있는 조차장 건물이다. 지하 광산으로 들어가는 입구이자, 채굴한 석탄이 모이던 장소다. 그 중심에 권양기가 있다. 권양기는 직경 6m, 폭 600m의 원통형 수직갱도를 오가던 거대한 산업용 엘리베이터다. 1회에 400명의 광원들을 운송했다. 채굴한 석탄은 100m마다 위치한 석탄 적재 시설과 컨베이어시스템을 통해 4분에 1회씩 20t이 올라왔다. 잿빛 공간에 전시된 작품은 신용구 작가의 〈꽃〉이 유일하다. 분홍색 꽃과 잿빛이 대비를 이뤄 한층 극적이다. 레일바이뮤지엄은 당시 현장을 엿볼 수 있는 생생한 공간이다. 별다른 설명 없이도 그 자체만으로 탄광의 분위기가 느껴진다.

야외에는 '기억의 정원'과 개관을 앞둔 '아프리카 원시미술 박물관' 등이 있다. 기억의 정원은 1974년 사망한 광부 26명을 추모하는 공원이다. 〈석탄을 캐는 광부〉 조형물이 사람들의 시선을 끌어당긴다.

과거의 시간을 아로새긴 특별한 공간

삼탄아트마인은 레스토랑도 특별하다. 해발 832m에 위치해서 이름이 '레스토랑 832L'다. 원래 이곳은 탄광의 기계들을 수리하던 공장이었다. 기본 골격과 내부의 계단이나 콘크리트 벽을 그대로 살렸으며 와인바 테이블과 카운터 등도 공장의 프레스 기계 장치를 이용했다. 메뉴는 스테이크, 파스타, 돈까스 등 다양하다. 그 가운데 삼탄광부도시락은 꼭 먹어볼 만하다. 양은 도시락에 계란프라이, 볶은 김치, 장조림 등이 담겨나온다.

그밖에 '동굴와이너리'와 2층 버스를 개조한 '키즈카페'도 있다. 버스 1층은 책이 있는 쉼터다. 버스 2층은 아이들의 작품을 전시했다. '카페'보다는 아이들을 위한 전시장이나 놀이 공간의 성격이 강하다.

조각작품도 곳곳에 자리한다. 바깥에서 보는 본관과 레일바이 뮤지엄, 권양기의 외관은 좀 더 장엄하다. 그 몸에 아로새긴 역사가 고스란히 느껴진다. 그러니 삼탄아트마인을 그냥 돌아보기보다 탄좌 시절 공간이 간직한 과거의 시간을 아이들에게 설명하며 돌아보자.

함께 가보면 좋아요

미술관 옆 자연 생태원

삼탄아트마인에서 정암사를 지나면 함백산 방면으로 길이 나있다. 정암사는 우리나라 5대 적멸보궁의 하나다. 적멸보궁은 석가모니의 진신사리를 모신 사찰을 말한다. 정암사에서 산길을 따라 조금 더 올라가면 만항마을이다. 삼척탄좌 정암광업소에서 일하는 광원들이 살던 마을이다. 벽화가 인상깊다. 만항마을을 지나면 만항재와 함백산으로 갈라진다. 여름에는 만항마을에서 만항재까지 야생화축제가 열린다. 아름다운 야생화들이 활짝 피어나는 꽃 대궐이니 여름방학 때 꼭 찾아보길 권한다.

함백산도 함께 들러보면 좋다. 함백산은 정상까지 차가 올라갈 수 있다. 그렇다고 나지막한 산은 아니다. 우리나라에서 여섯 번째로 높은 산으로 무려 1537m에 달한다. 정상의 전망이 끝내주니 아이의 손을 이끌어보자.

▲ 만항재 야생화

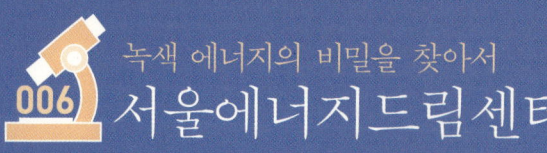

006 녹색 에너지의 비밀을 찾아서
서울에너지드림센터

주소 서울시 마포구 증산로 14
관람 시간 09:30~17:30
휴관일 매주 월요일, 개관 기념일(12월 12일), 1월 1일, 설날·추석 당일과 다음 날
관람료 무료(일부 체험 재료비 별도)
홈페이지 www.seouledc.or.kr
전화 02-3151-0562

에너지는 공기와 같다. 눈에 보이지 않지만 살아가는 데 없어서는 안 될 필수 요소다. 에너지가 없다면 일상생활 곳곳에서 불편한 일이 얼마나 많이 일어날까? 에너지의 중요성은 잘 알고 있지만 아이들에게 어떻게 알려줄지 고민이라면 서울에너지드림센터를 방문해보자. 바람개비를 닮은 건물 곳곳에 엄마 아빠의 고민을 풀어줄 열쇠가 있다. 자, 지금부터 신기한 에너지 세계로 출발!

미래 주택의 롤모델, 에너지제로하우스

서울에너지드림센터는 월드컵공원의 테마 공원 중 하나인 평화의 공원 내에 2012년 문을 열었다. 이 일대는 1978년부터 1993년까지 난지도 쓰레기 매립지였지만, 흙을 덮고 나무를 심어 생태공원으로 거듭났다. 이런 환경 덕에 노을공원, 하늘공원, 난지미술창작스튜디오 등 주변 명소들이 모두 '재생', '친환경', '에너지'라는 키워드와 관련이 있다. 공원을 걷고 있으면 여기가 어떻게 쓰레기 매립지였을까, 놀랍기만 하다. 아이들에게는 생태와 문화 자원을 연계한 체험 학습 장소로 안성맞춤이다.

난지연못을 끼고 광장으로 들어서면 커다란 바람개비 모양의 에너지드림센터가 눈에 띈다. 에너지드림센터는 사용한 에너지만큼 스스로 에너지를 재생산하는 '에너지제로하우스'다. 이 건물은 채광, LED 조명, 단열재 등을 활용해 에너지 소비량을 70%나 줄였다. 들쭉날쭉한 건물 외형에도 에너지 소비를 획기적으로 줄이는 과학 원리가 숨어있다. 조각해놓은 듯 비스듬하게 각진 건물은 바람이 자유로이 드나드는 통로이자, 동서남북 모든

 생각 발산하기

옥수수, 사탕수수, 동물의 배설물까지 모두 신재생에너지로 쓸 수 있다고요?

앞으로 50년 후 석탄, 석유와 같은 화석 연료들은 거의 고갈될 거야. 그래서 새로운 에너지원 개발이 시급하지. 많은 선진국들은 옥수수, 사탕수수, 동물 배설물, 쓰레기 등을 이용하는 새로운 에너지를 연구하고 있어. 이런 에너지원들은 환경을 오염시키지 않을 뿐만 아니라 우리 생활 속에서 쉽게 구할 수 있어서 각광받고 있지. 옥수수나 동물 배설물 같은 에너지원을 전기나 열 등의 에너지로 바꾸기 위해서는 초기 투자 비용이 많이 들어. 하지만 고갈될까 걱정하지 않고 사용할 수 있는 장점이 있지. 선진국들은 이미 다양한 신재생에너지가 실용화 단계에 이르렀어. 물론 우리나라도 미래를 위해 신재생에너지 개발에 힘쓰고 있어.

방향에서 자연광을 받아들일 수 있는 기능이 있다. 그렇다면 남은 30%의 에너지는 어떻게 보충할까? 신재생에너지를 활용해 자급자족하고 있다. 땅속 열에너지로 냉·난방을 해결하고 야외 마당과 옥상에 설치된 태양광 패널을 통해 필요한 전력을 충당한다. 이외에도 건물 안팎에는 에너지의 신기한 비밀이 숨어있으니 아이와 함께 찾아보자.

태양열로 요리를 한다고요?

건물 곳곳에 숨은 비밀을 자세히 알고 싶다면 오전 10시와 11시, 오후 2시와 4시에 열리는 전시 해설 시간에 맞춰 방문하길 권한다. 홈페이지에서 체험 프로그램을 미리 신청해두는 것도 좋다. 모든 프로그램에 전시 해설이 포함되어 있고 유치원생부터 어른까지 이해하기 쉽게 설명해준다.

에너지드림센터는 1층 '에너지드림관', 2층 '녹색테마전시관', 3층 '커뮤니티관', 야외 '에코파크'로 구성되어 있다. 1층 에너지드림관은 에너지 절감 시설을 체험하고 다양한 친환경 에너지에 대해 배워보는 곳이다. 로비에 들어서면 반사판을 이용해 태양열로 음식을 익힐 수 있는 '태양광 쉐플러 조리기'와 '태양열 오븐'이 눈에 띈다. 볕 좋은 날에는 야외에서 직접 음식을 조리하는 체험을 진행한다.

에너지드림관 왼쪽부터 시계 방향으로 돌면 센터 건물이 어떻게 에너지 소비를 줄이고 필요한 에너지를 생산해내는지 알 수 있다. 일사량에 따라 자동으로 열고 닫혀 실내로 들어오는 빛의 양을 조절하는 '전동 블라인드'와 열 손실을 막아주는 '삼중 유리창', 빛의 양을 감지해 조명의 밝기를 자동으로 조절하는 '자동 조명 제어 시스템', 현재 건물의 에너지 생산량과 소비량을 수시로 확인할 수 있는 '제로모니터링 시스템' 등 에너지제로를 위한 건축 요소

1. 태양열 오븐
2. 에너지제로하우스 모형
3. 전동 블라인드

들을 전시해놓았다. 또한 건물이 자연 에너지를 어떤 원리로 활용하고 있는지를 눈으로 직접 확인할 수 있다. 이 모든 요소를 압축해놓은 건물 모형도 볼거리다. 각 층이 분리되어 수직으로 오르내리는 모습에 아이들은 눈을 뗄 줄 모른다.

손으로 만지고 발로 굴려서 배우는 생활 속 에너지 절약법

아이가 에너지 원리나 이론을 어렵게 느낀다면 손으로 만지고 발로 구르는 체험 코너를 이용해보자. 집열판에 태양광을 반사시켜 공중에 매달린 모형 비행기를 조종하거나 자전거 페달을 밟아 에너지를 만들어볼 수 있다. 지하철을 재현한 공간에 들어가 암흑천지의 '정전 사태를 체험하는 코너', 재미있는 스토리에 맞춰 에너지에 대해 배워보는 '아기돼지 삼형제의 에너지제로 하우스' 게임 등도 아이들이 좋아한다.

일반 가정의 주방과 거실을 재현한 코너에는 TV, 냉장고, 세탁기, 전자레인지, 프린터 등 가전제품별로 대기 전력량을 표시해놓았다. 쓰지 않는 플러그를 장시간 꽂아놓았을 때 낭비되는 전력량이 어느 정도인지 확인할 수 있다. 체험을 통해 아이들은 일상에서 에너지를 아낄 수 있는 쉬운 방법들을 배워간다. 대기 전력 차단 멀티탭, 절수형 수도꼭지 등 당장 실천할 수 있는 에너지 절약 팁도 얻어갈 수 있다. 커다란 북극곰 가족이 반기는 패널을 지나면 '에너지와 놀자' 코너를 만난다. 아이들이 그린 포스터와 표어 등을 벽면에 붙여놓았다. 색연필과 도화지가 준비되어 있으니 센터를 돌아보면서 느낀 점을 그림으로 표현해보는 것도 좋겠다.

2층은 환경 관련 기획전시가 열리는 '녹색테마 전시관'이다. 각 부스에는 태양광과 지열 시설, 단열재 등 에너지 효율을 높일 수 있는 제품이 기업별로 전시되어 있다. 아이들에게는 다소 지루할

1. 가전제품별로 대기 전력량을 표시해놓은 코너
2. 모형 비행기를 조종해보는 체험
3. 페달을 굴려 전기를 발생시키는 자전거 체험

수 있으니 3층 '북카페'로 이동하는 것도 좋다. 북카페에는 어린이용 과학도서와 동화책, 교양서 등이 빼곡하게 꽂혀있다. 야외 공원이 훤히 내다보이는 창가 자리에서 책을 읽는 것도 좋다.

 에너지드림센터의 하이라이트! '에코투어'

내부 시설 견학만으로 아쉽다면 '에코투어'에 참여해보는 것도 좋다. 에코투어는 친환경 전기 버스나 수소 버스를 타고 인근 발전 시설과 자원 회수 시설을 견학하는 프로그램이다. 평일 오전 10시, 오후 2시에 진행하는데, 오전 프로그램을 이용하면 맹꽁이 전기차를 타고 하늘공원을 한 바퀴 돌 수 있다.

버스를 타고 이동하는 동안 난초와 지초가 피는 아름다운 섬이었던 난지도가 악취가 들끓는 쓰레기 매립장으로 오염되었다가 현재의 공원이 되기까지의 사연을 들을 수 있다. 매연을 내뿜지 않는 친환경 버스의 작동 원리와 대체 에너지의 필요성에 대해서도 배워본다. 에코투어의 주요 코스인 마포 자원 회수 시설은 재활용할 수 없는 폐기물을 소각해 전기와 난방 자원을 생산하는 곳이다. 건물 외관이 도자기를 굽는 가마를 닮았다. 쓰레기 1t을 태우면 한 가정에서 90일 정도 쓸 수 있는 에너지가 생기고, 1년 동안 20만t의 쓰레기에서 얻은 에너지로 연간 5만 8천 가구가 따뜻하게 지낼 수 있다는 사실을 알게 된다. 재생에너지가 만들어지는 현장을 직접 둘러볼 수 있는 좋은 기회다. 1층 로비에 전시된 정크아트 작품도 놓치지 말자. 폐기물로 만든 흥미로운 예술작품이다.

1. 친환경 전기 버스
2. 맹꽁이 전기차

● 정크아트(Junk Art)

'junk'는 폐품, 쓰레기, 잡동사니를 일컫는 말이다. 따라서 '정크아트'는 일상생활에서 나온 폐품이나 잡동사니로 만드는 예술이라 할 수 있다. 1950년 이후 미국과 유럽에서 산업폐기물이나 공업 제품의 폐품에서 작품의 소재를 찾으려는 작가들이 등장했다. 현대미술의 대가로 알려진 피카소도 자전거 핸들과 안장을 조립해 〈황소 머리〉라는 정크아트를 만들었다. 정크아트는 캔버스, 안료 등 일반적인 미술 재료에서 벗어나 버려진 폐품을 예술로 승화시킨다는 의미도 있지만 자원 보존과 녹색 환경의 가치를 알리는 의미도 크다.

정크아트

체험으로 깨닫는 에너지 절약의 중요성

전자레인지 플러그를 한 달 내내 꽂아두면 선풍기를 180시간 동안 틀 수 있는 전력이 낭비된다고 한다. 일상생활에서 무심코 낭비하는 에너지는 이외에도 수없이 많다. 아이에게 에너지 절약법을 알려줄 수 있는 효율적인 방법을 찾고 있다면 체험 프로그램을 이용해보자. 재미있는 체험을 통해 아이에게 에너지 절약에 대한 경각심을 일깨울 수 있다. 예를 들어 '그림자 극장'은 그림자 공연을 통해 에너지 절약 실천법을 알려준다.

이외에도 아이들의 흥미를 끄는 체험 프로그램이 많다. 보드게임을 하며 에너지 관련 지식을 겨루는 '출발! 드림이', 팀별로 미션을 수행하는 '에너지 런닝맨', 태양에너지를 이용해 요리해보는 '태양열 요리 교실' 등이 있다. 친환경 재료로 태양광 자동차와 재활용 연필꽂이를 만들어볼 수도 있고, 환경 영화를 감상할 수도 있다. 만들기 체험을 제외하고 체험 프로그램 참가비는 모두 무료다. 모든 체험 프로그램은 전시물 해설을 동반한다. 프로그램마다 열리는 요일과 시간이 다르니 홈페이지에서 미리 확인하고 접수하면 된다.

함께 가보면 좋아요

난지미술창작스튜디오

서울시립미술관이 운영하는 공공스튜디오로 하늘공원과 노을공원 사이에 있다. 옛 침출수처리장을 리모델링해 젊은 예술가들의 활동 공간으로 만들었다. 전시관인 '난지갤러리'는 오염 물질을 거르던 커다란 정화조 두 개를 원형 그대로 살린 공간이다. 오후 2시 이후에 방문하면 입주 작가들의 기획전시를 만나볼 수 있다. 스튜디오 앞마당과 건물 뒤편 가로수 길에 놓인 조각작품도 볼거리다. 서울시립미술관 소장 작품을 전시해놓았다. 매년 '오픈스튜디오', '난지아트쇼' 등의 행사도 열리는데 입주 작가들의 작업실과 다양한 전시 행사를 볼 수 있다. 행사 기간에는 마포구청역과 스튜디오를 오가는 무료 셔틀버스를 운행한다.

난지미술창작스튜디오

난지캠핑장

한강공원에 위치한 서울 최대 규모의 캠핑장이다. 한강 산책로와 난지 물놀이장, 유람선 선착장이 있어 즐길거리가 많다. 자가 텐트 지역과 가족텐트, 몽골텐트, 그늘막텐트 존으로 나뉘어 있다. 텐트뿐만 아니라 매트, 모포, 그릴 등을 대여할 수 있어 캠핑 장비 없이도 편하게 이용할 수 있다. 샤워장, 취사시설도 잘 갖춰져 있다.

난지캠핑장

노을캠핑장

노을공원 정상에 위치해 있어 도심 캠핑장 중 가장 좋은 경치를 자랑한다. 난지캠핑장보다 깨끗하고 조용한 편이다. 캠핑 장비를 대여해주지는 않지만 구역마다 테이블과 화덕이 설치되어 있어 이용하기 편하다. 텐트

노을캠핑장

가 없다면 E구역 가족캠핑장을 예약하면 된다. 매주 토요일 밤에는 '재미있는 별 여행' 프로그램이 열린다. 캠핑장 예약은 월드컵공원 홈페이지에서만 가능하다. 매월 15일 오후 2시부터 다음 달 예약 접수를 받는데, 주말이나 공휴일은 5분만에 마감되기도 한다.

월드컵공원

너른 잔디밭과 곳곳에 놀이터 등의 시설이 마련되어 아이들이 뛰어놀기 좋다. 다섯 개의 테마 공원이 조성되어 있으니 일정에 따라 골라가자. 에너지드림센터가 위치한 평화의 공원은 울창한 숲과 난지연못이 아름답다. 잔디밭 곳곳에 그늘이 많아 돗자리와 도시락을 챙겨서 아이와 함께 소풍을 즐기기 좋다.

에너지드림센터 뒤편에는 산책하기 좋은 메타세콰이어길이 있다. 이 길은 하늘공원으로 이어진다. 아이가 걷기 힘들어한다면 난지주차장과 노을공원 주차장에서 맹꽁이 전기차를 타고 이동하면 편하다.

하늘공원은 억새꽃 피는 가을이 가장 아름답다. 공원에는 〈하늘을 담는 그릇〉이라는 대형 설치작품이 있는데 전망대와 쉼터 역할을 겸한다. 작품 꼭대기에 올라서면 하늘공원과 한강 일대의 풍경이 시원하게 내려다보인다. 해질 무렵에는 이웃한 노을공원으로 가보자. 노을카페 2층 테라스에 앉아 서울에서 가장 아름다운 노을을 감상할 수 있다. '조각공원', '바람의 광장', '자연물놀이터' 등 아이들이 마음껏 뛰어놀 수 있는 테마 공간도 조성되어 있다. 난지천공원 초입에 있는 '난지유아숲체험장'도 아이와 들르기 좋다. '숲속요새', '출렁다리', 실제 토끼를 볼 수 있는 '토끼집' 등 아이들이 좋아하는 체험거리가 가득하다. 모든 시설을 예약 없이 무료로 이용할 수 있다.

하늘공원

난지연못

007 온양민속박물관 & 구정아트센터
일상생활 도구가 예술이 되는

주소 충청남도 아산시 충무로 123
관람 시간 09:30~17:30(매표 마감 16:30)
휴관일 매주 월요일(월요일이 공휴일인 경우 정상 개관)
관람료 성인 5000원, 청소년 4000원,
　　　　 초등학생·유아 3000원, 아산 시민 1000원
홈페이지 www.onyangmuseum.or.kr
전화 041-542-6001~3

예술을 꼭 특별한 것에서만 찾을 필요는 없다. 온양민속박물관은 거대한 조각이나 그림만이 예술이 아니라는 것을 잘 보여준다. 과거에 우리가 사용했던 생활 도구들이 전시된 것을 보면 색다른 느낌이 든다. 아이들은 전시를 관람하고 직접 도구를 만들어보면서 내가 만든 생활 도구가 자연스럽게 예술과 잇닿는 경험을 할 수 있다.

온천 여행과 예술 여행을 한번에!

온양민속박물관은 우리나라에서 가장 먼저 문을 연 사립민속박물관으로, 계몽사 대표 고(故) 김원대 씨가 1978년에 설립했다. 역사가 30년이 훌쩍 넘었다. 이곳은 민속 문화와 예술에 관한 방대한 전시물도 훌륭하지만, 6만 4800㎡의 너른 야외 전시장 또한 매혹적이다. 날이 따뜻해지면 건물이 그윽한 신록에 안긴다. 박물관 안에는 구정아트센터도 있다. 재일 한국인 건축가 이타미 준이 1982년 우리나라에 최초로 지은 건물이다. 그가 지금처럼 유명해지기 전의 일이다. 그는 이순신의 고향 아산을 상징하는 거북선을 구정아트센터 건물 모양으로 형상화했다. 흥미로운 건물 모양을 보고 아이가 고개를 갸웃거릴 때 이순신 얘기를 들려주면 좋겠다.

1. 야외 전시장
2. 구정아트센터

한 번쯤 욕심내서 온양에 가볼 만한 이유는 또 있다. 무엇보다 접근성이 좋다. 온양민속박물관은 온양온천역에서 멀지 않다. 온양온천역은 기차와 전철이 모두 선다. 온양민속박물관은 대중교통을 이용해 여행하기에 알맞은 곳이다. 아이와 함께 기차로 떠나는 하루 코스의 예술과 온천 여행으로 제격이다.

 일상의 도구와 행위에서 발견한 예술

온양민속박물관은 온양온천역을 출발해 박물관 사거리를 지나 왼쪽에 있다. 한옥 대문이 '민속'을 주제로 하는 박물관임을 잘 보여준다. 민속은 민간 생활과 결부된 신앙, 습관, 풍속, 전설, 기술, 전승 문화 따위를 통틀어 이르는 말이다. 민속이나 전통이라는 개념은 자칫 무겁고 고리타분하게 느껴지기 쉽다. 그러나 민속은 우리 일상생활 도구에 모두 녹아있다. 온양민속박물관은 도구에 깃든 생활 예술을 확인하기에 적합하다.

온양민속박물관의 전시실은 실내와 실외 공간으로 나뉜다. 실내 공간은 본관의 4개 전시실이다. 1층과 2층 공간을 순환하듯 차례로 돌아본다. 제1전시실은 '삶', 제2전시실은 '한국인의 일터', 제3전시실은 '한국문화와 제도'가 전시 주제다. 일상생활에 쓰던 물건들도 시간이 흘러 전시실 안에 있으니 호기심의 대상이고 하나의 작품이 된다. 예를 들면 옛날 식탁에 해당하는 교자상이나 상을 덮는 밥상보를 크기나 생김새에 따라 여럿 나열해 비교하니 목공예품이고 자수공예품이 된다. 색감이나 모양이 새롭게 다가온다. 자물쇠나 열쇠 또한 금속공예의 아름다움이 느껴진다. 그런 의미에서 기획전시 형태로 소장품을 선보이는 제4전시실을 주목해볼 만하다. 기획전시는 1년에 한 두 차례 주제를 정해 구성한다. 2014년에는 '부엌 Kitchen 삶의 지혜를 담다'전이, 2013년에는 '작은 쓸모 함, 상자, 집'전이 열렸다. 주거 공간이나 물건의 용도를 주제로 작품을 보여주니 생활에 녹아든 예술의 아름다움이 세세하게 들여다보인다. 아이들이 쉽게 지나쳤던 생활의 위트나 예술성을 발견하기 좋다. 일상의 소소한 행위와 도구가 예술이 될 수 있다는 사실만 느꼈어도 큰 성과다.

 내 손으로 만드는 생활 민속품

온양민속박물관의 감흥을 조금 더 또렷하게 간

1. 온양민속박물관 입구
2. 제1전시실 '삶'
3. 제2전시실 '한국인의 일터'
4. 제3전시실 '한국문화와 제도'

직하고 싶다면 교육 체험 프로그램을 이용해보자. 박물관 1층 오른쪽에는 별도의 체험실이 있다. 이곳에서는 주로 생활 공예품을 만드는 체험이 이뤄진다. '머리쓰개 만들기', '물고기 한지 등 만들기', '지승 도시락 만들기', '전통 팽이 만들기', '복주머니 만들기' 등 다채로운 프로그램이 있다. 내용은 시기에 따라 조금씩 달라지는데 대체로 민속품을 만들어본다. 동그란 모양의 틀에 여러 가지 색종이로 물고기의 비늘을 붙여 등을 만들거나, 색종이를 갓 모양으로 오린 후 색연필로 그림을 그려 넣어 머리쓰개를 만든다. 과정이 어렵지 않고 재미있으며 각자의 창의성을 발휘할 수 있다. 또한 아이들은 물고기 한지 등이나 복주머니를 직접 만들어 자기 방에 두고 사용하기도 한다. 이 과정을 통해 예술과 생활이 자연스럽게 잇닿는 경험을 한다.

실내 전시 관람과 체험 프로그램을 마친 후에는 야외로 나간다. 실내 전시가 일상생활의 예술이라면 야외 전시는 공공예술이다. 탑이나 장승, 석물 그리고 정자나 집을 감상할 수 있다. 마을의 상여와 장례 용품들을 보관했던 상여집, 정각과 연못, 100년된 너와집, 곡식을 탈곡하는 연자방아 등이 자연과 어우러져 한 몸을 이룬다. 도심의 공원이라 해도 손색이 없다. 야외에서는 굳이 무언가를 공부하기보다 산책하듯 편하게 즐겨보길 권한다. 자연과 조화롭게 어우러지는 예술품 사이를 거닐며 이야기를 나눠보자. 익살스런 석물 앞에서 함께 웃는 것도 삶에 깃든 예술을 탐구하는 방법이다. 봄날에 꽃이 피

5. 지승 도시락 만들기
6. 물고기 한지 등 만들기
7. 머리쓰개 만들기

고, 가을에 단풍이 들고, 겨울에 눈 쌓인 길을 걷는 즐거움은 다른 박물관이 줄 수 없는 온양민속박물관만의 선물이다.

아산의 흙과 돌로 지은 거북선 미술관

실외 전시물을 따라 걸음을 옮기다 보면 자연스레 구정아트센터에 이른다. 구정아트센터는 온양민속박물관을 찾는 또 하나의 이유다. 구정아트센터를 설계한 재일교포 건축가 이타미 준은 2005년 프랑스의 예술 훈장 '슈발리에상'과 2010년 일본의 최고 권위 건축상인 '무라노도고상'을 수상한 이름난 건축가다. 우리나라에는 2001년 제주도에 포도호텔을 지으며 알려졌다. 이어 그는 두손미술관과 방주교회 등으로 제주도에 건축 붐을 일으켰다. 아이들에게는 그의 건축 특징을 자연과 지역성으로 설명하면 좋겠다. 그가 설계한 포도호텔은 제주의 오름 모양이다. 건물 곳곳을 제주도의 돌과 바람을 본떠 설계해 포도호텔 어디에 서건 제주도가 느껴진다.

그보다 20년 앞서 지은 구정아트센터도 다르지 않다. 돌이 많은 아산 지역의 특성을 건물에 반영했다. 돌을 활용해 돌담을 쌓고, 아산의 황토를 이용해 구운 붉은 벽돌로 아트센터 외관을 감쌌다. 형태는 충청도의 전통가옥인 'ㅁ'자형 한옥에 기와를 올린 모양이다. 그 중심에 독특한 형태의 지붕이 솟아있는데, 이는 이순신 장군의 거북선 모양을 형상화한 것이다. 이순신 장군이 아산의 외가에서 자라 혼례까지 올렸다는 역사를 반영했다.

1. 이타미 준
2. 나무 재질이 그대로 보이는 구정아트센터 천장
3. 복도 형태의 구정아트센터 내부 전시관
4. 붉은 벽돌로 두 기둥을 세운 구정아트센터 내부 전시관

아트센터 로비를 지나면 양쪽으로 복도 형태의 전시관이 있다. 그 중심에 붉은 벽돌로 두 기둥을 세운 별도의 전시관이 있다. 나무 재질을 그대로 드러낸 천장은 거북선 내부를 상상하게 한다. 두 개의 기둥 가운데 한쪽은 원형 계단이 있어 다락방이나 옥상을 오르는 것 같은 재미를 더한다. 직간접적으로 공간을 체험하게 하는 요소다. 구정아트센터 옆에는 뮤지엄카페 'on'이 있다. 식사나 차 한잔을 하며 쉴 수 있는 공간이다. 느긋하게 여행을 마무리하기에 적합하다.

 함께 가보면 좋아요

장영실과학관

온양민속박물관과 구정아트센터를 돌아본 후에는 장영실과학관(468쪽)에 들러보는 건 어떨까? 장영실은 조선 초기 최고의 과학자였다. 해시계 '앙부일구'와 자동 물시계인 '자격루' 등을 발명했다. 과학관은 그가 만든 다양한 과학 기구들을 체험해볼 수 있는 시설이 많아, 아이들에게는 과학 놀이터나 다름없다.

장영실과학관

아산 온천·역사 여행

온양민속박물관 인근은 온양온천이 유명하다. 온양온천역 광장과 온양온천시장 입구에는 무료 족욕탕도 있다. 발을 담구고 온천수를 체험할 수 있어 많은 관광객이 찾아든다. 온양의 온천은 온양관광호텔과 신천탕이 유명하다. 온양관광호텔에는 조선의 세조 임금이 온양에 머물

영괴대

렀을 때 세운 '신정비'와 영조 임금과 함께 휴양 왔던 장헌세자가 무술을 연마했던 '영괴대' 등의 유적이 있다. 온천과 역사 여행을 함께 겸할 수 있다.

008 국립과천과학관
모든 과학 영역을 입맛대로 골라 즐기는

주소 경기도 과천시 상하벌로 110
관람 시간 09:30~17:30(입장 마감 16:30)
휴관일 매주 월요일, 1월 1일, 설날·추석 당일
관람료 성인 4000원, 청소년·어린이 2000원,
유아 무료(천체투영관, 스페이스월드 이용 요금 별도)
홈페이지 www.sciencecenter.go.kr
전화 02-3677-1500

"1%의 호기심이 100%의 상상력이 된다"라는 비전을 내건 국립과천과학관은 과학의 천국이다. 항공 우주, 천문, 해양, 자연사, 지질, 인체, 로봇 등 모든 과학 영역이 한데 모여있어 입맛대로 골라 즐길 수 있다. 전 세계 과학관을 통틀어 다섯 손가락 안에 꼽히는 시스템도 자랑이다. 아이들의 기호에 맞춘 연령별 체험 프로그램이 다채로운 데다, 직접 작동하고 만질 수 있는 시설물이 한가득이다.

실감 나는 체험은 기본!

국립과천과학관을 제대로 둘러보려면 꼼꼼한 관람 계획이 필요하다. 전시 주제가 다양하고 면적이 워낙 넓어서 하루에 다 보는 건 무리다. 아이가 관심을 보이는 전시관을 골라 몇 차례 나눠 방문하는 게 좋다.

상설전시관은 1, 2층으로 나뉜다. 미취학아동이나 초등 저학년이라면 1층 '어린이탐구체험관'부터 입장해보자. 90% 이상이 체험형 전시물이라 소꿉놀이하듯 과학 원리를 배울 수 있다. 대형 정글짐과 미끄럼틀이 놓여있어 아이들이 마음껏 뛰어놀기도 좋다. 아이들에겐 물총이나 펌프로 물놀이를 할 수 있는 '물의 힘으로'가 단연 인기다. 빛의 삼원색에 대해 알아보는 '빛은 마술사', 피아노 건반에 올라 음계에 따라 물의 양이 변하는 것을 관찰하는 '연주가' 등도 아이들이 좋아한다. 이 모든 체험의 원리가 과학이라는 사실에 아이들은 놀란다. 과학이 어렵다는 편견을 시원하게 벗어던진다.

초등학생이라면 어린이탐구체험관 바로 옆에 있는 '기초과학관'을 추천한다. 기초과학관은 수학, 물리, 화학, 지구과학 등의 기초 이론을 몸으로 익히는 전시물이 대부분이다. 태풍이나 회오리 같은 기상 현상도 원리 위주의 설명보다 실감 나는 체험을 바탕으로 한다. 비옷을 입고 유리관에 들어간 아이들은 비바람을 맞으며 자연 현상을 몸소 체험한다. 'ABO 혈액 탐구' 코너도 흥미롭다. 몸속 혈액 양을 측정해보는 '내 몸의 혈액량', 혈관 속 세포의 이동 모습을 볼 수 있는 '흔들흔들 혈관 탐험' 등 8개의 전시물을 직접 작동하며 혈액에 관한 과학 원리를 스스로 탐구할 수 있다. 매시간 15분마다

1. '연주가'
2. 테슬라코일 작동 시연
3. '물의 힘으로'

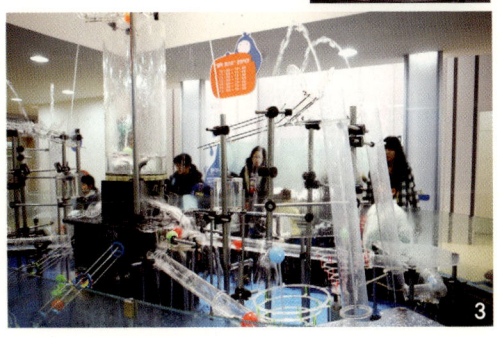

진행하는 테슬라코일 작동 시연도 놓치지 말자. 번개가 내리치듯 커다란 소리와 함께 번쩍번쩍 스파크가 일어나는 모습을 볼 수 있다.

 춤추는 로봇부터 뇌파 게임까지

'첨단기술관'에서는 더욱 역동적인 과학 체험이 가능하다. 1관은 생명과학, 정보통신, 에너지와 관련한 전시물이 주를 이룬다. 2관은 항공 우주와 최첨단 기계에 대한 전시물이 중심이다. 첨단기술1관에서는 인간의 몸동작을 따라하는 로봇이 볼거리다. 아이들은 모션 인식 기술을 활용한 로봇 게임과 로봇 댄스 공연에 가장 관심을 보인다. 음악에 맞춰 아이돌 가수의 몸동작을 세밀하게 따라하는 로봇에서 눈을 떼지 못한다.

집중할 때 발생하는 뇌파를 활용해 낚시와 사격 게임을 하는 '뇌파는 마술사'와 '마인드 레이싱카'도 흥미롭다. 뇌파를 인식할 수 있는 머리띠를 매고 게임을 시작하는데, 집중력이 높을수록 화면 속 자동차 속도가 빨라진다. 영화《아바타》처럼 인간의

 생각 발산하기

천재 과학자 니콜라 테슬라를 아시나요?

많은 사람들이 발명가를 말하라고 하면 에디슨을 가장 먼저 떠올리지. 니콜라 테슬라는 에디슨과 동시대에 태어난 사람이야. 리모콘, 형광등, 네온사인 등이 모두 그가 남긴 발명 업적이야. 기초과학관에서 번개처럼 스파크가 일어나는 시연을 보았지? 그의 발명품 중 가장 유명한 테슬라코일이란다. 이것은 저전압을 고전압으로 바꿀 수 있는 장치야. 번쩍번쩍거리는 불빛부터 시선을 끄는데 과학자들에게도 무척 흥미로운 발명품이지. 아직 테슬라코일을 상용화해서 만든 제품은 없지만 영화의 특수 효과나 공연 등의 무대 장치로 쓰이고 있단다.

니콜라 테슬라

뇌파로 원격 조종이 가능한 미래가 멀지 않았음을 보여준다. 팔다리의 움직임에 반응하는 적외선 센서로 악기를 연주하는 '디지털 & 뮤직'도 아이들에게 인기다. 첨단기술2관에서는 국제우주정거장과 우주왕복선, 비행기와 로켓 등이 아이들의 시선을 붙든다. 신기한 첨단 기계 소재도 볼거리다. 그중 '수증기 스크린 홀로그램'을 놓치지 말자. 수증기 입자에 맺힌 영상을 손으로 만지거나 통과할 수 있어 아이들이 무척 신기해한다.

첨단기술2관을 빠져나오면 '자연사관'으로 이어진다. 천장에 매달린 익룡의 날갯짓과 소리를 내며 움직이는 공룡 모형을 볼 수 있다. 맞은편 '전통과학관'에서는 한지와 인쇄 기술, 디지털 한글 놀이 체험이 흥미롭다.

1. '디지털 & 뮤직'
2. 자연사관
3. '디지털 한글 놀이' 체험
4. 스페이스 월드

우주 엘리베이터 타고 미디어쇼 즐기기

국립과천과학관의 야외 전시장은 본관의 전시장 못지않게 다양한 체험거리를 갖추고 있다. 가장 눈에 띄는 건물이 우주선과 나란히 있는 '스페이스월드'다. 이곳에서는 NASA의 우주 교육 자료를 바탕으로 흥미로운 프로그램을 진행한다. 홈페이지에서 '갤럭시아카데미' 체험 코스를 예약하고 방문하길 권한다.

우주 엘리베이터를 타고 2층 '갤럭시 스테이션'으로 가는 동안 아이들은 실제 우주 여행을 떠나는 것마냥 즐거워한다. 32m의 대형 화면에 펼쳐지는 디지털 미디어쇼는 놓치기 아까운 볼

1. 천체관측소 내부
2. 천체투영관
3. 디지털 미디어쇼

거리다. 4D 영상 관람과 우주와 관련된 과학 수업도 병행한다.

커다란 돔스크린이 설치된 천체투영관에서는 《숨은 별자리 찾기》, 《코코몽 우주 탐험》 등을 상영한다. 현장 발권도 가능하지만 관람 인원이 정해져 있어 홈페이지에서 예약하고 가는 것이 편하다. 영상 관람 외에도 '과학토크콘서트', '천체투영관 영화제'를 비정기적으로 운영한다.

태양 관측을 하고 싶다면 맞은편 천체관측소로 이동해보자. 오후 2시부터 4시 반까지 무료로 공개 관측을 진행한다. 야간 천체 관측은 초등학생 이상만 참여 가능하며 홈페이지에서 유료로 예약을 해야 한다.

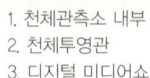

곤충생태관과 내부 전경

 함께 가보면 좋아요

무한상상실

국립과천과학관에 1호점으로 문을 연 '무한상상실'은 공방 형태의 창의 교육 공간이다. 1층 첨단기술1관 옆에 있다. 뚝딱뚝딱 공작실, SF 스튜디오, 상상노하우실, 3D 프린터실 등 온갖 아이디어를 실현할 수 있는 공방이 모여있다.

대부분의 프로그램은 홈페이지 예약을 통해 참여 가능하지만, 하루 4~5회 진행하는 '뚝딱뚝딱 공작실'은 현장에서 선착순으로 접수할 수 있다. 부모와 아이가 함께 다양한 만들기를 진행하는 프로그램으로 무한상상실 프로그램 중 가장 인기가 높다. 상설전시관 관람객에 한해 이용 가능하다. 초등학교 이상의 아이를 동반한 가족이라면 '가족 발명 교실', '상상노하우 프로그램'을 추천한다. 제품에 숨은 발명 원리와 창의적인 문제 해결 기법 등을 배운다. 홈페이지에서 예약 접수할 수 있다.

통섭적인 과학 원리를 배울 수 있는 곳

국립과천과학관은 야외 전시장 이외에도 무료로 개방한 공간이 많다. 곤충생태관에서는 살아있는 애벌레를 손으로 만져볼 수 있고, 그 옆 생태 공원에서는 다양한 수생 동식물을 관찰할 수 있다. 4~11월 매주 토요일에는 체험 프로그램 '자연에서 배우는 과학 이야기'에 참여할 수 있다. 커다란 공룡 모형을 전시한 공룡광장은 아이들과 기념사진을 남기기 좋다. 여수, 해남, 화순 등지에서 발견된 공룡 발자국을 재현한 지질광장도 근처에 있다.

국립과천과학관에서 진행하는 다양한 교육 프로그램도 놓치지 말자. '엄마의 과학관 산책', 계절마다 다른 주제로 진행하는 '창의 체험 프로그램', '과학 마술 쇼' 등 연중 교육·문화 프로그램이 끊이지 않는다. 물리, 생명공학, 화학, 천문우주, 지질 등을 아우르는 통섭적인 과학 원리를 배울 수 있다.

009 서울상상나라
상상력과 창의력이 쑥쑥!

주소 서울시 광진구 능동로 216
관람 시간 10:00~18:00(입장 마감 17:00)
휴관일 매주 월요일, 1월 1일, 설날·추석 연휴
관람료 4000원(36개월 미만 무료)
홈페이지 www.seoulchildrensmuseum.org
전화 02-6450-9500

서울상상나라는 '놀이를 통해 스스로 행복을 디자인하는 어린이'라는 콘셉트를 내세운 어린이 박물관이자 어린이 놀이터다. 서울시에서 건립해 웬만한 키즈카페보다 이용료가 저렴할 뿐만 아니라 하루에 다 둘러보기엔 모자랄 만큼 체험 시설과 교육 프로그램이 알차다. 춤추고, 요리하고, 우주선도 타고! 신나게 뛰어놀면서 상상력을 쑥쑥 키워보자.

오직 어린이를 위한 복합 문화 놀이 공간

서울상상나라는 여러 번 방문해도 지루할 틈이 없다. 체험 전시 공간이 수시로 바뀌고 일일 교육 프로그램도 매달 새로운 주제와 내용으로 바뀌기 때문이다. 볼거리와 체험거리가 다채로운 만큼 무작정 갔다간 우왕좌왕하기 일쑤다. 지하 1층부터 지상 3층까지 자연, 예술, 과학, 감성 등을 테마로 한 110여 개의 체험 전시물이 빼곡하니 가기 전에 홈페이지를 참고해 동선을 짜고 출발하자. 방대한 공간에 아이들을 풀어놓다 보면 금세 산만해지기 쉽다. 조금 더 알찬 시간을 보내려면 유치원이나 학교에서 배운 내용과 관련 있는 전시물이 어디 있는지 미리 알고 가자.

전시관 곳곳은 아이들에게 특화되어 있다. 마음껏 뛰어놀기 좋은 체험형 놀이 공간은 물론이고 체험 주제별 '교육실', 도시락을 먹을 수 있는 '가족 쉼터', '수유실', '아기놀이터', 책이 비치된 '생각놀이터', '공연장' 등 부대시설이 잘 갖춰져 있다. 아이 키에 맞는 세면대와 정수기, 보호자가 쉴 수 있는 소파를 층마다 배치한 것도 눈에 띈다.

대략적인 방문 계획을 세웠다면 이제 눈과 귀를 활짝 열고 상상나라로 들어설 시간이다.

1. 서울상상나라 로비
2. 생각놀이터
3. 아기놀이터

 오감으로 배우고 느끼는 체험 프로그램

지하 1층은 시각, 청각, 후각, 촉각 등 온몸으로 체험할 수 있는 '감성놀이' 공간이다. 신체 각 부위에 대해 알아보고 장애가 있는 친구들을 이해해볼 수 있는 공간이다. 눈을 감고 까슬까슬하거나 폭신한 물체를 만져보고, 해당 단어의 점자를 종이에 찍어보기도 하고, 두꺼운 장갑을 낀 채 단추를 끼워보는 등 다양한 체험을 할

1. 공간놀이 '반짝반짝 빛나무'
2. 감성놀이 '촉감 보물찾기'
3. '외출해요'

수 있다. 횡단보도와 지하철을 세트장처럼 꾸며놓은 '외출해요' 코너는 아이들이 특히 좋아한다. 눈을 감은 채 지팡이를 짚고 횡단보도를 건너거나 휠체어를 타고 상상나라행 지하철을 타보면서 장애우들이 외출 시 어떤 불편을 느끼는지 직접 느끼고 생각해볼 수 있다. 경험하며 배울 수 있는 좋은 기회다.

지그재그로 연결된 통로를 따라 1층으로 올라가면 '자연놀이', '예술놀이', '공간놀이' 체험관에 닿는다. 자연놀이 코너에서는 아이들이 자연 탐험가가 되어 사계절이 어떻게 변하는지 놀이를 통해 경험한다. 예술놀이 코너는 다양한 연령대의 아이들이 손재주를 뽐내는 공간이다. 알록달록한 솜을 아크릴 벽 구멍에 끼워 나만의 공간을 꾸미는 '디자이너의 방', 물건을 두드리며 소리를 내볼 수 있는 '쿵작쿵작 공장', 엄마 아빠와 함께 인형극 놀이를 할 수 있는 '인형극장' 등 11개의 체험물이 마련되어 있다. 공간놀이 코너에서는 색깔 막대로 그림을 그리거나 색색깔 빛에 반사된 그림자 형태를 보며 빛과 그림자의 원리를 배울 수 있다.

 이야기와 놀이를 통해 상상력을 키우고 직업을 체험하는 공간

2층은 '마음도 몸도 성큼 자라는 똑똑 놀이터'라는 주제로 '이야기놀이', '상상놀이' 공간으로 나뉘어 있다. 이야기놀이는 전래동화 『토끼와 자라』를 테마로 한 스토리텔링 방식의 코너다. 거북이 모양의 가방을 매고 해초 숲을 헤쳐나가거나 파도 모양을

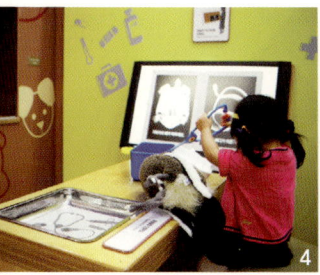  

4. '동물병원 수의사'
5. '목수의 공방'
6. '세계 의상 체험'

본뜬 대형 정글짐을 오르내리면서 동화 속 주인공이 되어보는 경험을 할 수 있다. 토끼의 간을 찾아 떠나는 거북이 이야기를 들려주고 아이와 함께 신나는 모험을 떠나보자. 『토끼와 자라』의 뒷이야기를 상상하면서 그림자놀이를 할 수 있는 코너도 재미있다.

상상놀이 공간에는 우주선을 직접 조종해보는 '우주선 여행', 외계인에게 편지를 써서 보내는 '우주로 보내는 편지' 등의 놀이 시설이 있다. 대형 스크린 앞에 마련된 무대에서 폴짝폴짝 뛰며 우주를 탐험하는 '우주 행진'은 아이들이 특히 흥미로워하는 코너다.

3층 '문화놀이'와 '과학놀이' 공간은 아이들의 활동량이 가장 많은 곳이다. 점프를 하면 바람에 공이 통통 날아가는 '통통바람공', 펌프로 물을 길어 올리거나 소용돌이를 만들어보는 '물놀이 연못' 등 직접 몸을 움직여 기초 과학 원리를 알아보는 코너가 가득하다. 문화놀이 공간에서는 '세계 의상 체험', '꼬마요리사', '동물병원 수의사', '목수의 공방', '살림의 달인' 등 다양한 직업을 체험해볼 수 있다. 문화놀이 공간에서 아이들은 즐기는 것뿐만 아니라 미래에 대한 꿈도 키울 수 있다. 아이가 직업에 관해 물어볼 때마다 진땀을 흘렸다면 아주 반가운 체험이다. 아이는 여러 가지 직업을 몸소 체험하며 미래의 꿈을 좀 더 구체화해볼 수 있다.

연령대별 체험 교육 프로그램도 한가득!

서울상상나라는 다양한 놀이 시설만큼 교육 프로그램도 연령대별로 알차게 마련하고 있다. 크게 일일 체험 프로그램과 정기 교육 프로그램으로 나뉜다. 방학 외 평일에 진행하는 일일 프로그램은 전시물과 연계한 체험 학습으로, 무료로 운영한다. 주말과 방학 기간에는 '과학 미술', '표현 놀이', '가족 요리' 등 유료 프로그램을 진행한다. 한 달이나 두 달에 걸쳐 바뀌는 프로그램 내용과 체험비는 홈페이지에서 확인할 수 있다.

정기 교육 프로그램은 20~36개월 영·유아와 부모들이 참여할 수 있는 '영·유아놀이학교', 5~7세 어린이들을 대상으로 하는 '어린이요리학교', 초등학교 1~2학년이 참여하는 '상상예술학교'가 있다. 그중 영·유아놀이학교와 상상예술학교는 일찍 매진되는 경우가 많으니, 신청을 서두르자. 개강 한 달 전부터 홈페이지에서 선착순으로 모집한다.

1. 과학과 미술을 결합한 '반짝반짝 빛 액자' 만들기 체험
2. 체험 교육 프로그램에 참가한 아이들

방문하기 전에 알고 가면 좋은 것들

개인 관람 입장권의 60%는 홈페이지 예약으로, 40%는 현장에서 선착순으로 판매한다. 일일 입장할 수 있는 인원을 2500명으로 제한하고 있어 주말이나 방학 때는 예약을 하고 가지 않으면 입구에서 발길을 돌려야 하는 경우도 생긴다. 예약은 관람 희망일자 2주 전부터 서울상상나라 홈페이지에서만 가능하고, 개인 예약은 1회 최대 8명까지 할 수 있다. 연간 가족 회원권을 끊어두면 언제든 무료로 입장할 수 있고 관람객이 몰릴 때 우선 입장 혜택이 있다. 상상나라 소식지도 발 빠르게 받아볼 수 있다.

초등학교 4~5학년의 자녀를 둔 부모라면 '어린이큐레이터'에 주목해보자. 서류 및 면접 심사를 거쳐 선발된 아이들은 전시 개발에 대한 아이디어 회의에 참여하고, 다양한 조사 활동을 수행한다. 참여 기간 중에는 상상나라에 무료로 입장할 수 있다.

서울상상나라 홈페이지를 적극 활용하는 것도 잊지 말자. 공간 안내나 전시 소식 외에도 유익한 자료가 많다. 전시 활동지는 층별 공간마다 비치되어 있긴 하지만 홈페이지 학습자료 코너에서 미리 확인을 해두면 편하다. 이외에도 전시 영역별로 주제와 관련된 웹사이트가 링크되어 있으니, 관람 후 참고해도 좋겠다.

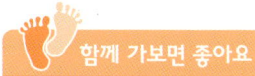 함께 가보면 좋아요

어린이대공원

어린이대공원은 서울상상나라와 함께 둘러보기 좋은 곳이다. 식물원, 동물원, 놀이동산, 캠핑장까지 갖추고 있어 아이들과 즐길거리도 많다. 공원 내에 있는 키즈오토파크도 둘러볼 만하다. 키즈오토파크는 체험형 교통안전교육관으로 '어린이 교통안전면허 따기', '교통안전 인형극' 등의 프로그램을 운영한다. 6세부터 초등학교 3학년까지를 대상으로 하며 100% 예약제이다.

어린이대공원

암사동유적지

국가사적 제267호로 지정되어 있는 암사동유적지는 6000년 전 신석기시대의 생활상을 고스란히 품고 있는 곳이다. 유적지 내 체험 마을에는 유아, 어린이, 가족을 대상으로 한 체험 프로그램이 다양하게 마련되어 있다. '움집 만들기', '토기 만들기', '탁본 체험', '발굴 체험' 등의 선사 체험 프로그램과 가족 답사 프로그램에 참여해볼 수 있다.

암사동유적지

010 오감으로 곤충과 교감하는
예천곤충생태원

주소 경상북도 예천군 효자면 은풍로 1045
관람 시간 3~10월 09:00~18:00, 11~2월 09:00~17:00
휴관일 매주 월요일(월요일이 공휴일인 경우 그 다음 날)
관람료 성인 3000원, 청소년·아동 2000원, 36개월 이하 무료
홈페이지 www.ycinsect.go.kr
전화 054-652-5876

핸드폰 게임에만 열중하는 아이들에게 살아있는 생태를 보여주고 싶다면 이곳을 들러보는 게 어떨까. 예천군 깊은 산 속에 곤충과 오감으로 교감할 수 있는 곤충생태원이 있다. 이곳에서는 실제 벌집의 구조를 살피거나 호박벌을 만지거, 나비가 날아다니는 모습을 생생하게 관찰할 수 있다. 개별 공간들 또한 곤충의 형태를 적극 활용해서 호기심을 불러일으킨다.

호기심을 불러일으키는 곤충 천국

곤충은 일상에서 가장 쉽게 만날 수 있는 동물이다. 동물원에 가지 않아도 주변에서 쉽게 볼 수 있다. 영어로는 'insect'라고 한다. 몸 안쪽(in)이 마디(sect)로 구분되는 동물이다. 보통 곤충은 머리, 가슴, 배 세 부분으로 나뉜다. 1쌍의 더듬이와 3쌍의 다리, 2쌍의 날개를 가진 경우가 많다. 지구상에는 약 100만 종이 넘는 곤충이 산다. 더구나 전 세계 동물의 4분의 3이 곤충이다.

곤충을 대하는 아이들의 반응은 극과 극이다. 곤충을 직접 만져보고 다리 움직임, 날갯짓 하나도 놓치지 않고 관찰하는 아이가 있는가 하면 뒷걸음질 치는 아이도 있다.

1. 특별전시실
2. 거미, 벌, 개미의 집

예천곤충생태원은 곤충을 연구하는 기관이자, 곤충을 만나볼 수 있는 생태원이다. 곤충을 좋아하는 아이에게는 곤충의 천국이다. 곤충이 '징그럽다'고 말하는 아이에게는 곤충과 친해질 수 있는 장소다. 또한 너른 야외 곤충생태원까지 있어 뛰어놀며 곤충을 관찰할 수 있다.

생각 발산하기

거미는 곤충일까요, 아닐까요? 그렇다면 파리와 모기는?

거미는 곤충일까, 아닐까? 정답부터 이야기하면 곤충이 아니야. 물론 과거에는 곤충으로 분류하기도 했어. 조선시대에 『훈몽자회』라는 어린이를 위한 책이 있었는데, 여기서는 거미를 곤충으로 분류했어. 그런데 서양 과학이 들어오면서 몸이 '머리, 가슴, 배'의 세 부분으로 나뉘고 더듬이 1쌍과 다리 3쌍, 날개 2쌍이 있는 동물을 곤충이라고 말하게 됐단다. 이런 관점에서 보면 몸이 머리 배로 나뉘며 다리가 8개고 날개가 없는 거미는 곤충이 아니란다. 거미는 지네, 새우 등과 함께 절지동물로 구분해. 반면 파리나 모기는 곤충이란다.

곤충생태체험관에서는 곤충 생태를 좀 더 세밀하게 관찰한다. 곤충생태원에서는 곤충을 직접 보고 만지는 등 온몸으로 체험한다. 곤충생태원은 엄마들에게 입장료 대비 만족도가 높은 생태원으로 소문이 자자하다.

다양한 체험과 전시로 만나는 곤충의 세계

예천곤충생태원은 설립 계기부터 특이하다. 1998년 효자면 고항리의 폐교를 개조해 곤충연구소를 세웠다. '화분매개곤충' '호박벌', '머리뿔가위벌' 등의 증식 기법을 개발해 사과 과수원의 농가 소득을 증대하기 위함이었다. 이를 바탕으로 2007년에는 '곤충바이오엑스포'를 개최했고, 그 자리가 예천곤충생태원으로 거듭났다.

관람은 실내 체험관에서 야외 생태원으로 옮겨가는 동선을 추천한다. 곤충생태체험관은 4층으로 이루어져 있으며 1~3층을 체험관으로 개방한다. 건물 외벽에 무당벌레와 사마귀 모형 등이 있어 아이들의 흥미를 끈다. 곤충연구소를 상징하는 '머리뿔가위벌 코니'와 '호박벌 페니' 캐릭터는 포토존 역할을 한다. 1층 내부로 들어서면 가장 먼저 '이야기하는 나무'가 아이들의 상상력을 자극한다. 나무에 사는 곤충의 입을 빌려 곤충의 세계를 간략히 소개하는 전시물이다. 이야기하는 나무 뒤편에는 '나비몬드리안'과 '3D 상영관'이 있다. 나비몬드리안은 나비를 색깔별로 배치해 몬드리안의 작품처럼 꾸몄다. 나비 날개의 다채로운 색깔과 문양이 이채롭다.

3D 상영관은 곤충의 모험을 주제로 한 3D 애니메이션을 상영한다. 곧장 곤충 생태를 전시하지 않고, 여러 가지

화분매개곤충
식물을 오가며 꽃가루를 옮기는 곤충을 말한다. 중매를 서는 곤충이라고 할 수 있다. 꿀벌은 세계 100대 농작물 수정의 70% 이상을 매개하고 있다. 머리뿔가위벌, 호박벌, 뒤영벌 등이 대표적이다.

건물 외벽의 사마귀 모형

이야기하는 나무

나비몬드리안

세계 최대 크기의 하늘소

곤충 정원

비단벌레 전시관

방법으로 관람객에게 말을 건다. 곤충을 무서워하는 아이들도 쉽게 접근하도록 돕는다.

 곤충의 생활을 엿보고 싶다면 GO GO!

본격적인 체험관 전시는 2층에서 시작한다. 2층은 제1전시실 '곤충역사관'과 제2전시실 '곤충생태관' 그리고 '특별전시실'로 구성되어 있다. 전시는 곤충의 진화와 다양성에 대한 내용이다. 호박벌, 물방개, 방아깨비에서 바퀴벌레까지 각 곤충의 표본을 볼 수 있다. 또한 세계 최대 크기의 나비*와 하늘소* 등 희귀한 곤충도 만나본다. 전시장은 벌집처럼 꾸미거나 각 주제에 해당하는 상황을 그림이나 사진으로 표현했다. 그 속에서 곤충의 생태를 확대해 보여주는 방식이 재미있다. '개미는 땅속에서 어떻게 살아가는지', '반딧불은 애벌레 기간을 어떻게 나는지' 평소 알 수 없었던 곤충의 생활을 들여다볼 수 있다. 곤충생태의 이면은 학습적인 내용인데도 호기심을 불러일으키기 충분하다. 어른 아이 모두 흥미롭게 관람한다.

3층은 '곤충자원관'과 '체험학습교실' 및 '휴게실'이다. 로비에는 '바살리스말벌집'이 있다. 우리나라에 전시 중인 벌집 가운데 가장 크다. 이 벌집은 여왕벌방 1개와 약 6만 7000개의 일벌방, 숫벌방, 애벌레방으로 이뤄져 있다. 전시장에서는 말벌들이 실제로 집을 짓고 있는 광경을 볼 수 있으며 살아있는 장수벌레를 만져볼 수도 있다. 비단벌레 13만여 마리의 날개로 만든 '비단벌레 전시관'은 보자마자 탄성이 절로 나온다. 거대한 모자이크 그림을 보는 듯한 착각이 든다. 애니메이션을 활용한 게임 방식의 학

세계 최대 크기의 나비
'알렉산드리아버드윙'은 파푸아뉴기니산으로 세계에서 가장 큰 나비다. 날개를 폈을 때 길이가 25cm가 넘는다. 처음 발견됐을 당시 거대한 크기 때문에 총을 쏴 잡았다고 한다.

세계 최대 크기의 하늘소
세계에서 제일 큰 하늘소는 아마존 우림에 사는 '타이탄하늘소'다. 몸 길이가 무려 15~20cm에 달한다. 타이탄하늘소 역시 처음 발견을 당시 새처럼 총으로 잡았다고 한다.

1. 나비관찰원
2. 꿀벌 부부의 집
3. 개미의 집

습 도구도 아이들이 좋아한다.

3층 체험관 뒤편으로 이어지는 야외는 '곤충정원'과 '곤충체험온실'이다. 곤충정원에는 곤충을 형상화한 분수와 놀이터가 있다. 곤충체험온실에는 곤충연구소에서 연구, 사육하는 곤충을 풀어놓았다. 침이 없는 호박벌 수컷 등 다양한 곤충과 직접 접촉할 수 있다. 생명이 꿈틀대는 특별한 경험으로 아이들은 환호하며 즐긴다.

나비를 따라 뛰어노는 아이들을 볼 수 있는 곳

곤충정원부터는 야외 전시 체험이다. 구름다리를 걸어 내려가 본격적인 탐험을 시작한다. 야외 곤충생태원은 크게 '수변생태원', '벅스하우스', '벌집테마원', '나비관찰원', '전망대'로 나뉜다. 각각의 주제관은 곤충이나 식물 모양으로 지었다. 그 사이 수변과 녹지에는 곤충 모형들이 곳곳에 자리해 포토존 역할을 한다. 각 체험관 안에서는 마치 곤충이 된 양 곤충의 습성을 따라하며 체험한다. 벅스하우스 속 '거미의 집'에서는 거미줄에도 걸려보고 '꿀벌 부부의 집'에서는 벌처럼 몸을 웅크려 쉬어도 본다. '동굴곤충나라'도 이색적인 전시 공간이다. 동굴에 적응하며 진화한 곤충의 생태를 스토리텔링 방식으로 소개한다. '광섬유 반딧불이'도 재미나다. 소음에 반응해 불을 끄는 방식으로 사람이 나타나면 사라지는 반딧불이를 재현했다. 그 가운데 제일 두드러지는 생태 공간은 '나비관찰원'이다.

나비관찰원은 길이 67m, 폭 22m, 높이 13m로 국내 최대 규모다. 햇살이 스미는 투명 돔 안에서 '꼬리명주나비', '호랑이나비',

'암끝검은표범나비' 등 실제 나비를 관찰할 수 있다. 이를 위해 '쥐방울덩굴', '산초나무' 등의 기주식물*과 '자귀나무', '나리꽃' 등의 밀원식물*을 직접 키웠다. 이곳에서는 나비를 따라 뛰어다니며 노는 아이들의 모습을 볼 수 있다. 손바닥만한 휴대전화에 갇혀 있던 아이들이 동심으로 돌아가 신나게 뛰노는 모습이 반갑다. 정상에는 생태원을 조망할 수 있는 전망대도 있다. 그 또한 '황금빛장수풍뎅이'가 참나무에 매달려 있는 모양이라 정겹다. 방학이나 어린이날 등에는 곤충 관련 페스티벌이나 이벤트도 열린다. 실내외를 오가며 '곤충그리기', '나무곤충만들기', '유충담기체험' 등을 할 수 있다. 곤충생태원은 그 어느 곳보다 곤충 생태계에 대해 재미있고 자세하게 배울 수 있는 곳이다.

기주식물
주로 초식성 애벌레나 곤충의 먹이가 되는 식물이다.

밀원식물
꽃꿀을 분비하고 꽃가루를 공급하여 꿀벌에 먹이가 되는 식물을 말한다.

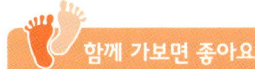 함께 가보면 좋아요

예천천문우주센터

예천은 크지 않은 지방 도시지만 과학 공간이 알차다. 예천곤충생태원이 생태 과학을 체험하고 배우는 공간이라면 예천천문우주센터는 우주 항공과 천문 과학을 배울 수 있는 공간이다. 센터 내에는 '별천문대'와 '천문학소공원' 등의 천문 과학 공간 외에 별도의 '우주환경체험관'이 있다. 별천문대에서는 천체 관측을 통해 별자리와 우주에 대해 공부할 수 있다. 우주환경체험관에서는 우주 비행사가 되기 위한 훈련을 해볼 수 있다. 우주선이 발사될 때 중력의 변화를 체험할 수 있는 '가변중력체험장치', 무중력 상태에서 몸의 균형을 유지하기 위한 '우주자세제어체험장치', 마치 달 표면을 걸어다니는 듯한 '달중력체험장치' 등의 장비를 이용해 훈련한다. 야외에는 우주인이 인공위성이나 우주왕복선을 수리할 때처럼 우주 공간의 스릴을 느껴보는 '우주유영장치'도 있다. 가족캠프나 항공우주캠프로 좀 더 심도 깊은 체험도 가능하니 함께 들러볼 것을 추천한다.

예천천문우주센터

011 클레이아크김해미술관

'흙'과 '건축'을 다루는 국내 하나뿐인 미술관

주소 경상남도 김해시 진례면 진례로 275-51
관람 시간 10:00~18:00(관람 종료 1시간 전까지 입장 가능)
휴관일 매주 월요일(월요일이 공휴일인 경우 그 다음 날), 1월 1일, 설날·추석 연휴
관람료 성인 2000원, 중·고등학생 1000원, 초등학생 500원, 미취학 아동 무료
매월 둘째 주 토요일과 마지막 주 수요일은 '문화드림데이'로 당일 전시관 무료 입장 (단, 체험 프로그램은 제외)
홈페이지 www.clayarch.org
전화 055-340-7000

누구나 어린 시절 찰흙 놀이를 하던 추억 하나쯤은 갖고 있다. 이때 찰흙으로 만들던 수많은 것들 중 가장 어려운 편에 속하던 게 바로 '집'이었다. 벽을 세우고, 문을 달고, 굴뚝까지 붙이는 과정은 만만치 않았지만 집을 짓는 건축의 기본 재료가 흙이라는 사실을 배울 수 있었다. 클레이아크김해미술관은 집을 짓는 '흙'과 '건축'만을 다루는 국내 하나뿐인 미술관이다.

흙과 건축의 만남, 클레이아크김해미술관

클레이아크김해미술관은 세계 최초의 건축도자 분야 미술관이다. '클레이아크'(Clayarch)란 '흙'(Clay)과 '건축'(Architecture)의 만남을 의미한다. 건축도자와 같은 말이다. 도자, 건축, 사진, 영상, 조각, 회화 등의 전시가 열리는 이곳은 건축의 재료인 '흙'과 흙으로 만든 '도자' 작품들을 주로 전시한다. 지금까지 클레이아크김해미술관에서는 '세라믹 루키'전, '아시아 현대 도예'전 등 다양한 전시를 개최해왔다.

미술관에 들어서면 우선 큰 규모에 놀란다. 전체 면적 4만 1925㎡의 대지 위에 '전시관', '연수관', '체험관', '수장고', '매표소', '아트숍', '카페' 등이 있으며, 아이들이 마음껏 뛰놀 수 있는 넓은 마당도 있다.

클레이아크김해미술관 입구에 들어서면 '돔하우스'가 가장 먼저 시선을 빼앗는다. 크기와 외벽의 아름다움 때문이다. 돔하우스는 클레이아크김해미술관의 제1호 소장 작품이다. 하나하나 손으로 그림을 그린 5036장의 타일을 붙여 외벽을 만들었다. 클레이아크김해미술관 초대 관장 신상호의 작품이다. 색과 디자인이 모두 다른 이 타일은 흙으로 만든 도판에 그림을 그리고 굽는 '파이어드 페인팅(Fired Painting)' 기법으로 만들었다. 타일은 교체도 가능하다. 아이와 함께 외벽 가까이 다가가

1. 클레이아크미술관 전경
2. 돔하우스
3. 도자 체험장

보기를 권한다. 하나하나 정성이 깃든 타일 덕분에 아이의 눈이 반짝인다.

 햇빛이 건물로 스며들어 또 하나의 작품이 되는 공간

전시관 안으로 들어서면 중앙홀 천장을 눈여겨보자. 삼각 프레임이 유리돔 지붕을 메우고 있다. 덕분에 유리돔 지붕을 통해 들어오는 햇빛은 중앙홀 벽면에 선명한 그늘을 드리워 작품을 만든다. 햇빛이 재료가 되어 촘촘하게 그려진 삼각형이 마치 그물과 같다.

돔하우스의 중앙홀 가운데 놓인 작품은 주변을 한 바퀴 돌거나 계단을 오르며 감상할 것을 추천한다. 위치와 시선 높이에 따라 작품이 달리 보인다.

2층 전시실은 입구와 출구가 도넛의 내부마냥 연결된 형태다. 원형의 전시실이 작품을 숨겼다 보여주기를 반복한다. 1층으로 내려갈 때는 전시실 입구와 출구 사이에 있는 반대편 경사진 길로 내려가 보자. 외부 풍경을 감상할 수 있는 짧은 길이다. 중앙홀 유리돔에 비할 바는 아니지만 창을 통해 들어오는 햇빛은 이곳도 예외가 아니다. 창에서 들어오는 햇빛과 내부를 거니는 사람들이 합쳐져 클레이아크김해미술관만의 풍경을 만들어낸다.

벽에 그려진 기하학적 도면과 사진은 돔하우스 도면과 건물을 지을 당시 사진이다. 경사진 길을 따라 내려오면 다시 중앙홀

1. 천장의 삼각 프레임이 만든 그림자
2. 중앙홀 천장
3. 1층으로 내려가는 통로 벽에 그려진 돔하우스 도면과 건물 공사 당시 사진

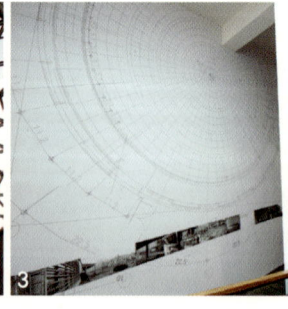

이다. 관람 동선을 고려해서 건물을 설계했음을 알 수 있다. 돔 하우스는 아름다운 디자인과 설계로 건축학도들의 필수 답사 코스로 손꼽힌다.

 클레이아크미술관의 자랑, 산책로와 〈클레이아크타워〉

산책로는 클레이아크미술관의 자랑이다. 이 길은 관람객들을 미술관 곳곳으로 안내하는 가이드 역할을 하는 동시에 여유를 선물한다. 산책로에서도 여러 작품을 감상할 수 있다. 가장 눈에 띄는 건 〈클레이-아치〉와 〈클레이아크 아치〉다.

〈클레이-아치〉는 자크 커프만의 작품이다. 돔하우스를 나와 산책로가 시작되는 지점에서 볼 수 있다. 큐빅하우스 아래쪽 정원에 있는 〈클레이아크 아치〉는 로버트 해리슨의 작품이다. 벽돌이 거대한 아치를 이루고 있다. 도자로 만든 다양한 모양의 타일을 아치를 따라 붙였다. 아이들이 특히 좋아해 포토존으로 인기가 높다.

큐빅하우스와 체험관 앞에 서면 돔하우스 너머로 시선을 옮겨보자. 넓게 퍼진 진례면 평야가 마음까지 시원하게 뚫어준다. 큐빅하우스 앞에는 높이 약 20m의 탑이 하나 있다. 클레이아크 김해미술관의 랜드 마크 역할을 하는 〈클레이아크타워〉다. 외벽에 돔하우스처럼 1000여 장의 타일을 붙였다. 독특하면서도 아름다운 모습에 아이들은 탄성을 지른다.

4. 산책로
5. 로버트 해리슨 〈클레이아크 아치〉
6. 〈클레이아크타워〉

4 5 6

창의력을 키우고 진로까지 알아보는 다양한 체험 프로그램

큐빅하우스에는 상설·특별·기획 전시가 열리는 3개의 전시실이 있다. 어린이를 대상으로 미술 프로그램을 진행하는 '키즈 스튜디오', '키즈 라이브러리', '테라 스튜디오', '시청각실'도 운영 중이다. 돔하우스가 원형 건물이라면 큐빅하우스는 육면체의 사각형 건물이다. 평면과 직선으로 이뤄져 있어 모던한 분위기를 자아낸다. 외벽 한 면 전체를 전망창으로 만든 곳은 꼭 들러보자. 아이와 함께 벤치에 앉아 진례면 풍경을 감상할 수 있다.

클레이아크김해미술관에서는 어린이와 청소년을 위한 다양한 체험 및 교육 프로그램을 운영 중이다. 그중 '도자 체험 프로그램'은 가장 인기 있다. 아이들이 상상한 대로 다양한 모양의 도자를 빚고 구우며 즐길 수 있는 시간이다. 프로그램은 오전(1교시), 오후(2~4교시)로 나뉘어 1시간 30분 동안 진행한다. 아이들이 만든 작품은 도자기를 굽는 '소성 과정'을 거쳐 완성된다. 완성작은 집까지 택배로 보내줘 자신이 만든 작품을 직접 사용하거나 전시할 수 있다.

건축과 도자를 접목한 '아트 키친'은 건축 재료인 10여 가지 색의 모자이크 타일을 이용해 아이가 원하는 작품을 만드는 프로그램이다.

진로를 고민하는 아이들을 위한 체험 프로그램도 있다. '토요일! 진로탐험대'는 초·중학생을 대상으로 하는 '아트+건축'과

1. 아이들이 만든 도자 작품
2. 도자 체험 프로그램에 참가한 아이들

중·고등학생을 위한 '미술관 사람들'로 나누어 진행한다. 아트+건축은 건축 관련 직업, 건축 제작 과정, 재미있는 현대 건축 등을 소개하고 건축 디자인을 체험하는 내용이다. 미술관 사람들 프로그램은 미술관 관련 직업과 업무에 대해 소개하고 직접 전시를 기획해보는 경험을 할 수 있도록 구성했다. 아이들은 체험을 하면서 재미를 느낄 뿐만 아니라 미래의 직업에 대해 생각해보며 알찬 시간을 보낸다.

도자 체험 프로그램에 참가한 아이

생각 발산하기

클레이아크김해미술관은 왜 김해에 있어요?

클레이아크김해미술관이 김해에 있는 이유가 궁금하지? 그 이유를 알기 위해 우선 고대 역사를 알아야 한단다. 금관가야를 세운 김수로왕은 자연 조건이 매우 좋은 현재의 김해 지역을 도읍으로 정했어. 계절의 변화가 뚜렷하고 온화한 이 지역 기후는 나라의 기틀을 정비하는 데 큰 도움을 줄 수 있었기 때문이야. 낙동강 하구에 위치한다는 점과 넓은 김해 평야 또한 김해를 도읍으로 정하는 데 결정적인 역할을 했어. 덕분에 김해 지역은 교역의 중심지로써 일찍이 수준 높은 문화가 발전했지. '김해토기'는 고대 김해 지역의 도자 문화 수준을 가늠해볼 수 있는 대표 유물이야. 오래전부터 내려온 역사적 배경 덕분에 오늘날에도 김해 지역에는 100여 개가 넘는 도자 공방이 있어. 김해에 도자와 건축만을 주제로 한 클레이아크김해미술관이 들어서게 된 것은 자연스러운 일이라 할 수 있지.

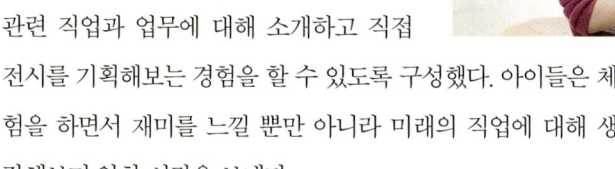

김해토기

012 경기도미술관 어린이꿈틀
어린이도 현대미술과 친해질 수 있어요!

주소 경기도 안산시 단원구 동산로 268
관람 시간 10:00~18:00, 7~8월 10:00~19:00
휴관일 매주 월요일(월요일이 공휴일인 경우 정상 개관), 1월 1일, 설날·추석 당일
관람료 성인 4000원, 청소년·초등학생 2000원,
　　　　　미취학 아동 1000원, 4세 미만 무료(특별기획전시 별도)
홈페이지 gmoma.ggcf.kr
전화 031-481-7057

'어린이꿈틀'은 2013년 안산 경기도미술관 내에 어린이 전용 예술 체험 공간으로 문을 열었다. 이름에서부터 느껴지듯 이곳은 어린이들에게 무한한 상상력과 창의력을 가득 불어넣는다. 아이가 현대미술과 친해질 수 있는 귀한 공간이다. 재미있게 구성된 기획전시와 아이들 눈높이에 맞춘 전시 연계 체험물을 한 공간에서 만나볼 수 있다. 넓은 호수를 품은 화랑유원지와 접해 있어 산책하듯 미술작품을 감상하는 재미도 있다. 자, 이제 어렵게만 느껴졌던 현대미술의 문턱을 신나게 넘어보자.

보물찾기하듯 작품을 감상할 수 있는 입구

경기도미술관은 입구에 들어서기 전부터 볼거리가 넘친다. 돛을 형상화한 유리 건축물, 컨테이너 설치작품인 〈다섯 평의 꿈〉과 〈도서관 프로젝트〉, 실제 닭이 살고 있는 〈아트닭장〉 등 보이는 모든 것이 작품이다. 전시실로 들어서기 전에 보물찾기하듯 야외 곳곳에 숨어있는 작품을 찾아보자. 미술관을 처음 접하는 아이라도 편안히 감상을 시작할 수 있다.

로비에 들어서면 솜뭉치로 연기를 내뿜는 비행기가 천장을 가로지른다. 아이들이 만지고 놀수 있는 전시 연계 설치작품도 로비 곳곳에 놓여있다. 매주 수·목·금요일에만 개방하는 로비 라이브러리에는 50여 종의 국내외 미술 잡지 2000여 권과 도록 500여 권이 꽂혀있다. 전시실로 들어서는 길에는 강익중 작가의 〈5만 개의 창, 미래의 벽〉이라는 작품이 발길을 붙든다. 아이들의 그림으로 꾸며진 타일이 1, 2층 벽을 가득 메웠다. 로비에 비치된 야외 조각공원 활동지도 미리 챙겨두자. 활동지에는 조각품에 대한 소개와 감상포인트가 설명되어 있고, 미션 도장을 찍는 공간도 있다.

로비 관람이 끝났다면 미술관 안으로 들어가 보자. "예술가는 우리가 보지 못하고 지나치는 것들을 찾아내는 발견자라고 생각한다." 전시

〈내가 돈키호테인가〉

〈도서관 프로젝트〉 〈다섯 평의 꿈〉

- **강익중 〈5만 개의 창, 미래의 벽〉**

제주도 최남단 마라도부터 최북단에 위치한 파주 대성동마을까지 전국 어린이 5만 명의 그림을 모아서 설치한 작품이다. 그림 중간중간에는 아이들의 추억이 담긴 장난감이나 소중한 물건들도 붙어있다. 프로젝트에 참여한 어린이들은 '나의 꿈'을 주제로 되고 싶은 것, 가고 싶은 곳, 먹고 싶은 것, 만나고 싶은 사람, 좋아하는 동물 등을 손수 그려 미술관으로 보냈다. 이 그림이 한 점 한 점 모여 거대한 작품으로 탄생했다. 한 발 떨어져서 보면 벽화 전체 모습이 우리나라 지도를 옆으로 돌린 형상이란 걸 알 수 있다. 벽화에는 '전통과 과거', '미래와 어린이', '남과 북'을 연결하고자 하는 작가의 희망이 담겨있다.

〈5만 개의 창, 미래의 벽〉

실 한 켠에 적힌 이연숙 작가의 말이 인상 깊다. 이 말을 되뇌며 발걸음을 옮겨보자. 결코 눈을 뗄 수 없는 작품들이 아이들의 마음을 사로잡는다.

만지고 느낄 수 있는 체험으로 가득한 전시 공간

무지개색 계단을 올라 2층으로 들어서면 어린이꿈틀 전시실이다. '기획전시실', '별별교실', '꿈마루', '꿈충전소' 등 4개의 공간으로 구성되어 있다. 기획전시실은 직접 참여할 수 있는 체험 중심 공간이다. 전시 공간은 손으로 만지거나 몸으로 부딪치면서 작품을 체험하는 '몸놀이', 생활 속 재료와 자연물을 활용한 '상상놀이', 색칠이나 엽서 쓰기 등 감정을 표현할 수 있는 '미술놀이'로 구분되어 있다. 전시는 1년에 한 번씩 바뀌는데, 아이들 눈높이에 맞춘 기발한 작품이 많다. 교과서나 미술관에서 흔히 봐왔던 〈모나리자〉도 전시관에서는 흥미로운 체험물로 변신한다. 아이들은 홀로그램 액자를 통해 각도마다 다르게 보이는 모나리자 모습에 눈을 떼지 못한다.

작품마다 쉬운 단어로 정리한 설명 글이 붙어있으니 엄마가 직접 설명해주기도 편하다. 입구에 비치된 활동지를 활용해 작품

속에 숨은 내용을 아이들과 함께 찾아보는 것도 좋겠다.

별별교실은 참여 미술 프로그램이 이루어지는 공간이다. 작가의 작품을 아이들이 꾸며 완성해나간다. 전시 공간에서 야외 테라스로 나가는 문에는 "깔깔깔 웃어도 됩니다. 콩콩콩 뛰어도 됩니다"라는 문구가 걸려있다. 조용히 작품을 감상해야 하는 미술관은 아이들에게 지루한 공간이기 쉽다. 이곳은 바로 이런 점을 반영해서 만들었다.

야외 테라스는 아이들이 마음껏 뛰어놀 수 있는 꿈마루 공간이다. 화랑유원지가 내려다보이는 쉼터로, 체험 프로그램이 진행되는 배움터와 설치작품이 어우러져 있다. 그 옆 꿈충전소에는 포토존이 마련되어 있다. 이곳에 서서 아이들의 꿈을 담는 시간을 가져보자. 신나게 사진도 찍고 아이와 함께 이야기를 나누며 활동지를 정리하다 보면 하루가 금세 지나간다.

어린이꿈틀 전시실

꿈충전소

꿈마루

 어린이를 대상으로 한 전시 연계 심화 교육 프로그램

어린이꿈틀은 유아나 초등학생을 대상으로 한 전시 연계 심화 교육 프로그램도 다양하다. 주말 '가족 체험 프로그램', 주중 '참여 미술·만들기 프로그램' 등 전시 작품에 맞춰 2~3개월에 한 번씩 프로그램 주제와 내용이 바뀐다. 모든 교육은 이론, 감상, 만들기 과정을 포함하는데 전시에 따라 작가가 직접 진행하는 프로그램도 있다. 홈페이지에서 미리 신청해야 하며 참가비는 전시마다 다르다. 주말에는 잔여석에 한해 현장 접수도 받는다.

어린이를 위한 도슨트 프로그램 '꿈틀여행'도 활용해볼 만하다. 평일에는 단체 신청만 받지만 주말을 이용하면 사전 신청 없이도 시간에 맞춰 해설을 들을 수 있다.

함께 보면 좋은 경기도미술관의 기획전시

어린이꿈틀뿐만 아니라 경기도미술관의 다른 전시실도 볼거리가 가득하다. 계절마다 장르와 주제를 바꿔가며 전시가 열리는데 5, 6월에는 주로 가족 체험전을 연다. '모니카와 함께 떠나는 세계 명화 여행', '콜라주 아트 – 생각엮기 그림섞기' 등 아이와 함께 볼 만한 전시를 꾸준히 진행하고 있다. 이밖에도 여름 · 가을에 진행하는 '현대미술의 동향'전과 '국제'전, 다양한 장르를 미술과 결합한 겨울 전시 '크로스 장르'전 등 현대미술을 바탕으로 한 이색적이고 다양한 전시를 만나볼 수 있다. 실험적인 작품과 전시 기획들이 많아 작품을 감상하면서 아이와 이야기 나누기 좋다.

경기도미술관에서도 6세부터 초등학생 어린이가 있는 가족을 대상으로 전시 연계 프로그램을 진행한다. 홈페이지에서 미리 확인하고 신청하자.

어린이꿈틀 교육프로그램

013 국립생태원

생명력이 꿈틀대는 활기찬 대지의 세계

주소 충청남도 서천군 마서면 금강로 1210
관람 시간 3~6월과 9~10월 10:00~18:00, 7~8월 10:00~19:00, 11~2월 10:00~17:00(관람 종료 1시간 전까지 입장 가능)
휴관일 매주 월요일(월요일이 공휴일인 경우 그 다음 날), 설날·추석 전일 및 당일
관람료 성인 5000원, 청소년 4000원, 어린이(만5~12세) 3000원, 서천 군민 50% 할인
홈페이지 www.nie.re.kr
전화 041-950-5300

국립생태원은 국내는 물론 세계의 기후별 생태계를 재현해놓았다. 평소 책에서만 보았던 희귀한 동식물을 관찰할 수 있는 기회다. 다양한 생물들이 아이들의 호기심을 끊임없이 자극한다. 동식물 캐릭터로 만든 '하다람놀이터'도 아이들에게 인기만점이다.

서천에는 국립생태원 외에 해양 생태나 조류 생태 등을 공부할 수 있는 명소가 많아 '하늘, 땅, 바다'의 생태계를 고루 볼 수 있다. 생명력이 꿈틀대는 활기찬 대지의 세계로 발걸음을 내딛어보자.

🔬 자연의 아름다움이 머무르는 곳

2013년에 개관한 국립생태원은 면적부터 어마어마하다. 축구장 90여 개를 합쳐놓은 것만큼 넓어서 어디서부터 돌아봐야 할지 막막해지기 십상이다. 그렇다고 미리 주눅 들 까닭은 없다. 욕심을 덜고 미리 계획을 짜면 효율적인 관람이 가능하다. 어떤 공간을 집중해서 관람할지, 체험 프로그램에는 얼마의 시간을 할애할지 정해서 돌아다니면 좋다. 국립생태원 홈페이지에는 소요 시간별로 코스를 추천하고 있으니 참고하자. 코스별 예상 소요 시간보다 한두 시간을 더 잡고 방문하면 더욱 여유롭다. 미리 약도를 살펴 국립생태원의 동선을 그려보는 것도 좋다.

국립생태원은 '전시관람'과 '연구교육' 그리고 '서비스' 구역으로 나뉜다. 생태 연구와 보전 또한 국립생태원의 중요한 업무다. 전체 면적의 절반 가까이가 연구교육구역이고, 나머지가 전시관람구역과 주차장, 매표소 등의 서비스구역이다. 전시관람구역은 실내 시설인 '에코리움'과 실외 공간인 습지, 하천 중심의 '금구리구역', 한반도 숲과 고산 생태 중심의 '하다람구역', 사슴생태원 중심의 '고대륙구역' 등으로 나뉜다. 정문 쪽에서 들어오면 사슴생태원과 방문자센터를 지나 금구리못에 다다른다. 봄이면 금구리못 주위로 들꽃이 창창하다. 아이와 함께 손잡고 들꽃 나들이를 해도 좋겠다. 금구리못에서 하다람구역과 금구리구역의 야외 생태 시설을 지나 에코리움에 이른다. 아이들은 에코리움의 웅장함에 놀라고 아름다운 자연 환경에 또 한 번 놀란다.

연인과 가족이 자연을 마음껏 느끼기에도 부족함이 없다. 자연의 품에서 편안한 하루를 보낼 수 있다.

🔬 실제 자연에 한 발 더 가깝게 다다가기

금구리구역은 남쪽의 금구리못에서 생태원

1. 생태 체험을 하는 아이들
2. 자연의 품에서 쉬는 아이들
3. 금구리못

전체에 물을 공급하는 북쪽의 용화실못까지 물길을 따라 길게 이어진다. 금구리못에서는 멸종 위기 야생동물 2급 금개구리가 서식하는 모습이 발견되기도 했다. 아이에게 이런 이야기를 들려주면 호기심 가득한 눈으로 주위를 두리번거린다. 용화실못과 금구리못을 잇는 물가 주변은 '한반도습지', '수생식물원', '습지체험장' 등의 습지 생태 공간이다.

하다람구역은 금구리구역의 서쪽에 있다. 후문 쪽의 아한대침엽수림대에서 정문 쪽의 난온대상록활엽수림대까지 기후대별 수림이 있고, 그 사이에 '고산생태원', '마을숲', '한반도숲' 등의 공간이 있다. 산책 삼아 걸으며 기후별로 숲과 나무가 어떻게 다른지 비교할 수 있다. 금구리구역과 하다람구역에는 각각 한반도습지와 한반도숲이 있어 우리나라 생태 환경을 살필 수 있다.

에코리움구역 안에는 실내 전시 공간도 있다. 약 1900여 종의 식물과 230여 종의 동물을 볼 수 있는 대형 공간이다. 고대륙구역은 노루와 고라니 등이 뛰어노는 사슴생태원이 중심이다. 하지만 노루와 사슴은 겁이 많은 동물이라 가까이에서 관찰하기는 어렵다. 각 구역의 이름도 재미나다. '다람쥐', '금개구리', '저어새', '대륙사슴' 등 멸종위기 동물의 이름을 빌려왔다. 전시 방식도 기존의 동물원이나 식물

습지체험장의 고라니

습지체험장

원과는 다르다. 동식물을 나누지 않고 실제 자연에 가깝게 재현했다. 아이들은 이런 환경 덕에 자연스럽게 생태 환경 속으로 스며든다.

 귀여운 동물이 아이의 눈길을 사로잡는 생태 여행

야외 구역은 정해진 가이드라인 없이 자유로이 산책하듯 즐기는 공간에 가깝다. 먹을거리와 간식을 챙겨 하루짜리 소풍 코스로 즐기는 것을 추천한다. 에코리움과 방문자센터 2층에 식당이 있지만 하다람쉼터나 에코리움 옥상정원 등 자연에 가까운 장소에서 도시락이나 간식을 먹는 게 낫다.

시간이 넉넉하지 않다면 에코리움과 하다람광장(놀이터)을 중심으로 일정을 짜보길 권한다. 놀이터에서 시작하면 아이들은 좀체 걸음을 떼지 않으므로 에코리움부터 출발하자. 에코리움은 방문자센터를 제외하면 국립생태원의 유일한 실내 전시 공간이다. 약 2만 1000㎡로 아시아 최대 규모다. 공간은 상설전시관과 기획전시관을 기본으로, '열대관', '사막관', '지중해관', '온대관', '극지관'과 '재배온실', '4D 영상관'으로 이뤄졌다. 무엇보다 세계 5대 기후별 생태계를 재현해 우리나라에서 보기 힘든 동식물을 만날 수 있다.

검은꼬리프레리독

열대관

시클리드

선인장

먼저 열대관은 아시아, 중남미, 아프리카 열대우림을 재현했다. 첫 걸음부터 느껴지는 후끈한 공기가 열대의 기후를 실감케 한다. 하지만 그 뜨거움도 금세 잊힌다. 눈앞에 펼쳐지는 수중 생태계 덕분이다. 아름다운 색깔의 물고기 시클리드가 지느러미를 흔들며 헤엄친다. 뿌리 식물 시서스, 열대나무, 알다브라육지거북, 필리핀돛꼬리도마뱀 등은 영화나 다큐멘터리의 한 장면인 양 자태가 곱다. 중간에는 전망대가 있어 열대관 전체를 조망할 수도 있다.

열대관을 나오면 사막관이다. 깁슨사막과 소노라사막에서 출발해 모하비와 아타카마 사막으로 이어진다. 사막별로 다른 모습의 선인장을 보는 것만으로도 흥미롭다. 카멜레온이나 목도리도마뱀도 눈길을 끈다. 하지만 최고 스타는 역시 모하비사막에 사는 검은꼬리프레리독이다. 먹이를 먹으며 분주하게 움직이다 가끔씩 아이들과 눈을 맞추는데 그럴 때마다 탄성이 쏟아진다. 그 몸짓이 관람객의 귀여움을 독차지한다. 지중해관은 바오바브나무나 유칼립투스 같은 식물들이 볼거리다. 벌레를 잡아먹는 식충식물 래드드래곤도 신비롭다. 지중해관을 지나 온대관으로 옮겨오면 비로소 익숙한 기온이다. 온대관은 실내와 실외로

생각 발산하기

동물이 12가지 소리를 내며 의사소통을 한다고요?

초원에서 무리 지어 사는 검은꼬리프레리독은 12가지 소리를 내며 의사소통을 한단다. 마치 그 소리가 개와 비슷해서 'dog'자로 끝나는 프레리독이라는 이름이 붙여졌지. 프레리독은 '초원의 개'라는 뜻이야. 검은꼬리프레리독은 귀여운 생김새답게 사회성도 좋아서 놀이를 하기도 하고 가족 단위로 무리 지어 산단다.

▲ 검은꼬리프레리독

나뉘는데 1800종의 자생식물과 제주도의 생태 등을 재현해놓았다. 마지막은 개마고원에서 타이가숲, 툰드라 지역을 살펴볼 수 있는 극지관이다. 앞 전시관에 비해 '생태'의 느낌은 덜하지만 전투펭귄과 턱끈펭귄이 아이들을 불러 모은다.

놀면서 공부하는 생태 놀이터

에코리움을 나와서는 놀이터, 편의점, 쉼터가 있는 하다람광장으로 향한다. 하다람광장에서는 놀이터가 특히 인기있다. 동식물 캐릭터로 만든 놀이 시설과 안내판은 생태를 한층 친근하게 전달한다. 아이들은 시설물에 오르거나 매달리는 등 놀면서 자연스럽게 생태계를 체험한다. 벌집 모양으로 만든 '육각형 벌집가벽'에서는 벌의 생태와 벌집의 단면을 볼 수 있다. '워터게이트'는 물길을 막거나, 워터펌프로 물을 끌어올리고, 워터건으로 과녁 조형물을 맞추며 노는 시설이다. 물길을 막았을 때 고여있던 위치에너지가 워터게이트를 열면 운동에너지로 변하는 과학 원리가 그 안에 들어 있다. 물론 아이들은 워터건으로 과녁 조형물을 맞추는 놀이나 나뭇잎배 띄우기 등에 더 집중한다. 개구리 혓바닥 모양의 미끄럼틀, 사과나무 정글짐, 여

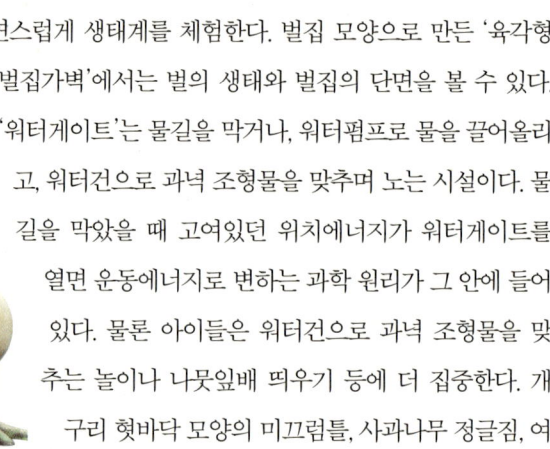
개구리 혓바닥 모양의 미끄럼틀

워터건

육각형 벌집가벽

치 모양의 의자, 그네 위의 매미 등 여타 시설도 생태계처럼 꾸며놓았다. 아이들이 노는 사이 부모들은 하다람쉼터나 놀이터의 꽃모양 벤치 등에서 잠깐 숨을 돌릴 수 있다.

국립생태원은 체험 프로그램도 알차다. 에코리움 오리엔테이션은 매주 토요일 3회 50분 동안 7세 이상의 유아와 초등학생을 상대로 진행한다. '잔디인형', '나만의 네임텍', '자연 액자 만들기' 등의 프로그램이 있다. 생태 해설사와 함께하는 '에코리움 투어'도 관심을 가져볼 만하다. 세계 5대 기후의 생태계를 함께 돌아보며 좀 더 상세한 설명을 들을 수 있다. '일일 생태 체험'이나 '방학 생태 캠프' 등 계절에 따라 다소 변화는 있지만 생태 관련 프로그램을 꾸준히 진행한다. 생태원 내에는 숙박 시설인 '교육생활관'이 있다. 하룻밤을 머물며 국립생태원과 서천 생태 여행에 나서보는 건 어떨까. 장항선 장항역과 국립생태원 후문이 곧장 이어져 기차 여행을 할 수도 있다.

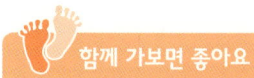
함께 가보면 좋아요

조류생태전시관

서천은 근래 들어 수학여행지로 인기가 높아져 학생 단체 여행객이 부쩍 늘었다. 그동안 서천 하면 모시 공예나 신성리 갈대밭, 마량리 동백꽃 등이 먼저 떠올랐다. 그런데 몇 해 사이 생태 관광 명소로 탈바꿈했다. 국립생태원을 필두로 조류생태전시관이 있어 물속 생태까지 관찰
조류생태전시관

할 수 있다. 조류생태전시관은 국내 최대 철새 도래지인 금강 하구에 있다. 지상 4층 규모로 '전시실'과 '전망 공간', '쉼터' 등으로 이루어져 있다. 그 가운데 3층 '버드디스커버리룸'은 새를 주제로 한 전시실이다. 새의 시각으로 영상을 보며 하늘을 나는 시뮬레이션 시설이 눈길을 끈다. 4층 '생태전망대'에서는 금강 일대의 철새 생태를 조망할 수 있다.

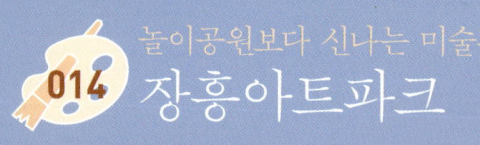

놀이공원보다 신나는 미술관!
014 장흥아트파크

주소 경기도 양주시 장흥면 일영리 8번지
관람 시간 평일 10:00~18:00, 주말 10:00~19:00(동절기 10:00~18:00)
(관람 종료 1시간 전까지 입장 가능)
휴관일 매주 월요일(월요일이 공휴일인 경우 그 다음 날)
관람료 8000원(에어포켓 및 체험 프로그램 요금 별도)
홈페이지 www.artpark.co.kr
전화 031-877-0500

학자들이 수십 년간 연구한 바에 따르면 아이들은 미술관에 들어섰을 때 두려운 감정을 느낀다고 한다. 그도 그럴 만한 게 하얀 벽에는 온통 작품만 걸려 있고, 미술관을 감도는 정적은 발걸음마저 조심스럽게 만든다. 호기심이 발동하는 작품을 만나도 만져보는 건 금물이다. 아이가 미술관에 대한 두려움을 없애고, 마음껏 뛰놀 수 있는 공간을 찾고 있다면 장흥아트파크를 추천한다. 장흥아트파크는 예술작품 사이에서 신나게 뛰어놀 수 있는 것은 물론이고 피카소, 백남준 같은 세계적인 거장의 작품을 언제든지 만날 수 있는 곳이다.

아이가 주인공이 되는 놀이터 같은 미술관

장흥아트파크에서는 전시 감상과 체험, 놀이가 하나다. 조각공원과 야외 놀이터까지 합치면 그 어느 곳보다 아이가 뛰놀며 즐길 수 있는 공간이 넓다. 전시 공간 안에 마련된 놀이터에서는 아이가 주인공이 된다.

입구를 지나면 가나어린이미술관이 있다. 이곳에서도 작품 감상과 놀이 모두 가능하다. 아트숍을 지나면 '블록팩토리'와 '마그넷플레이'가 있다. 블록팩토리에서는 아이가 제 손보다 크고 다양한 모양의 블록을 생각한 대로 쌓고 다시 허문다. 집이나 다리를 짓기도 하고 의자를 만들어보기도 한다. 엄마, 아빠도 어릴 때 기억을 떠올리며 아이와 함께 놀기 좋다. 마그넷플레이의 벽에는 병원, 농장, 동물원, 시장, 학교를 원으로 그려놓았다. 아이가 다양한 그림의 마그넷을 이 원 안에 붙이면서 노는 공간이다. 글을 아직 모르는 아이도 부모의 도움을 받으며 그림의 의미를 이해하고 벽에 자석을 붙이며 시간을 보낸다.

복층으로 된 공간으로 내려가면 '볼풀아일랜드'다. 작은 풀장에 공이 가득해 아이들이 환호성을 지른다. 동화에 나오는 캐릭터가 그려진 '사운드플레이'는 청각놀이터다. 원통형 미끄럼틀을 타고 내려오며 자연스럽게 뛰놀 수 있다.

가나어린이미술관 안에는 아이들 놀이터 외에도 3개의 전시실이 있다. 상설전시 공간인 'SAPCE3'에서는 앤디 워홀, 프랭크 스텔라 등 유명 아티스트들의 작품을 감상한다. 벽을 가득 채운 작품을 보여주는 것은 아이에게 커다란 그림책을 보여주는 것과 다름없다.

'SPACE4'와 'SPACE5' 두 개의 전시실에서는

1. 블록팩토리
2. 마그넷플레이
3. 사운드플레이

조지 시걸 〈우연한 만남〉

주로 기획전시를 연다. SAPCE4에서는 '우리 아이가 달라졌어요' 라는 주제로 전시를 한다. 귀여운 캐릭터들이 스토리를 전개하는 형식으로 아이들이 특히 좋아한다. 이 외에도 SPACE4에서는 '이상원'전, SPACE5에서는 'Jambo Island : Together 함께하다' 전 등 다양한 전시를 진행했다.

놀이와 감상을 마쳤다면 아트숍 옆에 있는 카페에서 잠시 휴식을 취해보자. 카페 앞 야외에도 벤치와 테이블이 마련되어 있으니 날씨가 좋다면 이곳에서 시간을 보내는 것도 좋다. 벤치 사이에 설치한 작품은 조지 시걸의 〈우연한 만남〉이다. 일방통행을 의미하는 'ONE WAY' 표지판 아래 모인 세 사람이 쓸쓸한 느낌을 자아낸다.

1. 블루스페이스
2. 피카소어린이미술관
3. 레드스페이스
4. 에바 알머슨 상설전시

피카소와 에바 알머슨을 만날 수 있는
블루스페이스와 레드스페이스

넓은 조각공원을 마당으로 둔 블루, 레드, 옐로우 스페이스는 건물의 단순한 외양과 색감이 눈에 띈다. 아이와 함께 온 가족 단위 관람객들에게는 포토존으로 유명하다. 대형 전시관은 아니지만 공간마다 개성이 뚜렷해 취향에 따라 전시를 감상할 수 있다.

블루스페이스는 '피카소어린이미술관'이다. 국내에서 피카소 작품을 상설전시하는 유일한 곳이다. 피카소는 설명이 필요 없는 20세기 최고의 거장이다. 피카소어린이미술관에서는 그의 생애 중 후기에 남긴 판화와 도자기 작품을 감상할 수 있다. 더불어 피카소를 촬영한 앙드레 빌레르의 사진도 볼 수 있다. 피카소의 작품은 '도자기', '판화', '드로잉', '사진' 등 네 개의 섹션으로 나뉘어 전시한다. 또한 피카소의 생애를 다룬 영상도 상영해 아이들의 이해를 돕는다.

레드스페이스에서는 스페인 화가 에바 알머슨의 작품을 상설전시한다. 그녀의 작품을 보고 있으면 행복한 느낌이 들어 자연스럽게 웃음이 나온다. 에바 알머슨의 그림 소재는 주로 가족들의 일상생활이다. 작가 자신과 남편, 아이, 강아지가 그림 속 주인공이다. 산책과 운동을 즐기는 모습이 평화롭다. 실제 가족의 모습을 작품으로 표현해 웃음을 더한다. 그녀의 남편이 대머리라 그림 속 남자 주인공도 머리숱이 없다. 평범한 일상을 명랑하고 밝은 모습으로 승화시킨 작품이다. 밝은 분위기 때문에 누구나 부담 없이 즐기기 좋은 그림이다.

 에바 알머슨은 전시회 개최를 맞아 국내에서 연 사인회에서 원하는 관람객 모두에게 얼굴 그림을 그려주고 기념사진을 함께 촬영한 것으로도 유명하다. 자신의 작품을 보러 온 사람들에게 행복을 선물한 화가다.

🎨 아이가 가장 좋아하는 옐로우스페이스

아이가 가장 좋아하는 공간은 옐로우스페이스다. 높은 천장에 설치한 에어포켓 때문이다. 입장하자마자 거대하고 신기한 모양을 한 에어포켓이 아이의 마음을 빼앗는다. 뜨개질을 해 만들어 놓은 것 같은 형태에 엄마, 아빠도 신기해한다. 에어포켓은 가로세로 12m, 높이 6.5m로 규모가 어마어마하다. 에어포켓은 '섬유예술 놀이터'의 창시자 일본인 토시코 맥아담이 만들었다. 에어포켓은 아이들이 들어가 마음껏 놀 수 있도록 구조공학 전문가의 자문을 거쳐 설치했다. 아이들은 마치 거미줄처럼 연결된 공간으로 들어가 기어오르거나 숨는다. 한 명이 움직이면 그 진동이 다른 곳까지 전달돼서 자연스럽게 함께 어울리는 효과가 있다. 길게 늘어트린 공 모양 부분에서는 정글에 온 것마냥 매달려 놀기도 한다. 에어포켓의 기본 재료인 로프는 2.5t의 무게를 견딜 수 있으며, 바닥에는 10cm 두께의 매트를 깔아 안전에 신경을 썼다. 에어포켓의 주재료인 실은 당연히 유해 물질을 제거했

1. 옐로우스페이스
2. 에어포켓
3. 에어포켓에서 놀고 있는 아이들
4. 야외 놀이터에 있는 B'bob

다. 야외 놀이터에 있는 그물놀이터 'B'bob'도 토시코 맥아담의 작품이다.

🎨 체험하며 원리를 배우는 어린이체험관

블루, 레드, 옐로우 스페이스를 지나면 '어린이체험관'이다. 카메라를 주제로 한 '세상을 찰칵! 찰칵!' 체험 전시가 열리는 중이다. 입장하면 대형 렌즈 모양의 전시 공간으로 들어가게 된다. '찰칵찰칵 카메라 놀이터'다. 찰칵찰칵 카메라 놀이터는 '셔터놀이터', '렌즈놀이터', '필름게이트놀이터'로 전시 공간이 나뉘어 있다. 아이는 이곳에서 카메라를 구성하는 셔터, 렌즈, 필름의 원리를 이해하게 된다. 볼록렌즈와 오목렌즈의 효과도 경험하고, 공이 트랙으로 빠져나오면서 색깔이 바뀌는 것도 관찰할 수 있다.

'알록달록 픽셀놀이터-요리조리 필름놀이터'에서는 픽셀과 필름을 가지고 놀이를 즐긴다. 이미지의 가장 작은 단위인 픽셀을 벽에 붙이고, 돋보기를 이용해 필름을 자세히 관찰한다. '포토 존 내 꿈은 사진가!' 구역에서는 패션사진작가, 사진기자, 광고사진작가 등 사진과 관련된 다양한 직업을 체험한다.

'물, 나무 사진 체험관'은 카메라를 직접 만들어보는 구역이다. 아이는 두꺼운 도화지를 이용해 실제로 상이 맺히는 카메라를 만드는 체험을 할 수 있다. 이렇게 만든 카메라에 휴대전화를 꽂으면 촬영도 할 수 있다. 지금껏 보지 못한 신비한 느낌의 사진이 나온다. 찍은 사진은 현장에서 인화할 수 있어 아이들의 호응도가 높다.

🎨 산책하며 만나는 세 거장의 조각품

장흥아트파크는 전시관으로 이동하는 길에 걸음을 멈추게 하는 훌륭한 조각작품이 많다. 전시 구역은 문신, 부르델, 한진섭 이 세

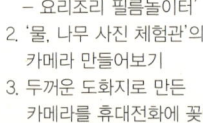

1. '알록달록 픽셀놀이터
 – 요리조리 필름놀이터'
2. '물, 나무 사진 체험관'의
 카메라 만들어보기
3. 두꺼운 도화지로 만든
 카메라를 휴대전화에 꽂아
 사진 촬영해보기

명의 작가를 기준으로 나눌 수 있다. '문신불꽃조각공원'에서는 청동, 스테인리스 스틸, 흑단을 재료로 하는 작품을 볼 수 있다. 주로 곡선과 직선을 활용해 좌우가 대칭하는 작품이다. 형태와 작품에 쓰인 재료가 자연과 조화를 이룬다.

부르델〈폴란드의 서사시〉

부르델은 로댕, 마이욜과 함께 근대를 대표하는 3대 조각가로 꼽힌다. 그의 작품을 가까운 거리에서 만난다는 건 아이와 부모 모두에게 큰 행운이다. 부르델은〈제물을 든 성모〉,〈과실〉,〈웅크린 욕녀〉등 인체를 아름답고 생기 넘치게 표현한 작품을 많이 남겼다. 특히 폴란드 독립을 기념해 제작한〈폴란드의 서사시〉는 자유를 향한 폴란드인의 마음이 얼마나 간절했는지를 잘 표현한 작품이다. 대형 칼을 든 여인이 당장이라도 뛰어나올 것 같은 모습이다.

'한진섭어린이정원'에서는〈휴식Ⅰ〉,〈미래를 향하여〉,〈잃어버린 세월〉,〈행복하여라Ⅲ〉등의 조각작품을 볼 수 있다. 주로 돌을 이용해 만든 작품으로 작가의 따뜻한 마음과 유머 감각을 느낄 수 있다.

이외에도 아이와 함께 보고 대화를 나눌 작품이 많다. 임옥상 작가의〈대지-어머니〉, 강영민 작가의〈LOVE〉, 김택기 작가의〈평화의 꿈〉등이다. 산책을 하듯 작품 하나하나를 만나는 재미가 있다. 아이와 작품 앞에 서서 서로의 느낌을 얘기해봐도 좋겠다.

1. 부르델〈웅크린 욕녀〉
2. 임옥상〈대지-어머니〉
3. 강영민〈LOVE〉
4. 김택기〈평화의 꿈〉

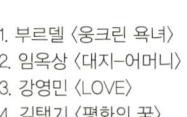

015 어린이생태미술체험관 풀잎
자연과 인간의 질서가 공존하는 생태미술 체험장

주소 경기도 수원시 장안구 경수대로 1274(풀잎)
경기도 수원시 영통구 중부대로 448번길 97 삼성테크노파크 3층(어린이미술체험관)
경기도 수원시 장안구 송정로 19(수원미술전시관)
관람 시간 10:00~18:00(입장 마감 17:30)
휴관일 매주 월·일요일, 공휴일(어린이날 제외)
관람료 무료(일부 체험 재료비 별도)
홈페이지 www.suwonartcenter.org
전화 풀잎 031-269-3647, 어린이미술체험관 031-211-0343,
수원미술전시관 031-243-3647

생태미술은 자연의 재료를 활용한 작품뿐 아니라, 자연에서 관찰하거나 느낀 점을 표현한 작품을 아우르는 개념이다. 아름다움을 재현하는 것 보다는 환경의 소중함을 알리고 인간과 자연이 공존하는 방법을 제시하는 것이 생태미술의 역할이다.
어린이생태미술체험관 풀잎은 자연과 예술이 결합한 전시를 바탕으로 교육 프로그램을 운영하는 전시 학습 공간이다. 아이들은 이곳에서 자연과 교감하고 어울려 사는 법을 배우게 된다.

오감으로 체험하는 자연 속 미술관

어린이생태미술체험관 풀잎은 2011년 수원미술전시관의 분관으로 문을 열었다. 자연과 예술을 오감으로 체득하는 전시 학습 공간을 지향한다. 아이들에게 예술과 자연이 동떨어진 게 아니라는 사실을 깨우쳐주기 좋다. 뒷마당과 이어진 효행공원, 도롱뇽 서식지와 맞닿은 자연 환경이 '생태체험관'이라는 이름값을 톡톡히 해낸다.

효행공원

북수원 버스공영차고지에서 플라타너스 가로수길을 따라가다 보면 기와지붕을 얹은 미술관 건물이 나타난다. 식물 이름이 줄줄이 적힌 앞마당 텃밭과 흙장난을 할 수 있는 모래 체험장이

체험활동지

아이들의 발길을 붙든다. 뒤편의 아담한 정원에는 정자와 벤치, 오리가 사는 연못이 있어 한가로이 도시락을 먹기 좋다. 코뿔소와 사슴 등 동물 얼굴 모양의 조각상도 아이들의 흥미를 끈다. 안내데스크에서 야외 정원 지도가 그려진 '꼬마식물박사' 활동지와 식물 관찰 도구인 '루페'를 챙겨두면 유용하다. 원추리, 붓꽃, 접시꽃 등 계절마다 다양한 꽃이 피고 지는 텃밭과 괭이밥, 물갈대, 노랑어리연 등 도심에서 보기 힘든 식물이 서식하는 연못 주변은 모두 훌륭한 자연 관찰 학습장이다.

 ### 놀이로 배우는 생태미술

미술관 내부는 '기획전시관'과 '로비', '체험 공간'으로 나뉜다. 내부 공간은 15분이면 다 둘러볼 수 있을 정도로 아담하지만 구석구석 재미있는 체험물이 아이들의 손길을 기다린다.

'증강 현실로 만나는 수원의 깃대종' 코너에서는 수원에 서식하는 생태종에 대해 알아본다. 각각의 동식물이 그려진 카드를 모니터에 대면 해당 식물이나 곤충에 대한 소개가 3차원으로 나

● **깃대종** 생태계의 여러 종 가운데 보호할 필요가 있다고 생각하는 생물 종을 가리켜 '깃대종'이라고 한다. 생태뿐만 아니라 지리적, 문화적 특성을 반영하는 상징적인 동식물을 모두 포함한다. 판다, 시베리아호랑이 등과 같이 국제적으로 인정받는 종도 있고, 덕유산 반딧불이나 담양 대나무처럼 한 지역에 국한되는 종도 있다. 수원에는 청개구리, 맹꽁이, 애반딧불이, 얼룩동사리, 칠보치마 등 8개의 깃대종이 서식하고 있다.

청개구리

1. 풀잎 실내 체험장
2. '증강 현실로 만나는 수원의 깃대종'
3. '펭귄블록 쌓기'

타난다. 벽에 붙은 패널을 참고해 아이와 함께 퀴즈를 풀어보는 것도 좋겠다. 로비 구석에는 블록 놀이를 할 수 있는 작은 천막이 마련되어 있다. 아이들에게 인기 만점인 '펭귄블록 쌓기' 코너다. 지구온난화로 인해 점점 살 땅을 잃어가는 펭귄 이야기를 들려주자.

이밖에도 풀잎의 마스코트인 '시몬과 지노 종이 캐릭터 만들기', '솔방울 인형 만들기' 등 상시로 할 수 있는 체험거리가 마련되어 있다. 생태와 관련한 그림책과 여러 동물의 발자국이 찍힌 나무토막 등도 재미있는 볼거리다.

생태와 미술 체험을 결합한 기획전시

풀잎의 기획전시는 매번 신선하고 흥미롭다. 두 달에 한 번씩 생태와 미술이 만나 독특한 교집합을 보여준다. 천연 염색 '빛깔'전(2013), 자연물로 만든 공예품 '봄보리'전(2014), 인간과 자연이 공존하는 이야기를 엮은 그림책 '이랴!쿵딱!'전(2013) 등 광범위한 생태미술 영역을 접할 수 있다. 자연 속에 미술이 있고 미술 속에 자연이 있다는 것을 몸으로 직접 느껴볼 수 있다. 아이들의 참여를 유도하는 체험형 전시여서 호응도 좋다. 매주 토요일마다 진행하는 전시 해설을 이용하면 더욱 알찬 관람을 즐길 수 있다.

식물세밀화를 전시한 '에코 아이즈, 자연을 보는 눈'(2015)은 자연과 미술, 과학의 영역을 넘나든다. 식물세밀화와 시약병에

든 식물 표본뿐만 아니라 씨앗이 퍼지는 방식, 식물 이름의 유래 등 과학적인 정보도 함께 전시했다. 먼저 전시물로 아이의 눈길을 사로잡고, 천천히 설명을 보탠다면 유익한 시간이 될 것이다. 전시장 곳곳에 돋보기를 비치하고 잉크나 색연필로 세밀화를 직접 그려볼 수 있는 코너도 마련했다. 매년 가을에는 정기 기획 전시인 '초록생각'전을 연다. 환경 보호를 주제로 한 기발한 디자인 작품을 만나볼 수 있다. 기획전마다 진행하는 전시 연계 워크숍도 풀잎의 자랑거리다. 작가와 큐레이터가 직접 진행을 맡아 내용이 알차다. '자연 재료를 이용한 만들기', '구연동화', '야외 체험 활동' 등 전시에 따라 다양한 주제로 진행한다.

이밖에도 미취학 아동이나 지역아동센터 등 단체 대상의 정규 프로그램, 방학 프로그램, 개인 가족이 참여할 수 있는 특별 프로그램 등이 있다. 특별 프로그램은 격주 토요일마다 '생태수프'(6~7세, 8~11세)와 '풀잎수호대'(12~17세)로 나누어 진행한다. 생태수프 프로그램은 숲 해설가와 함께 미술관 주변 야외 공간에서 식물을 관찰하고 열매를 맛보기도 한다. 풀잎수호대 프로그램은 숲 체험뿐만 아니라 인근의 도롱뇽 서식지를 관찰하고 보호하는 활동을 병행한다. 놀이하듯 자연을 배우며 환경 보호의 소중함을 몸소 체험할 수 있는 프로그램이다.

생각의 틀을 깨는 어린이미술체험관

동수원에 위치한 어린이미술체험관도 아이와 방문하기 좋다. 어린이미술체험관은 수원미술전시관의 분관으로 풀잎보다 앞서 2008년에 개관했다. 상가 건물에 자그맣게 자리하고 있지만, 이곳 또한 아이들에게 특화된 기획전시와 교육 프로그램이 돋보인다. 양모펠트 작가와 그림책 작가가 참여한 '숲 속 재봉사와 숲 속 친구들'전(2015), 상상 속 하늘 풍경을 아이들 눈높이로 그려낸 '구름찾기'전(2014), 오돌토돌한 한지로 자연 풍경을 만들

1. '에코 아이즈, 자연을 보는 눈'(2015)
2. '생태수프'
3. '초록 생각'전

1. 어린이미술체험관 내부
2~3. 업사이클 예술 작품 예시

어 전시한 '아름다운지'전(2014), 버려진 장난감을 활용해 새로운 장난감을 만든 '두드림'전(2014) 등 독특한 소재를 이용한 전시를 열어왔다. 어린이미술체험관은 어른들도 자주 방문할 만큼 전시 수준이 높다. 예술작품에서 쉽게 볼 수 없었던 소재를 사용한 작품을 많이 전시하고 있어 생각의 폭을 넓히기에도 좋다.

상설 프로그램인 '업사이클'은 어린이미술체험관만의 특별한 체험거리다. 체험장에 비치된 페트병, 유리병, 캔 등의 재활용품을 이용해 자유자재로 만들기 체험을 할 수 있다. 아이들은 예술을 만드는 소재를 꼭 특별한 데서만 찾을 게 아니라 주변에서 찾을 수 있다는 사실을 깨닫는다.

수원화성을 닮은 수원미술전시관

수원미술전시관은 미술 전시뿐만 아니라 다양한 문화 프로그램이 공존한다. 사회적 이슈가 되는 작품이나 지역 신진작가들의 참신한 작품들을 만날 수 있다. 수원화성을 모티브로 삼은 건축물과 미술관 야외 마당에 있는 '느리게 읽는 미술책방'이 볼거리다. 느리게 읽는 미술책방은 배영환 작가가 만든 컨테이너 도서관으로 '에이블 아트'를 기반으로 한다. 이곳에서는 청각 장애 청소년들과 함께 그림책을 만드는 '촉촉한 그림책', 시각 장애인을 위한 '손끝시네마' 등의 프로그램을 진행한다. 한 달에 한 번 미술 관련 영화를 상영하는 '아트시네마 봉봉'도 연다. 평소에는

에이블 아트
장애인이 그들만의 새로운 시선으로 표현하는 예술을 지칭한다. 에이블 아트에서 장애인은 '무능(disable)'한 존재가 아닌, 일반 예술가가 가지지 못한 '가능성(able)'을 가진 존재다. 에이블 아트는 1970년대 일본에서 처음 시작됐다.

미술전문서적과 미술치료 관련 서적, 점자터치북, 소리책 등을 비치한 도서관으로 쓰인다. 아이들을 위한 전시나 체험 프로그램은 따로 없지만 미술관과 접해 있는 만석공원, 슬기샘어린이도서관, 수원화성과 엮어 나들이하듯 다녀오기 좋다. 미술관 뒤편의 슬기샘어린이도서관은 유아자료실, 초등학생 자료실이 잘 갖춰져 있다. 또한 천문우주체험관도 있어 아이들에게 유익하다.

1. 풀잎 야외 공원 조각품
2. 풀잎 앞마당 텃밭

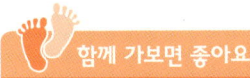

함께 가보면 좋아요

수원화성

유네스코 세계문화유산으로 등재된 수원화성은 조선시대를 대표하는 성곽으로 1796년 9월에 완공되었다. 수원화성은 조선 후기 성곽 건축의 백미로 평가받는다. 정조가 아버지(장헌세자)의 묘를 옮기면서 축조했으며, 김홍도를 비롯한 예술가들과 채제공, 정약용을 포함한

수원화성

당대 최고의 지식인들이 건설에 참여했다. 성곽 둘레가 5.7km나 되니 연무대에서 출발해 화홍문, 화성의 정문인 장안문, 화서문을 거쳐 팔달산까지 운행하는 화성열차를 타길 권한다. 화성열차를 타면 성곽 안팎 풍경을 두루두루 감상할 수 있다. 연무대 국궁체험장에서는 아이와 함께 활쏘기 체험도 가능하다.

철쭉이 만개하는 봄에는 창룡문과 팔달문 사이의 외곽길을 걸어보는 것도 좋다. 수원의 야경을 즐기고 싶다면 정조가 직접 군사를 지휘했던 곳으로 알려진 서장대를 추천한다. 화서문과 장안문을 거쳐 방화수류정까지 이어진 길은 화성성곽길에서 가장 아름다운 구간으로 정평이 나있다. 특히 '꽃을 찾고 버들을 따라 노닌다'라는 뜻을 지닌 방화수류정은 다른 성곽에서 볼 수 없는 독창적인 건축물이다. 정자에 올라 내려다보는 풍경도 아름답다. 수원화성박물관, 화성행궁, 행궁동 벽화마을도 아이와 들르기 좋다.

과학의 신비로 아이들을 유혹하는
국립대구과학관

주소 대구시 달성군 유가면 테크노대로 6길 20
관람 시간 09:30~17:30(관람 종료 1시간 전까지 입장 가능), 명절은 당일 13:00부터 개관
휴관일 매주 월요일(월요일이 공휴일인 경우 그 다음 날), 1월 1일,
법정 공휴일 다음날(공휴일 다음날이 토요일인 경우 개관)
관람료 상설전시관 – 성인 3000원, 청소년·어린이 2000원, 달성 군민 1000원 할인
4D 영상관·천체투영관 – 성인 2000원, 청소년·어린이 1000원, 달성 군민 1000원
홈페이지 www.dnsm.or.kr
전화 053-670-6114

얼핏 국립과학관은 모두 똑같은 것 같지만 지역마다 조금씩 차이가 있다. 국립대구과학관은 지역 산업과 연계한 최초의 산업과학기술관이다. 로봇쇼, 지구환경변화관측시스템 등 볼거리가 가득할 뿐만 아니라, 과학에 미술이나 음악 등 다른 장르를 연계한 체험 프로그램이 특별하다. 2013년에 개관한 과학관답게 체험 시설도 최신식이다. 국립대구과학관은 아이들을 한눈팔지 못하게 만드는 강력한 재미가 있다.

우리나라 최초의 산업과학기술관

국립대구과학관은 2013년 12월에 개관했다. 전국에 있는 여섯 개 과학관 가운데 비교적 최근에 문을 열었다. 근래에 문을 열다 보니 전시 시설이 최신식이다. 국내 최대 규모의 체험 전시물인 '라이프코스터'와 '공중자전거' 등 아이들에게 신선한 전시물이 많

다. 국립대구과학관은 우리나라 최초의 산업과학기술관이다. 그런 까닭에 지역 산업과 연계한 전시관도 돋보인다. 한의학이나 섬유 등과 관련한 전시는 대구의 지역적 특징을 잘 드러낸다. 신생 과학관답게 과학 교실을 중심으로 체험 프로그램 또한 알차게 꾸몄다. 과학 캠프도 운영하고 있어 다채로운 경험을 할 수 있다.

국립대구과학관은 대구시 외곽에 위치하고 있다. 달성군 주변 산에 포근하게 안긴 형상이다. 건물도 높게 치솟기보다는 넉넉한 녹지 공간 안에 몸을 낮췄다. 야외에는 과학 원리를 더한 어울림 놀이터와 자연을 끌어들인 놀이 시설 등이 있다. 과학관 이용과는 무관하게 누구나 이용할 수 있다.

대구의 지역 산업과 연계한 섬유 관련 전시물(우주복 섬유)

 놀다 보면 공부가 되는 신기한 과학 놀이터

'본관'은 국립대구과학관의 중심으로 각 전시실을 연결한다. 본관은 '상설전시장'에서 옥상정원이 있는 '천체투영관'으로 연결된다. 본관에서 조금 떨어진 건물에는 천체를 관측할 수 있는 '천지인학당'이 있다. 과학관 동쪽에는 1080m가 넘는 비슬산 천왕봉도 우뚝 서있다. 봄에 과학관을 찾았다면 비슬산의 참꽃도 구경하자.

1. 로비에 설치된 스크린
2. 정면의 벽에 걸린 '동작 인식 게임'
3. '지구온난화' 전시

본관으로 들어서면 너른 로비다. 국립대구과학관은 로비부터 과학의 즐거움이 함께한다. 정면의 벽에 걸린 스크린은 실시간으로 로비의 풍경을 비춘다. 스크린에 뜬금없이 등장하는 공룡 애니메이션은 실사 영상과 뒤섞여 웃음을 자아낸다. 아이들의 장난기가 동하는 순간이다. 딱딱한 과학이 아니라 놀이처럼 친근한 과학이 곳곳에서 얼굴을 내민다. 상징 조형물인 중앙의 대형 '물시계'도 신기하다. 프랑스의 물리학자이자 예술가인 버나드 지통이 만든 현대 물시계다. 높이가 11m로 세계 최대 길이다. 320L의 액체가 자유 낙하와 사이펀 원리에 의해 움직인다. 끊임없이 움직이는 액체로 시와 분을 나타낸다. 아이들은 거대한 물시계 앞에서 과학의 경이로움과 신비로움을 느낀다. 과학 원리에 대한 궁금증을 유발할 수 있는 좋은 경험이다.

로비를 지나 오른쪽은 '어린이관'과 '기획전시실', '4D 영상관', '천체투영관'으로 이어진다. 에스컬레이터를 타고 2층으로 오르면 '상설전시 1관'과 '상설전시 2관'을 차례로 만날 수 있다. 저학년이나 미취학 아동이라면 1층 어린이관을 중심으로 관람하는 게 좋다. 1층 어린이관은 놀이 체험 공간으로 기초적인 과학 원리를 시설에 접목했다. 입구의 환영 공간을 지나 시계 방향으로 '어린이과학누리', '나', '생활', '자연', '우주' 다섯 개의 테마를 만날 수 있다. 나의 몸과 감각에서 시작해 우리 가족, 우리 동네의 생활, 우리를 둘러싼 자연과 우주로 점점 사고의 범위를 확장한다. 어린이관에는 아이들이 발 구름판에서 팔짝팔짝 뛰면 에너지가 쌓여 로봇을 움직이게 하는 '로봇상자', 공이 지나가는 경로로 우리 몸의 소화 과정을 설명하는 '몸속에서 꾸륵꾸륵', 트램펄린 위를 걸으며 달의 중력을 느끼는 '달의 중력 놀이' 등 다채로운 체험 코너가 있다. 어린이관은 말 그대로 신비한 과학 놀이터다. 아이들 스스로 뛰어다니며 즐긴다. 물론 부모가 함께 뛰놀면 한층 특별한 경험이 된다.

● **버나드 지통의 물시계** 자유 낙하와 사이펀 원리로 만들어졌다. 자유 낙하는 물체가 중력의 힘으로 속도가 빨라지면서 밑으로 떨어지는 운동을 말한다. 물시계에서 떨어지는 물이 자유 낙하다. 사이펀은 기계를 움직이지 않고 압력 차에 의해 액체를 낮은 곳으로 이동할 수 있도록 고안한 장치다. 이 두 가지 과학 원리가 물시계를 작동하는 힘이다. 국립대구과학관의 물시계는 버나드 지통이 2년에 걸쳐 만든 작품이다. 그가 만든 물시계 가운데 가장 크다. 버나드 지통은 이 물시계를 통해 끊임없이 나아가는 과학의 발전과 영속성을 표현했다. 버나드 지통의 물시계는 과학과 예술, 서로 다른 두 가지 분야를 융합시킨 통섭적 사고의 좋은 예다.

버나드 지통의 물시계

과학자의 꿈이 쑥쑥! 과학 호기심도 쑥쑥!

2층 상설전시관은 전시 성격이 어린이관과 비교하면 놀이보다 공부에 가깝다. 아이들 눈높이에 맞춘 전시물로 과학을 설명한다. 초등학생 이상이면 누구나 쉽게 즐길 수 있다. 상설전시관은 2개 관으로 이루어져 있고, 1관은 '자연과 발견' 2관은 '과학기술과 산업'이 주제다. 가장 눈길을 끄는 건 '지구환경변화관측시스템(Science On a Sphere)'이다. 공중에 떠있는 지름 2m의 지구본에 인공위성에서 관측한 우주의 실시간 영상을 내보낸다. 영상을 보고 있으면 마치 우주 한가운데 서있는 듯하다. 빙하 모양의 모형에 반응형 영상물을 보여주는 '지구온난화' 전시 시설도 흥미롭다. 전시장은 어둠 속 정글짐 같은 공간이다. 전시물의 빛 변화를 통해 지구온난화를 몸으로 이해한다. 가장 인기 있는 체험은 '공중외발자전거'다. 무거운 추가 달린 외발자전거를 타고 공중에 설치된 레일 위를 지나는 체험이다. 체험을 통해 아이는 '무게중심'을 이해하게 된다.

1관이 과학 중에서도 자연과학을 다룬다면, 2관은 미래 과학을 다룬다. 2관 안으로 들어서면 먼저 우리나라에서 가장 큰 '라이프코스터'가 관심을 끈다. 그린에너지가 모이면 롤링 볼이 발사돼 라이프코스터를 따라 움직인다. 풍력, 태양력, 수소력 등 그

1. 풍력 에너지에 대해 배울 수 있는 어린이관 체험물
2. 지구환경변화관측시스템
3. 최첨단 한의학 기기

린 에너지에 대해 생각해볼 수 있는 체험 코너다. '적외선 체열검사기'와 '경락검사기' 등 최첨단 한의학 기기도 흥미롭다. 한의학은 고전 의학이라 여기기 쉬운데 IT기계를 활용한다는 것이 놀랍다. 자신의 체질도 직접 진단해볼 수 있어 몸으로 관심이 자연히 확장된다. 대구 지역의 특징을 잘 드러내는 전시물도 있다. 우주복, 소방복 등을 빌려 섬유와 과학을 설명한다. 의자에 앉아 우주인처럼 온도를 유지하고 압력을 견디는 우주과학 체험도 아이들이 좋아한다. 하지만 최고의 볼거리는 역시 '로봇쇼'다. 여러 대의 소형 로봇이 노래에 맞춰 춤을 추며 짧은 공연을 펼친다. 로봇 강국인 우리나라의 기술력을 실감할 수 있다. 아이들이 로봇 과학자의 꿈을 키울 수 있는 기회다.

체험 프로그램으로 느끼는 국립대구과학관의 진가

조금 특별한 체험을 원한다면 1층 어린이관 옆으로 난 통로를 따라 이동하자. 기획전시실에는 '내가 아는 로봇 체험전', '별난 물건박물관', '움직이는 모두의 갤러리' 등의 특별기획전이 열리고 있다. 아이들을 위한 과학관 안의 과학관이라고 할 수 있다. 기획전시실을 나오면 '4D 상영관'과 '천체투영관'에 들린다. 4D 상영관에서는 롤러코스터를 타고 자연을 달리는《히말라마존》, 119 소방 로봇을 빌려 미래 에너지를 이야기하는《시티파라디소》, 4천만 년 전으로 떠나는《잃어버린 세계로의 여행》등 세 작품을 순환 상영한다. 천체투영관은 돔스크린에 천체 영상을 투영하는 시뮬레이션 영상관이다. 다섯 편의 영상을 순환 상영하는 데 약 30~35분이 걸린다. 그 가운데《코코몽 우주탐험》이 다른 작품에 비해 쉬운 편이라, 미취학 아동이 볼 만하다. 4D 영상관과 천체투영관 모두 미리 예약하면 원하는 시간에 관람이 가능하다. 그밖에도 '무한상상실', 'LAB교육'에서도 아이들을 위한 재미난 과학 체험 프로그램을 진행한다.

특히 '천지인학당'은 가장 주목할 만한 공간이다. 천체투영관에서 바깥으로 나와 2~3분 남짓 걸어서 이동하는 천지인학당은 체험 교육을 위한 별도의 건물이다. 가족이 함께 종이컵과 빨대로 계영배를 만들고, 풍선과 컵을 활용해 공기대포를 만드는 등 가족 단위로 생활 과학 실험을 한다. 계영배는 사이펀의 원리를, 공기대포는 공기의 힘과 이동에 대해 알려준다. 초등학교 저학년은 젤리나 핫초코 등을 만들며 분자의 배열에 대해 공부하고, 고학년은 주어진 부품으로 자신만의 로봇을 만들어 보기도 한다. 4층에는 천체관측소가 있어 천체 관측 프로그램도 운영한다. 평일에는 네 차례에 걸쳐 태양 관측을, 토요일에는 야간 관측을 실시한다. 관측은 30분가량 진행하는데 당일 예약은 안 되고 무료로 진행한다. 천지인학당을 천체관측소로만 여겨서는 곤란하다. 교육실과 실험실, 숙박 시설까지 갖춘 복합형 캠프 시설로 체험 활동과 프로그램이 다채롭다.

1. 천지인학당
2. 천체관측소 내부

국립대구과학관 100배 활용법

국립대구과학관을 방문하기 전에 반드시 해야 할 일이 있다. 홈페이지 방문이다. 홈페이지 상단 메뉴 가운데 '과학 교실'과 '행사 참여' 내용을 확인했는지에 따라 과학관 활용도가 완전히 달라진다. 국립대구과학관은 전시와 체험이 다양해 이용자에게 주어진 선택의 폭이 넓다. 그러므로 사전에 확인해 아이에게 맞는 체험과 공연 날짜를 선택하면 한층 효과적으로 관람할 수 있다.

개인교육은 'LAB교육', '가족현장체험', '무한상상실', '천지인학당', '캠프교육'으로 나뉜다. LAB교육은 '광섬유등대만들기', '6다리 8다리 벌레를 찾아라' 등이 있다. 체험하며 과학 원리를 이해하는 프로그램이다. 가족현장체험은 온 가족이 교구를 구입해 직접 체험하는 프로그램이다. 초등학교 3학년 이상은 무한상상실을 추천한다. 전문가의 도움을 받으며 3D 프린터를 활용해

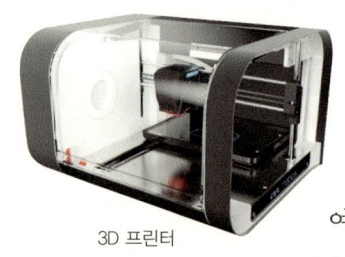

3D 프린터

자신의 아이디어를 실제로 구현해보거나, 손가락PC를 만들어보는 등 좀 더 심화된 과학 체험을 한다.

'천체투영관 음악회'나 '은하대탐험 로봇체험전'처럼 융합적 사고력을 키워주는 특별 행사 또한 꼭 참여해보길 권한다. 천체투영관 음악회는 별자리와 관련한 클래식을 감상하고, 은하대탐험 로봇체험전은 우주 탐험과 로봇을 결합해 아이들의 상상력을 키워준다. 국립대구과학관만의 기획력이 돋보이는 특별한 공연들이니 놓치지 말자.

 생각 발산하기

계영배와 사이펀의 원리가 궁금하다고요?

계영배는 잔에 7부 선 이상을 채우면 밑바닥 구멍으로 술이 새어나가게 만든 술잔이란다. 물론 7부가 되기 직전까지만 따르면 술을 온전히 마실 수 있지. 이 신기한 술잔은 사이펀 원리로 만들어졌

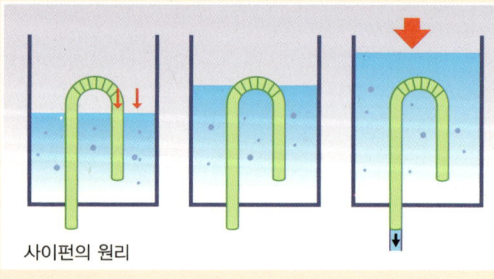

사이펀의 원리

어. 사이펀은 U자 모양의 굽은 관으로 한쪽은 길고 다른 한쪽은 짧은 모양이야. 이 관을 이용하면 액체가 들어있는 병을 직접 움직이지 않고 액체를 이동할 수 있어. 바로 대기압과 수압의 관계 때문이야. 컵에 물이 조금 들어갔을 때는 빨대의 안쪽과 바깥쪽에 작용하는 공기 압력이 같아 물이 흘러나오지 않아. 하지만 일정 높이 이상 물을 넣으면 수압이 빨대 속에 있던 공기의 압력보다 커져서 물이 흘러나오게 된단다.

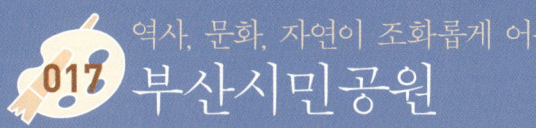

017 부산시민공원
역사, 문화, 자연이 조화롭게 어우러지는 곳

주소 부산시 부산진구 시민공원로73(범전동)
관람 시간 05:00~23:00
휴관일 연중무휴(일부 시설 제외)
관람료 무료(일부 시설 및 프로그램 참가비 별도)
홈페이지 www.citizenpark.or.kr
전화 051-850-6000

부산시민공원은 오랜 시간 일본, 유엔, 미군이 번갈아 주인 행세를 하던 땅을 부산시가 넘겨받아 조성한 문화공원이다. 부산시민공원에서는 아이들이 산책하며 자연스럽게 역사와 문화, 자연을 한 번에 체험할 수 있다. 이곳에서는 역사, 문화, 자연이 별개로 존재하는 것이 아니라 본래 한 가지에서 뻗어나온 것처럼 융합되어 다가온다.

문화 체험과 휴식이 공존하는 공간

부산시는 부산시민공원을 조성하면서 공원의 대표 주제로 충적지를 의미하는 '얼루비움(alluvium)'을 선정했다. 하천을 따라 흐른 흙이 쌓여 생명을 잉태하는 비옥한 땅으로 거듭나는 것처럼 부산시민공원이 시민들에게 새로운 휴식처가 되기를 기대했다. 이를 위해 세계적인 공원 설계자 제임스 코너가 조성 당시부터 참여해 공원 전체의 디자인을 도맡았다.

부산시민공원은 '기억(Memory), 문화(Culture), 즐거움(Pleasure), 자연(Nature), 참여(Participation)'를 테마로 구역이 나뉜다. 각각의 구역에는 주제에 걸맞은 숲길과 시설물, 놀이 기구 등이 배치되어 있다. 숲길과 숲길은 서로 만나고 헤어지는 유기적 동선으로 연결되며 방문객들의 여가와 체험을 돕는다.

부산시민공원 안에 있는 건물들은 과거 미군기지가 주둔하던 시절 군인들이 사용하던 관사와 숙소 또는 군인 자녀들이 다니던 학교를 리모델링한 것이다. 현재는 '예술촌', '도서관', '갤러리', '역사관'으로 멋지게 탈바꿈했다. 아이들은 건물을 둘러보며 작품을 관람할 수 있다. 또한 부산시민공원의 근현대사를 체험하는 의미 있는 시간을 갖는다.

부산시민공원은 누구든 찾아와 즐기는 도심 명품 공원으로 자리 잡기 위해 곳곳에 세심한 노력을 기울였다. 자연을 누리는 것뿐만 아니라 배울 수 있도록 나무에 QR코드를 붙여놓은 것도 흥미롭다. QR 코드를 스마트폰으로 읽으면 나무에 대한 정보를

• **제임스 코너**

세계적인 조경가다. 그는 각종 조경 공모전에서 1등을 수상해 명성을 쌓았다. 제임스 코너가 저술한 책은 미국 건축가협회 올해의 책(1997년)으로 선정되기도 했다. 제임스 코너가 설계한 대표적인 공원으로는 뉴욕의 '하이 라인 파크'와 '프레쉬 킬스 파크'가 있다.

제임스 코너

바로 확인할 수 있다. 아이와 함께 직접 나무를 보고 만지는 숲 체험 현장이다.

  역사를 공부할 수 있는 기억의 숲길

부산시민공원은 면적이 매우 넓다. 따라서 제한된 시간 안에 공원을 모두 둘러보는 것보다는 아이가 좋아할 만한 장소를 함께 정해 한 곳에 오래 머무는 게 효율적이다. 부산시민공원 모든 입구와 방문자센터에서 약도를 구할 수 있으니 아이와 함께 동선을 짜보는 것도 좋겠다.

우선 '기억의 숲길'로 가기 위해선 남1문으로 입장한다. 공원을 만들면서 남겨둔 과거의 시설물들을 보는 길이다. 지나간 시간의 흔적과 역사를 확인할 수 있다. 기억의 숲길에서는 '공원역사관'이 가장 눈에 띈다. 미군기지가 주둔했을 당시 장교 클럽으로 사용하던 건물에 부산시민공원의 변천사를 볼 수 있는 자료들을 전시했다. 부산시민공원의 어제와 오늘을 한눈에 확인할 수 있는 기회다. 시간이 흘러가며 자연스럽게 변하는 모습이 역사가 된다는 사실을 아이에게 알려주면 좋겠다.

1. 나무에 붙어있는 QR코드
2. 공원역사관

  다양한 문화 체험을 할 수 있는 문화의 숲길

'문화의 숲길'에서는 다양한 문화 체험을 할 수 있다. 하야리야 잔디 광장을 중심으로 '문화예술촌', '시민사랑채', '흔적극장', '다솜관' 등의 시설이 광범위하게 배치되어 있다. 문화예술촌과 흔적극장에서는 공원을 방문한 시민들을 위해 다양한 공연과 전시회를 개최한다. 토요일 오후 문화의 숲길 곳곳에서 펼쳐지는 예술 시장도 가볼 만하다. 예술인들이 직접 만든 작품을 구경하고 구입할 수 있는 기회다. 문화예술촌 공방에 들어가면 작가들이

창작 활동을 하는 모습도 볼 수 있다. 완성된 예술작품만 보는 것이 아니라 과정도 함께 볼 수 있어 '창작'이라는 의미를 직접 체험할 수 있다. 미군기지가 주둔하던 시절 각각 학교와 장교 관사로 쓰이던 시민사랑채와 다솜관에서는 '부산시민공원 개장 1주년 기념 와일드 라이프'와 '관용·이해·공존 – 오만에서 온 편지' 전을 개최했다. 자연과 인류의 공존을 모색하는 전시 내용과 부산시민공원의 문화와 체험이 겹쳐져 돋보였다.

자연의 풍요를 만끽할 수 있는 세 가지 숲길

북문에서 하야리야 잔디 광장을 거쳐 남1문까지 이어지는 길이 '즐거움의 숲길'이다. 물과 숲을 경험하는 시설물이 여럿이다. '미로정원'은 높이 1.5m 동백나무로 이루어져 있다. 아이는 제 키보다 조금 큰 미로정원으로 들어가 자연스럽게 술래잡기 놀이를 시작한다. '거울연못', '하늘빛폭포', '음악분수', '터널분수', '벽천폭포'를 즐기다 보면 아이는 어느새 물과 친해진다. 답답한 실내에서만 놀던 아이들은 자연에서 즐겁게 뛰어놀며 창의력을 키울 수 있다.

거울연못

참여의 벽

다음은 '자연의 숲길'이다. '왕벚나무 산책못', '향기의 숲', '기억의 숲', '부전천과 전포천'에서 계절의 변화를 느낀다. 남1문과 북1문으로 이어지는 왕벚나무 산책길과 부전천은 봄이면 꽃을 감상할 수 있어 시민들에게 가장 인기가 높은 명소다.

부산시민공원은 공사 시작 단계부터 많은 시민의 관심과 참여가 있었다. 이를 기록한 구역이 '참여의 숲길'이다. 이곳에는 5만 5464그루의 메타세쿼이아, 상수리나무, 후박나무 등이 심어져 있다. 도심에서는 보기 어려운 울창한 숲길이다. 모두 시민들이 직접 심은 나무들로, 나무 심기에 힘을 보탠 시민들의 이름이 '참여의 벽' 타일에 새겨져 있다. 참여의 벽은 포토존으로도 유명하다. 산책을 하다 이곳에 들러 추억을 남겨도 좋겠다.

놀면서 자연스럽게 상상력과 창의력을 키울 수 있는 체험 프로그램

부산시민공원 안에서 아이들이 가장 좋아하는 곳은 역시 놀이 시설이 모인 구역이다. 북문으로 들어가면 우선 '서클타워'가 보인다. 하늘로 올라가는 물방울을 형상화한 시설로 아이들이 파이프를 통해 땅으로 내려오는 놀이 기구다. 서클타워를 지나면 코알라 등 각종 동물을 형상화한 놀이 시설 '동물유치원'이다. 흔하게 볼 수 있는 놀이터 같지만 장애 아동들도 휠체어를 타고 이용 가능한 시설이다. 부산시민공원의 세심한 배려가 돋보인다. 이곳을 지나 하야리야 잔디 광장과 자연의 숲길이 만나는 길을 따라가면 본격적으로 놀이 시설을 체험할 수 있다.

낮은 언덕이나 뭉게구름을 연상시키는 하얀색 시설은 '에어바운스'다. 말랑하고 푹신한 재질의 기구 위를 뛰다보면 아이는 어느새 하늘과 가까워진다. 거대한 반구형 모양의 '돔플레이'도 아이들의 호기심을 끈다. 정글짐을 연상시키는 돔플레이에서 아이는 기구에 매달리고 건너뛰는 놀이에 빠진다.

'감성발달 그루터기'와 '자연체험놀이터'는 아이들이 가장 많이 모이는 시설이다. 아이는 친구들과 함께 오두막, 나무 조형물, 그늘막, 데크, 원통 슬라이드를 오가며 숲 속에 있는 것 같은 체험을 한다. 놀면서 자연스럽게 감수성과 상상력을 키운다.

부산시민공원에는 놀이 시설 외에도 아이에게 유익한 공간이

1. 서클타워
2. 감성발달 그루터기
3. 돔플레이
4. 뽀로로도서관

매우 많다. '뽀로로도서관'에 가면 애니메이션《뽀롱뽀롱 뽀로로》캐릭터를 만날 수 있다. 이곳은 아이들이 볼 만한 영상과 도서가 잘 갖춰져 있어 부모와 아이 모두에게 인기가 높다.

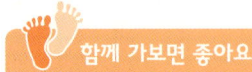 함께 가보면 좋아요

다섯 개의 공방 체험 프로그램

부산시민공원은 수준 높은 체험 프로그램을 상설 운영하고 있다. 아이들을 대상으로 예술적 상상력과 감수성 발달을 위해 지역 예술인들이 운영하는 프로그램이다.
5개 공방이 입주한 문화예술촌에 가면 금속의 홍찬일, 판화의 채경혜, 도예의 이세훈, 목공예의 박태홍, 섬유의 배선주 작가 등이

공방 체험 프로그램 모습

직접 운영하는 체험 프로그램을 경험할 수 있다. 아이들이 작가와 직접 대화를 나눌 수 있어 특별한 시간을 보낼 수 있다.

거울연못 & 하늘빛 폭포 & 터널분수

아이들은 물이 있는 곳을 유난히 좋아한다. 부산시민공원의 남1문과 남2문 사이에 가면 물을 주제로 한 시설물이 있으니 꼭 둘러볼 것을 추천한다. 남2문쪽에 가면 수심이 15cm밖에 안되는 '거울연못'이 보인다. 연못이 주변 풍경을 거울 비추듯 보여준다고 해서 거울연못으로 이름을 지었다. 거울연못 중간 인공 섬에는 영원한 사랑을 약속하는 듯한 소나무 '부부송'이 있다. 거울연못에서 가장 인기 높은 시설물은 '하늘빛 폭포'다. 아파트 11층 높이인 25m에서 시간당 약 1000t의 물을 쏟아낸다. '터널분수'는 100여 개의 노즐에서 물이 뿜어져 나온다. 터널 밑으로 뛰어가며 좋아하는 아이들의 모습을 흔히 볼 수 있다. 밤에는 하늘빛 폭포와 터널분수에서 LED조명이 나와 더욱 아름답다.

하늘빛 폭포

터널분수

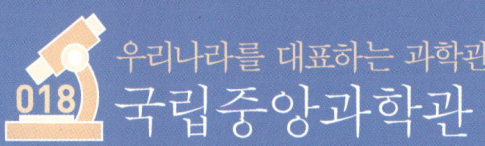

018 우리나라를 대표하는 과학관
국립중앙과학관

주소 대전시 유성구 대덕대로 481
관람 시간 09:30~17:50(매표 마감 17:00)
휴관일 매주 월요일(관광 주간은 월요일 개관)
 법정 공휴일 다음 날(공휴일 다음 날이 토요일인 경우 개관)
 1월 1일, 설날·추석 당일, 과학 주간
관람료 일부 전시관 유료 입장
 창의나래관 – 성인 2000원, 청소년·어린이(4~19세) 1000원
 자기부상열차 – 성인 2000원, 청소년·어린이(4~19세) 1000원
 천체관 – 성인 2000원, 청소년·어린이(4~19세) 1000원
 꿈아띠체험관 – 성인 2000원, 어린이(0~7세) 1000원, 청소년 입장 불가
홈페이지 www.science.go.kr
전화 042-601-7894~6

국립중앙과학관처럼 한 분야를 대표하는 '중앙 기관'은 몇 가지 선입견이 작용한다. 역사가 오래됐으니 시설물이 낡았거나 천편일률적일 거라는 생각이다. 국립중앙과학관은 이런 선입견을 보기 좋게 깨트린다. 나라를 대표하는 과학관답게 시설물 교체가 빠르고 종류나 규모도 남다르다. 쇼를 보는 것처럼 전시를 관람하는 시스템과 '천체음악회' 등 다양한 시도도 돋보인다.

전국을 아우르는 과학관

국립중앙과학관은 최근까지 엑스포과학공원과 이웃해 시너지를 발휘했다. 엑스포과학공원은 아이들보다 부모 세대에게 익숙하다. 1993년 열린 대전엑스포는 대전을 과학 도시로 도약하게 만든 밑거름이었다. 그 뒤로 오랜 시간 국립중앙과학관과 엑스포과학공원은 과학 체험 학습의 기본 코스였다. 하지만 엑스포과학공원은 아쉽게도 2014년부터 철거에 들어갔다. 그렇다고 국립중앙과학관마저 역할과 기능이 줄어든 것은 아니다.

국립중앙과학관은 여전히 우리나라를 대표하는 과학관이다. 규모나 시설 등이 어느 과학관보다도 으뜸이다. 지금도 새롭게 문을 여는 과학관은 어김없이 국립중앙과학관을 벤치마킹하기 위해 답사한다. 가장 최신형 과학 전시물이나 체험 시설물을 만날 수 있는 곳도 국립중앙과학관이다. 소장하고 있는 전시물 역시 최대 규모다. 그 이름처럼 전국을 아우르는 과학관이다.

놀이처럼 즐기는 과학 체험 전시

본관을 가기 전에 '생물탐구관'을 먼저 만난다. 남쪽 해안이나 섬 지역에서 볼 수 있는 늘 푸른 식물 200여 종을 전시하는 곳이다. 이곳에서는 교과서에 실린 생물들을 계절에 맞춰 전시한다. 교과서 밖 체험 공부다.

로봇 구조 체험

생물탐구관을 나와 정문에 다다르면 본격적인 관람이 시작된다. 국립중앙과학관은 생물탐구관 외에도 전시관이 많다. '상설전시관'과 '창의나래관'을 중점적으로 돌아본 후 원하는 테마의 공간을 방문하는 게 좋다. 상설전시관은 국립중앙과학관의 중심으로 지상 2층, 지하 1층 3개 층으로 되어있다. 그 가운데 1층의 '기초과학관'과 '첨단과학기술체험관'에 재미난 체험이 많다. '원심력 자전거'는 국립중앙과학관을 대표하는 체험 중 하나다. 원형의 레일 위에서 자전거 페달을 밟아 360도를

공기 대포 체험

자동차 코너

플라즈마 유리구

첨단과학기술 체험

도는 경험을 한다. 자전거를 탈 때 느껴지는 힘의 방향이나 몸의 중심이 이동하는 현상이 원심력이라고 설명하면 아이가 이해하기 쉽다.

'코리올리*의 방'은 자전하는 지구를 체험하는 공간이다. 지구 안에 있는 사람들은 지구가 자전하고 있다는 사실을 눈치챌 수 없지만 회전하는 방 속에 들어가면 그 원리를 이해할 수 있다. 빙글빙글 도는 방에서 공을 던지거나 굴리면 직선이 아니라 곡선으로 휘어진다. 평소 일상에서 공을 던지는 경우를 생각해보면 같은 이유로 공이 곡선으로 움직인다는 사실을 깨달을 수 있다. 지구에서 움직이는 모든 물체는 자전의 영향을 받고 있다는 사실을 체감할 수 있다. 전구의 발광 원리를 보여주는 '플라즈마 유리구', 거울의 원리를 이용한 '대형 만화경' 등도 재미난 체험이다. 산업기술 분야에는 '첨단과학기술 체험'과 '자동차 코너'가 있다. 첨단과학기술체험은 35개의 아이템을 체험하는 전시다. 자동차 코너 역시 수소연료 자동차나 하늘을 나는 자동차 등을 3D 영상 시뮬레이터로 체험한다. 원심력 자전거와 코리올리의 방, 미래 자동차 가상체험은 하루 5~6회 예정된 시간에 선착순으로 체험할 수 있다. 홈페이지에서 시간을 미리 확인하고 가는 게 좋다.

코리올리
프랑스 태생의 토목기사이자 물리학자다. 물체를 던졌을 때 지구의 자전으로 인해 자전 반대 방향으로 휘어지는데, 이때 작용하는 힘을 이론으로 정리했다.

 로봇과 인간을 비교해 볼 수 있는 전시관

지하 1층은 '생애주기체험관'이다. 가장 먼저 상징 조형물이 눈에 띈다. 피보나치 수열 개념이 적용된 달팽이 형상이다. 피보나치 수열은 두 수의 합이 바로 뒤의 수가 되는 배열을 말한다. 이

피보나치 수열이 적용된 달팽이 껍질

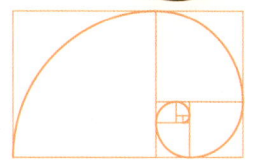

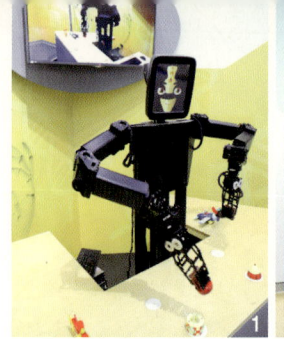
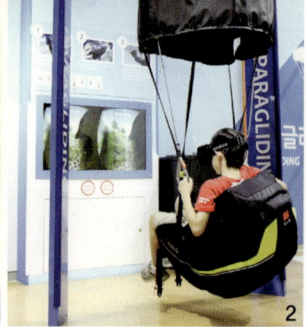

1. 로봇이 팔을 움직이는 동작
2. 패러글라이딩 체험
3. 생애주기체험관에 있는 상징 조형물

탈리아의 수학자 피보나치가 처음 발견해서 피보나치 수열이라고 이름이 붙여졌다. 피보나치 수열은 뜻밖에도 자연 속에서 많이 발견된다. 예를 들면 꽃잎의 수는 거의 3, 5, 8, 13, 21, 34, 55, 89에 해당한다. 달팽이 껍질도 마찬가지다. 지름이 1, 2, 3, 5, 8, 13 순으로 달팽이의 회전하는 껍질이 이루어져 있다. 생애주기체험관의 상징 조형물을 보면 이 형태를 관찰할 수 있다.

조형물 아래는 '인체와 로봇'이라는 주제를 중심으로 전시가 펼쳐진다. 우리 인체의 일부분과 로봇의 해당 부분을 비교할 수 있다. 다른 과학관의 로봇 전시와는 다른 흥미로운 점이다. 예를 들어 '인간의 귀와 로봇의 청각 센서인 마이크로폰의 구조', '인간의 코와 로봇의 전자 코' 등은 로봇과 인체의 원리가 어떻게 다른지 보여준다. 또 로봇이 가장 큰 목소리의 사람을 찾고, 눈을 깜빡이고, 직접 물건을 들거나 팔을 움직이는 동작 등이 어떤 원리로 이루어지는지 보여준다.

'스포츠과학' 코너에서는 패러글라이딩, 사이클, 달리기, 야구 등의 스포츠 시설을 체험하며 과학기술과 스포츠의 융합 사례를 배운다. 유아를 동반했을 때는 '꿈아띠체험관'이 제격이다. 꿈아띠체험관은 과학 원리를 적용해 꾸민 놀이터다.

 인류의 탄생부터 과학의 발달까지

2층은 '자연사'와 '한국과학기술사'가 주제다. 인류의 탄생과 과학의 발달을 소개한다. 과학 역사에 있어 결정적인 순간이 될 만한 위대한 발명품들도 보여준다. 특히 '월석' 전시물은 1972년 아폴로 17호가 달에서 채취한 것으로 우리나라 과학관 중에 국립중앙과학관에서만 볼 수 있다.

상설전시관을 좀 더 꼼꼼하게 들여다보고 싶을 때는 해설 프로그램을 이용해보자. 매일 네 차례 20분간 운영하는 '자문 과학자가 들려주는 과학이야기'와, 화요일에서 금요일까지 같은 시간에 30분간 운영하는 상설전시관 해설이 있다. 긴 시간이 아니니 설명을 들은 다음 체험에 나서는 게 낫다. 상설전시관 1층에서는 해설을 들을 수 있는 휴대 단말기도 무료로 제공한다.

또한 상설전시관 지하 1층은 2014년에, 2층은 2015년에 새롭게 단장하며 전시물을 교체했다. 이전에 방문했었다면 다시 한 번 국립중과학관을 방문해보는 건 어떨까?

🔬 SF영화의 주인공처럼 번개를 맞다!

상설전시관 못지않게 인기 있는 전시관이 '창의나래관'이다. 다른 도시의 과학관과 가장 큰 차별점이 있는 곳이다. 특별한 체험 프로그램들을 하나의 전시관에 종합 선물 세트처럼 모았다. 오전 9시 30분, 오후 1시, 오후 3시 30분 하루 세 차례 체험 활동 중심으로 운영해서 미리 예약을 해야 한다.

전시를 관람하는 방법도 조금 색다르다. 관람은 '쇼앤톡(Show&Talk)' 안내시스템에 따른다. 쇼앤톡은 부모와 아이들이 쇼를 보듯 전시를 관람하고 직접 참여해보는 방식이다. 개별 체험 시설마다 과학커뮤니케이터가 전시 교육을 주도한다. 예를 들면 1층에서는 전기쇼 '반데그라프'와 '번개쇼'를 진행한다. 반데그라프 발전기는 '정전기 체험'이다. 일상의 정전기는 약하지만 아이들에게 잘 보여주기 위하여 강도를 조금 높였다. 아이들이 반데그라프 발전기 금속구에 손을 대면 만화 속 장면처럼 머리카락이 뻗는다. 신기하고 재미난 경험이다. 번개쇼도 이에 뒤지지 않는다. 우선 아이들에게 '자동차 안에서 번개를 맞아도 안

1. 정전기 체험
2. 미디어 월

전할까?'라는 질문을 던진다. 그다음 아이들은 실제로 자동차에 타고 임의로 만든 번개를 경험한다. 짧은 순간이지만 번개를 체험한 아이들은 무슨 일이 있었냐는 듯 어리둥절한 표정으로 나온다. 이 과정의 원리는 과학커뮤니케이터가 풀어준다. 번개는 구름 아래 음(-)전하가 양(+)전하가 많은 땅으로 떨어지는 현상이다. 그런데 자동차는 번개와 같은 음(-)전하라 서로 밀어내게 되므로 차 안의 사람은 안전하다.

'레이저쇼'나 '암흑미로'도 먼저 과학커뮤니케이터가 과학 원리를 설명하고 실습 형식의 체험을 한다. 과학을 어렵고 지루하게 여기는 아이들도 이때만큼은 눈을 반짝인다. 2층 't-그라운드'는 한 편의 SF영화 속으로 들어간 듯하다. 모션 캡쳐로 영화 속 주인공이 되거나 가상 현실을 4D로 체험한다. '미디어 월'은 12m 대형 화면에서 즐기는 인터렉티브 체험이다. 영화《마이너리티 리포트》처럼 화면의 아이콘을 터치해 구동할 수 있다.

캠핑하며 과학관 즐기기

상설전시관과 창의나래관 외에 '자기부상열차'도 관심을 가져볼 만하다. 지상 8.8m를 달리는 미래형 교통수단은 전자력의 힘으로 레일 위를 떠간다. 이제는 상용화되어 제법 익숙해졌지만 원리에 관한 설명을 듣고 열차가 떠오르는 모습을 관찰한 아이들의 표정은 사뭇 색다르다. 탑승 체험으로 이어져 과학 원리를 피부로 느낄 수 있다. 야외에서는 자기부상열차를 모델별로 전시

하고 있어, 발전상을 한눈에 살펴볼 수 있다.

여름에는 '물과학체험장'이 인기다. 과학 원리를 이용한 '물의 광장', '물의 동산', '물의 정원' 등의 놀이 기구가 또 다른 즐거움을 안긴다. 과학관 안에 가족캠핑장이 있는 것도 특색 있다. 하룻밤 야영을 하며 '역사의 광장'이나 '우주과학공원' 등을 산책할 수 있다. 4월과 10월에 열리는 '사이언스데이'와 천체관에서 열리는 '천체관음악회' 등 특별한 행사가 있을 때 방문하면 과학관을 좀 더 알차게 누릴 수 있다.

3. 과학캠프관과 캠핑장
4. 자기부상열차
5. 우주과학 공원

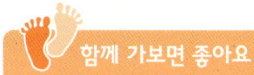
함께 가보면 좋아요

대전시민천문대

대전은 과학의 도시다. 국립중앙과학관 가까이에 같이 돌아볼 만한 과학관이 여럿 있다. 그중 대전시민천문대에는 음악이 함께하는 별자리 여행이 기다리고 있다. 대전의 대표적인 천체 관측 시설인 대전시민천문대는 매주 토요일에 별자리 음악회가 열린다. 의자를 뒤로 젖히고 돔 천장을 장식하는 3000여 개의 아름다운 별을 보고 있으면 귓가에 뮤지션의 연주가 들려온다. 가히 환상적인 경험이다. 첫째, 셋째 금요일에는 시 낭송회도 있다. 천문대 입장료와 공연이 모두 무료라서 더 좋다.

밤하늘에 떠있는 별

019 양평군립미술관
예술가가 가장 많이 사는 마을의 미술관

주소 경기도 양평군 양평읍 문화복지길 2
관람 시간 10:00~18:00(입장 마감 17:00)
휴관일 매주 월요일, 1월 1일, 설날·추석 당일
관람료 성인 1000원, 청소년 700원, 어린이 500원
홈페이지 www.ymuseum.org
전화 031-775-8515

양평은 국내에서 인구 비례로 예술가들이 가장 많이 사는 지역이다. 이것이 내실 튼튼한 양평군립미술관이 들어설 수 있었던 배경이다. 양평군립미술관은 아이들을 위한 알찬 체험 학습이 가득한 곳으로 소문이 자자하다. 최근에는 경의중앙선 개통으로 수도권에서도 접근이 쉬워져 부모의 손을 잡은 아이들의 방문이 끊이지 않는다. 뿐만 아니라 다양한 기획전시로 관람객과 적극적으로 소통하는 젊은 미술관이다.

🎨 사람이 모이는 미술관

양평군립미술관을 찾는 방문객 수는 어마어마하다. 평일에는 약 400여 명, 주말에는 약 1500여 명의 관람객이 미술관을 방문한다. 2011년 12월 개관 이후 2014년까지 미술관을 찾은 누적 관람객 수만 약 42만 명을 넘었다.

전시 관람 중인 아이들

많은 사람들을 끌어들이는 양평군립미술관의 매력은 무엇일까? 양평은 경의중앙선 전철 개통으로 수도권에서 접근하기가 편해졌다. 또 미술관에서 개최하는 교육 프로그램이 매우 알차서 부모들의 문의가 끊이지 않는다. 뿐만 아니라 현대미술을 중심으로 하는 기획전시는 개관 직후부터 미술 애호가들에게 높은 관심을 받았다.

양평군립미술관은 '기획 중심 미술관(Planning)', '참여하는 미술관(Interactive)', '창의적 문화를 생산하는 미술관(Creative)', '전문 미술관(Special)'이라는 네 가지 운영 기본 원칙을 충실히 실천하고 있다. 계절별로 개최하는 기획전시와 교육 프로그램이 그 증거물이다.

양평군립미술관은 개관한 지 3년도 채 되지 않은 2014년에 '경기도 공사립 박물관·미술관 지원 사업'에서 최우수상을 받았다. 사업 평가 기간 동안 218개 강좌에 3074명이 참가했다. 최우수상을 받은 이유는 단지 강좌 수와 참가 인원 때문은 아니었다. 질 높은 교육과 이를 운영하는 미술관의 노력이 돋보였기 때문이다.

🎨 여러 번 방문해도 늘 다른 기획전시

양평군립미술관은 수준 높은 전시를 1년 내내 개최한다. '계절별 전시', '가정의 달 기획전시', '야외 설치 미술', '양평의 원로 작가와 차세대 작가 전시', '상설전시', '어린이 미술 실기 대회와

1. O₂스페이스
2. 2층으로 올라가는 슬로프
3. 1층 상설전시실에서 볼 수 있는 아이들의 작품

수상작 전시' 등 다채롭다.

전시는 공간에 따라 섹션별로 구성되어 있다. 우선 지하 전시실인 'O₂스페이스'로 향한다. 전시의 콘셉트를 보는 공간이다. 전시는 1층에서 2층으로 올라가는 길에도 이어진다. 2층으로 올라가는 경사진 슬로프를 전시 공간으로 꾸며 사용한다. 건물 설계 아이디어가 돋보이는 공간이다. 작품과 기울어진 길이 조화를 이뤄 새로운 작품이 탄생한다. 2층 2, 3전시실도 관람객이 다음 동선을 고민하지 않도록 설계했다. 오롯이 작품 감상에 집중할 수 있다. 1층 상설전시실은 프로그램에 참가한 어린이들의 작품을 전시해놓았다. 아이가 또래의 작품을 감상할 수 있는 기회다.

양평군립미술관의 대표적인 기획전시는 '미술여행' 시리즈와 '가정의 달 특별전'이다. 미술여행 시리즈는 계절별로 1년에 4회 개최한다. 개관전으로 마련한 '마법의 나라 양평'전은 평면과 입체, 영상 중심의 현대미술을 소개해 많은 사람들에게 주목을 받았다. 개관 이후 어린이를 포함한 가족 단위 관람객이 즐겨 찾는 전시도 매해 개최했다. 2012년에 '가족'전, '유네스코 세계어린이미술'전과 2013년에 '세상은 만화다'전, '토끼와 거북이'전이 대표 전시다.

2014년에는 미술여행 시리즈로 '양평의 봄'(봄 프로젝트), '가족 사랑'(가정의 달 특별전), '미디어 르네상스'(여름 프로젝트), '대화'(가을 프로젝트), '꿈의 나라 양평'(겨울 프로젝트) 등을 개최했다. 양평의 봄 프로젝트는 '양평'을 주제로 지역 시인들이 쓴 시를 회화, 영상, 설치작품 등으로 소개하며, 장르의 융합을 꾀한 전시였다.

가족 사랑 프로젝트는 주변에서 쉽게 만나는 동식물과 사람이 살아가는 모습을 보여줘 가족의 중요성을 깨우치게 하는 전시였다. 미디어 르네상스 프로젝트에서는 미디어 아티스트들의 작품으로 미술의 폭 넓은 영역을 보여주었다. 대화 프로젝트는 양평에 거주하며 활동 중인 원로 서양 화가 정경자, 김의웅, 송용 작가의 작품을 보여준 전시였다. 꿈의 나라 양평 프로젝트는 프리즘아트, 색채의 조화, 미디어 아트 등 첨단 미술 기법을 보여주는 전시였다. 특히 양평군립미술관은 전시 때마다 실내 벽 색깔을 바꿔 관람객이 몇 번을 방문해도 새로운 느낌이 들도록 한다. 양평군립미술관만의 특별한 매력이다.

주로 주말에 양평을 방문한 아이들은 야외 전시장에 설치한 작품을 즐기고 간다. 2014년 가을, 겨울 야외 전시장에서 연 '휴먼'전과 '드림 라이트'전은 휴식을 위해 양평을 찾았던 사람들에게 인기가 많았다. 매번 새로운 개념의 전시를 기획해서 개최하는 노력 덕분에 양평군립미술관은 2014년 한 해 동안만 14만 6천 명 이상의 관람객을 모으는 성과를 거두었다.

아이와 부모 모두 반기는 교육 체험 프로그램

양평군립미술관에서는 체험 프로그램을 통해 미술에 대한 다른 시각과 생각을 경험할 수 있다. 양평군립미술관을 부모와 아이 모두 반기는 이유다. 대표적인 교육 프로그램으로는 전시 기간에 맞춰 진행하는 '어린이예술학교'가 있다. 2014년에 참가한 아이는 4천 명이 넘는다. 어린이예술학교에서는 전시 주제에 맞는 이야기를 듣고 아이들 저마다의 작품을 하나씩을 만든다.

2015년에는 '신나는 한국 미술사 놀이'를 진행했다. 유치

반과 초등반으로 나누어 선사시대부터 조선시대까지의 미술을 배웠다. 신라의 〈반가사유상〉, 고구려의 〈사신도〉, 백제의 〈금동대향로〉, 조선의 〈문자도〉 등 시대별 대표 작품을 통해 한국 미술사를 설명했다. 만들기도 아이의 흥미를 끌었다. '나만의 3층 석탑 만들기', '자석을 이용한 고려청자 만들기', '수원화성 부채 만들기', '타일 아트를 이용한 조선백자 만들기' 등이 대표적이었다. 한 번 어렵다고 느끼면 흥미를 잃을 수 있는 미술사를 스토리텔링과 만들기 체험을 접목해 쉽게 배울 수 있었다.

주말에는 도슨트 프로그램인 '미술관 탐험대'에 참가하는 것도 좋다. 초등학생 15명을 대상으로 전문 큐레이터가 해당 기간의 전시를 설명한다. '찾아가는 창의 체험 예술학교'도 공들인 프로그램이다. 전문 교수와 강사가 직

1. 〈금동대향로〉
2. 〈사신도〉
3. 〈금동반가사유상〉

1. 어린이예술학교에 참여한 아이들
2. 미술관 탐험대에 참여한 아이들
3. 미술관 음악회

접 학교를 방문해 아이들에게 미술을 가르친다. 2014년에는 7개 학교, 2015년에는 10개 학교가 참여했다.

많은 사람들이 양평군립미술관을 찾는 데 한몫한 프로그램도 있다. '전시 감상 수기 실기 대회'가 그것이다. 관람을 마친 아이들은 1층에 마련된 테이블에서 관람하는 동안 느낀 감정을 자유롭게 그림으로 표현한다. 전문 심사위원이 이 그림 중에서 우수한 그림을 고른다. 이때 뽑힌 그림은 다음 기획전시 때 1층에 전시하며, 개막식 다음 날 시상도 한다. 관객의 그림이 다시 작품이 되는 순간이다. 이것을 통해 미술관은 관객과 적극적으로 소통하는 관계를 이어간다.

양평군립미술관은 교육뿐 아니라 부대 행사도 개최해 문화공간 역할도 수행하고 있다. '미술관 음악회'는 매년 음악인 한 명을 선정해 공연을 연다. 베토벤, 모차르트에 이어 2015년 음악인은 슈베르트였다. 전시 관람과 함께 가곡과 실내악 공연을 함께 즐길 수 있다. 아이들에게 가장 인기 있는 행사는 뮤지컬, 연극, 매직쇼다. 그동안 '도깨비 방망이', '헨젤과 그레텔', '미운 오리 새끼', '미술관에 온 마술사' 등을 공연했다.

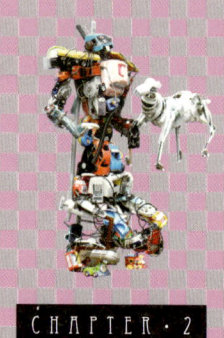

CHAPTER · 2

건물이 재미난 미술관 과학관

독특한 건물은 외관 자체만으로도 아이들의 호기심을 자극한다. 도시에 불시착한 우주선처럼 생긴 DDP, 담장에 난 창으로 제주의 자연을 작품처럼 담아낸 지니어스로사이, 지붕이 달 표면처럼 구멍이 숭숭 뚫려 있는 인천어린이과학관, 건물이 물결치듯 휘어져 있는 미메시스아트뮤지엄 등은 건물을 보기 위해서라도 찾고 싶은 곳들이다. 예술과 과학 체험은 멀리 있지 않다. 훌륭한 건축물 안에 머무르는 것 자체가 예술 감상이고 과학 체험이다.

020 DDP
상상의 공간 속으로 걸어들어 가다

주소 서울시 중구 을지로281
관람 시간 살림터 평일 10:00~21:00, 살림터 주말 10:00~22:00
　　　　　알림터 10:00~21:00, 배움터 10:00~19:00
　　　　　배움터 수·금요일 10:00~19:00, 개별 전시일 경우 별도 일정
휴관일 매주 월요일, 1월 1일, 설날·추석 당일
관람료 DDP 무료, 개별 전시마다 입장료 다름
홈페이지 www.ddp.or.kr
전화 02-2153-0000

도심 한복판에 불시착한 우주선. DDP의 첫인상이다. DDP는 동대문디자인플라자(Dongdaemun Design Plaza)의 약자이면서 '꿈꾸고 만들고 누린다(Dream, Design, Play)'는 의미도 있다. DDP는 복합문화예술공간답게 디자인, 예술, 역사, 문화 등을 한데 아우른다. 아이들에게는 건물의 독특한 생김새가 첫 번째 관심사다. 건물을 보고 하나의 사물을 떠올리게 한 후 탐험하듯 안으로 들어가는 것도 흥미로운 예술 체험이다.

상상 속 물건을 탐험하듯 체험하다!

패션 거리인 동대문은 1990년대 대형 쇼핑몰이 줄줄이 들어서며 서울의 새로운 명소로 자리 잡았다. 비슷한 시기에 동대문운동장의 시설 용도 변경 논의가 이루어졌다. 처음에는 서울시 신청사 부지 후보였으나, 최종적으로 공원화가 결정되었다. 이 계획 위에 세워진 것이 자하 하디드의 '환유의 풍경(metonymic landscape)'인 DDP다.

'환유의 풍경'이라는 말은 아이 혼자 이해하기 어려울 수 있으니 잘 설명해주자. '환유'는 어떠한 것을 다른 단어를 통해 상징적으로 묘사하는 것을 말한다. 자하 하디드는 '역사', '문화', '사회', '경제'를 하나로 아우를 수 있는 풍경을 건물로 짓고자 했다. 이것을 환유적으로 표현한 것이 DDP다. 자하 하디드는 '건축은 사람으로 하여금 생각할 수 없는 것들을 생각할 수 있도록 해야 한다'라는 생각을 전제로 DDP를 설계했다. DDP가 문화와 예술

1. DDP 전경
2. 역동적으로 굽이치는 DDP

공간으로써 주변과 조화를 이루고, 방문객들과 소통하며 살아 숨 쉬는 건물이 되기를 바랐다. 건물을 짓는 과정에서 이인문의 〈강산무진도〉에서 아이디어를 얻기도 했다. 실제로 DDP 건물은 〈강산무진도〉에 그려진 자연처럼 물 흐르듯 나선 형태로 이어진다. 때로는 유연하고 때로는 역동적으로 굽이친다. DDP는 건물의 독특한 생김새 때문에 UFO나 미지의 생명체 등 다양한 비유가 붙여지기도 한다. 아이들 눈에는 어떻게 비춰질까? 건물을 설계한 자하 하디드도 아이들의 엉뚱한 상상을 기대하고 있을지 모르겠다. 아이들이 건물을 봤을 때 떠오르는 비유가 바로 아이들의 '환유'다. 그러므로 아이들이 DDP를 방문하는 것은 스스로 상상한 비유 속으로 걸어들어 가는 특별한 경험이다.

역사를 품에 안은 DDP

자하 하디드는 세계에서 가장 주목받는 건축가 중에 한 명이다. 여성 건축가 최초로 건축계의 노벨상인 프리츠커상을 수상했다. 자하 하디드가 설계한 DDP는 역사적 장소에 세워져 더욱 의미가 있다.

　DDP 공사를 시작하기 전 땅을 고르는 과정에서 문화 유적이 발견됐다. 곧 발굴 및 복원 작업이 이루어졌는데, '한양도성', '이간수문'*, '하도감'* 터의 흔적과 1000여 점의 유물이 나왔다. 서

● 이인문의 〈강산무진도〉

이인문은 김홍도와 같이 궁중에서 활동하던 조선 후기의 화가다. 〈강산무진도〉는 자연과 자연 속에 살아가는 사람들을 그린 길이 8.56m의 대작이다. 다섯 장의 비단을 이어 대자연의 장관을 파노라마처럼 펼쳤다. 〈강산무진도〉는 국립중앙박물관이 소장하고 있다.

이인문 〈강산무진도〉

울 역사에 있어 남다른 가치의 발견이었다. 동대문운동장은 일제 강점기인 1925년에는 경성운동장으로, 광복 후에는 서울운동장으로, 1985년부터는 동대문운동장으로 불렸다. 이곳은 우리 근현대사에서도 의미 있는 장소다. 1966년에는 야간 조명탑을 설치해 우리나라 최초로 야간 경기가 열리기도 했다.

DDP는 그 시간을 품 안에 끌어들였다. '어울림광장'과 발굴된 유적을 전시하는 '야외유구전시장' 그리고 '동대문역사문화공원'이 들어선 것도 그런 까닭이다. DDP는 디자인과 문화 예술은 물론, 서울의 자랑스러운 역사가 함께하는 공간이다.

지하철역에서 나오면 DDP의 '살림터', '배움터', '알림터'가 차례로 위치한다. 여유가 있다면 발길 닿는 대로 곳곳을 누벼도 좋겠지만, 아이와 함께 무작정 돌아다니기에는 조금 벅차다. DDP 각 공간의 특성을 먼저 파악하고 접근하는 게 좋다. 살림터에는 '디자인세미나실', '카페', '잔디사랑방' 등이 있다. 세미나와 만남, 모임, 쇼핑 등이 이루어진다. 배움터에는 디자인 전시 공간이 자리한다. 예술 감상이나 체험이 주를 이룬다. 알림터는 '행사장'과 '국제회의장' 등을 중심으로 인포메이션 역할을 겸한다. DDP 홈페이지에는 추천 명소와 셀프 투어 방법 등이 상세히 설명되어 있다. 부모가 꼼꼼하게 예습해 아이와 함께 돌아보는 것이 효율적이다. 'DDP오디오가이드'와 'DDP투어가이드북', 'PLAY:DDP 활동지' 등을 활용해도 좋다.

이간수문
2개의 홍예문(무지개다리)으로 이뤄진 조선시대의 수문이다. 이간수문은 남산의 물길이 빠져나가는 길이었다. 경성운동장이 들어서며 사라졌다가 DDP 공사를 진행하며 발견돼 복원됐다.

하도감
조선시대 군사 기관인 훈련도감의 일부다. 왕의 신변 보호와 수도 방위, 지방군의 훈련 등을 담당했다.

야외유구전시장

🎨 예술놀이터에서 즐기는 체험 전시물

DDP를 미술관으로 접근할 때는 살림터, 배움터, 알림터 가운데 배움터를 중심으로 돌아보자. 배움터는 '디자인전시관', '디자인박물관', '디자인놀이터' 등으로 이루어진다. 지하 2층 디자인전시관에서는 '앙리 카르티에-브레송전: 영원한 풍경', '앤드워홀 라이브' 등 세계적으로 이름 난 예술가들의 기획전시가 주로 열

1. 거울숲
2. 소리별
3. 나는 자동차

린다. 지상 2층 디자인박물관에서는 2017년 봄까지 간송미술관의 소장품을 다양한 기획 하에 전시한다. 간송미술관은 우리나라 문화재를 가장 많이 소장한 사설 미술관이라 해도 과언이 아니다. 특히 소장작 중 정선, 김홍도, 신윤복 등 조선시대 회화 작품이 많다. 교과서에 나오는 작품도 다수 포함되어 있다. 미술 감상을 하며 우리 문화에 대한 자부심을 동시에 느낄 수 있다.

4층에는 '디자인놀이터'가 반긴다. 디자인전시관과 디자인박물관이 아이들에게 교육적으로 보여주고 싶은 예술이라면, 디자인놀이터는 아이들이 뛰어놀 수 있는 예술 놀이터다. 디자인의 개념과 원리를 활용한 창의적인 놀이형 체험 전시물이 모여 재미와 유익함을 더한다. 디자인놀이터에는 콩주머니를 던지면 새로운 영상이 열리는 '상상의 벽', 여러 개의 거울이 반사하며 다채로운 형상을 만드는 '거울숲' 등 흥미로운 체험거리가 가득하다. '소리별'은 확성기에 대고 노래를 하면 커다란 흰 공에 색색의 별이 등장하는 체험물이다. 음의 높낮이에 따라 별의 색깔이 변하고, 성량에 따라 별의 크기도 달라진다. 소리의 파장을 시각화한 예술로 아이들은 자신의 목소리가 어떤 색으로 변하는지 흥미롭게 지켜본다. '나는 자동차'도 아이들에게 인기가 높다. 손잡이를 돌리면 바퀴 하나가 돌아가고 순식간에 여러 개의 바퀴들이 톱니처럼 서로 맞물려 돌아가면서 환상적인 무늬를 만든다. 우리네 전통 팽이의 원리와 비슷하다. '꿈꾸는 집'에서는 블록판으로 집, 나비 등의 다양한 모양을 3차원으로 조립할 수 있다. 전시 체험 해설도 진행한다. 시간에 맞춰가면 30분가량 설명을 들은 후 놀이터를 이용할 수 있다. 별도의 체험 프로그램은 '상상발전소'에서 이용 가능하다. 상상발전소는 '공방프로젝트', '디자인워크숍', '디자이너스쿨' 등 다채로운 체험 프로그램을 진행하고 있다.

디자인 둘레길

🎨 DDP의 숨은그림찾기

디자인놀이터가 있는 4층에서 지하 2층 디자인전시관까지는 계단으로 이어진다. 나선형의 구조에 조명이 더해진 조형 계단이다. 계단을 내려가면서 계단 또한 예술작품이 될 수 있다는 것을 경험할 수 있다. 디자인놀이터에서 디자인전시관까지 디자인둘레길을 이용해 내려갈 수도 있다. 완만한 경사로 이뤄진 533m의 실내 이동로다. 천장의 검은 레일이 둘레길을 안내한다. 단조로운 길인 듯하지만 중간중간 자하 하디드가 만든 '세락 벤치'나, 소니의 워크맨을 디자인한 로스 러브그로브의 '의자' 등은 앉아 쉴 수 있는 쉼터이자 예술작품이다.

조형 계단

어린이창의발전소 가는 길

아이에게 디자이너의 꿈을 키워주고 싶다면 동을 옮겨 살림터에서 일정을 마무리해도 좋다. 살림터는 40여 개의 매장에서 디자인 관련 제품들을 전시하고 판매한다.

💡 생각 발산하기

4만 5133개의 패널은 어떻게 제자리를 찾을 수 있었을까요?

DDP 건물의 표면을 잘 들여다보면 은색의 알루미늄 판이 보일 거야. DDP의 외관은 총 4만 5133장의 알루미늄 판을 이어 붙여서 만들었어. 그런데 건물이 직선이 아니라 곡선이지. 그래서 4만 5133장의 판 크기가 모두 조금씩 다르다고 해. 이것을 모두 만드는 데 18개월이 걸렸단다. 판의 모습 또한 특별한 의미가 있는데, 고려청자 위에 바둑판 무늬를 그려 이 같은 형상을 얻었다고 해.

DDP 건물 표면

4만 5133장의 판을 어떻게 정확히 제자리에 붙였는지 궁금하지? 판 뒤편에는 각기 다른 번호가 새겨져 있어. 이를 활용해서 정확한 위치에 붙일 수 있었지. 판 한 장 한 장이 모여서 DDP의 독특한 겉모습을 이루게 되었단다.

동굴계단

살림터에는 '어린이창의발전소 I.play'도 있다. 이곳에는 '원목공간', '플레이큐브', '플레이아트' 등의 체험물이 있다. 도구를 가지고 놀면서 쉽게 이해할 수 있는 놀이터로 영·유아에게 적합하다. 비정기적으로 일어나는 이벤트도 흥미롭다. '느린농부장터', '야간장터' 같은 행사나 LED로 만든 2만 5550송이 '장미정원'처럼 특별한 야외 전시가 열리기도 한다. DDP를 방문하기 전에 홈페이지의 DDP캘린더를 먼저 확인한 후 일정을 짜는 게 효율적이다. 마지막으로 기념사진을 남기고 싶을 때는 '동굴계단'을 추천한다. 배움터와 알림터가 만나는 지점의 계단이다. DDP 건축의 곡선미가 잘 드러나 동굴계단으로 불린다.

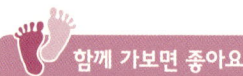
함께 가보면 좋아요

동대문역사문화공원

DDP에 가면 동대문역사문화공원도 꼭 같이 둘러보자. 원래 DDP 부지에는 동대문운동장이 있었다. DDP를 짓는 과정에 운동장을 철거하기 위해 땅을 팠는데 조선시대부터 일제강점기에 이르는 유물 1000여 점이 발견됐다. 조선시대 훈련도감인 하도감이 있던 자리
동대문운동장의 철거 전 모습

라는 것도 밝혀졌다. 무엇보다 이수간문과 치성 등은 값진 문화 유적이다. 이수간문은 성곽에 물이 지나가도록 만든 수문이다. 치성은 성곽의 바깥으로 쌓은 또 하나의 성이라고 할 수 있다. 조선시대에는 도성인 한양을 보호하기 위해 이중으로 성을 쌓았다. 치성은 서울에서는 처음으로 발견된 것이어서 더욱 뜻깊다. 동대문역사문화공원에 가면 복원된 이간수문과 치성을 볼 수 있다. 또한 '동대문역사관', '동대문유구전시장', '동대문운동장기념관' 등의 전시관에서는 동대문역사문화공원 터의 옛 모습을 볼 수 있다.

자연, 건축, 명상, 미술이 한자리에!
021 지니어스로사이

주소 제주도 서귀포시 성산읍 섭지코지로 107
관람 시간 09:00~18:00(기기 점검 시간 12:00~13:00)
휴관일 없음
관람료 성인 4000원, 청소년·어린이 2000원, 7세 미만 무료
홈페이지 http://www.phoenixisland.co.kr
전화 064-731-7791

지니어스로사이는 예술을 매개로 한 명상 공간으로 세계적인 건축가 안도 다다오가 설계했다. 그는 '자연과 명상의 건축가'라는 명성답게 제주 섭지코지의 수려한 경관을 건축 안팎으로 자연스레 끌어들였다. 안도 다다오는 개개인 마음에 남는 공간을 만들고 싶다는 생각으로 지니어스로사이를 설계했다. 지니어스로사이는 명상센터지만 자연을 품은 '건축'과 독특한 '미디어아트' 덕에 색다른 미술 여행을 즐기기 좋은 장소다.

🎬 건축 거장이 빚어낸 작은 제주

지니어스로사이 전경

성산일출봉이 손에 잡힐 듯 보이는 섭지코지는 제주의 대표 여행지다. '코지'는 '곶'의 제주 방언으로, 툭 튀어나온 지형이 제주의 바다를 감싸 안고 있다. 섭지코지에 자리한 지니어스로사이는 라틴어로 '땅의 수호신'이라는 뜻이다. 겉에서는 콘크리트 담장에 불과해 보이지만 입구를 지나면 이름에 걸맞은 광경이 펼쳐진다.

지상은 제주의 돌과 바람, 물이 한데 어울린 정원이다. 점점 아래로 내려가는 정원을 가로지르면 땅속에 묻힌 듯한 독특한 건축물을 만난다. 지하 명상 공간이다. 잿빛 콘크리트가 그대로 드러난 건물 표면은 안도 다다오 건축의 특징이다. 건물 안팎에는 노출 콘크리트를 캔버스 삼아 제주의 자연이 오롯이 스며든다.

🎬 새로운 제주를 만나는 정원

정원으로 들어서기 전에 작은 연못을 먼저 만난다. 안도 다다오 생가에 있던 연못을 본떠 만든 것으로 '한라산 백록담'을 의미하기도 한다. 연못을 지나면 현무암과 송엽국이 뒤덮인 '돌의 정원', 억새가 나부끼는 '바람의 정원', 폭포수가 쏟아지는 '물의

하늘에서 본 섭지코지

정원'이 차례로 이어진다. 마치 한라산에서 중산간(한라산 중턱) 지대를 지나 해변으로 이어지는 제주의 지형을 축약해놓은 것 같다. '돌, 바람, 물'은 제주 어디에서나 볼 수 있지만 한 공간에 재구성해놓은 풍경이 이채롭다. 제주의 자연을 새롭게 볼 수 있는 요소들이다. 바람의 정원에 들어선 아이들은 키보다 큰 억새 사이를 마음껏 누빈다. 서걱거리는 바람 소리에 귀를 기울이며 온몸으로 자연을 체험할 수 있다. 양쪽 벽을 따라 쉴 새 없이 폭포가 흘러내리는 물의 정원은 아이들이 특히 좋아하는 구간이다. 단순해 보이는 콘크리트 벽이 물을 만나 신비한 분위기를 연출한다. 물의 정원을 가로질러 건물 안으로 들어서면 거대한 현무암 돌담이 둘러싸고 있다. 돌담 한가운데가 가로로 길게 뚫려 있다. 바깥과 이어진 창이다. 창 너머로 성산일출봉과 바다가 훤하다. 마치 미술관에 걸린 그림 액자를 보는 듯하다.

미래, 과거, 현재를 상징하는 미디어아트

돌담길을 굽이굽이 따라가면 명상센터 입구다. 신발을 벗고 들어서면 어두컴컴한 복도가 이어진다. 가운데 공간을 사이에 두고 전시관 3개가 미로처럼 빙 둘러섰다. 이동할 때마다 같은 공간을 마주치게 되는 구조가 재미있다. 각 방에는 미디어아트 작가 문경원의 작품이 한 점씩 전시되어 있다. 명상을 돕기 위한 장치지만 그 자체가 독특한 예술작품이다. 미래, 과거, 현재를 상징적으로 나타내는 작품을 차례로 배치한 것도 흥미롭다.

1. 한라산 백록담을 연상시키는 작은 연못
2. 돌담에 난 창으로 보이는 성산일출봉
3. 바람의 정원
4. 돌의 정원
5. 물의 정원

1. 〈다이어리(Diary)〉
2. 〈어제의 하늘〉
3. 〈오늘의 풍경〉
4. 미로 같은 명상센터 내부
5. 명상센터로 이어지는 현무암 돌담

첫 번째로 만나는 작품은 문경원 작가의 〈다이어리(Diary)〉다. 나무에 잎이 돋고 꽃이 피고 낙엽이 지는 과정을 영상으로 반복해서 보여준다. 나무의 성장 과정을 통해 우리 삶을 돌아보자는 의도에서 기획됐다. 방석이 마련되어 있으니 아이와 편하게 앉아 감상을 즐겨보자. '매일 반복되는 시간', '생명의 순환' 등 작가가 의도한 뜻을 아는 것도 중요하지만 아이 스스로 느낌을 표현해보는 것도 좋다. 제2전시관에서는 문경원 작가의 〈어제의 하늘〉을 만난다. 바닥을 동그랗게 수놓은 작품은 하루 전 촬영한 하늘 영상이다. 매일 촬영한 하늘을 다음 날 같은 시각에 재현하고 있다. 바닥에 비친 영상에 올라선 아이들은 구름 위를 거닐 듯 신기해한다. 마지막은 문경원 작가의 〈오늘의 풍경〉이다. 들어올 때 돌담에 난 창에서 본 성산일출봉이 화면에 그대로 펼쳐진다. 건물 바깥에 설치해놓은 카메라가 성산일출봉의 실시간 풍경을 담아낸다. 시간과 공간을 넘나드는 풍경이 아이들의 호기심을 자극한다.

 건축문화투어와 함께하는 섭지코지 산책

섭지코지에는 '송이산책길', '초원산책길', '올레길미로', '해안산책길' 등 4개의 산책길이 조성되어 있다. 모두 걷기 부담스럽다면 해안산책길만 거닐어 보는 건 어떨까. 하얀 등대가 있는 붉은 오름에 올라 섭지코지 전경과 바다를 바라보면 가슴이 탁 트인다. 봄이면 이 일대를 가득 메운 유채꽃이 장관이다. 좀 더 알차

6. 해안산책길과 붉은오름
7. 글라스하우스

게 돌아보고 싶다면 휘닉스아일랜드에서 운영하는 도슨트 프로그램을 이용하는 것도 좋겠다. 1시간~1시간 30분 동안 지니어스 로사이와 글라스하우스 등 섭지코지 내 건축문화투어를 진행한다. 글라스하우스 또한 안도 다다오의 작품이다. 바다를 바라보며 식사를 할 수 있는 레스토랑 '민트'와 무료로 입장할 수 있는 '지포뮤지엄'이 있다. 건축문화투어를 이용하면 두 건축에 대한 소개뿐만 아니라 섭지코지의 주요 명소를 두루 돌아볼 수 있다.

| 건축문화투어 |

관람 시간 09:00~17:00(연중 상시 운영)
관람료 1만 5000원(2인 이상 진행, 예약 필수)
전화 064-731-7929

 함께 가보면 좋아요

본태박물관

안도 다다오의 다른 건축물이 궁금하다면 서귀포시 안덕면에 위치한 본태박물관을 함께 둘러보길 권한다. 경사진 땅을 그대로 살린 독특한 건물과 산방산 풍경이 한눈에 펼쳐지는 '실내 다리', 안도 다다오의 '명상의 방', 야외 키즈 파크 등 흥미로운 볼거리가 많다. 4관으로 나뉜 전시실에서는 전통 미술품과 수공예품, 백남준과 살바도르 달리의 작품 등 다양한 작품을 만날 수 있다.

본태박물관

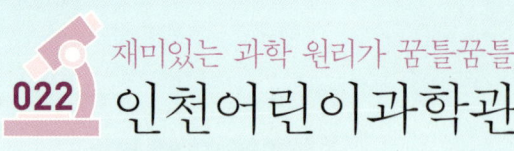

022 인천어린이과학관

재미있는 과학 원리가 꿈틀꿈틀!

주소 인천시 계양구 방축로 21
관람 시간 09:00~18:00(하루 6회 운영, 회차당 500명 정원)
휴관일 매주 월요일(월요일이 공휴일인 경우 그 다음 날), 1월 1일
관람료 성인 4000원, 청소년·어린이 2000원, 만 6세 이하 무료
홈페이지 www.icsmuseum.go.kr
전화 032-550-3300

인천어린이과학관은 2011년 국내 최초로 문을 연 어린이 전문 과학관이다. 영·유아부터 초등학생까지, 발달 단계에 맞춘 다양한 체험 전시물을 갖추고 있다. 과학관 앞에 도착하면 독특한 건물 외관이 아이들의 눈길을 사로잡는다. 마치 하얀 우주에 행성이 떠 있는 것 같다. 인천어린이과학관은 책에서만 봐왔던 따분한 과학 원리를 놀이하듯 배울 수 있어 아이들에게는 최적의 과학 놀이터다.

놀이야말로 학습의 열쇠라는 것을 보여주는 곳

인천어린이과학관은 '놀이'야말로 학습의 열쇠라는 점을 잘 보여준다. 과학 원리를 쉽고 재미있게 적용한 놀이 기구는 과학과 친해질 수 있는 나침반 역할을 한다. 오감을 활용한 체험 시설이 다양하게 마련되어 있어 아이들의 감각을 발달시키기에도 좋다.

1층 로비로 들어서면 '기획전시실', '과학도서실', '카페테리아', '기념품점', '포토존' 등이 있다. 기획전시실에서는 아이들의 눈높이에 맞춰 과학과 예술을 융합한 특별전시가 열린다. 전시 주제는 5~6개월마다 바뀌며 관람료는 별도다.

기획전시실 맞은편에 있는 과학도서실은 동화부터 학습서까지 과학과 관련된 다양한 책이 비치되어 있다. 관람이 끝난 뒤 아이들과 함께 궁금했던 자료를 찾아보거나 쉬어가기에도 좋은 공간이다. 2, 3층에는 '상설 전시관'과 '4D 영상관'이 있다. '무지개마을', '인체마을', '비밀마을', '도시마을', '지구마을' 등 주제별로 나뉘어 있다. 마을마다 입장할 수 있는 나이가 다르니 홈페이지를 미리 참고하자.

전시관으로 입장하기 전에 안내데스크에서 현장 체험 프로그램 시간표를 미리 확인해두고 체험 학습지도 구매해놓자. 학습지에 제시된 미션을 하나씩 해결하면서 관람하면 각 전시관의 체험물을 더욱 알차고 흥미롭게 활용할 수 있다.

1. 로비 전경
2. 로비 포토존

영·유아 전용 놀이터 '무지개마을'

영·유아 자녀를 둔 부모라면 '무지개마을'부터 둘러보길 권한다. 만 3~5세 영·유아와 보호자만 입장 가능한 공간으로, 신발을 벗고 마음껏 뛰놀 수 있는 놀이터다. 물놀이를 통해 펌프의 원리를 배워보는 '퐁퐁퐁 물방울', 모래로 그림을 그리거나 그릇에 담아 여러 가지 모양을 만들어보는 '쓱싹쓱싹 모래놀이', 이글루 체험을 할 수 있는 '씽씽쌩쌩 빙하탐험' 등 아이들의 흥미

1. 쓱싹쓱싹 모래놀이
2. 씽씽쌩쌩 빙하탐험
3. 뒹굴뒹굴 나무구멍
4. 퐁퐁퐁 물방울

를 끄는 놀이 소재가 가득하다.

쓱싹쓱싹 모래놀이와 씽씽쌩쌩 빙하탐험은 또래 아이들과 친밀하게 어울릴 수 있는 공간이다. 얼음 모형을 차곡차곡 날라 이글루를 함께 완성해보거나 한 공간에 모여 모래 장난을 치는 동안 낯선 아이들과 쉽게 친구가 된다. 이밖에도 나무 몸통 속으로 들어가 미끄럼틀을 탈 수 있는 '뒹굴뒹굴 나무구멍', 에어바운스에서 폴짝폴짝 뛰어노는 '뭉게뭉게 구름산책', 커다란 비눗방울 속으로 몸이 쏙 들어가는 '버블킹 체험' 등이 인기 있다.

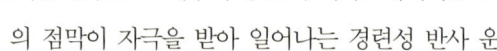

내 몸속에서는 무슨 일들이 일어날까?

무지개마을에서 나오면 만 4~8세 아이들이 입장할 수 있는 '인체마을'이 나온다. '눈, 입, 혀, 심장' 등 대형 인체 모형으로 입체적으로 꾸며져 있다. 인체를 다룬 과학이야말로 책보다는 온몸으로 배우기 좋은 주제다. '재채기는 코의 점막이 자극을 받아 일어나는 경련성 반사 운

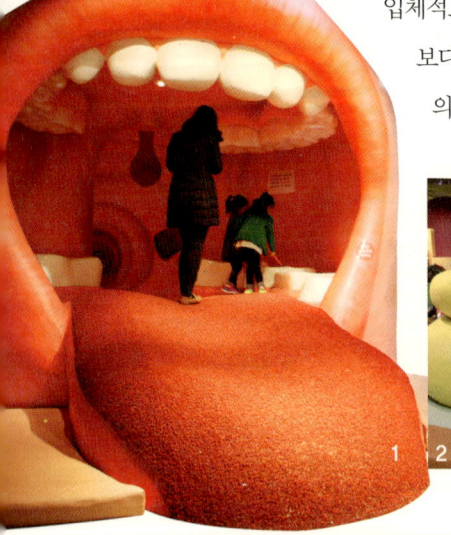

동'이라고 설명했을 때 제대로 이해할 수 있는 아이가 몇이나 될까. 이보다는 콧구멍 모형에 공을 집어넣으면 "에취" 소리와 함께 공이 튀어나오는 놀이가 아이에게 재채기 원리를 이해시키는 데 효과적이다.

인체마을에서 아이들의 시선이 가장 먼저 쏠리는 곳은 '인체미로'다. 아이들은 말캉말캉한 혀 모양의 조형물에 올라간다. 입속으로 들어간 아이들은 식도, 위, 대장으로 이어지는 미로를 따라가며 소화 과정을 온몸으로 체험한다. 맛이나 냄새, 소리를 담당하는 신체 기관을 체험해볼 수 있는 '오감골목길', 엄마의 뱃속에서 아이가 태어나기까지의 과정을 볼 수 있는 '탄생 터널'도 아이들의 흥미를 끈다.

1~2. 인체미로
3. 눈 모형
4. 재채기하는 코
5. 소방관 체험
6. '오페라하우스'(연주 체험)
7. '키즈레스토랑'(요리 체험)
8. 자동차 정비사 체험

 요리사가 되어 볼까, 소방관이 되어 볼까?

인체마을과 이어져 있는 '비밀마을'은 역할 놀이, 악기 연주, 수학·과학 놀이 등 다양한 체험을 할 수 있는 공간이다. 어떤 옷을 입고 어떤 일을 하는지 경험해볼 수 있는 역할 놀이 코너에서 아이들은 가장 오래 머무른다. 아이들은 엄마 아빠한테 주문을 받아 모형 피자를 만들고, 자동차 정비사가 되어 바퀴를 갈아 끼우고, 화재 현장에 출동해 불을 끄느라 바쁘다. 크레인에 벽돌을 잔뜩 실어 집을 짓거나 카메라맨이 되어 세계 여행을 하는 친구들의 모습을 촬영해본다. 또한 동

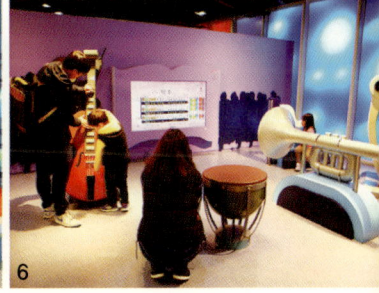

요에 맞춰 피아노, 하프 등의 악기를 연주해보기도 한다.

비밀마을은 계단을 따라 3층으로 이어진다. 바람을 이용해 농구게임을 즐길 수 있는 '베르누이테이블', 과학·수학·미술이 결합된 체험 전시물인 '플라잉스카프', 사각형 바퀴로 된 '도형자전거' 등 놀이를 통해 과학 원리를 배워보는 코너가 마련되어 있다.

🔬 미래를 꿈꾸는 도시마을

3층 비밀마을에서 나오면 첨단미래도시를 재현한 '도시마을'이 나타난다. 공상 과학 만화에서 봐왔던 첨단기술이 미래의 일상을 어떻게 바꿀지 상상해볼 수 있는 공간이다. 국제 우주정거장에 들어가 우주 생활을 체험해보고 탐사 로봇을 움직여 화성 탐험도 해볼 수 있다. 하늘을 나는 새처럼 양팔을 움직이며 비행기를 조종하는 '날고 싶은 우리' 코너는 아이들뿐만 아니라 어른들에게도 인기 있다.

🔬 지구가 아프면 우리도 아파요

바로 옆 '지구마을'은 지구의 수많은 생물들이 어떻게 상호작용을 하며 살아가는지 알아보고 환경의 소중함을 느껴볼 수 있는 곳이다. '지구가 뜨거워요' 코너에 마련된 지구 모형에 귀를 바짝 대보자. "더워, 얼음이 녹으면 여러분이

1. '날고 싶은 우리'
2. '도시마을' 전경
3. '지구가 뜨거워요'

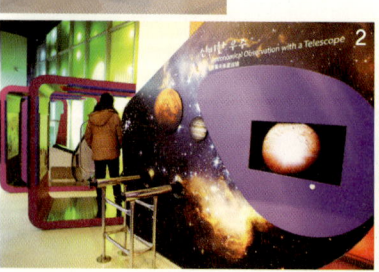

지구 갤러리

좋아하는 펭귄을 더 이상 볼 수 없어요"처럼 오존층, 이산화탄소 등이 지구를 어떻게 위협하는지에 대한 설명이 스피커를 통해 흘러나온다. 지구 온난화를 해결할 수 있는 아이콘을 발로 밟으면 북극곰이 살아나는 '지구가 더워요' 코너도 아이들의 발길을 붙든다. 이밖에도 보호색을 가진 동물들을 돋보기로 찾아보는 코너와 과학 기구를 손으로 작동해 신재생에너지의 원리를 알아보는 코너 등이 있다.

즐기며 공부할 수 있는 체험 프로그램

인천어린이과학관은 아이들뿐 아니라 가족이 함께 즐길 수 있는 교육 프로그램을 다양하게 운영하고 있다. 현장 체험 프로그램으로는 왕관이나 로켓 만들기 등 키네틱아트* 체험을 할 수 있는 '4D 수리과학창의교실', 비누와 퍼즐을 만들어보는 '유아창의체험교실' 등이 있다. 무인 발권기에서 티켓을 뽑아 즉석에서 신청할 수 있다.

'연구사와 떠나는 과학 여행', '과학자와의 만남' 등 무료로 운영하는 교육 기부 프로그램은 사전 예약을 통해 참가할 수 있다. 이밖에도 '과학 스토리텔링', '교과탐구교실' 등 주말 과학 탐구 프로그램과 '우주과학교실', '생태세밀화교실' 등 방학 특별 프로그램을 운영하고 있다.

'해설사와 함께하는 전시관 여행'도 활용해보자. 초등학생을 대상으로 3층 지구마을, 도시마을, 비밀마을에서 진행하며, 매주 주말과 방학 때 하루 네 차례 운영한다. 교과에서 배웠던 지식을 체험을 통해 쉽게 배울 수 있는 좋은 기회다.

키네틱아트
어떠한 수단이나 방법으로 움직이는 예술을 총칭한다. 가장 쉬운 예가 모빌이다. 물체 운동뿐만 아니라 빛이나 영상이 변화하는 예술작품도 포함한다.

4D 수리과학창의교실

023 예술로 세상과 소통하는 법을 배우는
서울시립미술관-북서울미술관

주소 서울시 노원구 동일로 1238
관람 시간 평일 10:00~20:00,
3~10월 주말·공휴일 10:00~19:00,
11~2월 주말·공휴일 10:00~18:00
휴관일 매주 월요일, 1월 1일
관람료 무료
홈페이지 sema.seoul.go.kr/bukseoul
전화 02-2124-8800

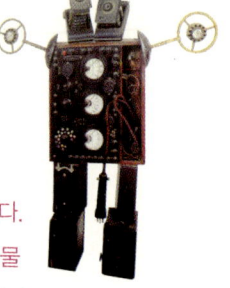

서울시립미술관-북서울미술관은 도심 한가운데 동산처럼 자리하고 있다. 사진 전시가 주여서 남녀노소 누구나 부담 없이 작품을 감상할 수 있다. 건물 모양 역시 재미나다. 공원과 한 몸인 것 같기도 하고, 산 중의 성 같기도 하다.

미술관의 벽과 동선은 '사회와 적극적으로 소통하는 미술관'이라는 북서울미술관의 정체성을 대변한다. 북서울미술관에서는 아이들에게 예술이 세상과 소통하는 방식 중 하나임을 알려줄 수 있다. 서울시민천문대, 로보카폴리어린이교통공원, 노원에코센터 등 연계할 코스가 많은 것도 이곳의 장점이다.

세상과 소통하는 미술관

서울시립미술관은 '서소문 본관', '남서울생활미술관', '경희궁 분관', '북서울미술관'으로 나뉜다. 지역 안배의 성격도 있지만 개별 분관의 성격이 조금씩 다르다. 미리 그 성격을 알면 전시 내용을 대략이나마 파악할 수 있다.

서소문 본관은 본관답게 국내외를 모두 아우르는 대형 전시를 많이 연다. 남서울생활미술관은 이름처럼 공예와 디자인 전시가 근간을 이룬다. 경희궁 분관은 대관 중심의 전시가 열린다.

북서울미술관은 서울시립미술관 분관 가운데 가장 늦게 생겼다. 2013년 노원구 중계동에 개관했다. 다른 미술관에 비해 '커뮤니티 친화적인 공공미술'의 색채가 짙다. 커뮤니티 친화적인 공공미술은 쉽게 말해 사회와 적극적으로 소통하는 예술이다. 아이들에게는 예술이 개인의 창작일 뿐만 아니라 사회에 말을 거는 방식 가운데 하나임을 알려줄 수 있다.

KBS전국노래자랑 녹화 현장을 사진에 담은 변순철 사진전 '전국노래자랑'(2014), 전쟁의 참상과 독일 여성 노동자의 삶을 담은 독일 판화가 '케테 콜비츠'전(2015) 등은 예술이 사회와 어떻게 소통하는지 보여준 전시였다. 어린이갤러리에서 열린 '굿모닝 Mr. 로봇'전(2014)도 좋은 예다. 비디오아트 거장 백남준의 작품과 국내 젊은 작가들이 로봇을 테마로 만든 작품을 전시했다. 아이들은 판화, 조각, 설치, 영상 등의 작품을 통해서 로봇과 만났다. '탐구, 상상, 모험, 창작'을 테마로 전시 공간을 구성해 그 안에서 아이 스스로 체험하고 소통할 수 있도록 했다.

동일로를 사이에 두고 길 건너편에는 서울영어과학교육센터가 있다. 북서울미술관과 연계한 코스로 알맞다. 북서울미술관

1. 서울시립미술관
  –북서울미술관 전경
2. '굿모닝 Mr. 로봇'전(2014)에 전시된 최윤석 작가의 작품.

은 도심에 있지만 등나무근린공원 안이라 소풍하듯 발걸음을 옮길 수 있다.

비뚤배뚤 재미난 모양으로 흥미를 자극하는 건물

북서울미술관의 외관도 공원과 한 몸인 양 녹아든다. 중심은 몇 개의 상자를 쌓은 듯한 현대적인 디자인이다. 반면 바깥으로는 경사면을 녹지가 빙 두르고 있다. 미술관 주변을 한 바퀴 돌아보면 산 중의 성 같다. 또는 그 자체로 고층의 아파트촌 가운데 자리한 자그마한 동산 같다. 어린이 전용 미술관은 아니지만 아이들이 흥미를 가질 만한 모양새다. 미술관을 순례하는 동선도 그 특징을 체험케 한다. 전시를 관람하고 옥상정원을 거쳐 서쪽 경사지로 나올 때는 뒷산을 올랐다 내려오는 느낌이다. 세부 요소도 눈여겨보면 재미나다. 미술관으로 들어가는 입구가 여러 개라 접근로에 따라 미술관의 모양이 다르다. 창이나 벽, 동선도 사선을 활용해 기존의 미술관을 탈피했다. 2013년 서울시 건축대상을 수상한 것도 그런 까닭이다. '커뮤니티 친화적인 공공미술'이라는 주제처럼 건물에서도 관람객과 끊임없이 소통하려는 노력이 엿보인다.

심리적 부담 없이 예술을 누릴 수 있는 곳

내부 공간의 생김도 다르지 않다. 1층 로비는 사방으로 선과 면

1. 몇 개의 상자를 쌓은 듯한 현대적인 건물 디자인
2. 재미난 형태의 미술관 내부
3. 현태환, 이성민, 박준형 〈R-Dragon〉

1. 선과 면의 교차가 흥미로운 공간
2. 인도와 잔디밭을 구분하는 별 모양 경계
3. 일반 전시실 전경

이 교차한다. 다양한 도형의 집합이다. 그 사이로 스미는 자연광 또한 이채로운 빛과 그림자를 연출한다. 전시실 구성도 북서울미술관만의 개성이 잘 드러난다. 다른 시립미술관과 달리 사진 전용 갤러리가 1층과 2층에 있다. 사진은 일반인에게 가장 친숙한 예술 장르다. 모두가 감상자이지만 누구나 창작자인 것이 사진이다. 작품에 따라 다르겠지만 대체로 부담 없이 예술을 누릴 수 있다.

　1층과 2층에는 각각 일반 전시실이 하나씩 있다. 기획전시가 펼쳐지는 공간이다. 1층에서는 '갤러리카페'와 '아트숍'도 둘러볼 만하다. 그림을 감상하다 잠깐씩 쉬어갈 수 있다. 3층은 레스토랑을 지나 옥상정원이다. 옥상정원에서는 미술관 앞마당을 한눈에 볼 수 있다. 바닥 양식에 잠시 시선이 머문다. 잔디밭과 인도를 구분하는 경계가 특이하게 별 모양이다. 그 위에 놓인 작품은 신현중 작가의 〈공화국수비대〉와 〈도롱뇽을 위한 디지털아카이브〉다. 동물 모양이라 아이들의 인기를 독차지한다. 아이들과 소통하려는 작가의 의도가 돋보인다. 북서울미술관은 어린이 전용 공간은 아니지만, 어린이 친화적인 미술관임을 실감할 수 있다. 몇몇 작품을 감상하며 모퉁이를 돌면 서쪽으로 내려오는 길이 지그재그로 열린다. 자연스레 미술관 출구에 다다른다.

미술관 안에 또 다른 미술관

지하 1층에는 '다목적 홀'과 '스튜디오', '커뮤니티 갤러리' 등이 있다. 다른 곳에 비해 자유로운 공간이다. 특히 어린이갤러리는 아이와 함께 가기 좋은 미술관으로써 북서울미술관의 자랑이다. 형식적이고 소극적인 어린이갤러리로 여겨서는 곤란하다. 미술관 안에 또 다른 미술관이라 할 만하다. 그동안의 전시가 이 사실을 대변한다.

어린이갤러리는 상·하반기로 나눠 프로그램과 결합한 체험형 기획전시를 개최한다. 'I Love Seoul'(2013)은 서울시립미술관의 소장품을 중심으로 도시-서울을 창의적으로 돌아보는 교육 전시였다. 이어진 '굿모닝 Mr. 로봇'(2014), '12간지레이스'(2014), '끼리끼리코끼리'(2015) 등은 제목만으로도 아이들을 위한 전시였다는 것을 알 수 있다.

'12간지레이스'는 12간지 띠 동물을 소재로 한 전시였다. 12간지라는 이야기로 작품들을 엮고 아이들이 작품에 참여하도록 유도했다. '굿모닝 Mr. 로봇'은 국내외 작가들의 다양한 작품을 아울렀을 뿐만 아니라 아이들이 로봇을 통해 새로운 예술 세계와 만날 수 있던 전시였다. 어린이갤러리의 모든 전시는 아이들과 눈높이를 맞춘다. 심지어 미술관의 벽마저 낙서판으로 활용한다. 갤러리지만 아이들의 상상 놀이터다. 지하 1층 야외 썬

1. 어린이갤러리 입구
2. 한석현, 유병서
   〈Reverse – rebirth〉

큰가든에 있는 한석현, 유병서 작가의 〈Reverse-rebirth〉도 아이들과 호흡한다. 두 작가는 노원구의 버려진 가구를 수집해 나무 모양의 작품을 만들었다. 살아있는 식물이 이 인공 나무를 지지대 삼아 자란다. 폐목재로 만든 인공 나무와 식물은 본래 한몸이었던 것처럼 보인다. 아이들에게 재활용의 가치를 전달하기에 좋은 작품이다.

북서울미술관은 별도의 체험 프로그램도 운영한다. 미취학 아동을 대상으로 하는 전시 연계 프로그램 '꿈꾸는 미술관'이 대표적이다. 참여 작가와 함께 전시 작품을 같이 창작해보는 체험이다. 어린이갤러리 외에 일반전시와 연계한 체험도 있다. 방학 때는 '미술관바캉스'를 운영한다. '미술 하는 가족'은 초등학생 주말 가족 체험 프로그램이다. 사진전을 본 후 가족이 함께 사진을 찍고 현장에서 사진 앨범을 만든다. '어린이'라는 이름을 내세우지 않았지만 북서울미술관은 가족형 미술관으로 추천하기에 손색이 없다.

함께 가보면 좋아요

서울영어과학교육센터

북서울미술관 옆에는 서울영어과학교육센터가 있다. 과학 교실을 중심으로 북서울미술관과 연계해 돌아보기에 알맞다. 초등학교 3학년 이상은 전문가와 함께하는 '미래과학교실'이나 '주말과학교실'이 유용하다. 초등학교 3학년 이하는 가족 단위 천문 프로그램이 좋다. 영어과학교육센터 건물 꼭대기에 있는 서울시민천문대에서는 천체를 관측할 수 있다. 주중 주간에는 태양 관측, 주말 야간에는 별 관측과 특별 강의 등을 진행한다. 미술관과 과학관을 하루에 돌아볼 수 있는 추천 코스다.

서울영어과학교육센터

024 양주시립장욱진미술관
동심의 화가 장욱진을 닮은 동화 같은 미술관

주소 경기도 양주시 장흥면 권율로 193
관람 시간 10:00~18:00
휴관일 매주 월요일(월요일이 공휴일인 경우 그 다음 날),
1월 1일, 설날·추석 당일과 전일 2일
관람료 성인 5000원, 청소년·어린이 1000원
홈페이지 changucchin.yangju.go.kr
전화 031-8082-4245

양주시립장욱진미술관은 동화를 닮은 장욱진의 작품 세계를 온전히 표현했다. 미술관 앞으로는 개울이 흐르고 뒤로는 숲이 있다. 그 조화가 아름다워 미술관으로 들어가기 전부터 마음이 설렌다. 장욱진은 자신의 심오한 철학을 단순한 기법으로 표현했다. 많은 이들이 그의 그림을 사랑하는 이유다. 미술관은 순수한 동심의 세계를 지향했던 화가를 기억하기에 매우 훌륭한 모습으로 사람들을 맞이한다.

언덕 위에 자리한 동화 같은 미술관

양주시립장욱진미술관은 언덕 위에 동화 속 집처럼 자리를 잡았다. 흰색의 외벽이 햇볕에 반사되어 찬란한 빛을 뿜는다. 평생 순수를 추구한 화가의 작품 세계를 제대로 표현한 색감이다. 단순한 선으로 구성된 미술관 건물에 유독 시선이 머문다.

양주시립장욱진미술관은 화가 장욱진의 작품을 보존·전시하고, 연구하기 위해 개관했다. 작품만큼이나 아름다운 미술관을 열기 위해 많은 이들이 힘을 보탰다. 장욱진미술문화재단과 가족은 작품을 기증하고, 그림을 담을 집을 짓기 위해 건물 디자인을 공모했다. 공모를 통해 설계를 맡은 곳은 '최-페레이라' 건축 사무소다. 세상에 감각적인 건물을 내놓기로 유명한 곳이다. 건물의 각 면은 장욱진의 그림에 자주 등장하는 직선의 집 모양을 연상시킨다. 앞뒤와 좌우 모습이 지루하지 않고 변화무쌍하다. 앞과 옆의 경계를 무너뜨려 아이와 함께 미술관 외관을 구경하는 재미도 크다.

1. 하늘에서 본 양주시립장욱진미술관
2. 양주시립장욱진미술관 외관

건물 입구는 살짝 안쪽으로 들어가 있어 아이와 숨바꼭질하듯 '찾는 재미'를 선사한다. 일부러 숨긴 듯한 입구 덕분에 미술관이 비밀스럽게 느껴진다. 건축가는 미술관을 설계하면서 장욱진의 작품 〈호작도〉를 모티프로 삼았다고 한다. 건물을 위에서 내려다보면 이 점을 확인할 수 있다. 아이와 함께 건물 전체를 돌면서 〈호작도〉와 비교해보는 것도 재미있다.

양주시립장욱진미술관은 2014년 '김수근 건축상'을 수상했으며, 영국 BBC에서 선정하는 '2014 위대한 8대 신설(new) 미술관'에도 들었다. 또한 한국건축가협회가 선정하는 '2014 올해의 베스트7'에 뽑히기도 했다. 아이와 미술관 건물을 충분히 감상하고 미술관 안으로 들어가 보길 추천한다.

권위를 내려놓은 미술관

미술관에 들어서면 전시실과 복도의 흐름이 흥미롭다. 건물은 다음 동선을 결정하려는 관람객에게 쉽게 제 몸을 내보이지 않는다. 알쏭달쏭한 동선 속에서 발걸음을 옮기는 재미가 있다. 살짝 보이는 공간과 연결 통로를 따라 작품을 감상하다 보면 어느새 다음 전시실로 건너왔음을 깨닫는다. 사각형의 비슷비슷한 전시실을 반복적으로 나열하지 않은 구도다. 덕분에 적당한 긴장감이 생겨 작품에 집중하게 된다. 양주시립장욱진미술관은 관람 행위가 타인의 관람을 방해하는 동선 문제를 영리하게 예방해 작품에 충분히 몰입할 수 있게 돕는다.

양주시립장욱진미술관은 독립된 전시실이 모여 층을 이룬다. 작품을 담은 그릇과 같은 전시실은 동시에 사람들을 끌어들인다. 지나치게 엄숙하거나 권위적이지 않아 아이는 거부감 없이 그림에 몰두할 수 있다.

2층으로 오르면서 가장 눈에 띄는 것은 넓은 창문이다. 외부의 풍경을 실내로 끌어들이는 창은 훌륭한 캔버스가 된다. 풍경과 함께 들어오는 자연광은 흰색의 계단과 만나 신비한 느낌을 더한다. 작품 감상을 위해 1, 2층을 오가며 놓치지 말아야 할 공간이 하나 더 있다. 바로 중정이다. 끊임없이 만나고 멀어지는 독특한 공간이다. 중정은 건물 전체의 매듭이 되어 전시실과 전시실을 이으며 그 자체로 새로운 볼거리를 제공한다.

1~2. 그림 같은 풍경을 담아내는 창문
3. 중정

> **생각 발산하기**

장욱진은 어떤 화가예요?

화가 장욱진은 어린 시절부터 그림에 열중했어. 뛰어난 재능과 노력이 만나 일찍부터 두각을 나타냈지. 일본에서 미술을 공부하고 돌아와 잠시 국립중앙박물관 학예관으로 일했지만 오래지 않아 사직했어. 해방 후에는 김환기, 이중섭, 유영국 등과 더불어 '사실을 새롭게 보자'라는 기치 아래 신사실파를 결성했단다.
장욱진은 덕소, 명륜동, 수안보, 용인 등으로 거처를 옮기며 작품 활동에 집중했어. 전기도 들어오지 않는 불편한 곳에 머무는 걸 마다하지 않았지. 오히려 살던 곳이 개발의 명목으로 번잡해지면 주저하지 않고 다른 곳으로 집을 옮겼어. 그는 매일 새벽에 일어나 산책을 즐긴 것으로도 유명하단다. 장욱진은 단순한 선과 색으로 동심과 이상향을 표현했어. 주로 '집, 가족, 개, 소, 새, 해, 달, 산'이 작품의 소재가 되었어. 장욱진이 생전에 남긴 "나는 심플하다"라는 말 한마디는 그의 작품 세계와 삶 전체를 대변한단다.

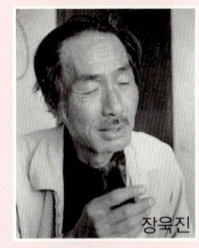
장욱진

| 장욱진 갤러리 |

1. 〈부엌〉
2. 〈호작도〉
3. 〈동물가족〉
4. 〈식탁〉
5. 〈가족도〉

🎨 한 끼 식사를 대신할 그림이 있는 미술관

아이가 가장 반가워하는 장소는 2층 체험방이다. 벽 전체에 칠판을 설치해 아이들이 상상한 대로 그림을 그리며 시간을 보낼 수 있다. 미술관을 둘러보며 느낀 감정을 표현하기도 하고 가족과 집을 그리기도 한다. 순간 아이는 어린 장욱진이 되는 체험을 한다.

체험방 앞에 영구 전시된 작품도 지나치지 말고 아이에게 설명해주면 좋다. 장욱진이 화실 벽에 그린 〈동물가족〉이란 작품을 떼어 미술관 벽에 설치했다. '소, 닭, 돼지, 개'를 장욱진 특유의 선으로 표현한 작품이다. 화실 벽 자체를 뜯어와 미술관의 벽으로 삼았다는 점에서 아이에게 충분히 흥미로운 작품이다. 특히 그림 위에 달아놓은 실제 '쇠코뚜레'와 '워낭'은 아이와의 대화를 풍부하게 만든다. 〈동물가족〉 옆으로 난 문은 영상실 입구다. 화가 장욱진과 현재 전시 중인 작품에 관한 영상을 상영해 아이들의 이해를 돕는다.

벽에 영구 설치된 작품은 지하로 내려가는 계단에도 있다. 장욱진이 화실 부엌에 그렸던 〈식탁〉이라는 벽화. 포크, 나이프, 숟가락, 물고기, 물고기 뼈, 밥그릇 등이 그림의 소재다. 특히 작품에 담긴 커피 잔을 보고 있으면 그가 커피를 얼마나 사랑했는지 짐작할 수 있다. 이 벽화를 완성한 후 "됐다. 오늘은 이것으로 한 끼 식사를 대신하자"라고 말했던 일화도 유명하다.

🎨 어린 장욱진이 되어보는 체험 프로그램

장욱진 그림 앞에서 만큼은 아이의 마음이 남다르다. 순수한 동심의 세계를 표현한 장욱진의 그림 세계와 깊은 교감을 나눈다. 미술관을 둘러본 후의 느낌을 직접 그림과 글로 남긴다면 감성교육에 큰 도움이 된다.

'미술관에서 쓰는 그림 편지' 프로그램을 이용해보자. 지하에

1. 2층 체험방
2. 2층에서 1층으로 내려가는 계단

마련된 책상에서 아이는 부모, 친구, 장욱진 또는 자신에게 그림과 글로 편지를 쓴다. 내용과 형식에 얽매이지 않는 미술 교육이다. 그림을 완성하면 투명 편지함에 넣는다. 미술관은 이렇게 모인 편지 중에서 우수한 그림을 골라 매달 '의미 있는 그림 편지'를 선정한다. 뽑힌 작품들은 『그림 편지 에세이』에도 실리게 된다. 만들기 체험도 있다. '그림마을'은 아이가 상상하는 가족과 집을 입체로 만드는 시간이다. 완성된 아이의 작품에 자석을 달아 체험방 칠판에 전시할 수도 있다.

3. '미술관에서 쓰는 그림 편지' 코너
4. 『그림 편지 에세이』
5. 체험방 칠판에 전시된 '그림마을' 작품

함께 가보면 좋아요

권율 장군 묘

양주시립장욱진미술관 관람을 마치고 주차장 쪽으로 나오면 큰 규모의 묘역이 조성되어 있는 걸 볼 수 있다. 조선 중기 문신이자 장군인 권율(1537~1599)의 묘다. 선조 15년(1582) 권율은 임진왜란 당시 큰 공을 세웠다. 전주에서 약 1만여 명의 군사를 동원해 왜군과 싸워 대승했다. 수도 한양을 되찾기 위해 행주산성에서 왜군 3만과 맞닥뜨려 크게 이긴 전투가 유명하다. 이 전투가 임진왜란의 3대 대첩(행주대첩, 한산도대첩, 진주대첩) 중 하나인 행주대첩이다. 권율 장군의 공을 높이 산 선조는 그가 세상을 뜨자 영의정 벼슬을 내리기도 했다. 권율 장군의 묘를 중심으로 양옆은 장군의 두 부인(조씨, 박씨) 묘다. 묘 주변을 묘비, 상석, 향로석, 동자석, 망주석, 문인석 등 여러 가지 묘석으로 장식한 게 돋보인다.

권율 장군 묘

025 백남준아트센터
과학과 예술의 콜라보레이션

주소 경기도 용인시 기흥구 백남준로 10
관람 시간 1~6월과 9~12월 10:00~18:00(매주 토요일은 19:00까지),
7~8월 10:00~19:00(관람 종료 1시간 전까지 입장 가능)
휴관일 매주 월요일(공휴일 제외), 1월 1일, 설날·추석 당일
관람료 성인 4000원, 초·중·고등학생 2000원, 유아(7세 이하) 무료,
경기도민 25% 할인
홈페이지 www.njpartcenter.kr
전화 031-201-8500

1917년 마르셀 뒤샹은 남자 소변기를 〈샘〉이라는 제목으로 공개했다. 주최 측으로부터 전시를 거절당하기는 했지만 〈샘〉은 현대미술의 전환점이 되었다. 〈샘〉 이후 현대미술에서 더 이상의 파격은 나오지 않을 것 같았다. 그러나 백남준은 현대미술의 파격적인 다음 세계를 열었다. 그는 TV를 소재로 획기적인 예술 세계를 구축한 작가다. 그의 창작 원동력은 늘 새롭게 질문하는 것이었다. 백남준아트센터는 백남준의 예술혼을 고스란히 담아 아이들에게 또 다른 질문을 던진다.

텔레비전으로 그림을 그릴 수 있어요?

한 장르를 개척하는 일은 쉽지 않다. 무엇이든 처음이 가장 어렵기 때문이다. 백남준은 비디오아트의 창시자다. 이제는 비디오아트가 활발하지만 그가 첫 개인전을 선보였을 때만 해도 충격적인 일이었다. 이전까지 예술계는 회화나 조각 등이 중심이었다. 또한 뒤샹이 기성품 소변기를 소재로 〈샘〉을 선보인 이후 작품을 '만든다'는 개념마저 흔들렸다. 백남준은 그 대안으로 비디오아트를 주창해서 많은 예술가들의 공감을 얻었다.

2008년 그의 작품을 한자리에서 볼 수 있는 미술관이 개관했다. 용인시 기흥구에 있는 백남준아트센터다. 2003년에 국제현상설계공모에서 독일 건축가 크리스틴 셰멜과 마리나 스탄코빅의 설계안이 채택됐다. 공사는 2006년 5월에 시작됐다. 아쉽게도 백남준은 그보다 5개월 앞선 2006년 1월에 생을 마감했다. 그는 아트센터가 완성되는 걸 보지는 못했지만, 이곳을 '백남준이 오래 사는 집'이라고 불렀다. 현재는 그의 작품을 좋아하는 많은 이들이 백남준아트센터를 찾는다. 특히 영상 세대인 아이들은 한층 쉽게 작품과 자신의 접점을 찾는다. 물론 아이가 작품 안에 담긴 철학까지 온전히 이해할 수는 없다.

그런들 어떠랴. 아이들에게는 새로운 소재로 만든 작품을 관

● **백남준의 첫 개인전**

초창기 그는 전위 음악가였다. 1960년에는 피아노 2대를 부수고 자신의 스승인 존 케이지의 넥타이를 자르는 급진적 퍼포먼스 '피아노 포르테를 위한 연습곡'을 선보여 주목받았다. 1963년에는 한 걸음 더 나아갔다. 독일 부퍼탈 파르나스 갤러리에서 '음악의 전시 : 전자 텔레비전(Exposition of Music : Electronic Television)'이라는 제목으로 첫 개인전을 열었다. 장치를 연결한 4대의 피아노와 변환된 13대의 텔레비전 그리고 진짜 소머리 등을 갤러리에 배치했다. 또한 관람객이 작품을 직접 만지거나, 작품이 관람객의 행위에 반응하도록 해서 양방향의 예술 교감이 가능하도록 했다.

백남준

람하는 것 자체가 신선한 경험이다. 백남준의 작품을 보며 아이들은 작가는 '창작'하고 관람객은 '감상'하는 일방적인 예술만 있는 게 아니라 관람객이 참여해 작품을 만들어갈 수도 있다는 것을 깨닫는다. 이러한 과정을 통해 아이는 현대미술의 특징을 알아간다. 아이가 백남준의 작품과 어렴풋하게나마 소통해볼 수 있다면 그것만으로도 큰 성과다.

 생각 발산하기

세계를 들썩거리게 한 뮤직비디오의 제작자가 백남준이었다고요?

가수 싸이의 뮤직비디오로 전 세계가 들썩거렸던 게 불과 얼마 전의 일이지. 뮤직비디오 《강남스타일》은 유튜브 조회 수가 무려 25억 건이 넘는 기염을 토했어. 그런데 싸이 이전에 뮤직비디오로 전 세계를 뒤흔든 사람이 이미 있었었다는 거 알고 있니? 주인공은 바로 백남준이야. 그는 실

《비디오 코뮨》의 한 장면

험적인 음악 방송으로 세계 예술사에 큰 획을 남겼어. 백남준은 1970년 미국 보스톤의 한 방송국에서 4시간짜리 영상 《비디오 코뮨》을 선보였어. 《비디오 코뮨》은 생방송이었는데, 비틀스 음악과 함께 비디오 합성 이미지를 내보냈지. 세계 최초로 비디오아트가 방송되는 순간이었단다.

백남준은 춤과 음악 같은 대중예술이 텔레비전을 통해 많은 사람들과 공유되길 바랐어. 대중예술이 세상을 좀 더 풍요롭게 만들 수 있다고 믿었기 때문이야. 1970년대만 해도 텔레비전은 가격이 비싸서 특정 계층만 소유할 수 있는 물건이었어. 하지만 지금은 누구나 즐기는 대중매체가 되었지. 뿐만 아니라 다양한 매체의 발달로 많은 변화가 일어났지. 유튜브와 다양한 플랫폼을 통해 누구나 영상을 올릴 수 있게 되었고, 그것을 많은 사람들이 공유할 수 있게 되었어. 백남준이 꿈꿨던 1인 방송국의 시대가 드디어 도래한 거야. 지금은 매체를 통해 대중예술을 보는 게 자연스러운 일이 되었지만, 백남준이 살았던 시대에는 흔치 않은 일이었지. 우리가 누리고 있는 대중예술의 첫걸음에 백남준이 있었다는 게 놀랍지 않니?

백남준의 작업실을 들여다보다

백남준아트센터는 외관부터 눈길을 끈다. 지하 2층과 지상 3층의 건물로 겹겹이 유리로 둘러싸였다. 위에서 내려다보면 알파벳 'P' 모양이다. 백남준의 영문 성 'Paik'의 첫 자를 땄다. 초창기 백남준은 전위 음악가였는데 음악 퍼포먼스가 해를 거듭하며 비디오아트로 진화했다. 이런 점을 승화시켜 건물 외관은 거대한 그랜드 피아노 모양으로 설계했다.

'!?-ς=∞?-ς!'라는 수수께끼 같은 수식이 건물의 외관을 장식한다. 모호한 수학기호의 의미가 아이들의 궁금증을 불러일으킨다. 백남준이 자신의 쉰 네 번째 생일을 기념해 작품 속에 적은 수식이다. 어떤 질문(?)을 뒤집어 새로운 질문(¿)으로 변형할 때 무한한 변형과 순환(∞)이 일어난다는 의미다. 정답을 정해두지 말고 끊임없이 질문을 던지는 것이 무한한 상상력의 발로라는 백남준식 표현이다. 아이들에게도 현재의 답을 찾는 데 안주하지 말고 끊임없이 질문하고 도전하라는 의미를 던진다.

1. 백남준아트센터 외관
2. 백남준 라이브러리
3. 메모라빌리아
4. 제2전시장 전시 모습

백남준아트센터의 전시는 1년에 두 차례 정도 바뀌는 상설전시 '백남준'전과 그의 예술관을 미래로 확장한 기획전 중심으로 열린다. 1층 입구로 들어서면 오른쪽에는 '백남준 라이브러리'와 '카페테리아

가 있다. 전시실은 왼쪽으로 들어서면 나타난다. '제1전시장'에는 〈TV 정원〉이 사람들을 맞이한다. 〈TV 정원〉은 백남준의 1974년 작품이다. 아트센터는 '열대 숲의 원시적 생명력과 비디오 판타지의 리듬이 주파수를 맞추면서 생명 박동을 낳는 작품'이라고 설명하고 있다. 마치 열대우림 가운데 텔레비전이 열매나 꽃처럼 피어난 듯하다. 어울릴 것 같지 않은 두 소재는 뜻밖에도 동화나 만화에 나오는 그림 같은 숲을 만든다. 2층은 '아트스토어'와 '제2전시장' 그리고 '메모라빌리아'로 이어진다. 메모라빌리아는 백남준의 뉴욕 작업실을 재현한 공간이다. 온갖 잡동사니의 집합 같지만 혼돈 가운데 작가의 열정이 느껴진다. 아이들은 세계적 작가의 작업실을 간접 방문하는 셈이다. 어지럽혀진 백남준의 작업실을 보며 아이들은 무슨 생각을 할까?

 〈참여 TV〉에서 〈달은 가장 오래된 TV〉까지 GO GO!

〈TV 정원〉과 '메모라빌리아'를 제외하면 나머지 작품은 전시 테마에 따라 위치한다. 전시장에는 백남준과 여러 비디오아트 작가의 작품을 테마에 따라 교체 전시한다. 백남준의 작품 가운데는 1963년 〈참여 TV〉와 1974년 〈TV 부처〉, 2001년 〈슈베르트〉, 〈찰리 채플린〉, 〈율곡〉 등이 흥미롭다. 마이크와 앰프를 장착한 〈참여 TV〉는 백남준의 첫 개인전에 등장한 작품이다. 1963년에 제작한 〈참여 TV〉가 청각 위주라면 1998년 제작한 〈참여 TV〉는 관람객이 마이크에 소리를 내면 음향의 증폭을 TV에 시각적으로 표현하는 방식을 취했다. 예측할 수 없는 선들이 춤추듯 움직인다. 〈TV 부처〉는 카메라가 텔레비전을 보는 불상을 실시간으로 촬영해 텔레비전에 내보내는 작품이다. 1974년 쾰른현대미술관 퍼포먼스에서는 불상 대신 백남

〈참여TV〉와 〈TV물고기〉

준이 법의를 입고 등장하기도 했다. 〈TV 물고기〉는 24대의 컬러 모니터와 24개의 어항으로 이뤄진 작품이다. 모니터로 인해 어항이 시각적으로 확장돼 보인다. 여러 어항과 영상이 교차하며 관객을 매료시킨다.

〈코끼리 마차〉는 코끼리를 탄 부처가 우산을 쓴 채 18개의 TV로 이뤄진 마차를 끌고 가는 모습이다. 텔레비전의 진화나 인류의 유토피아를 향한 여행 등 해석 또한 천차만별이다. 아이들 스스로 자신만의 해석을 이야기할 수 있도록 유도해도 좋겠다.

하나의 작품을 중심으로 한 기획전도 흥미롭다. 2014년 2~6월까지는 백남준의 〈달은 가장 오래된 TV〉를 중심으로 여러 작가들이 참여한 '달의 변주곡'이라는 기획전시가 열리기도 했다. 〈달은 가장 오래된 TV〉는 초승달이 보름달에 이르는 과정을 12개의 모니터로 보여주는 작품이다. 이를 통해 각각 다른 시각이 동시에 공존하는 것을 보여준다. 백남준은 달에서 토끼가 떡방아를 찧고 있다고 상상하는 민족이 한국과 중앙아시아밖에 없다는 것에 착안해 작품을 구상했다. 2014년 7월에서 2015년 1월까지는 1984년 작 《굿모닝 미스터 오웰》에 기반을 둔 '굿모닝 미스터 오웰 2014'전이 열렸다. 《굿모닝 미스터 오웰》은 1984년 1월 1일 위성을 이용해 뉴욕과 파리를 실시간으로 연결한 프로젝트로 이 생방송은 다시 4개국 텔레비전 방송을 탔다. 30여

1. 전시 연계 프로그램
2. '슈퍼전파-미디어바이러스'전 중 〈솔라리스의 바다〉
3. '슈퍼전파-미디어바이러스'전 중 〈지문의 연못〉

팀, 100여 명의 예술가가 참여했고, 약 2500만 명의 사람들이 텔레비전으로 시청했다. 예술이 공간의 제약을 넘어 상호 소통이 가능하다는 것을 보여주었다. 지금은 인터넷과 통신, 스마트폰의 발달로 전 세계가 실시간으로 예술을 공유하는 것이 당연한 일이지만, 1980년에는 상상할 수 없는 획기적인 발상이었다. 그는 시대를 앞서 예술로 미래를 예언한 셈이다.

예술은 무엇일까요?
달인가요, 아니면 달을 가리키는 손가락일까요?

작품과 좀 더 끈끈한 교감을 원한다면 도슨트 프로그램을 이용하는 것도 방법이다. 도슨트 프로그램은 평일에는 오후 2시와 4시 두 차례, 주말에는 오전 11시와 오후 1시가 더해져 네 차례에 걸쳐 진행된다. 백남준의 작품은 영상이라 쉬울 거라 생각하지만, 그 안에 담긴 철학은 깊고 풍성하다. 도슨트의 설명은 아이들과 작품 사이에서 디딤돌 역할을 한다.

 별도의 교육 프로그램도 있다. 전시 중인 작품과 연계해 작품을 감상하고 작품의 느낌을 표현하고 공유하는 활동이다. 예를 들면 모나 하툼의 작품 〈너무나 말하고 싶다〉와 연계한 프로그램은 아이들이 일상에서 통제받았던 상황이나 하고 싶은 말을 몸으로 표현하는 내용이었다. '슈퍼전파 - 미디어바이러스'전이 열렸을 때는 전시를 감상한 후 뮌의 〈솔라리스의 바다〉라는 작품을 아이들 각자의 시각으로 해석하는 연계 프로그램을 진행했다. 〈솔라리스의 바다〉는 사람과 기관 등의 유기적 관계를 반짝이는 전구가 달린 여러 개의 원으로 표현한 작품이다. 먼저 부모와 자녀 간의 공통 키워드를 찾고 그 관계점을 바탕으로 별 조명 작품을 만든다. 아이들은 전시된 작품만 봤을 때는 이해할 수 없었던 작가의 장착 의도를 연계 프로그램을 통해 이해하게 된다.

백남준은 작품을 통해 관객들에게 묻는다. "예술은 무엇일까요? 달인가요? 아니면 달을 가리키는 손가락일까요?" 예술의 감흥은 시간이 지나 손가락에서 달을 향하고 언젠가는 그 너머의 우주를 물을 수도 있다. 백남준아트센터는 그 출발이 될 수 있다는 사실만으로 한 번쯤 꼭 가볼만한 곳이다.

함께 가보면 좋아요

경기도립어린이박물관 & 지앤아트스페이스

백남준아트센터가 위치한 용인시 기흥구 상갈동은 함께 돌아볼 수 있는 미술관이나 박물관이 여럿 있다. 센터 뒤쪽은 바닥에서 벽으로 이어지는 벽돌길이 재밌다. 반대편 아트센터 건물의 유리와 대비를 이룬다. 그곳을 지나면 데니스 오펜하임의 작품 〈안전콘〉이 있다. 우리 사회의 금지와 억압을 상징하는 작품이다. 〈안전콘〉을 지나면 낮은 언덕의 공원이 있다. 고개 너머로 길이 이어지는데, '경기도박물관'과 '경기도립어린이박물관'으로 갈 수 있다. 멀지 않은 거리여서 함께 다녀와도 좋다. 반대로 백남준아트센터 정문에서 도로를 건너면 '지앤아트스페이스'도 있다. 도예 체험도 하고 미술관도
데니스 오펜하임 〈안전콘〉

볼 수 있고 밥도 먹을 수 있는 곳이다. 우리나라의 대표적인 건축가 조성룡이 설계했다. 지앤아트스페이스는 백남준아트센터와 조화롭게 보이도록 건물을 지하로 숨겼다. 두 건물은 마치 도로를 사이에 두고 연결된 듯한 느낌을 준다.

경기도립어린이박물관

지앤아트스페이스

026 젊은 감각의 현대미술을 만날 수 있는
대림미술관

주소 서울시 종로구 자하문로4길 21
관람 시간 화·수·금·일요일 10:00~18:00,
목·토요일 10:00~20:00(관람 종료 30분 전까지 입장 가능)
휴관일 매주 월요일, 설날·추석 연휴
관람료 성인 5000원, 청소년(만 8세~만 18세) 3000원,
어린이(만 3세~만 6세) 2000원
홈페이지 www.daelimmuseum.org
전화 02-720-0667

감각적인 예술에 흠뻑 취해보고 싶다면 대림미술관을 방문해보는 건 어떨까? 대림미술관은 사진 전문 미술관에서 출발해 디자인과 다양한 장르의 현대미술을 아우르는 미술관으로 거듭났다. 세계적인 디자이너 '디터 람스'와 '폴 스미스', 북유럽 가구디자이너 '핀 율', 젊은 사진작가 '라이언 맥긴리' 등 전시 주인공의 이름만으로도 단숨에 이목을 끈다. '일상이 예술이 되는 미술관'이라는 비전 아래 이뤄지는 대림미술관만의 독보적인 전시 기획은 결코 그냥 지나칠 수 없다.

디자인과 사진으로 예술 감성 깨우기

대림미술관이 궁금하다면 최근 전시 목록부터 살펴보길 권한다. 2013년에는 출판인이자 인쇄전문가 '게르하르트 슈타이들' 전이 있었다. 이어 하반기는 '라이언 맥긴리'의 사진전이 바통을 이었다. 2014년은 '린다 매카트니'의 사진전이 관객들을 맞았다. 2015년은 '헨릭 빕스코브'가 패션과 예술의 경계를 허무는 특별한 예술 세계를 선보였다.

2013년에서 2015년 사이 열린 전시 목록만으로도 사람들의 이목을 끌기에 충분하다. 대림미술관의 전시는 사진 전문 미술관으로 출발한 이력에 걸맞게 사진과 디자인 전시가 주를 이룬다. 때문에 평소 미술작품을 지루해하던 관람객들도 부담 없이 전시를 즐길 수 있다. 대림미술관의 전시는 젊은층이 환호하는 작가가 주인공인 경우가 많고, 기획 또한 감각적이고 현대적이다. 곳곳에서 새로운 시도를 주저하지 않는 작가들의 면면을

대림미술관 외부와 정원

- **게르하르트 슈타이들** 세계적인 사진작가와 노벨문학상 수상 작가 할도르 락스네스, 귄터 그라스 등과 작업한 출판인이자 인쇄전문가다.
- **라이언 맥긴리** 세계적으로 많은 팬이 있는 미국의 사진작가다.
- **린다 매카트니** 음악 잡지 「롤링 스톤(Rolling Stone)」의 표지를 찍은 최초 여성 사진작가다. 롤링 스톤즈, 도어즈, 비틀즈 등의 뮤지션을 주로 찍었다.
- **헨릭 빕스코브** 독창적이고 실험적인 쇼로 주목받은 패션디자이너이자 아티스트다. 사진, 설치 미술, 퍼포먼스, 세트 디자인 등은 물론 일렉트로닉 밴드의 드러머, 오페라 의상 디자인 등 다양한 분야에서 활동 중이다.

게르하르트 슈타이들

라이언 맥긴리

린다 매카트니

헨릭 빕스코브

1~3. '헨릭 빕스코브-
패션과 예술,
경계를 허무는
아티스트'전

살펴볼 수 있다. 분야도 '사진, 가구, 패션, 상품, 출판 디자인' 등을 두루 아우른다. 기획전시는 약 6개월 단위로 바뀌는데 전시 주제만 봐도 대림미술관의 독특한 색깔을 알 수 있다. 가끔씩 어린이 관람이 불가한 전시도 있지만 대체로 전 세대를 아우른다.

 창의력의 물꼬를 트는 예술 체험과 전시

대림미술관에는 아이들의 창의력을 자극하는 예술 체험이 가득하다. '린다 매카트니 사진전 - 생애 가장 따뜻한 날들의 기록'이 열렸던 기간 동안에는 '행복한 카메라' 프로그램을 진행했다. 직접 즉석카메라도 만들고, 사진을 찍는 과정을 배울 수 있었다. '잘 찍을 수 있을까'보다 '사진에 무엇을 담을 수 있을까'에 중심을 둔 체험이었다. 교육이라는 틀 속에 아이들을 가두지 않고 창의력을 펼칠 수 있게 도왔다. 물론 아이의 눈높이에 맞춘 작품 설명도 이어졌다.

구성 또한 알차다. '헨릭 빕스코브 - 패션과 예술, 경계를 허무는 아티스트'전은 '프런키 : Project Runway Kids'라는 제목으로 예술 체험을 진행했다. 헨릭 빕스코브의 창의적 공간과 작품에 기초해서 아이들 스스로 상상력을 펼칠 수 있도록 구성했다. 예를 들면 〈The stiff Neck Chamber A/W 2013 Collection〉 사이를 통과한 후에 10초 동안 그림을 그리고 제목을 붙이는 방식이다. 〈The stiff Neck Chamber A/W 2013 Collection〉은 헨릭 빕스코브가 '죽음'이라는 소재를 색다른 방식으로 풀어낸 작품으로, 실제 패션쇼에서도 설치되었던 작품이다. 아이들은 눈에 보이는 대로

4. 몬드리안의 구성을 떠올리게 하는 스테인드글라스 창문
5. 일반 주택처럼 보이는 건물 측면 외관

'갈고리'라 제목을 붙이기도 하지만 '시작'이라는 제목을 달고는 '끝은 새로운 시작이기 때문'이라는 뜻밖의 말을 하기도 한다. 전시 감상 후에는 D라운지로 이동해 종이로 직접 패션쇼를 연출하는 체험을 한다.

'트로이카 : 소리, 빛, 시간 – 감성을 깨우는 놀라운 상상'전시 때는 작품 속에 숨겨진 과학의 원리를 자신만의 시각 언어로 표현해보는 교육 프로그램이 열렸다. 'SPARKLING SECRETS – 스와로브스키, 그 빛나는 환상'전의 '미술관 상자', '핀 율 탄생 100주년전-북유럽 가구 이야기'의 '북유럽에서 온 친구들' 등의 전시 연계 프로그램 역시 작품의 원리를 익힌 후 스스로 표현하고, 창작하는 내용이었다. 전시 연계 프로그램에서도 대림미술관만의 특별한 기획과 구성력이 엿보인다.

 미술관이 된 가정집

대림미술관 관람에서 놓치지 말아야 할 것이 또 있다. 미술관 건물과 공간 체험이다. 대림미술관은 통인동 골목 안에 있다. 도로에서 골목으로 들어서면 미술관 입구가 나온다. 건물 정면은 스테인드글라스의 조화가 몬드리안의 구성을 떠올리게 한다. 변의 길이가 다른 몇 개의 사각형이 서로 다른 크기와 색깔로 하나의 벽면을 완성한다. 비율과 균형이 멋있는 조화를 이뤄낸다. 이것은 사실 우리나라 전통 보자기에서 착안한 구성이다. 아이에게 이런 외관 설명을 해주며 관찰해보자.

건물 측면도 특이하다. 얼핏 보기에는 일반 주택처럼 보인다.

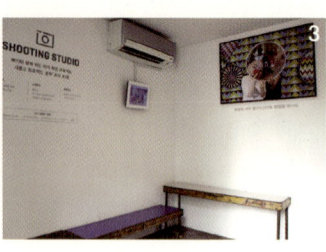

1. 3층 전시실
2. 각 층의 발코니
3. 슈팅스튜디오

정형화되지 않은 건물이 대림미술관만의 진취적인 전시 기획과 잘 맞아 떨어진다. 대림미술관 건물은 프랑스 건축가 뱅상 코르뉴가 1967년에 지은 가정집을 개조해서 지금의 모습으로 탄생했다. 옛 집의 거실 역할을 했음직한 1층 로비는 2층까지 열린 구조다. 천장이 높아 시원스럽다. 1층에서 곧장 이어지는 정원은 전시 관람을 전후해 가볍게 돌아보기에 알맞다. 이벤트가 있을 때는 정원에서 마켓이나 공연 등이 열리기도 한다.

실내 전시는 2층부터 시작해 4층까지 이어진다. 층을 오를 때는 바깥에서 봤던 스테인드글라스 창문이 보인다. 빛이 스미는 계단을 오르고 있으면 마치 몽환적인 꿈에 빠져있는 것 같다.

 **아이는 예술 감성을 키울 수 있고,
부모는 문화생활을 즐길 수 있는 곳**

대림미술관은 각 전시실의 크기나 생김이 다르고 동선 또한 이색적이어서 다음 공간에 대한 궁금증을 불러일으킨다. 특히 지붕에 해당하는 3층 전시실은 내부의 면이나 빛의 어우러짐이 두드러진다. 미술관 건물을 입체적으로 체험하는 특별한 기분을 느낄 수 있다. 각 층의 발코니도 다른 미술관에서는 볼 수 없는 숨은 쉼터다. 걷다가 지친 관람객들에게 편안한 휴식을 선사한다. 전시실 안이지만 전시실 바깥인 듯하다. 발코니 의자에 앉으면 미술관 정원과 서촌 풍경이 보인다. 햇빛이 스밀 때는 그림자가 그림을 그린다.

전시 관람 후에는 별관 개념의 'D라운지'에서 쉴 수도 있다.

카페이자 공연, 강연, 워크샵 등 다양한 문화 예술 프로그램을 진행하는 장소다. 아담한 야외 정원 또한 매력 있다. 재미난 디자인의 자그마한 방에서 아이들과 같이 기념사진을 찍을 수 있는 슈팅스튜디오도 특별한 공간이다.

대림미술관은 아이들의 디자인 감각을 키워주기에 손색이 없다. 세계적인 디자이너와 사진작가들의 전시가 잦아 수준 높은 응용 미술을 접할 기회도 많다. 디자인과 사진은 생활과 밀접해 전통 미술보다 아이들의 관심을 끌기에 유리하다. 건물의 재미난 생김새와 구조, 전시와 연계한 체험 프로그램 등도 매력적이다. 아이들의 예술 감성을 키워주고 부모 또한 문화생활을 즐길 수 있다는 점 또한 간과할 수 없는 대림미술관의 장점이다.

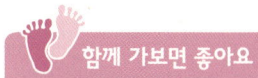
함께 가보면 좋아요

류가헌 & 진화랑

경복궁 서쪽 동네인 서촌은 골목골목 재미난 공간들이 많아 아이와 함께하는 서울 여행지로 제격이다. 대림미술관 가까이에는 사진 중심 갤러리 '류가헌'이 있다. 전통 한옥 두 채를 개조해 만든 갤러리다. 대림미술관과 마찬가지로 전시뿐 아니라 건물도 흥미롭다. 한옥을 그대로 사용한 정겨운 갤러리 모습만으로도 아이와 함께 둘러볼 충분한 이유가 된다. 아이도 좋아할 만한 작가 야요이 쿠사마의 작품을 볼 수 있는 '진화랑'이나 '팔레드서울' 등도 가까워 서촌에서는 미술관 여행을 할 수 있다. 추사 김정희, 겸재 정선, 이중섭, 이상 등 서촌이 배출한 예술가들의 흔적을 찾아 떠나는 여행도 추천한다.

류가헌

진화랑

027 책의 도시에 지어진 시 같은 미술관
미메시스아트뮤지엄

주소 경기도 파주시 문발로 253
관람 시간 2월 23일~4월 22일과 8월 24일~10월 21일은 10:00~18:00,
   10월 22일~2월 22일은 10:00~17:00, 4월 23일~8월 23일은 10:00~19:00
휴관일 매주 월요일, 설날·추석 연휴
관람료 성인 5000원, 초·중·고등학생 4000원
홈페이지 imesisart.co.kr/mimesis-art-museum
전화 031-955-4100

세계적인 건축가 알바루 시자가 지은 미메시스아트뮤지엄은 내부 작품뿐 아니라 미술관 건물 또한 한 편의 작품으로서 존재한다. 건축이 그려내는 선, 면 그리고 빛의 조화는 그대로 예술이 된다. 아이들은 그 안에서 미술작품을 관람하기도 하지만 미술관을 체험하기도 한다. 마치 예술 속으로 들어가서 헤엄을 치듯 상상의 나래를 펼친다.

거대한 건축 미술관, 파주출판도시

파주출판도시는 조성 당시부터 건물에 각별히 신경을 썼다. 우리나라를 대표하는 두 건축가 민현식, 승효상 씨가 건축코디네이터를 맡았고, 영국 건축가 플로리안 베이글, 우리나라 건축가 김종규, 김영준 씨 등이 함께 건축 지침을 작성했다. 그리고 국내외 유명 건축가 40여 명이 건축 지침을 바탕으로 파주출판도시의 건물을 설계했다. 건축가마다 주어진 공간의 범위와 공통된 조건 하에서 출판사 사옥을 지었다. 파주출판도시가 기존의 시가지와는 다른 전경을 갖게 된 것은 이런 배경이 존재했기 때문이다. 아이들에게는 책의 도시이기도 하지만 건축작품을 두루 감상할 수 있는 거대한 건축 뮤지엄이기도 하다.

그 가운데 프리츠커상*을 수상한 건축가가 지은 건물이 있다. 먼저 동녘출판사 사옥이다. 일본 건축가 '세지마 가즈요'와 '니시자와 류에'가 지었다. 다른 하나는 파주출판도시 북쪽에 있는 출판사 열린책들의 미메시스아트뮤지엄이다. 미메시스아트뮤지엄은 건축계의 거장 알바루 시자가 설계했다. 동녘출판사가 사옥인데 반해 미메시스아트뮤지엄은 일반인에게 개방하는 갤러리다. 세계 최고의 건축가가 지은 건물 안에서 전시를 관람할 수 있는 기회다.

1. 파주출판도시 전경
2. 파주출판도시 인포메이션
3. 미메시스아트뮤지엄 외관

프리츠커상
건축계 최고의 권위를 자랑하며 건축계의 노벨상이라 불린다.

알바루 시자

● **알바루 시자**
알바루 시자는 모더니즘 건축의 거장이라고 불린다. 그는 1992년 프리츠커상과 유럽건축상을 수상했다. 알바루 시자의 건축물로는 '세할베스 현대미술관', '아베이루 대학 도서관' 등이 유명하다. 2002년 베니스 건축비엔날레 황금사자상을 받았고, 다시 10년이 지난 2012년 베니스 건축비엔날레 평생공로상을 수상했다. 그리고 같은 해에 그의 건축사무실에서 일한 김준성 건축가와 함께 미메시스아트뮤지엄을 완공했다.

한 편의 시를 감상하듯 체험하는 건축

알바루 시자는 '모더니즘 건축의 거장'이라고 불린다. 모더니즘 건축의 특징은 건물의 장식 요소를 최소화하고 기능을 강조하는 데 있다. 미메시스 아트뮤지엄은 알바루 시자의 특기인 모더니즘 양식을 최대한 살렸다. 또한 리듬과 운율이 녹아있는 건물의 형태가 인상적이다. 미술관의 형체나 동선이 미술작품을 감상하는 데 즐거움을 더한다. 건물을 따라가다 보면 자연스럽게 예술작품에 마음을 놓게 된다. 이것이 미메시스아트뮤지엄의 특별한 매력이다.

미메시스아트뮤지엄 안으로 들어서기 전에 건물 외관 곡선이 가장 움푹한 안쪽에 아이와 나란히 서보기를 권한다. 고개를 들어 시선을 옮기면 춤추는 건물의 곡선과 파란 하늘의 대비가 이채롭다. 시간에 따라 태양의 고도가 달라지며 흰색의 벽면에 일렁이는 빛과 음영의 춤사위도 신기하다. 반대로 미술관 안에서 바깥을 바라볼 때는 할아버지 품 안에 안겨 세상 밖을 보는 것처럼 따뜻하다.

도예공이 손으로 빚은 것 같은 유려한 곡선을 따라가다 보면 아이들은 이미 미메시스아트뮤지엄을 예술작품으로 받아들인다. 건물은 직선이라는 개념을 단숨에 무너트린다. 미술관이 갖는 형식과 틀에 대한 선입견도 사라진다.

1. 춤추는 건물의 곡선과 파란 하늘의 대비가 이채로운 풍경
2. 외곽 곡선이 가장 움푹한 안쪽 공간
3. 선과 면이 어우러진 공간

알바루 시자는 '건축의 시인'이라고도 불린다. 그의 건물을 한 편의 시처럼 감상해도 좋겠다. 시를 읽을 때 단어의 의미를 분석하기보다는 시에 담긴 마음을 느끼는

것이 더 좋은 것처럼 아이들이 발길가는 대로 공간을 느끼게 해 보자. 아이들 나름의 무한한 해석과 상상의 나래를 펴는 시간을 주어도 좋겠다.

🎀 시간에 따라 달라지는 공간, 시간에 따라 달라지는 예술

야외 정원과 작품을 돌아보고 안으로 들어서면 카페테리아다. 천장이 2층까지 높게 열려 시원스럽다. 카페테리아는 바깥에서 보는 것과 마찬가지로 반듯하게 구획된 공간이 아니다. 벽면 또한 부드러운 곡선이다. 벽을 따라서는 책들이 한가득이다. 아이들이 읽을 만한 고전 작품도 수십 권이다. 미술관이지만 책과 가까워질 수 있는 기회도 제공한다.

입구 맞은편 끝자락, 아트숍을 끼고 오른쪽으로 돌면 비로소 전시실이 나타난다. 높은 천장의 틈새에서는 빛이 스며든다. 미메시스아트뮤지엄은 미술관이지만 별다른 조명 장치가 없다. 알바루 시자는 자연광을 끌어들여 내부의 빛을 조절했다. 빛의 세기가 만들어내는 그림자의 농담도 볼거리다. 시간 대에 따라 달라지는 것도 흥미롭다. 건물의 색깔을 흰색으로 한 것도 그런 까닭이다.

2층 난간에서 1층 전경을 잠깐 내려다본다. 전면에 보이는 선과 면의 조합이 달라지니 거기에 어리는 그림자도 새삼스럽다. 사무동을 지나 3층으로 향하는 계단에서 올려다본 천장도 재미나다. 동그란 원의 열린 공간으로 하늘빛이 선명하다. 흑백의 그림자와 선과 면 그리고 원의 조합에 자연의 색이 더해져 아름답다.

3층은 미메시스아트뮤지엄에서 가장 너른 전시장이다. 천장에 있는 하나의 면이 벽을 따라 자

1. 동그란 원의 열린 천장
2. 3층 전시장 전경
3. 삼각의 예각이 곡면에 긴장감을 부여하는 공간

연광을 눌러 반사시키므로 빛을 순하게 만든다. 벽의 모양도 공간에 따라 변주된다. 어느 순간에는 날카로운 삼각의 예각을 드러내서 곡선에 긴장감을 부여한다. 물론 이 또한 아이들에게는 재미난 그림자나 도형 놀이처럼 보이기도 한다. 여느 미술관처럼 특별한 체험 프로그램과 아이들 위주의 전시가 이뤄지는 건 아니다. 그러나 작품을 담는 그릇인 미술관을 관찰하며 걷는 행위는 아이들의 감성을 키워준다. 날씨나 계절에 따라 하늘, 자연과 건물이 이루는 조화도 조금씩 달라진다. 그럴 때는 흰색의 미술관을 캔버스 삼아 자연이 그림을 그리는 듯하다. 전시 관람을 마치고 나올 때는 카페테리아에 앉아 잠깐 숨고르기를 해도 좋겠다. 유리창을 통해 또 한 번 빛 체험이 가능하다.

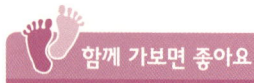 함께 가보면 좋아요

지혜의 숲

책 마을인 파주출도시는 책뿐만 아니라 멋진 건축물이 많다. 책과 건축을 한번에 볼 수 있으니 훌륭한 문화 마을이다. 2014년 6월에 문을 연 '지혜의 숲'은 파주출판도시에 있는 개방형 도서관으로 20만 권에 달하는 책을 소장하고 있다. 이 어마어마한 숫자의 책은 모두 기증받

지혜의 숲

은 것이다. 책꽂이 높이는 6~8m인데 길이가 3.1km에 달한다. 1관은 오후 5시, 2관은 오후 8시에 문을 닫지만 3관은 밤새 문을 연다. 그야말로 '지혜의 숲'이며 '책의 숲'이다. 대여는 불가능하지만 도서관 어디에서나 편안히 독서를 할 수 있다.
지혜의 숲이 있는 아시아출판문화정보센터 건물은 2층부터 5층까지 '지지향 게스트하우스'이니 책을 보고 하룻밤 머물러도 좋겠다. 5~6월의 '어린이책잔치'나 10~11월의 '파주북소리페스티벌' 때 맞춰가면 즐길 수 있는 프로그램이 더 다양하다.

028 삼성미술관 리움

고미술과 현대미술을 집대성한 미술 교과서

주소 서울시 용산구 이태원로 55길 60-16
관람 시간 10:30~18:00(매표 마감 17:30)
휴관일 매주 월요일, 1월 1일, 설날·추석 연휴
관람료 성인 1만 원, 청소년 5000원, 미취학 아동 무료(기획전시 별도)
홈페이지 www.leeum.org
전화 02-2014-6900

이렇게 많은 예술작품을 한 번에 볼 수 있는 곳이 몇이나 될까? 삼성미술관 리움은 '거대한 미술 교과서'라고 해도 과언이 아니다. 쉽게 볼 수 없는 국보급 고미술과 근현대 미술작품을 어마어마하게 소장하고 있다. 한국 미술과 외국 미술 작품을 한곳에 모아놓은 것도 흥미롭다. 리움의 건축도 꼭 봐야 하는 작품 중 하나다. 세계적인 건축가 마리오 보타, 장 누벨, 렘 콜하스 세 명이 함께 설계했다. 세 거장을 한 자리에서 만날 기회는 흔치 않다.

세계 건축 거장들의 작품을 한눈에 확인할 수 있는 곳

1. 리움의 야외 마당
2. 마리오 보타가 설계한 건물 외관

남산 자락 아래 한적한 골목을 따라가다 보면 독특한 건물이 나타난다. 바로 삼성미술관 리움이다. 삼성그룹의 창립자 고(故) 이병철 회장의 수집품을 바탕으로 2004년 문을 열었다. 리움은 고미술 전시관 '뮤지엄1', 근현대미술관 '뮤지엄2', 기획전시실과 교육 공간인 '삼성아동문화센터'로 구성되어 있다. 내부로 들어서기 전에 야외 마당에 서서 리움의 건물을 감상해보자. 각 건물의 개성 있는 외관이 한눈에 들어올 것이다.

중앙의 둥근 벽돌 건물은 스위스 건축가 마리오 보타가 설계했다. 고미술품을 모아놓은 공간답게 도자기 모양을 본떴다. 오른쪽 검은색 건물은 프랑스 건축가 장 누벨의 작품이다. 반듯한 박스 여러 개가 건물에 쏙쏙 박혀 있는 형상이 재미있다. 건물 앞 대형 모빌 작품 〈거대한 주름〉도 아이들의 시선을 끈다. 모빌 조각의 창시자 알렉산더 칼더의 작품이다. 미술관 입구에 자리한 삼성아동문화센터는 네덜란드 건축가 렘 콜하스의 작품으로 건물 안에 들어서면 진가가 드러난다.

국보급 문화재가 빼곡한 고미술관

로비에 들어서면 중앙홀에서 천장까지 뻥 뚫린 '로톤다'가 먼저 눈에 들어온다. 로톤다는 각 층을 잇는 통로 역할뿐 아니라 창문 역할도 한다. 천장에서 쏟아지는 자연광이 신비한 분위기를 자아낸다. 우리나라 건물에서는 흔히 볼 수 없는 광경이다.

미술관 관람은 고미술관인 '뮤지엄1' 꼭대기부터 시작하면 좋다. 나선형 계단을 내려가는 동안 1층 로비에서 올려다 본 로톤다와는 또 다른 느낌이다. 4층 '청자 전시실'과 3층 '분청사기·백자 전시실'에는 아이들이 교과서에서 봤음직한 친숙한 유물들이 많다. 양이 워낙 많아 한번에 모두 보기에는 벅찰 수 있다. 전체를 둘러보고 몇 가지를 정해 자세히 보는 게 좋겠다. 언뜻 보기에는 비슷해 보이는 작품들이지만 문양이 제각기 다르다. 같은 청자나 백자라도 무늬가 전혀 없는 것도 있다. 이런 이야기를 하며 아이가 궁금해할 만한 요소를 끌어내보자.

뮤지엄 내부

2층 '서화관'에는 서예, 민화와 김홍도, 장승업, 정선 등 조선시대 대표 화가들의 그림이 전시되어 있다. 민화에는 조선시대 사람들의 소망이 담겨있다. 우스꽝스러운 표정을 짓는 호랑이부터 새, 물고기, 꽃 등 아이와 각 소재에 담긴 의미를 풀어보자. 그림을 보며 그때의 생활을 아이와 함께 상상해보는 것도 좋겠다.

🎨 국내외 미술 거장들이 펼치는 향연

로비를 가로지르면 '뮤지엄2'다. 지하 1층부터 지상 2층까지 대규모 상설전을 연다. 1920년대 이후의 한국 근현대 미술부터 1945년 이후의 세계 현대미술까지 만날 수 있다.

특히 미술교과서에 실린 국내 거장들의 작품이 눈에 띈다. 이중섭, 이응노, 박노수, 박수근, 김환기, 백남준, 천경자, 장욱진……. 일일이 나열하기 힘들 정도다. 미술 교재나 교과서에서 봐왔던 그림을 발견하는 재미가 있다. 해외 미술계를 대표하는 외국 작가들의 작품도 많다. 팝아트의 대표 작가 앤디 워홀은 아

> ● **로톤다**
> 로톤다는 서양 건축 양식으로 돔이나, 타원형의 형상을 갖춘 방이나 독립적 공간을 뜻한다. 로마의 판테온이 대표적인 로톤다 양식의 건물이다.
>
>
> 판테온 신전

● 겸재 정선 〈금강전도〉(국보 217호)

조선 후기 화가인 정선은 '진경산수화의 대가'로 불린다. 서울 주변의 명승과 금강산의 실제 모습을 많이 그렸다. 〈금강전도〉는 정선이 59세에 그린 걸작이다. 금강산 일만이천봉을 하늘에서 내려다보듯 그렸는데, 힘차게 솟은 봉우리와 부드러운 수풀의 조화가 인상적이다. 중국의 산수화법을 조선의 화풍으로 재창조했다는 점에서 가치를 인정받고 있다.

〈금강전도〉

● 단원 김홍도 〈군선도〉(국보 139호)

김홍도는 정조의 총애를 한 몸에 받았던 화가다. 〈서당〉과 〈씨름〉 등 조선시대 풍속화의 일인자로 알려져 있지만 사실 당시에는 풍속화보다 신선 그림으로 더 유명했다. 그중 〈군선도〉는 대표작으로 꼽히는데, 김홍도의 그림 중 유일하게 국보로 지정되어 있다.

〈군선도〉

● 백자 대호(국보 제262호)

조선 후기인 18세기에 만든 순백자로 '달항아리'라고도 한다. 우리가 잘 알고 있는 백자에 비해, 장독을 떠올리게 할 정도로 크다. 현재 전 세계에 20여 점만 남아있다. 무늬 한 점 없는 담백한 모습이 '한국의 미'를 잘 나타낸다.

백자 대호

이들에게도 친숙하다. 데미언 허스트, 수보드 굽타, 장 뒤뷔페 등 아이들에게 낯선 작가도 많으니 미술관을 방문하기 전에 아이와 함께 인터넷 검색을 해보는 것도 좋겠다.

 다양한 미디어아트를 만날 수 있는 삼성아동교육문화센터

다시 로비로 나와 정문 옆에 기울어진 통로로 내려가면 '삼성아동교육문화센터'다. 삼성아동교육문화센터는 '블랙박스'와 '그라운드갤러리'로 나뉜다. 마치 공중에 떠있는 듯한 블랙박스는 기획전시관이다. 비디오아트를 포함해 빛과 소리를 내는 뉴미디어아트를 주로 전시한다. 다소 정숙한 분위기의 뮤지엄1, 2와는 달리 아이들이 자유롭게 작품을 감상하기 좋다. 아래층 '그라운드갤러리'에서도 기획전이 이어진다. 한쪽에는 기획전과 연계해 체험 활동을 할 수 있는 '워크숍룸'이 있다. 다양한 도구들이 준비되어 있어 아이와 함께 만들기 체험을 즐길 수 있다. 여름과 겨울 방학 때는 '리움키즈'에 참여해도 좋다. 미술과 역사, 음악, 과학 등 여러 학문을 접목한 어린이 교육 프로그램이다. 소장품 감상과 토론 수업, 체험 활동을 병행해서 아이들의 창의력과 발표력을 키울 수 있다.

 스마트한 관람을 위해 알고 가면 좋은 것들

리움은 교과서에 나올 만한 유물과 미술작품을 많이 소장하고 있다. 워낙 작품이 방대해서 처음 가면 어디서, 무엇을 먼저 봐야 할지 헤맬 수도 있다. 홈페이지에 소장품 목록이 있으니, 가기 전 아이가 눈여겨볼 만한 작품을 미리 점 찍어두면 도움이 된다. 차분히 관람을 즐기려면 시간을 충분히 잡고 가자.

전시관에 들어서기 전 로비에 설치된 벽면 TV도 그냥 지나칠 수 없다. 미술관 소개와 각 건축가의 인터뷰가 상영된다. 하루 2회 1시간 반 동안 진행하는 '하이라이트 도슨트 투어'와 안내데스크에 비치된 '디지털 가이드 단말기'도 유용하다. 단말기를 들고 작품 앞에 다가서면 자동으로 해설 음성이 나온다. 단말기 화면을 통해 작품 뒷면과 바닥, 작품의 세밀한 문양까지 볼 수 있다. 마치 작품을 손에 쥐고 이리저리 돌려 보는 느낌이 들어 아이들이 신기해한다. 단, 중학생 이상 관람객만 빌릴 수 있다.

디지털 가이드 단말기

뮤지엄2 내부

리움키즈

생각 발산하기

리움에 숨어있는 작품들을 살펴볼까요?

〈경계를 넘어서〉

미술관 정문으로 이어지는 통로 바닥에는 1부터 9까지의 숫자가 깜빡거리고 있어. 미디어 설치 작가 미야지마 다츠오의 〈경계를 넘어서〉라는 작품이야. 가만히 보고 있으면 동그란 LED 패널 안에서 숫자가 계속 바뀐단다.

〈경계를 넘어서〉

〈중력의 계단〉

고미술관 1층에서 로비로 이어진 계단은 올라퍼 엘리아슨의 설치작품 〈중력의 계단〉이야. 그는 자연을 실내로 끌어들이는 작품으로 유명해. 계단 천장에 둥둥 뜬 고리는 마치 태양계의 행성 같아. 정면과 천장에 달린 거울과 LED 조명 덕에 신비로운 우주 공간을 체험할 수 있단다.

〈중력의 계단〉

'선큰가든과 개비온 월'

뮤지엄2의 지하 전시장에서 유리창 밖을 내다보면 '선큰가든(Sunken Garden)'이라 부르는 작은 정원이 있어. '선큰'은 땅을 움푹하게 파서 지하까지 자연광을 끌어들인 공간을 말한단다. 정원 너머에는 철망 안에 작은 돌을 쌓아 올린 벽이 보이지? '개비온(gabion, 돌망태) 월'이

개비온 월

라 부르는데, 이 공간들 사이로 스며드는 빛이 전시장을 더욱 아늑하게 만들어준단다.

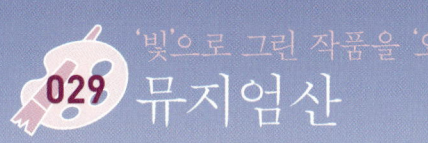

'빛'으로 그린 작품을 '오감'으로 감상하다
029 뮤지엄산

주소 강원도 원주시 지정면 오크밸리 2길 260
관람 시간 뮤지엄 10:30~18:00, 제임스 터렐관 11:00~17:30
　　　　　(관람 종료 1시간 전 매표 마감)
휴관일 매주 월요일(월요일이 공휴일인 경우 정상 개관)
관람료 뮤지엄-성인 2만 8000원, 초·중·고등학생 1만 8000원, 미취학아동 관람 불가
　　　　갤러리권-성인 1만 5000원, 초·중·고등학생 1만 원, 미취학 아동 무료
홈페이지 museumsan.org
전화 033-730-9000

뮤지엄산은 세계적인 건축가 '안도 다다오'와 설치미술가 '제임스 터렐'의 작품을 한곳에서 만날 수 있는 귀한 공간이다. 두 작가의 공통점은 '빛'으로 예술작품을 만든다는 것이다. 빛을 평면이 아닌 공간에 그려낸다. '빛으로 빚은 예술작품은 어떤 모습일까?' 궁금하다면 뮤지엄산을 방문해보자. 자연과 어우러진 뮤지엄산은 아이들에게 여태껏 경험해보지 못한 전혀 다른 예술 세계를 보여준다.

뮤지엄산 본관 내부

🎨 빛으로 빚은 예술의 진수를 볼 수 있는 뮤지엄산

예술가가 경이롭게 여겨지는 이유는 신의 영역이라 여겨지는 자연의 모습까지 창조물에 담아낼 수 있어서가 아닐까? 빛을 담아내는 두 명의 예술가가 있다. 뮤지엄산은 안도 다다오와 제임스 터렐 두 예술가의 숨결이 깃든 곳이다. 안도 다다오는 프리츠커상을 수상한 세계적인 건축가다. 제주의 지니어스로사이(145쪽), 본태박물관 등이 그의 작품이다. 제임스 터렐은 설치 미술가다. 마술 같은 작품을 선보여서 그의 작품을 한 번이라도 본 사람들은 예외 없이 팬이 된다. 이들의 공통점은 '빛'이다. 빛을 다루는 솜씨가 감탄을 자아낸다. 두 사람은 협업을 많이 했는데, 그 진수를 만나볼 수 있는 미술관이 바로 뮤지엄산이다. 관람 중심의 기존 미술관에 익숙한 아이들에게는 전혀 다른 세상이다. 닮은 듯 다른 두 가지 빛의 예술을 체험할 수 있는 좋은 기회다. 입장료가 조금 부담스러울 수 있지만 그럼에도 아이에게 새로운 감흥을 느끼게 해주고 싶다면 주저 없이 걸음할 만하다.

뮤지엄산은 이름처럼 푸른 산속의 미술관이다. 산(SAN)이라는 이름 또한 '스페이스(Space)', '아트(Art)', '네이처(Nature)'의 앞 글자를 땄다. 미술관이지만 산속의 정원 같아서 느릿하게 거닐어도 좋다. 주변의 풍광 역시 계절에 따라 조금씩 표정을 바꾸며 관람객들을 매혹한다.

꽃밭을 헤치고 자작나무 길을 걸어 도착하는 뮤지엄산 본관

미술관 관람은 '웰컴센터'에서 시작한다. 웰컴센터는 주차장과 미술관의 입구 역할을 하는 수평의 긴 건물이다. 자연석 벽이 공간을 감싸고 있다. 바깥에서는 안이 보이지 않는다. 아이들은 어떤 공간이 펼쳐질지 예상할 수 없어 궁금해한다.

웰컴센터를 지나면 다시 실외다. 초록의 땅과 푸른 산이 넓게 열린 '플라워가든'이다. 이름처럼 꽃의 정원이다. 여름에 찾으면

80만 주의 진분홍 패랭이꽃이 대지를 물들이는 모습을 볼 수 있다. 플라워가든 중앙에는 조각가 마크 디 수베로의 작품 〈제라드 먼리 홉킨스를 위하여〉가 놓여있다. 폐철을 활용한 조각으로 높이가 15m나 된다. 어찌 보면 달리는 사람 같고, 또 어찌 보면 날고 있는 비행기 같기도 하다. 게다가 윗부분이 움직여서 더욱 흥미로운 작품이다. 아이들이 관심을 가지고 다양한 형상을 떠올릴 수 있다.

패랭이꽃밭 다음은 180그루의 하얀 자작나무가 안내하는 길이다. 자작나무길이 끝나면 담장이 보인다. 담장 안에 또 어떤 공간이 숨어있을지 궁금해 걸음을 재촉하다 보면 뮤지엄산 본관에 다다른다. 알렉산더 리버만의 작품 〈Archway〉가 먼저 시선을 빼앗는다. 본관 주변을 얕은 연못이 둘러싸고 한가운데로 길이 나있다. 길 위로 〈Archway〉가 12m 높이의 터널을 만든다. 연못에 어린 뮤지엄산 본관과 작품이 아름답다. '빛의 체험'이 뮤지엄산의 가장 큰 매력이지만 본관에 이르는 여정 또한 흥미진진하다.

안도 다다오가 설계한 빛의 건축 속으로

뮤지엄 본관부터는 안도 다다오 건축이 주인공이다. 건물의 외부는 파주석(파주에서 나는 돌)을 쌓아 만들었다. 안도 다다오를 아는 사람이라면 그의 특징인 노출 콘크리트를 찾으며 고개를 갸웃거릴 것이다. 파주석 건물 안으로 들어가면 그제야 노출 콘크리트 건물이 나온다. 'Box in Box' 콘셉트로 파주석 건물 안에 노출 콘크리트 건물이 있는 셈이다. 실내는 파주석 벽과 노출 콘크리트 벽이 양쪽으로 등장해 그 사실을 부연한다. 그러나 아이들이 흥미를 느끼는 건 동선이다. 계단처럼 경사로를 오르내리기도 하고 사각이나 삼각 또는 원형의 벽과 통로들이 나와 마치 옛 고성을 탐험하는 느낌이 든다. 삼각이나 사각의 이동로에는

1. 마크 디 수베로
   〈제라드 먼리 홉킨스를 위하여〉
2. 알렉산더 리버만
   〈Archway〉
3. 뮤지엄산 본관

1. 파주석 건물 안에 있는 노출 콘크리트 벽
2. 사각이나 삼각 또는 원형의 벽과 통로들
3. 삼각형 모양의 공간
4. 창 밖으로 보이는 빛의 음영

비어있는 공간이 있어 들어가 볼 수 있다. 안으로 들어가 하늘을 향해 고개를 들면 삼각형 모양의 하늘이 보인다. 건축이 만든 아름다움이다.

통로의 유리창 밖으로 보이는 자연 경관이나 빛의 음영 또한 아이들의 시선을 끌기 충분하다. 천장과 벽 사이에는 작은 틈새가 있다. 빛이 스며들어 산란한다. 빛은 어두운 실내에 조명도 되고 예술작품 역할도 한다. 노출 콘크리트와 더불어 안도 다다오 건축의 특징인 빛이 돋보인다. 공간과 복도를 걷는 것은 새로운 예술 세계를 체험하는 일이다.

숨은 그림처럼 위치한 페이퍼갤러리와 청조갤러리

뮤지엄산 본관 안에는 '페이퍼갤러리'와 '청조갤러리'가 숨은 그림처럼 있다. 상설전시가 열리는 페이퍼갤러리는 '종이의 탄생부터 현재까지'를 주제로 전시한다. 1997년 개관한 한솔종이박물관이 전신이다.

청조갤러리는 20세기 우리나라 회화를 대표하는 작품을 전시한다. 장욱진, 박수근, 이중섭 등 서양화를 한국적으로 구현한 작가와 비디오 아티스트 백남준의 작품 등 소장품 100여 점이 중심이다. 전시와 연계한 체험 프로그램도 운영한다. 예를 들어 '한지의 정서와 현대미술·하얀 울림'전이 열렸을 때는 딱지를 접어 하나의 큰 작품을 만들거나, 종이로 정원을 만드는 등의 체

험 프로그램을 진행했다.

　본관을 오갈 때는 의자 몇 개가 눈에 띈다. 르 코르뷔지에, 미스 반 데어로에, 프랭크 게리 등 세계적인 건축가들이 디자인한 작품으로 반가운 볼거리다. 에듀케이터와 함께 건축가의 의자를 감상하고 직접 그려볼 수도 있다. 아이들이 건축가가 돼보는 시간이다. 실생활에서 자주 쓰는 의자를 다르게 그려봄으로써 창의력을 키울 수 있다.

5. 청조갤러리 전경
6. 백남준
　〈커뮤니케이션 타워〉
7. 스톤 마운드
8. 조지 시걸
　〈두 벤치 위의 연인〉

뮤지엄산의 하이라이트 제임스 터렐 특별전시장

　본관을 나와 '제임스 터렐 특별전시장'으로 가는 길목에는 '스톤 가든'이 있다. 신라 고분을 모티브로 한 아홉 개의 스톤 마운드(stone mound)가 놓여있다. 16만 개의 귀래석과 4만 8000여 개의 사고석으로 만들었다. 돌은 자칫 잘못하면 차가운 느낌을 줄 수 있지만 스톤 마운드는 따뜻한 느낌을 주는 게 특징이다.

　정원에는 조지 시걸의 〈두 벤치 위의 연인〉, 헨리 무어의 〈누워 있는 인체〉와 같은 작품이 놓여있다. 그리고 여러 개의 마운드를 산책하듯 지나 제임스 터렐 특별전시장에 다다른다.

　뮤지엄산은 갤러리만 관람할 수도 있고 제임스 터렐 특별전시장까지 관람할 수도 있다. 1만 3000원의 입장료 차이가 나는 까닭에 방문객은 갤러리만 돌아보기도 하는데, 뮤지엄산의 하이라이트는 제임스 터렐 특별전시장이다. 더구나 아이들에게는 안도 다다오의 건축보다 제임스 터렐의 전시가 주는 충격이 훨씬 크다. 물론 제임스 터렐의 작품을 처음 보는 부모들 또한 예외가 아니다.

제임스 터렐 특별전시장은 그의 작품 다섯 점으로 이뤄져 있다. '스카이스페이스', '스페이스디비전', '호라이즌룸', '웨지워크', '간츠펠트'다. 그는 빛을 작업의 소재로 삼는다. 2차원의 캔버스보다는 3차원의 입체 공간을 활용한다. 그 안에서 빛은 다양한 색상으로 변화하며 환상적인 동시에 경건한 분위기를 연출한다.

🎨 제임스 터렐의 환상 특급

스페이스디비전

제임스 터렐의 작품을 감상해보자. '스카이스페이스'는 머리 위로 가로 5m, 세로 4m의 원형 창이 열려있는 공간이다. 원형 천장 바깥의 하늘빛은 스카이스페이스에 설치된 인공 빛의 간섭에 반응하며 시각에 따라 색깔을 바꾼다. '스페이스디비전'은 스카이스페이스가 연출하는 또 하나의 특별한 작품이다. 일정한 시간과 비오는 날에만 운영하는데, 천장 문을 닫으면 또 다른 빛의 잔치가 펼쳐진다.

'호라이즌룸'은 빛이 들어오는 정사각형 문틀을 향해 계단이 나있는 공간이다. 마치 영화에서나 나올 법한 천국의 문 같다. 계단을 오를 때는 눈부신 빛 때문에 감지하지 못했다가 계단 끝에 서면 눈앞에 펼쳐진 반전의 풍경에 놀라움을 금치 못한다. 시간에 따라 벽과 밖의 색깔이 변화한다.

호라이즌룸

호라이즌룸

'웨지워크'는 어둠의 통로를 지나 마주하는 미지의 세계다. 쐐기 모양의 환영이 현실과의 경계를 모호하게 지워낸다.

'간츠펠트'는 독일어로 '완전한 영역'을 의미한다. 다양한 색깔로 변화하는 공간에서 거리나 원근의 개넘이 사라진다. 환상의 장면을 말이나 글로 설명하기란 쉽지가 않다. 눈으로 확인할 때 비로소 체감할 수 있다.

제임스 터렐 특별전시장을 나오면 '환상특급'을 경험한 듯하다. 여운을 되새기며 왔던 길을 되짚어보자. 산책과 작품 감상을 즐길 수 있다. 본관에는 카페테라스가 있다. 전시를 감상한 뒤 가족과 함께 차 한잔을 즐겨도 좋겠다.

 생각 발산하기

제임스 터렐의 작품 속에는 어떤 과학 원리가 숨어있을까요?

제임스 터렐 작품에 사용된 과학 원리를 이해하려면 먼저 빛에 대해 아는 게 좋아. 빛은 우리가 생각하는 것보다 다양한 색과 성질을 가지고 있어. 우리가 볼 수 있는 것은 가시광선이지. 우리 눈에 보이는 색은 사물에 반사된 빛이야. 어떤 물체에 빛을 비추면 그 빛이 물

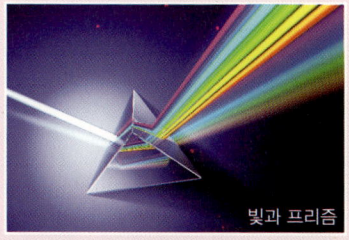
빛과 프리즘

체에서 반사되어 나오는데, 그것이 물체의 색깔처럼 보이는 거야. 우리는 빛을 하얀색이라고 생각하지만 스펙트럼을 통과하면 무지개 색깔로 보이지. 물체가 빛과 반응해 그중 하나의 색깔을 반사하는 거야. 예를 들면 빨간색의 물체는 빨간색을 반사하고 나머지 모든 색은 흡수하는 거야. 또 하얀색은 모든 색깔을 반사하는 거고, 반대로 검은색은 모든 색깔을 흡수해서 검은색으로 보이는 거야. 물감에 여러 색깔을 섞을수록 검은색에 가까워지는 것과 같은 원리지.

제임스 터렐은 아버지가 비행사였어. 아버지를 따라 비행을 하면서 대기 중에 빛의 변화를 경험하는 일이 많았지. 그 경험을 자신의 작품에 녹여냈어. 여러분 눈에는 보이지 않겠지만 제임스 터렐의 작품에는 여러 가지 장치들이 있어. 예를 들면 공간에 스미는 빛의 양을 미세하게 조절한다거나, 미리 설치한 인공 조명 장치로 색깔이 달리 보이게 하는 것이지. 그는 작품을 위해 빛에 관해 연구를 참 많이 했어. 그래서 제임스 터렐은 빛의 성질을 활용해 다양한 색깔을 빚어내는 '빛의 과학자'라고도 할 수 있지. 예술가는 예술만 하면 될 것 같지만 자신의 작품을 표현하기 위해서는 과학도 연구해야 한단다.

화강암처럼 투박하지만 따뜻한 작품이 있는 곳

030 박수근미술관

주소 강원도 양구군 양구읍 박수근로 265-15
관람 시간 09:00~18:00
휴관일 매주 월요일(월요일이 공휴일인 경우 그 다음 날), 1월 1일, 설날·추석 당일 오전
관람료 성인 1000원, 청소년 700원, 초등학생 500원
홈페이지 www.parksookeun.or.kr
전화 033-480-2655

박수근은 우리 민족의 일상적인 삶을 따뜻한 시선으로 그려낸 화가다. 나물 캐는 아낙, 아기 업은 소녀, 빨래 빠는 여인, 소금장수 등 작품의 주인공은 고단한 삶 속에서도 희망을 잃지 않고 묵묵히 살아가는 서민들이었다. 단순한 형태와 선묘, 거친 화강암 재질이 살아있는 그의 작품은 가장 한국적인 미를 담고 있다고 평가받는다. 그의 고향 양구에 그의 작품을 똑 닮은 미술관이 있다.

🎨 화강암 담벼락이 관람객을 맞는 미술관

탁 트인 공간 위에 박수근미술관이 자리한다. 조급하게 둘러볼 마음은 처음부터 입구에 두고 미술관에 들어서자. 미술관은 박수근공원 안에 있다. 미술관, 숲과 연못, 산책로가 한데 어우러진다. 전시 관람과 힐링을 동시에 할 수 있는 공간이다. 공원 입구에서 잠깐 한눈을 팔면 정작 미술관 출구를 찾지 못하고 지나친다. 공원 입구에서 보이는 화강암 담벼락이 바로 미술관 본관이기 때문이다. 마치 관람객을 외면하듯 등을 돌린 모습이다. 왜 이런 형태일까? 의아함은 건물을 돌아 들어가면 이내 풀린다. 마당을 감싸 안고 있는 본관 정면이 나오기 때문이다.

본관 앞은 아늑하다. 마치 보호받고 있는 느낌이 든다. 본관 앞마당에서는 짧은 산책이 가능하다. 조금 걸으니 아이가 박수근 할아버지를 발견했다고 소리를 지른다.

화강암 담벼락

박수근 화백 동상

1. 전망대
2. 박수근 부부의 묘
3. 제2관
4. 박수근

바로 화가의 동상을 두고 하는 말이다. 동상은 화가가 생전에 신고 다녔을 것 같은 고무신을 신은 채 미술관을 바라보고 있다. 옆에는 금방이라도 그림을 그리려는 듯 스케치북 한 권과 연필 한 자루가 놓여있다. 화가 박수근이 대상을 관찰하며 그림을 그렸던 순간을 가만히 떠올려볼 수 있다.

🎨 평범한 가치를 예술로 승화시킨 화가

본관으로 들어가기 전 아이와 함께 박수근 동상 옆에 잠시 앉아보자. 평생 그림에 대한 열정으로 살았지만 가난을 벗어나지 못한 화가의 마음을 느껴보는 것도 좋다.

박수근은 평범한 이웃의 모습을 작품에 담았다. '절구질하는 여인', '시장에 모인 사람들', '공기놀이하는 아이들', '할아버지와 손자', '엄마와 아들' 등 주변에서 흔히 만나는 이들이 작품의 주요 모델이었다. 특히 아내 김복순과 자녀들은 작품의 단골 주인공이었다. 박수근은 화강암처럼 거친 질감 위에 인물을 그렸다. 그림을 자세히 보면 물감을 수도 없이 덧칠한 흔적을 확인할 수 있다. 물감을 불규칙하게 바르고 또 바르면 마모되면서 화강암 표면 같은 질감이 나온다. 박수근은 생전에 우리나라 산 어디에서나 볼 수 있는 화강암에서 한없는 영감을 받았다고 얘기했다. 박수근미술관은 이런 점을 살려 본관 외벽을 화강암으로 쌓았다.

본관 기념전시실에서는 생전에 찍은 사진과 직접 쓰고 받은 엽서, 스크랩북, 안경, 연적 등을 전시 중이다. 눈에 띄는 유품은 외국에서 온 편지들이다. 박수근은 외국에서 먼저 알려졌다. 때

5. 제2관 내부
6. 기념전시실

로는 외국에서 그림 도구를 구입해 보내주기도 했다.

눈여겨볼 것은 본관 곳곳에 새겨진 박수근의 말과 글이다.

"나는 인간의 선함과 진실함을 그려야 한다는 예술에 대한 대단히 평범한 견해를 가지고 있다. 따라서 내가 그리는 인간상은 단순할 뿐 다채롭지 않다. 나는 그들의 가정에 있는 평범한 할아버지, 할머니 그리고 어린아이를 가장 즐겨 그린다."

그의 예술 세계를 조금이나마 가늠해볼 수 있다.

🎨 가족을 사랑했던 화가

박수근은 가족에 대한 애정이 남달랐다. 특히 자녀들을 위해 직접 그리고 만든 『낙랑공주』, 『광개토대왕』, 『평강공주와 바보 온달』 등의 그림책은 유명하다. 본관 전시실 곳곳에서 이것을 확인할 수 있다. 자식을 향한 아버지의 따뜻한 마음이 느껴지는 작품들이다.

'제1전시실'에서는 주로 스케치를 전시 중이다. 단순한 선으로 묘사한 인물들을 보고 있으면 친근하면서도 서글프다. 그림 속 인물들은 박수근의 가족이거나 이웃이다. 모두가 어렵게 사는 서민이지만 그렇다고 나약한 사람들은 아니다. 강인한 삶을 살았던 민중이라고 할 수 있다.

관람이 끝난 후에는 매표소 옆 계단을 따라 옥상으로 향한다. 옥상은 미술관 전체를 볼 수 있는 산책로이자, '박수근파빌리온'까지 가는 길의 시작이기도 하다. 경사진 산책로를 따라가면 '전망대'다. 이곳에서는 양구군 풍경을 감상할 수 있다. 전망대를 지나면 나오는 길은 일종의 '추모의 길'이다. 길 끝에 박수근과 그의 아내 김복순의 묘가 있기 때문이다. 부부는 살아있을 때도 그랬던 것처럼 세상을 떠난 후에도 다정하게 곁에 머물며 미술관을 지키고 있다.

박수근을 그리워할 수 있는 곳, 안팎이 모두 작품이 되는 곳

묘에서 내려오면 박수근파빌리온으로 향하는 길이다. 2014년 개관한 박수근파빌리온은 주변 산을 닮아 지붕이 뾰족하다. 거친 화강암과 금속으로 마감한 외벽은 박수근의 작품에서 영감을 얻었다.

박수근파빌리온에서는 박수근을 사모하고 그리워하는 수많은 사람들이 기증한 작품들을 주로 전시한다. 그중 현대갤러리 박명자 회장의 기증작들이 특히 눈에 띈다. 박 회장은 박수근미술관을 위해 김환기, 이응노, 이중섭, 장욱진, 천경자 등 유명 화가들의 작품을 기꺼이 기증했다. 박수근파빌리온에서는 기증 작품들을 모아 '개관 기념전'을 개최했었다.

이 전시회에서는 박수근의 창신동 집 마루를 모티프로 삼은 조덕현 화가의 〈박수근 화백과 아내 김복순, 차남 박성민〉이라는 작품이 관람객들에게 주목을 받았다. 평생 변변한 작업실 없이 창신동 집 마루를 아틀리에 삼아 그림을 그렸던 박수근의 모습을 보여줌으로써, 그에 대한 그리움을 표현했다.

작품 속 박수근은 언제든 그림을 그리려는 듯 붓을 손에 쥔 채 아내와 아들을 흐뭇한 표정으로 바라보고 있다. 아내는 아들을 무릎에 앉힌 채 정면을 바라보고 있고, 아들은 천진하게 웃고 있다. 평화로운 가족의 모습이다.

파빌리온 2층에서 나가면 '제2관'으로 향하는 길이 나온다. 2관에는 '제2전시실', '제3전시실'과 '교육실', '창작 스튜디오', '뮤지엄 숍' 등이 있다. 주로 기획전시가 열리고 교육 프로그램을 진행하는 곳이다. 2관은 안팎이 모두 작품이 되는 공간이다.

전시 중인 작품은 미술관 통유리로 비춰지는 바깥 풍경과 조화를 이뤄 새로운 작품으로 탄생한다. 전시된 작품에 집중하다가, 문득 고개를 돌려 커다란 유리에 비친 바깥 풍경을 작품처럼 감상하는 재미도 있다.

박수근미술관은 어린이를 대상으로 '판화로 만나는 박수근', '즐토프로그램', '방학프로그램' 등 다양한 교육 프로그램을 진행하고 있다. 박수근의 그림을 감상하고 교육 프로그램으로 마무리하면 더욱 유익한 시간이 된다.

'즐토프로그램'에 참여한 아이들

 생각 발산하기

박수근이 영향받았다는 밀레의 〈만종〉은 어떤 작품일까요?

박수근은 보통학교를 다닐 때부터 그림에 뛰어난 재주를 보이기 시작했어. 비록 가난 때문에 상급학교에 진학하지는 못했지만 그림 공부는 계속했어. 그러다 우연히 12세 때 프랑스 화가 밀레의 〈만종〉이라는 작품을 보고 훌륭한 화가가 되겠다고 결심을 하며 이렇게 말했지. "밀레와 같은 훌륭한 화가가 되게 해달라고 하나님께 기도드리며, 그림 그리는 데 게으르지 않았어요."

〈만종〉

밀레는 농부들의 모습을 그린 화가로 유명해. 그래서 '농부의 화가'라고도 불리지. 대표작품으로는 〈만종〉, 〈씨 뿌리는 사람〉, 〈이삭 줍는 여인들〉 등이 있어. 이 중 〈만종〉은 밀레가 그린 최고의 작품이라 할 수 있어. 해질 무렵 남녀가 들판에서 삼종기도를 올리는 장면을 그린 작품이야. 삼종기도는 가톨릭 신자들이 올리는 기도의 한 종류야. 그중 저녁 무렵 마지막 기도를 올릴 때 치는 종을 '만종'이라고 한단다. 작품의 주요 배경이 농촌인 점과 주인공이 농부, 서민인 점에서 박수근과 밀레는 매우 비슷하다고 할 수 있어. 그래서 박수근을 '한국의 밀레'라고도 부른단다.

| 박수근 갤러리 |

1. 〈우물가〉
2. 〈아기를 업은 소녀와 아이들〉
3. 〈아기 업은 소녀〉
4. 〈빨래터〉
5. 〈나무와 두 여인〉
6. 〈여인과 소녀들〉

031 미술관도 가고 캠퍼스 투어도 할 수 있는
서울대학교미술관

주소 서울시 관악구 관악로 1
관람 시간 10:00~18:00(입장 마감 17:30)
휴관일 매주 월요일, 개교기념일(10월 15일), 국정 공휴일
관람료 성인 3000원, 청소년·어린이 2000원(보호자 동반 시 1인 무료)
홈페이지 www.snumoa.org
전화 02-880-9504

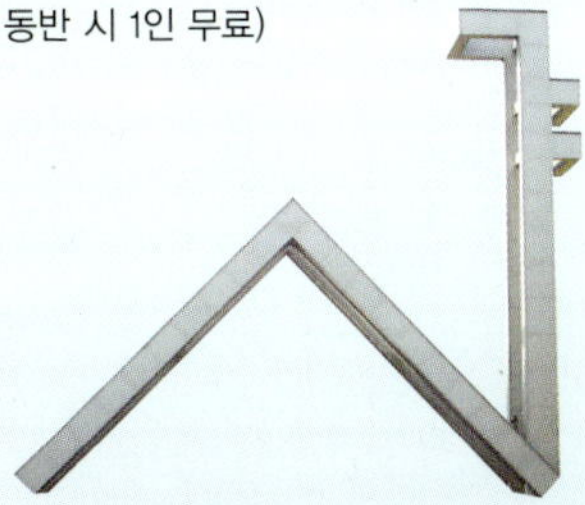

미술관은 결코 어려운 곳이 아니다. 사람과 작품이 소통하는 곳이자, 사람의 생각과 삶이 고스란히 녹아있는 곳이다. 서울대학교미술관(MoA)은 대학교 안에 있는 미술관답게 사람과 예술의 소통을 지향하며 대중에게 가깝게 다가가려고 노력한다. 관악산을 병풍처럼 두른 서울대학교 교정은 넓고 깊다. 서울대학교미술관은 광활한 교정으로 발을 들이기 전, 정문 옆에 관문처럼 자리하고 있다. 교정 내에 박물관과 산책로도 잘 갖춰져 있어 아이와 함께 캠퍼스 투어를 떠나기에도 좋다.

렘 콜하스의 개성이 묻어나는 건축물

국내 최초 대학미술관인 서울대학교미술관(MOA)은 외관부터 내부 공간까지 건축 자체가 예술작품이다. 전시관 규모는 작지만 구석구석 호기심을 자극하는 요소들이 넘쳐난다. 미술작품을 감상하는 동안 독특한 건축 구조를 온몸으로 느낄 수 있다. 아이들에게는 이 또한 재미있는 미술 공부이자 놀이다.

정문 왼쪽으로 난 오솔길을 따라가면 이내 미술관이 나타난다. 한 발짝 떨어져서 보면 언덕 위에 커다란 조각품이 둥실둥실 떠있는 것 같다. 언덕을 깎지 않고 지면의 높낮이를 그대로 살렸다. 지그재그로 된 철골 구조가 훤히 드러나는 반투명 유리 외관도 독특하다. 짧은 오솔길은 미술관 카페의 야외 테라스로 이어진다. 언덕 아래로 비스듬히 기운 건물 바닥이 자연스럽게 테라스의 지붕이 되는 모습이 재미있다. 지형과 공간을 개성 있게 요리한 솜씨는 실험적인 건축으로 정평이 난 렘 콜하스의 명성을 실감케 한다.

미술관 내부는 반전의 매력이 있다. 천장까지 뻥 뚫린 중앙홀과 벽을 따라 이어진 나선형 계단이 웅장한 느낌을 준다. 3층 '전시실'부터 휴게실인 2층 '미디어라운지', 공연과 교육을 담당하는 '강당,' 1층 '카페'와 '아트숍'까지 계단으로 연결되어 있다. 맨 아래층에서 올려다보는 풍경과 위에서 내려다보는 풍경이 다르다. 반투명 유리 벽으로 스미는 자연광은 신비함을 더한다. 건물 안

1. 미술관 외부 철골 구조
2. 야외 테라스
3. 미술관 내부

밖에 기둥이 하나도 없다는 사실 또한 흥미롭다. 외부 벽면의 지 그재그로 된 철골 구조물이 건물 전체를 떠받치고 있다.

 아이들의 흥미를 돋우는 참여 미술

계단을 따라 올라가면 복도부터 전시가 시작된다. 분리된 듯하지만 유기적으로 이어지는 구조가 이색적이다. 복도와 각 전시실을 잇는 통로는 이동 공간이자 전시와 교육 공간이 되기도 한다.

3층 전시실에서는 매년 네 차례 정도 개성 넘치는 기획전이 열린다. 직접 만지고 참여하는 전시가 많아 아이들과 부담 없이 즐기기 좋다. 최첨단 과학과 예술을 접목한 '하이브리드 하이라이트'전(2014)이 대표적인 예다. 스마트폰을 이용해 전시 공간에 둥둥 떠다니는 가상의 이미지를 입체 영상으로 보여주거나, 지문을 인식시켜 음악을 재생하는 등 관람객이 적극적으로 체험하는 설치작품이 주를 이뤘다. '숭고의 마조히즘'전(2015)에서는 관람객이 작품 제목을 지어서 벽에 낙서처럼 쓸 수 있는 설치작품 〈라는 제목의〉를 전시했다. 아이들이 작품과 소통하며 상상력을 마음껏 펼칠 수 있는 기회였다.

전시마다 진행하는 어린이 워크숍에도 참여해보자. '내 몸으로 만드는 신나는 퍼즐게임', '아빠와 함께 만드는 미술관 로봇', '빛과 색-물리와 미술', '디자인 전시와 함께하는 환경 교육 프

4. 〈라는 제목의〉
5. 상시 체험 공간
6. 상시 체험 '가면 그리기'

1. 규장각 한국학연구원
2. 서울대학교박물관 외부
3. 서울대학교박물관 전시실

로그램' 등 전시 주제에 따라 미술과 과학을 넘나드는 체험 프로그램을 다양하게 진행하고 있다. 워크숍과는 별개로 전시와 연계한 상시 체험도 운영한다. 비치된 재료로 자유롭게 그림을 그리거나 만들기를 해볼 수 있다.

서울대학교미술관의 도슨트 프로그램은 아이들을 동반한 가족 관람객에게 특히 유용하다. 어린이 눈높이에 맞춘 전시 해설을 따로 해주기 때문이다. 다소 어려운 주제의 전시라도 아이들과 부담 없이 관람할 수 있다.

 미술과 역사를 두루두루 둘러볼 수 있는
서울대학교 캠퍼스 투어

아이들과 함께라면 놓칠 수 없는 곳이 또 있다. '서울대학교박물관'과 '규장각 한국학연구원'이다. 미술과 역사를 두루두루 공부하기에 알맞은 곳이다. 미술관에서 운동장을 지나 5분쯤 걸어가면 서울대학교박물관이 나온다. 이곳에서는 단원 김홍도, 겸재 정선 등 조선시대 대표 화가의 그림부터 명인들의 글씨와 공예품 등 7200여 점의 유물을 볼 수 있다. 특히 발해와 고구려 유물, 서화류, 민속 유물을 눈여겨보자. 국내 하나밖에 없는 유물이다.

박물관에서 규장각 한국학연구원도 가깝다. 규장각은 조선의 22대 왕인 정조가 궐내에 설치한 왕실도서관이다. 이곳은 김정호의 대동여지도를 비롯해 『조선왕조실록』, 역대 임금의 글씨를 모아서 엮은 『열성어필』, 박지원의 『열하일기』 필사본 등 28만 2000여 점의 옛 자료를 소장하고 있다. 입구에 비치된 '어린이를 위한 규장각' 안내서를 참고하자. 해설을 듣고 싶다면 홈페이지에서 예약하면 된다.

학교 구석구석을 돌고 싶다면 '캠퍼스 투어 프로그램'을 이용하는 것도 괜찮다. 서울대학교 학생홍보대사가 교정을 함께 돌며 가이드를 해준다. 단, 박물관과 미술관 관람은 제외다. 매월 1회 토요일 오전에 진행하며 자세한 내용은 서울대학교 홈페이지를 참고하자. 아이와 자유롭게 교내를 거닐고 싶다면 경영대학 건물에서 자하연 연못까지 이어진 '걷고 싶은 길', 미술관에서 출발해 경영대학을 거쳐 음악·미술대학으로 연결되는 '예술의 길', '관악야외식물원'을 추천한다.

 **생각 발산하기**

『열하일기』가 뭐예요?

조선 정조 4년 때 연암 박지원이 중국의 사신으로 가서 기록한 일기야. 중국의 황제가 중국 열하에 위치한 별장에 있었는데, 연암 박지원이 황제를 만나러 열하까지 간 거지. 그래서 제목이 열하일기가 되었어. 연암 박지원은 중국을 오간 약 2개월 동안의 이야기를 날짜 순서대로 기록했어. 이 일기에는 박지원이 중국에서 사귄 문인들의 이야기도 있고, 중국의 문물과 장소들을 돌아본 내용도 있어. 중국의 지리, 풍습, 문화 등 내용이 아주 다양하지. 『열하일기』는 출간 당시 조선시대 보수파들에게 비난을 받았지만 후대에는 조선 후기 문학에 손꼽히는 걸작으로 평가받고 있어.

▲『열하일기』

추상미술을 담고 자연에 스며든 미술관
032 환기미술관

주소 서울시 종로구 자하문로 40가길 63
관람 시간 10:00~18:00
휴관일 매주 월요일, 1월 1일, 설날·추석 연휴
관람료 전시마다 다름(홈페이지 참조)
홈페이지 http://www.whankimuseum.org
전화 02-391-7701~2

환기미술관은 우리나라 추상화의 거장인 화가 김환기를 기려 지은 미술관이다. 추상화는 아이들에게 미술의 새로운 경험이다. 특히 김환기의 그림은 단순한 도형들이 모여 하나의 작품을 이룬다. 동그란 점과 네모는 아이들에게 익숙한 도형이다. 그것들이 모여 하나의 작품으로 완성되었을 때의 감흥은 의식적이든, 무의식적이든 아이들 기억 속에 오래도록 남아있지 않을까.

대상에게 받은 느낌을 자유로이 표현한 그림, 추상화

추상화란 무엇일까? 국어사전에는 '사물의 사실적 재현이 아니고 순수한 점·선·면·색채에 의한 표현을 목표로 한 그림'이라고 정의되어 있다. 달리 말하면 사물을 있는 그대로 정확히 그리기보다는 작가의 느낌이나 생각을 자유로이 표현하는 방식이라고 할 수 있다. 칸딘스키나 입체파의 피카소가 대표적인 추상화 작가다.

우리나라 화가 가운데는 김환기가 있다. 그의 그림은 항아리와 매화 등의 추상 정물에서 산과 달, 구름으로 발전했다. 나중에는 무수한 점들로 이뤄진 '점화'를 그렸다 캔버스를 가득 채운 점과 색은 단순하지만 묵직한 여운을 안긴다. 그 안에 그만의 우주가 있는 까닭이다. 아이들에게는 점화를 우주에서 지켜본 세상의 모습이라고 설명해주면 어떨까. 수십억 명의 사람들이 아등바등 살아가는 이 지구도 저 멀리 우주에서 보면 작은 점에 불과해 보이는 것에 비유해 얘기해보자. 아이들이 막연하게나마 추상의 세계를 추측할 수 있을 것이다. 혹은 김환기의 말을 빌려도 좋겠다.

"미술은 철학도, 미학도 아니다. 하늘, 바다, 산, 바위처럼 있는 것이다. 꽃의 개념이 생기기 전과 꽃이란 이름이 있기 전을 생각해본다. 막연한 추상일 뿐이다."

1. 환기미술관 외부
2. 무수한 점들로 이뤄진 점화들
3. 김환기 화백

아이에게 '꽃은 꽃이 되기 전에 무엇이었을까?'라는 질문을 던져봐도 좋다. 또는 아이가 생각하는 꽃을 그려보게 해도 좋겠다. 아이들의 답이 하늘일 수도, 바다나 산일 수도, 비뚤배뚤한 선이나 울퉁불퉁한 면일 수도 있을 것이다. 그 안에 아이의 창의력이 담겨있다면 모두 추상화다. 대상에게 받은 느낌을 자유로이 표한한 그림이 추상화고, 때로는 답을 알 수 없어 막막한 마음을 표현한 그림이 추상화다. 그래서 김환기는 "예술에는 노래

- **칸딘스키** 러시아의 화가로 추상미술의 아버지라고 불린다. 주로 선과 면 등 조형 요소를 활용해 강렬한 색으로 표현했다. "색채는 건반, 눈은 공이, 영혼은 현이 있는 피아노. 예술가는 영혼의 울림을 만들어내기 위해 건반 하나하나를 누르는 손이다"라는 말로 추상미술을 설명했다.
- **입체파** 사물을 여러 방향에서 입체적으로 보고 이를 평면 위에 재구성하는 방식이다. 대표 작가로는 피카소, 브라크 등이 있다.

칸딘스키 〈원속의 원〉

가 담겨야 할 것 같소"라고 말했다. 김환기의 그림과 환기미술관의 전시는 그의 말들을 염두에 두고 돌아보길 권한다.

 화가 김환기를 중심으로 펼쳐지는 다양한 기획전시

환기미술관은 김환기 화백의 아내 김향안이 그를 기려 지은 사립미술관이다. 1992년에 본관을, 1993년에 별관을, 1997년에 수향산방을 완공했다. 부부는 서울시 성북동에서 살았는데, 김향안은 성북동의 모습을 닮은 부암동에 환기미술관을 지었다. 두 마을 모두 서울 성곽이 지나는 산기슭에 위치한 동네로 녹음이 짙고 한적하다. 환기미술관 역시 마을 안쪽 주택가에 자연스레 스며들었다. 골목을 내려올 때면 담장 밖으로 높이 솟은 작품 하나가 먼저 보인다. 유영호 작가의 〈멜랑콜리〉다. 깃대 위에 '우, 후, 흐, 하' 등의 글자가 공 모양으로 뭉쳐 달려있다. 입 밖으로 뱉지 못한 말의 덩어리인 듯하다. 작가가 느끼는 부암동의 정취를 표현한 것이라고 한다.

환기미술관은 1년에 서너 차례 기획전을 연다. 김환기의 작품을 중심으로 한 기획전시와 김환기의 영향을 받은 현대미술 작가들과 미술관이 지원하는 젊은 작가들 그리고 미술관의 건축적 형태를 활용한 '사이트 환기전' 등의 전시다. 2014년에는 '김환기, 그림에 부치는 詩'라는 제목으로 김환기 화백의 드로잉과 과슈, 유화 등의 작품을 전시했다. 2015년에는 '김환기의 뉴욕시대 : 추상정신과 숭고의 미학'으로 김환기의 뉴욕 시절 작품을

유영호 〈멜랑콜리〉

전시했다. 또한 '2014 Hommage a Whanki · 김환기를 기리다'전에서는 김환기와 그를 사랑하는 작가들의 작품을 함께 선보였다. '석난희, 자연이 숨결'처럼 그의 제자가 주인공이 되기도 했다. 창작 공모를 통해 젊은 작가들의 작품을 전시한 적도 있었다. 입장료는 전시 구성과 내용에 따라 조금씩 달라진다.

 추상을 담고, 자연에 스며든 미술관

환기미술관에는 김환기의 작품 외에 늘 변함없이 미술관을 지키고 있는 또 하나의 작품이 있다. 우규승 건축가가 설계한 환기미술관 건물이다. 환기미술관은 전문가들이 뽑은 한국 최고의 현대 건축물 9위에 올랐다. 유일하게 10위권 안에 든 미술관 건물이었다.

환기미술관은 야산을 등지고 동네 한쪽에 슬며시 스며어 있다. 얼핏 봐서는 매력을 찾을 수 없다. 건물의 외관이 아이들의 시선을 단숨에 잡아끌 만큼 화려하거나 특이하지도 않다. 그럼에도 전문가들이 손에 꼽는 명작인 이유가 있다. 건물이 자연에 기대 자리한 방식과 김환기의 추상화를 건물에 담기 위한 노력이 여실히 보이기 때문이다.

우규승 건축가는 김환기의 부인인 김향안 여사의 의뢰를 받아 미술관을 지었다. 그는 뉴욕에서 활동하는 건축가로 김환기 작품에 대한 이해가 누구보다 깊었다. 그래서 김환기 작품의 모티브가 된 '산, 달, 구름, 바위, 나무' 같은 자연과 어울리는 미술관을 계획했다. 더불어 현대적인 아름다움과 한국의 멋도 놓치지 않았다. 환기미술관은 외형은 서양 건축이지만 재료는 우리네 화강암을 사용해 친숙한 느낌을 자아낸다. 지붕의 m자형 돔은 마치 해나 산 같은 자연의 선을 떠올리게 한다. 한편으로는 김환기 화백이 사랑한 달항아리도 형상화했다.

기존의 자연도 그대로 살렸다. 보통 건물을 지을 때는 땅을 평

1. 달항아리를 형상화한 지붕
2. 별관에서 본관으로 이어지는 길
3. 자연 그대로를 살려 지은 미술관

평하게 고르고 원하는 자리에 건물을 세운다. 그런데 환기미술관은 산을 깎아 평지를 만들지 않고 경사진 지형을 그대로 받아들였다. 입구에서 계단을 올라 별관에 이르고 별관에서 직선이 아닌 사선의 길을 따라 본관으로 이어지는 동선 전개 방식이 그렇다. 또한 미술관의 담장이 산 쪽으로 층을 달리하며 경사에 기댔다. 아이들에게는 원래 자리에 있던 산의 경사나 계곡을 몸으로 느껴볼 수 있는 좋은 체험이다.

 점화의 영원성을 표현한 공간

본관 실내도 특별한 장식은 없다. 전시실 안으로 들어서면 'ㅁ'자형의 중앙홀인데 2층까지 높게 열려있다. 중앙홀 사방 역시 'ㅁ'들이 겹쳤다. 그 가장자리에 계단이 놓였다. 계단은 1층 중앙홀에서 출발해 3층 전시실까지 이어지는데 마치 뫼비우스의 띠처럼 실내를 순환한다. 계단 위에는 격자 무늬 창이 자연광을 쏟아낸다. 볕이 직접적으로 작품에 내리쬐지는 않지만 실내 채광에 일조한다.

　본관은 얼핏 구조가 단순한 것 같지만, 건축가는 작은 부분까지 의도를 담아 세밀하게 설계했다. 무수한 네모들의 반복과 네모 안에 점은 김환기의 점화를 표현한 것이다. 그리고 점화의 영원성은 미술관 실내와 실외를 순환하는 계단으로 표현했다. 3층 전시실 쪽으로 계단을 오르면 마주하는 세로로 긴 창과 3층에서 야외로 통하는 동선 역시 미술관을 밖으로 확장해 영원이라는

의미를 담았다. 중앙홀의 지붕에 해당하는 야외에는 박충흠 작가의 〈빛 우물〉이 있다. 바깥 벽돌 또한 몇 개를 진한 색깔로 구성해 점화의 의미를 담았다.

추상화의 이해를 돕는 교육 프로그램

아이에게 설명하기가 힘들다면 중앙홀에 서서 작품과 건축 모양을 빌려 설명해보자. 중앙홀 정면과 좌우에는 특별한 전시가 없는 이상 김환기 화백의 점화를 전시한다. 그리고 고개를 들어 중앙홀의 지붕을 보면 'ㅁ' 안의 'ㅇ'이다. 김환기 점화에 등장하는 무수한 점 가운데 하나다. 점화 안에는 무수한 사람들이 있고, 그 사람들이 모여 우주를 이룬다.

건축물이 아이들에게 주는 특별한 즐거움도 있다. 전시실이 계단을 따라 순환하는 구조라 공간을 여행하는 느낌이 든다. 그 길목에서 김환기가 그린 〈어디서 무엇이 되어 다시 만나랴〉, 〈사슴〉, 〈매화와 항아리〉 같은 작품을 만나면 동화나 그림 속으로 들어온 기분도 든다.

'추상'의 감정을 조금 더 깊이 이해하기 원할 때는 미술관 교육 프로그램을 추천한다. 1회 과정인 '자연에서 만나는 추상미술' '자연이 담긴 나무 필통 만들기'나 4주 과정인 '어린이 아카데미' 등이 있다. 대체로 '전시물 감상', '미술관 안팎 탐험', '보

4. 격자 무늬 창을 통해 들어오는 자연광
5. 영원을 나타내는 창
6. 박중흠 〈빛 우물〉
7. 'ㅁ'자 형의 중앙홀
8. 중앙홀 지붕과 김환기의 〈어디서 무엇이 되어 다시 만나랴〉

어린이 전시 연계 프로그램

고 느낀 바로 추상 스토리 만들기', 그리고 '작품 만들기' 과정으로 이어진다. 추상화는 특징을 말로 요약하고 설명하는 게 쉽지가 않다. 어찌 보면 아이들에게 가깝고 또 어찌 보면 먼 미술이다. 실물을 비틀어 그려서 이해하기 어려울 것 같지만, 형태가 간결해 어른보다 아이가 쉽게 의미를 파악하기도 한다. 단숨에 추상을 파악하지 못하면 또 어떨까. 환기미술관은 김환기의 그림과 우규승의 건축만으로도 어렴풋하게나마 추상화와 건축 예술의 본질을 느껴볼 수 있다.

생각 발산하기

왜 '수향산방'이라는 이름이 붙여졌나요?

수향산방에는 김환기와 김향안 여사의 행복했던 신혼 시절이 녹아있단다. 수향산방은 화가 김용준이 살았던 성북동 집으로, 김환기와 김향안이 사서 신혼 살림을 차렸던 곳이지. 이름 또한 김환기의 호 '수화'에서 '수', 김향안의 이름에서 '향'을 따서 지었어. 이름으로도 부부의 행복한 시절을 가늠할 수 있지. 환기미술관 대문에서 오른쪽에 있는 별채 건물도 같은 이름을 붙여 그때를 추억하고 있어. 이 별채는 김환기가 직접 스케치한 미술관의 형태를 재현해서 지었어. 이 공간에서 '수화와 향안의 집'이라는 제목으로 전시가 열리는데, 김환기의 초창기 점화 스케치와 아내에게 보낸 그림 편지 등을 볼 수 있어. 가장 안쪽에는 김환기가 1970년대 뉴욕에서 사용한 가구와 화구를 모아 아틀리에 전시관을 꾸며놓았어. 본관이나 별관과는 또 다른 따스한 느낌의 전시실이야.

김환기의 스케치를 재현한 수향산방

수향산방 내부

| 김환기 갤러리 |

김환기의 〈어디서 무엇이 되어 다시 만나랴〉 1970년 제 1회 대한민국미술대전 대상 수상작이다. 〈어디서 무엇이 되어 다시 만나랴〉는 김환기의 오랜 친구 김광섭 시인의 시 「저녁에」의 일부다. 이 시는 '저렇게 많은 별 중에서 별 하나가 나를 내려다본다'로 시작한다. 이 시를 알고 보면 무수한 점들이 하나의 별 같고, 그의 작품은 거대한 우주 같다.

1. 〈어디서 무엇이 되어 다시 만나랴〉
2. 〈귀로〉
3. 〈피난열차〉
4. 〈론도〉
5. 〈매화와 항아리〉
6. 〈성심〉
7. 〈사슴〉

미술과 과학이 있는 마을

예술과 과학을 '건물'이라는 한정된 공간에 가두지 않고 자유롭게 펼쳐놓은 곳이 있다. 바로 예술 마을, 과학 마을이다. 예술과 과학을 품은 마을에서는 발길 닿는 곳에 있는 모든 것이 작품이자 체험거리다. 마을의 역사, 자연, 사람에 예술과 과학이 더해져 생생한 통섭의 장이 형성된다. 길 위의 미술관·과학관으로 지금 당장 떠나보자.

시간 여행자의 천국

033 군위화본마을

주소 경상북도 군위군 산성면 화본2길 5-1
관람 시간 엄마아빠 어렸을 적에 박물관
　　　　　　3~10월 09:00~18:00(주말은 18:30까지),
　　　　　　11~2월 09:00~17:00(주말은 17:30까지)
휴관일 연중무휴
관람료 엄마아빠 어렸을 적에 박물관 - 성인 2000원, 청소년·어린이 1500원
홈페이지 hwabon.kr(화본마을)
전화 054-382-3361(화본마을 운영위원회)

군위화본마을은 '삼국유사의 고장'이라는 타이틀답게 역사를 테마로 한 벽화가 많다. 이곳이 삼국유사의 고장으로 불리는 이유는 일연스님이 군위군 고로면 화북리 인각사에서 신라·고구려·백제 3국의 역사를 아우르는 『삼국유사』를 집필했기 때문이다. 군위화본마을은 벽화 거리 외에도 유서 깊은 간이역과 추억의 박물관까지 두루두루 돌아볼 수 있는 것이 많다. 마을 전체가 그림이자 체험장인 화본마을에서 교과서 밖 역사 여행을 즐겨보자.

벽화를 보며 삼국시대로 타임슬립!

군위화본마을은 한 바퀴를 도는 데 20분이면 충분할 정도로 아담하다. 그러나 제대로 둘러보려면 제법 크게 느껴진다. 골목마다 무수한 역사 이야기를 품고 있기 때문이다.

벽화 거리는 화본역에서 나오자마자 좌우로 뻗어있다. 담벼락에는 일연스님과 『삼국유사』

군위화본마을 벽화 거리

에 대한 그림이 아기자기하게 펼쳐져 있다. '삼국유사의 고장, 군위'라고 적힌 글씨도 종종 눈에 띈다. 이것은 근처에 있는 인각사라는 절과 관련이 깊다. 일연스님이 『삼국유사』를 집필한 곳이 바로 인각사이기 때문이다. 조용한 농촌 마을이 벽화 마을로 흥성이기 시작한 것은 2011년 '삼국유사 벽화 그리기 공모전'을 개최하면서 부터다. 『삼국유사』를 주제로 그린 벽화는 마을을 가로지르는 큰길을 따라 길게 이어진다. '주몽', '서동왕자와 선화공주', '단군왕검 설화', 신라의 '만파식적', 고구려 무용총의 '수렵도' 등 역사 속 사건과 인물 그림이 오밀조밀하게 길을 만든다. 화본마을의 벽화는 예술적인 관점에서 평가하기보다는 역사와 관련된 이야기를 나누기 위한 징검다리로 활용해보자. 교과서를 벗어나 아이들이 한층 흥미롭게 역사 공부를 할 수 있는 기회다.

 엄마 아빠의 어린 시절을 엿볼 수 있는 추억의 박물관

벽화 거리를 따라 올라가면 '엄마아빠 어렸을 적에'라는 이정표가 보인다. '추억'을 테마로 한 이색 박물관이다. 추억의 박물관은 폐교된 산성중학교 건물을 활용해 문을 열었다. 40~50대 어른들은 추억을 곱씹고, 아이들은 엄마 아빠의 어린 시절을 간접적으로 경험해볼 수 있는 공간이다.

폐교 안으로 들어서면 정면에 옛날 극장과 영화 포스터가 보

벽화로 보는 『삼국유사』 이야기

『삼국유사』 일연스님이 지은 『삼국유사』는 고구려, 백제, 신라뿐 아니라 단군 신화에서부터 우리 민족의 이야기를 다룬 역사책이다. 가장 오래된 역사책으로는 1145년 고려 때 학자인 김부식이 펴낸 『삼국사기』가 있다. 그로부터 140년 뒤 일연스님이 『삼국유사』를 편찬했다. 『삼국사기』가 국가에서 공식적으로 만든 역사책이라면, 『삼국유사』는 일연스님이 개인적으로 쓴 책이다. 그래서 역사적인 사실 외에도 옛날부터 사람들 사이에서 전해 내려오는 신화와 설화, 풍속 등 더욱 풍성한 이야기가 담겨있다.

주몽 고구려를 세운 주몽의 원래 이름은 '추모'다. 주몽은 활을 잘 쏘는 사람을 뜻하는 부여족 언어인데, 활 쏘는 능력이 워낙 뛰어나서 본명 대신 주몽이라는 별명이 더 유명해졌다. 『삼국유사』에는 주몽이 알을 깨고 태어났다는 신화가 등장한다. 주몽의 형제들은 알을 깨고 나온 주몽이 불길하다며 아버지인 금와왕을 설득해 죽이려 했다. 위협을 느낀 주몽은 부하들을 데리고 압록강 유역의 졸본까지 가서 고구려를 세웠다.

서동왕자와 선화공주 서동은 백제의 왕자였지만 기구한 운명 때문에 홀어머니를 모시고 가난하게 살았다. 어느 날 신라 진평왕의 셋째 딸인 선화공주가 어여쁘다는 소문을 들은 서동은 묘수를 냈다. 신라로 가서 "선화공주님은 남몰래 시집가 놓고 서동 도련님을 밤에 몰래 안으러 간다네"라는 노랫말을 지어 퍼트린 것이다. 이 노래가 바로 '서동요'다. 서동요가 궁궐 안까지 퍼지자 선화공주는 궁에서 쫓겨나고 말았다. 귀양 길에 오른 선화공주는 서동을 만나 사랑에 빠지고, 우여곡절 끝에 서동은 백제 30대 왕인 무왕이 되었다. 물론 선화공주는 서동의 왕비가 되었다.

단군왕검 우리나라의 최초의 국가인 고조선을 세운 사람이다. 『삼국유사』는 단군에 대해 '옛날 환인의 아들 환웅이 인간 세상을 구하고자 내려왔다. 그러자 곰이 환웅에게 인간이 되게 해달라고 간청했다. 곰은 환웅이 내린 시련을 잘 견디고 마침내 인간 웅녀가 되었다. 그러자 환웅이 잠시 인간으로 변해서 웅녀와 혼인을 했다. 웅녀가 아이를 낳으니, 그가 곧 단군왕검이다.'라고 기록했다.

만파식적 신라시대 문무왕 2년에 용에게 얻은 것으로 나라의 근심을 해결해준다는 전설의 피리다. 삼국 통일 후 백제와 고구려 유민의 불안을 잠재우고자 하는 신라의 의도가 엿보인다. 만파식적에는 나라가 평화롭기를 바라는 염원이 담겨있다.

수렵도 고구려의 벽화다. 소박한 화풍으로 그렸지만 사람들이 사냥을 하거나 말을 타고 있는 모습이다. 역동적인 고구려의 기상을 잘 보여준다.

인다. 오른쪽으로 꺾어 들어가면 70년대 화본마을의 골목 풍경이 드라마 세트장처럼 재현돼 있다. 문방구, 만화방, 하숙집, 이발소, 연탄가게, 재래식 화장실 등 지금은 보기 힘든 풍경들이 툭툭 튀어나온다. 어른 아이 할 것 없이 복도 곳곳을 신나게 누비며 시간 여행을 즐길 수 있다.

중앙 복도 왼쪽에는 옛날 교실과 음악 다방이 있고, 지금은 쉽게 볼 수 없는 오래된 물건들이 놓여있다. 교실에 들어서면 난로 위에 차곡차곡 쌓인 양은 도시락이 눈에 띈다. 지금은 완전히 사라진 옛 학교의 전형적인 풍경이다. 아이들은 옛날 책가방과 신발주머니가 걸려있는 책상에 앉아보기도 하고, 풍금 건반을 눌러보기도 하며 호기심을 발산한다.

옆 반으로 이동하면 뮤직 박스와 낡은 LP판이 있는 다방과 추억의 물건을 전시해놓은 자료실이 나온다. 다이얼 전화기, 포니 자동차, 타자기 등 옛 시절을 떠올릴 만한 물건들이 가득하다.

엄마아빠 어렸을 적에 박물관 내부

박물관 밖에서 즐기는 체험 놀이

운동장으로 나오면 아이들이 마음껏 즐길 수 있는 체험거리가 많다. 사륜 자전거와 짧은 레일을 한 바퀴 도는 꼬마열차를 타볼 수 있다. 운동장 한 켠에 있는 매점은 아이들이 그냥 지나치지 않는 곳이다. 운동회에 온 것처럼 들뜬 아이들과 함께 추억의 간식을 맛보는 시간을 가져보자. 연탄불 위에 국자를 올려놓고, 설탕을 녹여 직접 달고나를 만들어 먹을 수 있다. 어렸을 때 자주

미술 체험장

꼬마열차

달고나 만들기

먹었던 쫀드기를 구워 먹는 것도 좋다.

좀 더 풍성한 체험을 즐기고 싶다면 박물관 뒤편에 있는 미술 체험장으로 가보자. 액세서리, 에코백, 저금통, 바람개비, 솟대 등 다양한 만들기 체험을 할 수 있다. 연령대에 따라 다르지만 아이들이 일반적으로 좋아하는 체험은 바람개비, 텀블러, 타일 액자 만들기다.

기찻길 옆 그림 같은 화본역

화본역

다시 벽화 거리를 따라 내려오다 보면 뾰족한 지붕의 분홍색 건물이 눈에 띈다. 화본역은 철도 마니아들 사이에서 '가장 아름다운 간이역' 중 하나로 꼽는다. 1936년에 문을 연 화본역은 여러 차례 보수 공사를 거쳤지만 일제 강점기 때의 건축 양식을 그대로 보존하고 있다. 역사로 들어서면 한쪽 벽에 화본역의 옛날 풍경 사진과 역무원 모자가 걸려있다. 모자를 쓰고 일일 역장이 되어 아이들과 함께 기념사진을 찍어보자. 화본역의 옛날 사진이 담긴 입장권도 기념으로 챙겨두자. 또 하나의 추억을 만들어줄 것이다.

화본역 내부

화본역에서는 1950년대까지 증기기관차가 다녔던 흔적을 볼 수 있다. 플랫폼을 건너 산책로를 따라가면 담쟁이넝쿨로 뒤덮인 급수탑이 이국적인 풍경을 연출한다. 급수탑 꼭대기에서 동화 『라푼젤』의 주인공이 황금빛 머리카락을 길게 늘어뜨릴 것만 같다. 급수탑은 증기기관차에 물을 제공하던 시설로 국내에 몇 개 남지 않은 귀한 문화재다. 급수탑 내부 벽면에는 당시에 새긴 '석탄 정돈, 석탄 절약'이라는 글씨가 희미하게 남아있다. 80여 년의 시간이 고스란히 묻어난다.

급수탑

급수탑 내부

화본마을의 또 다른 볼거리

이밖에도 벽화 거리를 따라 걷다 보면 둘러볼 곳들이 많다. 분식과 음료를 파는 '카페 마중'을 지나면 가정집 담에 걸쳐있는 청동기시대 고인돌과 일제시대의 목조 가옥인 철도 관사가 나온다. 관사로 쓰이던 일본식 가옥은 현재 마을에서 민박집으로 운영하고 있다. 당일 여행이 아쉽다면 다다미방에서 하루 묵어보는 것도 좋다. 벽화 거리를 따라 마을 끝까지 더 걸어 나가면 귀여운 벽화가 그려진 옛 정미소와 수백 년 수령의 회나무가 마을의 오랜 역사를 묵묵히 지키고 있다. 회나무 건너편에는 하루 여섯 차례 기차가 지나갈 때마다 "댕댕댕~" 소리가 울려 퍼지는 철길 건널목도 있다.

일제시대 철도 관사

옛 정미소

함께 가보면 좋아요

인각사

고려 충렬왕 때 일연스님이 머물며 『삼국유사』를 완성한 곳이다. 화본벽화마을과 함께 '삼국유사의 고장'인 군위를 제대로 느껴보기 좋다. 경내에는 보물 428호인 보각국사탑과 비, 고려시대의 삼층석탑과 석불 등이 남아있다. 인각사 앞에는 하얀 학이 떼 지어 살았다는 '학소대'가 있다. 솔숲과 어우러진 절벽 풍경이 아름답다.

인각사

군위삼존석굴

'제2석굴암'이라고도 불리는 군위삼존석굴(국보 제109호)은 팔공산 절벽 천연 동굴에 만들어진 통일신라 초기의 석굴사원이다. 발굴 시기가 늦었을 뿐, 경주 토함산의 석굴암보다 조성 시기가 1세기 정도 빠르다. 삼존석굴은 우리나라 불교미술사에서 빼놓을 수 없는 중요한 문화재다.

군위삼존석굴

예술 내음이 가득한 마을
034 저지문화예술인마을

주소 제주시 한경면 저지 21
관람 시간 제주현대미술관 – 10~6월 09:00~18:00, 7~9월 09:00~19:00
휴관일 제주현대미술관 – 매주 수요일, 1월 1일, 설날·추석 당일
관람료 제주현대미술관 – 성인 1000원, 청소년 500원, 어린이 300원
홈페이지 제주현대미술관 – www.jejumuseum.go.kr
　　　　　페이지유 게스트하우스 – cafe.naver.com/pageu
전화 064-710-7801(제주현대미술관)

저지문화예술인마을은 제주 곶자왈의 아름다운 자연 환경과 예술이 함께 호흡하는 곳이다. 서양화, 서예, 조각, 사진 등 다양한 분야에서 활동하는 작가들의 작업실과 갤러리가 옹기종기 들어서있다. 마을 중심에 자리한 제주현대미술관과 더불어 느린 산책을 즐기기 좋다. 미술관과 마을을 잇는 길을 따라 제주만의 자연과 예술의 속살을 곳곳에서 느껴볼 수 있다.

제주의 산책로를 거닐며 체험하는 예술

저지문화예술인마을은 2001년 3만여 평의 황무지에 예술인마을 조성 사업이 시작되면서 현재의 모습을 갖췄다. 2013년 서울 대학로와 인사동, 인천 개항장, 파주 헤이리에 이어 다섯 번째 문화 지구로 지정된 곳이다. 저지리는 예술인마을이 들어서기 전까지만 해도 한라산 서북쪽 중산간에 위치한 오지였다. 오름, 곶자왈 등 제주의 독특한 자연 환경이 그대로 살아있는 곳이다. 현재는 세 코스의 올레길을 잇는 길목이기도 하다.

산책로

마을은 작가 30여 명의 작업실과 갤러리, 야외 공연장, 제주현대미술관으로 구성되어 있다. 집마다 울창한 숲이 담을 대신할 정도로 산책로가 잘 가꿔져 있어, 아이와 찬찬히 거닐기 좋다. 체험 프로그램은 따로 없지만 마을 전체가 자연과 예술 체험장이다.

예술가의 작업실이 오밀조밀 모여있는 곳

저지문화예술인마을의 매력은 다양한 테마별 투어가 가능하다는 점이다. 정해진 동선이 따로 없으니 아이와 발 닿는 대로 걸어보길 권한다. 마을에는 2.4km의 예술길이 조성되어 있다. 붉은 화산송이가 깔린 길을 따라 현무암을 쌓아올린 방사탑*, 잣담*, 밭담* 등 제주 고유의 풍광이 운치를 더한다. 이밖에도 저지문화예술인마을에서는 마우로 스타치올리, 박석원, 박충흠 등 유명 조각가들의 작품을 감상할 수 있다.

마을에는 종이 연구가 김경의 '종이의 집', 고미술감정가 양의숙의 '선장헌', 중국 현대미술 거장 펑정지에의 'FENG STUDIO', 화가 박서보의 작업실 등 예술인들의 창작 공간 30여 동이 오밀조밀 모여있다. 대부분 개인 작업 공간이라 자유롭게 드나들 수는 없지만 독특한 건축만으로도 충분히 볼 만하다. 서예가 규당

방사탑
액운을 막으려고 세운 제주도 마을의 돌탑이다.

잣담
성벽과 같이 쌓은 제주도의 돌담이다.

밭담
밭의 가장자리를 둘러쌓은 제주도의 돌담이다.

1. 제주의 잣담
2. 제주현대미술관 전경
3. 선장헌

조종숙의 '글오름집'과 현병찬 선생의 '먹글이 있는 집'에서는 주기적으로 기획전을 연다. 먹글이 있는 집은 천장을 가득 메운 붓글씨가 볼거리다. 먹글로 쓴 제주 사투리와 시문 등도 눈길을 끈다. 매주 금·토·일요일에 문을 여는 화가 박광진의 '갤러리 진', 상시로 열려 있는 '현갤러리', 정원 속 찻집을 운영하는 '갤러리 노리' 등 소소한 갤러리 투어도 재미가 쏠쏠하다. 2016년에는 마을 내에 '김창렬 제주도립미술관'이 들어선다. '물방울 작가'로 유명한 화가 김창렬의 시대별 대표작 200여 점과 다양한 활동 자료들을 전시할 예정이다.

세계 야생화 전문 박물관인 '방림원'도 함께 둘러보면 좋겠다. 계절마다 피고 지는 꽃을 감상할 수 있는 '실내전시관', 제주 화산탄 송이석으로 이루어진 '천연 동굴', 제주에서만 자생하는 식물을 볼 수 있는 '제주식물관' 등으로 구성되어 있다. 아이와 함께 생태 탐방을 겸하기 좋다.

 마을 탐방을 더욱 풍성하게 해주는 제주현대미술관

2007년 개관한 제주현대미술관은 마을 탐방을 더욱 풍성하게 해주는 보석 같은 곳이다. 가을이면 미술관 초입에 있는 호랑가시나무 꽃이 화사한 향을 내뿜는다. 지하 1층, 지상 2층 규모의 미술관은 '특별전시실'과 2개의 '기획전시실', '아트숍', '어린이 조각공원'으로 나뉜다.

2층 매표소를 지나 특별전시실의 고(故) 김흥수 화가부터 만나러 가자. 김흥수는 '조형주의'라는 새로운 장르를 개척한 한국 근현대미술의 거장이다. 이곳에는 〈사랑을 온 세상에〉, 〈해녀〉 등 기증 작품 20여 점이 전시되어 있다. 팔레트나 우유곽 조각 등 독

4. 화가 박서보의 작업실
5. 글오름집
6. 〈신종생물〉

특한 재료를 이용한 작품에 시선이 쏠린다. 맞은편 제1기획전시실과 야외 테라스로 이어진 제2기획전시실은 복층 구조가 인상적이다. 특히 제2기획전시실은 통유리창 밖으로 훤히 보이는 야외 풍경이 아름답다. 각 전시실에서는 예술인마을 입주 작가전을 비롯해 다양한 장르의 현대미술전을 돌아가며 개최한다.

야외 어린이조각공원에는 독특한 동물 조형물이 전시되어 있다. 장미꽃 얼굴이 달린 공룡과 표범 등의 조각작품 〈신종생물〉이 아이들의 상상력을 자극한다. 아트숍도 그냥 지나치지 말자. 제주도를 테마로 한 아트 소품들이 가득하다. 테이블도 마련되어 있어 차 한잔 마시며 쉬어가기 좋다. 가을에는 미술관 야외 캠프장에서 열리는 '1박 2일 미술관 가족 아트캠프'에 참여해보는 것도 좋겠다. 예술인마을과 주변 관광지를 연계해 풍성한 체험 프로그램을 경험할 수 있다.

 저지문화예술인마을에서 하룻밤 자기

마을 내 유일한 게스트하우스인 '페이지유'에서 하룻밤을 묵어보는 건 어떨까. 이곳 주인 또한 예술인마을에 입주해 있는 작가

• **김흥수의 조형주의** 화가 김흥수는 1970년 초반부터 '하모니즘'이라 불리는 조형주의 화법으로 그림을 그렸다. 조형주의란 눈에 보이는 실제 세계와 눈에 보이지 않는 추상 세계를 한 화면에 그려 조화시키는 방법이다. 그는 승무, 불상 등 한국의 전통적인 이미지나 여인의 누드화 등을 기하학적인 도형과 나란히 배치해 작품을 완성했다. 김흥수는 세계 미술계로부터 현대미술의 새로운 장을 열었다는 평가를 받았으며 '한국의 피카소'로 불리기도 했다.

김흥수 〈사랑을 온 세상에〉

1. 제주현대미술관
2. 현무암으로 장식한 제주현대미술관 2층 테라스
3. 제주현대미술관 제1기획전시실

다. 매일 아침 게스트하우스 손님과 함께 마을 산책을 겸한 작가의 집 가이드 프로그램도 운영한다. 전날 저녁 차 한잔을 마시면서 진행하는 '작가의 밤' 프로그램에 참여해보는 것도 좋다. 입주 작가들의 일화와 제주현대미술관에 전시된 작품, 예술인마을의 역사 등에 대해 들어볼 수 있는 기회다. 지우는 화법으로 세계 미술사에 한 획은 그은 화가 박서보의 작품 세계, 화가 김흥수가 제주 해녀를 즐겨 그리게 된 에피소드 등 흥미로운 이야깃거리가 많다. 아이들에게도 마을과 제주현대미술관을 알차게 둘러보는 데 큰 도움이 된다.

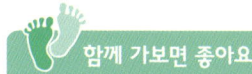

낙천리 아홉굿마을

시간이 넉넉하다면 저지마을회관에서 출발해 '저지오름', '아홉굿마을' 등을 잇는 올레 13코스를 걸어보는 건 어떨까. 아이와 코스 전체를 걷기 힘들다면 아홉굿마을만 가도 무방하다. 한경면 낙천리에 위치한 아홉굿마을은 '의자마을'로 유명하다. 무려 1000개의 의자 조형물이 마을 곳곳을 수놓고 있다. 16m에 달하는 〈걸리버 의자〉부터 〈삼각퍼즐 의자〉, 〈해바라기 의자〉, 〈소 여물통 의자〉 등 각양각색의 의자를 구경하는 것만으로 입이 떡 벌어진다. 아이들과 숨은 의자 찾기 놀이를 해보는 것도 좋겠다. '똥꼬에 불침', '왜 사냐고 묻거든 앉지요' 등 의자마다 붙어있는 이름은 웃음을 자아낸다. 마을 이름의 유래도 재미있다. 아홉굿마을은 제주에 처음 대장간이 생긴 곳이다. 당시에 틀을 만드는 데 필요한 흙을 파내다 보니 아홉 개의 웅덩이(굿)가 생겼다. 그래서 '아홉굿'이 되었다. '어린이놀이터', '마을숲길', 벽화가 그려진 '신화의 거리' 등이 조성되어 있어 즐길거리도 많다.

낙천리 아홉굿마을

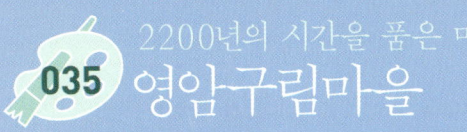

035 영암구림마을
2200년의 시간을 품은 마을
(영암도기박물관 & 영암군립하정웅미술관)

주소 영암도기박물관 - 전라남도 영암군 군서면 서호정길 5
영암군립하정웅미술관 - 전라남도 영암군 군서면 구림로96
관람 시간 영암도기박물관 - 09:00~18:00
영암군립하정웅미술관 - 10:00~18:00(관람 종료 30분 전까지 입장 가능)
휴관일 영암도기박물관 - 연중무휴
영암군립하정웅미술관 - 매주 월요일, 1월 1일, 설날·추석 연휴
관람료 무료
홈페이지 영암도기박물관 - dogi.yeongam.go.kr
영암군립하정웅미술관 - haart.yeongam.go.kr
전화 영암도기박물관 - 061-470-6851~3
영암군립하정웅미술관 - 064-470-6841~3

남도 땅에서 달이 가장 예쁘게 뜨기로 유명한 영암구림마을은 '자연, 역사, 예술'이 함께 호흡한다. 삼국시대 일본에 학문을 전파하고 일본 왕의 스승이 된 '왕인박사'와 고려 태조의 탄생을 예언한 풍수지리의 대가 '도선국사'도 이 마을에서 태어났다. 발길 닿는 곳곳이 역사의 흔적이고, 자연의 품속이다. 월출산 아래는 영암도기박물관과 영암군립하정웅미술관이 예술을 안은 채 자리한다. 2200년의 역사를 가진 마을에서 자연, 역사, 예술을 함께 누벼보자.

역사를 품은 영암구림마을

영암구림마을은 삼한시대부터 무려 2200년 동안 사람이 살았던 곳이다. 통일신라 경덕왕 16년에 영암군으로 개칭했으니 영암이라는 지명보다 오래된 마을이다. 영암구림마을은 서울북촌한옥마을이나 전주한옥마을이 익숙한 이들에게는 낯선 이름이겠지만 역사에 관심을 가진 이들에게는 아주 특별한 마을이다. 삼국시대 일본에 학문을 전파하고 일본왕의 스승이 된 왕인박사의 고향이 구림마을이다. 고려 태조의 탄생을 예언한 풍수지리의 대가 도선국사도 이 마을에서 태어났다. 마을 이름도 도선국사의 탄생 일화에서 비롯됐다. 최 씨 성을 가진 처녀가 빨래를 하다 물길에 떠내려 온 외(오이)를 먹고 아이를 가졌다. 이를 부끄럽게 여겨 아이가 태어나자 숲 속 바위에 버렸는데, 사흘을 지나 찾아가니 비둘기들이 보호하고 있었다. 그 아이가 바로 도선국사다. 그래서 비둘기를 뜻하는 '구(鳩)'와 숲을 뜻하는 '림(林)'을 써서 구림마을이 되었다.

영암군의 한적한 동네 군서면에 커다란 박물관과 미술관이 나란히 자리한 까닭도 역사와 무관하지 않다. 그러므로 구림의 역사를 알고, 미술관과 마을을 여행할 때 여행이 한층 유익하고 풍성하다.

1. 영암도기박물관
2. 영암구림마을

우리나라 최초로 유약을 칠한 도기가 태어난 땅

구림마을은 오랜 역사를 말해주듯 마을 중심에 회사정이 있다. 회사정은 440년을 이어온 대동계의 집회 장소로, 모임이 열리던 마을의 중앙 광장과도 같다. 대동계는 일종의 마을 자치 모임이다. 영암도기박물관과 영암군립하정웅미술관은 회사정 북쪽에 듬직하게 서있다. 굳이 순서를 정할 까닭은 없으나 구림의 지난 시간을 들여다보려면 영암도기박물관에서 첫발을 떼는 게 좋다.

구림마을은 우리나라 도자 역사에 있어 특별한 유적이다. 강진이나 광주, 여주 등에 비해 덜 알려졌지만 영암 구림리 요지는 도자 역사에서 중요한 장소다. 요지는 가마터를 말한다. 구림리 일대에는 10여 기의 통일신라시대 가마터가 있다. 우리나라 최초로 유약을 칠한 시유도기*를 생산했던 가마다. 이화여자대학교 박물관이 1986년과 1996년 가마터를 발굴하며 그 사실이 밝혀졌다. 도자기는 토기에 유약을 바르면서 청자, 분청사기, 백자 등으로 발전했다. 유약은 도자 역사의 획기적인 전환점이었다.

옛 구림중학교에 들어선 영암도기박물관은 고대의 시간을 잇는다. 최초의 시유도기를 찾아 떠나는 예술 역사 여행이다. 박물관은 한옥 풍의 커다란 3층 건물이다. 야외에는 구림 3.1운동독립만세 기념탑과 240년 된 느티나무가 너른 그늘을 드린다. 쉼터 삼아 한적하게 머물기에 알맞다. 가장 안쪽 가장자리에는 장작가마 영암요도 있다. 구림도기의 역사성을 계승하기 위해 새로이 만든 가마다. 원래 구암초등학교가 있던 터라 너른 운동장이 넉넉한 여유를 안긴다.

시유도기
유약을 바른 도기를 말한다. 우리나라 최초로 영암 구림 요지에서 발견됐다. 도기는 유약을 바르기 시작하며 한층 견고해졌으며 다양한 색 표현이 가능해졌다. 시유도기는 고려 청자의 초석이다.

 도자 체험도 하고, 다양한 도예 작품도 만나고!

영암도기박물관 실내는 1층 '상설전시실'과 '영암도기 명품 판매장', 2층 '현대도자실과 기획전시실', 3층 '동강 하정웅 컬렉션 기념실'로 나뉜다. 상설전시실에는 영암군 출토 도자들을 연대별로 전시해놓았다. 고대 토기부터 통일신라시대의 구림도기, 조선시대의 가마터까지 그 발전 과정을 한눈에 살필 수 있다. 전시실 입구 쪽에는 아이들을 위한 별도의 체험 전시물이 있다. 도자기는 흙과 가마의 온도에 따라 빛깔, 강도, 등이 달라진다. 그 차이를 여러 종류의 도자기 종을 두드려 소리로 느껴볼 수 있도록 했다. 높은 온도에서 구운 도자기일수록 소리가 맑다. 흙이나 유약의 유무는 만져보며 촉감으로 느낄 수 있다.

1. 회사정
2. 영암 구림리 요지
3. 장작가마 영암요

옹관
옛날 사람들은 사람의 시체나 뼛가루를 항아리에 담아 땅에 묻었다. 그때 사용한 관을 옹관, 묘를 옹관묘라 한다.

　유아들을 위해서는 여러 개의 둥근 판자를 쌓아 도자기 모양을 만들어보는 체험이 마련되어 있다. 전시장 가운데는 일대에서 출토된 고대 옹관*이 있다. 이 또한 그 시대의 도자 문화를 엿볼 수 있는 유물이다. 도기공방에서는 체험 프로그램을 운영한다. 월요일부터 금요일까지 황토 컵과 접시 등을 손으로 빚거나, 컵과 접시에 수채화 그림을 그려 넣는 핸드페이팅 체험이 이뤄진다. 하루 다섯 차례 열리며 전화로 미리 예약해야 한다. 방학 기간에는 '토요문화산책'이 열린다.
　2층은 '현대도자실'과 '기획전시실'이다. 영암군의 전시회 출품작을 중심으로 현대 도자의 아름다움과 쓰임을 확인한다. 3층은 영암군 명예 홍보대사 하정웅 씨의 기증품 가운데 도자기를 모아 전시한 '동강하정웅컬렉션기념실'이다. 세계 여러 나라의 다양한 도예작품을 관람할 수 있다. 소녀상처럼 그릇이 아닌 작품도 있다. 나카가와 이사쿠의 〈맹인의 행렬〉, 도라사와 히테오의 〈한노야키〉 등 일본 작가의 작품이 많다. 특히 일본 모에기(새싹) 마을의 기념 접시가 눈길을 끈다. 야마나시현 호쿠토시의 모에기 마을에서 오르골 박물관을 개관하며, 매년 기념 접시를 제작했는데, 이를 하정웅 씨가 미술관에 기증했다. 한일 교류에 대한 바람이 담겨있다.

1. 영암도기박물관 상설전시실
2. 영암도기박물관 현대도자실
3. 동강하정웅 컬렉션기념실
4. 모에기(새싹) 마을의 기념 접시

한일 문화를 비교해 볼 수 있는 곳

영암도기박물관과 이웃한 영암군립하정웅미술관은 이름처럼 하정웅 씨의 흔적이 짙다. 동강 하정웅은 재일 한국인으로 일본 아키타현에서 자랐다. 그는 1973년 부모의 고향 영암을 첫 방문한 후 한일문화 교류에 힘썼다. 광주시립미술관, 부산시립미술관, 대전시립미술관 등 국내 공공미술관에 그가 기증한 작품이 1만여 점에 달한다. 그는 미술이 고향 한국과 자신이 자란 땅 일본의 문화를 잇는 다리가 되길 바랐다.

영암군립하정웅미술관 역시 그가 영암에 기증한 미술품 3400여 점과 미술 도서 450권이 밑거름이 되었다. 미술관 실내는 기획전시와 상설전시로 나뉜다. 2층에는 조덕현 작가의 〈수집 혹은 기억〉이 호기심을 자극한다. 여러 가지 글씨가 적힌 거울 통로로 겹치는 반영이 흥미로운 형상을 만든다. 야외 조각도 아이들의 관심을 끈다. 미술관을 'ㄴ'자형으로 끌어안은 야외에는 박병희 작가의 〈생명의 순환〉, 정윤태 작가의 〈꿈을 향해 비상하는 새들〉 등의 작품이 있다. 가토 아키오의 〈달에서 춤추며 내려온 토끼〉, 이와타 켄의 〈어린이와 고양이〉 같은 일본 작가의 작품도 있다. 특히 구림마을을 상징하는 산비둘기나 아이를 소재로 한 박병희 작가의 작품이 많다. 하정웅 본인의 작품도 있다. 로비 정면에 있는 유화 〈염원 - 평화 그리고 행복〉과 야외 조각품 〈미완의 문〉이 그의 작품이다. 재일 한국인인 하정웅씨가 두 나라를 사랑

1. 조덕현 〈수집 혹은 기억〉
2. 하정웅 〈미완의 문〉
3. 정윤태
   〈꿈을 향해 비상하는 새들〉
4. 박병희 〈산비둘기〉
5. 이와타 켄
   〈어린이와 고양이〉

메세나
'메세나(Mecenat)'란 기업인들이 문화 예술을 후원함으로써 국가 경쟁력에 이바지하는 공익 활동을 뜻한다.

하는 마음으로 수집한 예술작품은 한국과 일본 두 나라의 문화를 보여준다. 하정웅 씨의 메세나* 정신을 배우는 것 또한 아이들에게 의미 있는 예술 체험이다.

역사와 예술을 체험할 수 있는 마을 여행 코스

영안군립하정웅미술관에서는 멀리 월출산이 보인다. 마을에 높은 건물이 없어 전망이 시원스럽다. 구림마을에서 감상할 수 있는 최고의 예술작품이다. 발걸음이 자연스럽게 마을로 향한다. 마을 지도를 참고하자. 마을 여행 코스는 문화와 예술혼이 어린 장소부터 돌아보면 좋다.

먼저 영암 구림리 요지다. 1000년 이상 된 옛 가마터지만 영암 도자 역사의 출발이다. 그 가치를 되새겨 살피면 좋다. 예술 체험을 좀 더 즐기고 싶을 때는 '왕인전통종이공예관'에서 멈추자. 왕인전통종이공예관은 아담한 정원을 가진 한옥이다. 전통 종이를 활용한 작품을 감상할 수 있다. 가볍게 산책 삼아 다녀오기에도 무난하다. 인근에는 영암목재문화체험장도 있으니 방문해보는 것도 좋겠다.

마을 역사를 간직한 '국사암'이나 '상대포역사공원', '왕인박사유적지' 등도 빼놓을 수 없다. 국사암은 비둘기들이 도선국사를 보호했다는 바위다. 영암도기박물관과 영암군립하정웅미술관의 북쪽 100m 거리다. 상대포역사공원은 왕인박사가 일본으로 떠났던 포구다. 구림마을에서 조금 떨어진 곳에, 영암과 남부

1. 영암군립하정웅미술관
2. 왕인전통종이공예관
3. 상대포역사공원

지역의 가옥을 재현한 야외 전시장 '구림한옥체험관'도 둘러볼 만하다. 숙박을 겸해서 직접 한옥에 묵어볼 수 있다. 마을 곳곳에는 '간죽정', '죽림정', '조정수 가옥' 등 오래된 한옥과 돌담길이 있어, 정취가 빼어나다. 별 다른 설명 없이 마을을 걷는 것만으로도 영암도기의 터가 된 마을의 역사와 화가 하정웅의 뿌리가 된 예술혼을 어렴풋이나마 느껴볼 수 있다.

함께 가보면 좋아요

왕인박사유적지

옛날에는 옛 사람의 가르침을 기록한 경서에 능한 사람을 박사라고 불렀다. 일종의 벼슬이라고 할 수 있다. 백제는 『역경』, 『시경』, 『서경』, 『예기』, 『춘추』의 경서에 능한 사람을 오경박사라 불렀다. 왕인박사도 그 가운데 한 명이다.

그는 백제 근초고왕 때의 학자다. 일본 왕이 백제에게 학자를 보내달라고 청했고, 왕인은 왕의 명을 받아 『논어』 10권과 『천자문』 1권을 들고 일본으로 건너갔다. 그는 일본 왕세자를 가르치는 스승이 됐고, 일본 문화가 꽃 피는 데 결정적인 역할을 했다. 영암구림마을은 왕인박사가 태어난 고향으로 마을 동쪽 문필봉 기슭에는 왕인박사유적지가 있다. 영암구림마을에 가면 꼭 한 번 들러보길 바란다.

왕인박사유적지는 기념전시관 영월관을 지나며 시작한다. 유적지 내에는 오사카 히라카다시의 왕인 묘를 실제 크기로 제작한 가묘, 왕인박사의 일대기를 전시한 전시관, 그가 태어난 성기동 집터, 그가 공부했던 옛 서당 '문산재'와 '양사재' 등이 있다. 양력 4월 초에는 왕인박사추모제가 열리니 그때 들르면 더 좋다. 걷다가 힘들 때는 월출산을 품은 월악루에서 잠깐 쉬며 주변 경치를 살펴보자. '성담'이라는 연못가에 가을 코스모스가 아름답다.

월악루

왕인박사유적지

036 영천 보현산천문과학관
우수수 떨어지는 별을 찾아 떠나는 환상적인 천문 여행

주소 경상북도 영천시 화북면 별빛로 681-32
관람 시간 14:00~22:00
(2~10월 18:00~19:00,
11~1월 17:00~18:00은 저녁식사 시간이라 운영 중지)
휴관일 매주 월요일, 공휴일 다음 날, 1월 1일, 설날·추석 연휴
관람료 성인 4000원, 청소년·어린이 2000원, 6세 미만 무료
홈페이지 www.staryc.com
전화 054-330-6447

어린 시절 밤하늘에 쏟아질 듯한 별을 헤아리던 추억 하나쯤은 갖고 있을 것이다. 아이에게 그런 추억을 선물하고 싶다면 '별의 도시' 영천으로 떠나보자. 보현산천문과학관이 위치한 영천 정각리는 '별빛마을'이라 불린다. 연중 맑은 날이 많고 공기가 깨끗해 별을 관찰하기 가장 좋은 곳으로 알려져 있다. 별이 우수수 떨어지는 밤하늘 덕에 마을 전체가 천문대나 다름없다. 반짝거리는 별 속에 아이의 꿈 하나, 소원 하나를 실어주자.

우주에서 롤러코스터를 탄다면?

보현산천문과학관은 보현산 자락의 수려한 경관 아래 아담하게 자리하고 있다. 과학관 내부는 천체망원경을 보유한 '관측실'과 '5D 돔 영상관', '전시실', '시청각실'로 이루어져 있다. 오후 2시부터 매 시간 정각에 맞춰 입장이 가능하므로 홈페이지에서 예약 게시판을 먼저 살피고 가는 게 좋다. 단체 예약이 없는 시간대를 골라 현장에서 표를 구입하면 된다. 약 1시간 동안 진행하는 프로그램의 첫 번째 코스는 5D 돔 영상관이다. 계절마다 달라지는 별자리를 구경하고 스릴 넘치는 우주 롤러코스터도 체험할 수 있다. 아이들은 천장 가득 쏟아지는 별을 보며 상상의 세계로 빠져든다. 안락한 의자에 푹 파묻혀 잠에 빠져드는 아이도 있고 바닥이 통째로 돌아가거나 의자가 흔들릴 때마다 울음을 터뜨리는 아이도 있다. 우주 롤러코스터는 아이들은 물론 어른들에게

1. 5D 돔 영상관 영상
2. 5D 돔 영상관 상영 모습

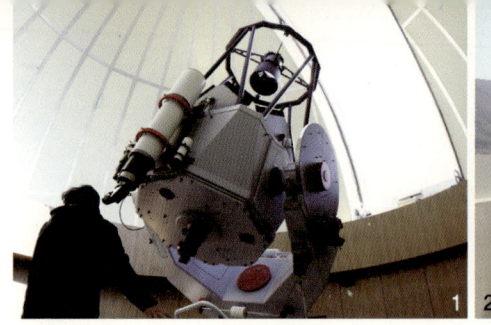

1. 실내 주관측실
2. 야외 보조관측실

도 인기다. 우주에 떠다니는 행성을 배경 삼아 오르락내리락하는 동안 짜릿함을 만끽할 수 있다. 이외에도 5D 돔 영상관은 《달나라 여행》, 《우주 여행》 등의 영상물을 번갈아가며 상영한다.

대낮의 하늘에도 별이 떠있을까?

영상을 통해 우주 여행을 즐겼다면 다음은 실제 하늘을 보며 관측할 차례다. 2층은 '실내 주관측실'과 '야외 보조관측실'로 나뉜다. 주관측실에 들어서면 커다란 천체망원경이 관람객을 반긴다. 낮에는 주로 '태양'을, 해가 진 후 깜깜한 무렵에는 '달, 토성, 목성' 등을 관찰한다. 관측 대상에 대해 재미있는 설명도 곁들이는데, 초등학교 2학년 이상이라면 이해할 수 있는 수준이다. "낮에도 하늘에 별이 떠있을까요?"라는 질문에 아이들은 저마다 기특한 답을 내놓는다. 특수모니터로 실시간의 하늘 모습을 보여주면 아이들은 마냥 신기해한다. 육안으로는 보이지 않지만, 특수모니터를 통해 낮에도 별이 총총 떠있는 모습을 확인할 수 있기 때문이다.

과학관에 오기 전에 날씨를 미리 확인하고, 별을 관측하기에 가장 좋은 시간대를 알아두면 좋다. 해가 가장 짧은 12~1월은 18시, 2~3월은 19시, 4~5월은 20시, 해가 가장 긴 6~7월은 21시, 8~9월은 20시, 10~11월은 19시 정도다. 아이가 초등학생 이하라면 밤보다 낮 시간대 태양 관측을 추천한다. 별이나 은하수, 성운, 은하 등 밤에 관측하는 대상은 설명을 이해하지 못하면 제대로 보기 힘들기 때문이다.

우주에 대한 이모저모를 살필 수 있는 전시실

관측이 끝나면 실내 전시실을 자유롭게 관람할 수 있다. 구석기시대부터 현재까지 천문학의 역사를 한눈에 볼 수 있는 패널, 망원경의 종류별 원리를 체험하는 코너, 신비로운 성운과 성단의 모습을 터치 스크린을 통해 볼 수 있는 코너 등이 있다. 성운과 성단 코너에서는 에스키모인의 털모자를 닮은 '에스키모성운', 육안으로 볼 수 있는 가장 먼 천체인 '안드로메다은하' 등이 볼거리다. 아이들의 인기를 독차지하는 코너는 '사계절 별자리'다. 대형 별자리판을 이리저리 돌려가며 계절마다 별자리가 어떻게 달라지는지 확인할 수 있다. 로비 바닥을 수놓은 우주 영상도 아이들의 호기심을 끈다. 영상 위를 폴짝폴짝 뛰면 별과 행성이 발걸음에 따라 이리저리 움직인다. 우주복 포토존도 마련되어 있으니 추억을 한 장 남겨보자.

3. 사계절 별자리
4. 바닥을 수놓은 우주 영상
5. 우주복 포토존

아기자기한 벽화가 그려진 별빛마을

과학관에서 도로를 따라 내려오면 정각리 별빛마을이다. 초승달 모양의 조형물을 지나 골목을 걷다 보면 우주선과 행성, 어린왕자 등 우주나 별을 주제로 한 벽화들을 드문드문 만난다. 여느 벽화마을처럼 볼거리가 다양하진 않지만 아이와 사진 촬영을 즐기기 좋다. 산자락과 너른 논이 펼쳐진 시골 풍경은 여행의 풍성함을 더한다. 과학관 뒤편으로 이어진 보현산하늘길도 아이와 걸을 만하다. 숲길을 따라 삼림욕도 즐기고, 별자리 전

별빛마을 조형물

망대에 올라 시원하게 펼쳐진 마을 일대를 조망하는 것도 좋다.

별빛 가득한 축제

아이에게 더욱 특별한 추억을 선물하고 싶다면 '별빛나이트투어'에 참여해보는 건 어떨까. 당일 나이트투어와 1박 2일 캠핑나이트투어가 있다. 과학관 관람을 포함해 영천의 관광지도 둘러보고 '음악회', '마술쇼', '캠프파이어', '별자리 강좌' 등을 체험할 수 있다. 나이트투어는 8~10월 매달 2회 주말에 진행한다. 해마다 바뀌는 일정은 영천시청 홈페이지나 영천관광과에서 확인할 수 있다.

매년 5월에 열리는 '별빛축제'도 보현산천문과학관의 자랑이다. 과학관을 중심으로 정각리 마을 일대에서 펼쳐진다. '태양광 자동차 만들기', '3D 우주왕복선 만들기' 등의 체험 부스와 '과학 플레이존', '먹거리장터', '천체 관측 체험' 등 즐길거리가 많다.

1~2. 별빛축제

생각 발산하기

만 원권 지폐에 우리나라에서 가장 큰 천체망원경이 있다고요?

보현산천문과학관 입구에는 만 원권 지폐가 전시되어 있어. 지폐 뒷면을 자세히 들여다보면 조선시대 천체 관측기구인 혼천의(국보 230호) 옆에 천체망원경이 희미하게 그려져 있는 걸 발견할 수 있지. 우리나라에서 가장 큰 1.8m 구경의 광학망원경이란다. 이 망원경은 과학관 뒷산 꼭대기에 자리한 보현산천문대가 보유하고 있어. 보현산천문대는 2011년 거대한 블랙홀이 별을 삼키는 현장을 세계 최초로 관측한 곳이야. 소행성도 여러 차례 발견했는데 이들 별에는 '장영실별', '최무선별', '허준별' 등 우리 선조의 이름을 붙였단다. 안타깝게도 보현산천문대는 일반인에게 개방하고 있지는 않아.

만 원권 지폐

037 삼례문화예술촌

육체를 살찌우는 쌀 창고에서 영혼을 살찌우는 예술촌으로

주소 전라북도 완주군 삼례읍 삼례역로 81-13
관람 시간 10:00~18:00(관람 종료 1시간 전까지 입장 가능)
휴관일 매주 월요일, 1월 1일
관람료 성인 2000원, 초·중·고등학생 1000원, 유치원생(만 3세 이상) 500원
홈페이지 http://www.srartvil.kr
전화 070-8915-8121~32

전라북도 완주역 근처에는 흥미로운 예술 공간이 있다. '디지인뮤지엄', '목공소', '책공방', '북아트센터', '미디어아트갤러리'가 한 동네를 이루는 삼례문화예술촌이다. 90년 전까지 쌀 창고로 쓰였던 공간이다. 시간이 지나 이 곳간에는 쌀 대신 보물 같은 예술품이 가득 채워졌다.
아이들에게는 창고도 미술관이 될 수 있다는 사실이 새롭다. 물론 공간을 넘나들며 예술 체험도 즐길 수도 있다. 무엇보다 삼례문화예술촌에 새겨진 우리네 아픈 역사도 다시금 되새길 수 있는 뜻깊은 기회다.

245

공간에 기억을 아로새긴 삼례문화예술촌

1. 1920년대 쌀 창고였던 곳
2. 삼례문화예술촌 조형물
3. 삼례문화예술촌 전경

완주군 삼례역에서 내린다. 역을 나와 주차장에서 왼쪽으로 직진하면 옛 삼례역이다. 현재는 세계막사발미술관이 들어섰다. 옆에는 도자기를 굽는 가마터도 있다. 그에 앞서 오른쪽 샛길로 빠지면 삼례문화예술촌이다. 원래는 쌀이나 곡물 등을 보관하던 창고 자리였다. 지금은 '갤러리', '책방', '북아트센터', '목공소', '카페' 등이 모여 예술마을을 이뤘다. 광장을 몇 개의 건물이 둘러 안은 형태다.

근래 들어 우리나라에도 기존의 시설을 재해석한 공간이 부쩍 늘었다. 반가운 일이다. 그 안에 숨 쉬는 이력 때문이다. 역사란 짓고 허무는 게 아니라 희로애락의 모든 자취를 촘촘하게 이어 붙인 시간이라는 것을 공간의 기억이 대신 증명하고 있다. 아이들과 함께하는 여행에서는 그 사실이 더욱 값지다. 아이들에게는 예술 공간을 너머 그 터에 아로새긴 시간이라는 기억의 단초가 생긴다. 부모가 그 시간들을 먼저 더듬고 함께 떠나면 좀 더 유익하다.

삼례문화예술촌은 삼례역에서 내려 곧장 가기보다 옛 삼례역에 자리한 '세계막사발미술관'을 들러 오기를 권한다. 둘은 무관한듯하지만 밀접하다. 조선시대부터 삼례역은 교통의 요충지였다. 일제 강점기에도 기차역으로써 중요한 역할을 했다. 일제 강점기의 기차역은 수탈의 수단으로 쓰였다. 당시에는 주로 쌀을 수탈했다. 만경평야의 쌀들은 기차와 차량으로 삼례에 도착했고, 삼례의 쌀 창고에서 머물다 다시 기차에 실려 군산역으로, 군산에서 일본으로 빠져나갔다.

삼례문화예술촌의 쌀 창고는 1920년에 지어져 광복 때까지 일제의 수탈에 활용됐다. 1970~1980년대에는 새로 지은 2동을 합쳐 7동이 농협 창고 역할을 했다. 그 후 완주군에서 창고를 매입했고 2013년 6월에 문화예술촌을 꾸렸다. 건물의 원형을 가능한 훼손하지 않고 새롭게 단장했다. 그 결과 그해 대한민국 공공건축상에서 대상을 수상했다.

삼삼예예미미
(samsamyeyememe)
삼례의 역사와 예술을 아름다움(美)으로 승화한다는 의미이다. 'SamrYe MusEum'에서 따온 말이다.

 옛것과 예술작품의 기묘한 조화를 볼 수 있는 곳

삼례문화예술촌 입구에는 'samsamyeyememe*'라는 간판이 있다. 삼례문화예술촌은 삼삼예예미미협동조합에서 위탁받아 운영한다. 모퉁이를 돌 때면 종합세미나실을 겸한 인포메이션센터다. 일본식 목조건물로 예스런 외관을 그대로 살렸다. 맞은편은 '비쥬얼미디어아트미술관'이다. 녹슨 함석의 벽에는 '삼례 농협 창고'라는 글씨가 적혀 있다. 대문에는 농협 로고가 또렷하다. 안쪽으로 몇 걸음 더 들어가면 중앙 마당이 나온다. 예솔촌의 건물들은 마당을 빙 둘러 자리를 잡았다. 저마다 다른 재료로 지은 건물들은 지난 100년 창고의 변천사를 보여준다. 반면 지붕 높이의 민들레 씨앗 조형물이나 타일로 만든 화단의 현대적 감각도 눈길을 끈다.

가장 가까이에 있는 '디자인뮤지엄'부터 발길을 옮겨보자. 부모 세대에게는 지방 소도시에서 흔히 볼 수 있던 농협 창고다. 아이보리색 외관에 파란색 지붕이다. 아이들에게는 노란색 농협 로고나 초록색으로 쓴 '협동 생산 공동 판매'라는 표어가 낯설기만 하다. 하지만 오른쪽 입구에 빨간 대문과 차양은 디자인뮤지엄다운 맵시를 뽐낸다. 디자인뮤지엄은 'Pinup Design Awards' 입상 작품 중에서 위원회가 선정한 작품을 전시한다. 디자인 수상작과 옛 창고의 천장이 기묘한 조화를 이룬다. 아이들은 그 사이로 걸으며, 익숙한 물건과 낯선 모양새의 뮤지엄을 마냥 신기해한다.

디자인뮤지엄을 지나 '김상림목공소'와 '책박물

1. 민들레 씨앗 조형물
2. 'samsamyeyememe' 간판
3. 디자인 뮤지엄

관' 쪽으로 걸음을 옮긴다. 쌍둥이처럼 닮은 붉은 벽돌의 두 건물이 서로 마주하고 있다. 김상림목공소 2층은 1980년대 증축했다. 층 사이에 '불조심'이라는 세 글자가 적혀 있는 데 익숙한 듯하면서도 어딘가 모르게 이색적이다. 인사동에서 '못과 망치'를 운영하는 목수 김상림 씨가 김상림목공소에 정착했다. 내부는 '작업실'과 '목공박물관 겸 전시실'로 나뉜다. 나무 브로치, 나무 촛대 등을 만드는 현장 체험은 6인 이상 예약해야 가능하다. 꼭 현장 체험을 하지 않아도 목수의 작업실은 그 자체만으로 충분히 흥미롭다. 안쪽은 그의 작품과 직접 수집한 목공 연장들로 꾸몄다. 작은 박물관이다. 벽에는 세로로 세워진 나무 판자들도 보인다. 쌀 창고였을 때 습기를 막기 위해 썼던 장치로 이 역시 시간의 흔적이다.

시간을 녹인 책방! 예술을 녹인 공간!

김상림목공소 건너편 '책박물관'은 부모에게도 반가운 장소다. 원래 영월에 있었으나 2013년 삼례문화예술촌에 새로이 공간을 꾸렸다. 입구로 들어서면 가장 먼저 처마 아래 무인 책방이 아이들을 반긴다. 아이와 함께 마음에 드는 헌 책을 골라 구입해도 좋겠다. 안쪽에는 김태형 화가가 그린 철수와 영이가 등장하는 '옛날 교과서', 송광용 씨가 중학교 1학년 때부터 40년간 그린 '만화일기' 등을 전시한다. 추억에 젖은 엄마와 아빠가 아이에게 들려줄 이야기가 많다. 책박물관에서는 매해 11월 북페스티벌을

1. 김상림목공소
   목공박물관 겸 전시실
2. 책박물관
3. 옛날 교과서

1. 활자판
2. 사철기
3. 비주얼미디어아트미술관

개최한다. '책 벼룩 시장', '책갑 만들기' 등의 행사가 펼쳐져 흥을 더한다.

한 걸음 떨어진 '책공방북아트센터'에서는 책이 만들어지는 과정을 볼 수 있다. 문을 열고 들어서자 인쇄기, 압착기, 사철기, 활자판 등의 기계가 즐비하다. 아이들의 호기심을 자극하는 풍경이다. 기계들은 전시용이지만 안쪽 강의실에서는 간접적이나마 그 과정을 체험해볼 수 있다. 체험은 매주 토요일마다 이뤄진다. 유치원에서 초등학교 2학년은 '미니북', 초등학교 3학년 이상은 '스크랩북'을 만든다. 가족이 함께하는 '앨범북' 만들기도 있다. 매주 대상과 주제가 조금씩 달라진다.

책공방북아트센터를 나오면 문화카페 '오스'와 '비주얼미디어아트미술관'이 있다. 비주얼미디어아트미술관은 미술관의 이름처럼 비주얼미디어 예술작품이 주를 이룬다. 낡고 예스런 창고에서 가장 현대적인 예술 전시가 펼쳐진다. 작품을 이해하지 못하더라도 공간과 작품 대비가 주는 예술의 감흥은 아이에게도 제법 신선한 자극이다.

벽에는 빗살 무늬로 나무판을 덧댄 옛 창고의 모습이 보인다. 이 또한 과거에는 제습기의 역할을 했다. 아빠가 아이들에게 미술관의 역사를 가르쳐줄 수 있는 요소들이다.

숨은 옛 흔적을 찾아서

예술촌의 면면을 두루 돌아본 후에는 문화카페 오스에서 휴식을 취해보자. 다른 공간과 마찬가지로 옛 창고의 천장이나 구조를 유지하며 멋스러움을 살렸다. 적절한 조명도 나무 재질에 깊이를 더

한다. 바깥쪽으로는 유리창 하나를 사이에 두고 정원과 접해 있다. 공간의 틈새마다 걸린 작품도 예술촌의 카페답다.

삼례문화예술촌에는 숨은 보물이 많다. 무심코 시선을 돌릴 때마다 건물 기둥에 적힌 낙서나 대문의 녹슨 자물쇠, 처마 아래 '제1호문' 같은 문패, 호적과도 같은 기록표 등이 고스란히 고개를 내민다. 아이와 함께 숨바꼭질하듯 그 표식을 찾아보며 자연스레 흘러간 시간을 느껴볼 수도 있겠다.

예술만이 아니라 그 터전에 아로새긴 땅의 냄새도 같이 맡을 수 있을 때, 비로소 삼례문화예술촌은 예술 공간으로서 완성된다. 육체의 양식을 채우던 쌀 창고가 영혼의 양식을 채워주는 예술작품이 가득한 곳으로 변신한 사실이 우연처럼 느껴지지만은 않을 것이다.

 생각 발산하기

삼례에 동학혁명의 역사가 흐른다고요?

동학혁명(갑오농민전쟁)에 대해 학교에서 배운 적이 있지? 아직 배우지 않았다면 곧 배우게 될 거야. 농부들과 동학도들이 잘못된 사회를 바로 잡으려 일으킨 저항 운동이지. 삼례에는 동학혁명의 역사가 깊게 자리하고 있어. 1892년 동학 최대 규모의 집회가 삼례에서 열렸고, 1984년 2차 농민 봉기도 삼례에서 일어났어. 삼례에서 북쪽으로 올라간 동학농민군은 공주 우금치에서 일본군에게 패하고 순창으로 퇴각했어. 그리고 동학농민군 2차 봉기로부터 20년이 지난 1914년에 일본이 쌀을 수탈하기 위해 삼례역과 만경강 철교를 만들었지. 1920년에는 현재의 삼례문화예술촌에 쌀 창고가 지어졌어. 삼례읍 비비정 정자 아래쪽으로는 1927년에 준공된 만경강 철교가 남아있어. 비비정마을을 방문할 때 가봐도 좋겠어. 만경강 철교는 1914년에 목교로 지어졌고 나중에 길이 476m, 폭 2m의 철교로 바뀌었어. 2011년 수명을 다한 후에는 문화재로 보존 중이지. 이 밖에도 삼례읍 신금리에 '동학농민혁명삼례봉기역사광장'이 있고, 삼례공용버스터미널 앞 도로는 '동학농민길'이라고 이름을 붙여 동학 정신을 기리고 있단다.

만경강 철교

038 문래예술공단
노동 현장에 찾아든 예술

주소 서울시 영등포구 문래동 3가 일대
관람 시간 09:00~22:00
휴관일 1월 1일, 설날·추석 연휴
관람료 무료(일부 시설 별도 요금)
홈페이지 cafe.naver.com/mullaeartspace(문래예술공장)
전화 02-2676-4300(문래예술공장 운영 사무실)

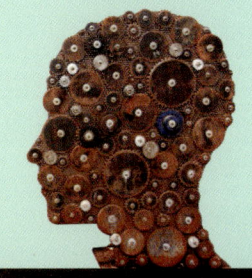

녹슨 철 위에 감각적으로 뒤덮인 예술은 색다른 시공간을 만들어낸다. 발을 딛는 순간 또 다른 세계의 미술관이다. 문래예술공단은 골목골목 예술작품이 얼굴을 내밀고, 흥미로운 담벼락과 간판들이 다음 동선을 이끈다. 소규모 철공소들이 분주하게 하루를 보내는 것 같지만 안을 살펴보면 예술가 또한 일상을 이어나간다. 낮에는 철공 단지로 밤에는 예술가들의 마을로 하루 한 번씩 얼굴을 바꾼다.

철공소 벽에 붙어있는 그림

 문래동, 100년의 역사

일제 강점기였던 1919년 문래동에서 경성방직이 사업을 시작했다. 해방과 한국전쟁을 겪으면서 문래동은 대표적인 한국 방직 산업의 중심이 되었다. 1960년대부터는 철물 공장이 바통을 이어 문래에 자리를 잡았다. 본격적인 산업화가 시작된 시기였다. 한때 한국의 모든 철물은 문래동으로 통한다는 말이 나올 정도로 문래동에는 철공소가 많았다.

대규모 철공 단지의 명성을 잃기 시작한 건 1997년 외환위기를 전후해서다. 재개발과 맞물려 더 이상 도시에서 철공소를 운영하는 게 어려워졌다. 이때 대부분의 철공소들은 경기도 산업단지로 이전하고 공장 부지는 빈 채로 남게 되었다. 산업화를 이끌던 모습은 온데간데없어지고 남은 철공소 주변을 대규모 아파트 단지와 주상복합 건물이 둘러쌌다. 그러던 어느 날 철공소가 떠난 빈자리에 젊은 예술가가 하나둘 모이기 시작했다. 이것이 문래예술공단의 시초다.

철공소에 움트기 시작한 예술

홍익대학교 주변은 예술가들이 밀집한 지역이었다. 그러나 상권이 확대되면서 예술가들은 치솟는 임대료를 감당하기 힘들었다. 당장 새 작업실을 찾아야 하는 상황에서 문래동은 좋은 입지 조건을 갖춘 곳이었다. 교통편이 좋으면서도 상대적으로 저렴한 비용으로 공간을 임대할 수 있었다. 철공소에서 나는 기계음 또

1~2. 철공소 대문에 그려진 그림
3. 골목 사이사이에 보이는 벽화

1

2

3

한 예술가들에게는 장점이었다. 작업할 때 생기는 소음을 신경 쓰지 않아도 됐기 때문이다. 대부분 오래된 건물이라 주인의 눈치를 덜 볼 수 있다는 점도 예술가들에게는 매력적이었다.

하나둘 모이던 예술가들은 어느새 예술촌을 이뤘다. 철공소의 쇳소리와 예술가들의 작업 소리가 공존하며 마을을 채워나갔다. 예술의 장르도 무척 다양했다. 회화, 조각, 디자인, 설치, 사진을 비롯해 영화, 춤, 연극, 마임, 퍼포먼스, 음악 등 가히 예술의 모든 장르가 모였다. 쇳가루의 흔적 위에 예술가들의 문화가 꽃피기 시작했다.

1. 〈못? 빼는 망치〉
2. 〈기린〉
3. 〈바가지〉

물론 철공소와 예술가들이 처음부터 쉽게 어울렸던 것은 아니다. 평생 쇠를 깎는 일에 매달린 철공소 직원들에게는 예술가들의 이주가 어색했다. 어색함은 의외로 쉽게 해결됐다. 예술가들은 이웃 철공소 직원들에게 작업실을 꾸미는 것에 대해 끊임없이 물었다. 철공소 사장들은 젊은 예술가들에게 문과 벽에 그림을 그려 달라 청했다. 그 결과 문래예술공단은 누구나 한 번쯤 뒤돌아볼 만한 작품들이 가득한 곳으로 변모했다. 철공소 대문과 골목 어디든 아기자기한 그림이 차고 넘친다. 철과 예술이 만난 이색적인 풍경 덕에 사람들도 삼삼오오 모여들었다.

예술가들의 캔버스가 된 철공소 담벼락

문래예술공단의 예술가들은 철공소들이 작업을 마무리하는 늦은 오후 비로소 하루 일과를 시작한다. 철공소들의 철제 대문은 예술가들이 그림을 그려 넣는 캔버스가 된다. 시작은 문래역 7번 출구부터다. 계단을 나와 직진하면 철로 만든 기린 한 마리가 사람들을 반긴다. 그 뒤는 '문래창작촌 INFO'다. 문래예술공단의 약도가 붙어있어 아이와 행선지를 의논할 수 있다.

'문래창작촌 INFO'를 왼쪽으로 끼고 돌면 〈바가지〉와 〈못? 빼는 망치〉라는 설치작품이 보인다. 〈바가지〉는 용접 작업을 할 때

얼굴과 눈을 보호하기 위해 쓰는 마스크를 형상화했다. 〈못? 빼는 망치〉는 바닥에 박힌 못을 빼는 대형 망치 모양이다. 상황과 의미에 맞게 창작을 한 예술작품이 마을과 조화를 이루며 빛을 낸다. 철공소 철제 대문과 골목 담벼락은 이곳에서 창작열을 불태우는 젊은 예술가들의 캔버스 구실을 톡톡히 해낸다. 아이는 형형색색의 다양한 작품을 보느라 연신 걸음을 멈춘다.

사거리로 나가기 전 문래예술공단의 랜드마크라 할 수 있는 '복길네식당'을 발견한다. 담벼락에 사진과 그림으로 식당 아줌마들의 모습을 표현했다. 문래동 사거리로 나가면 설치작품을 볼 수 있다. 영등포초등학교쪽으로 건너기 전 보도블록에 설치된 〈기리빠시 용접면〉이란 작품이다. 작업하다 남은 자투리 철을 용접해 만든 작품이다. 눈을 가리는 부분이 열린다. 자투리를 의미하는 일본어 '기리빠시'를 작품명에 사용한 것도 흥미롭다. 철공소 직원들이 실제 사용했던 단어다.

길을 걸으며 만나는 예술작품들

〈기리빠시 용접면〉을 뒤에 두고 걷다 기업은행 건물 옥상으로 시선을 향하면 작품 〈발레리나〉가 춤을 추는 중이다. 길 위에서는 붉은색 고깔모자를 쓰고 행인에게 꽃 한 송이를 선물하는 〈MOON ROBOT〉도 만난다. 〈MOON ROBOT〉 옆에는 아이가 손을 이용해 놀이를 즐기는 〈touch〉가 설치되어 있다. 앞뒤에서 볼트를 밀면 다양한 모양으로 변하

1. 〈MOON ROBOT〉
2. 복길네식당
3. 〈기리빠시 용접면〉
4. 〈발레리나〉

는 작품이다. 〈발레리나〉 밑에는 건물 안으로 헤엄쳐 들어가려는 물고기 꼬리도 있으니 놓치지 말고 아이와 함께 감상하자.

찻길을 따라 계속 걸으면 대한성공회 영등포교회 앞에 망치 모양의 벤치가 있다. 예술가들과 철공엔지니어들이 함께 만든 작품이다. 걷는 게 힘든 아이를 위해 잠시 쉬어가도 좋겠다. 문래예술공단은 대한성공회 영등포교회를 지나 문래공원 사거리와 근로자회관사거리까지 길게 이어진다. 근로자회관사거리까지 가는 길에 '골드테구가죽공방', '대안예술공간 이포', 'ARTISAN STUDIO,' '대안공간 문' 등 흥미로운 공간이 많다. 공간마다 특성을 살린 전시회, 공연, 체험 프로그램 등을 미리 파악해 아이가 경험하게 하는 것도 좋은 방법이다. 예술 공간과 더불어 책을 보거나 식사를 하는 북카페와 식당을 찾는 것도 문래예술공단에서 할 수 있는 즐거운 경험이다.

함께 가보면 좋아요

정다방프로젝트

실제 정다방이란 찻집이 영업을 하던 곳이다. 지금은 이전했지만 문래동에는 법원이 하나 있었다. 정다방은 다양한 사연을 안고 법원을 찾는 이들의 사랑방 같은 곳이었다. 법원이 다른 곳으로 옮겨가며 운영이 어려워진 정다방은 문을 닫았고, 이를 안타깝게 여긴 사람들이 모여

정다방프로젝트

지금과 같은 대안 공간을 만들었다. 공간은 주로 젊은 예술가들과 문래예술공단을 찾는 이들을 위해 열려있다. 정기적으로 재즈 공연이 펼쳐지는 것은 물론 다양한 전시회를 개최한다. 지금까지 '문래재즈퀸텟', '재즈 스탠다드' 등의 공연과 '헛짓거리'전, '우리 정다방에서 만나요' 등의 전시가 주목받았다.

039 제주 세계지질공원
과학을 발끝으로 느낄 수 있는 제주 비밀 코스 여행

주소 용머리해안주차장 - 제주도 서귀포시 안덕면 사계남로 216번길 28
수월봉주차장 - 제주도 제주시 한경면 고산리 3760-3
홈페이지 제주지질공원 - geopark.jeju.go.kr
제주지질마을 - jejugeopark.com
전화 제주지질공원 - 064-710-6657
제주지질마을 - 064-740-6971

제주는 우리나라를 대표하는 여행지이자 유네스코가 선정한 세계지질공원이다. 화산 폭발로 만들어진 섬은 다채로운 지질 구조와 풍경을 선보인다. 한라산, 대포주상절리, 성산일출봉 등 우리가 제주의 비경이라 부르는 대부분이 화산 폭발의 흔적이다. 자연을 들여다보는 관점만 조금 바꿔도 그동안 보이지 않았던 새로운 사실들이 눈에 띄기 시작한다.

제주 여행의 백미, 지질공원

제주를 여행하는 방법은 여러 가지가 있다. 차를 타고 주요 관광지를 도는 방법도 있고 제주 올레길을 따라 걷는 방법도 있다. 때로는 제주의 오름만을 찾아다니는 제주 여행의 고수도 있다. 아이와 함께 떠나는 제주 여행이라면 조금 다른 여행을 해보는 건 어떨까. 바로 제주 지질 여행이다.

성산일출봉

비양도

제주는 유네스코가 선정한 우리나라 유일의 세계지질공원이다. 그 가운데 열두 곳이 핵심 지질 명소다. 중앙에 한라산이 있고 동쪽은 성산일출봉, 만장굴, 우도 등이 자리한다. 동북쪽으로는 선흘곶자왈(동백동산)이 있다. 서쪽은 수월봉과 비양도가 핵심 지질 명소다. 남쪽에는 천지연폭포와 중문대포해안 주상절리대를 비롯해 서귀포층, 산방산과 용머리해안이 있다. 한 번 정도 가본 적이 있는 귀에 익은 명소가 있는 반면 선흘곶자왈이나 서귀포층처럼 제주를 적잖이 오간 이에게도 낯선 명소가 있다. 개별 지질 명소를 중심으로 인근 여행지를 아우르는 코스를 짜보는 게 좋겠다. 다만 어떻게 여행할지 막연할 때는 지질트레일이 도움을 준다.

선흘곶자왈(동백동산)
곶자왈은 열대 북방한계 식물과 한대 남방한계 식물이 공존하는 세계 유일의 생태다. 제주 전역에 약 4개의 곶자왈지대가 분포한다. 제주의 한라산과 바다 사이 중산간 지대로 완충지대 역할을 한다.

제주 세계지질공원은 지질 여행을 위해 지질마을과 지질트레일을 조성했다. 지질마을은 세계지질공원의 핵심 명소이자 주변 마을이다. 제주도 땅에 적응하며 살아온 사람들의 역사와 문화, 이야기가 흐른다. 지질트레일은 지질 자원과 마을의 다양한 이야

● 서귀포층
천지연폭포에서 새연교를 지나 해안 쪽에서 많이 볼 수 있다. 제주의 기반이 되는 층으로 패류 화석을 포함한 지층을 가리킨다. 실제로 서귀포층에서 패류 화석을 볼 수 있다. 물이 통과할 수 없는 서귀포층은 지하수가 땅으로 스미는 걸 막는다. 제주 물 자원의 중요한 역할을 담당한다.

1. 서귀포 천지연폭포
2. 제주도에서 볼 수 있는 화산섬의 흔적

기를 접목한 도보길이다. 다만 아이에게는 '지질투어'라는 거창한 제목보다는 '제주 비밀 코스 여행' 정도로 이야기하는 것이 좋겠다. 실제로 화산섬 지형은 제주 여행의 백미다.

제주의 특별한 지질을 찾아서

제주 지질마을은 제주도 북동쪽과 남서쪽에 치우쳐 있다. 총 여섯 개의 마을로 그 가운데 네 개 마을은 주변으로 지질트레일을 조성했다. 동북쪽 마을은 핵심 지질 명소 가운데 만장굴과 성산일출봉 지역이다. 남쪽은 서귀포층·천지연폭포와 중문대포 주상절리 지역이다. 서쪽에는 수월봉 지역이 있고 그 사이 남서쪽에는 산방산 용머리해안 지역이 반긴다. 지질트레일은 만장굴 인근의 '김녕·월정지질트레일'*, 성산일출봉 지역의 '성산오조지질트레일'*, '산방산·용머리해안트레일'과 '수월봉트레일'을 지난다. 하지만 최소 서너 시간은 걸어야 하는 트레일 여행은 아이들에게 다소 무리다. 트레일 코스를 목적지로 삼고, 주요 지점을 차로 이동하며 유연하게 돌아보는 여행을 권한다.

그 가운데 산방산·용머리해안과 수월봉 트레일은 꼭 둘러볼 만 하다. 지질마을이나 트레일은 세계지질공원의 핵심 지질 명소를 광범위하게 아우르는데, 두 지역은 비교적 핵심 지질 명소에 충실하며 다채로운 지질 층위를 선보인다. 또한 제주의 화산지형 가운데 가장 오래된 지역이다. 여행지 가운데 적당히 알려졌지만 속속들이 드러난 지역은 아니어서 새로운 풍경을 찾아가는 즐거움도 있다.

산방산·용머리해안트레일은 이름처럼 핵심 지질 명소인 산방산과 용머리를 중심으로 사계리, 화순리 등을 오간다. 산방산과 용머리해안은 수학여행의 필수 코스로 제주를 대표하는 지형이다. 산방산에서 뻗어나온 줄기가 바다로 향해 용머리처럼 고개를 들었다. 웅장한 규모나 거대한 자연의 문양만으로 탄성

김녕·월정지질트레일
만장굴이 속하는 거문오름용암동굴계의 김녕리와 월정리 일대를 돌아보는 코스다. 김녕어울림센터를 출발해 입산봉, 용천당처물동굴, 환해장성을 거쳐 다시 김녕어울림센터로 돌아본다.

성산오조지질트레일
세계지질공원 핵심 지질 명소인 성산일출봉 지역과 지질마을을 도는 코스다. 용천수 족지물에서 출발해 식산봉, 시인 이생진 시비 거리, 성산일출봉 등 성산리와 오조리 일대를 돌아본다.

이 인다. 무려 80만 년의 시간을 품은 땅의 층위다. 몇 번을 다시 찾아도 매번 감동이 밀려든다.

트레일 코스는 A와 B 두 개로 나뉜다. A코스는 서쪽 사계리를, B코스는 동쪽 화순리를 아우른다. 해안에서 출발해 육지 쪽으로 돌아오는 코스다. 걷기를 좋아하는 가족이라면 시간을 내 도전해볼 만하다. 또는 '제주올레길 10코스' 일부를 걷는 것도 방법이다. 제주올레길 10코스는 산방산·용머리해안트레일 A와 B코스의 해안 길을 모두 지난다. 제주올레길 가운데 풍경이 아름답기로 손꼽는 코스이다. 이 또한 해안 지질이 빼어나기 때문이다. A코스의 화순리는 아기자기한 해안 지질이 매력이고, B코스는 시원스러운 사계리의 풍광이 매력이다.

 자연이 만들어낸 조각품 산방산과 용머리해안

가볍게 돌아보고 싶다면 산방산·용머리해안트레일 A코스 해안 구간을 권한다. 어느 쪽이든 출발점은 산방산 아래 용머리해안주차장이다. 산방산은 다른 오름*과 마찬가지로 화산 활동으로 생겨났다. 바구니를 엎어놓은 듯한 용암돔으로 분화구는 따로 없다. 등산할 수 있는 산은 아니고 산방굴사 정도까지 오를 수 있다. 주변의 전망이 빼어나다. 다만 산방산 표면은 대규모 주상절리가 발달해 한 걸음 떨어져서 볼 때 특징이 한층 또렷하다.

용머리해안은 산방산보다 앞서 생겨난 응회환*이다. 아이들에게는 얕은 바다에서 화산 폭발이 있었고 땅이 약하다 보니 화구가 이동하며 세 차례에 걸쳐 폭발한 지형이라는 정도의 설명을 곁들이자. 조금 더 덧붙인다면 화산 폭발로 나온 용암 등의 화산쇄설물이 굳으며 바위가 됐고 파도나 바람과 오랜 시간 접촉하면서 지금처럼 신기한 모습이 됐다. 용머리해안은 단층의 구조가 조각품처럼 특이해 아이들이 신기해한다. 수성화산* 활동으로 생긴 응회 물질의 층리다. 해안을 따라 들어가고 나온 가장자

오름
단일 화산 활동으로 생겨난 산이다. 제주에서는 이를 통틀어 오름이라 부른다. 가장 큰 오름이 한라산이다. '산', '악', '봉' 등이 모두 오름을 가리킨다.

응회환과 수성화산
응회환은 수성화산 분출에 의해 만들어진 50m 이하의 완만한 화산체다. 수성화산은 마그마가 물에 닿아 폭발하는 현상으로 '수증기-마그마성 분출'이라고 한다. 끓는 기름에 물을 넣으면 튀어 오르는 현상과 비슷하다.

1. 사계리에서 본 산방산과 용머리해안
2. 용머리해안의 단층 구조
3. 사계리에서 본 형제섬 일출

리를 거닌다. 대자연이 만든 예술작품으로 어른 또한 놀란 표정을 숨기기 어렵다. 다만 밀물이나 날씨가 안 좋을 때는 해안 이동로에 물이 차 들어갈 수가 없다. 물때를 미리 확인하고 출발해야 한다.

용머리해안에서 송악산 쪽으로 걸으면 산방산·용머리해안트레일 A코스 해안 구간이다. 바다 쪽으로는 형제섬이 눈길을 끈다. 이 또한 화산재가 쌓여 태어난 섬이다. 물때에 따라 섬의 개수가 3개에서 8개까지 다르게 보인다. 사계리 형제해안로는 일출이나 드라이브 코스로도 이름이 났다. 사람 발자국과 동물 발자국 화석 산지로 지질학자들에게 가치를 인정받은 곳이다. 화석을 직접 보기는 쉽지 않지만 해안에서 잠깐 걸음을 멈추고 여행의 기분을 만끽하기를 권한다. 운이 좋다면 그 너머로 한라산이 솟은 모습도 볼 수 있다.

🔬 차귀도를 품은 일몰의 명소

수월봉트레일도 매력이 넘친다. 수월봉은 고산리에 있는 높이 77m의 소박한 오름이지만 규모만으로 매력을 가늠할 수 없다. 동쪽 성산일출봉의 해돋이에 비견할 만한 해넘이를 자랑하고, 앞 바다로는 차귀도가 눈을 맞춘다. 그동안 잘 알려지지 않은 여행지였으나 세계지질공원 핵심 지질 명소로 꼽히며 적잖이 소문이 났다.

수월봉 지역 지질마을은 고산리와 용수리 등으로 3개 코스의 트레일이 지난다. A코스는 차귀도매표소에서 수월봉을 지나 남

쪽 해녀의 집까지다. B코스는 당산봉 주변을 한 바퀴 돈다. C코스는 차귀도 섬 여행이다. A코스의 중심은 역시 수월봉과 그 아래 엉알(높은 절벽 아래 바닷가)과 화산재 지층이다. 수월봉은 C코스의 차귀도를 조망한다. 차귀도는 죽도, 지실이도, 화단섬 세 개가 한 몸을 이룬다. 차귀도는 1970년대 이후로 사람이 살지 않았는데, 세계지질공원으로 지정되면서 30년만에 다시 길이 열렸다. 섬은 두 개의 봉우리가 있고 한 바퀴에 약 1시간 정도가 걸린다. 차귀도 등대나 옛 집터가 지난 시간을 읊조린다. 설문대할망의 막내

아들이라 불리는 장군바위도 볼거리다. 무엇보다 사람들이 드나들지 않아 원시적인 섬의 생태가 두드러진다. 기록되지 않은 신종 생물들이 서식해 천연기념물로 지정됐다. 제주의 새로운 땅을 밟는 느낌은 각별하다.

제주의 탄생과 변화의 흔적을 꼼꼼하게 살펴볼 수 있는 수월봉 일대

제주의 지질을 볼 수 있는 곳은 여럿이지만 그럼에도 수월봉 일대의 지질이 가장 눈길을 끈다. 수월봉은 『화산학 백과사전(Encyclopedia of Volcanoes)』에 실릴 만큼 중요한 곳이다. 특히 수월봉 아래쪽 엉알길은 화산쇄설암의 퇴적 구조가 촘촘하다. 해안 절벽에 화산재로 그린 한편의 그림이 펼쳐지고 듬성듬성 박

1. 검은 모래 해변
2. 엉알길
3. 수월봉
4. 수월봉의 퇴적 구조
5. 차귀도가 보이는 생이기정길
6. 차귀도 등대

화산탄과 탄낭구조
화산 폭발 때 하늘로 날아오른 용암 덩어리가 화산탄이고, 화산탄이 땅을 뚫고 들어간 것을 탄낭구조라고 한다.

힌 돌들이 화산학 연구의 교과서라는 말이 남우세스럽지 않음을 증명한다. 또한 화산탄*과 탄낭구조* 등은 격렬했던 자연의 기록이다. 수월봉 북쪽으로 자구내포구까지 그 흔적을 따라 거닌다. B코스 '당산봉'은 제주올레길을 걷던 이들만 알던 명소다. 산방산, 용머리해안과 더불어 한라산이 생기기 이전에 생겨난 제주의 오랜 화산 중 하나다. 용암이 화산재를 덮은 생이기정길은 바나 쪽 질벽이 백미다.

수월봉 트레일을 걸어서 돌아볼 요량이라면 산방산·용머리해안트레일과 마찬가지로 제주올레길의 일부 구간을 이용하자. 수월봉과 당산봉은 제주올레 12코스가 지나는데 수월봉에서 절부암 정도를 도는 게 적합하다. 제주의 탄생과 변화의 흔적을 꼼꼼하게 살펴볼 수 있다. 발끝으로 하는 과학 체험으로 손색없는 여정이다.

 생각 발산하기

산방산의 전설을 아시나요?

산방산과 용머리해안, 수월봉은 제주에서 가장 오래된 지형 중 하나로 재미난 전설이 전해지고 있어. 산방산은 한라산 백록담과 인연이 있다고 해. 옛날에 사슴을 사냥하던 사냥꾼이 화살을 쐈는데 하필이면 옥황상제 엉덩이를 맞췄다네. 화가 난 옥황상제가 한라산 봉우리를 뽑아서 던졌는데 그게 산방산이 됐다고 전해져. 또 제주의 어머니라 불리는 설문대할망이 빨래를 하다 빨래 방망이를 잘못 휘둘러 한라산 봉우리가 날아가 바다에 떨어져 산방산이 됐다는 전설도 있어. 실제로 산방산 둘레와 백록담의 둘레에 자라는 식물이 비슷하단다.

산방산

040 영천 별별미술마을

복사꽃 피는 산골에 별별 미술작품이 나타나다!

주소 경상북도 영천시 화산면 가래실로 364(시안미술관)
관람 시간 12~2월 10:30~17:00, 3~11월 10:30~18:00(시안미술관)
휴관일 매주 월요일(시안미술관)
관람료 시안미술관 – 성인 3000원, 청소년 2000원, 미취학 아동 무료
홈페이지 영천 별별미술마을 – bbmisulmaeul.yc.go.kr
　　　　시안미술관 – www.cyanmuseum.org
전화 054-338-9393(시안미술관)

버스정류장도, 자전거 보관소도, 빈집도 예술을 품었다. '별별미술마을'이라는 이름처럼 마을 안의 별별 것이 다 미술작품이다. 팔공산 자락의 산골 풍경에 미술이 자연스럽게 녹아들었다. 마을 입구에 자리한 시안미술관은 별별미술마을의 꽃이다. '이런 곳에 미술관이 있을까?' 싶을 정도로 외딴 곳에 위치해 있어 시골 할머니댁에 놀러가는 듯한 기분마저 든다. 그 덕에 이곳에서는 누구나 친근하게 미술에 다가설 수 있다.

할머니댁에 가듯 찾아가는 산골 미술마을

별별미술마을은 영천 화산면 가상리를 중심으로 화산1·2리, 귀호리 일대까지 펼쳐진 길 위의 미술관이다. 2011년 '마을미술 행복프로젝트'에 선정되어 예술마을로 재탄생했다.

골목골목 자리 잡은 45점의 설치작품은 마을 환경과 조화롭게 어울린다. 오래된 폐가와 마을회관, 정미소, 공동 우물 등 마을에 그대로 있던 것들에 예술의 색채를 더했다. 발 닿는 곳마다 자연스레 작품을 만날 수 있어 아이와 걷는 것만으로 미술을 체험할 수 있다. 설치작품뿐만 아니라 500여 년 마을의 역사와 함께해온 느티나무, 문화재로 지정된 정자나 서원 등 곳곳에 볼거리가 넘친다. 때 묻지 않은 시골 풍경은 덤이다. 봄에는 복사꽃이 만발하고 여름에는 포도가 주렁주렁 열리는 풍경이 여행자를 매혹한다.

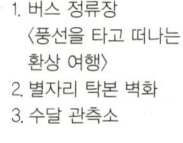 ### 이야기 따라 걷는 다섯 갈래의 예술길

마을에 들어서면 알록달록한 버스 정류장이 여행의 시작을 알린다. 〈풍선을 타고 떠나는 환상 여행〉은 이름부터 근사하다. 풍선 모양의 조형물이 정류장을 통째로 하늘에 둥실 띄울 것만 같다. 마을에는 '신 몽유도원도 – 다섯 갈래의 행복길'이 뻗어있다. '걷는 길', '바람길', '스무골길', '귀호마을길', '도화원길' 등 길마다 마을의 특징을 담은 작품이 숨바꼭질하듯 숨어있다. 마을 지도를 들고 아이들과 숨은 작품들을 찾아보는 재미가 쏠쏠하다.

1. 버스 정류장 〈풍선을 타고 떠나는 환상 여행〉
2. 별자리 탁본 벽화
3. 수달 관측소

마을은 하루 꼬박 돌아도 모자랄 만큼 넓다. 다 보려고 애쓰기보단 아이가 관심을 보이는 작품이나 장소 몇 군데만 제대로 둘러봐도 충분하다. 시안미술관이 자리한 마을 중심부만 여유롭게 거닐어도 좋고, 자동차로 마을 외곽의 저수지와 귀애정까지 돌아보는 것도 좋다. 귀호마을길 끝자락에 위치한 귀애정은 조선 후기 학자인 조극승을 추모하기 위해 지은 정자다. 연못과 소나무가 어우러진 풍경이 운치 있다. 바로 옆 귀애고택에서는 숙박 체험도 가능하다. 고택과 정자 주변에 설치 작품이 여럿 있는데 특히 귀애고택 대문 앞 〈휴식과 기다림〉이라는 작품이 재미있다. 자전거 거치대를 재치 있게 만들어놓았다.

골목골목 탐험하다 만나는 예술작품

메인루트인 '걷는 길'은 가상리 골목골목을 탐하는 코스다. 예술작품으로 탄생한 빈집들을 기웃거리는 재미가 있다. 흙으로 빚은 꽃이 활짝 핀 담벼락, 오랜 시간의 손때 묻은 정미소도 만난다. 마을의 역사와 이야기를 아기자기하게 꾸민 '우리동네 박물관', 커다란 새장처럼 생긴 아트숍 '알록달록 만물상', 마을 어른들의 손을 찍어 경로당 벽에 붙여놓은 '위대한 손' 등이 볼거리다. 무인다방인 '바람의 카페'는 외관부터 인상적이다. 대나무를 얼기설기 엮어 빈집을 둘러쌌다. 내부에는 방문객들의 소원이 적힌 쪽지가 빽빽하게 걸려있다. 차 한잔을 마시며 아이들과 소원을 적어보는 시간을 가져보자.

골목을 벗어나 도로변으로 나오면 바람길이 이어진다. 들판을 배경으로 우뚝 선 탑이 눈에 띄는데, 공동 우물을 활용한 〈구지몽〉이란 작품이다. 우물에 풍덩 빠진 거북이가 동해바다까지 흘

1. 〈휴식과 기다림〉
2. 정미소
3. 귀애정

1. 알록달록 만물상
2. 우리동네 박물관
3. 〈가상리에서 바라보다〉
4. 〈구지몽〉

러 들어가 용왕을 만나고 소원을 이룬다는 이야기가 담겨있다. 생태·역사 트레킹 코스인 '스무골길'에서는 수달이 살고 있는 실개천과 멋진 조형물이 설치된 다리도 만난다. 길을 따라 독특한 작품들이 여행객을 맞는다.

폐교를 활용한 이색 미술관

마을 입구로 다시 돌아 나오면 시안미술관이 별별미술마을의 이정표처럼 자리하고 있다. 1999년 문을 닫은 화산초등학교 가상분교를 리모델링해 2004년 미술관으로 문을 열었다. '시안'이라는 이름에는 '푸르다(cyan)'와 '편안하게 보다(視安)'라는 뜻이 담겨있다. 이름처럼 푸른 자연을 간직한 두메산골에서 부담 없이 미술을 즐길 수 있다.

폐교의 변신이 흥미를 불러 일으킨다. 6000여 평의 운동장은 설치작품이 놓인 잔디 공원으로 둔갑했다. 건물 키를 훌쩍 넘는 플라타너스와 옛 운동장에 있던 정글짐이 그대로 남아있다. 교실이 있던 건물은 전시실과 체험 공간, 도서관 겸 쉼터, 근사한 테라스를 갖춘 카페로 바뀌었다. 삐걱대는 나무 계단과 내부 벽면의 붉은 벽돌, 카페로 이어지는 철제 계단 등 옛 학교의 느낌이 고스란하다. 과일 모양의 조형물이 점점이 박힌 유리창과 태양열 판넬로 만든 지붕은 아이들에게 신기한 볼거리다. 전시관이자 교육동인 별관 천장에는 텅텅 울려 퍼지는 소리를 최소화하기 위해 계란판을 줄줄이 붙여놓았다. 사소한 요소들이지만 하나하나 눈여겨보면 아이들에게 '미술관은 즐거운 곳'이라는 인식을 심어줄 수 있다.

마을 탐방에 나서기 전 미술관에 들러 '별별미술마을 스케치북'을 구입하는 것도 좋겠다. 마을 지도와 주요 작품에 대한 소개, 미술 체험 활동을 할 수 있는 자료가 실려있다.

도심 미술관 못지않은 수준 높은 체험 프로그램

시안미술관은 도심의 미술관 못지않게 알차다. 회화부터 영상, 설치미술, 고미술에 이르기까지 2~3개월마다 다양한 장르의 기획전을 연다. 체험형 기획전시인 '어린이미술관'도 비정기적으로 운영하고 있다. 전시 해설을 듣고 싶다면 주말을 이용하자. 오후 2시, 4시에 진행하며 어린이를 위한 해설도 병행한다.

'전시연계 감상 워크숍', '꿈다락토요문화학교' 등의 교육 프로그램과 '뮤지엄 페스티벌', '문화가 있는 날'에 맞춰 진행하는 행사도 다양하다. 프로그램에 따라 지역 미술관이나 별별미술마을, 인근의 박물관, 과학관과 연계해 진행하기도 한다. 이밖에도 '에코백 · 필통 · 머그컵 · 꼴라주 핀버튼 만들기', '쿠키 만들기' 등 상시로 체험할 수 있는 프로그램이 마련되어 있다.

1. 시안미술관 전경
2. 시안미술관 전시실

 생각 발산하기

마을의 길 이름을 왜 '신 몽유도원도 – 다섯 갈래의 행복길'로 지었을까요?

조선 초기 화가 안견의 그림 〈몽유도원도〉에서 이름을 따왔어. 〈몽유도원도〉는 세종대왕의 셋째 아들인 안평대군이 꿈에서 본 무릉도원을 재현한 그림이야. 안평대군이 안견에게 꿈 내용을 전해주며 그려달라고 한 거지. 〈몽유도원도〉는 따뜻한 봄날 복숭아꽃이 만발한 계곡의 풍경을 담고 있는데, 복숭아밭이 많은 가상리 일대의 풍경을 빗대 '신 몽유도원도'라고 이름 지었단다.

〈몽유도원도〉

041 서학동예술마을

골목 사이로 예술의 그림자가 빼꼼히 고개를 내미는

주소 전라북도 전주시 완산구 서학로 7
관람 시간 공방마다 다름
휴관일 공방마다 다름
관람료 입장료 없음(공방 체험료 별도)
홈페이지 seohak-artspace.com(서학아트스페이스)
전화 063-231-5633(서학아트스페이스)

전주는 골목 여행의 천국이다. 옛 풍경에 예술을 덧입힌 골목이 즐비하다. '전주' 하면 한옥마을부터 떠올리지만 인접한 '서학동예술마을', '자만동벽화마을', '남부시장청년몰' 등 예술 여행의 좌표로 삼을 만한 곳이 많다. 아이와 함께 숨은그림찾기를 하듯 골목 탐방을 해보면 어떨까. 다양한 체험거리와 숨은 이야기들을 곳곳에서 만날 수 있다.

예술이 피어나는 서학동예술마을

서학동은 전주천을 사이에 두고 한옥마을과 접경한 동네다. 평일에도 북적거리는 한옥마을에 비해 한적하게 골목 여행을 즐기기 좋은 곳이다. 교사와 학생이 많아 한때 '선생촌'으로도 불렸지만 2010년부터 예술가들이 모여들면서 자연스레 예술 마을이 형성되었다. 골목은 1980~1990년대 풍경을 고스란히 품고 있다. 골목 사이사이에는 갤러리와 공방이 오밀조밀하게 길을 형성한다. 이곳에 입주한 예술가는 화가, 설치미술가, 음악가, 도예가, 사진작가 등 분야가 다양하다. 예술의 장르가 다양한 만큼 골목마다 표정도 제각각이다.

1~2. 서학동 골목 풍경

공방이나 갤러리는 일반 미술관과 다르게 정해진 틀이 없다. 자유로이 거닐다 문을 두드려 구경하거나 찻값으로 관람료를 대신한다. 즉석에서 체험을 즐길 수도 있다. 토요일에는 마을 일대에서 문화 장터도 열린다. 서학동 골목은 들어가면 들어갈수록 '다음 골목에는 또 뭐가 있을까?' 하는 궁금증을 자아낸다. 오랜 시간 마을과 함께해온 페인트 가게나 쌀집, 기둥만 남은 버드나무 한 그루도 아이들에게는 호기심의 대상이다.

'에피소드 공방촌'에서 추억 만들기

마을 탐방의 들머리는 '서학아트스페이스'로 잡으면 편하다. 서학아트스페이스는 갤러리와 카페, 게스트하우스를 갖춘 복합 문화 공간이다. 2층 갤러리는 무료로 개방한다. 마을 지도를 얻어 전시 관람과 함께 차근차근 살펴보는 시간을 가져보자. 서학아트스페이스는 조각가가 운영하고 있어 지하 작업실에서 테라코타 만들기 체험도 가능하다.

맞은편은 '에피소드 공방촌'이다. 도예, 바느질, 뜨개질, 한지

1. 리본돌
2. 도소미바느질스튜디오 전시물
3. 서학동사진관
4. 적요숨쉬다
5. 초록장화

공예 등 일곱 개의 공방이 어깨동무하듯 늘어서 있다. 개성 있는 작품들을 구경하는 것도 재미있지만 아이와 함께 소소한 추억거리를 남길 수 있는 것 또한 장점이다. '도소미바느질스튜디오'는 어린이손바느질 프로그램을 운영한다. 한 땀 한 땀 서툴게 꿰매는 과정만으로도 아이들에게는 특별한 경험이다. '리본돌', '혜빈공방'도 전화 예약을 통해 상시 체험이 가능하다. 각각 인형, 코사지, 리본 만들기와 한지 공예품 만들기 등을 진행한다.

 서학동에서 만나는 정겨운 동네 풍경과 이색 공간들

공방촌을 지나 오른쪽으로 꺾으면 골목 깊숙이 '서학동사진관'이 자리한다. 오래된 한옥 건물에 전시실과 카페, 작은 사진책방이 마련되어 있다. 서학동사진관에서는 주로 다큐멘터리 사진을 전시한다. 다큐멘터리라고 해서 아이들에게 마냥 어렵지만은 않다. 갤러리 대신 '사진관'이라는 친숙한 이름을 내건 것도 같은 맥락이다. 정겨운 동네 풍경과 거주민의 모습을 담은 '우리동네', 도시에서 사라져가는 텃밭을 찍은 '골목텃밭'전 등이 좋은 예다. 골목텃밭 프로젝트로 인해 서학동 골목 곳곳에 텃밭이 늘었다는 에피소드도 재미있다. 관람료는 찻값으로 대신하니 차 한잔을 마시면서 찬찬히 둘러보길 권한다. 아이와 함께 사진에 담긴 이야기를 나누며 느린 시간의 묘미를 느낄 수 있다.

이외에도 주말에만 개방하는 카페 겸 화실 '적요숨쉬다', 프랑스 자수 공방 '이소', 엔틱 소품과 가구를 전시한 '마담초이', 동네 책방 '조지오웰의 혜안' 등 이색 공간이 많다. '초록장화'는 설치미술가의 작업실이자 게스트하우스다. 담쟁이넝쿨로 뒤덮인 빨간 벽돌 건물이 유독 시선을 끈다. 미리 문의하면 흙이나 클레이를 이용한 똥 만들기나 바느질로 그림 그리기, 종이인형 만들기 등을 체험할 수 있다. 아이들이 만든 작품은 작가의 설치 작업에 쓰이기도 한다. 결과물을 집에 가져가고 싶다면 재료비만 내면 된다. '몽유화원', '벼리채' 등 작업실을 겸한 게스트하우스가 마을 곳곳에 있으니 아이들과 하룻밤 묵어가는 것도 좋겠다.

540여 년 역사의 전주 남부시장이 젊음과 만나다!

서학동에서 싸전다리를 건너면 남부시장이다. 옛 전주읍성의 남문인 풍남문을 중심으로 오른쪽은 한옥마을, 왼쪽이 남부시장이다. 남부시장은 540여 년 역사를 간직한 전주의 대표 전통 시장이다. 이곳 2층에는 아이들의 흥미를 끄는 이색 공간이 있다. 청년 예술가와 장사꾼의 집합소 '청년몰 레알뉴타운'이다. 문화체육관광부 '문전성시(문화를 통한 전통시장 활성화 시범 사업)' 프로젝트의 일환으로 2011년 문을 열었다. '적당히 벌어 아주 잘살자'는 슬로건을 내걸고 현재 30여 개의 이색 가게가 들어서 있다. 독특한 디자인 제품을 파는 '미스터리 상회', 세계 각지에서 구입한 소품을 진열한 '소소한 무역상', 보드게임방 '같이놀다가게', 빈티지 옷가게 '송옥여관', 뷔페식 보리밥집 '순자씨 밥줘' 등 개성 뚜렷한 볼거리와 먹거리가 가득하다. 재미있는 이름의 간판만으로도 아이들의 호기심이 발동하는 곳이다.

1~2. 청년몰 레알뉴타운

매주 금, 토요일 오후 6시부터 자정(11~2월은 5:00~10:00)까지 열리는 남부 야시장도 아이와 찾기 좋다. 필리핀 고기만두, 러시아 빵, 터키 케밥 등 세계 이색 음식과 온갖 주전부리를 맛볼 수 있다. 게릴라 공연과 아기자기한 소품 매대들도 쏠쏠한 볼거리를 안겨준다.

전주의 또 다른 예술 명소, 자만벽화마을

한옥마을 끝자락에서 육교를 건너면 자만벽화마을로 이어진다. 언덕배기 좁은 골목을 따라 동화 같은 벽화가 빼곡하다. '이목대'라고 불리는 이 일대는 전주 역사에서 중요한 위치를 차지하

1. 옥상 쉼터 우모내모
2. 자만벽화마을 풍경

는 곳이기도 하다. 조선을 세운 태조 이성계의 고조부인 목조 이안사가 이 마을에서 나고 자랐다. 한옥마을과 더불어 아이와 역사 탐방을 겸할 수 있다.

　아기자기한 벽화 골목을 걷다 보면 독특한 골목 상점들도 만난다. 무료로 개방하는 옥상 쉼터 '우모내모'에서 쉬어가도 좋겠다. 바람개비와 빨간 우체통 너머 한옥마을이 시원하게 내려다 보인다. '오목오목카페' 담장에는 토토로가 그려진 포토존이 있다. 아이와 기념사진을 남겨보자. 마을 언덕에 위치한 '한글미술관'도 아이들에게 유익한 공간이다. 이곳 관장은 TV 프로그램 '1박 2일' 타이틀을 쓴 서예가 여태명 선생이다. 미술관 바닥과 벽면, 기둥에 새긴 캘리그라피가 인상적이다. 한글 창제의 원리를 담은 작품부터 11개 서체로 표현한 '전주 사투리', '용비어천가' 등 다양한 한글을 만날 수 있다. 캘리그라피 체험을 할 수 있는 교육관도 운영 중이니 아이와 참여해보는 것도 좋겠다.

 생각 발산하기

전주 풍남문은 어떤 문인가요?

전주 풍남문은 조선시대 때 전주 남부의 읍성이야. 읍성은 지방 행정 중심지가 되는 곳을 둘러싼 성이란다. 선조 30년 때 일본이 쳐들어와 파괴되었다가 영조의 명으로 다시 지어졌어. 1층 기둥에 새겨진 용머리 조각과 장식을 많이 사용한 점 등 조선 후기 건축 특징이 곳곳에 드러나 있어. 보물 308호로 지정된 중요한 문화유산이야.

전주 풍남문

함께 가보면 좋아요

전동성당

호남 지역에 남은 서양식 근대 건축물 중 가장 크고 오래된 건물이다. 로마네스크 양식의 건축물과 색색깔의 스테인드글라스가 아름답다. 한옥마을 입구에 위치해 있어 누구나 한 번씩은 꼭 들르는 명소다.

전동성당

경기전

'경사스러운 터에 지은 궁궐'이라는 뜻을 품고 있다. 태조 이성계의 어진(국보 317호)을 모시기 위해 1410년에 지었다. 어진은 당대 최고의 화가들이 그린 왕의 초상화다. 경기전 내 어진박물관에서 태조 이성계를 비롯해 조선 왕들의 어진을 볼 수 있다. 경기전의 명소인 대나무숲도 지나치지 말자. 울창한 그늘 아래에서 산책하기 좋다.

경기전

전주향교

현재까지 남은 전국의 향교 중 최대 규모를 자랑한다. 향교 내에는 수령 300~400년 된 은행나무 5그루가 운치를 더한다. 노란 은행잎이 수북이 쌓이는 가을이면 한옥마을 내에서 가장 멋진 경치를 볼 수 있다. 뒤편 명륜당의 툇마루에 앉아 잠시 쉬어가도 좋겠다.

전주향교

오목대

고려시대 말 이성계가 전북 남원 황산에서 왜군을 물리치고 돌아가던 길에 승전고를 울리며 잔치를 벌였던 곳이다. 한옥마을과 자만벽화마을의 경계가 되는 길목에 자리한다. 오목대로 오르는 곳곳에 포토존이 마련되어 있다. 한옥마을 일대가 한눈에 내려다보이는데, 겹겹이 내려앉은 기와지붕이 장관이다.

오목대

042 감천문화마을
'한국의 마추픽추'를 찾아서

주소 부산시 사하구 감내2로 203(감천동)
관람 시간 09:00~18:00(설날·추석 당일은 11:00 개관)
휴관일 설날·추석 전날
관람료 무료
홈페이지 www.gamcheon.or.kr
전화 051-291-1444

감천문화마을은 한 해 30만여 명 이상이 찾는 부산의 가장 유명한 관광지다. 골목길은 미로처럼 이어지고, 작은 집은 아기자기하게 붙어있다. 마치 레고 나라에 온 것 같은 환영이 인다.

한국전쟁 당시 피난민들이 감천동으로 몰려들어 마을을 이뤘다. 우리네 아픈 시간들이 흘러들어온 이곳은 '공공미술프로젝트' 사업 덕분에 훌륭한 미술관으로 탈바꿈했다. 마을은 미술관이 되고 길거리와 골목은 커다란 캔버스가 되어 사람들을 맞는다.

보일 듯 말 듯 벽화를 품고 있는 마을

감천문화마을에 도착했다면 우선 감정초등학교 건너편 버스정류장 주변에 있는 〈감천과 하나 되기〉 작품이 있는 곳으로 발걸음을 옮기자. 포토존으로 조성한 이곳은 감천문화마을의 전경을 한눈에 볼 수 있는 장소 중 하나다. 하늘색으로 칠한 지붕을 보고 있으면 감천문화마을을 왜 '한국의 산토리니'라 부르는지 고개를 끄덕이게 된다.

〈감천과 하나 되기〉 작품을 보고 있으면 마치 감천문화마을을 보고 선 아이의 뒷모습을 관찰하는 느낌이다. 제목처럼 작품 속 인물들은 마음에 마을을 담아 마을과 하나가 된 것 같다. 마을 전체를 감상하며 아이는 골목을 머릿속에 담는다. 눈으로 보는 길과 지도 속 길을 번갈아 확인하며 여정의 전략을 함께 짜보는 것도 좋겠다.

1. 〈감천과 하나 되기〉
2. 감천문화마을 골목길

아름다운 지붕을 이고 선 집과 집은 미로 같은 골목을 만들며, 그 사이에 보일 듯 말 듯 벽화를 품고 있다. 마을을 조성할 당시 주민들은 앞집이 뒷집에 햇빛을 가리지 않게 한다는 원칙을 세워 이를 따랐다. 이웃에게 피해를 주지 않으려는 공동체 의식이 생생히 담겨있다. 덕분에 감천문화마을은 지금과 같은 독특한 계단식 마을을 이루며, '한국의 마추픽추'라는 별명을 얻었다.

● **감천문화마을의 '공공미술 프로젝트'**

쇠락하던 마을에 다시 활력이 생기기 시작한 건 2009년 '공공미술 프로젝트'부터다. 예술가들이 각자의 자유로운 상상과 감성으로 마을 곳곳에 작품을 설치했다. 공공미술 프로젝트는 이후에도 끊이지 않고 이어졌다. '미로미로골목길 프로젝트'(2010년), '샛바람신바람 프로젝트'(2010년), '산복도로 르네상스'(2011년), '마을미술 프로젝트'(2012년) 등 이름만으로도 호기심을 끄는 사업들이 줄을 이었다. 각 프로젝트마다 관계 기관과 예술가는 물론 마을 주민들이 적극적으로 참여했다. 감천문화마을은 주민이 주도적으로 프로젝트에 참여해서 마을을 만든 모범 사례로 꼽히고 있다.

9개의 스탬프를 찍으면 완성하는 벽화마을 여행

마을안내소에서 지도를 구입하고, 발걸음을 떼보자. 지도에는 마을의 유래와 작품의 위치와 설명, 사진 등이 매우 상세히 나와 있다. 지도를 구입해야 하는 이유가 하나 더 있다. 바로 '집 프로젝트 투어·방문 스탬프' 때문이다. 지도에는 감천문화마을에서 꼭 가봐야 할 아홉 장소가 선정되어 있다. 이곳을 방문하면 지도 위에 스탬프를 찍을 수 있다. 마을 입구를 기준으로 보자면 '작은박물관', '아트숍', '사진갤러리', '어둠의 집', '하늘마루', '빛의 집', '북 카페', '평화의 집', '감내어울터' 순서다.

아이는 지도를 펼쳐놓고 다음에 가야 할 장소를 스스로 결정할 수 있다. 골목과 골목을 뛰어다니거나 때로 헤매더라도 마치 보물찾기에 나선 것처럼 즐거워한다. 아이가 길을 찾지 못해 허둥대도 감천문화마을에서라면 잠시 그대로 두어도 괜찮다. 벽화와 골목이 세밀한 이정표와 친절한 안내문 구실을 하며 아이의 다음 발걸음을 돕기 때문이다. 길 위에서 잠깐 방황하는 것도 허비하는 시간이 아니니 걱정할 필요가 없다. 감천문화마을에서는 고개를 돌려 머무는 시선 어디든 벽화와 설치작품을 감상할 수 있다.

1. 〈꿈틀거리는 마을〉
2. 등대
3. 작은박물관
4. 사진 갤러리

작품 감상이 추억이 되는 길

마을 입구에서 직진하면 곧 '작은박물관'이 나온다. 스탬프를 찍기 위한 첫 장소다. 작은박물관에서는 지역 주민들이 기증한 생

감천문화마을

활용품들을 볼 수 있다. 옛날 판잣집도 재현해놓았고, 감천문화마을의 예전 모습을 담은 사진도 전시하고 있어 아이들에게는 훌륭한 교육 현장이다.

작은박물관을 나와 길을 따라 직진하면 왼쪽에 '아트숍'이 있다. 살짝 아래로 숨어있어 지나칠 수도 있으니 아이와 함께 잘 찾아보자. 아트숍에서는 지역 주민과 예술가들이 만든 도자, 목공예, 섬유 작품들을 전시 중이다. 모두 감천문화마을을 주제로 한 작품들이다. 작품들을 살펴보고 있으면 이곳만이 갖고 있는 독특한 분위기를 느낄 수 있다.

아트숍 맞은편 골목을 오르면 '사진갤러리'와 '어둠의 집'이 있다. 사진갤러리에서는 감천문화마을과 부산을 주제로 한 사진을 전시 중이다. 어둠의 집은 이름처럼 실내가 어두워 신비한 분위기를 만든다. 어두운 벽과 공간, 다시 이를 밝히는 희미한 조명은 빛의 소중함을 깨닫게 한다. 어둠 사이에서 빛나는 별자리를 찾아보는 것도 재미있는 경험이다.

다시 골목을 좀 더 오르면 '하늘마루'다. 이름에서 짐작하듯 벤치가 설치된 옥상 전망대에서 감천문화마을 풍경을 감상할 수 있다. 멀리 부산항과 감천항도 보이니 아이에게 꼭 알려주자. 감내맛집과 〈어린왕자와 사막여우〉를 지나 왼쪽 골목으로 내려가면 '빛의 집'이다. 빈집을 예술 공간으로 다시 만들었다. 빛으로 만든 공간은 사람이 태어나고, 모이는 곳을 표현한다.

5. 하늘마루 옥상 전망대
6. 등대 옆 북카페

빛의 집으로 내려갔던 길을 되돌아 올라오면 재미있는 모양의 건물을 만날 수 있다. 마치 빨간색 손잡이가 붙은 하얀색 컵을 연상시킨다. 여기가 바로 '북카페'다. 누구나 들어가 책을 읽고 잠시 쉴 수 있다. 북카페 창문으로 보이는 마을 풍경도 근사하다.

어느 곳도 놓칠 수 없는 여행

북카페에서 나와 마을길을 힌참 걸으면 '평화의 집'이 보인다. 안으로 들어가면 '평화는 다른 생각을 존중하는 것이다'라는 팻말이 눈에 띈다. 감천문화마을이 한국전쟁 때 생겼다는 사실을 안다면 평화의 집이 갖는 공간의 의미가 남다르다. 아이에게 한국전쟁의 이야기와 평화의 중요성을 알려주기 좋다.

스탬프를 찍는 마지막 장소는 '감내어울터'다. 왔던 길을 되돌아가다 오른쪽 골목으로 내려가는 〈별 보러 가는 계단〉을 통해 가면 금세 찾는다. 옥상을 보면 굴뚝에 '건강탕'이라고 쓰여있다. 감내어울터는 실제 목욕탕으로 사용하던 곳을 문화 공간으로 탈바꿈했다. 요즘 아이들은 제대로 본 적 없는 대중목욕탕 실내를 둘러볼 수 있는 기회다.

입구에 들어서면 손님이 없어 졸고 있는 목욕탕 주인을 표현한 조형작품이 보인다. 단잠을 깨워 입장료라도 내고 싶은 짓궂은 마음이 인다. 실내에 들어서면 목욕 중인 할

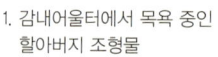

1. 감내어울터에서 목욕 중인 할아버지 조형물
2. 졸고 있는 목욕탕 주인을 표현한 조형작품
3. 빠른 우체통과 느린 우체통
4. 평화의 집

아버지 모습을 표현한 작품을 만날 수 있다. 묵은 때를 벗기러 탕 안에 들어간 백발의 할아버지 표정이 익살스럽다. 1층은 '체험 공방', 2층은 '갤러리'와 '카페'다. 감내어울터 옥상으로 올라가면 빨간 우체통이 눈에 띈다. 편지를 넣으면 1년 뒤에 보내주는 느린 우체통이다. 아이와 함께 엽서를 써서 우체통에 넣어보자. 1년 뒤에 생각지도 못한 추억을 선물받는 느낌일 것이다. 옥상에서도 감천문화마을 전경을 볼 수 있다. 바다 풍경과 이웃 건물 담벼락이 더욱 가깝게 느껴진다.

 생각 발산하기

감천문화마을에서는 꼭 봐야 할 작품들이 많다고요?

작은박물관과 마을안내소를 지나 하늘을 보면 옹기종기 모여있는 새들을 볼 수 있어. 하늘을 날고 싶은 마음을 표현한 〈사람 그리고 새〉 작품이야. 감내카페를 향해 가다 보면 담벼락에 커다란 물고기 한 마리를 발견하지. 작은 물고기 조각들이 다시 대형 물고기가 된 작품이야. 마을길을 한참 걸으면 시 한 편이 된 담벼락이 보여. 정지용의 시 「향수」를 역동적인 모습으로 시각화해 벽을 꾸몄어. 가장 유명한 작품은 역시 〈어린왕자와 사막여우〉야. 어린왕자와 사막여우가 돌아앉은 뒷모습이 앙증맞고 귀여워 감천문화마을을 찾는 이들에게 인기가 많아.

〈사람 그리고 새〉

정지용의 시 「향수」를 시각화한 작품

〈어린왕자와 사막여우〉

043 헤이리 블루메미술관

큰 나무 아래에서 마음을 놓고 작품과 소통할 수 있는 곳

주소 경기도 파주시 탄현면 헤이리마을길 59-30
관람 시간 화~토요일 11:00~18:00, 일요일 13:00~18:00
휴관일 매주 월요일, 1월 1일, 설날·추석 당일
관람료 성인 3000원, 청소년·어린이 2000원, 6세 이하 무료(기획전시 별도)
홈페이지 www.bmoca.or.kr
전화 031-944-6324

드넓은 헤이리에 도착하면 어떤 미술관을 둘러봐야 할지 난감하다. 저마다의 특색을 가진 미술관을 모두 둘러보고 싶지만 그럴 수 없다. 헤이리에서 아이와 가기 좋은 미술관을 하나만 꼽아야 한다면 블루메미술관을 추천한다.

큰 나무를 품은 미술관은 입구부터 매력적이다. 건물의 콘크리트를 뚫고 나온 나무는 지금도 쑥쑥 자라는 중이다. 건물은 나무의 숨결을 존중해서 지어졌다. 블루메미술관은 나무와 건물이 함께 호흡하듯 미술관과 사람들 사이의 소통을 지향한다.

놀이공원 대신 재미있고 유익한 시간을 선물해줄 수 있는 헤이리마을

파주 헤이리는 국내 최대 규모의 예술마을이다. 15만 평의 대지에 테마를 갖춘 갤러리와 박물관이 빼곡하다. 전시와 상시 체험 외에도 주말마다 열리는 아트마켓과 매년 가을에 진행하는 축제 등 즐길거리가 무궁무진하다. 개성 넘치는 건축물을 구경하는 재미는 덤이다. 설렁설렁 걷다 보면 산책로와 아담한 숲, 개울에 작품처럼 놓인 다리를 만난다. 아이와 알찬 시간을 보내려면 미리 동선을 짜두는 게 좋다. 출입구가 9개나 될 정도로 넓어 무작정 갔다간 헤매기 일쑤다. 마을 입구 매표소에서 묶음 티켓을 구입하는 것도 방법이다. 주요 박물관과 갤러리, 전기차를 함께 이용할 수 있는 '코스티켓'과 주말과 공휴일에만 판매하는 '체험활동티켓' 등이 있다. 아이에게 놀이공원 대신 재미있고 유익한 시간을 선물해주고 싶다면 이곳이 딱이다.

1. 디자인 공모를 통해 설계된 헤이리마을 다리
2. 주말 아트마켓

나무처럼 살아 숨 쉬는 미술관

블루메미술관은 3번 게이트와 가깝다. 3번 게이트에서 500m쯤 지나 미술관 입구에 들어서면 아름드리 굴참나무가 반겨준다. 나무를 그대로 살려 지은 건물이 이채롭다. 외벽에 뚫린 구멍으로 나뭇가지가 자연스레 뻗어나온 모습도 눈길을 끈다. '블루메'는 굴참나무 학명(Quercus variabilis Blume)의 마지막 단어에서 따왔다. 건축과 이름이 반증하듯 전시와 교육 프로그램도 나무를 쏙 빼닮아 생기가 넘친다. 헤이리의 수많은 갤러리 중 아이들과 찾기 좋은 곳으로 추천하는 이유다.

미술관은 총 4개의 '전시실'과 '어린이 교육 프로그램실', '야

1. 블루메미술관 입구 외관
2. 제1전시관
3. '풍-덩!' 전시 작품 중 〈draw me〉

외 정원'으로 구성되어 있다. 외관만큼 전시실 내부 동선도 흥미롭다. 굴참나무가 훤히 보이는 통유리창과 계단으로 이어진 공간 구획과 다락방 같은 전시실이 아이들에겐 놀이터처럼 느껴진다. 톡톡 튀는 기획전시도 이에 못지않다. 손으로 만지고 발로 구르는 미디어아트 설치작품전 '풍 - 덩!'(2015), '모모! 논리와 미디어가 만나다'(2014)가 대표적이다. '풍 - 덩!'전에서는 공간을 잇는 계단이 미끄럼틀로 변신했다. 색연필을 꾹꾹 눌러 스케치를 하면 해당 그림에 대한 이야기가 헤드폰을 통해 흘러나오는 작품도 선보였다. 오감으로 놀이하듯 즐길 수 있는 작품이 많았다. '모모! 논리와 미디어가 만나다'전은 디지털 매체와 논리학이 만난 이색 전시였다. 전시된 장난감에서 숨은 단서를 찾아 이야기를 잇거나 스크린 속 글자를 터치해 이미지를 만들어보는 체험이 흥미로웠다. 블루메미술관은 이외에도 소리를 활용한 설치작품, 조각, 판화, 회화 등 개성 뚜렷한 현대미술전을 꾸준히 열어왔다. 더욱 알찬 관람을 즐기고 싶다면 수요일과 주말에 운영하는 전시 해설 프로그램을 이용하자.

블루메미술관의 자랑, 미술관 속 큰 나무

어린이를 위한 교육 프로그램 '미술관 속 큰 나무'는 블루메미술관의 자랑이다. 미술 교육을 넘어 미술관이 지닌 요소들을 다양하게 체험할 수 있다. 예술은 사소한 관찰에서 비롯된다는 사실을 몸소 느껴볼 수 있는 프로그램들이다. 건물 곳곳을 장식한 정

4. '풍-덩!' 전시 작품 중 〈총총 오케스트라〉
5. 빅트리 패밀리 프로그램

원에는 관장이 손수 가꾼 야생화 200여 종이 차례로 피고 진다. 이곳에서는 매년 봄, 가을마다 '미술관 정원탐사'를 진행한다. 정원지도를 보며 식물을 관찰하고 그려볼 수 있다.

물놀이와 미술 체험을 엮은 '미술관 속 여름 사냥', 전시 연계 프로그램인 '빅트리 패밀리 프로그램', 작품이 탄생해 전시장에 설치되는 과정을 체험하는 '빅트리 어린이 워크숍', 예술 전문가 부모들이 직접 진행하는 공동 육아 프로그램 '예술 육아의 날' 등 특화된 프로그램이 연중 끊이지 않는다. 연말에는 아이들의 작품을 모은 전시와 함께 '해설이 있는 어린이 음악회'에 참여해 보는 것도 좋겠다.

알찬 나들이를 위한 헤이리 체험 명소

이외에도 헤이리에는 아이들과 함께하기 좋은 체험 장소가 많다. '뚜비아트 아띠'는 퍼포먼스를 활용한 미술 체험관이다. 손바닥이나 스펀지 등 다양한 재료에 물감을 묻혀 춤추듯 그림을 그린다. 체험장에 비치된 자동차와 벽이 캔버스다. 화려한 조명과 음악, 뚜비 아저씨의 입담이 어울려 공연장을 방불케 한다. 부모와 아이가 함께 뛰어놀 수 있는 데다 3개월마다 테마가 바뀌어 재방문율이 높다. 수업은 현장에서 접수해 선착순으로 1시간 30분 동안 진행한다. 'LED샌드아트', '구슬오감체험', '콩놀이터' 등 놀이시설이 마련되어 있어 기다리는 시간마저 즐겁다. 20개월부터 초등 4학년까지 부모와 함께 참여할 수 있다.

| 뚜비아트 아띠 |

주소 경기도 파주시 탄현면 헤이리마을길 93-69 2층
관람 시간 10:00~18:00(16:30 입장 마감,
　　　　　　평일은 개인 가족에 한해 14:30부터 입장 가능)
휴관일 매주 월요일
관람료 성인 1만 원, 어린이 2만 원
　　　　　(회원가입 시 매 회 50% 할인)
전화 010-5250-8992

콩놀이터　　뚜비아트 아띠

 헤이리에서 도자기 체험을 해볼 수 있는 곳

'한향림 현대도자미술관(한향림 옹기박물관 분관)'에서는 근현대 유명 화가들의 도화작품을 감상하고 도자기 체험도 가능하다. '도화'는 도자기에 그린 그림이다. 도화 작가 중에는 피카소가 가장 친근하다. 입체파 화가로만 알고 있던 피카소가 접시나 물병에 부엉이, 투우, 비둘기 등을 그렸다는 사실은 새롭다. 전혁림, 김기창, 장욱진, 문신 등 내로라하는 국내 미술가들의 도화작품도 도슨트의 해설과 함께 흥미롭게 감상할 수 있다. 3층 도자기 창작스튜디오에서는 흙빚기, 도자기 페인팅, 물레 돌리기,

1. 김기창의 도화
　〈쌍계화합도〉
2. 피카소의 도화
　〈polychrome bird〉
3. 한향림 현대도자미술관
　전시실

1　　2　　3

유물 복원 등 다양한 체험도 가능하다.

이외에도 한립토이뮤지엄, 세계보석박물관, 네버랜드 책방 등을 함께 둘러보면 어떨까. 하루만에 둘러보기에는 무리이니 헤이리 내 게스트하우스에서 숙박을 해보는 것도 좋겠다. 마당안숲, 논밭예술학교 아트룸 등 특색 있는 숙소가 여러 곳 있다.

| 한향림 현대도자미술관 |

주소 경기도 파주시 탄현면 헤이리마을길 63
관람 시간 11~2월 10:00~18:00, 3~10월 10:00~19:00
휴관일 매주 월요일, 화요일
관람료 입장료 2000원(옹기박물관+현대도자미술관 5000원),
체험비 8000원~4만 원(체험시 전시 관람 무료)
홈페이지 www.heyrimuseum.com
전화 070-4161-7275

함께 가보면 좋아요

임진각 & 평화누리공원

임진각은 아이들에게 남북 분단의 역사를 간접적으로나마 알려줄 수 있는 곳이다. 한국전쟁 중 비무장 지대에 방치되어 있었던 증기기관차(등록문화재 제78호)와 당시 증기기관차가 오가던 경의선 기찻길 등이 복원되어 있다.

평화누리공원

건너편 평화누리공원은 가족 나들이를 하기 좋다. 수변공원과 카페, 야외 음악당, 캠핑장 등 다양한 시설이 마련되어 있다. 특히 광활한 잔디 언덕에 우뚝 선 조형물들과 형형색색의 바람개비가 돌아가는 모습이 장관이다. 텐트나 그늘막을 치고 여유롭게 시간을 보내기 좋다.

CHAPTER · 4

시가지에서 가까운 미술관 과학관

미술관과 과학관은 꼭 시간을 내서 방문해야 하는 먼 거리에만 있을까? 가까운 곳에 대중교통으로 이동할 수 있는 알찬 미술관과 과학관이 많다. 서울 도심 한가운데서 별을 볼 수 있는 과학동아천문대, 부모님의 일터와 가까운 LG사이언스홀, 젊음의 거리 홍대 앞에서 만나는 트릭아이뮤지엄 등 아이와 데이트하듯 부담 없이 찾을 수 있는 시가지에서 가까운 미술관과 과학관을 소개한다.

044 수원 해우재

세계에서 가장 큰 변기 속으로 풍덩!

주소 경기도 수원시 장안구 장안로 458번길 9
관람 시간 3~10월 10:00~18:00, 11~2월 10:00~17:00
휴관일 매주 월요일(월요일이 공휴일인 경우 그 다음 날), 1월 1일, 설날·추석 연휴
관람료 무료
홈페이지 www.haewoojae.com
전화 031-271-9776

화장실은 '인류의 100대 발명품' 중 1위로 꼽힌 적이 있을 만큼 우리 생활에 없어서는 안 될 중요한 장소다. 화장실에 대해 다양한 체험을 하고 싶다면 이곳을 찾아보자.

수원 해우재는 우리나라에 단 하나뿐인 똥박물관이다. 사찰에서는 근심을 푼다는 뜻으로 화장실을 '해우소'라고 부르는데, 여기에서 이름을 따왔다. 수원 해우재에는 각종 변기 모형부터 똥을 소재로 삼은 전시, 인체 탐험까지 볼거리가 넘쳐난다. 똥 이야기에 유독 열광하는 아이들에게 유익하면서도 즐거운 공간이다.

세상의 온갖 변기를 볼 수 있는 곳!

해우재는 외관부터 독특하다. '세계에서 가장 큰 변기 모양 건축물'로 2007년 기네스북에 올랐다. 건물 앞에는 박물관의 마스코트 '토리'와 똥을 형상화한 대형 설치작품이 아이들을 반긴다. 전체 공간은 '해우재 전시관', '야외 화장실 문화공원', 어린이체험관이 있는 '해우재문화센터'로 나뉜다. 내부 관람을 하기 전에 야외 공원부터 둘러보면 좋겠다. 공원 입구에는 어른 키보다 큰 '똥통문'이 관문처럼 서있다. 황금색 칠을 한 벽면에 똥파리 그림과 손바닥 자국이 선명하다. 구린내가 나는 듯 코부터 틀어막는 아이들의 모습이 유쾌하다.

야외 공원에는 신라시대 귀족 여인이 사용했던 수세식 변기 '노둣돌', 7세기(백제 무왕 600~641년)에 만든 한국 최초의 공중화장실 '왕궁리 화장실', 울릉도의 움집형 화장실 '투막' 등이 전시되어 있다. 아이들에게 가장 인기 있는 화장실은 제주도의 전통 변소 '통시'다. 제주에서는 옛날부터 돌담을 쌓아 변소와 돼지우리를 한 공간에 만들었다. 제주의 토종 흑돼지를 '똥돼지'라고 부르는 이유도 이 때문이다. 아이들은 까만 돼지 모형이 우글거리는 재래식 변소에 앉아 사진 모델을 하느라 바쁘다. 조선시대에 임금이 사용하던 이동식 변기인 '매화틀'도 눈에 띈다. 매화틀은 임금의 변을 '매화'라 부른 데에서 생긴 이름이다. 조선시대 어의들은 임금의 건강을 챙기기 위해 대소변의 냄새나 색깔을 살피고 심지어 맛까지 보았다고 한다. 이처럼 공원 곳곳에는 아이들 눈이 휘둥그레지는 이야깃거리가 많다.

국내 전통 화장실 외에도 고대 로마와 중세 유럽의 변기, 남성 소변기를 예술품으로 끌어올린 마르셀 뒤샹의 〈샘〉 모형 등이 전시되어 있다. 로댕의 〈생각하는 사람〉을 변기에 앉힌 조형물, 볼일 보는 사람들을 본뜬 익살스러운 조형물 등도 재미난 볼거리다.

1. 똥통문
2. 제주 전통 변소 '통시'
3. 조선시대에 임금이 사용하던 이동식 변기 '매화틀'
4. 마르셀 뒤샹의 〈샘〉 모형

다양하고 재미있는 화장실 문화 속으로

1. 공중화장실 사진 전시실
2. 심재덕의 화장실

야외 공원에서 온갖 변기를 구경했다면 전시관에서는 다양한 화장실 문화를 엿볼 수 있다. 1층에는 1950년대 공동변소부터 1990년대 이후 공중화장실의 사진 자료와 국내외 이색 화장실을 검색할 수 있는 모니터가 있다. 반딧불이화장실과 달맞이화장실 같은 이색 화장실이 눈길을 사로잡는다. 화장실이 아니라 테마 파크를 보고 있는 것 같은 느낌이 든다. 나라별 화장실 픽토그램도 전시하고 있다.

픽토그램을 하나하나 살펴본 뒤 '같은 그림 찾기' 게임도 즐겨보자. 다른 나라에서 사용하는 화장실 그림들이 한눈에 쏙쏙 들어온다. 한쪽 벽면에는 뒷간, 측간, 정랑, 매화간 등 화장실을 일컫는 다양한 명칭들이 적혀있다.

중앙홀의 화장실도 재미있는 공간이다. 2010년 박물관으로 문을 열기 전, 해우재는 수원 시장을 지냈던 고(故) 심재덕 선생이 살던 집이었다. 그는 2002년 한일 월드컵을 맞아 1996년부터 시작된 '화장실 문화 운동'의 중심 인물이었다. 해우재는 심재덕이 살던 집을 박물관으로 리모델링하면서 당시에 그가 쓰던 화

 생각 발산하기

옛날에도 이동식 변기가 있었어요?

확실하지는 않지만 남성용 이동식 소변기로 추측하는 물건이 있어. 바로 '호자'야. 마치 네 발 달린 동물이 입을 쩍 벌리고 있는 모습 같아. 호자의 형태는 기린왕이라는 중국의 산신이 호랑이 입을 벌리고 그 안에 오줌을 눴다는 전설에서 비롯되었다고 추측하고 있어. 그래서 새끼 호랑이라는 뜻의 호자라는 이름이 붙었다고 해. 하지만 호자를 물이나 술을 담았던 그릇으로 추측하는 사람도 있단다.

호자

장실을 그대로 살려놓았다. 이곳에서 잠시 심재덕의 화장실 철학을 살펴보는 것도 좋다. 그의 화장실은 평소에는 투명 유리창을 통해 정원을 내려다볼 수 있지만, 스위치를 켜면 유리창이 불투명해지면서 외부와 차단된다. '화장실은 멀리 있을수록 좋다'는 통념을 깨고 화장실을 개성 있는 문화 공간으로 재탄생시켰다. 주말에는 심재덕의 화장실에 대한 흥미로운 해설을 진행한다.

그림으로 만나는 똥 이야기

2층으로 오르는 계단 벽면에는 아이들의 재치 넘치는 그림이 빼곡히 걸려있다. 매년 해우재에서 주최하는 '황금똥 그림잔치' 수상작들이다. 또래 아이들의 창의적인 표현을 감상하는 것도 아이들에겐 흥밋거리다. 2층 '기획전시실'에서는 1년에 네 번 똥이나 화장실을 주제로 한 기획전시가 열린다. 개관 2주년 특별전 '브라질에서 날아온 파울로의 화장실 이야기전'(2012)으로 출발해 '동물똥전'(2014), '화장실 트릭아트'(2015), '똥 책 읽어주는 박물관'(2015) 등의 전시를 선보였다. 똥과 관련된 그림책을 읽기도 하고 동물 똥 모형을 만져보기도 하는 등 아이들이 똥에 대한 인식을 바꿀 수 있는 전시였다.

1~2. 2층 기획전시실

중앙 벽면에는 화장실과 관련된 속담을 새겨놓았다. '호강에 겨워 요강에 똥 싼다', '똥 누러 갈 적 마음 다르고 올 때 마음 다르다' 등 재미난 속담이 많다. 아이와 함께 속담 풀이를 해보는 것도 좋겠다.

인체 탐험 여행을 통해 배우는 과학 원리

'해우재문화센터'는 전시관 맞은편에 위치해 있다. 2015년 1월

어린이체험관과 함께 문을 열었다. 3층 규모의 건물은 '휴게소' 와 '그림책자료실', '어린이체험관', '체험교육실', '전망대'로 나뉜다. 어린이체험관은 입으로 들어간 음식이 소화 과정을 거쳐 배설물로 나오기까지의 원리를 다양한 체험물을 통해 배울 수 있는 놀이터다. 입을 커다랗게 벌리고 있는 모형의 입을 통과하면 신비로운 몸속 여행이 시작된다. 똥, 오줌, 방귀는 어떻게 생기는지 알아보는 '몸이 보내는 신호', '뿌글뿌글 내 몸은 똥 제조기', 여러 동물의 배설물을 전시한 '똥똥 동물친구들', 화장실 에티켓을 알려주는 코너 등으로 구성되어 있다.

황금똥, 된똥, 물똥의 모형을 직접 만져보고 촉감을 느낄 수 있는 '황금똥 물렁똥'은 아이들에게 가장 인기 있는 코너다. '차가운 걸 너무 많이 먹으면 배가 아프고 물똥이 나와요', '콩이나 채소를 잘 먹으면 바나나 모양의 황금똥이 나와요' 등 아이들이 쉽게 이해할 수 있는 설명이 붙어있다. 편식하는 아이나 배변 습관이 제대로 형성되지 못한 아이들에게 유용한 코너다. 이밖에도 똥이 거름이 되는 과정을 영상으로 보여주는 '다시 태어난 금똥이', 발자국 모양을 밟으면 돼지가 우르르 몰려드는 '나와라! 똥돼지', 좌우로 팔을 움직이며 똥지게를 무사히 운반하는 '신체게임', 앉으면 방귀 소리가 나는 '뽕뽕 방귀의자', 변기 모양의 대형 미끄럼틀 등 아이들이 좋아하는 체험물이 가득하다. 체험물은 아이들의 호기심을 자극하고, 과학 원리를 쉽게 설명한다. 체험이 끝나면 전망대에도 올라가보자. 양변기 모양의 해우재 건

1. 어린이체험관 입구
2. 황금똥 물렁똥
3. 나와라! 똥돼지

물과 야외 공원이 시원하게 내려다보인다.

 똥을 보고, 만들고, 상상하고 체험하다!

해우재문화센터에서는 주말마다 교육 프로그램을 운영한다. 매주 토요일에는 하루 세 차례 똥과 관련된 학습 영상을 보고 체험지를 풀어보는 '똥 영상전'을 진행한다. 일요일에는 전시 연계 프로그램에 참여할 수 있다. '북아트', '그림책 이야기', '클레이로 똥 만들기' 등 매주 체험 내용이 바뀐다. 특별 프로그램 형식으로 진행하는 글로벌 프로젝트도 흥미롭다. '우주에서 먹고 자고 응가하기'처럼 재미난 주제 안에 학습적인 요소를 알차게 담았다. 해우재문화센터의 모든 프로그램은 홈페이지에서 선착순으로 접수를 받으며 무료다. 이밖에도 어린이날 축제인 '똥나라 꿈나라', 똥을 주제로 한 그림 대회 '황금똥 그림잔치' 등 매년 재미있는 행사를 열고 있다.

 함께 가보면 좋아요

광교호수공원 & 어린이상상체험관

광교호수공원은 국내 최대 규모의 호수 공원이다. 다양한 시설을 갖추고 있어 가족 나들이 장소로 제격이다. '어린이놀이터', '수변 산책길', '물놀이 광장', '생태 탐방을 할 수 있는 습지', '캠핑장' 등이 있다. 특히 밤이면 알록달록하게 빛나는 수변 데크와 광교신도시가 어우러진 야경이 장관이다. 매원초등학교 건너편 공원에 방문자센터와 홍보관이 있으니 안내를 받고 가면 편하다.

광교호수공원

공원 가는 길에 수원 KBS드라마센터 내에 있는 어린이상상체험관에 들러도 좋다. '얼렁뚱땅 색깔공장' 등 체험 중심의 기획전을 정기적으로 개최한다. 전시 공간 외에도 '키즈카페', '상상플레이존' 등 유아를 위한 놀이 공간이 마련되어 있다.

045 대가의 예술 세계가 광활하게 펼쳐진
이응노미술관

주소 대전시 서구 둔산대로157
관람 시간 3~10월 10:00~19:00(수요일 21:00까지 연장),
11~2월 10:00~18:00(수요일 21:00까지 연장)
휴관일 매주 월요일, 1월 1일, 설날·추석 연휴
관람료 성인 500원, 청소년·어린이 300원
홈페이지 ungnolee.daejeon.go.kr
전화 042-611-9821

이응노는 화선지 위에서 수묵의 현대성을 발견한 화가다. 그는 전통과 현대를 아우르며 창작과 실험을 게을리하지 않았다. 문인화로 시작해 추상화를 거쳐 콜라주, 문자 추상까지 예술의 영역을 무한으로 확장했다. 이응노미술관은 그의 예술 세계가 가득 펼쳐진 또 하나의 캔버스이자, 우주이다.

산책으로 시작하는 미술관 관람

이응노미술관은 건축상을 두 번이나 수상했다. 미술관 앞에 서니 그 이유를 알겠다. 이응노의 작품을 모티프로 삼아 그의 예술세계를 오롯이 담았다. 자연스런 순환에 가볍지 않은 철학이 자리했다. 이응노미술관을 즐기는 방법은 의외로 간단하다. 바로 아이와 함께 걷기다.

미술관 안으로 성큼 들어가기보다는 우선 아이와 주변을 걸어보자. 주위 경관에 저항하지 않는 미술관임을 금방 알 수 있다. 수줍게 숨었다는 의미가 아니다. 분명 뽐낼 만한 얼굴을 지녔지만 그렇다고 섣불리 제 자랑을 하지 않아 더욱 아름답다는 의미다. 이웃 풍경과의 조화는 미술관을 더욱 아름답게 해준다. 동시에 넓은 공원을 정원으로 삼는 효과도 가져왔다. 실내의 모습은 어떨까 호기심이 생기는 건 당연하다.

미술관 설계는 프랑스 건축가 로랑 보두엥이 맡았다. 그는 이응노의 대표 작품 〈수(壽)〉를 모티브로 삼아 건물을 설계했다. '壽'는 목숨을 뜻하는 한자로 이응노는 작품 속에서 壽를 해체하고 복원해서 재해석했다. 주변을 걸으며 미술관을 둘러봤다면 실내에 들어가 작품 〈수(壽)〉를 감상해보자. 작품과 미술관 건물의 공통점을 발견하는 재미가 있다.

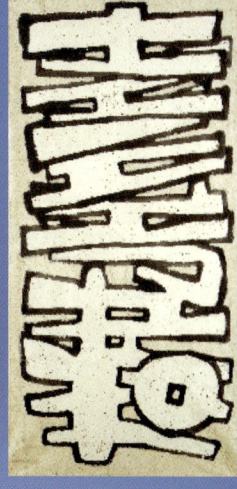

이응노 〈수(壽)〉

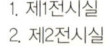 **유기적 순환을 꾀한 미술관**

외부 관람을 마쳤다면 이제 미술관으로 입장한다. 미술관 실내는 드넓은 통유리 창이 안팎의 경계를 허문다. 바깥 풍경은 창을 통해 자유롭게 넘나들며 미술관 실내와 소통한다. 덕분에 미술관은 벽을 넘어 외부까지 확장된다. 이곳이 실재 크기보다 더 넓어 보이는 이유다. 관람객은 1층 로비에서 시선의 범주를 무한히 확장할 수 있다. 또한 창을 통해 자연 풍경을 작품처럼 즐기기도 한다.

본격적인 관람을 위해 '제1전시실'로 입장한다. 지금까지와는 달리 상대적으로 좁은 입구는 "이제 전시가 시작되니 작품에 집중하세요"라고 말하는 것 같다. 전시실 문을 통과하면서 감상에 대한 마음을 다진다. 전시실도 예외 없이 벽면 전체가 통유리다. 자연광의 특혜를 받은 공간이다. 창 앞에 세운 원목 격자는 빛을 적당히 조절해 작품에 집중하는 데 도움을 준다.

'제2전시실'에서는 이응노 화가의 대표작을 볼 수 있다. 〈수(壽)〉와 〈군상〉이다. 두 작품 모두 세로 2m가 훨씬 넘는 대작이다. 이응노는 1970년대 후반부터 세상을 뜨기 전까지 〈군상〉 시리즈에 몰두했다. 그림 속에 수많은 점들은 하나하나가 사람을 의미한다. 여러 점들이 모여 군상을 이뤘다. 그림 속 사람은 비록 작지만 무언가에 저항하거나 분노하는 모습 같기도 하고, 기쁨에 찬 것 같기도 하다. 수많은 사람이 각기 다른 모습을 하고

1. 제1전시실
2. 제2전시실

있다는 점이 놀랍다. 붓이 한 번 지나간 자리에서 인간 군상이 태어나는 이 시리즈는 수십 년 이상 그림에 몰두한 작가만이 그릴 수 있는 최고의 작품이다.

관람하다 보면 다음 전시실로 이동하기 위한 복도가 나온다. 이곳에서도 밖의 풍경을 감상하기 좋다. 날씨가 맑은 날 복도에 서면 하늘과 대나무가 물에 비친 모습을 볼 수 있다. 소박한 경치를 감상할 수 있는 고마운 장소다. 등을 돌리면 중정이다. 잠시 아이와 작품 감상에 대한 긴장을 늦추고 여유를 부려도 될 법하다.

관람 동선은 '제3, 4전시실'에서 마무리된다. 제3, 4전시실은 제1전시실과 연결되어 유기적인 순환을 꾀한다. 모든 전시실은 출구가 입구와 맞닿아 있다는 것도 주목하자. 관람을 마치고 출구로 나가는 것은 새로운 감상을 시작한다는 의미이기도 하다. 아이가 작품에 더 많은 시간 몰입하고 싶어 한다면 계단 몇 개를 올라가 다시 제1전시실로 이동하면 된다.

 끊임없이 화풍의 변화를 모색한 화가 이응노

화가 이응노는 문인화를 배우면서 미술 공부를 시작했다. 1924년 조선미술전람회에서 〈청죽〉이란 작품이 입선하면서 미술계에 이름이 알려지기 시작했다. 일본 유학 시절에는 서양화의 사실적인 기법을 접하면서 풍경화를 그렸다. 해방 즈음 귀국한 이

3. 넓은 창을 통해 바깥 풍경이 스며드는 공간
4. 하늘과 대나무가 물에 비친 모습

응노는 홍익대학교 교수로 재직하는 한편 개인 교습소를 마련해 제자들을 가르쳤다.

한국전쟁이 끝난 후에는 그의 작품이 뉴욕현대미술관에 기증되는 성과가 있었다. 1958년 그는 중년의 나이임에도 불구하고, 프랑스 파리로 건너가 작품 활동 영역을 세계로 넓히기 시작했다. 그는 파리에서 독창적인 콜라주 작품을 발표하면서 주목받았다.

'문자 추상'이라는 독창적인 기법을 시작한 건 1970년대부터다. 서예 공부를 했던 어린 시절의 경험을 바탕으로 문자를 추상화하거나 조형적으로 표현했다. 문자의 모습 자체를 새롭게 해석해 구성하는 그의 작업은 많은 사람들에게 주목을 받았다.

이응노는 작품 활동뿐 아니라 유럽인들에게 한국 문화를 알리는 일에도 힘썼다. 유럽 유일의 동양 미술 교육기관인 '파리동양미술학교'를 설립했으며 파리 최초 한인 화랑인 '고려화랑'을 열었다. 화가의 이런 노력은 현재까지 이어지고 있다. 이응노의 파리 작업실에 세워진 '고암 아카데미'는 한국화를 알리는 데 앞장서고 있다.

이응노는 장르와 소재를 넘나들며 한국 미술사의 새로운 지평을 열었다. 동양화에서 현대적인 감각을 발견하여 전통과 현대를 아우르는 작품을 남겼다. 그의 독창적인 작품은 붓을 놓던 순간까지 청년처럼 끊임없이 실험하고 도전하여 이루어낸 결실이다.

1. 이응노
2. 이응노 〈청죽〉
3. 이응노 〈군상〉

046 디지털파빌리온

상상만 하던 미래 사회를 엿볼 수 있어요!

주소 서울시 마포구 월드컵북로 396 누리꿈스퀘어
관람 시간 09:30~18:00(ICT 창조관은 사전 예약, 1시간 전 입장 마감)
휴관일 매주 일요일, 1월 1일, 설날·추석 연휴
관람료 무료
홈페이지 http://www.digitalpavilion.kr
전화 02-2132-0500~2

《블레이드 러너》에서 《마이너리티 리포트》를 지나 《그녀》까지, 미래 사회를 주제로 한 SF영화는 큰 인기를 끌었다. 미래에 대한 무한한 상상력이 사람들의 호기심을 자극했기 때문이다. 아이들에게도 미래 사회는 흥미로운 주제다.
우리들의 미래는 어떤 모습을 하고 있을까? 정보통신기술(ICT)이 보여주는 미래 모습에 그 해답이 있다. ICT 체험 전시관인 디지털파빌리온에서는 미래의 모습을 살짝 엿볼 수 있다.

1. 디지털파빌리온 외관
2. 'i CART'

RFID
(radio frequency identification)
우리말로는 '전자 태그', '무선 식별' 등으로 표기할 수 있다. 이것은 정보를 제공하는 태그와 읽는 판독기로 이루어지는데, RFID에 내장된 IC칩의 정보를 카드리더기에 가져가면 무선으로 정보를 전송한다. RFID의 가장 대표적인 예로 교통카드와 카드키 등이 있다.

상상을 현실로 바꾸는 기술, ICT

서울시 상암동의 디지털미디어시티(DMC)는 최첨단 정보를 이끄는 미디어 산업 단지다. 우리나라의 정보통신과 미디어를 대표하는 회사들이 포진해 있다. 단지의 외관 또한 미래 도시를 떠올리게 한다. 우리나라 ICT 중심가다운 풍경이다. ICT는 'Information & Communication Technology'의 줄임말로 '정보통신기술'을 의미한다. 정보를 주고받는 것에서 출발해 정보의 개발과 관리, 처리 등의 기술을 아우른다. 정보통신기술은 스마트폰, 노트북, TV 심지어 거리의 표지판까지, 우리 생활 깊숙이 영향을 미치고 있다. 그래서 정보통신기술은 '상상을 현실로 바꾸는 기술'이라고 불린다.

디지털파빌리온은 ICT를 오감으로 체험할 수 있는 전시관으로, 정보통신산업진흥원에서 운영한다. 전시관은 1층부터 3층까지 층별로 'ICT 창조관', 'ICT 탐구관', 'ICT 상상관'으로 구성돼 있다. 주로 체험을 위주로 한 전시물로 가득 차 있어 아이들이 적극적으로 참여할 수 있다. 별도의 체험 프로그램을 포함해 모두 무료로 진행하니 꼭 한번 들러볼 만하다. 아이뿐만 아니라 ICT 체험에 관심이 있는 성인들의 방문도 잦다. 주변에 MBC, SBC, YTN 등의 방송국이 밀집해 있어 디지털파빌리온으로 향하는 길에 아이들과 방송국 이야기를 나눌 수도 있다.

쇼핑도 하고, 동물도 구하고, 미래의 생활을 체험할 수 있는 곳

디지털파빌리온은 2008년에 개관했다. 초기에는 RFID*(전자태그) 카드를 발급받은 후 전시관 시설을 이용하는 방식이었다. 최근에는 개인별 RFID 카드를 발급하지 않고 개별 체험 시설에 RFID를 비치해 좀 더 손쉽게 체험할 수 있도록 관람 방식을 바꿨다. 특히 1층 ICT 창조관의 아바타 방식이 새로운 즐거움을 제공한다.

ICT 창조관은 국내 기업의 최신 ICT를 적용한 10가지 체험 시설을 통해 미래 도시(i-CITY)를 구현했다. 다른 전시관과 달리 방문 하루 전까지 홈페이지에서 미리 예약을 해야 관람이 가능하다. 한 회당 20명만 입장할 수 있으며 도슨트의 설명을 듣고 나서 체험 시간을 갖는다. 관람객은 전시를 보기 전에 컨트롤 센터에서 자신의 아바타를 만든다. 태블릿으로 얼굴을 촬영한 후, 이 사진을 아바타에 적용한다. 완성된 아바타는 ICT 창조관의 체험물 곳곳에 등장한다.

ICT 창조관에는 ICT가 우리 생활에 어떻게 적용되는지 알 수 있는 체험물과 환경의 소중함을 생각해볼 수 있는 게임 시설 등이 있다. ICT가 적용된 쇼핑은 어떤 모습일까? 태블릿을 이용해 자신이 원하는 상품의 색깔이나 형태 등을 선택하면, 곧바로 맞춤 상품을 보여준다. 여기서 한 발짝 더 나아가 실시간으로 날씨를 반영해 알맞은 상품을 추천해주기도 한다. 밖에 비가 내리면 우산을 추천해주는 방식이다. 이 모든 것이 손짓만으로 이뤄진다. 체험물에는 아이들이 컨트롤 센터에서 만든 아바타가 등장해 집중도를 높인다. '라이브 슈팅'이나 '라이브 섀도우' 등의 체험 게임도 흥미롭다. 스크린이 고무공이나 사람의 몸짓 등에 반응한다. '라이브 블록'은 테이블 스크린에 비춰지는 그림자를 보고 실제 나무 블록을 맞추면 스크린 안의 영상이 해당 동물로 변하는 게임이다. 라이브 체험 시설에 등장하는 주인공은 모두 멸종 위기 동물들이다. 아이는 체험 게임을 통해 ICT의 개념을 이해할 뿐만 아니라 환경 보호의 필요성도 느끼게 된다.

1. 라이브 슈팅
2. 라이브 섀도우

 최첨단 기술로 꾸며진 즐거운 미술 놀이터

2층 ICT 탐구관과 3층 ICT 상상관은 자유 관람 장소다. 도슨트의 안내 없이 관람한다. 2층 ICT 탐구관은 ICT 원리를 놀이로 배운다. ICT 창조관과 마찬가지로 10개의 체험 시설이 반긴다. 그 가운데 아이들이 가장 오랜 시간 머물며 즐기는 코너는 UX*기술

**UX
(User Experience)**
'사용자의 경험'을 의미한다. 사용자가 직접 참여해 소통하면서 느끼는 총체적 경험이다. 그 경험과 기술을 잇는 매개가 UI(User Interface)다.

**키넥트 센서
(Kinect Sensor)**
사용자의 위치와 동작 등을 인식해 별도의 조작 도구 없이 몸 동작으로 게임을 즐기는 장치다. 게임기 닌텐도 위(Wii) 등이 있다.

을 기반으로 한 '라이브 스케치북'이다. 라이브 스케치북은 한쪽 벽면을 모두 차지하는 거대한 스크린이다. 스크린에는 원숭이, 얼룩말, 코끼리 등의 동물 그림이 숲 속에서 뛰어노는 장면이 상영된다. 영상을 자세히 보니 동물이 아이들의 서툰 솜씨로 색칠되어 있다. 스크린 앞에는 두 개의 테이블이 있다. MTS(멀티터치 스크린) 테이블로 '숲 속의 동물 그리기'가 주제다. 원하는 동물을 선택하고 색깔을 지정해 손으로 터치하는 방식으로 색칠한다. 완성한 동물 그림은 가위를 터치해 자른 후, 앞쪽으로 밀면 2~3m 떨어진 스크린으로 이동한다. 아이가 색칠한 동물 그림이 생명을 얻은 것처럼 숲 속으로 뛰어가는 모습이 실감난다. 대형 스크린 또한 단순히 크기만 큰 게 아니다. 6개의 키넥트 센서*가 아이들의 움직임을 쫓아 스크린 속 동물 동작에 반영한다. 자신이 그린 동물 그림을 문자나 메일로 전송할 수도 있다. '3D 인터랙티브 아트워크'도 비슷한 코너다. 디지털 햅틱 브러쉬로 김홍도 그림을 색칠하면 그림이 살아 움직인다. 디지털캔버스와 3D 구현 기술을 보여 주는 체험이다. 체험을 통해 미래에는 도구 없이도 그림을 그릴 수 있고, 자신이 그린 그림 속에서 뛰어놀 수도 있다는 것을 짐작할 수 있다.

최첨단 기술로 꾸며진 신나는 음악 놀이터

미술뿐만이 아니다. 음악을 좋아하는 아이들은 '마리'나 '디지털 멜로디', '뮤직 테이블' 등에 관심을 보인다. 마리는 아프리카 민속 악기 마림바를 응용한 연주 로봇이다. 매시 20분과 50분에 맞춰 수십 개의 로봇 팔이 건반을 두드려 곡을 연주한다. 디지털멜로디와 뮤직 테이블은 그림 인식 도구 '피콘(Picture Icon)'을 응용했다. 테이블 위에 여러 개의 피콘 가운데 하나를 올려놓으면 해당 악기를 연주할 수 있다. 악기가 없거나, 악기를 다룰 줄 몰라도 원하는 연주가 가능하다. 심지어 몇 개의 악기를 모아 나만

1. 2층 탐구관 센서 플로어
2. 라이브 스케치북

의 합주도 하고, 가벼운 편곡도 할 수 있다. 아이들 스스로 음악을 만드는 재미가 쏠쏠하다. 로봇스테이지도 인기다. 매시 10분과 40분에 로봇들이 신나는 음악에 맞춰 군무를 춘다. 로봇의 동작을 따라하거나 같이 춤추는 아이도 있다.

미래로 떠나는 타임머신! 디지털파빌리온

3층 ICT 상상관은 조금 더 일상과 가까운 공간이다. 'i-Class Room'은 미래의 교실이다. 칠판, 교과서, 공책, 필기도구가 있던 자리에는 스마트 칠판, 태블릿 PC, 적외선펜이 놓여있다. 선생님이 스마트 칠판에 필기하면, 학생들이 가지고 있는 태블릿 PC에 그 내용이 뜬다. '교실'이라는 물리적 공간이 필요 없다. 지금의 학교와 비교하면서 체험하면 훨씬 흥미롭다. 그럼 미래의 개인 병원은 어떤 모습일까? '헬스케어시스템'이 해답을 제공한다. 원기둥처럼 생긴 헬스케어시스템에 RFID 카드를 태그하고 들어가면 몸을 스캔해 건강 상태를 알려준다. 처방 또한 시공간의 제약 없이 원격으로 받아볼 수 있다.

1. 뮤직 테이블
2. 로봇스테이지

　디지털 생명체도 있다. 2층 ICT 탐구관의 라이브 스케치북과 유사하다. RFID를 태그한 후 터치스크린에 자신이 원하는 머리와 배, 꼬리 등을 선택해 나만의 물고기를 만든다. 물고기에 이름을 붙인 후 디지털 연못으로 보낸다. 연못 주변에는 RFID 리더기가 있는데 카드를 터치하면 내가 만든 물고기가 리더기 앞으로 헤엄쳐온다. 이밖에도 미래 사회를 엿볼 수 있는 코너가 많다. 'U-트리'는 박수를 치면 소리를 감지해 빛과 소리로 반응하는 나무다. '인포월'은 영화《마이너리티 리포트》의 한 장면처럼 손동작으로 원하는 정보를 찾아 열어볼 수 있는 미래형 도서관이다. 'U-카페'와 'U-벽화' 등도 미래 도시를 예측해보게 한다.

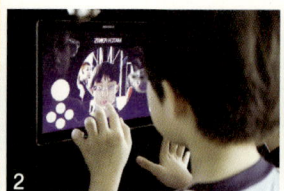

1. 'ICT로봇교실'에 참가한 아이
2. 컨트롤 센터에서 아바타 만들기
3. 그림자 센서 인식 방식의 'U-벽화'
4. 3층 ICT 상상관의 디지털 생명체

 아이가 주도권을 갖고 움직일 수 있는 곳

디지털파빌리온에 방문하기 전에 아이와 SF영화를 보고 미래에 우리 생활이 어떻게 바뀔지 이야기를 나눠보자. 디지털파빌리온에서의 미래 체험이 훨씬 즐겁게 다가올 것이다. 과거 SF영화를 보며 신기하게 느꼈던 터치스크린이 이제는 친숙해진 것처럼, 우리가 상상하는 미래도 머지않아 실현될 것이다. 사람의 몸짓을 인식하거나 컴퓨터 스스로 생각해 해답을 내놓는 등의 ICT가 하나하나 모이면, 《트랜스포머》처럼 사람의 친구가 되는 로봇도 등장할 것이다. 그런 상상을 얘기하면 아이들은 신이 나서, 어서 다른 곳도 가보자고 말할지 모른다. 이곳에서 만큼은 다른 미술관이나 과학관과 달리 아이들이 주도적으로 움직인다.

 생각 발산하기

미래에는 학교에 가지 않나요?

미래에는 아마 학교에 가지 않고 공부를 하게 될지 몰라. 혹시 ICT 상상관의 i-Class Room이 기억나? 라이브 스케치북은? 이것을 떠올려보면 미래 학교에 대해 상상할 수 있어. 미래에는 수업 시간에 선생님의 칠판과 여러분의 컴퓨터가 실시간으로 연결돼

미래의 학교

있을 거야. 글씨뿐 아니라, 사진이나 영상 전송도 가능하단다. 여러분과 선생님 그리고 친구의 모습을 홀로그램으로 재현해 전달할 수도 있을 거야. 그럼 집에 있어도 바로 옆에 친구나 선생님이 있는 것 같겠지. 하지만 아쉽게도 어린이 여러분이 어른이 됐을 때에야 가능하지 않을까? 물론 학교에 가지 않는다면 친구와 어깨동무를 하거나 악수를 할 수도 없을거야.

047 한국만화박물관
아이와 부모가 함께 웃고 공감할 수 있는

주소 경기도 부천시 원미구 길주로 1
관람 시간 평일 10:00~18:00(관람 종료 30분 전까지 입장 가능)
휴관일 매주 월요일, 1월 1일, 설날·추석 당일 및 그 전날
관람료 일반권 5000원, 가족권(성인 2인+어린이 2인) 1만 5000원,
　　　 7호선 상동역 만화홍보관 포토존에서 사진 촬영 후 입장권 발권 시 35% 할인
홈페이지 www.komacon.kr/comicsmuseum
전화 032-310-3090~1

모든 아이들이 태어나서 처음 그리는 그림이 만화다. 그림은 서툴지 몰라도 만화 속에는 아이들의 상상력과 창의력이 담겨있다. 만화박물관은 아이의 눈높이에 가장 잘 맞는 예술 박물관이다. 한국만화박물관에서는 우리나라 만화의 과거와 현재를 고스란히 체험할 수 있다. 아빠와 엄마도 아이와 함께 추억을 공유할 수 있어 가족 나들이 장소로도 더할 나위 없이 좋다. 가족이 나란히 앉아 만화책 책장을 넘길 수 있고, 탐험하듯 만화가의 생각 속을 드나들 수 있는 곳이 한국만화박물관이다.

🎨 온 가족이 함께 공유하고 공감할 수 있는 예술, 만화

1. 한국만화박물관 내부
2. 옛날 만화책들
3. 길창덕 만화가의 핸드프린팅

세월이 지나도 달라지지 않는 것이 있다. 종이 만화가 애니메이션이나 웹툰으로 바뀌었을 뿐 아이들이 가장 먼저 접하는 예술은 '만화'라는 사실이다. 아이들이 자라며 처음 표현하는 예술 역시 벽에 그리는 그림이다. 이것을 낙서라고 부르지만 면면을 들여다보면 사실 만화의 근원이다.

현대미술도 만화적 표현에 주목한다. 팝아트의 대표적인 작가 로이 리히텐슈타인의 작품은 만화의 구성과 장면을 확대해 차용했다. 이제는 누구도 만화를 예술과 무관하다 여기지 않는다. 오히려 풍자와 유머가 있는 예술로 사랑받는다. 독자도 남녀노소를 초월한다.

한국만화박물관은 우리나라 만화 역사를 아우른다. 만화가 김종래의 『엄마 찾아 삼만 리』와 만화가 길창덕의 『꺼벙이』, 웹투니스트 주호민의 『신과 함께』까지 한국만화박물관의 전시물은 모든 세대를 품는다. 여기에 《로봇찌빠》와 《아기공룡 둘리》,《뽀롱뽀롱 뽀로로》도 있다. 세대마다 히어로는 달라도 히어로가 탄생한 곳이 만화라는 사실은 변함없다. 만화야말로 부모와 아이들이 공감하고 공유할 수 있는 미술이다. 아이와 함께 가볼 만한 색다른 미술관으로 한국만화박물관을 권하는 이유다.

🎨 3대를 아우르는 박물관

지하철 7호선 삼산체육관역에서 내리면 한국만화박물관을 만날

〈행복한 눈물〉

- **로이 리히텐슈타인**
  대중 만화를 소재로 작업하는 미국의 대표적인 팝아트 작가다. 만화와 예술의 경계를 허문 대표적인 작가로 손꼽힌다. 작품으로는 〈행복한 눈물〉, 〈물에 빠진 소녀〉 등이 있다.

수 있다. 만화홍보관이 있는 상동역 다음 정거장이다. 역 밖으로 나오면 만화 주인공이 사람들을 반긴다. 만화가 신문수의 《로봇찌빠》가 첫 번째 주인공이다. 1979년 어린이잡지 「소년중앙」에서 연재를 시작한 만화로, 2009년에는 텔레비전 애니메이션으로 제작돼 KBS에서 방영되었다. 당시에는 반려 로봇을 소재로 한 파격적인 작품이었다. 조금 더 걸어가니 1990년에 나온 애니메이션 《영심이》의 포토존이다. 《로봇찌빠》나 《영심이》는 부모 세대와 더 가깝다. 그럼에도 아이들은 만화라는 이유만으로 좋아한다. 부모 또한 만화를 보며 자랐다는 사실에 아이들은 동질감이나 친근감을 느낀다. 시간을 거슬러 1960년대 만화 『동경4번지』의 주인공 혁형사도 등장한다. 만화가 손의성의 1980년대 작품으로, 1999년에 CD로 재발행되기도 한 인기 있던 작품이다. 이쯤 되면 3대를 아우르는 박물관이라고 말해도 손색이 없다.

1. 『동경4번지』의 주인공 혁형사
2. 《영심이》 포토존

어린 시절로 돌아가 '로봇찌빠'나 '영심이' 앞에서 기념 촬영을 해보는 건 어떨까. 아이에게 카메라나 스마트폰을 건네고 기념사진 한 장을 부탁해보자. 때로는 많은 말보다 부모의 솔직한 감흥이 아이들의 예술 감성을 깨우는 열쇠가 되기도 한다. 미술은 그리고 만드는 것이지만, 더불어 감상하고 느낌을 나누는 것 또한 미술이 주는 큰 즐거움이라는 사실을 알려주자.

아빠의 추억과 아이의 현재가 공존하는 곳

1층으로 들어오니 이번에는 '뽀로로'가 있다. 아이들이 부모에게 사진을 찍어달라고 할 차례다. 박물관은 전시를 돌아보는 내내 시대를 넘나드는 캐릭터와 장면을 끊임없이 보여준다. 아빠

- **고우영**

1960년 셋째 형의 연재 만화 『짱구 박사』를 이어받아 만화를 그리기 시작했다. 1970년대 『임꺽정』, 『수호지』 등을 연재하며 큰 인기를 끌었다. 해학과 익살이 어우러진 만화는 그만의 장기이다.

고우영

의 추억과 아이의 현재가 공존하므로 함께 웃을 수 있다.

전시 공간은 크게 1, 2층의 무료 전시와 3, 4층의 유료 전시로 나뉜다. 1층은 '제2기획전시실', '만화영화상영관', '체험마당', '카페테리아', '수유실' 등으로 이뤄졌다. 2층은 '만화도서관'과 '교육실' 등이 있다. 특히 2층 만화도서관은 우리나라 최대 규모다. 매달 두 차례 신간이 입수돼 만화책 수가 어마어마하다. 만화도서관은 '일반열람실', '영상열람실', '아동열람실', '오픈 라이브러리 꿈바라' 등으로 이루어졌다. 이 가운데 오픈 라이브러리 꿈바라에서는 전문가 100명이 엄선한 '한국 만화명작 100선'과 이 달의 추천 만화 등이 눈길을 끈다.

유료 관람의 경우 엘리베이터를 이용해 3~4층으로 올라간다. 3층은 '상설전시관'과 '제1기획전시실', '4D 상영관' 등으로 이뤄진다.

상설전시는 '만화란 무엇인가?'에서 출발한다. 먼저 이이남 작가의 미디어아트 《크로스오버 디지털 병풍》이 얼굴을 내민다. 산수화 속에 만화 주인공이 등장해 흥미를 유발한다. 만화를 활

1. 만화가 200여 명의 펜 전시
2. 아빠의 추억과 아이의 현재가 공존하는 공간
3. 만화뮤지엄 규장각
4. 고우영기념관

1. 만화가의 머릿속
2. 거울 통로
3. 만화 속으로 크로마키 체험

용한 복합 예술작품이다. 이어 만화 명장면으로 이뤄진 만화의 벽을 지난다. 다음으로 「만화가게」, 「보물섬」, 「아이큐점프」, 「윙크」 등 옛날 만화 잡지가 가득한 만화뮤지엄 '규장각'이 등장한다. 공간 전체의 디자인 또한 만화 같다. 만화가 200여 명의 펜이나, 우리나라 대표 만화 캐릭터로 만든 '만화가 명예의 나무' 등도 만화가의 꿈을 키워주는 전시물이다.

3층 상설전시관에는 '고우영기념관'도 있다. 고우영 작가를 기념하는 공간으로 우리나라 만화 역사의 단면을 보여준다. 그의 화구와 자필 원고, 취재 수첩 등은 만화가 창작되는 생생한 현장을 보여준다.

 다각도의 만화 체험을 원한다면 GO GO!

직접 만화를 그려볼 수 있는 기회도 있다. 4층의 상실전시는 '체험존'이 중심이다. 만화를 다각도로 접근한다. '만화가의 머릿속'은 만화가의 머릿속으로 들어간다는 콘셉트의 체험이다. 거울 통로를 지나면 만화가의 시계와 엉뚱한 상상력의 벽화 길 등이 펼쳐진다. 마감에 시달리는 만화가의 일상도 흥미롭다. '우리가 사랑한 만화가'는 실제 만화가의 인터뷰 영상으로 '만화가의 머릿속'에서 받은 느낌을 현실로 만나본다. '만화 속으로 크로마키* 체험'은 아예 만화 속으로 들어간다. 자신의 모습을 사진 촬영해 만화 장면과 합성한다. 마치 내가 만화 속 주인공이 된 것 같다.

크로마키
두 화면을 따로 촬영한 후, 배경이 될 화면에 합성할 화면을 끼워 제작하는 영상 기술이다.

만화가처럼 만화를 그려볼 수는 '나만의 캐릭터 그리기' 체험 코너도 있다. 라이트박스 위에 만화 필름과 종이를 겹쳐놓고 따라 그린다. 실제 만화가들 역시 연필로 그린 후 라이트박스를 이용해 펜 선을 입힌다. 아이들은 잠시 동안 진짜 만화가가 될 수 있다.

상설전시 외에 기획전시는 하나의 주제를 중심으로 만화를 스토리텔링한다. 월드컵 전에는 '축구, 열정 그리고 만화'를 주제로 축구 만화 전시를 열었다. '이상무 기증자료 특별전 - 돌아온 독고탁'이나 '최규석 생태보고展'처럼 우리나라 만화 작가를 주제로 한 기획전도 열렸다. '만화, 신(神)과 만나다'는 신화나 신을 주제로 아이들 눈높이에 맞춘 이야기가 큰 호응을 얻었다. 이 또한 부모 세대와 자식 세대를 번갈아 넘나들며 소통할 수 있는 장이 되었다. 그밖에 4D 상영관은 지면의 만화를 좀 더 입체적으로 체험할 수 있는 공간이다. '카툰갤러리'나 '옥상정원' 등도 소소하지만 알찬 볼거리를 제공한다.

만화를 차용해서 예술 표현력을 기르는
다채로운 체험 프로그램

라이트박스 위에 대고 그리기 체험만으로 못내 아쉽다면 '상설체험교육'이나 '만화상상아카데미'를 이용해보자. 상설체험교육은 개관 시간 내에 언제나 이용 가능하다. 미취학아동부터 초등학생, 성인까지 누구나 체험할 수 있다. '개성톡톡 선글라스', '거울아 거울아', '툰토이 부채 만들기' 등 일상 소품에 만화 캐릭터를 그려 넣어 디자인하는 공예 체험이 다양하다.

좀 더 심도 깊은 체험을 원한다면 '거울잔상애니(프락시노스코프)'나 '홈잔상애니(조이트로프)' 만들기를 추천한다. 그림 띠에 연속

체험 프로그램에 참여한 아이들

된 밑그림을 그리고 이를 원통에 넣어 돌리면, 애니메이션 효과를 체험할 수 있다. 원통 안에 거울 유무에 따라 거울잔상애니와 홈잔상애니로 나뉜다. 어느 쪽이든 내 손으로 만드는 애니메이션이다. 공예 체험보다 좀 더 만화 체험의 성격이 강하다. 미취학아동에게는 자신이 원하는 만화 캐릭터의 얼굴을 스티커로 붙여 완성하는 '표정으로 말해요'도 좋다.

만화상상아카데미는 인기 만화 캐릭터를 이용한 '나만의 만화 팝아트'가 중심이다. 리히텐슈타인의 작품처럼 만화를 차용해 예술 표현력을 키운다. 만화 작가와 함께 만화 작업을 진행하는 등 특강 형식의 체험도 이뤄진다. 아이들의 관심이나 집중도를 한층 높일 수 있다. 8월에는 '부천국제만화축제'가 열린다. 이 시기에 찾으면 훨씬 다채로운 만화의 향연을 누릴 수 있다.

 생각 발산하기

프락시노스코프와 조이트로프의 원리가 궁금해요!

연속된 그림 여러 장을 이어 붙여 그림을 빠르게 넘기면 움직이는 애니메이션의 기본 원리는 모두 알고 있지? '프락시노스코프'와 '조이트로프'도 이런 원리를 이용한 영사 장치야. 프락시노스코프는 회전 원통 안에 그림 띠를 붙여놓고 이를 돌려 거울에 반사시켜 보는 원리야. 조이트로프는 거울을 이용하지 않아. 회전 원통 안에 일정한 간격의 틈새가 있고 안쪽에서 그림띠가 돌아가면, 틈새에 눈을 맞추고 그림이 움직이는 것을 보는 원리지.
프락시노스코프는 1900년대 초반까지 극장의 영사 장치로 인기를 끌었단다.

프락시노스코프

조이트로프

048 LG사이언스홀

과학에 한 발짝 다가서는 체험 놀이터로 출발!

주소 서울시 영등포구 여의대로 128 LG트윈타워 서관 3층
관람 시간 방학 기간 평일 09:00~15:40(학기 중 평일은 개인 관람객 입장 불가),
방학 중 모든 토요일과 학기 중 2·4주 토요일 09:00~14:40,
학기 중 1·3·5주 토요일 13:00~14:40
휴관일 매주 일요일, 공휴일
관람료 무료(7세~초등 6학년 체험 가능)
홈페이지 www.lgsh.co.kr
전화 02-3773-1053

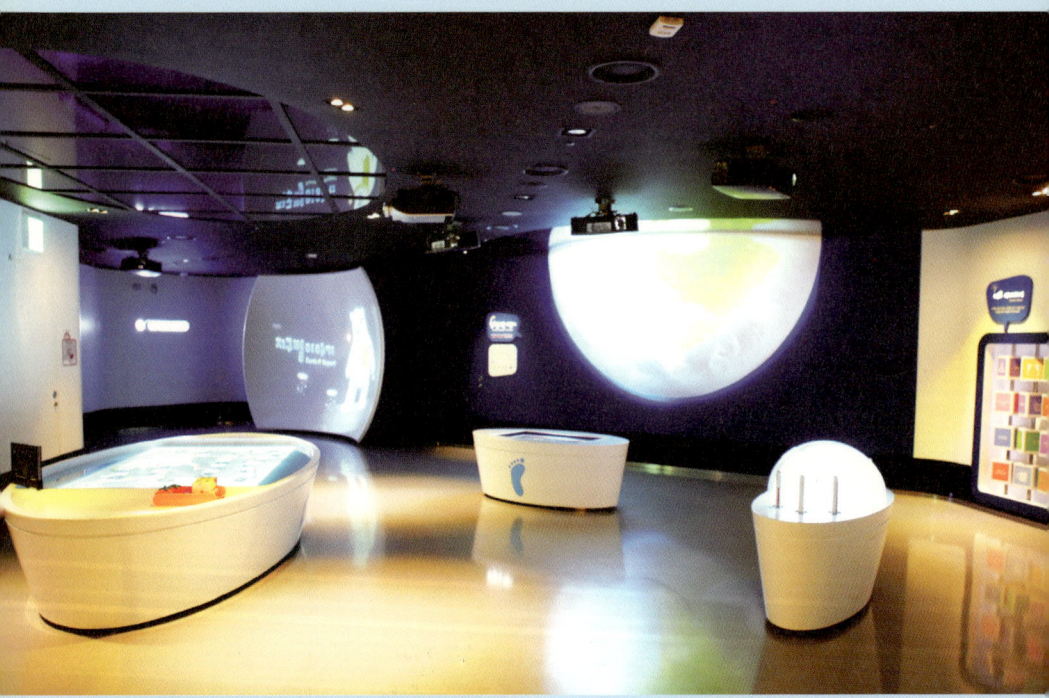

여의도 LG트윈타워에 자리한 LG사이언스홀은 100% 체험형 과학관이다. 우리 몸의 비밀부터 전자제품에 숨은 과학, 도시 과학, 환경 과학 등 생활 속 과학을 어린이 눈높이에서 체험할 수 있다. 발로 구르거나 손으로 조작하는 전시물 위주라 게임기나 디지털기기에 친숙한 아이들에게 놀이터처럼 편하게 느껴지는 곳이다. 아이들은 머리로 이론을 습득하기보다 몸으로 과학에 한 발짝 다가선다.

첨단기술을 100% 체험하는 과학관

LG사이언스홀은 로비부터 공상과학영화를 떠올리게 한다. 마치 로봇이 불쑥 나타나 인사를 건넬 것만 같다. 로비를 지나면 사이언스홀 입구다. 먼저 안내데스크에서 예약을 확인해두자. 매회 20명까지 팀을 이뤄 입장하는데, 과학 해설사가 각 팀을 직접 인솔한다. 부모도 함께 입장할 수 있지만 초등학생이라면 아이 혼자서도 충분히 체험 가능하다. 주말이나 방학 때는 몇 분만에 마감되기도 하니 부모의 빠른 손놀림이 필요하다. 희망 관람일 2주 전, 오전 9시부터 홈페이지에서 예약 신청을 받는다.

과학관은 '원더큐브', '바디스토리', '하우스스토리', '시티스토리', '어스스토리' 등 5개의 테마 체험관과 '3D 영상관', '공연실'로 이루어져 있다. 팀마다 배치된 과학 해설사가 재미있는 설명을 곁들여 체험을 돕다 보니 아이들의 몰입도가 높다. 2시간 동안 각 체험관을 이동하며 우리 몸, 우리 집, 우리가 사는 도시와 지구에 숨은 과학 원리를 배운다. 로봇 청소기로 축구 게임을 하고, 전기 자동차에 올라 레이싱 게임을 즐기고, 초상화를 그려주는 로봇도 구경할 수 있다. 음성 인식과 증강 현실 등 첨단기술을 접목한 전시물들이 아이들에게 지루할 틈을 주지 않는다.

1. LG사이어스홀 로비
2. 과학 해설사와 함께하는 체험

미래의 내 아들딸은 어떤 모습일까?

과학 여행을 떠나기 전 처음 만나는 공간은 원더큐브다. 소인국과 대인국을 여행하는 걸리버가 생활 속 과학 이야기를 들려준다. 벽면을 수놓은 대형 파노라마 영상 앞에 서면 마치 다른 세상에 와있는 듯하다. 걸리버와 함께 여행 준비를 마치면 본격적인 과학 세상이 펼쳐진다. 첫 번째 체험관은 바디스토리존이다. 뛰고 구르며 오감으로 작동하는 체험 기구가 대부분이다. 자신의 손바닥을 스캔해 몸속 세포를 들여다보고, 손뼉을 치며 스크린에 둥둥 떠다니는 세균을 잡고, 마음껏 뛰고 난 뒤 심장 박동이 어떻게 달라지는지 직접 들어볼 수 있다. 아이들은 열화상 카메라에 손바닥과 얼굴 부분이 빨갛게 표시되는 것을 보며 운동 전후의 신체 변화를 자연스럽게 배운다. DNA에 대해 알아보는 코너는 특히 흥미롭다. 'DNA는 유전자의 본체다'라는 어려운 설명보다, '페이스메이커', '아들딸게임' 등 얼굴 인식 카메라를 이용한 체험 기구를 통해 유전자의 원리를 두 눈으로 직접 확인해 보는 것이 효과적이다. "내 얼굴은 왜 엄마 아빠를 닮았을까?", "왜 인종마다 눈, 코, 입의 생김새가 다를까?" 등의 궁금증을 직관적으로 풀어볼 수 있다. 퍼즐을 맞춰 동물의 생김새를 완성해 보는 'DNA퍼즐'도 아이들이 좋아하는 코너다. '하얀색 호랑이의 탄생 비밀', '겨울 내내 잠으로 버티는 곰의 비밀' 등 DNA에 담긴 흥미진진한 이야기가 펼쳐진다.

DNA퍼즐

원더큐브

세포 현미경

우리집 구석구석에도 과학 원리가 숨어있어요!

하우스스토리존에서는 흔히 쓰는 전자제품이나 장난감에 숨은 과학 원리를 배워본다. 아이들에게는 '로보킹 월드컵'이 단연 인기다. 로봇 청소기를 조종해 작은 공을 골인시키는 게임이다. 청소기가 감지 센서를 이용해 장애물을 요리조리 피하는 모습이 재미있다. 이외에도 버튼이나 터치스크린을 눌러 아이들이 손쉽게 조작할 수 있는 기구가 많다. '플러그인'은 버튼을 힘껏 두드려 각 제품 속에서 전기가 어떤 에너지로 바뀌는지 알아보는 코너다. 아이들에게 운동에너지, 열에너지, 빛에너지라는 용어는

로보킹 월드컵

플러그인

TV 스튜디오

통통스테이지

어렵지만 전기를 많이 먹는 가전제품이 어떤 것인지 정도는 확인시켜 줄 수 있다. 에어컨보다 선풍기가 에너지 절약에 도움이 된다는 사실을 자연스럽게 알려주는 것도 좋겠다.

탱탱볼, 팽이, 오르골 등 장난감이 움직이는 원리를 알아보는 '유레카 서랍장'도 아이들이 신기해한다. 원심력이나 관성의 법칙 등 어려운 과학 용어 대신 아이들이 쉽게 이해할 수 있는 설명이 붙어있다. 'TV 스튜디오' 또한 인기다. 스튜디오 속 아이들의 몸동작을 바닷속, 공룡숲 등의 배경 화면에 합성해서 보여준다. 방송이 방송국에서 집까지 어떻게 오는지에 대해서도 간단한 설명을 들을 수 있다.

씽씽윈드파워

부릉부릉 전기자동차

 ## 우리가 사는 도시와 지구의 미래

시티스토리와 어스스토리존은 과학기술로 둘러싸인 도시와 지구 환경에 대해 체험하는 코너다. 바람 대포를 쏘아 풍차를 돌리며 신재생에너지*에 대해 배워보는 '씽씽 윈드파워', 자동차에 올라타 신나게 레이싱 게임을 즐기는 '부릉부릉 전기자동차', 특수 망원경을 통해 모형 도시 속 증강 현실을 체험하는 '네트워크 스코프', 목소리로 인터넷 검색을 하거나 불을 끄고 켜는 등 음성 인식 기술에 대해 알아보는 '보이스 마스크' 등으로 구성되어 있다.

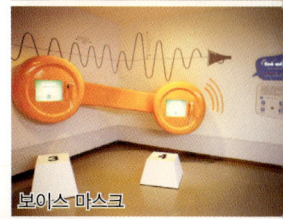
보이스 마스크

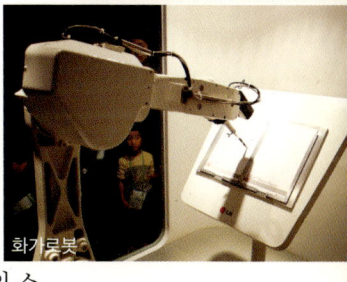
화가로봇

'에코 레이스'와 '탄소발자국 계산기'는 아이들에게 환경의 소중함을 일깨우는 코너다. 아이들은 퀴즈와 게임을 통해 일상생활에서 실천할 수 있는 환경 보전 팁을 얻어갈 수 있다. '지구 온도가 1도씩 올라갈 때마다 어떤 일이 일어날까?', '쉽게 사용하고 있는 물건이 얼마나 많은 이산화탄소를 배출할까?' 등 과학기술의 양면성에 대해서도 배운다. 아이들이 가장 신기해하는 코너는 '화가로봇'이다. 인공지능로봇이 눈, 코, 입, 머리카락 등을 판단해 초상화를 그려준다. 모델인 아이의 얼굴이 점점 또렷

신재생에너지
석탄 등의 기존 화석연료를 변환해 이용하거나 태양열, 태양광, 풍력, 조력, 지열처럼 자연 상태에서 만들어지는 것으로 끊임없이 다시 사용할 수 있는 에너지를 말한다.

해질 때마다 여기저기서 탄성이 터져나온다.

LG사이언스홀의 하이라이트 코스는 '사이언스 드라마'다. 전문 연극배우들이 무대 위에서 과학 실험을 보여주는 코너로, 집중력이 약한 아이들도 금세 빠져든다. 입체영상관에서 진행하는 '3D 우주대탐험'까지 관람하면 2시간의 체험 코스가 끝난다. 과학관 탐방이 끝나면 과학 해설사가 과학 체험활동지에 수료증 스티커를 붙여준다. 집으로 돌아가 아이와 함께 활동지를 완성해보자. 활동지는 각 코너의 체험을 바탕으로 '그림 그리기', '미로 찾기', '사다리 게임' 등을 하며 재미있게 복습할 수 있도록 구성되어 있다.

 생각 발산하기

탄소발자국이 뭐예요?

탄소발자국은 우리가 일상에서 직간접적으로 배출하는 온실가스(주로 이산화탄소)의 양을 뜻해. 음식이나 물건, 전기, 연료 등에서 이산화탄소가 얼마나 많이 나오는지 간단히 알아볼 수 있는 지표지. 예를 들어볼게. 500ml짜리 생수 한 병을 생산, 유통, 소비, 폐기하는 과정에서 10.6g 정도의 이산화탄소가 생겨. 바로 10.6g이 500ml 생수 한 병의 탄소발자국이야.

지구온난화에 심각한 영향을 미치는 이산화탄소를 줄이려면 생활 습관이 중요해. 사용하지 않는 가전제품의 플러그 뽑기, TV 보는 시간 줄이기, 종이컵 대신 개인컵 사용하기 등 누구나 행동으로 옮길 수 있는 생활 수칙이 있어. '탄소발자국 기록장'이라는 사이트를 이용해 오늘부터 실천한 생활 수칙들을 기록해보는 건 어떨까? 실천한 내용을 꾸준히 기록하다 보면 자신도 모르는 사이 '환경 지킴이'가 되어있을 거야.

● 탄소발자국 기록장 : www.kcen.kr/cbook

049 순천시립그림책도서관

어른과 아이가 손잡고 떠나는 신비한 그림책 여행

주소 전라남도 순천시 도서관길 33
관람 시간 09:00~18:00(관람 종료 1시간 전까지 입장 가능)
휴관일 매주 월요일, 설날·추석 당일
관람료 3000원(24개월 미만 무료)
홈페이지 pblibrary.sc.go.kr
전화 061-749-8892

그림책은 한글을 깨치지 못한 영·유아부터 어른까지 전 세대를 아우를 수 있는 매체다. 특히 아이들에게는 상상력의 발판이 되어준다. 국내 최초 그림책 전문 도서관인 순천시립그림책도서관은 원화 감상과 체험을 동시에 즐길 수 있는 곳이다. 놀이터 같은 공간에서 마음껏 뒹굴며 책도 보고, 전시와 인형극까지 관람할 수 있다. 아이뿐만 아니라 부모에게도 흥미진진한 그림책이 많아 가족 모두 즐거운 시간을 보내기 좋다.

그림책을 통해 떠나는 신비한 여행

"그림책 읽기는 어른과 아이가 정신적으로 손을 잡고 떠나는 신비한 여행이다."

일본의 아동 도서 전문가 마쓰이 다다시가 한 말이다. 그림책은 부모와 아이가 교감할 수 있는 기회를 만들어준다. 아이와 '신비한 여행'을 떠나려면 좋은 그림책을 고르는 안목도 필요하다. 이런 면에서 순천시립그림책도서관은 유익한 공간이다. 아이의 연령대에 따라 6000권이 넘는 그림책을 갖춘 자료실 외에도 그림전시관과 체험실을 함께 이용할 수 있다. 조용히 책만 읽고 나오는 도서관을 넘어, 전시를 통해 다양한 그림책 작가도 만날 수 있다. 책에서 접하지 못한 숨은 이야기들을 아이와 함께 발견해가는 재미도 만끽할 수 있다. 자, 이제부터 아이와 손을 잡고 신비한 여행을 떠나보자.

 어른도 함께 읽을 수 있는 그림책이 한가득

순천시립그림책도서관은 신발을 벗고 들어서는 입구부터 자유로운 분위기가 물씬 풍긴다. 이곳에서는 맨발로 뒹굴며 편하게 책을 읽을 수 있다. 아기자기한 동물 캐릭터가 있는 신발장과 카페테리아를 지나면 그림책 자료실이다.

자료실 1층은 영·유아와 초등 저학년을 위한 공간이다. 아이들의 눈높이에 맞춰 알록달록한 놀이방처럼 꾸며놓았다. 키 낮

1. 순천시립그림책도서관 입구
2. 전시와 체험을 즐기는 도서관

은 책꽂이마다 최신 그림책부터 팝업북, 플랩북, 그림퍼즐 등이 빼곡히 차있다. 국내에서는 접하기 어려운 해외 그림책도 많다. 자료실 한가운데에는 커다랗게 구멍이 뚫린 상자 모양의 공간이 마련되어 있다. 아이들은 동굴에 들어간 듯 신기해하며 엄마 아빠가 읽어주는 동화 이야기에 귀를 기울인다. 동화 속 마법의 성을 연상시키는 방도 흥미롭다. 구석에 숨어들기 좋아하는 아이들의 특성을 잘 살린 공간이다.

2층 다락방은 부모와 초등 고학년 아이들이 함께하기 좋다. 세계 그림책 수상작과 영어 그림책 외에도 미술 교육, 놀이 지도, 어른을 위한 그림책 등이 있다. 또한 '엄마 아빠가 읽는 그림책' 코너가 마련되어 있다. 그림책은 아이들을 위한 것이라는 편견을 깨고, 어른들도 순수한 동심의 세계로 돌아갈 수 있는 시간이다.

 책 밖으로 튀어나온 생생한 원화

그림책을 충분히 봤다면 2층 전시관으로 이동해보자. 2층은 그림책 원화를 볼 수 있는 '기획전시실', '그림동화상영관', '체험코너', '전시도서열람실'로 나뉘어 있다. 그림책도서관은 아이들에게 꾸준히 인기를 얻어온 앤서니 브라운, 에릭 칼 등 해외 작가전을 열었다. 또한 도깨비 작가 한병호, 생태그림책 작가 이태수, 한국 최초의 판타지 동화 『고양이 학교』를 펴낸 김재홍 등 국내

3~5. 그림책 자료실

1. 도깨비 작가 '한병호 전'
2. 그림 속의 숨은그림찾기
3. 기획전시실 2관

작가전도 꾸준히 열어왔다. 책에서만 봤던 그림을 커다란 원화로 실컷 감상할 수 있는 기회다. 아이와 자유롭게 관람하는 것도 좋지만 해설 시간에 맞춰 가면 훨씬 유익한 시간을 보낼 수 있다. 이곳의 도슨트 프로그램은 웬만한 미술관의 전시 해설보다 알차다. 그림책을 바탕으로 한 전시다 보니 구연동화처럼 맛깔난 해설이 기다린다. 눈으로만 봐서는 지나치기 쉽지만, 관람 포인트를 알고 나면 더욱 넓게 상상의 나래를 펼칠 수 있다. 그림마다 어떤 이야기 연결 고리가 있는지, 그림 속 사물이나 인물이 작가와 어떤 관련이 있는지 등 숨은 이야기들이 흥미롭다.

전시실에 마련된 '그림 동화 상영관'에서는 구연동화 작가의 목소리가 귀에 쏙쏙 들어온다. 그림책 영상과 작가의 목소리가 더해지니 그림책이 실제로 움직이는 듯 생동감을 얻는다. 아이들이 좀 더 집중해서 작품을 접하기 좋다. 전시마다 특색을 살린 설치품이나 포토존, 체험 도구를 비치해놓은 것도 눈길을 끈다. 아이들이 놀이하듯 전시를 즐길 수 있는 장치다. 전시 관람이 끝나면 전시실 옆 자료실도 들러보자. 그동안 기획전시에 참여한 작가들의 그림책을 한 자리에서 볼 수 있다.

 도서관에서 즐기는 인형극과 다양한 체험 프로그램

도서관 1층에는 대형 인형극장이 마련되어 있다. 평일과 주말에는 하루 6회 인형극을, 매월 첫째·셋째 주 토요일에는 '빛그림'

공연을 연다. 특히 인형극은 아이들의 호응이 높다. 그림책에서 봤던 캐릭터들이 알록달록한 조명 아래에서 신나는 공연을 펼친다. 공연 시간은 조금씩 바뀔 수 있으므로 전화로 미리 문의하는 게 좋다.

이외에도 다양한 체험들이 아이들을 기다린다. '작품에 색칠하기', '숨은그림찾기' 등 전시 연계 미술 체험과 '스크래치 페이퍼', '바람개비 만들기' 등 상시 체험 코너가 있다. 순천에 거주하는 어린이라면 '그림책 깊이 읽기', '듣고 만지는 팝업북', '나만의 그림책 만들기' 등 전시마다 바뀌는 정규 프로그램에도 참여할 수 있다.

 함께 가보면 좋아요

순천만정원

2015년 9월 국가정원 제1호로 지정된 순천만정원은 2013년 '순천만국제정원박람회'가 열린 무대다. 입구는 서문과 동문으로 나뉘는데, '순천만국제습지센터'가 있는 서문 쪽부터 돌아보길 권한다. 순천만과 습지 생태에 대해 알고 가면 학습 효과를 높일 수 있다. '야생동물원', '한국정

순천만정원

원', '수목원전망대'를 돌아보고 강익중의 〈꿈의 다리〉를 건너 동문으로 이동하면 편하다. 동문 쪽 정원은 서문보다 두 배 이상 넓다. 하루만에 돌아보기는 힘드니, 지도를 살펴 미리 동선을 짜두자.

중심에 자리한 '순천호수정원'은 꼭 봐야 할 볼거리다. 세계적인 경관 건축가 찰스 잰스가 디자인한 곳으로 순천의 지형을 그대로 옮겨놓았다. '흑두루미 미로정원', '갯지렁이도서관'과 이색 조형물이 있는 '갯지렁이 다니는 길', 물놀이장이 있는 '꿈틀정원' 등도 아이와 찾기 좋다. 순천만정원 서문에서 '순천문학관'까지 한 번에 갈 수 있는 공중 모노레일 스카이큐브도 타보자. 순천문학관에서 순천만자연생태공원이 가까워 함께 둘러보기 좋다.

050 과학과 예술이 어우러진 융합 교육의 장
울산과학관

주소 울산시 남구 남부순환도로 111
관람 시간 10:00~17:00(평일 12:00~13:00 관람 불가)
휴관일 매주 월요일, 법정 공휴일(5월 5일 제외)
관람료 무료
홈페이지 www.usm.go.kr
전화 052-220-1700, 1701

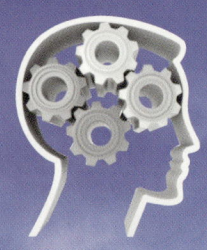

울산과학관은 과학뿐만 아니라 예술까지 아우른다. 매달 다채롭게 열리는 문화 공연은 웬만한 문화예술센터보다 알차다. 과학관 내에 마련된 갤러리에서 미술 관람을 겸할 수 있다는 것도 장점이다. 울산과학관은 103개의 첨단 시설물로 어린이들을 신비로운 과학의 세계로 인도한다. 전시체험관, 천체투영관 및 천체관측실, 발명교육센터 등은 생활 속 과학 원리를 실속 있게 배울 수 있는 공간이다. 또한 전시물의 90% 이상이 직접 만지고 작동하는 체험형 전시물이라, 아이들은 금세 과학과 친구가 된다.

이성과 감성의 문을 두드리는 공연과 체험 프로그램

2011년에 개관한 울산과학관은 융합 교육을 지향한다. 흥미로운 과학 놀이터 역할뿐만 아니라 문화 예술을 함께 누릴 수 있는 예술 놀이터 역할도 한다. '가족과 함께하는 융합과학 한마당'이 대표적인 예다. 매달 과학과 관련된 인형극, 어린이 뮤지컬, 마술 등 다채로운 공연을 연다. 과학에 다양한 장르를 접목한 체험 프로그램과 전시 행사도 많다. 방문하기 전 홈페이지에서 프로그램 목록부터 확인해두자. 과학관 관람을 넘어 아이들의 감성을 깨울 수 있는 풍성한 체험이 기다린다.

울산과학관 외관

관람을 시작하기 전에 안내데스크에 비치된 탐구학습장(유아용·초등용)을 챙겨두는 것도 잊지 말자. 각 층의 주요 전시물과 아이들이 궁금해할 만한 질문이 적혀있다. 주말에는 '해설이 있는 과학관 여행'을 미리 신청해두면 좋다. 전문 해설사가 아이들의 눈높이에 맞춰 재미있게 안내를 한다. 해설 회차에 따라 4D 영상 관람이나 만들기 체험도 포함되며 50분 정도 소요된다. 초등학생 이상만 참여 가능하다.

 7세 이하 어린이도 좋아하는 과학 놀이터

과학관 로비에 들어서면 실제 크기만한 공룡 그림이 아이들을 반긴다. 2만 9280개의 조각 그림이 조각보처럼 이어져 벽면을 가득 채우고 있다. 과학관은 '만남의 장', '생각의 장', '탐구의 장', '유아과학놀이실' 등 상설전시 체험관과 '별빛천체투영관', '별보미 천체관측실'로 구성되어 있다. 이 외에 '코스모스갤러리', '갤럭시 갤러리' 등의 기획전시관과 과학도서실도 운영 중이다.

본격적인 과학관 탐방은 2층 '만남의 장'에서 시작된다. 만남의 장은 울산의 생태 환경을 알아보는 '자연 전시관'과 '유아과

1. 울산과학관 로비
2. 만남의 장 '수족관'
3. 만남의 장 '울산의 나무'

학체험실'로 나뉜다.

자연전시관에는 울산의 여러 지역에 서식하는 나무와 동식물 등이 전시되어 있다. 상류, 중류, 하류로 구분된 수족관은 울산 태화강에 살고 있는 물고기를 관찰할 수 있는 코너다. 아이들에게 "하류로 갈수록 왜 돌의 크기가 작아질까?", "일급수에는 어떤 물고기들이 살고 있을까?" 등의 질문을 던져볼 수 있다. 2007년 람사르 습지*로 등록된 무제치늪도 재현해놓았다. 아이들은 늪을 밟아보면서 '물렁물렁해요', '땅이 울렁거려요' 등 저마다 느낌을 표현한다. 패널을 참조해 늪이 생기는 과정과 습지에 사는 생물에 대해서도 알아보자.

자연전시관 옆 유아과학체험실은 7세 이하 어린이들의 과학 놀이터다. 물놀이와 공놀이를 통해 에너지의 흐름을 배울 수 있는 공간이다. 물의 높낮이에 따라 다양한 소리를 내는 '물실로폰', 바람을 이용해 골대에 공을 집어넣는 '공기대포', 물총으로 즐기는 '물총축구' 등 아이들이 좋아하는 체험물이 가득하다.

람사르 습지
람사르협회가 지정해 보호하는 독특한 생물·지리학적 특징을 가진 곳이나 희귀 동식물이 살고 있는 습지를 말한다. 우리나라에는 울산 '무제치늪'을 비롯해 창녕 '우포늪', '순천만 갯벌', 고창 '운곡습지', 제주 '물영아리오름' 등이 람사르 습지로 등록되었다.

신기한 빛의 세계를 엿볼 수 있는 생각의 장

3, 4층으로 이어진 생각의 장은 빛의 원리를 배우고 여러 감각을 활용해 인지 체험을 할 수 있는 전시관이다. '빛의 신비', '생각 키우기', '인지의 세계' 등 주제별로 공간이 나뉘어 있다. 체험물마다 마련된 '아하, 그렇구나' 패널을 참고해 부모가 직접 가이드를 해주자. 각 체험물에 숨겨진 과학 원리뿐만 아니라 해당 원

4. 무제치늪 재현
5. 유아과학체험실 '물놀이'
6. 물실로폰
7. 공기대포

리를 발명한 과학자에 대한 설명도 적혀 있다.

거울의 반사 작용을 활용한 '미스터리 식탁'과 '판타지 터널'은 아이들이 가장 신기해하는 코너다. 거울을 이용해 몸을 숨기거나 거울 뒷면의 확장된 세계를 느껴보면서 공간 감각을 키울 수 있다. 자전거 페달을 밟아 냉장고의 원리를 알아보는 '자전거 냉장고', 반투명 거울을 활용한 '내 얼굴 네 얼굴', 착시를 체험하는 '기울어진 방', '3차원 터널' 등도 아이들에게 인기다.

에너지는 어떻게 생길까?

5층은 물질과 에너지, 생명의 신비 등의 주제로 구성된 탐구의 장이다. 만남의 장, 생각의 장에 비해 한 차원 높은 수준의 과학 체험을 할 수 있다. 체험물마다 작동 방법이 간단히 적혀 있지만, 각 층에 있는 해설사의 안내를 받으면 더 편하다.

만남의 장에는 '에너지 시어터', '태양열 에너지 모으기', '자

1. 판타지 터널
2. 3차원 터널
3. 미스터리 식탁
4. 자전거 냉장고

1. 자전거 발전기
2. 오토모빌 주기율표

전거 발전기' 등 에너지와 관련된 체험물이 많다. 에너지가 생산되는 과정을 눈으로 보고 일상생활에서 에너지가 어떻게 쓰이는지 체험하는 동안 아이들은 에너지의 소중함을 깨닫는다. 이 밖에도 자동차 운전 게임을 통해 몸속의 원소를 알아보는 '오토모빌 주기율표', 회오리를 일으켜 기상 현상을 체험해볼 수 있는 '토네이도', 액체로 된 자석의 반응을 관찰하는 '움직이는 유체자석', 몸속에 흐르는 전류를 체험하는 '생체전지' 등 재미있는 체험거리가 가득하다.

과학과 예술이 만나는 복합 문화 공간

탐구의 장을 지나면 기획전시관인 갤럭시갤러리로 이어진다. 과학관에서 미술작품을 만날 수 있는 이색 공간이다. 개인 작가들의 전시뿐만 아니라 '국립현대미술관 초대 작품전' 등 연중 다양한 전시회를 연다. 방학이나 매월 넷째 주 일요일에는 갤러리 로비에서 '수학상상놀이'를 진행한다. 보드게임을 통해 수학 원리를 배우는 체험 프로그램으로 현장에서 접수할 수 있다. 일정은 매년 바뀔 수 있으니 홈페이지를 미리 참고하자.

지하 1층 코스모스갤러리에서는 더욱 다양한 장르의 전시를 만날 수 있다. 수학 교구를 활용한 '아름다운 수학 체험전'(2014), 과학과 예술을 접목해 스토리텔링 방식으로 푼 '오즈의 마법사와 함께하는 소리 속 과학 여행'(2014)은 독특한 전시로

3. 에너지시어터
4. 토네이도 체험
5. 수학상상놀이터

인기를 끌었다.

　무료로 운영하는 상설 체험 프로그램은 울산과학관의 자랑거리다. '일요과학놀이터', '별빛 예술 이야기', '별자리 우주여행', '가족천문교실', '과학영화교실' 등 다양한 프로그램이 마련되어 있다. 과학과 다양한 장르의 예술을 연계해서 내용도 알차다. 평일에는 단체 위주로 진행하므로 개인과 가족은 주말을 이용하자.

 생각 발산하기

아나모르포시스가 뭐예요?

3층 생각의 장 입구 바닥에는 일그러진 그림이 그려져 있어. 바닥은 형태를 알아볼 수 없지만 기둥의 거울을 통해 보면 사람 얼굴 모양이 명확히 나타나지? 보는 각도에 따라, 혹은 곡면 거울에 반사된 상에 따라 형태가 달라지는 착시 현상을 이용한 거란다. 이런 그림 형식을 '아나모르포시스(Anamorphosis, 왜상화법)'라고 해. 아나모르포시스란 그리스어로 '변형시키다'라는 뜻으로 르네상스 시기에 처음 도입되었어. 원근법에서 파생된 것으로 일부러 휘거나 늘려서 기존 이미지를 왜곡시키는 초현실주의 성향의 미술 기법이지. 이렇듯 미술 작품에서도 신기한 과학 원리를 발견할 수 있단다.

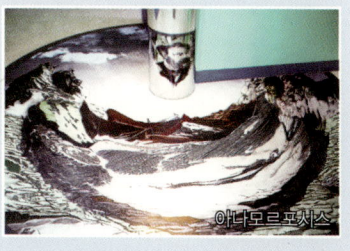
아나모르포시스

051 입장하는 순간부터 끊임없이 유쾌한
트릭아이뮤지엄

주소 서울시 마포구 홍익로3길 20 서교프라자 B2
관람 시간 09:00~21:00(관람 종료 1시간 전까지 입장 가능)
휴관일 연중무휴
관람료 일반 1만 5000원, 어린이 1만 2000원
홈페이지 www.trickeye.com
전화 02-3144-6300

아이가 미술관에 대해 지루하다는 선입견을 갖고 있다면 트릭아이뮤지엄에 꼭 가볼 필요가 있다. 트릭아이뮤지엄은 3D 입체 미술관으로 관람객이 작품 가까이에 가서 직접 체험하는 것을 허용한다. 어떻게 참여하나에 따라 다른 작품이 완성되기도 하고, 직접 모델이 되어 사진을 찍을 수도 있다. 활동적이고 다채로운 미술 관람을 원한다면 지금 당장 트릭아이뮤지엄의 문을 열어보자.

보는 이가 참여할 때 비로소 완성되는 그림

아이와 함께 미술관에 들렀을 때 아이가 작품을 만지고 뛰어다녀서 당황했던 경험이 여러 번 있었을 것이다. 대부분의 미술관은 작품을 만질 수 없고, 사진 촬영도 할 수 없다. 그러나 트릭아이뮤지엄은 이런 불문율을 깬다. 아이가 마음껏 뛰어놀 수 있고, 체험할 수 있으며, 사진 촬영도 언제든지 가능하다.

트릭아이뮤지엄의 그림은 관람자와 함께했을 때 빛을 발한다. 아이가 원한다면 그림 위에 서는 것도 가능하다. 아이는 능동적으로 작품에 참여한다. 작품과 더불어 배우도 되고, 사진작가도 된다.

트릭아이는 '눈을 속인다'라는 의미다. 눈속임을 이용해 평면의 그림을 입체적으로 보여준다. 작품은 벽에만 걸려있지 않다. 바닥과 천장을 구분하지 않고 전시되어 있으며 다양한 각도에서 관람자의 착시 현상을 유발한다. 아이들은 마치 현존하는 것처럼 생생히 살아있는 그림 앞에서 열광한다. 작품의 매력에 빠진 아이는 그림 옆에 서서 자연스럽게 모델이 되기도 한다. 명화를 재치 있게 표현한 그림을 보며 어렵지 않게 미술 공부도 한다. 명화 관람은 즐거운 일이라는 걸 인식시켜주기에 좋다.

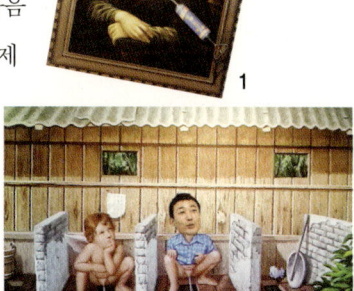

1. 모나리자를 재치 있게 표현한 그림
2. 사진 촬영을 할 수 있는 그림 전시물

트릭아이의 역사는 '트롱프뢰유'에서 출발한다. 트롱프뢰유라는 용어는 17세기부터 쓰였지만, 기원은 고대 그리스와 로마시대까지 거슬러 올라간다. 고대 도시 유적에서 문, 창문, 복도 등을 그린 벽화를 볼 수 있는데, 이런 속임수 그림을 트롱프뢰유라고 한다. 벽에 존재하지도 않는 공간을 그린 이유는 실내를 넓게 보이기 위해서였다. 이 그림이 트릭아이의 시초다.

버라이어티한 여섯 가지 테마의 전시관

트릭아이뮤지엄은 입구와 출구가 정해져 있지만 관람하는 동선은 크게 신경 쓰지 않아도 된다. 아이가 마음에 들어 하는 곳에 오래 머물러도 좋고, 봤던 그림을 다시 보기 위해 되돌아가도 좋다. 테마를 가진 전시관은 '워터월드관', '명화관', '싱크로스위밍관', '판타지관', '베스트 트릭아이관', '카니발 스트리트관' 등 여섯 곳이다. 전시실은 나눠져 있지만 그림이 주제별로 확실히 구분되어 있는 건 아니다. 이동하면서 각 그림의 주제를 아이와 함께 맞춰보는 것도 재밌겠다.

워터월드관에서는 바닥과 벽에 푸른 파도가 넘실거린다. 무서운 용은 범선의 항해를 위협하고, 이마에 뿔이 난 유니콘은 바다 위를 용맹스럽게 달린다. 고개를 돌리면 인어와 상어, 돌고래가 보인다. 아이는 푸른 용의 등에 올라타서 사진도 찍고, 상어 곁에서 서핑도 즐길 수 있다.

다음은 명화관이다. 레오나르도 다빈치, 앤디 워홀 등 세계적인 작가의 작품을 재해석한 그림을 관람한다. 익살스런 모습의 모나리자와 다비드 상도 보고 거장의 작품 안에 들어가보기도 한다. 명화관에는 지나치면 안 되는 방이 하나 있다. '에임즈룸(Ames Room)'이다. 광학적 착시를 경험하는 방으로 사진을 찍

1. 명화관의 재미있는 그림
2. 명화관
3. 워터월드관
4. 에임즈룸

으면 아이와 부모의 키가 완전히 바뀌어 있는 모습을 볼 수 있다.

다음은 싱크로스위밍관이다. 수중발레와 다이빙을 하는 그림을 보고 있으면 한여름 풀장에 온 것처럼 시원하다는 착각이 든다.

5. 싱크로스위밍관
6. 판타지관
7. 베스트 트릭아이관
8. 카니발 스트리트관

판타지관은 상상이 현실이 되는 곳이다. 아카데미상의 주인공도 되고 아름다운 연꽃 위에 앉아보기도 한다. 베스트 트릭아이관에는 개관 후 방문객들이 가장 좋아했던 그림들을 모아놓았다. 전시실 마지막 코스는 거울 미로다. 복잡하고 좁은 통로에 바닥, 벽, 천장 가릴 것 없이 거울을 설치해놓았다. 아이는 출구를 찾기 위해 거울을 더듬어 길을 찾는다.

카니발 스트리트관은 전시실 밖에서 볼 수 있다. 입구에는 재주를 부리는 아이들 모습의 인형을 설치해놓았다. 이곳에는 아이가 직접 몸을 움직여 놀 수 있는 전시물이 많다. 삐에로 입으로 공을 던지기도 하고, 대형 망치로 힘을 자랑하는 기구도 있다. 골프공을 치거나 볼링공을 굴리기도 한다.

 동화 속 세상에 온 듯한 아이스뮤지엄과 추억을 남기는 체험거리

전시관을 가로지르면 영하 4도의 '아이스뮤지엄'이다. 얼음 작품들이 전시된 곳이다. 입구에는 펭귄과 이글루가 있다. 산타할

1~3. 아이스 뮤지엄

아버지와 눈사람도 보고 얼음으로 만든 날개 앞에 앉아 사진도 찍을 수 있다. 얼음 기차와 삐에로, 장난감 병정, 판다 곰 등 아이가 좋아하는 캐릭터들을 얼음으로 조각해 설치해놓았다. 장난감 병정이 지키는 문으로 들어가면 집 안처럼 꾸민 공간이 나타난다. 소파와 테이블, 화장실도 보인다. 마지막 코스는 '얼음 미끄럼틀'이다. 놀이터에 있는 미끄럼틀처럼 타고 내려오는 얼음 조각이다. 아이들은 마치 동화 속 세상에 온 듯 깔깔거리며 체험하느라 바쁘다.

로비 중앙 '뮤지엄숍'에서는 작은 인형을 구입해 현장에서 만들기 체험을 할 수 있다. 트릭아이뮤지엄에서 빌려주는 유성펜으로 아이가 표현하고 싶은 대로 인형에 색을 칠한다. 잘못 칠해도 상관없다. 리무버와 면봉을 이용해 색깔을 지울 수 있다.

미리 워크북을 구입하는 것도 좋다. 워크북에는 트릭아이의 정의와 역사, 원근법, 명암, 3D 입체 효과, 미술의 종류 등에 대한 설명이 있다. 아이가 그림을 그리거나, 문제의 답을 찾아보면서 트릭아이 전시물을 즐길 수 있도록 내용을 구성했다.

052 창의발명체험관
세상을 바꾸는 눈! 나도 발명가!

주소 대전시 유성구 과학로82 국제지식재산연수원
관람 시간 09:00~18:00
휴관일 매주 월요일, 공휴일
관람료 무료
홈페이지 iec.kipo.go.kr
전화 042-601-4449

새로운 물건이 세상에 나왔을 때 '내가 왜 이 생각을 하지 못했지?' 하고 이마를 쳤던 경험이 있을 것이다. 모든 발명품은 사소한 궁금증에서 시작되었다. 엉뚱한 상상을 구체화시키고, 생활의 불편을 해결하려는 노력의 결과가 발명품이다. 발명품은 크게든 작게든 인류 역사를 바꿔왔다. 창의발명체험관은 발명품의 역사와 원리를 이해하고 아이가 발명을 직접 경험해보도록 꾸민 공간이다. 모든 아이들이 창의력을 빛내며 발명가가 될 수 있는 곳이다.

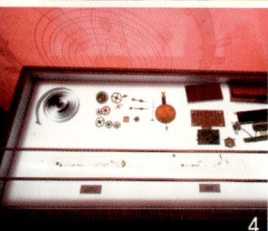

1. 거꾸로, 거꾸로 보기
2~3. 바퀴 세상을 움직이다
4. 시계, 시간을 담다
5. 사냥 도구, 생존을 위해 사용하다

발명의 역사를 살펴보고, 직접 체험해볼 수 있는 곳

창의발명체험관은 '체험관'과 '체험실'로 나뉜다. 체험관에 들어서면 아이는 동선을 따라 걸으며 발명과 관련한 다양한 자료와 영상, 모형 등을 손으로 만지고 시연해본다. 체험실에서는 강사의 도움으로 아이가 직접 발명품을 만들어볼 수 있다. 이론을 습득하고 실습하는 과정으로 자연스럽게 동선을 꾸몄다.

우선 발명체험관 안내데스크에서 팸플릿 한 부를 챙기자. 전체 자료 배치와 동선을 파악하는 데 도움이 된다. 체험관은 다시 '클릭, 상상 아이콘', '상상의 힘을 보다', '상상의 열매를 맺다', '상상이 현실이 되다' 등 네 구역으로 나뉘어 발명을 설명해준다. 직접 체험해볼 수 있는 전시물은 모두 아이 눈높이에 맞게 제작되었다. 쉽게 풀어놓은 설명과 재미있는 모형에 아이는 금세 빠져든다. 체험관 첫 순서는 '클릭, 상상 아이콘' 구역이다. 커다란 거울이 눈에 띈다. '거꾸로, 거꾸로 보기'라는 전시물이다. 신발을 벗고 올라가 바닥에 누우면 거울을 통해 건물 창문틀에 매달린 것 같은 효과를 확인할 수 있다. 재미있는 광경 앞에서 아이들의 반응은 대단하다. 거울 앞에서 신이 나서 요리조리 뛰어다닌다. 바닥에 있는 모니터를 터치하면 과학과 관련한 다양한 숫자 이야기가 영상으로 나오는 전시물도 있다. '2000'은 에디슨이 전구를 발명하면서 실패한 횟수다. '200'은 라이트 형제가 비행기를 발명하기 위해 실험한 숫자다. 반대편 모니터엔 역사에 남는 발명품을 연표와 사진으로 설명해준다. 아이들은 발명의 역사를 살펴보며, 내 주변에 평범하게 존재하고 있는 것들이 사실은 위대한 발명 유산이라는 것을 깨닫는다.

'상상의 힘을 보다' 구역으로 넘어가면 '바퀴, 세상을 움직이다'라는 전시물을 만난다. 모양이 서로 다른 바퀴 세 개를 굴려보며 바퀴가 굴러가는 모습을 관찰할 수 있다. 바퀴의 모양과 크기에 따라 다른 속도로 종착지에 도착한다. '시계, 시간을 담다'

코너에서는 시계의 역사와 구조를 확인한다. 기계식과 디지털식 시계 두 종류를 분해해 전시해놓았다. 아이들은 시계태엽과 초침 등 시계 부품들을 신기하게 바라본다.

'사냥 도구, 생존을 위해 사용하다' 코너는 생존을 위해 발명한 인류 최초의 사냥 도구들을 전시한다. 전시를 통해 사냥 도구의 발전을 확인할 수 있다. 실제 사냥 도구 모형도 전시해놓았다. 아이가 특히 좋아하는 전시물은 투석기 축소 모형이다. 버튼을 누르면 실제 투석기가 돌을 던지는 원리를 알 수 있다.

'불꽃놀이, 예술로 승화시키다'는 음악을 즐기며 불꽃놀이의 발명 원리를 배우는 코너다. 설치된 모니터를 터치하면 예쁜 불꽃놀이와 함께 음악을 감상할 수 있다. 벽에는 약 1000년 전 중국에서 발명한 불꽃놀이에 관한 설명이 붙어있다. 불꽃놀이의 시초는 중국의 종교 축제에서 화약을 대나무에 넣어 던진 것이다. 중국인들은 이때 나는 폭발음이 악한 기운을 쫓는다고 믿었다. 영화의 시초라 할 수 있는 회전 그림판도 전시되어 있으며, 라디오, 텔레비전, 휴대전화 등의 기본 원리가 된 무선 통신 전시물도 눈에 띈다. 흥미로운 발명품 앞에서 아이의 눈이 반짝인다.

 미래의 발명품을 상상해봐요!

'상상의 열매를 맺다' 구역의 분위기는 활기차다. 좌판 위에 진열된 다양한 물건 중 하나를 골라 계산대 테이블에서 바코드를 찍으면, 모니터에 물건 발명의 뒷얘기와 원리가 나와 이해를 돕는다. 밴드 반창고, 보온 물병, 주름 빨대 등이 전시되어 있어 발명 에피소드와 원리를 이해할 수 있다.

다음은 'Safety, 안전을 위해서' 코너다. 안전벨트, 에어백, 신호등, 브레이크 등 안전을 위해 발명된 제품을 볼 수 있다. 아이는

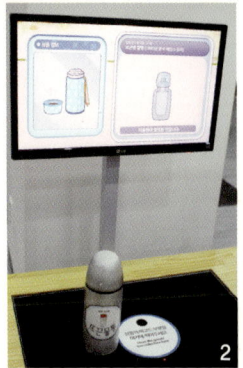

1. '상상의 열매를 맺다' 구역
2. 발명 에피소드가 나오는 모니터

1. 'Safety, 안전을 위해서' 코너
2. 지붕이 있는 자전거

모형 자동차를 타고 운전을 해볼 수도 있다. 출발 전에는 꼭 안전벨트를 매야 하며, 규정 속도를 넘어 과속을 하는 경우에는 경고 방송이 울린다.

'Need, 필요에 의해'는 우리가 일상생활에서 흔히 사용하고 있어 미처 발명품이라고 생각하지 못했던 물건들을 전시해놓은 코너다. 기록을 남기거나 의사를 전달하기 위한 쓰기 기술이 좋은 예다. 점토판, 붓과 먹물, 깃펜, 연필, 타자기, 워드프로세서 등 쓰기 기술은 우리의 역사와 늘 함께해왔다.

때로는 자연 현상을 관찰하는 과정에서 위대한 발명품이 나오기도 한다. 'Nature, 자연 관찰에서' 전시물들은 이런 경우를 보여준다. 거미줄의 원리를 이용해 만든 '다리', 캥거루 아기 주머니를 보고 발명한 '인큐베이터' 등의 원리와 과정을 전시해놓았다.

'Whimsical, 엉뚱생뚱 생각에서'는 비록 상품화에는 실패했지만 기발한 아이디어로 주목받은 발명품을 보여준다. '지붕이 있는 자전거', '하이힐 보호 캡', '맥주 전용 컵' 등이다.

'상상이 현실이 되다' 구역은 머릿속에만 머물던 생각이 실제가 된 사례를 보여준다. '상상이 현실로' 코너에 가면 영화 상영 당시에는 없었지만 지금은 현실이 된 발명품을 보여준다. '투명 망토', '두뇌 다운로드 프로그램', '최첨단 디스플레이', '무인 자동차' 등이다.

체험을 마무리할 때쯤 '상상 팩토리'가 나온다. 아직은 현실에 없지만 누군가 만든다면 좋을 것 같은 발명품을 전시해놓았다. '사람이 개미 크기만큼 줄어드는 프로그램', '시간 여행이 가능한 타임머신', '내 인생을 마음대로 조정할 수 있는 리모컨' 등 보기만 해도 아이들이 관심있어 한다.

6단계의 과정을 거쳐 발명가에 도전!

'발명체험실'에서는 '발명가 되어보기!'라는 프로그램을 운영한다. 하루 3회, 최대 40명을 신청받아 운영하는 발명가 체험 교실이다. 프로그램에 참가한 아이는 개인용품, 사무용품, 야외용품 등을 만든다.

만들기는 6단계의 과정을 거친다. 'Think 문제 생각하기' 단계에서는 우리 주변에 있는 불편한 것들을 생각한다. 'Why 왜인지 생각하기'는 불편한 것의 이유를 생각하고 이를 문장으로 쓴다. 'How 해결 방법 찾기'는 불편을 해결할 방법을 찾아보고, 지금까지 비슷한 발명품이 무엇이 있었는지도 함께 연구해본다. 'Make 제작하기'는 불편을 해결할 창의적인 생각을 그림으로 그려본다. 이 과정에서 해결 방법을 검증하기도 한다. 'Share 공유하기'는 자신이 만든 발명품에 이름을 짓고 특허 신청서를 써본다. 'Sale 홍보하기'는 완성된 물건을 모두에게 자랑하고 알리는 단계이다. 아이는 자신이 만든 물건의 작동 원리와 만든 이유, 장점 등을 카메라 앞에서 홍보한다. 이렇게 녹화된 영상은 매일 체험관 앞에서 상영한다. 과정이 모두 끝나면 아이는 발명체험관에서 주는 '명예 특허증'을 받는다. 발명품 명칭과 원리가 사진과 함께 간단히 설명되어 있고, 아이 이름도 새겨준다. 명예 특허증을 받은 아이들은 뿌듯해한다. 발명의 재미를 알려줄 수 있는 좋은 기회다. 비록 사소한 것이지만 하나의 발명품이 탄생하기까지의 사고 흐름과 발명 과정을 체험해볼 수 있는 특별한 시간이다.

1. '발명가 되어보기'에 참여한 어린이들
2. 아이들이 만든 발명품

053 관악어린이창작놀이터
예술가와 어린이들이 함께 호흡하는 곳

주소 서울시 관악구 은천로10길 3
관람 시간 10:00~17:00
휴관일 매주 일요일과 월요일, 공휴일
관람료 무료(프로그램 참가비 별도)
홈페이지 cafe.naver.com/gakidsartspace/
전화 02-871-7400

관악어린이창작놀이터는 미끄럼틀도 정글짐도 없는 놀이터다. 그렇다고 아이들이 실망해서 돌아가는 경우는 없다. 놀이 기구보다 특별하고 재미있는 예술 체험 프로그램들이 기다리고 있기 때문이다. 관악어린이창작놀이터는 서울문화재단이 운영하는 11개 창작 공간 중 유일하게 어린이만을 대상으로 하는 곳이다. 미술, 음악, 연극, 무용, 공예 등을 배우고 체험하며 아이의 예술적 감수성과 창의성을 키워주는 공간이다.

현장 예술가들과 함께하는 창작놀이터

"모든 아이는 예술가다. 나는 아이처럼 그리기까지 80년이 걸렸다." 피카소의 말이다. 어린 시절 피카소는 수학에 유난히 재능이 없었다. 하지만 미술 교사였던 그의 아버지는 피카소가 그림에 재능이 있다는 걸 발견하고 마음껏 그림을 그릴 수 있도록 도와주었다. 피카소의 걸작들은 아버지의 노력과 아들의 재능이 만나 탄생한 것과 다름없다.

이처럼 모든 아이는 저마다 다른 특별한 잠재력을 가지고 있다. 아이들이 자신의 재능을 마음껏 발휘할 수 있도록 부모가 어떤 도움을 주는지에 따라 위대한 예술가도, 과학자도, 음악가도 탄생하는 것이다. 이런 점에서 관악어린이창작놀이터는 아이들의 예술적 감수성을 키워주기에 적당한 곳이다.

창작놀이터는 이름 그대로 아이들이 자유롭게 창작하며 놀 수 있는 공간이다. 이곳은 예술 분야에 특화된 다양한 체험 학습 프로그램과 공연으로 1년 내내 쉼 없이 아이들을 맞이한다. 아이들은 창작놀이터에서 마음껏 상상하고, 만들고, 그리고, 뛰어놀며 공부나 시험에서 자유로워진다. 수동적으로 학습하는 것이 아니라 스스로 참여하며 배운다. 이곳의 이름이 창작학교가 아니라 '창작놀이터'인 이유이기도 하다. 아이들의 교육과 체험은 현장에서 활동 중인 예술가가 담당한다. 예술가들은 몇 단계의 까다로운 심사를 거쳐 선정된다. 덕분에 프로그램 내용이 매우 풍부해 참여하는 아이와 부모 모두 만족하는 편이다.

1~3. 관악어린이창작놀이터 프로그램 참가 작품

 아이들의 마음속에 예술이라는 씨앗을 심어주는 곳

창작놀이터 공간은 아이들의 감수성을 자극할 요소들로 채워져 있다. 1층에는 '명랑방석극장' 공연을 즐길 수 있는 '프로젝트룸'이 있으며 2층에는 체험 활동을 할 수 있는 공방이 있다. 특히 2층 책방에는 아이들이 방문해 읽을 수 있도록 책과 책상, 의자

1~3. 관악어린이창작놀이터 1층 '씨'

가 마련되어 있다. 옥상은 아이와 부모가 특히 좋아하는 공간이다. 날씨가 좋은 날에는 이곳에서 도시락을 먹거나 책을 읽을 수도 있다. 사무실에서 돗자리도 빌려준다고 하니 이를 이용해도 좋겠다.

모든 공간은 아이들이 좋아할 만한 이름으로 불린다. 지하공간은 '밑', 1층 커뮤니티 공간은 '씨', 1층 프로젝트 룸은 '밭', 2층 사무실은 '품', 2층 공방은 '싹', 옥상은 '볕'으로 불린다. 각 이름에는 '어린이들의 마음속에 예술이라는 작은 씨앗을 틔우고, 자신만의 빛을 품은 열매를 맺길 소원한다'는 관악어린이창작놀이터만의 정신이 담겨있다.

 색다르게 놀 수 있는 '예술 체험 프로젝트 씨'

창작놀이터에서 운영하는 체험 학습 프로그램은 크게 정규 프로그램, 상설 체험 프로그램, 주말 프로그램으로 나뉜다. 그중 정규 프로그램인 '예술 체험 프로젝트 씨'는 매년 정기 공모를 통해 체험 프로그램을 진행할 예술가들을 모집한다. 장르에는 제한이 없다. 아이들이 예술가를 직접 만날 수 있기 때문에 훨씬 실감나고 자유로운 대화가 가능하다. 프로그램은 아이들이 창작활동을 깊이 있게 체험할 수 있도록 2~12회에 걸쳐 진행한다.

2014년에는 '동화 그림 작가와 함께하는 : 나만의 책 만들기', '창작연희 체험교실 : 뻔(Fun)한 연희야, 색 다르게 놀자!', '체

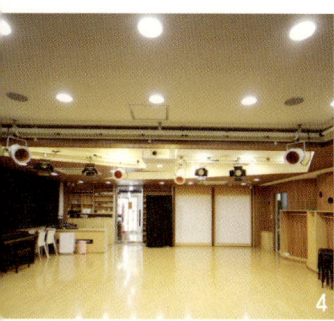  

험 그림자극 : 신기한 그림자 세상으로 출발', '즉흥 움직임 : 몸으로 Talk!', '참여예술＋놀이 : 반짝이는 빛깔 소리', '미술·디자인 : 우리 동네, 별별꿈꿈', '흥, 얼거림 : 내 마음의 시를, 노래하다' 등을 진행했다. 정규 프로그램은 5~13세 아이들을 대상으로 하며, 각 프로그램에 따라 10~18명이 참가할 수 있다. 또한 모든 과정이 무료여서 더욱 매력적이다. 예술체험 프로젝트 씨는 매년 7~8개의 프로그램으로 구성되는데, 그 종류와 시간이 다양하다. 참여를 원하는 아이와 부모는 창작놀이터 홈페이지를 확인하자.

 내 손으로 만드는 공예품 수업, '관악창작공방'

'관악창작공방'에서는 생활 공예를 중심으로 만들기 체험을 진행한다. 프로그램은 정규와 상설로 나뉘는데 정규는 6~13세의 아이들이 12명까지 참가할 수 있으며 보호자 1인도 동반 가능하다. 만들기의 종류는 약 2개월에 한 번씩 변경되며 매주 수요일과 토요일에 진행한다. 아이들이 직접 자신의 손으로 공예품을 만들 수 있어 성취도가 높다.

4. 관악어린이창작놀이터 1층 '밭'
5. 관악어린이창작놀이터 2층 '싹'
6. 관악어린이창작놀이터 옥상 '볕'
7~9. 치자 염색 주머니 만들기

요일에 상관없이 항상 배울 수 있는 상설 프로그램도 있다. 상설 프로그램은 관악창작공방을 방문하는 누구나 참여할 수 있으며, 3개월마다 주제가 바뀐다. 단체라면 평일에 강좌를 신청할

염색
염료를 사용해 실이나 천에 물들이는 일을 말한다.

매염
물감이 섬유에 직접 물들지 않는 경우 매염제를 사용해 색소를 고착시키거나 색을 내는 방법을 말한다.

수세
염색과 매염 과정을 마친 천에 남아있는 염료를 물로 씻는 일을 말한다.

수도 있다.

'치자 염색 주머니 만들기'는 특히 인기가 많은 체험이다. 주머니에 직접 그림을 그리고 색을 입히는 과정이 아이들의 호기심을 자극한다. 프로그램에 참여한 아이들은 우선 '염색이 무엇인지', '어떤 과정을 거쳐 옷감에 색이 입혀지는지'에 대해 배운다. 아이들은 주머니에 어떤 그림을 그릴지 고민하면서 만들기 과정을 시작한다. 밑그림을 완성한 후에는 염색용 크레파스로 색을 칠한다. 이때 중요한 것은 빈 공간이 남지 않게 채워야 한다는 것이다. 색을 칠하지 않은 곳에는 염색 과정에서 노란색 물이 들기 때문이다. 색칠이 끝난 후에는 염색물의 변형을 막기 위해 다림질을 하고 미리 준비한 치자 물에 주머니를 담가 색을 들인다. 전통적인 염색 과정은 염료 추출, 염색*, 매염*, 수세*, 말리기 등으로 시간도 오래 걸리고 아이들이 따라하기 어렵다. 하지만 창작놀이터에서 체험하는 치자 염색 주머니 만들기는 짧은 시간 안에 예쁘게 염색 주머니를 만들 수 있어 아이들에게 추천할 만하다.

 온 가족이 즐기는 공연, 명랑방석극장

주말에는 온 가족이 즐길 수 있는 명랑방석극장 프로그램이 준비되어 있다. 클래식 콘서트를 비롯해 복합인형극, 음악극, 국악뮤지컬 등 다양한 공연이 매달 넷째 주 토요일(오후 2시, 4시)에 펼쳐진다. 명랑방석극장은 인기가 높아 선착순이 아닌 자체 시스템을 통한 추첨으로 관람객을 선정한다. 5~13세 어린이가 있는 가족이라면 누구나 공연을 즐길 수 있으며 관람료는 3000원이다.

1~2. 명랑방석극장

054 뽀로로가 탄생한 애니메이션의 산실
서울애니메이션센터

주소 서울시 중구 소파로 126
관람 시간 09:00~18:00
휴관일 매주 월요일, 국정 공휴일
관람료 입장 무료(애니시네마, 4D 가상체험관, 일부 체험 유료)
홈페이지 www.ani.seoul.kr
전화 02-3455-8341~2

서울애니메이션센터는 '뽀로로', '라바', '꼬마버스 타요' 등 전 세계에서 인기를 끌고 있는 국산 캐릭터가 탄생한 곳이다. 작가들이 입주해 있는 작업실을 비롯해 만화, 애니메이션과 관련한 볼거리가 모두 모여있다. 아이는 물론 부모 세대도 공감할 수 있는 추억의 만화 관련 전시물도 있다. 전시와 애니메이션, 만화책을 모두 무료로 즐길 수 있어 아이와 부담 없이 찾기 좋다.

🚀 친숙한 만화 캐릭터 속으로 GO GO!

센터 입구에 다다르면 어른 키를 훌쩍 넘는 '로봇 태권 브이'가 관람객을 맞는다. 우거진 산책로를 따라 《아기공룡 둘리》와 《날아라 슈퍼보드》의 주인공들도 줄줄이 나타난다. 마당을 지나 건물 앞에는 아이들에게 친숙한 《꼬마버스 타요》, 《라바》 포토존이 있다. 로비에 들어서면 '뽀로로와 친구들', '로보카폴리', '뿌까' 등 온갖 캐릭터가 아이들의 발목을 붙든다. 서울애니메이션센터로 입장하기도 전에 기념사진을 찍느라 부모들이 더 분주하다. 아이와 부모 모두 흥분의 열기가 느껴진다. 신나서 발걸음이 가벼워진 아이의 손을 잡고 안으로 들어가 보자.

센터는 크게 기획전시실, 체험실, 애니시네마, 4D 가상체험관, 그림자극장 등이 있는 '본관'과 도서정보실, 애니툰존이 있는 '만화의 집'으로 나뉜다. 본관에서 전시와 체험을 즐긴 뒤 만화의 집으로 이동하는 코스를 추천한다. 기획전시실에서는 2개월마다 만화와 관련된 전시를 연다. 《아기공룡 둘리》의 작가 '김수정 특별전'(2015), '라바 전'(2014) 등이 대표적이다. 전시와 연계한 체험 이벤트에 참여해보는 것도 좋겠다. '페이스페인팅', '캐릭터 비누 만들기' 등 다양한 이벤트가 기다리고 있다. 전시실 옆 '그림자극장'에서는 실루엣 애니메이션을 관람하면서 손으로 그림자놀이를 할 수 있다. 비둘기와 사슴, 여우 그림자를 만들며 깔깔거리는 아이의 모습을 보고 있으면 어른도 같이 순수한 시절로 돌아간다.

아이를 데리고 번잡한 멀티플렉스 극장에 갈 엄두가 나지 않는다면 '애니시네마'를 이용해보면 어떨까. 국내 최초 애니메이션 전용 극장으로 국내 장편 애니메이션을 정기적으로 상영하고 있다.

1. 로봇 태권 브이
2. 아기공룡 둘리와 해치
3. 《뽀롱뽀롱 뽀로로》 속 캐릭터

애니메이션은 어떻게 만들어질까?

애니메이션 캐릭터를 보는 것만으로도 흥분을 감출 수 없지만 더 재미있는 것이 기다리고 있다. 바로 애니메이션의 원리를 알아볼 수 있는 체험이다. 매표소에서 클레이 재료를 구입해 '스톱모션 체험실'로 이동해보자.

안내지를 참조해 클레이로 캐릭터를 만든 후 동영상을 직접 제작해볼 수 있다. 캐릭터를 조금씩 움직이며 사진을 촬영한다. 찍은 사진 여러 장을 동영상으로 이어 붙이면 마치 캐릭터가 살아 움직이는 것처럼 보인다. 간단한 원리지만 아이들은 애니메이션 한 편을 만든다는 사실에 뿌듯해한다. 체험은 매시간 정각에 시작하며 45분 동안 진행한다.

아이가 어리다면 '클레이 그림 액자 만들기' 체험을 추천한다. 만든 캐릭터를 액자에 붙여 집에 가져갈 수 있다. 맞은편 '캐릭터공작실'에서도 다양한 체험이 가능하다. 종이 도안으로 만드는 '페이퍼 토이', 나무판 캐릭터나 패브릭 인형에 색을 입혀보는 '캐릭터우드', '나만의 캐릭터 인형 만들기' 등 손재주를 뽐낼 수 있는 체험물이 가득하다. 참가비는 재료에 따라 3000~1만 원 선이다.

상시 체험 외에도 초등학생을 대상으로 무료 만화 교육프로그램을 정기적으로 운영한다. '출동! 만화 뉴스 기자단', '키즈툰 애니틴스쿨' 등 만화 뉴스 매거진이나 만화 창작물을 만드는 과정에 직접 참여할 수 있다.

애니메이션과 만화책을 무료로 볼 수 있는 '만화의 집'

본관에서 나와 맨 오른편 건물로 가면 '만화의 집'이 나온다. 1층은 '도서정보실', 2층은 만화영상자료를 소장한 '애니툰존'이다. 누구나 무료로 이용할 수 있어 인근의 학생들이나 아이를 동반한 부모가 많이 찾는다. 도서정보실에서는 부모 세대의 옛날 만화

1. 도서정보실
2~3. 애니툰존

책부터 아이들을 위한 학습 만화, 만화 잡지, 최신 웹툰까지 골고루 만날 수 있다. 2층 애니툰존으로 이어진 복도 책장도 볼거리가 많다. 「댕기」를 비롯한 추억의 만화 잡지와 희귀본이 빼곡히 꽂혀있다. 아이뿐 아니라 엄마도 동심으로 돌아가 추억의 만화를 감상할 수 있다.

애니툰존은 아이와 편안하게 누워 애니메이션을 감상할 수 있는 공간이다. 1~2인석과 가족석을 고루 갖춰놓았다. 영상정보실에서 원하는 자료를 골라 안내데스크에 신분증을 맡기고 관람하면 된다. 특히 《마법천자문》은 아이들에게 인기 만점이다. 국내 애니메이션뿐만 아니라 일본의 《명탐정 코난》과 디즈니 애니메이션 《겨울왕국》 등을 소장하고 있다. 애니툰존에 자리한 '미니시어터'에서는 주말과 방학 때 정기적으로 1일 2회 애니메이션을 상영한다.

1. 추억의 명랑골목
2. 만화가 사인
3. 만화갤러리 재미랑

만화 주인공과 숨바꼭질하며 걷는 '재미로'

서울애니메이션센터 맞은편에서 시작되는 만화의 거리 '재미로'는 명동역까지 이어진다. 아이와 찬찬히 거닐며 곳곳에 숨은 캐릭터를 찾아보자. 센터 바로 아래 '만화의 언덕'에서는 『달려라 하니』, 『열혈강호』, 『공포의 외인구단』, 『식객』 등 우리나라를 대표하는 만화 캐릭터 40여 점을 만날 수 있다. 마치 만화 속 공간을 걷는 듯한 느낌이 든다. 아이와 부모 모두 신나서 마음까지 들썩인다.

캐릭터가 그려진 가게 간판들도 하나같이 재미있다. 재미로 뒷길에 있는 '도로도로 골목길', '추억의 명랑골목'도 아이와 걷기 좋다. 한적한 골목을 따라 『맹꽁이 서당』, 『고인돌』, 『로봇 찌빠』 등 1960~1980년대 명랑만화 캐릭터가 얼굴을 내민다. 부모에게는 어린 시절의 추억을, 아이들에게는 색다른 재미를 안겨준다. 재미로 중간 즈음에는 만화갤러리 '재미랑'도 있다. 'ㅁ'과

'ㅎ'을 포갠 모양의 노란 건물이 눈에 띈다. 재미랑에서는 4개월마다 바뀌는 기획전시와 웹툰 작가들의 상설전시를 무료로 볼 수 있다. 건물의 맨 꼭대기 층은 만화 다락방이다. 신발을 벗고 편안히 앉아 만화책을 볼 수 있는 만화방과 야외 테라스를 갖춰 놓았다. 강풀의『순정만화』,『그대를 사랑합니다』, 윤태호의『미생』등 인기 만화가들의 화제작과 어린이용 교육 만화도 만날 수 있다.

아이와 참여하기 좋은 풍성한 행사들

서울애니메이션센터와 재미로 일대에서는 매년 풍성한 축제가 열린다. 1년에 한 번 여는 '서울국제만화애니메이션페스티벌', 상·하반기로 나누어 진행하는 서울만화거리축제 '재미로 놀자', 어린이날 즈음 열리는 '가정의 달 행사' 등이 있다. 또한 '전래놀이체험', '캐릭터 코스프레', '캐리커쳐', '아트마켓', '거리 공연' 등 아이들이 참여할 수 있는 체험거리가 많다. 아이에게 생동감 넘치는 경험을 선사하고 싶다면 참여해보자.

 함께 가보면 좋아요

남산케이블카 & N서울타워

서울애니메이션센터에서 조금만 올라가면 남산케이블카 매표소다. 아이들이 좋아하는 케이블카를 타고 N서울타워에 올라보는 것도 기억에 남을 것이다. 굳이 타워 전망대까지 올라가지 않더라도 야외 루프테라스에서 시원하게 펼쳐진 서울 전경을 내려다볼 수 있다. 테라스에 빼곡하게 매달린 사랑의 자물쇠도 볼거리다. 타워 지하에 위치한 '박물관은 살아있다'에서 신기한 트릭아트의 세계를 만끽해보는 것도 추천한다.

남산케이블카

055 과학동아천문대

도심 한가운데서 즐기는 별 헤는 밤

주소 서울시 용산구 청파로 109 나진전자월드 7층
관람 시간 프로그램에 따라 예약제 운영
휴관일 프로그램 예약이 없는 경우 휴관
관람료 주간 프로그램 1만 5000원, 야간 프로그램 2만 5000원, 특별 프로그램 3만 5000원
홈페이지 star.dongascience.com
전화 02-3148-0704

도시의 화려한 불빛이 밤하늘의 별빛을 지워버리면서, 어느새 아이와 까만 밤하늘을 올려다보며 별자리를 찾는 일은 특별한 경험이 되었다. 아이와 도심 한가운데서 별 헤는 낭만적인 밤을 꿈꾼다면 과학동아천문대로 떠나자. 서울 용산구 전자상가 건물 옥상에 자리 잡은 과학동아천문대는 별을 보려면 자연 속에 있는 천문대로 향해야 한다는 고정관념을 깬다. 도심 한가운데서 보는 별 세상에 아이는 벌써 설렌다.

서울의 중심에서 별을 보다

과학동아천문대가 위치한 용산은 대중교통을 이용하면 쉽게 닿을 수 있는 곳이다. 지방에서 와도 기차역(용산역)에서 내리면 걸어서 갈 수 있으니, 위치가 절묘하다. 용산은 전자상가가 밀집해 있는 지역이다. 전자상가 어디에서도 옥상 위 천문대가 잘 보인다. 도심 한복판에 천문대가 있는 것은 신기하고 반가운 일이다. 아이는 벌써 커다란 망원경과 그 안에 펼쳐질 지구 밖 풍경이 궁금해 엄마 손을 잡아끈다.

과학동아천문대는 도시에서도 별을 보아야 한다는 생각에 서울 한가운데 자리를 잡았다. 밤이 되어도 도시를 밝히는 불빛 때문에 별이 잘 보이지 않을까, 크게 걱정할 필요는 없다. 원형으로 생긴 천체관측관은 천체의 아름다운 모습을 감상하기에 부족함이 없다.

2013년 11월에 개관한 과학동아천문대는 최신 시설과 장비를 갖추고 별을 보고 싶은 사람들을 기다린다. 옥상 공원에 오르면 천체투영관과 천체관측관이 보인다. 돔 형태로 비

1. 용산 전자상가 건물 옥상에 위치한 과학동아천문대
2. 천체투영관
3. 천체관측관 주망원경

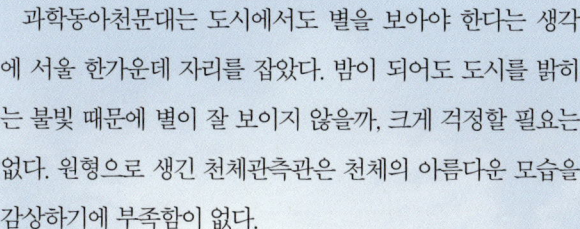

숫하게 생겼다. 먼저 만나는 공간이 천체투영관이다. 고해상도 디지털 프로젝트와 8m 돔스크린이 설치되어 있다. 아이는 이곳에서 《행성과 위성》, 《달 탐사》, 《황도 12궁》, 《일주운동》, 《태양계 여행》 등 다양한 영상을 본다.

아이가 가장 재미있어할 공간은 역시 천체관측관이다. 천체관측관은 지름 7m의 원형 돔이 360도 회전하면서 지붕을 연다. 열린 지붕 사이로 하늘이 보인다. 천체관측관의 주인공은 길이가 2.5m에 달하는 굴절망원경이다. 굴절망원경의 눈을 빌리면 달, 행성 등을 선명하게 볼 수 있다. 까마득한 거리에 있는 우주를 눈앞에서 볼 수 있다는 게 신기하다. 옥상에 마련한 보조관측실에도 천체망원경이 있다. 10인치 반사굴절망원경, 5인치 굴절망원경, 25X100 쌍안경, 코로나도 태양망원경 등이다. 특별 프로그램에 참가한 아이들은 4인치 실습용 굴절망원경으로 하늘을 보는 기회를 갖는다. 제 손으로 망원경을 조작하고 별을 찾는 과정은 아이에게는 신비로운 경험이다.

초등학교 교과 과정과 연계되어 있는 '별학교'

과학동아천문대 홈페이지 달력에는 빈자리가 없을 정도로 교육 프로그램이 다양하다. 대표적인 프로그램이 '별학교'다. 별학교는 초등학교 저학년 과정으로, 탐구 과정과 심화 과정으로 나뉜다. 각 과정은 한 달에 1회, 12개월 동안 진행한다. '별똥별반', '시리우스반', '스피카반', '카펠라반', '프로키온반', '초신성반', '은하수반', '북두칠성반', '뉴턴반', '아인슈타인반'이 별학교의 반 이름이다. 별과 과학자의 이름을 따서 만든 반 이름이 아이들의 호기심을 자극한다. 별학교에서는 초등학교 교과 과정을 중심으로 우주에 대한 호기심을 불어넣을 수 있는 교육 프로그램을 마련하고 있다. 『별 헤는 밤 천문우주 실험실』, 『WHAT? 우

1~2. 별학교 수업

주』, 『별가족 블랙홀에 빠지다』 등 천문 관련 저서를 다수 집필한 김지현 전 안성천문대장이 교장을 맡아 운영 중이다. 별학교는 아이가 천체전문가에게 우주에 관한 강의를 들을 수 있는 좋은 기회다.

탐구 과정은 우주에 관한 흥미를 유발하는 내용으로 가득 차있다. '별과 함께하는 우주탐험대', '천체망원경과 친구하기', '아름다운 성단과 성운', '우리나라 전통별자리', '우주탐사선과 로켓', '초신성과 블랙홀 탐험', '아름다운 별과 우주' 등을 배운다. 천체에 관한 기초 지식과 호기심을 끌어올릴 만한 커리큘럼이다.

탐구 과정을 통해 우주와 천체에 대해 흥미를 느낀 아이는 좀 더 높은 수준의 심화 과정에 참여해보자. 심화 과정은 탐구 과정을 마치거나 별도의 테스트를 거쳐야 참가할 수 있다. 심화 과정은 '별자리 여행과 우주탐험', '달과 함께하는 위성탐험', '천체망원경의 원리와 구조', '태양계 46억 년의 역사', '우주과학으로 만나는 별', '블랙홀이 그려내는 우주', '아름다운 우리 은하 여행', '은하단과 우주의 구조', '138억 년 우주의 역사' 등의 내용으로 이루어진다.

별학교의 모든 과정은 초등학교 교과 과정과 연계해 진행한다. 아이는 천체투영관과 천체관측관에서 체험과 실습 활동을 하며 우주과학 탐구 활동 자료집을 받는다. 별학교는 우주과학 글짓기 대회를 개최하며, 우수작으로 뽑힌 글은 「어린이 과학동아」에 게재한다. 1년 과정을 무사히 마친 아이에게는 수료증을 지급한다.

우주 과학자에 한 발짝 다가가는 '별스카우트' 과정

'별스카우트'는 별과 우주를 좀 더 깊이 있게 탐구하는 과정이다. 천체 전문가가 되고 싶은 초등학교 고학년을 대상으로 한 달에 1회, 12개월 동안 진행한다. 과정은 10명 내외의 소수정예로 운영한다. 과정을 마친 아이에게는 수료증을 발급하고, 열심히 참가한 아이에게는 상장도 수여한다. 강사는 세종천문대와 안성천문대 대장을 지낸 과학동아천문대 김영진 천문대장이다.

별스카우트 과정은 매회 주제에 맞는 공작과 미션 활동으로 이뤄진다. '야광 별자리판 만들기', '4계절 별자리판 만들기', '태양계 모빌 만들기', '망원경 만들기' 등의 공작 활동과 '블랙홀에선 무슨 일이', '달에서 살아남기', '행성 탐사계획과 비밀임무', '우주선에 가면' 등의 미션 활동을 진행한다. 마지막 수업 시간에는 시골에 있는 천문대를 탐방한다. 그동안 배운 내용을 확인할 수 있는 시간이자, 도심에서 보기 힘든 별자리를 관찰하고 천체사진을 찍어볼 기회다. 별스카우트 과정에 참가한 아이는 매회 스카우트 활동지를 작성하고 과제를 해결하며, 우주과학자의 꿈을 키운다.

 우주과학 지식을 쌓는 다양한 프로그램

몇 차례 방문해야 하는 과정이 부담스럽다면 해바라기 · 별바라기 프로그램에 참가하는 것도 좋다. 해바라기 프로그램은 태양

1~2. 천체투영관에서 상영하는 영상

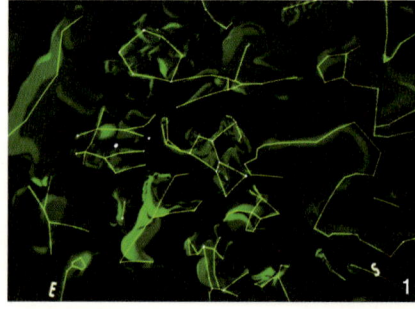

1~2. 천체를 관측하는 아이들

을 관측하는 프로그램이다. 흑점과 백반을 관찰하고, 과학동아천문대가 보유한 태양 전용 망원경을 이용해 홍염도 관찰한다. 또한 지상 풍경을 관찰하며 망원경과 쌍안경의 원리도 배운다.
별바라기 프로그램은 '별과 별자리', '별과 태양계'로 나뉜다. 별과 우주에 대해 배우는 '별과 별자리'는 과학동아천문대 대표 프로그램이다. 가상 시뮬레이션을 이용해 계절에 따른 별자리와 우주의 모습을 관측한다. 더불어 야광 별자리판을 만들고 천체 관측 체험도 한다. '별과 태양계'는 태양계에 대한 우주과학 지식을 배우는 프로그램이다. 다양한 그래픽 자료와 영상 자료를 활용해 아이가 이해할 수 있도록 돕는다. 해바라기·별바라기 프로그램은 온 가족이 참여할 수 있다.
이 밖에도 과학동아천문대는 칠월칠석, 정월 대보름, 핼러윈데이, 설날, 추석 등 천문과 관련한 날에 다양한 이벤트와 프로그램을 진행하고 있다.

056 인천재미난박물관

장난감에 숨어있는 과학 원리를 찾아라!

주소 인천시 중구 인중로 190
관람 시간 10:00~17:00(여름방학 기간 동안 18:00까지 연장)
휴관일 매주 월요일(월요일이 공휴일인 경우 정상 개관), 추석·설날 당일 및 하루 전
관람료 6000원, 24개월 이하 무료
홈페이지 www.funkr.com
전화 032-765-0780

아이 방에 굴러다니는 장난감 하나에도 수많은 과학 원리가 숨어있다. 장난감만큼 과학 원리를 쉽게 설명할 수 있는 교구도 없지만, 부모가 과학 원리를 직접 설명하기란 쉽지 않다. 만만한 장난감에 만만하지 않은 과학 원리가 들어있는 탓이다. 장난감이 빼곡히 들어찬 인천재미난박물관에는 아이가 놀면서 깨우칠 수 있는 과학 원리가 가득하다.

아이의 호기심을 채워주는 체험식 전시관

아이와 함께 인천재미난박물관을 찾은 엄마, 아빠는 지루할 틈이 없다. 미취학 아동부터 어른까지 흥미를 가질 만한 체험물이 많기 때문이다. 상가 건물에 자리해 있어 화려한 시설물은 없지만 알찬 전시물은 여느 박물관 못지않다. 680여 개의 완구들을 매분기 20% 정도 교체하고 있어 방문할 때마다 새로운 체험을 즐길 수 있다. 학기 중 평일에는 단체 관람객만 입장 가능하니 주말이나 방학때 이용하자.

박물관은 2층 '빛 소리관'과 3층 '움직임관'으로 나뉜다. 오감을 활짝 열고 손으로 만져보거나 소리를 듣거나 착용해볼 수 있는 전시물이 대부분이다. 단순히 장난감 구경으로 끝나지 않으려면 엄마, 아빠의 역할이 중요하다. 간단한 작동법을 알려주며 아이가 과학 원리에 호기심을 갖도록 유도해주자. 장난감을 이리저리 돌려보고 만져보는 동안 재미있는 과학 원리를 몸으로 깨우칠 수 있다.

1. 2층 빛 소리관
2. 3층 움직임관

 ### 과학 원리를 배울 수 있는 교구들의 천국!

2층 빛 소리관에는 1950년대 기계식 완구부터 현대의 전자식 완구까지, 이곳 관장이 십 수년간 모은 전 세계 장난감이 전시되어 있다. '음악 소리에 맞춰 악기를 연주하는 인형', '스틱을 조종해 움직이는 로보킹', '빙글빙글 돌아가는 놀이동산 모형' 등이 아이들의 시선을 끈다. 길이와 부피의 착시 효과를 이용한 '사라진 난장이 퍼즐', 자전거 기어의 원리를 알 수 있는 '자석 톱니바퀴', 물레방아의 움직임을 활용한 '미스터리 서커스맨' 등은 간단한 수학과 과학 원리를 살펴볼 수 있는 흥미로운 교구다.

손뼉을 치면 유리 상자 속 벌새가 꽃 속으로 들어가 꿀을 빨아 먹기도 하고, 해파리 로봇이 소리에 반응해 물속에서 춤을 추기도 한다. 전시물마다 신기한 요소를 갖추고 있어 어느 것 하나 지나칠 수 없다. 교구들을 하나하나 만지고 작동하다 보면 반나절이 훌쩍 지나간다. 운동장처럼 누빌 수 있는 놀이 기구도 마련되어 있어 아이들이 마음껏 뛰어놀기 좋다. 인도네시아 정통악기인 '가믈란', 베트남 악기 '트룽' 등 세계 민속 타악기와 전자악기도 아이들에게 인기다. 전자악기인 '레이저 신디사이저'는 아이들이 직접 음악을 만들어볼 수 있는 도구다. 눈에 보이지 않는 레이저 빔이 손의 움직임을 포착해 다양한 선율을 만들어낸다. 전시장 한쪽에 마련된 '빛 체험관'에서는 광섬유로 만든 '나비와 공작새', '산타마을 디오라마' 등의 전시물을 통해 신비로운 빛의 세계를 체험할 수 있다.

 무엇에 쓰는 물건일까?

2층 전시관에서는 생활 속 아이디어가 돋보이는 소품도 볼거리다. 세수하기 싫어하는 아이가 있다면 '신기한 세숫대야' 앞에 세워보자. 테두리를 문지르면 물방울이 춤추듯 튀어 오른다. 옛날 임금은 손을 사용하지 않고 튀어 오르는 물방울로 세수를 했다고 한다. 흥미로운 현상 뒤에는 '마찰'과 '진동'이라는 과학 원리가 숨어있다.

이외에도 거울의 반사 원리를 이용해 누운 채로 책을 볼 수 있는 '안경', 돌돌 말아 어디든 갖고 다닐 수 있는 '롤 피아노', 양이온과 음이온의 원리로 냄새를 제거하는 '스테인리스 비누' 등 아이들에게 창의적인 발상을 안겨줄 물건이 많다. 아이들은 위대한 발명품도 일상의 사소한 발견에서 시작된다는 사실을 배운다.

 시간 가는 줄 모르게 재미있는 체험 놀이터

2층이 발견의 공간이라면 3층 '움직임관'은 다양한 놀이에 적용할 수 있는 체험 공간이다. 테이블마다 '보드게임', '퍼즐', '블록', '몸채만한 도형 탑 쌓기' 등 재미있는 놀이 도구를 갖춰놓았다.

1. 인도네시아 민속악기 '가믈란'
2. 베트남 전통악기 '트룽'
3. 자석 톱니바퀴
4. 롤 피아노
5. 사라진 난장이 퍼즐
6. 신기한 세숫대야
7. 로보킹

아이뿐만 아니라 부모들도 만들기나 게임에 푹 빠져 시간 가는 줄 모른다. 네모, 세모 모양의 비눗방울을 만들어볼 수 있는 기구와 2m가 넘는 비눗방울 체험을 할 수 있는 '빅버블', 돔 형태의 놀이 기구 등도 아이들에게 인기다.

박물관에서 체험한 도구들을 눈여겨봐 뒀다가 집에서 적용해보는 건 어떨까. 집에 있는 물건을 활용해 아이와 함께 장난감이나 교구를 만들어보는 것도 좋겠다.

빅버블

함께 가보면 좋아요

배다리역사문화마을

배다리마을은 제물포항이 열린 뒤 일본인에게 밀려난 조선인이 모여 살던 곳이다. 옛날에는 만조 때마다 불어난 바닷물이 이 일대까지 흘러들어와, 임시 방편으로 배를 여러 척 잇대어 건너 다녔다. 그래서 '배다리'라는 이름이 붙었다. 현재는 헌책방 거리와 작은 갤러리, 벽화골목으로 구성된 '배다리역사문화마을'이 되었다. 배다리역사문화마을 여행은 출발점을 마을의 들머리인 '달이네'로 잡으면 편하다. 안내소를 겸한 문화 공간으로 생활사전시관, 책방이 있다. 달이네에서 왼쪽 편으로는 '요일가게'가 있다. 요일가게는 '핸드메이드 공방', '인천 여행가

요일가게

아벨서점

이드', '천연 비누 만들기' 등 매일 다른 프로그램을 돌아가면서 연다. 아이와 함께할 만한 프로그램을 골라 달이네에서 예약하면 된다. 다시 왔던 길로 돌아가면 헌책방 거리가 이어진다. 가장 먼저 만나는 '아벨서점'을 비롯해 현재 다섯 곳의 책방이 남아있다. 전시관과 책방을 겸한 '아벨전시관', 무료로 사진전을 볼 수 있는 '사진공간 배다리'도 나란히 있다. 옛 양조장 건물을 리모델링해 전시관과 무인카페로 운영 중인 '스페이스 빔', 마을사진관 '다행', '한점갤러리' 등도 아이와 함께 들르기 좋다.

057 서울시민청
오가며 예술을 즐기는 문턱 낮춘 문화 공간

주소 서울시 중구 세종대로110
관람 시간 09:00~21:00
휴관일 1월 1일, 설날·추석 당일
관람료 무료
홈페이지 www.seoulcitizenhall.kr
전화 02-120

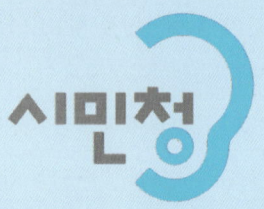

서울시는 시민들을 위해 서울시의 역사를 알리고, 문화를 향유할 수 있는 공간을 마련했다. 서울시청 지하 1, 2층에 자리한 '시민청'이 바로 그곳이다. 시청 속 시민청이라니, 비슷하면서도 다른 이름이다. 비밀은 시민청의 이름 '청'자에 숨어있다. 관청을 뜻하는 '청(廳)'자가 아니다. 상대의 의견을 듣는 '청(聽)'이다. 뜻을 아는 순간 공간의 의미를 이해할 수 있다. 일방이 아닌 쌍방향으로 소통하며, 시민의 의견을 적극 반영하는 곳. 이곳이 바로 시민청이다.

서울의 길에 얽힌 역사뿐만 아니라 다양한 예술작품을 볼 수 있는 곳

우선 안내데스크에서 팸플릿 한 부를 받고 움직이자. 팸플릿에는 시민청 2개 층에 대한 설명이 그림과 글로 풀어져 있다. 잘 만든 지도를 보는 느낌이다. 지하 1층으로 내려가면 공연 무대와 객석이 있는 광장이 보인다. 이곳을 중심으로 '갤러리', '공정무역가게', '카페', '책방', '군기시유적전시실' 등이 자리 잡았다. 지하 1층에서는 '시민청갤러리', '시티갤러리', '소리갤러리', '뜬구름갤러리' 등 모두 4개의 갤러리를 만날 수 있다.

카페를 지나면 시민청갤러리다. 기획전시를 주로 개최한다. 2015년에는 '한국-프랑스 현대미술 교류전', '단순함의 미학', '댄스토리 서울' 등의 전시회를 열었다. 한국과 스페인 수교 65주년을 기념해 마련한 '회화의 숨결 : 헤수스 수스' 전은 유명 미술관에서도 접하기 힘든 스페인 예술을 감상할 기회였다.

시티갤러리는 서울시청을 홍보하는 공간이다. 서울의 역사와 신청사 건립 과정, '숫자로 보는 2018' 등의 자료를 모아놓았다. 특히 '안전한 서울, 꿈꾸는 서울, 따뜻한 서울, 숨 쉬는 서울'을 설명한 패널이 눈에 띈다. 아이에게는 갤러리 중앙에 마련한 '한양 도성 이야기 여행길'을 꼭 보여주자. 서울의 길에 얽힌 역사를 공부할 수 있다.

1. 시티갤러리
2. 힐링프로젝트 '마음'
3. 마음약방 자판기

활짝라운지 옆으로 들어가면 소리갤러리다. 힐링프로젝트 '마음'을 전시한다. 마음 프로젝트는 3개의 주제로 나뉜다. 첫 번째 '마음, 열다'는 자연을 주제로 한 미디어 설치작품을 보여준다. 2015년 상반기에는 이현진 작가의 '빛 그리고 빛' 전시회를 마련했다. 시각, 청각, 촉각을 통해 접하는 초록빛은 숲에 들어

1. 군기시유적전시실
2. 뜬구름갤러리
3. 타임캡슐
4. 낙서테이블

온 듯한 느낌을 주었다. 두 번째 '마음, 나누다'는 소리갤러리를 찾은 관람객이 선택한 글을 사랑하는 사람에게 보내주는 프로젝트다. 세 번째 '마음, 받다'는 '마음 약방' 자판기다. 500원을 내고 20가지 증상 중 하나를 고르면 처방전이 나온다. '꿈 소멸증', '외톨이 바이러스', '월요병 말기' 등 증상 이름이 재미있다. 처방전도 흥미롭다. 유명 작가나 기업체가 제공한 작품이나 물품이다. 아이는 어떤 증상을 선택할까. 마음약방 자판기 앞에서 아이의 마음을 들여다보는 것도 부모에게는 흥미로운 일이다.

역사를 볼 수 있는 유적전시실과 서울의 하늘을 볼 수 있는 뜬구름갤러리

고개를 들어 시민청 천장을 보면 뜬구름갤러리가 있다. 시민청 천장에 설치한 45개 모니터에서 서울 시내 곳곳의 하늘 모습을 보여준다. 시민청이 지하 공간이라는 단점을 보기 좋게 극복한 아이디어다. 아이에게 보물찾기하듯 모니터들을 찾아보라고 권해보는 것도 좋다.

갤러리 외에도 아이가 좋아할 장소가 많다. '낙서테이블'에서는 손가락을 이용해 아이 마음대로 그림을 그린다. 아이가 그린 그림은 담벼락미디어 모니터로도 볼 수 있다. 스마트폰 어플리케이션을 이용해서 타임캡슐에 메시지를 저장할 수 있는 전시

● 불랑기자포

뒤에서 장전해 손으로 발사시키는 조선시대 무기다. 이 유물에 새겨진 명문을 해석하면 김석년이란 장인이 1563년 제작했으며, 무게는 약 45kg이라는 사실을 알 수 있다. 제작 시기와 제작자, 발견한 지역이 명확해 조선시대 무기 연구에 중요한 의미를 지닌다.

물도 눈에 띈다. 타임캡슐 바닥 둥근 원 안에 들어가면 아이가 저장한 메시지를 볼 수 있다. 체험하는 과정을 통해 아이와 부모는 즐거운 시간을 보낼 수 있다. 각종 행사가 열리는 '활짝라운지'와 자신의 생각을 주장하는 '시민발언대'도 아이와 함께 둘러보자.

군기시*유적전시실에서는 신청사 건립 과정에서 발견한 유물과 유적을 보존·전시한다. 보물 861-2호로 지정한 '불랑기자포'가 대표적인 유물이다. 전시실에는 발굴 당시의 현장 모습을 그대로 재현해놓았다. 아이는 건물과 석축의 흔적, 그 사이 남은 유물의 모습을 신기하게 쳐다본다. 특히 화살촉 더미와 총통 등은 아이들이 좋아하는 유물이다.

지하 2층은 심화 공간이다. 태평홀, 바스락홀, 이벤트홀, 동그라미방 등에서 강연과 워크숍 등이 열린다. 에스컬레이터로 내려가다 보면 예능 프로그램 《런닝 맨》의 출연진을 모델로 한 조형물과 포토존이 있다. 기념사진을 찍기에 좋다.

군기시
무기를 만들던 조선시대 국가 기관이다. 조선 태조 원년(1392년)에 설치해 고종 21년(1884년)에 폐지했다. 군기시에 소속된 장인은 무려 600여 명에 이르렀고, 무기를 제조하는 수준이 매우 뛰어났다고 전해진다.

 365일 문화 행사가 열리는 시민청

시민청에서는 평일과 주말을 가리지 않고 '활력콘서트', '바스락콘서트', '토요일은 청이 좋아', '한마음살림장' 등 다양한 프로그램을 개최한다. 2015년에는 가수 십센치, 선우정아, 홍경민 등이 무대에 올랐다. 시민청에서 오디션으로 뽑은 '2015 시민청예술가' 60팀(인디밴드, 사물놀이, 클래식 앙상블, 바이올린, 재즈 밴드 등)도 상설 공연으로 시민과 함께했다.

서울책방

특히 아이들을 대상으로 하는 행사와 프로그램이 많다. '말하는 책방'은 매주 일요일 서울책방에서 열린다. 시민청 안에서 스탬프를 모으면 기념 스티커를 주는 놀이도 있다. '누구나 예술가-자전거 놀이터'는 자신만의 아지트에서 자전거 휠을 이용해 매듭 놀이를 하는 프로그램이다. '시티 캠핑'에서는 자신이 상상한 대로 플레이스 메이커를 만든다. '도자 물고기 만들기'에서는 흙을 반죽해보는 체험을 하고 '플랭글과 함께하는 신나는 체험'에서는 시계를 이용해 숫자 감각을 익혀볼 수 있다. '어린이 극장'에 가면 엄마, 아빠와 함께 영화를 감상한다.

 함께 가보면 좋아요

옛 서울 시장들이 일하던 공간

옛 서울시청사 3층에 가면 역대 서울 시장들이 일하던 공간에 들어갈 수가 있다. 이곳은 해방 후 약 60여 년 동안 서울시장들이 일을 하던 곳인데 '시장실', '접견실', '기획상황실' 등 3개의 방으로 나뉜다. 처음 들어가는 방이 기획상황실이다. 시장과 공무원, 전문가 등이 모여 서울의 중요한 문제를 두고 회의하고 결정하는 곳이다. 그 다음은 접견실이다. 서울시를 찾은 국내외 손님들을 맞이하거나 중요한 각서를 체결하고 교환하던 곳이다. 공무원이나 시민들에게 표창을 수여하거나 홍보대사 위촉장을 주기도 했다. 바로 다음이 시장실이다. 큰 책상과 수북이 쌓인 서류가 가장 먼저 보인다. 벽에 전시되어 있는 1대부터 36대까지 시장들의 사진도 눈에 띈다.

옛 접견실

옛 서울시장실

1대부터 36대까지 시장 사진

058 지질박물관
땅의 역사가 기록되어 있는 곳

주소 대전시 유성구 과학로124 한국지질자원연구원
관람 시간 10:00~17:00(16:30까지 입장 가능)
휴관일 매주 월요일, 법정 공휴일 다음 날, 1월 1일, 설날·추석 연휴, 근로자의 날, 임시 공휴일
관람료 무료
홈페이지 museum.kigam.re.kr
전화 042-868-3797

우리가 딛고 서있는 이 땅은 언제 어떻게 만들어진 걸까? 지질박물관에서는 지구 탄생의 비밀을 엿볼 수 있다. 지질학은 지구의 물질, 형성 과정, 생물 등을 연구하는 분야다. 암석, 광물, 화석 등은 일상생활에서 무심코 지나치기 쉽지만 지질학 분야에서는 매우 중요한 자료다. 오래된 과거부터 지금은 사라진 생물까지 연구 범위도 매우 넓다. 아이들에게 지구 과학에 관한 호기심을 불러일으키고 싶다면 이곳으로 가보자.

지구 과학의 가장 훌륭한 안내자, 공룡

입장하자마자 아이의 눈이 커다래진다. 1층 중앙홀에 자리한 공룡 때문이다. 티라노사우르스가 에드몬토니아를 한창 뒤쫓는 중이다. 과연 누구의 달리기가 더 빠를까. 고개를 드니 익룡 프테라노돈이 하늘을 날고 바닥엔 공룡 화석이 놓여있다. 반대편 벽에 전시 중인 대형 지구본도 아이들의 눈길을 사로잡는다.

에드몬토니아

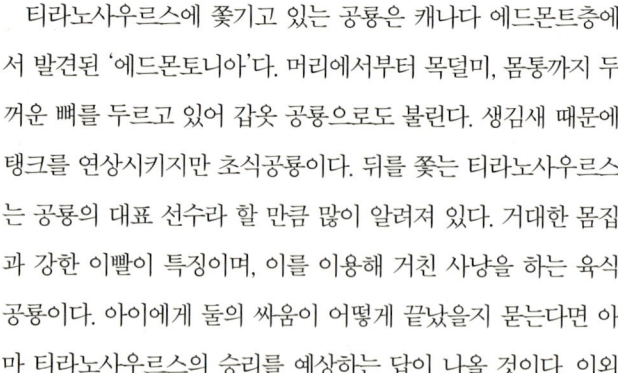

티라노사우르스

공룡은 지구 상에서 사라진 지 오래되어 여전히 베일에 싸인 존재다. 그래서 영화와 소설에 단골로 등장하는 소재 중 하나다. 다양한 상상력을 불러일으키는 공룡은 역시 아이들에게 인기가 많다. 공룡은 약 2억 3천만 년 전 지구에 나타나 중생대 쥐라기와 백악기에 전성기를 누리던 대형 육상 파충류를 말한다. '공룡(Dinosaur)'이란 이름은 영국 고생물학자 리처드 오언이 1842년 처음 사용한 용어로 '무서운 파충류'란 의미다. 하늘을 나는 파충류는 '익룡', 바다에서 살았던 파충류는 '어룡'이라고 한다. 공룡이 갑자기 지구에서 사라진 이유에 대해서는 운석충돌설, 화산활동설, 홍수설 등 다양하지만 아직까지 명확히 밝혀진 바가 없다. 공룡이 다른 파충류와 구분되는 가장 큰 특징은 튼튼한 골반과 곧게 뻗은 다리다. 공룡을 보면서 공룡의 정확한 정의를 설명해주면 아이의 기억에 더 오래 남을 것이다.

티라노사우르스와 에드몬토니아의 골격

티라노사우르스에 쫓기고 있는 공룡은 캐나다 에드몬트층에서 발견된 '에드몬토니아'다. 머리에서부터 목덜미, 몸통까지 두꺼운 뼈를 두르고 있어 갑옷 공룡으로도 불린다. 생김새 때문에 탱크를 연상시키지만 초식공룡이다. 뒤를 쫓는 티라노사우르스는 공룡의 대표 선수라 할 만큼 많이 알려져 있다. 거대한 몸집과 강한 이빨이 특징이며, 이를 이용해 거친 사냥을 하는 육식공룡이다. 아이에게 둘의 싸움이 어떻게 끝났을지 묻는다면 아마 티라노사우르스의 승리를 예상하는 답이 나올 것이다. 이외에도 중앙홀에는 스테고사우르스의 사체를 뺏기 위해 알로사우르스와 고미오폴리스가 다투는 장면을 재현한 전시물이 있다. 기가노토사우르스의 두개골과 티라노사우르스의 치골도 가까운 거리에서 볼 수 있다.

대형 지구본도 지나쳐서는 안 될 전시물이다. 지름 7m로 재현한 해저지형은 바다 아래 땅의 모습을 한눈에 관찰할 수 있는 자료다. 지구 표면의 70% 이상을 차지하는 바다는 인류의 고향이면서, 미래에 나가야 할 개척 분야다. 아이의 상상력을 자극하기에 충분한 전시물이다.

1. 지구의 개관 영상 시스템
2. 화석의 진화 코너
3. 운석 전시 코너

 말 없는 지구의 역사를 증언하는 화석

'지구의 개관, 화석의 진화, 지질 탐사' 등이 1층 제1전시관의 주제다. 세 가지 주제를 설명하기 위해 다양한 모형과 영상 자료, 화석 등을 전시해놓았다. 가장 먼저 '지구의 개관'에서는 대륙의 이동과 지진, 화산, 쓰나미 등을 입체적으로 보여주는 영상 시스템을 볼 수 있다. 아이는 다양한 현상을 보면서 지구가 살아있는 자연이라는 것을 눈으로 확인한다.

'화석의 진화' 코너에서는 국내외 화석 표본을 볼 수 있다. 화석의 범위는 매우 넓다. 지질시대*에 살았던 생명체의 사체나 흔적은 화석의 대표적인 예다. 동물 발자국과 배설물의 흔적도 화석의 범주에 든다. 뼈나 껍데기도 마찬가지다. 화석은 지구의 과거를 증언하는 말 없는 기록자다.

'지질탐사' 코너에서 가장 먼저 아이에게 보여줄 전시물은 한반도 입체 지질도다. 우리나라 지형을 한눈에 관찰할 수 있다. 지질도는 암석의 종류나 분포, 지형 등 지질에 관한 정보를 담은 지도를 말한다. 지질 연구뿐 아니라 산업 발전을 위해서도 매우 중요한 기초 자료다.

2층 '제2전시관'에서는 지각을 구성하는 '암석'과 우주의 돌인

지질시대
지구가 태양계 행성으로 탄생한 이후부터를 말한다. 지층과 화석, 암석을 근거로 연대를 구분한다. 보통 선캄브리아대, 고생대, 중생대, 신생대로 나뉜다.

'운석', 암석을 구성하는 '석탄'과 같은 광물을 종합해서 볼 수 있다. '암석의 세계', '운석', '지질 및 암석 구조', '광물의 세계' 등으로 구역이 나뉘어 있다. 암석의 세계 코너에서는 암석의 순환과 활용, 종류 등을 살펴본다. 암석 종합 전시 구역인 셈이다. 암석은 크게 화성암, 퇴적암, 변성암으로 나뉜다. 마그마가 급히 냉각되면서 만들어진 화성암, 지표의 퇴적작용에 의해 만들어진 퇴적암, 암석이 열과 압력을 받아 성질이 바뀐 변성암 등 볼거리가 많다. 세 종류의 암석도 다시 세분화해 나누면 종류는 더욱 많아진다. 자칫 어렵고 복잡할 수 있는 암석의 종류를 이해하기 쉽게 전시해놓았다.

운석도 볼 수 있다. 우주 공간에서 혜성과 행성 등이 떠돌다 충돌하면서 유성이 생긴다. 유성은 지구의 대기권으로 진입하면서 마찰열로 대부분 타서 없어지지만 일부 파편이 남아 지표면에 떨어지기도 한다. 지질박물관은 실제로 1943년 전남 고흥에서 발견한 '두원원석'을 전시하고 있다. 눈앞의 돌이 멀리 우주에서 왔다는 점이 흥미롭다. 운석은 태양계 생성 당시의 기록을 간직한 중요한 자료다. 설명을 들은 아이들은 눈을 반짝인다.

지질 및 암석구조 코너에서는 습곡*과 편마상 구조*, 단층*과 절리*, 층리*와 암맥* 구조 등을 관찰한다. 광물의 세계 코너에는 광물에 관한 정보가 한자리에 모여있다. 다양한 시각 자료와 설명을 통해 지질학의 가장 기본 지식을 배운다.

땅의 역사를 엿볼 수 있는 다양한 체험 장치

1, 2층 전시관 옆은 1층 '지질과학탐험실'과 2층 '지질과학교육실'이다. 첨단 장비를 자유롭게 체험하면서 지질학을 이해하는 장소다. 지질과학탐험실에서는 디지털 체험을 할 수 있다. 터치스크린과 햅틱장치, 동작 감지 장치를 이용해 가상 체험을 한다. '생명의 흔적 찾기'에서는 가상 화석 발굴을 하고, '시간의 틈으

습곡
암석이 휘어진 상태의 지질 구조다.

편마상 구조
암석을 구성하는 광물이 규칙을 가지며 나란히 배열되는 형태를 말한다.

단층
지각이 자연의 압력으로 깨지거나 미끄러지는 현상을 말한다.

절리
암석에서 볼 수 있는 나란한 결을 뜻한다.

층리
지층을 이루는 층의 배열 상태를 말한다.

암맥
지층이나 암석의 균열에 마그마가 들어가 판 모양으로 굳어진 것이다.

로'로 들어가면 몸을 움직여 가상으로 고생대 탐험을 한다. '역동적인 지구'에서는 증강 현실 기술을 이용해 지구의 이모저모를 눈앞에 생생하게 펼쳐놓는다.

'지질과학교육실'은 감각을 이용해 체험하는 공간이다. 아이는 '현미경 속 세상'에서 가장 오랜 시간을 보낸다. 국내 여러 곳에서 직접 채굴해온 암석과 광물을 현미경으로 관찰할 수 있다. 화성암, 퇴적암, 변성암을 손으로 만져 재질을 느끼기도 한다. 현미경 코너 뒤는 돋보기로 암석을 관찰하는 자리다. 암석이 만들어지는 과정과 종류를 설명한 자료도 함께 두었다. '땅속 엿보기'는 터치스크린을 이용해 가상의 광산과 지질도를 보는 전시물이다.

지질박물관 홈페이지에 들어가면 초등학생 저학년용과 고학년용으로 나뉜 관람 학습지를 다운받을 수 있다. 다운받은 학습지를 갖고 방문하면 더욱 알찬 시간이 될 것이다.

1. 역동적인 지구 체험
2. 시간의 기록 체험
3. 현미경 속 세상
4. 암석을 관찰하는 돋보기

함께 가보면 좋아요

지질나들길

지질박물관 관람 후 입구로 나와 지질자원연구원 방향으로 걷다보면 독특한 이름의 길을 볼 수 있다. '지질나들길'이다. 아이는 약 100m 길이로 조성한 짧은 산책길을 걸으며 한반도 지질시대를 공부할 수 있다. 바닥은 선캄브리아대와 고생대, 중생대, 신생대로 나누어 있다. 양옆으로는 각 시대를 대표하는 변성암, 삼엽충, 석회암, 화강암, 현무암 등 우리나라 각지에서 채굴해온 암석 표본을 설치해놓았다. 길 중간에는 설명문도 있다. 아이는 몇 걸음만으로도, 수억 년의 역사를 뛰어넘는 경험을 할 수 있다.

지질나들길

059 쇳대박물관

열쇠를 통해 다양한 문화를 볼 수 있는 곳

주소 서울시 종로구 이화장길 100
관람 시간 10:00~18:00
휴관일 매주 월요일
관람료 성인 4000원, 청소년·어린이(4세 이상) 3000원
홈페이지 lockmuseum.co.kr
전화 02-766-6494

대학로는 젊음과 문화의 거리다. 이 거리에서 자물쇠를 닮은 모양의 건물이 손짓한다. 외관에서 느껴지는 육중한 무게가 바쁘게 돌아가는 대학로와 대비되며 이채로운 풍경을 연출한다. 붉게 녹슨 벽면과 나뭇가지 문양, '쇳대'라는 두 글자가 자못 당당하다. 열쇠와 자물쇠만을 모아 전시하는 쇳대박물관이다.

쇳대는 열쇠의 방언이다. 열쇠는 문을 잠그는 용도로 사용하지만 다양한 모습을 가진 공예품이기도 하다. 열쇠는 사용한 역사가 오래된 만큼 시대에 따른 문화적 특징이 잘 드러나는 공예품이다.

끈기로 일군 열쇠 박물관

쇳대박물관은 최홍규 관장이 오랜 시간 수집한 자물쇠와 열쇠 등을 전시한 공간이다. 최 관장은 젊은 시절 형편상 대학 진학을 포기했다. 철과 인연을 맺기 시작한 건 이때부터다. 그는 '순평금속'이라는 철물점에 취직했다. 청년 최홍규는 성실함과 끈기로 열심히 일을 해나갔다. 휴일에는 전국을 돌며 철물을 수집했다. 시간이 흘러 최 관장은 '최가철물'이라는 간판을 달고 철물점 문을 열었다. 그리고는 그동안 수집한 철물들을 자신의 사업장에 전시하기 시작했다. 쇳대박물관의 전신이라 할 수 있다. 최 관장은 40여 년 동안 철물을 모았다. 그 수가 4000여 점에 이른다. 철물에 대한 애정 없이는 불가능한 수량이다. 쇳대박물관에서는 엄선한 철물 300~350여 점을 전시한다.

은밀하고 비밀스러운 박물관

쇳대박물관은 우리나라에서 유일하게 열쇠만을 전시하는 박물관이다. 열쇠 외에 자물통, 잠글쇠도 함께 전시한다. 열쇠, 자물통, 잠글쇠가 모여 자물쇠를 이룬다.

  최 관장은 개관을 준비하며 박물관 건물을 새로 지었다. 건물의 설계는 건축가 승효상에게 부탁했다. 승효상은 건물에 대해 이렇게 설명했다. "창도 없고 장식도 없으며 오로지 철의 무게만 있다. 그것은 이 악다구니하는 풍경 속에서 긴장을 유발하는 네가티브한 비움이다. 그러나 그 속은 밝다." 하루만 지나면 순식간에 주변 풍경이 바뀌는 대학로에서 쇠의 육중한 무게로 장소의 긴장성을 조성하고 싶다는 뜻이 담겨있다. 이 뜻에 따라 쇳대박물관은 대학로에서 가장 투박한 모습으로 사람들에게 묵묵히 시선을 건넨다.

  쇳대박물관의 입구는 건물 모서리에 있다. 열쇠가 들어가는 자물쇠 구멍과 같은 모양이다. 박물관 문을 열고 들어가는 관람

1. 전시실로 가는 복도 벽에 붙은 열쇠
2. 법정스님이 쓴 글씨

객은 마치 자물쇠를 여는 열쇠인 것만 같다.

하지만 박물관은 제 속살을 쉽게 보이려 하지 않는다. 입구로 들어가면 계단과 매표소, 다시 계단이 이어진다. 슬슬 애간장이 타기 시작한다. 조도가 낮은 복도가 방문객을 안으로 잡아 끈다. 복도에는 마치 예고편처럼 수많은 열쇠가 벽에 붙어 빛깔을 뿜내고 있다. 복도 끝에 '쇳대'란 글씨가 보인다. 길을 잃지 않았음을 알리는 이정표 같다. 다시 보니 건물 벽에 걸렸던 글씨와 같다. 쇳대박물관 개관을 축하하며 법정 스님이 생전에 써준 글씨다. 시선을 거두어 왼쪽으로 옮긴다. 전시실을 향하는 길이 본격적으로 열린다. 이제 박물관의 속살이다.

한글을 닮은 자물쇠부터 함박을 닮은 자물쇠까지

쇳대박물관은 4층 건물이다. 전시실은 4층에 자리한다. 3개의 전시실과 2개의 특별전시실로 나뉘어 있다. 전시실은 쇳대의 종류로 나뉜다.

제1전시실에서는 ㄷ자형자물쇠, 원통형자물쇠, 함박형자물쇠와 빗장, 열쇠패 등을 감상한다. ㄷ자형자물쇠는 한글의 자음 'ㄷ'을 닮아 이렇게 이름 붙였다. 전라도 지역에서 사용했다고 전해진다. 원통형자물쇠도 ㄷ자형자물쇠와 비슷한 구조다. 충청도와 중부지방에서 사용한 것으로 아래 부분이 원통형으로 되어있는 게 특징이다. 함박형자물쇠는 경상도 지역에서 사용한 것으로 함박을 닮은 모습이 특징이다.

다음은 빗장이다. 빗장은 대문 양쪽을 가로로 찔러 잠그는 나무판이다. 집안 전체 또는 곳간에 보관 중인 재산을 보호하기 위해 쓰였다. 전시 중인 작품은 빗장이 아니라 둔테다. 둔테란 안쪽에 홈을 파 빗장이 걸릴 수 있게 한 나무 걸이다. 집마다 모양이 달랐는데, 양반 집안의 둔테는 거북이나 물고기 모양이었다. 무병장수, 재산의 보호와 화재 예방 등을 의미한다. 각각 다른 모양의 자물쇠를 보며 그 시대의 문화를 조금이나마 짐작해볼 수 있다. 지금 사용하는 자물쇠와 매우 다른 모습에 아이의 눈이 휘둥그레진다.

우리 민족의 정서와 문화가 담긴 자물쇠와 열쇠

특별전시실 사이에 화려한 자물쇠가 전시 중이다. 고려시대의 것으로 '금동용두형자물쇠'와 '금동연화형자물쇠'다. 섬세하게 문양을 새긴 기술력이 놀랍다. 고려시대 자물쇠는 조선시대 것보다 화려하고 제작 기술이 뛰어났다. 고려시대에는 자물쇠가 높은 계층만 사용하던 물건이었던 반면, 조선시대에는 양반부터 서민까지 폭넓게 사용했다. 누구나 자물쇠를 사용하게 되면서 기술력은 후퇴했다.

그 다음은 '모란문자물쇠'와 '열쇠패'다. 모란은 꽃 중에 가장 크고 화려해서 절제, 지조, 왕을 상징한다. 모란문자물쇠가 궁궐에서 사용했음을 짐작할 수 있다.

열쇠패는 오늘날 열쇠고리다. 실제 열쇠를 걸기 위해 사용하거나 감상용으로 벽에 걸어 두었다. 감상용은 양반 집안에서 어머니가 시집 가는 딸에게 안녕을 기원하며 선물했던 것이다. 상황에 따라 다양하게 사용되었던 자물쇠와 열쇠는 우리 문화와 오랫동안 함께했음을 알 수 있다. 사소하지만 우리 민족의 정서를 엿볼 수 있는 물건이다.

자물쇠 장인의 작업실을 엿보다

첫 번째 특별전시실에는 유명인들이 쇳대박물관을 위해 기증한 물건들을 전시 중이다. 주로 열쇠와 자물쇠들이다. 승효상은 이

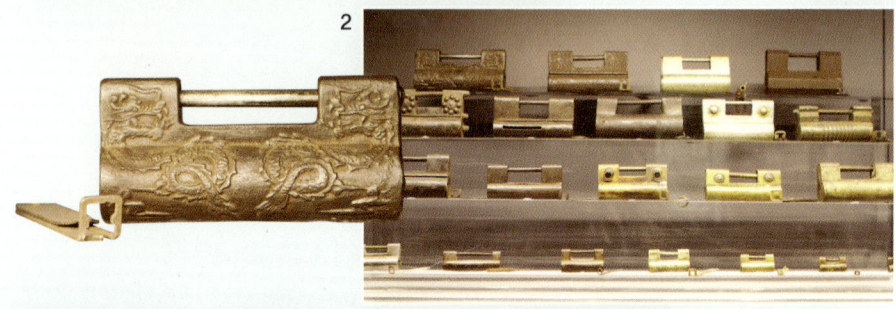

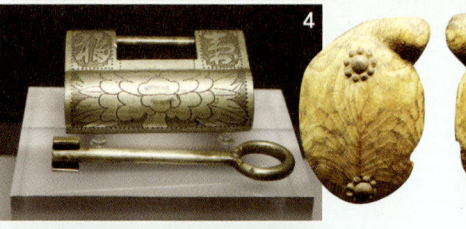

1. 조선 후기에 사용하던 ㄷ자형 자물쇠
2. 원통형 자물쇠
3. 함박형 자물쇠
4. 모란문자물쇠
5. 금동용두형자물쇠
6. 금동연화형자물쇠
7. 둔테

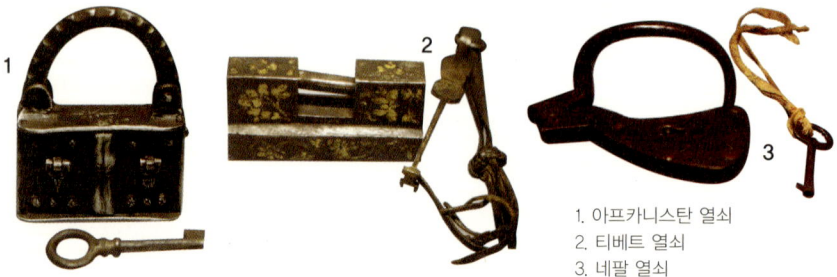

1. 아프카니스탄 열쇠
2. 티베트 열쇠
3. 네팔 열쇠

동식 독서대를 기증했다. 누군가 기증한 수갑도 보인다. 절반의 공간에는 입사장 이경노의 작업실을 재현했다. 그가 실제 사용하던 도구와 제작한 작품을 감상할 수 있다. 입사는 망치와 정을 이용해 철판에 홈을 새기고, 여기에 은실을 주입하는 기법이다. 열쇠를 만들 때 필요한 과정이다. 이때 입사하는 장인을 '입사장'이라고 말한다. 입사장은 무병장수와 행복, 지조 등을 기원하는 의미에서 매화, 난, 국화, 대나무, 학 등을 새겨 넣어 작품을 완성한다.

두 번째 특별전시실에는 두석장 김극천의 작업실을 재현했다. 그는 통영에서 전통적인 방법으로 나비, 꽃, 학, 물고기, 봉황, 박쥐, 다람쥐 모양의 장석을 제작 중이다. 행복과 출세, 다산, 재산 보호를 기원하는 문양이다. '장석'이란 자물쇠, 목가구, 건축물, 생활용품 등에 부착하는 금속 장식을 통틀어 말한다. 예를 들어 손잡이나 잠금 장치 등의 장식을 모두 장석이라고 할 수 있다. 이 장석을 만드는 장인을 '두석장'이라고 부른다. 장석은 당연히 모양이 아름답고 기능이 견고해야 한다. 그래서 두석장은 디자인 감각과 함께 숙련된 기술을 익혀야 한다.

'제2전시실'은 함, 궤, 인장함, 영정함 등을 전시 중이다. '제3전시실'에서는 최 관장이 세계를 여행하면서 수집한 자물쇠를 볼 수 있다. 중국, 일본, 인도, 네팔, 티베트, 아프가니스탄, 독일 등 세계 곳곳의 자물쇠다. 다양한 모양의 자물쇠를 통해 각 나라의 다양한 문화를 알 수 있다.

1. 입사장 이경노의 작업실을 재현한 공간
2. 두석장 김극천의 작업실을 재현한 공간

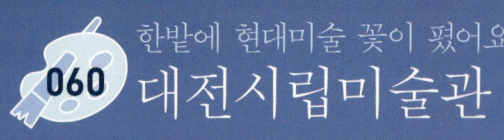

한밭에 현대미술 꽃이 폈어요!
060 대전시립미술관

주소 대전시 서구 둔산대로155
관람 시간 3~10월 10:00~19:00(수요일은 21:00까지),
 11~2월 10:00~18:00(수요일은 20:00까지)
휴관일 매주 월요일(특별전 기간 동안 한시적으로 월요일 개관)
 1월 1일, 설날·추석 당일
관람료 성인 500원, 청소년·어린이 300원(특별전 관람료 별도)
홈페이지 dmma.daejeon.go.kr
전화 042-602-3225(전시 안내)

대전시립미술관의 전시는 예술과 다른 분야의 경계를 자유로이 넘나든다. '과학 도시' 대전의 인프라를 활용해 과학과 예술을 융합하기도 하고, 역사와 예술을 통섭하기도 한다. 현대미술계 거장들의 작품을 감상할 수 있는 대규모 기획전도 수시로 연다. 아이들이 이성과 감성의 조화를 경험할 수 있는 좋은 기회다.

소풍 가듯 놀러가는 미술관

대전시립미술관은 대전 둔산대공원 안에 있다. 미술관의 장엄한 외관이 사람들을 압도한다. 미술관 앞은 야외 분수대와 조각 전시장이다. 시야를 방해하는 구조물이 없어 경치가 시원하다. 봄, 가을에는 부모와 함께 소풍 나온 아이들도 여기저기 보인다. 분수대를 중심으로 서있는 조각 작품들도 흥미롭다. 미술관 관람을 전후해 아이와 함께 여유 있게 산책하며 둘러보면 좋겠다. 소풍 가듯 가볍게 발걸음을 옮겨도 좋다.

경사진 길을 올라가 미술관 2층으로 향해보자. 2층에 있는 1~4전시실과 1층 5전시실을 차례로 도는 관람 동선을 추천한다. 2층에는 휴식을 위한 카페가 있고, 체험 활동은 주로 1층 어린이실기실에서 진행한다.

미술관으로 들어서면 중앙홀을 가득 채운 대작 한 점이 사람들을 맞는다. 세계적 거장 백남준의 작품 〈프랙탈 거북선〉이다. 가로 8m, 높이 5m, 길이 12m의 이 거대한 작품은 1920년대에

1. 야외 분수대와 조각 전시장
2. 백남준 〈프랙탈 거북선〉

1. 제1전시실
2. 제3전시실

만들어진 텔레비전, 전화기, 축음기, 라디오 등 348대의 전자 제품과 박제 거북으로 이루어졌다. 텔레비전에는 매우 빠른 속도로 영상이 나온다. 무질서해 보이지만 분명 그 속에서 질서를 찾을 수 있다. 텔레비전을 이어 붙여 노와 배를 만든 모습에 아이들은 눈을 반짝 거린다. 〈프랙탈 거북선〉은 1993년 대전엑스포를 기념해 재생조형관에 설치했다가 현재의 자리로 옮겨오게 되었다. 지금은 대전시립미술관의 상징과도 같은 작품이다.

 역사와 미술을 통섭한 기획전부터 아이들을 위한 기획전까지

대전시립미술관은 대전광역시 대표 미술관답게 대규모 기획전과 국내외 유명 작가들의 전시를 개최하고 있다. 대표적인 전시가 '광복 70주년 한국근현대미술특별전'이었다. '예술과 역사의 동행, 거장들의 세기적 만남'이라는 주제로 개최한 전시는 아이들에게 미술을 통해 우리 역사를 배울 수 있는 기회를 제공했다. 또한 한국을 대표하는 거장들의 작품을 한곳에서 볼 수 있었다. 전시는 근대 초기부터 현대까지 작가들의 대표작을 5개의 키워드로 구성했다. '계승과 혁신', '이식과 증식', '분단과 이산', '추상과 개념', '민중과 대중' 등 단어만으로도 한국 근현대사의 주요 사건이 떠오른다. 전시는 장승업, 박수근, 이중섭, 김환기, 이우환, 백남준 등 거장 66명의 작품으로 채워졌다. 역사와 예술을 통섭한 뜻깊은 자리였다.

대전시립미술관은 2013년부터 〈어린이미술기획전〉을 열며 아이와 가족 모두에게 현대미술을 감상할 수 있는 기회를 마련해왔다. 2014년 '나무와 나무 사이'에 이어 2015년에는 '우주 여행'이라는 전시를 개최했다. 우주 여행을 주제로 시간, 공간, 생명체를 아이들에게 보여준 흥미로운 전시였다.

작가 회고전부터 사회에 화두를 던지는 문제작까지

대전시립미술관은 한국과 충청 지역을 대표하는 작가의 회고전을 마련해 미술을 사랑하는 이들에게 좋은 반응을 얻기도 했다. 2015년에 개최한 '김기창 회고전 : 김기창-혁신의 거장 운보' 전시가 좋은 예다. 운보 김기창은 한국화의 혁신을 시도하며 우리나라 미술계의 변화를 이끈 화가다. 1984년 충북 청주에 '운보의 집'을 짓고 타계할 때까지 이곳에서 작품 활동을 했다. 전시는 〈가을〉, 〈동자〉, 〈무녀도〉, 〈유산의 이미지〉 등 운보의 대표작을 다수 감상할 수 있는 기회였다. 전시장에는 김기창의 삶을 다룬 영상과 작가 연보도 함께 설치해 작가에 대한 이해를 도왔다.

대전시립미술관은 2015년 가을에 '21C 하이퍼리얼리즘 : 숨쉬다' 전을 개최하며 지역을 대표하는 미술관 역할을 훌륭히 해냈다. 마크 시잔, 프랑수아 샤티에, 파블로 루이즈 등 15명의 작가 작품 103점을 관람객들에게 선보였다. 1960년대 후반부터 뉴욕과 유럽에서 시작한 하이퍼리얼리즘은 극사실 묘사를 추구하는 미술 사조다. 전시에서는 실제와 혼동될 만큼 묘사가 뛰어난 조각과 회화 작품을 볼 수 있었다. 이를 통해 사실적인 재현에 대한 작가들의 의지를 느낄 수 있었다. 전시는 '대중과 숨쉬다', '현실과 숨쉬다', '이상과 숨쉬다' 등 세 가지 섹션으로 나누어 진행되었다. 사람처럼 보이는 조각과 사진인지 그림인지 혼동되는 그림을 보며, 미술의 영역이 어디까지 확장될 것인지 생각해볼 수 있었

'21C 하이퍼리얼리즘 : 숨쉬다' 중 〈서 있는 경비원〉

1. 화가 김기창
2. 김기창 〈가을〉
3. '21C 하이퍼리얼리즘 : 숨쉬다' 중 〈여자와 아이〉
4. '21C 하이퍼리얼리즘 : 숨쉬다' 중 〈유목민 Ⅱ〉

다. 하이퍼리얼리즘의 시각에서 실재보다 더 실재처럼 묘사된 작품들은 인간의 순수한 모습이 사라진 현시대를 역설한다. 작품은 세상과 소통하며 관람객들에게 현시대에 대한 질문을 건넨다.

전시와 연계된 다양한 프로그램들

대전시립미술관은 체험 프로그램도 알차다. 전시를 개최할 때마다 연계된 내용의 프로그램을 개발해 운영 중이다. 대표적인 체험 교육은 2015년 봄에 열린 '우주 여행' 전시 연계 프로그램이다. 전시 주제에 걸맞게 천문학 박사가 태양계 탐사와 우주의 신비에 대해 들려주는 '천문학자들이 들려주는 별별이야기' 행사를 개최했다. '내가 본 우주'라는 만들기 수업도 진행했다. 참여한 아이들은 전문 강사의 설명을 들으며 전시를 관람한 후 실기실로 이동해 자신이 상상한 대로 우주의 모습을 그리고 기지국을 만들어 그림 위에 붙이기도 했다. 색종이, 물감, 알루미늄 포일 등 다양한 재료를 경험해보는 미술 수업 시간이었다. '우주선 타고 떠나는 가족여행'은 가족을 대상으로 한 행사였다. 참여한 가족은 즉석카메라로 기념사진을 촬영하고 레이저로 우주선 모양의 액자를 만들었다.

'마음이 자라는 미술 놀이'는 전시 관람이나 체험 프로그램 참여가 쉽지 않은 장애 아동을 위한 프로그램이었다. 참여한 아이들은 전문 교사의 안내를 받으며 전시를 관람한 후 강의실로 이동해 그림을 배웠다. 미술관의 세심한 배려가 돋보이는 프로그램이었다.

함께 가보면 좋아요

대전테미예술창작센터

대전시립미술관을 둘러보는 것만으로도 하루 일정이 빠듯하겠지만, 예술을 좀 더 느끼고 싶다면 대전테미예술창작센터를 방문해보자. 대전시는 도서관으로 이용하던 공간을 리모델링해 대전테미예술창작센터를 만들었다. 현재 이곳에는 국내외 작가들이 거주하며 창작 활동을 펼치고 있다. 작가들의 뜨거운 창작 열기로 조용한 공간이 살아있는 듯 꿈틀댄다. 작가들의 끊임없는 실험과 시도로, 방문객은 어디서도 볼 수 없는 신선한 전시를 만날 수 있다.

대전테미예술창작센터

061 빛을 배우고, 꿈꾸고, 상상하다
국립광주과학관

주소 광주시 북구 첨단과기로 235
관람 시간 09:30~17:30
휴관일 매주 월요일(월요일이 공휴일인 경우 그 다음 날), 1월 1일,
　　　　설날·추석 당일
관람료 성인 3000원, 청소년·어린이 2000원, 유아 1000원
홈페이지 www.sciencecenter.or.kr
전화 062-960-6210~2

국립광주과학관에서는 '빛'이라는 주제 안에서 과학과 예술이 하나가 되는 것을 볼 수 있다. 국립광주과학관의 전시 주제는 '빛, 예술, 과학'이다. 상설전시관에서는 '빛과 예술', '생활과 미래'를 주제로 전시가 열린다. 어린이관에서는 놀면서 과학 원리를 체험할 수 있는 다양한 전시물이 아이들을 기다린다. 천체투영관, 3D·4D 상영관에서는 다양한 영상을 감상할 수 있다. 전시관 안팎으로 볼거리가 매우 다양하니 시간 여유를 충분히 두고 방문할 것을 추천한다.

빛과 과학을 체험하는 국립광주과학관

과학 전시를 보기 위해 방문했다가 기대하지 않았던 종합 선물 세트를 받은 느낌이다. 국립광주과학관은 전시관뿐 아니라 외부에도 볼거리가 가득하다. 개관을 준비하며 과학관의 별칭으로 'Lucerium(루체리움)'을 선정했다. '빛'을 뜻하는 이탈리아어인 'Luce'와 공간을 뜻하는 어미 'rium'을 합성해 만든 이름이다. '빛과 과학에 대해 학습하고 체험하는 곳'이라는 의미를 담았다. 국립광주과학관에서는 빛을 주제로 한 다양한 과학 전시물들이 관람객들을 맞는다.

국립광주과학관의 가장 큰 주제가 빛이라는 점은 '탐사의 시작', '은하의 빛', '태양의 빛', '생명의 빛'이라는 야외 놀이터 시설물 이름만 봐도 쉽게 알 수 있다. 아이들은 신기하게 생긴 놀이 기구에 매달리고 미끄럼을 타면서 자연스럽게 놀이와 학습

1. 야외 놀이터 시설물 탐사의 시작
2. 국립광주과학관 외관

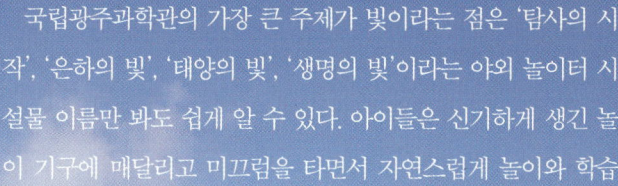

을 동시에 경험한다. 입구 오른쪽에 자리한 '루체리움스타카'도 아이들에게 인기가 많은 볼거리다. 움직이는 천문대로 불리는 이곳에서는 천체망원경으로 낮에는 태양을, 밤에는 별자리를 관측하는 경험을 할 수 있다.

전시관에 입장하기 전 가장 눈에 띄는 볼거리는 국립광주과학관 건물이다. 부드럽게 굽은 은색의 건물은 측면에 자리한 '거울못'과 묘한 대조를 이룬다. 마치 막 이륙하려는 우주선 같기도 하고 바닷속을 유영하는 잠수함이 떠오르기도 한다. 지붕 위에 불쑥 솟은 유리 돔은 우주선의 움직임을 제어하는 조종실로도 보인다. 국립광주과학관은 건물 모양만으로도 아이의 상상력을 자극한다.

체험 전시물 비중이 전국에서 가장 높은 과학관

국립광주과학관에 들어가면 탁 트인 실내가 인상 깊다. 정면으로 뻗은 중앙 통로와 높은 천장이 시원한 전시 환경을 제공한다. 가장 먼저 보이는 전시물은 '타임머신'이라는 이름의 커다란 시계탑이다. 산업화시대의 상징인 톱니바퀴와 망치가 빛을 상징하는 태양, 달, 별과 유기적으로 맞물려 돌아간다. 타임머신은 매시 5분, 30분에 라이트쇼를 보여준다. 빛이 만들어내는 광경에 아이들은 탄성을 지른다. 1층 중앙에 자리한 '빛고을탑'은 전시관 전체의 상징이다. 원형의 하단부와 큐브 모양의 탑 부분이 유리 돔 천장에서 들어오는 빛을 받아 조화를 이룬다. 이외에도 1층

1. 타임머신
2. 빛고을탑
3. LED로봇

중앙 통로에는 '해양생태수족관', '스캐니메이션', 'LED자전거', 'LED로봇' 등 볼거리가 가득하다.

국립광주과학관에는 151종의 과학 전시물이 설치되어 있다. 이중 관람객이 직접 체험할 수 있는 전시물 비율은 81%로 전국의 국립과학관 중에서 가장 높다. 어린이관에서는 아이가 스스로 체험하며 '우주와 자연', '인체와 생활' 속 과학 원리를 학습한다. '순간 포착, 동물의 왕국' 코너는 캥거루, 뱀, 거북이, 딱정벌레 등 동물과 곤충 모형을 전시 중이다. 아이가 옆에 서거나 직접 안에 들어가 사진을 찍기에 적당한 크기다. 아빠, 엄마와 함께 추억을 남기기에 더 없이 좋은 장소다.

'그림자나라' 코너에서는 적색과 녹색 빛을 혼합하면 어떤 색의 빛이 나오는지 경험하고, '뚝딱뚝딱 만능공장' 코너에서는 모형 자동차를 수리해본다. '코 속을 들여다봐요' 코너는 아이가 특히 좋아하는 체험이다. 대형 코 모형에 아이가 직접 들어가 코털, 콧물, 코딱지 등을 관찰할 수 있다.

빛과 예술, 생활과 미래를 탐구하는 전시관

2층은 제1, 2전시관이다. '빛과 예술'이라는 주제로 전시관을 꾸민 1전시관은 다시 1존 '빛의 세계관'과 2존 '과학과 예술관'으로 나뉜다. 빛의 세계관은 빛에 대한 기초 과학 지식을 체험하는 공간이다. 적외선과 전자기파 등 빛에 대한 어려운 개념들을 다양한 체험 시설물을 통해 쉽게 알 수 있다. 과학과 예술관

4. 순간 포착, 동물의 왕국
5. 방울방울 옹달샘
6. 어떤 맛을 느낄 수 있을까요
7. 소리 전달 들여다보기

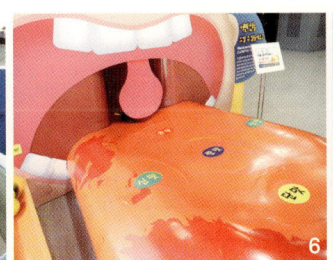

1. 빛의 세계관
2. 양변기의 원리를 설명하는 전시물
3. 미래를 향한 도전관

에서는 빛이 예술로 발전하는 형태를 관찰한다. 빛과 소리가 연이어 표현되는 과정을 살피고, 만화영화와 그림자의 원리도 학습한다. 아이들은 예술 탄생에 과학 원리가 숨어있다는 사실을 발견한다.

'생활과 미래'가 주제인 2전시관은 1존 '생활 속의 과학관'과 2존 '미래를 향한 도전관'으로 나뉜다. 우리의 일상생활과 직접적인 관련이 있고 미래를 내다볼 수 있는 다양한 전시물이 관람객을 기다린다. 생활 속의 과학관에서는 생활에 깃든 과학 원리를 배운다. 양변기 물이 사라지거나 롤러코스터가 떨어지지 않는 원리 등을 보여준다. 윈드서핑, 스노보드, 행글라이더 등 실제와 비슷한 체험 전시물을 통해 스포츠 기구에 담긴 과학 원리를 경험하기도 한다. 미래를 향한 도전관은 과학을 통해 우주와 해양의 미래를 내다보는 전시관이다. 우주 터널에서는 벽을 둘러싼 거울을 통해 물체가 여러 개로 보이는 경험을 하고, 인공위성이 궤도 비행을 하는 원리도 배운다. 또한 바닷속 지형과 생물들을 관찰함으로써 드넓은 해양 세계의 무한한 가능성도 살필 수 있다.

빛과 과학이 함께하는 다양한 체험과 영상 프로그램

국립광주과학관은 전시물 외에도 아이가 경험하고 볼 만한 체험 프로그램과 영상이 많다. 1층 에스컬레이터 하단에 마련된 작은 무대에서는 댄스로봇이 앙증맞은 공연을 펼친다. 주말에는

 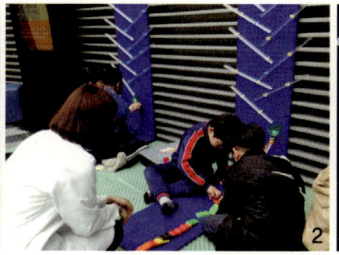 

1. 불꽃왕국 공연
2. 골드버그 체험
3. 천체투영관에서 상영하는 영상

　불 연소의 원리를 배우고 달콤한 팝콘을 맛볼 수 있는 '불꽃왕국' 공연도 열린다. 2층 '빛고을 광장'에서는 아이들이 직접 참여해 다양한 선로로 공을 내려가게 하는 '골드버그' 체험도 한다. 이뿐만 아니라 상설전시물과 특정 주제에 관한 해설도 진행 중이니 국립광주과학관을 좀 더 깊이 있게 즐기고 싶다면 미리 신청해보는 것을 추천한다.

　1층 '천체투영관'에서는 12m 돔스크린을 통해 《빛의 영역》, 《두더지 태양계 여행》, 《우주 비행사》 등 우주현상과 관련한 다양한 영상을 상영한다. 1층 '4D 영상관'에서는 《Seed Light》, 《타노의 모험》 등의 영상을 바람, 번개, 안개 등의 효과와 함께 감상한다. 2층 '4D 시뮬레이터관'에서는 깊은 바다와 우주를 체험하며 '3D 영상관'에서는 입체 다큐멘터리를 관람한다.

　여러 교육 프로그램과 전시와 행사도 국립광주과학관의 자랑이다. '과학 영재 융합 탐구', '빛나는 별자리 우산 만들기', '뼈와 근육은 가장 친한 친구일까', '무한 상상 도형 만들기', '뽕뽕 방귀는 왜 나오는 걸까', 'CSI 과학수사대' 등 많은 교육 프로그램이 아이들의 참여를 기다린다. '움직이는 롤링 볼 박물관', '봄날의 과학 축제 토크 콘서트' 등 매번 참신한 기획의 전시와 행사가 돋보인다. 교육과 전시, 행사 프로그램은 매우 다양하니 홈페이지를 통해 확인하고 방문하자.

도자 문화와 한글을 통해 인문학을 체험해요!
062 반달미술관

주소 경기도 여주시 신륵사길7
관람 시간 하절기 10:00~19:00, 동절기 09:30~18:00
휴관일 매달 마지막 주 월요일(월요일이 공휴일인 경우 그 다음 날)
관람료 무료(경기세계도자비엔날레 기간 중 유료)
홈페이지 www.kocef.org
전화 031-884-8644

물, 흙, 불이 장인을 만나면 도자기 한 점이 탄생한다. 세 가지 요소 중 어느 하나만 부족해도 훌륭한 도자기를 기대하기 어렵다. 여주는 이런 조건을 모두 충족한 지역으로, 지금도 600여 개의 도요가 있다. 반달미술관을 중심으로 하는 여주도자세상단지는 지역 도자 문화를 한눈에 볼 수 있는 장소다. 세종대왕 능도 가까이에 있어 산책하며 역사와 한글 체험도 할 수 있다. 이보다 더 좋은 인문학 체험 장소는 없다.

🎨 큐브 숲이 중앙에 자리한 전시관

도자와 한글, 불교 문화를 한데 어우르는 인문학 체험의 시작점에 반달미술관이 있다. 반달을 머리에 얹은 미술관이다. 지붕 모양이 꼭 반달을 닮았다. 입장하니 반달은 대형 창으로 변해 햇빛을 끌어들인다. 자연이 만든 조명이 지붕에 설치된 셈이다. 미술관 전체가 밝다. 1층과 2층으로 이어지는 관람 동선은 단순하다. 다음 발걸음을 고민하지 않고 감상에 집중하면 된다. 1층 전시실을 둘러보고 중앙 계단을 따라 2층으로 이동하자. 계단 주변 디자인이 특이하다. 정육면체 프레임이 연속으로 이어진 형태다. 마치 큐브 숲 같은 신비로운 분위기다. 자연광은 계단으로도 들어와 몽환적인 느낌을 준다. 프레임과 프레임을 연결해 면이 되고, 다시 작품이 걸리는 벽이 되었다. 공간을 낭비하지 않겠다는 의지가 엿보인다.

2층 전시실은 계단 좌우에 자리를 잡았다. 전시실을 이동하는 통로에서는 1층 로비가 다시 눈에 들어온다. 정육면체의 프레임 무리도 다른 위치에서 볼 수 있다. 직선의 연결로 이뤄진 단순한 인테리어지만 규칙적인 조형미가 특징이다. 외부에서 보는 반달의 곡선과 실내의 직선 프레임이 묘한 대조를 이룬다.

1. 자연광이 들어오는 반달 모양의 창문
2. 계단 벽과 천장을 감싸는 프레임
3. 2층에서도 볼 수 있는 프레임

반달미술관에서는 개관 후 도자기를 주제로 한 유명 작가들의 전시가 이어졌다. '경기세계도자비엔날레'와 '여주도자기축제'의 무대가 되기도 했다. 전시 중에 특히 '한국 생활도자 100인展'이 눈에 띈다. 2012년부터 매년 개최하는 대형 기획으로 도예가 100인의 작품을 보여준다. '릴레

한국의 도자기

1. 여주도자세상 입구
2. 도예랑

'이 기획 초청전'으로도 불리는 전시는 여주에서 활동 중인 여러 작가들의 작품을 한데 모아 감상할 수 있는 보기 드문 기회다. 장인 정신으로 만들어낸 작품들은 대중과 괴리되지 않은 생활 도자의 진면목을 보여준다. 2014년과 2015년 개최한 '한국 생활도자 100인展'은 '한국의 찻그릇'이란 주제로 열려 많은 이들의 관심을 받았다. 2014년 열린 '한국의 찻그릇 partⅠ: 현대와 실험'은 다기의 감각적인 색과 디자인을 볼 수 있는 전시였다. 2015년 '한국의 찻그릇 partⅡ: 온고지신'은 다기의 전통을 현대에 이르러 어떻게 발전시킬지 고민하는 자리였다.

하늘에서 본 여주도자세상

3. 기둥 위에 새겨진 한글
4. 환경도예와 한글 전시장
5. 신륵사까지 이어지는 산책로

 도자 문화와 한글, 역사 체험이 동시에 가능한 산책로

주변 산책로는 반달미술관 여행의 중요 코스다. 미술관을 시작으로 신륵사까지 이어지는 길에서는 도자 문화와 한글, 역사 체험이 동시에 가능하다. 미술관을 나오면 기와로 지붕을 얹고 길을 낸 '도예랑'이다. 팔각의 중앙 무대에서는 이벤트가 열린다. 도예랑을 중심으로 주변에는 리빙샵, 브랜드샵, 아트숍, 갤러리숍 등이 운영 중이다. 중저가 생활 도자부터 인지도 높은 상품까지 한자리에서 감상할 수 있다. 가마 모형과 도자기가 만들어지는 과정을 설명한 전시물도 볼 수 있다. 카페와 벤치도 있어 언제든 휴식이 가능하다.

도예랑을 지나면 야외 전시장 '환경도예와 한글'이다. 여주에 한글을 창제한 세종대왕의 능이 있다는 사실에 착안해서 도자기와 한글을 접목해 꾸몄다. 한글의 자음, 모음을 새긴 기둥이 세워져 있다. 끝에는 원형으로 만든 대형 스테인리스 전시물이 있다. 역시 한글의 자음과 모음을 새겼다. 환경도예와 한글 전시장 양옆으로는 판매관과 공방이 있다. 시기별로 특별전시도 볼 수 있고 다양한 민속 체험도 가능하다. 야외 전시장을 지나면 강변공원이다. 남한강을 따라 만든 길을 산책하며 여유를 누릴 수 있다.

세계적 도자 축제의 현장

경기도세계도자비엔날레는 2001년도부터 2년마다(홀수 해) 4~5월 열리는 도자기 축제다. 매번 70여 개국이 참가해 세계적인 축제로 자리 잡았다. 2015년 제8회 행사는 '색 : CERAMIC SPECTRUM(이색, 채색, 본색)'이라는 주제로 축제가 열렸다. 세계도자비엔날레는 전시를 비롯해 세미나, 워크숍, 부대행사, 체험 프로그램 등으로 구성된다. 반달미술관에서는 비엔날레 특별전으로 '오색일화 : 감각을 채색하다'를 마련했다. 우리의 다섯 가지 전통 색깔인 청적황백흑의 조화를 보여주는 전시로 도자와 웹툰, 일러스트의 협업을 보여주었다.

경기도세계도자비엔날레 기간 중에는 '여주도자기축제'도 함께 열린다. 고려청자와 이조백자를 응용한 생활 도자 작품들이 전시되고 방문객들이 참가할 수 있는 다양한 체험 프로그램이 열린다.

경기도세계도자비엔날레 체험 프로그램에 참가한 아이들

함께 가보면 좋아요

신륵사

반달미술관을 나와 남한강변을 걷다 보면 사찰 한 곳이 나온다. 신륵사다. 신라 진평왕 때 원효대사가 지었다고 전해진다. 강줄기를 따라 위치해 아름다운 경관으로 유명하다. 치수가 매우 중요했던 농경사회에서 홍수가 자주 일어났던 남한강 주변의 물을 관리하기 위해 지금의 자리에 절을 세운 것으로 추측한다. 때문에 신륵사 창건과 이름의 유래와 관련해 물이 등장하는 전설이 많다.

신륵사

신륵사는 조사당(보물 180호), 다층석탑(보물 225호), 다층전탑(보물 226호), 보제존자 석종(보물 228호), 보제존자 석종비(보물 229호), 대장각기비(보물 230호), 보제존자 석등(보물 231호), 극락보전(경기도 유형문화재 128호) 등 소중한 문화재를 많이 볼 수 있는 사찰이다.

063 서울특별시과학전시관 - 본관
창의력을 키울 수 있는 과학 종합 체험장

주소 서울시 관악구 낙성대로101
관람 시간 과학놀이체험마당 화~금요일 15:00~17:00,
　　　　　　토·일요일 10:00~17:00(점심시간 12:00~13:00)
　　　　　　이외 체험장소별 관람 요일과 시간은 방문 전 확인
휴관일 매주 월요일, 법정 공휴일, 우천 시,
　　　　　동절기(12~3월) 이외 체험 장소별 휴관일은 방문 전 확인
관람료 무료
홈페이지 www.ssp.re.kr
전화 02-881-3000

미래를 위해 가장 중요한 학문으로 과학을 강조한다. 문제점을 찾아내고 동료들과 소통하며 해결 방법을 찾는 창의적인 활동이 과학에 녹아있기 때문이다. 아이들이 창의적인 문제해결력을 기르기 위해서는 질문하고, 경험하고, 답을 구하는 과정이 필요하다. 서울특별시과학전시관(본관)은 바로 이러한 과정을 체험하고, 공부할 수 있는 과학 종합 체험장이다.

과학 놀이 테마파크를 연상시키는 과학전시관

서울특별시과학전시관은 마치 과학 놀이 테마파크 같은 느낌이다. 넓은 전시관에서 놀이하듯 체험하며 과학 원리를 자연스럽게 배울 수 있기 때문이다.

입장하면 '과학놀이체험마당'을 가장 먼저 만난다. 과학을 놀이처럼 체험하면서 창의력을 키울 수 있는 공간이다. 실제로 놀이터와 비슷하게 꾸몄다. 이곳에는 물의 원리를 이용해 과학 원리를 알 수 있는 기구가 많다. 물이 떨어지는 속도 차를 이용해 운동 원리를 설명하는 '물 종합 운동 장치'와 물을 퍼 올리는 '수동 펌프'가 대표적이다. '흔들다리'와 '미로'를 지나면서 용기를 키우고, '소리 반사경' 앞에서는 작은 소리가 잘 들리는 원리도 이해한다.

과학놀이체험마당 바로 옆 건물은 '연구실험동'이다. 강의실, 실험실을 비롯해 과학기구, 정원 등을 둘러볼 수 있다. 건물 1층 로비 중앙에는 지네를 닮았다 해서 '파동지네'라고 불리는 과학전시물이 있다. 막대로 연결한 줄사다리가 파동을 만들면서 움직인다. 조선시대에 제작한 천문시계인 '혼천의'도 구경하고 물기둥으로 기압을 측정하는 '물기압계'도 볼 수 있다.

엘리베이터 옆으로 들어가면 '중앙정원'이다. 개구리밥, 검정말 등 수중식물들을 재배하는 곳이다. 공을 레일 위에 올려놓고 가속도 운동*, 진자 운동*, 탄성 충돌*을 보는 '종합운동장치'도

4. 음악분수
5. 물총놀이
6. 도르래
7. 파동지네
8. 종합운동장치
9. 규화목

1. 물기압계와 파동지네
2. 흔들다리
3. 정글짐

정원에 설치되어있다. 아이는 대형 장난감을 갖고 노는 경험을 통해 다양한 운동 원리를 이해한다.

연구실험동 뒤에는 대형 '규화목'이 있다. 규화목은 쉽게 나무화석이라고 이해하면 된다. 나무가 죽어 늪지대, 강바닥, 갯벌 등에 묻히면 지하수에 녹아 광물 성분으로 바뀌는데, 이를 치환작용이라 한다. 이 과정이 오래 지속되면 나무의 성분은 사라지고 구조와 나이테만 남는데, 이를 규화목이라고 한다.

가속도 운동
물체가 움직이는 속도가 시간에 따라 변화하는 것을 말한다.

진자 운동
추를 줄에 매달아놓고 한쪽에서 잡았다 놓으면 가운데로 갈수록 속도가 빨라지고 양 끝으로 갈수록 속도가 느려지는 현상이다.

탄성 충돌
두 물체가 충돌했을 때 전체 운동 에너지가 보존되는 경우를 말한다.

🔬 산책하며 과학을 배울 수 있는 코스

연구동을 지나 계단을 오르면 '자연관찰원'이다. 70여 종의 화훼, 작물을 관찰하는 곳이다. 교과서에서 본 식물들을 가까이서 볼 수 있다. 꽃향기도 느끼고 잠시 휴식도 가능하다. 자연관찰원 맞은편에는 '생태연못'이 있다. 생태연못에는 수중식물과 붕어, 미꾸라지가 산다. 천문대 올라가는 길에 조성한 '야생화관찰로'

1. 화훼원
2. 생태학습관

와 '암석관찰원'도 지나치지 말자. 이 모두가 산책하면서 과학을 배우는 코스다.

'생태학습관'에서는 동물, 곤충, 열대식물을 만난다. 붉은귀거북이 느린 걸음을 옮기고 토끼가 뛰어 다닌다. 연못에는 청개구리도 살고 나비도 날아다닌다. 아이 눈에는 이 모든 게 신기하고 재미있는 경험이다.

천문대는 서울시과학전시관에서 가장 인기 있는 장소다. 천문대에서 열리는 '가족천문교실'은 신청 접수를 시작하면 금세 마감된다. 관측실에서는 천체망원경으로 낮에는 태양과 금성을, 밤에는 별과 행성을 관찰한다. 원형돔이 열리면 아이는 지름 50cm 반사망원경을 통해 천체를 관측한다. 주망원경 외에도 128mm 굴절망원경과 태양 홍염 필터 등을 갖췄다. 카메라를 이용해 태양과 금성 등도 촬영 가능하다. 2층으로 오르는 계단에는 아름다운 별자리를 촬영한 사진도 전시 중이다.

 실험과 실습을 통해 과학에 흥미를 느낄 수 있어요!

서울특별시과학전시관은 단체 신청을 받아 '과학창의력교실', '유치원상설과학체험마당' 등의 체험 프로그램을 운영하고 있다. 강사의 도움으로 실험과 실습을 하며 과학에 대한 흥미와 사고력, 탐구 능력을 기른다. 참여한 아이들은 신체와 인지 발달 단계에 맞는 체험도 하고 자연관찰원과 생태학습관 등을 견학한다.

가족 단위로 신청이 가능한 프로그램도 있다. '토요가족생태환경교실'은 전문 강사의 설명을 들으면서 '화훼원', '작물원', '생태학습관', '야생화 관찰로', '숲속생태관찰로'를 함께 둘러보는 수업이다.

체험 프로그램마다 대상과 시간, 내용 등이 다양하니 참가를 희망하는 경우 방문 전 서울특별시과학전시관 홈페이지를 통해 확인해야 한다.

 함께 가보면 좋아요

융합과학체험마당

서울특별시과학전시관은 매년 봄가을 여러 학문을 동시에 체험해볼 수 있는 '융합과학체험마당'을 개최한다. 과학(Science), 기술(Technology), 공학(Engineering), 예술(Arts), 수학(Mathematics) 등의 학문이 어우러진 '융합인재교육(STEAM)'의 현장이다. 2014년은 '우주·항공체험마당'(4월), '생

융합과학체험마당

태·환경체험마당'(5월), '융합체험마당'(10월) 등을 주제로 개최했다. 체험마당이 시작하면 서울특별시과학전시관 본관 앞 광장은 축제 현장이 된다. 40여 개 부스에서는 과학과 다른 학문 간의 협업을 전시한다. 아이는 궁금한 주제를 체험해볼 수 있다. 2015년에는 '우주항공·생태환경체험마당'(4월)과 '융합과학체험마당(서울과학축전)'(10월)을 주제로 체험마당을 개최했다. 우주항공·생태환경체험마당의 각 부스 주제만 봐도 호기심이 생긴다. '항공 시뮬레이션 체험', '도심에서 떠나는 별자리 여행', '빙빙 도는 우주 팽이 만들기' 등이었다. 체험마당 기간 중에는 천문대와 개방형 실험실을 특별 체험할 수 있으며 '우주로의 첫걸음'이란 주제로 NASA 우주사진전시회도 열린다. 참가를 원하면 인터넷을 통해 사전 예약해야 하며 현장 예약도 가능하다. 참가비는 무료다.

064 서대문자연사박물관
지구와 생명 탄생의 순간을 볼 수 있는 곳

주소 서울시 서대문구 연희로32길 51
관람 시간 3~10월 09:00~18:00, 11~2월 09:00~17:00, 토·일요일과 공휴일은 1시간 연장
휴관일 매주 월요일, 1월 1일, 설날·추석 연휴
관람료 성인 6000원, 청소년 3000원, 어린이 2000원
홈페이지 namu.sdm.go.kr
전화 02-330-8899

서대문자연사박물관에서는 몇 억 년 정도의 시간 여행은 아무것도 아니다. 전시실을 이동하는 것만으로 수십억 년을 훌쩍 뛰어 넘는다. 공간 이동도 할 수 있다. 태양계 시작과 끝을 둘러보거나 대륙과 대륙을 순식간에 건넌다. 아이들은 시간 여행과 공간 이동을 경험하면서 지구와 생명체의 생애를 자연스럽게 학습한다.

아이들을 매료시키는 다양한 전시물

무심코 서대문자연사박물관을 입장하면 아이, 어른 할 것 없이 깜짝 놀란다. 중앙홀 가운데에 서있는 거대한 공룡 뼈 때문이다. 전기 백악기의 공룡 '아크로칸토사우르스'다. 높이가 약 9m나 되는 이 공룡은 금방이라도 큰 입을 벌려 공격할 것만 같다. 천장 쪽에는 거대한 향고래 한 마리가 두둥실 떠있다. 아크로칸토사우르스와 향고래가 중앙홀의 주연이라면 조연도 빼놓을 수 없다. 하늘을 나는 공룡 '프테라노돈'과 물고기 종류인 '파키리조두스', '크시팍티누스'도 자리를 잡고 사람들의 시선을 빼앗는다.

아이들은 실내에 들어오자마자 눈이 휘둥그레진다. 책이나 영화에서 봤음직한 공룡을 실제로 보는 게 믿을 수 없다는 표정이다. 아이들이 서대문자연사박물관을 특히 좋아하는 이유는 공룡의 탄생과 멸종을 한눈에 볼 수 있기 때문이다. 그뿐만 아니라 지구, 태양계, 한반도, 육·해상 생물, 우리나라의 자연 생태계 등 자연사 전 분야에 걸쳐 아이들의 흥미를 자극하는 전시물들이 넘쳐난다.

상설전시는 3층부터 2층, 1층 순서로 관람한다. 3층 전시실을 시작으로 지구 탄생, 고생대, 중생대, 오늘날에 이르는 시간 순서로 전시물을 배치했다. 3층에 올라가기 위해 엘리베이터보다 경사진 길을 이용할 것

1. 인간진화계통도
2. 중앙홀에 있는 아크로칸토사우르스
3. 지구환경관

1. 스테고사우르스
2. 브라키오사우르스
3. 알로사우르스
4. 파키케팔로사우르스

을 추천한다. 오르다 보면 중앙홀 바닥과 공중에 있는 공룡과 눈을 맞출 수 있기 때문이다. 아이에게는 공룡 뼈 구석구석을 관찰할 수 있는 좋은 기회다.

3층은 '지구환경관'이다. 지구의 탄생과 구조, 태양계 각 행성 등을 전시 중이다. 이곳에서는 지질현상과 동굴의 형성 과정 등을 보면서 우리가 사는 지구가 살아 있다는 것을 알 수 있다. 지구환경관에서 가장 인기 있는 곳은 '3D 영화관'이다. 우주와 태양계의 대폭발을 다룬 영상을 감상할 수 있다. 특수 안경을 착용해 한층 실감난다. 아이들은 공중에 떠다니는 것처럼 보이는 암석을 잡기 위해 허공에 손을 휘젓기도 한다. 3층 야외 테라스에는 '공룡공원'이 있다. '스테고사우르스', '브라키오사우르스', '알로사우르스' 등 쥐라기시대 공룡 모형을 전시 중이다. 공룡을 배경으로 기념사진을 찍기에 좋다.

2층은 '생명진화관'이다. 지구상에 최초로 출현한 생명체부터 삼엽충, 공룡, 인류의 시작과 멸종, 진화를 볼 수 있다. 역시 아이들이 가장 좋아하는 전시물은 공룡이다. 박치기공룡 '파키케팔로사우르스'와 초식공룡을 사냥하는 '벨로시랩터' 등을 보는 순간, 21세기의 아이들은 순식간에 쥐라기시대로 시공간을 뛰어

넘는다. '생명진화관'에서는 이외에도 포유류와 조류, 양서류, 파충류, 곤충 등 다양한 생명체를 관람할 수 있다.

1층은 '인간과 자연관'이다. 이곳에서는 우선 환경오염으로 인한 생태계의 피해를 보여줌으로써 아이들에게 환경 보존의 중요성을 알린다. 우리나라의 생태계와 한강 모습도 보여줘 환경오염 문제가 먼 나라의 이야기가 아님을 일깨운다. 인간과 자연관에서는 만지면 울음소리가 나는 모형 매미, 귀뚜라미, 맹꽁이가 인기가 많다. 도시에서 사라진 소리를 듣는 것은 아이들에게 특별한 경험이다.

 자연사를 중심으로 한 전시와 체험 프로그램

서대문자연사박물관은 매해 7월 10일 개관일에 맞춰 자연사와 관련한 주제로 기획전시를 개최하고 있다. 2014년에는 '바다로 돌아간 포유류'라는 주제의 전시를 개최해 관람객들에게 큰 호응을 얻었다. 공룡이 멸종한 이후 육상에는 다양한 포유류가 출현했다. 그러나 이들 중 일부는 약 6000만 년 전부터 바다로 돌

1. 박물관 교실
2. 박물관 투어
3. 체험 교실

399

1. 가상체험실
2. 시청각실

아가기 시작했는데, 바다로 돌아간 포유류가 바로 '해양포유류'다. 대표적으로 고래, 물개, 바다코끼리, 북극곰 등이다. '바다로 돌아간 포유류' 전시에서는 해양포유류들의 정의와 종류, 진화 과정과 습성 등을 소개하고 멸종 위기에 처한 생물들을 보호해야 할 필요성을 강조했다. 이외에도 기획전시로 '인간과 곤충'(2013), '한국의 광물자원' 등을 개최했다.

특별전시는 개인 소장품이나 기증한 표본을 중심으로 매년 상반기에 2~3회 개최한다. 2014년에는 '조광희 작가 특별전', '한반도 산들꽃 탐방', '양옥경 작가 작품전' 등이 열렸다.

전시 관람뿐 아니라 교육 프로그램도 서대문자연사박물관의 자랑 중 하나다. 프로그램은 크게 '박물관 교실', '박물관 투어', '체험 교실'로 나뉜다. 박물관 교실은 어린이를 대상으로 분기별로 자연사에 관한 이론을 교육하는 프로그램이다. 프로그램은 아이들의 이해를 돕기 위해 '영상교육', '전시물 이용', '실습체험' 등으로 구성했다. 주제는 공룡, 꽃, 거미, 열매, 포유류, 화산 등 다양하다. 박물관 투어는 박물관 전시물과 내용에 대한 설명을 듣고 학습지를 작성하는 프로그램이다. 매달 주말(1, 8월은 주 중)에 개설하는데, 관람객들의 인기가 높아 참여를 원하는 경우 신청을 서둘러야 한다. 체험 교실은 계절별로 주제를 선정해 자연에 대한 현장 실습을 하는 체험 프로그램이다. 체험 교

3. 화석 찾기 놀이
4. 공룡 미끄럼틀

실의 주제로는 '공룡알을 찾아라', '민통선의 독수리', '갯벌 속 생물 탐사' 등이 있다.

 영화도 보고, 책을 읽을 수 있는 다양한 부대시설

전시실 외에 아이들에게 꼭 추천할 장소가 바로 4D 영화를 상영하는 '가상체험실'이다. 통나무 운반 과정을 보여주는 영화《히말라마존》을 상영한다. 가상체험실은 좌석이 앞뒤, 좌우로 움직여 마치 놀이공원 롤러코스터를 타는 듯한 기분이 든다. 아이들이 매우 좋아한다.

　시청각실에서 상영하는 3D 입체 영화《매머드가 살아있다》도 볼 만하다. 서대문자연사박물관을 배경으로 어린이기자단의 활동을 담은 영화라 더욱 흥미롭다. 1층 자연사도서관에는 자연사를 다룬 도서 약 4000권이 갖춰져 있어 아이가 관람하면서 생긴 궁금증을 해결할 수 있다. 이외에도 서대문자연사박물관에는 도시락을 먹을 수 있는 식사 공간인 나무홀, 엄마와 아기만을 위한 수유실, 공룡 미끄럼틀과 분수대, 화석 찾기 놀이를 하는 야외공원 등 편의 시설이 충분히 마련되어 있다.

CHAPTER · 5

근대 유적과 문화재가 있는 미술관 과학관

인문학은 역사, 문화, 예술, 철학을 한번에 아우른다. 인문학의 중요성은 충분히 알고 있지만 아이에게 어떻게 접근시킬지 고민이다. 근대 유적과 문화재가 있는 미술관과 과학관은 이런 고민을 단숨에 해결한다. 역사의 길을 걸으며 예술을 접하기도 하고, 옛 사람들의 지혜가 담긴 물건에서 철학을 읽고, 과학 원리를 깨닫기도 한다.

065 국립현대미술관 - 서울관
경복궁 옆에서 만나는 예술 섬나라

주소 서울시 종로구 삼청로 30
관람 시간 화·목·금·일요일 10:00~18:00, 수·토요일 10:00~21:00
(관람 종료 1시간 전까지 입장 가능)
휴관일 매주 월요일, 1월 1일
관람료 통합 관람권 4000원(수·토요일 18:00~21:00 무료 관람)
기획전시는 전시에 따라 별도 책정
홈페이지 www.mmca.go.kr
전화 02-3701-9500

국립현대미술관-서울관에는 정문도 담장도 없다. 주변의 어느 골목길을 걷다가 미술관으로 들어올 수 있고, 미술관을 관통해 다른 골목으로 들어갈 수도 있다. 입장권을 사야 하나, 경비 아저씨에게 혼나지 않을까 고민할 필요 없이 자유로이 미술관에 드나들 수 있다. 모두에게 열려있는 서울관에 가면 예술이 일상이 된다.

섬 사이로 밀려드는 물결처럼,
길에서 광장을 지나 미술관 안으로 들어서다!

경복궁 사거리의 동십자각 쪽에서 삼청동 방면으로 접어든다. 경복궁 동편 담장과 나란한 길이다. 이곳에 우리나라에서 손꼽히는 미술관이 들어섰다. 2013년 11월에 문을 연 국립현대미술관-서울관이다. 서울관은 현재 부지에 세워지기 전부터 논란이 많았다. 또 설립이 결정된 후에는 설계가 쉽지 않은 건물로 여겨졌다. 도로 하나를 사이에 두고 경복궁이 있기 때문이었다. 정독도서관에 있던 종친부 건물이 미술관 부지에 있던 본래의 자리로 이전 복원했고, 미술관의 일부가 될 옛 국군기무사령부도 20세기 초에 지어진 등록문화재 375호였다. 북촌 입구인 삼청동과 소격동, 사간동 일대의 마을 동선도 고려해야 했다.

　서울관의 건축을 맡은 민현준 건축가는 이를 크고 작은 여러 개의 섬이 떠있는 듯한 구조로 풀어냈다. 7개 건물과 그 사이의 마당들이 섬과 바다처럼 무리를 이뤄 서울관이라는 하나의 공간을 이룬다. 실내 전시실도 순차적 배치를 피하고, 자유로이 넘나들 수 있게 했다. 서울관은 담장이 없는 열린 미술관을 지향했다. 사람들은 섬 사이로 밀려드는 물결처럼 길에서 광장을 지나 미술관 안으로 들어서거나, 공원을 산책하듯 바깥 공간만을 경

국립현대미술관-서울관 전경

1. 미술관 로비
2. 전시 마당

유해 빠져나간다. 미술관이지만 공원이자 광장이며 길이다. 높지 않은 건물 덕분에 인왕산 등 주변의 고유한 자연 경관도 잘 보인다. 서울관이 많은 사람들에게 호응을 얻은 것도 바로 이러한 특징 때문이다. 아이와 함께 돌아볼 때도 미술관을 지은 의도에 부합한 관람법을 권한다. 여러 동의 건물들은 나이와 크기가 다르고 생김도 다르다. 조선시대에서 근대를 지나 현대에 이르는 시간이 고스란히 녹아있다. 출구와 입구를 정확히 가리키기보다는 여러 방향으로 길을 열어두었다. 규격화되지 않은 미술관의 생김과 동선은 그 자체만으로도 아이들에게는 특별한 경

생각 발산하기

국립현대미술관 – 서울관은 왜 높게 지을 수가 없었나요?

서울 시내를 다니다 보면 문화재 바로 옆에는 높은 건물이 없어. 왜냐하면 우리나라는 문화재를 보호하기 위해 만든 법이 있기 때문이란다. 건물을 올려다보는 시선을 기준으로 높이를 제한하는데, 서울관은 높이를 16m 이상 높게 지을 수가 없었단다. 그래서 건물을 높게 올리지 않고 옆으로 길게 설계했지. 주요 전시관 또한 지하에 자리하게 됐고. 미술관을 여러 개의 섬처럼 지은 것도 그런 이유 때문이란다.

로비에서 창 너머로 보이는 종친부 건물

험을 선물한다. 아이 스스로 길을 정하게 하는 것도 좋겠다. 그것이 현대미술의 특징이기도 하다.

 **비슬나무 두 그루가 곁에 서있고,
감각적인 전시가 사람들을 맞이하는 공간**

경복궁 사거리의 동십자각 쪽에 들어서면 먼저 옛 국군기무사령부 건물을 만난다. 서울관의 전시실과 사무동을 겸하는 공간이다. 옛 국군기무사령부 건물은 서울관의 일부가 되면서 변신했다. 흰색 페인트를 일일이 벗겨내 옛날의 붉은 벽돌을 되살렸다. 마치 새로운 건물인 것 같지만 붉은 벽돌이 본연의 모습이었다.

옛 국군기무사령부 입구에는 미술관으로 들어가는 첫 번째 입구가 있다. 조금 더 걸어가면 오른쪽에 있는 미술관 마당으로 두 번째 입구가 나있다. 비슬나무 두 그루가 있는 인도변이다. 옛 국군기무사령부 건물과 미술관 강의동 건물 사이 공간이다. 굳이 정문을 정의하자면 시대별 건물을 한눈에 조망할 수 있는 미술관 마당 쪽이라고 할 수 있다. 왼쪽 강의동은 외장을 테라코타 타일로 치장했다. 연갈색 타일은 단색인 듯하지만 자세히 보면 네 가지 빛깔을 띤다. 곧장 미술관 마당으로 이동할 수도 있지만 강의동을 지나 종친부로 향한다.

• **비슬나무에 얽힌 이야기**

미술관 강의동 앞에는 비슬나무 세 그루가 있다. 수령이 170살이 넘는 할아버지 나무로, 왕실 뜰에 심었던 상록수다. 국립현대미술관-서울관은 종친부, 사간원 등 왕실 기관들이 있던 자리에 세워졌다. 민현준 건축가는 비슬나무 세 그루를 옮기거나 베지 않고 미술관에 남겨두기로 하고 미술관을 설계했다. 그래서 비슬나무는 미술관이 지어지는 내내 가장 귀한 대접을 받았다는 재미있는 후문이 전해진다.

▶ 미술관 강의동 앞에 있는 비슬나무

1. SOA 〈지붕감각〉
2. 김승영 〈따뜻한 의자〉

종친부는 왕의 친척들이 일을 보던 관청이다. 미술관의 가장 안쪽에 어른처럼 자리하고 있다. 종친부 앞 잔디밭은 미술관의 제5전시실 지붕에 해당한다. 그 너머로 경복궁 담장과 인왕산이 한 폭의 수묵화처럼 펼쳐진다. 옛 국군기무사령부의 붉은 벽돌과 새로 지어진 미술관이 어떻게 연결되는지도 잘 보인다.

미술관 마당은 야외 전시장으로 활용하고 있다. 2015년에는 건축그룹 SOA의 〈지붕감각〉처럼 마당 전체를 뒤덮는 대형 작품도 만날 수 있었다. 〈지붕감각〉은 발을 확대한 형식으로 그늘 속에서 잠시 쉬었다 갈 수 있게 만든 대형 설치작품이다. 그 아래로 들어가면 지붕을 뚫고 들어오는 바람의 감촉을 느낄 수 있다. 아이들의 손을 잡고 잠시 발 속에 들어가 보자. 희귀한 공간 속에서 아이들의 눈이 휘둥그레진다. 미술관 마당뿐만이 아니다. 종친부 앞 잔디밭도 전시장이 되곤 한다. 개관 당시 전시한 김승영 작가의 〈따뜻한 의자〉는 겨울에 미술관을 찾은 관람객들에게 가장 사랑받은 작품 중 하나였다. 잔디밭 위에 여러 개의 붉은색 보일러식 의자를 배치했다. 의자는 사람의 체온과 같은 36.5도를 유지해 그 위에 앉아있으면 몸과 마음이 따뜻해지는 걸 느낄 수 있었다. 예술이 우리 삶과 동떨어진 분야가 아니며, 작품이 단순히 전시에 그치지 않음을 이야기한다.

내 맘대로 보고 느끼는 현대미술

종친부를 보고는 다시 강의동 옆을 지나 미술관 마당으로 들어선다. 미술관 내부 전시실 풍경도 바깥 모습과 다르지 않다. 서울관은 8개 전시실을 순서대로 볼 필요가 없다. 내 맘대로 자유로이 돌아다니며 보면 된다. 1층 입구 오른쪽에는 제1전시실이 있고, 뒤쪽 계단을 오르면 2층 제8전시실이다. 제1전시실은 천장에 햇빛이 스며들어 전기 없이도 밝기를 조절할 수 있다. 에스컬레이터를 타고 내려가면 서울박스 전시관을 중심으로 제2전시실에서 제7전시실까지 여기저기 들어가고 나올 수 있다. 그 사이에 미디어랩, 영화관 등이 있다.

1. 제2전시실
2. 제6전시실

 **함께 가보면 좋아요**

사간동갤러리거리 & 북촌한옥마을

국립현대미술관-서울관으로 들어오는 입구에는 '갤러리현대'와 '금호미술관', '학고재', '국제갤러리' 등의 미술관이 있다. 사간동에는 1975년 갤러리현대가 이사를 온 후, 크고 작은 미술관이 여럿 자리 잡으면서 미술 거리가 형성됐다. 이 일대를 '사간동갤러리거리'라고 부른다. 미술관마다 분위기가 있고, 다른 콘셉트를 갖고 있다는 것을 아이들에게 알려주기 위해 다른 곳도 함께 돌아보자. 학고재 같은 한옥 건물도 있고 갤러리현대 두가헌처럼 근대 건축물을 활용한 미술관도 있다.

국립현대미술관-서울관은 북촌한옥마을의 삼청동과 가회동 입구 쪽에 있어서 가는 길에 한옥마을을 둘러봐도 좋다. 볕 좋은 날 가면 가족 나들이로 안성맞춤이다. 북촌에는 옛 터의 흔적이 많다. 사간원, 소격서 등 나라의 옛 관청들이나, 종친부 건물이 있던 정독도서관도 그 가운데 하나다. 정독도서관은 옛 경기고등학교 건물로 등록문화재 2호다. 봄날에는 벚꽃이 아름답게 피어나고, 등나무 그늘이 있어 책을 읽기도 좋으니 아이들의 손을 잡고 가보자.

1. 서도호 〈집 속의 집 속의 집 속의 집 속의 집〉
2. 레안드로 에를리치 〈대척점의 항구 Port of Reflections〉
3~4. 틀에 얽매이지 않는 다양한 형태의 전시물

그중 서울박스는 가장 주목받는 전시관이다. 작품에 그림자가 없도록 만든 빛의 공간이다. 높이가 17m나 돼서 굉장히 큰 미술 작품을 전시할 수 있다. 벽에 거는 작품보다는 3차원의 공간을 활용한 입체 작품 전시가 많다. 서도호 작가의 〈집 속의 집 속의 집 속의 집〉은 전시관 안에 집을 지었고, 레안드로 에를리치 작가의 〈대척점의 항구 Port of Reflections〉는 배를 설치하기도 했다. 새로운 시각의 현대미술 작품이 어른은 물론 아이들의 시선을 압도한다.

서울박스를 나와서는 발길 닿는 대로, 물고기가 바다를 유영하듯 자유로이 작품을 감상한다. 서울박스처럼 한 작품이 전시장을 가득 채우기도 하고, 일반 미술관처럼 여러 편의 작품이 한 공간에 모여있기도 하다. 아이들에게는 전시실의 변화도 감상의 지루함을 덜어주는 중요한 요소다.

체험 프로그램과 연계해도 좋다. 시기나 계절에 따라 다채로운 프로그램을 진행하는데 전시 연계 프로그램을 추천한다. 미취학 아동과 초등학교 1~2학년을 대상으로 한 '테마가 있는 미술관', 3~6학년을 대상으로 '거꾸로 보는 미술관' 등이 있다.

066 낭만적인 정동길에서 만난 포스트뮤지엄
서울시립미술관 - 서소문 본관

주소 서울시 중구 덕수궁길 61
관람 시간 화~금요일 10:00~20:00,
3~10월 토·일요일과 공휴일은 19:00까지,
11~2월 토·일요일과 공휴일은 18:00까지
휴관일 매주 월요일, 1월 1일
관람료 무료(특별전 제외)
홈페이지 sema.seoul.go.kr
전화 02-2124-8800

정동길은 전통의 데이트 코스다. 부모의 부모 세대를 시작으로 많은 이들이 추억을 남긴 장소다. 서울시립미술관은 이런 낭만적인 장소에 자리한다. 서울시립미술관에서 펼쳐지는 전시는 미술관 외형에서 풍기는 고풍스러움과는 사뭇 결을 달리한다. 서울시립미술관은 '포스트뮤지엄'을 지향하며 관람객과 적극적으로 소통한다. 포스트뮤지엄은 탈관행적, 탈제도적 미술관을 지향한다는 뜻이다. 낭만의 거리에서 21세기 미술의 찬란한 변모를 보고 싶다면 지금 당장 미술관 문을 열어보자.

🎨 근대 역사 산책로 1번지

덕수궁 대한문을 타고 넘어온 햇살이 정동의 돌담길을 쓰다듬는다. 정동의 시계는 해가 중천일 때 가장 느리다. 고층 빌딩이 토해낸 직장인과 데이트하는 연인의 시간이 평등하게 흐른다. 시간을 재촉하는 일일랑 정동에서는 허락할 수 없다. 돌담 어디에선가 반칙이라고 속삭이는 것만 같다.

언뜻 보자면 정동길엔 사랑과 평화만이 흘렀을 것 같다. 그러나 정동길에는 나라를 잃은 슬픈 역사가 녹아있다. 식민지 시절 일본은 독립운동 인사들을 탄압할 목적으로 1928년 정동길에 '경성재판소'를 건립했다. 이 건물이 지금의 서울시립미술관-서소문 본관이 되었다.

🎨 햇살 가득한 미술관

정동의 모든 길은 미술관 앞 언덕길로 이어진다. 언덕길 위에 탐스러운 장미꽃 다발이 관람객을 맞는다. 최정화 작가의 〈장미 빛 인생〉이다. 한 손에 쥐기 어려운 대형 장미다. 청동의 인간들은 표정 없는 얼굴을 하고 조각공원을 지키고 섰다. 배형경 작가의 〈생각하다〉이다. 오르막 길이 끝나면 미술관인데 정면 세 개, 양 옆으로 하나씩 아치형 입구가 관람객을 불러들인다. 입구에 새겨진 세밀한 조각에 시선을 빼앗긴다.

서울시립미술관 실내는 무척 밝다. 작품 보존을 위해 미술관의 조도를 낮춰야 한다는 상식을 뒤집는다. 미술관으로 들어서면 바로 중앙홀이다. 중앙홀은 높은 천장과 좌우 벽면에서 떨어지는 햇빛으로 가득하다. 오른쪽에는 바닥이 넓은 황금색

1~2. 정동 돌담길

소파가 여럿 놓여있어서 편히 앉아 휴식을 즐길 수 있다. 소파의 모양 탓에 거의 누운 상태로 앉게 되는데, 때 아닌 실내 일광욕을 하는 듯한 기분이 든다. 황금색 햇살이 쏟아지는 천장과 황금색 소파를 즐기는 관람객들이 묘한 조화를 이룬다.

왼쪽엔 카페가 운영 중이다. 아까부터 후각을 유혹하던 커피 향의 본거지다. 커피를 마시려면 창문이 가까운 자리에 앉자. 커피가 후각과 미각의 행복에 복무한다면 창밖 풍경은 시각의 즐거움을 채우고 넘친다. 창밖의 사계절 풍경은 영원한 특별전이다.

1. 최정화 〈장미 빛 인생〉
2. 배형경 〈생각하다〉
3~4. 서울시립미술관 건물에 새겨진 세밀한 조각
5. 입구에 놓여있는 황금색 소파

전시실로 향하는 동선의 안내자, 계단

관람객은 중앙홀에서 시작하는 계단을 이용해 2층과 3층으로 이동한다. 밟고 있는 계단의 높이에 따라 관람자들의 시선이 다양하게 변한다. 당연히 미술관의 표정 또한 달라진다. 층마다 다양한 자세와 표정의 관람객들을 관찰하는 재미도 있다.

전시실은 계단을 중심으로 양옆에 숨어있다. 작품을 쉽게 보여주지 않으려는 듯이 말이다. 그렇다고 불친절하다고 평할 필요는 없다. 전시실에 입장하면 계단 쪽의 소란에서 완전히 벗어나기 때문이다. 전시실이 왜 숨은 건지 이제야 이해가 된다. 밝았던 중앙홀과 달리 전시실의 조도는 작품 감상을 적당히 돕는다.

감상의 시작은 당연히 1층부터다. 그 전에 반드시 봐야 할 작품이 하나 있다. 백남준의 〈서울 랩소디〉다. 중앙홀 벽면 하나를 차지하고 있다. 세상을 뜨기 전 이미 세계적 거장이 된 작가는

1. 1층에서 2, 3층으로 오르는 계단
2~3. 크리스털 갤러리 옆에서 3층 프로젝트 갤러리로 오르는 계단
4. 3층 휴식 공간
5. 크리스털 갤러리

작품에서 서울을 어떻게 표현하고 있을까. 자녀에게 감상평을 부탁해봐도 좋겠다. 아이의 시각은 언제나 어른을 뛰어넘으니, 깜짝 놀랄만한 미술 평론이 나올 수도 있다.

1층에서 3층까지는 작품 감상의 여정이다. 어느 전시실로 가든 여정의 방법은 다양하다. 특히 3층으로 오르는 방법이 즐겁다. 벽면을 타고 오르는 계단이 첫 번째 여정이다. 정반대 크리스털 갤러리 쪽 나무 계단은 두 번째 여정이다. 두 개의 계단은 오르는 과정도 끝나는 지점도 당연히 다르다. 계단의 선택이 작품 감상의 분위기를 결정한다. 아찔하고 독특한 여정을 원한다면 크리스털 갤러리 쪽으로 방향을 잡자.

미술관에서 나만의 비밀 공간 찾기

2층 벽면 계단을 이용하면 3층 전시실이다. 이쯤에서 아이가 힘들어하면 3층 전시실 중간에 있는 휴게실에서 쉬어도 좋다. 중앙홀만큼은 아니지만 이곳도 어김없이 햇살을 즐길 수 있는 공간이다.

잠시 쉬다 보면 정면에 박스 모양의 공간 하나가 눈에 들어온다. 유리로 벽면과 바닥을 마감했다. 공중에 뜬 것처럼 만들어졌다. '크리스털 갤러리'다. 사각의 벽면에 원 모양의 도형을 그려 넣었다. 크리스털 갤러리 옆 '프로젝트 갤러리'도 지나치지 말자.

3층에는 재미를 주는 공간이 몇 개 더 있다. 프로젝트 갤러리 문 옆으로 내려가면 작은 휴식 공간이 있다. 관람객을 위해 마련한 소파가 보인다. 흔한 색깔의 소파가 아니다. 마치 비단으로 만든 것 같은 소파다. 파란색, 붉은색, 흰색, 금색, 분홍색 등 매력 넘치는 빛깔이다. 1층의 황금 소파와 3층의 비단 소파가 짝을 이룬다.

크리스털 갤러리 쪽 나무 계단을 이용하면 비단 소파 공간으로 바로 오른다. 두 번째 여정이다. 높은 곳을 꺼리는 관람객에게는 권하기 어렵다. 계단을 몇 개 오르면 발이 공중에 뜬 기분이다. 까마득한 높이다. 그래도 견디고 오르면 하늘에 닿는 느낌이다. 계단 한참 아래 관람객들이 보인다. 미술관의 비밀 공간을 혼자 차지한 기분이다.

꼭 봐야될 것이 또 있다. 창문이다. 창문은 제 몸만큼만 세상의 풍경을 허락한다. 풍경이 창문에 와 닿으며 작품이 된다. 계절과 날씨는 매일 새로운 작품을 내놓는다.

시민과 소통하는 기획전시와 프로그램

서소문 본관의 전시 기획은 특색이 넘친다. 관람객을 결코 수동적으로 두지 않고 작품에 적극적으로 참여시킨다. 그동안의 전시만 보아도 서소문 본관의 전시 성격을 잘 알 수 있다. 2015년 6월 30일부터 8월 30일까지 진행했던 '서브컬쳐 : 성난 젊음'은 대중문화의 출현과 IMF 조짐이 감돌던 1990년대 중반, 홍익대학교 지역을 중심으로 발생한 인디 문화에 대한 전시였다. 2015년 6월부터 8월까지 진행했던 '피스마이너스원 : 무대를 넘어서'는 가수 G드래곤과 현대미술의 콜라보레이션으로 많은 이들에게 주목을 받았다. 미술관에 일반인들을 더 많이 끌어들이기 위한 실험적인 기획전시였다. 이처럼 서소문 본관은 시민과 유리되지 않은 기획전시로 관람객들과 소통하고 함께하는 미술관으로 자리 잡았다.

서울의 대표 미술관답게 서소문 본관은 다양한 교육 프로그램을 운영 중이다. 교육 프로그램은 크게 두 종류로 나뉜다. '시민미술아카데미'와 '찾아가는 미술 감상 교실'이

1~3. 교육 프로그램에 참가한 아이들

다. 시민미술아카데미에서는 '웰컴 칠드런! 헬로, 백남준 아저씨', '천경자 작가를 만나다', '어린이 여름·겨울방학 교실' 등을 운영한다. 찾아가는 미술 감상 교실은 상반기(3~6월)와 하반기(9~12월)로 나누어 진행한다. 서울시 소재 초·중·고등학교를 대상으로 학교 감상 및 체험 교실 강좌와 문화 소외 시설을 대상으로 감상 교실 등을 개최한다. 프로그램 내용이 다양하므로 홈페이지를 미리 통해 확인하자.

2층에는 자료실도 있다. 미술 관련 자료, 도서, 도록, 잡지, 영상 자료 등을 소장하고 있다. 시민 누구에게나 개방한다. 편의 시설은 관람객들의 미술관 이용을 돕는다. 1층 중앙홀에는 정수기와 공중전화, 보관함이 설치되어 있다. 같은 층 카페 쪽에는 놀이방과 수유실이 있어 아이와 함께 온 부모들이 이용할 수 있다.

 함께 가보면 좋아요

정동 전망대

서소문 본관이 자리한 정동은 대한제국 때부터 다른 나라의 대사관이 설치되고 외국인들이 모이기 시작했다. 그래서 정동길은 우리나라 근현대사의 주요 무대이기도 하다. 슬픔과 아픔, 감동과 환희가 늘 공존하는 곳이 바로 정동길 주변이다. 이런 정동을 한눈에 볼 수 있는 전망대가 미술관 근처에 있다.

전망대에서 본 서울 시내 풍경

전망대는 서울시청 서소문별관 13층에 있다. 전망대에서 보면 정동, 덕수궁, 시청까지 시원하게 펼쳐진다. 창문틀에는 멀리 보이는 곳이 어떤 건물인지 설명해주는 사진이 있으니 참고하자. 사진 속 건물을 찾는 재미가 쏠쏠하다.

일상이 예술이 되는 공간
067 서울시립미술관 – 남서울생활미술관

주소 서울시 관악구 남부순환로 2076
관람 시간 화~금요일 10:00~20:00, 토·일요일과 공휴일 10:00~18:00
휴관일 매주 월요일, 1월 1일
관람료 무료
홈페이지 sema.seoul.go.kr
전화 02-598-6247

100년의 시간을 품은 공간에서 예술작품을 볼 때 어떤 느낌이 들까? 서울시립미술관 – 남서울생활미술관은 육중한 문을 열고 들어서자마자 켜켜이 쌓인 시간이 신비롭게 펼쳐진다. 남서울생활미술관은 공예와 디자인 전시를 주로 연다. 이름에서 알 수 있듯 전시의 대표 주제가 '생활'이다. 전시 구성은 오밀조밀하고 내용은 옹골차다. 오래된 공간에서 일상을 예술로 승화시킨 작품을 보고 싶다면 남서울생활미술관의 문을 열어보자.

1. 남서울생활미술관 입구
2. 1층 복도에서 본 남서울생활미술관 문
3. 1층 복도 샹들리에

 미술관으로 떠나는 시간 여행

모두 환영한다는 의미일까. 미술관의 대문이 높지 않다. 담장 또한 마찬가지다. 들어서자마자 조각작품 여럿이 마주보인다. 유독 볼거리가 넉넉할 것 같은 미술관이다. 정면의 예스런 건물은 비밀을 간직한 듯하다. 건물의 꼿꼿한 자세에서 오랜 시간 유지해온 품격이 느껴진다. 육중한 문을 열고 들어가면 어떤 작품들이 관람객을 기다리고 있을까.

남서울생활미술관은 서울시립미술관의 분관이다. 남서울생활미술관 건물은 처음에 1905년 중구 회현동 한옥 밀집 지역에 건축되었다. 벨기에 영사관 건물로 쓰기 위해서였다. 벨기에 영사관이 다른 곳으로 옮겨간 후에는 요코하마 생명보험 사옥과 해병대 청사로도 쓰였다. 우리은행의 전신인 상업은행이 건물을 인수한 게 1970년이다. 1977년에는 건물의 가치를 인정받아 사적 제254호로 지정되었다. 건물은 도심 재개발 사업을 위해 1983년 지금의 자리로 이전하게 되었다. 이후 우리은행은 문화 예술 사업을 지원하는 목적으로 서울시에 건물을 무상 임대했다. 서울시는 이 건물을 문화 예술 공간으로 조성해 지금처럼 서울시립미술관 분관으로 활용 중이다.

매일 달라지는 날씨와 작품이 조화를 이루는 야외 조각공원

미술관에 근사한 야외 조각공원이 있다는 건 관람객에게는 행운이다. 조각공원만 둘러보는 걸로도 만족할 만하다. 매일 달라지는 날씨가 작품과 조화를 이뤄 훌륭한 감상 포인트가 된다. 입구에 들어서면 좌우로 늘어선 조각작품들이 바로 보인다. 오른쪽에 있는 작품이 박충흠 작가의 〈무제(2002)〉다. 동판 조각을 세모 모양으로 자르고 용접했다. 아이들에게는 두 번째 작품 〈무제(2005)〉가 인기 있다. 직접 작품 안에 들어갔다 나올 수 있기 때문이다. 이외에 심문섭 작가의 〈현전〉과 〈제시〉, 조성묵 작

가의 〈메신저〉와 〈소통〉이 전시 중이다. 작품들을 보며 아이가 무얼 느끼는지 물어보자. 추억을 위한 사진 촬영은 필수다.

 100년 전을 상상하며 걷는 건물 내부

야외 공원을 지나 미술관 앞에 서면 저절로 걸음이 멎는다. 문 앞에 선 기둥 때문이다. 양옆으로 선 기둥이 호위무사처럼 보인다. 든든하고 믿음직스럽다. 기둥을 지나

문을 열려다 흠칫 놀란다. 문의 육중함 때문이다. 덩치 작은 아이가 혼자 열기엔 부담스럽다. 놀라운 건 무게뿐이 아니다. 문도 하나의 작품으로 보기에 손색이 없다. 매끈한 손잡이가 유독 눈에 띈다. 왼쪽에는 손잡이가 없는 게 의아하다. 양쪽 문에는 창문이 달렸다. 안과 밖을 서로 보기 위해 만든 것 같다. 문 안쪽 창문 가장자리에 걸쇠를 덧댔다.

미술관에 들어오면 높은 천장과 고전주의 양식의 기둥, 모서리의 조각과 샹들리에 등에 시선을 빼앗긴다. 둘러보던 아이들은 신기하다는 말을 연신 내뱉는다. 1층은 복도를 중앙에 두고 넓이가 다양한 5개의 전시실이 좌우로 자리한다. 복도를 따라 끝까지 가본다. 걷는 동안 전시실 내부 작품이 나타났다 사라지기를 반복한다. 전시실과 전시실은 이어진 형태이거나 복도를 경계로 나뉜다.

고건축의 흔적은 전시실 내부에도 여전하다. 정성을 다해 조

1. 박충흠 〈무제(2002)〉
2. 박충흠 〈무제(2005)〉
3. 심문섭 〈현전〉
4. 심문섭 〈제시〉
5. 조성묵 〈소통〉
6. 조성묵 〈메신저〉

1. 남서울생활미술관 문
2. 1층 복도
3. 제1전시실
4. 벽난로
5. 제3전시실

각한 기둥은 천장을 이고 섰다. 샹들리에와 벽난로는 놓치면 안 될 감상 포인트다. 제3전시실에서는 벽난로가 유독 도드라진다. 요즘 흔치 않은 벽난로를 아이에게 보여주기에 적당하다. 건물이 처음 들어섰을 때를 잠시 상상해보자. 푸른 눈의 벨기에 영사관 직원들은 지금의 자리에서 무엇을 했을까. 겨울이면 벽난로가 그들의 체온을 지켜주었을 것이다. 혼란의 한국 근현대사 속에서 잠깐 역사의 무대가 되었을 것이다. 이곳이 한때 외교 무대였음을 설명해준다면 아이의 상상력은 100년 전까지 거슬러 올라 것이다.

운이 좋다면 제4전시실쯤에서는 아이와 부모만 남아 작품을 감상하는 호사를 누릴 수도 있다. 전시실은 따로 순서를 두지 않고 봐도 무방하다. 다만 전시실 뒤 숨은 듯 자리한 전시실도 있으니 지나치지 말고 모두 감상할 것을 추천한다.

 예술은 삶, 삶은 예술

2층 전시실로 오르기 위해 계단을 오르면 나무 바닥이 유난히 삐걱댄다. 계단이 꺾어지는 즈음에 발견한 창문이 다시 발을 붙든다. 세로 창문을 통해 들어오는 햇빛 때문이다. 시선과 함께 마음도 송두리째 빼앗는다. 격자 창은 풍경을 나누고 햇빛을 가른다.

2층 전시실은 6개다. 중앙의 복도와 좌우 전시실 배치는 1층과 같다. 제11전시실은 꼭 둘러봐야 한다. 두 개의 세로 창문이 벽 하나를 차지하고 있다. 창문은 마치 전시실의 생명을 이어주는 숨구멍 같다. 계단에 있는 창문보다 더 많은 햇빛이 미술관 안으로 쏟아진다.

남서울생활미술관은 예술작품의 위치를 우리의 생활로 이동시킨다. 예술이란 삶과 동떨어져 멀리 있는 게 아니라는 사실을 알려준다. 일상생활에서 사용하는 모든 용품이 달리 보면 예술이다. 2015년 2월까지 전시한 '이영순·지승작품전 : 옛것 같은 새것, 새것 같은 옛것'은 생활 도구가 예술이 될 수 있음을 잘 보여준 사례다. '지승'이란 종이를 꼬아 노끈을 만들고 이를 다시 엮어 작품을 만드는 공예 기술을 말한다. 이영순 작가는 지승공예로 와인병, 항아리, 새우젓독, 상자, 장독대, 광주리 등을 만들어 전시했다. 생활용품이 작품으로 변신하는 순간이었다.

남서울생활미술관에서는 대수롭지 않아 보여도 정작 중요한 볼거리가 많다. 계단의 매끈한 난간은 꼭 한 번 잡아보자. 난간 위로 지나갔을 손길이 몇이나 될지는 가늠이 어렵다. 남녀 화장실을 알리는 철제 표시판도 지나치지 말자. 예쁜 모양 덕분에 카메라에 담는 관람객이 한둘이 아니다. 철제 표지판을 보다 화장실에서 나오는 이와 눈이 마주쳐 민망해하는 것도 예삿일이다.

1층 카페는 남서울생활미술관의 마지막 관람 코스다. 아담한 카페에서 아이와 마주 앉아 오랜만에 즐기는 여유가 좋다. 아이와 눈을 맞추며 대화할 수 있는 잠깐의 시간은 미술관이 준 선물이다. 아이는 미술관에 들어오기 전보다 조금 성장했다. 격자의 창문은 카페도 예외가 아니다. 창밖 조각공원을 조망하며 오늘 본 작품들을 되새기는 일로 관람을 마치는 건 어떨까. 아이가 들려줄 미술관 관람 평이 자못 기대되는 순간이다.

1. 2층 전시실로 오르는 나무 계단
2. 햇빛이 들어오는 2층 계단 창문
3. 제6전시실
4~5. 화장실 철제 표시판

068 군산근대미술관 & 군산근대건축관 & 장미갤러리

역사와 예술이 만나는 군산 여행

| 군산근대미술관 |
주소 전라북도 군산시 해망로 230
관람 시간 3~10월 10:00~18:00, 11~2월 10:00~17:00
　　　　　(관람 종료 30분 전까지 입장 가능)
휴관일 매주 월요일, 1월 1일
관람료 성인 500원, 청소년 300원, 어린이 200원
전화 063-446-9812

군산항 인근에는 근대 유적이 밀집해 있다. 아이들은 군산항에 다다르면 시간을 거슬러 올라간 듯한 풍경에 호기심을 보인다. 군산의 장점은 밖에서 보는 데 그치지 않고 역사적 공간 안으로 들어가 체험해 볼 수 있다는 점이다. 근대미술관, 장미갤러리, 근대건축관 모두 일제 강점기의 아픈 역사가 배어있는 옛 건물을 그릇 삼아 그 안에 예술을 소복이 담았다. 군산은 역사와 예술을 함께 체험할 수 있는 일거양득의 배움터다.

역사와 문화, 예술 그리고 도심 도보 여행을 고루 즐길 수 있는 군산

아이와 떠나는 여행은 욕심이 앞선다. 부모 입장에서는 직장 생활로 시간이 여의치 않아 모처럼의 여행일 때가 대부분이다. 짧은 일정 안에 아이가 다양한 경험을 하길 바라는 것은 당연하다. 여행과 학습의 효과를 동시에 올릴 수 있다면 금상첨화다. 그런 면에서 군산은 효율적인 여행지다. 아이와 부모가 함께 떠나는 여행의 다양한 욕구를 충족시켜 준다.

우선은 근대 역사 여행이다. 군산은 1900년대 초반에 급성장한 도시다. 그래서 근대에 지어진 건물이나 유적이 많고, 다른 도시에 비해 보존 상태가 좋다. 채만식의 소설 『탁류』의 배경이기도 하니 문학 여행도 겸할 수 있다. 주요 시설 대부분이 밀접해 있는 점 또한 군산의 장점이다. 대중교통으로 군산까지 이동한 후, 현지에서는 걸어서 주요 여행지를 모두 돌아볼 수 있다. 군산은 역사와 문화, 예술 그리고 도심 도보 여행을 고루 누릴 수 있는 최고의 여행지다. 뿐이랴, 그 중심이 군산항이니 바다 풍경 또한 매혹적으로 사람들을 끌어당긴다. 군산 여행지는 근대 역사를 기반으로 삼고 있으니 무작정 출발하기보다 그 역사와 배경을 알아두면 유용하다.

 ## 군산근대역사박물관에서 군산 미리 보기

1899년에 개항하기 이전부터 군산항에는 인근 7개 읍의 쌀이 모

군산항 인근 주택가 풍경

1. 군산근대역사박물관
2. 군산근대역사박물관 내부

이는 군산창이 있었다. 조선 3대 시장 중 하나였던 강경과 접한 항구이기도 했다. 일본은 호남평야의 쌀을 수탈하는 전진기지로 군산의 개항을 요구했다. 개항 이후에는 호남 곡창의 쌀들이 전군가도를 통해 군산으로 옮겨졌고, 배에 실려 일본으로 향했다. 군산항은 다른 개항장과 달리 거래 품목의 80~90%가 일본으로 수출하는 쌀이었다. 군산항 주변의 근대 건축물인 '군산세관'과 '미즈상사', '일본 제18은행', '군산미곡취인소' 등은 당시 번화했던 항구 풍경을 짐작케 한다.

군산의 근대 역사를 미리 공부할 기회가 없었다면 출발지는 '군산근대역사박물관'이 제격이다. 군산근대역사박물관은 '해양물류역사관', '근대생활관', '기획전시실' 등으로 구성되어 있다. 이곳에서는 군산의 근대 역사를 엿볼 수 있을 뿐 아니라 별도의 어린이체험관도 만날 수 있다. 어린이체험관은 저학년이나 미취학아동을 대상으로 한 공간으로, 아이들은 이곳에서 장난감 교구들을 가지고 놀며 항구 군산을 스스로 알아간다. 무엇보다 군산근대역사박물관은 인근의 '군산근대미술관', '군산근대건축관', '장미갤러리' 등을 한번에 아우를 수 있는 곳

 생각 발산하기

군산에는 근대의 아픈 역사가 흐른다고요?

고종 황제는 군산을 자주적으로 개항했어. 시대 흐름에 맞춰 국가의 독립을 유지하고, 자유 무역을 하기 위한 선택이었지. 군산에는 개항과 동시에 우체국, 재판소, 세관 등을 설치했어. 다른 나라와 무역을 하며 군산에서 자율적으로 행정 업무를 해결하기 위해서였지. 관세 수입이 많아져서 국가 재정에 도움이 되길 기대하며 개항했지만, 결과적으로는 쌀의 대외 유출과 조선 상인의 몰락을 초래했어. 또한 일본의 토지 침탈이 전개되는 결과를 낳았단다.

이다. 군산을 걷다 보면 박물관에서 보았던 건물이나 장면들이 겹쳐진다. 매 주말마다 열리는 '해설사와 함께하는 근대 문화 투어'와 현장 학습지 등을 이용하면 일대의 근대 유적을 좀 더 꼼꼼하게 견학할 수 있다.

스탬프 투어도 추천한다. 박물관에서 제공하는 스탬프 팸플릿에 근대미술관, 근대건축관 등 인근 명소들의 스탬프를 찍으며 이동해보자. 스탬프 투어는 아이들이 자발적으로 군산을 돌아볼 수 있는 의욕을 불어넣어 준다. 스탬프 팸플릿에 도장을 다 찍으면 군산흰찰쌀보리 등의 지역 특산품을 선물받는다.

 옛 일본 은행이 미술관으로 재탄생!

군산근대박물관을 나와서는 소설 『탁류』의 배경인 째보선창(군산 내항) 방면으로 이동한다. 몇 걸음 가지 않아 장미갤러리와 미즈카페가 사람들을 맞이한다. 자그마한 정원을 공유한 두 채의 적산가옥*은 왼쪽이 장미갤러리고 오른쪽이 미즈카페다. 과거로 거슬러 올라간 듯한 예스러운 건물이다.

'장미'는 군산항을 포함한 일대의 동네 명에서 따왔다. 장미동 하면 얼핏 꽃을 떠올리지만 전혀 다른 의미다. 곳간의 '장(藏)'과 쌀의 '미(米)'가 합쳐져 쌀 창고를 뜻한다. 마을 이름에 쌀 수탈

적산가옥
적산은 적의 재산을 말한다. 적산가옥은 적의 재산 가운데 집을 일컫는 말이다. 대체로 일제 강점기에 일본인들이 일본식으로 지은 집을 가리킨다.

- **군산창** 고려와 조선시대에는 세금으로 거둔 곡식을 중앙으로 이송하기 위해 보관하던 창고가 있었다. 이것을 조창이라고 부르는데, 주로 뱃길 주변에 설치했다. 군산창은 군산에 설치했던 조창이다.
- **전군가도** 전주와 군산을 잇는 도로다. 일제는 쌀을 더 많이 약탈하기 위해 고종에게 전군가도를 만들 것을 요구했다. 전군가도는 1908년에 개통된 우리나라 최초의 아스팔트 도로다.
- **일본 제18은행** 1870년 일본 나가사키에서 출발한 일본의 지방 은행이다. 은행 이름에 붙은 숫자 18은 일본에서 은행 설립을 허가받은 순서로, 별 다른 의미는 없다.
- **군산미곡취인소** 군산미곡취인소는 미곡을 매매하는 사람과 사는 사람을 연계하여 미곡의 유통을 원활하게 하고자 설립했다. 그러나 결과적으로 조선인은 미곡에 투기해 돈을 잃고 자본가들은 배를 불리는 '수탈의 장'이 되었다.

1. 금고방
2. 장미갤러리 내부
3. 군산근대미술관
4. 군산근대미술관 골목 사이에 있는 주사위 조형물

의 역사가 고스란히 담겨있다.

장미갤러리 역시 1930년대 '조선미곡창고주식회사'의 쌀 보관 창고였다. 현재는 갤러리와 체험장으로 쓰인다. 2층 '전시실'에는 지역 작가의 작품을 주로 전시하고 1층 체험실에서는 다채로운 공예 체험이 가능하다. '나무목걸이 그리기', '천연염색 손수건 수놓기' 등의 체험은 초등학교 저학년도 쉽게 해볼 수 있다. 맞은편 미즈카페는 1930년대 미즈상사 건물을 개조했다. 1층은 일반 카페지만 2층은 다다미가 깔려있다. 일본식 마루인 다다미 구조를 구경하며 잠깐 쉬어가도 좋겠다.

미즈카페와 이웃한 건물은 '군산근대미술관'이다. 카페와 미술관 사이 좁은 골목에는 주사위 모양의 조형물이 있어 아이들의 발길을 잡는다. 군산근대미술관 역시 근대 유적이다. 1907년에 '일본 제18은행'이 문을 열었던 자리다. 일본 제18은행은 군산 최초의 은행이었다. 광복 후에는 대한통운 지점으로 쓰이다 2008년 등록문화재로 지정됐다. 일본 제18은행은 미즈카페나 장미갤러리에 비해 한층 고풍스럽다. 아이보리색 외관에 초록색 지붕은 화사한 별장 같지만, 낱낱의 구조물에는 일제 강점기 수난의 역사가 어려있다.

실내도 옛 건물의 특징을 살려 갤러리로 꾸몄다. 군산시민들이 박물관에 기증한 서화 중심으로 전시를 진행한다. 미술 전시 외에 별실을 활용한 '일제수탈사 사진전', '18은행 건물 역사 전시' 등도 열린다. 본관 뒷문은 '장미공연장'으로 연결되는데 그 사이에는 금고방도 있다. 일제 강점기 은행 금고를 전시한 공간이다. 아이에게 짧은 설명을 곁들여 군산의 역사를 얘기해주자. 장미갤러리나 금고는 아이들이 군산을 기억하는 단초로 삼을 만하다.

 옛 건물로 기억하는 우리 역사

군산근대미술관에서 조금 떨어진 거리에는 '군산근대건축관'이 있다. 1922년에 들어선 구 조선은행 건물이다. 일제 강점기 우리나라에서 활동했던 일본인 건축가 나카무라 요시헤이(中村與平)가 설계했다. 구 조선은행은 소설 『탁류』에서 고태수가 다니던 직장으로 일제 강점기의 수탈을 상징한다. 르네상스 양식의 건축과 지붕 모양이 특이하다. 2층 건물이지만 규모가 크다. 1990년대 말 화재 후 방치됐던 건물을 복원했다.

실내에는 군산에 있는 근대건축물의 미니어처를 주로 전시한다. 축소 모형이라 건물의 전체 모습을 볼 수 있다는 것도 매력적이다. 바닥은 대형 터치스크린으로 군산 지도를 발끝으로 조작한다. 아이들이 놀이하듯 재밌게 체험한다. 짧은 시간 동안 군산의 근대 전경을 훑어본다. 2층으로 올라가는 계단 난간이

대형 터치스크린으로 만든 바닥

- **뜬다리** 부두에서 바다로 난 다리 형식의 구조물이다. 물 높이에 따라 접안 시설이 위아래로 움직여서 조수 간만의 차이에 상관없이 배를 육지에 댈 수 있다. 일제시대 쌀 수탈의 대표적 흔적이다. 현재 군산항에는 3개의 뜬다리가 남아 있다. 부잔교라고도 부른다.

군산의 뜬다리

나 아치도 예스럽다. 콘크리트 기둥이나 벽면 등은 옛 흔적을 그대로 살렸다.

군산의 근대 풍경을 조금 더 돌아보고 싶다면 군산근대건축관에서 '진포해양테마공원'이나 『탁류』에 등장하는 째보선창 쪽으로 걸음을 옮겨보자. 군산항의 '뜬다리'도 볼거리다.

군산 근대 유적은 예술과 시간이 어우러진 풍경이 매력이다. 아이에게 우리 눈앞에 있는 옛 건물과 거리가 단순히 옛것을 복원하는 데 그치지 않고 아픈 역사까지 보듬은 결과라는 이야기를 해주자. 공간과 예술, 역사를 고루 생각할 수 있는 통섭적 사고력이 길러질 것이다. 3가지 분야의 융합이야말로 아이와 함께 떠나는 군산 여행만의 매력이다.

1. 군산근대건축관
2. 군산근대건축관 내부의 콘크리트 기둥과 벽면

함께 가보면 좋아요

군산의 근대 골목 & 초원사진관

일제 강점기 군산항 일대에는 세관, 은행 등 대형 건물이 밀집해 있었다. 군산항에서 대로를 건너면 영화동, 신흥동, 월명동 등으로 이어진다. 이 일대에는 적산가옥들이 많다. 그 가운데 등록문화재 제183호 신흥동 '일본식가옥(구 히로쓰가옥)'은 안에 들어가 볼 수 있다. 일본인 포목상 히로쓰의 집으로 너른 정원이 있는 일본식 2층 목조 주택이다. 《장군의 아들》, 《타짜》 등의 영화 촬영지로도 유명하다. 적산가옥은 아니지만 영화 《8월의 크리스마스》 촬영지인 초원사진관도 지척이다. 실제 세트장은 없어졌고, 그 자리에 새로이 복원됐다. 할어버지 사진사가 무료로 촬영을 해주고 찍은 사진을 메일로 보내준다. 가족 사진을 한 장 남겨도 좋겠다.

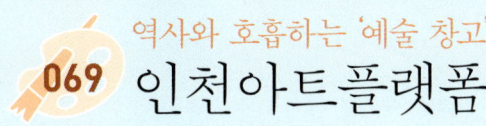

역사와 호흡하는 '예술 창고'
069 인천아트플랫폼

주소 인천시 중구 제물량로 218번길 3
관람 시간 12~2월 10:00~17:00, 3~11월 10:00~18:00(공연장 커뮤니티관은 별도 문의)
휴관일 매주 월요일, 1월 1일
관람료 무료
홈페이지 www.inartplatform.kr
전화 032-760-1000

인천 중구 해안동에는 120여 년 전 개항기 근대 건축물들이 오밀조밀 모여있다. 인천아트플랫폼은 개항장 일대의 옛 창고를 개조해 2009년 개관했다. 입주 작가들의 창작터이자 전시와 공연, 교육을 아우르는 복합 문화예술 공간이다. 개항기 흔적을 엿볼 수 있는 10여 개의 테마 박물관이 인접해 있어 아이와 함께 근대 역사 문화 탐방을 겸하기에도 좋다.

120년의 세월을 거슬러 올라가는 여행

1. 차이나타운 대문 패루
2. 인천아트플랫폼

인천역을 나서면 시간을 거꾸로 돌린 듯한 풍경이 펼쳐진다. 차이나타운의 대문인 '패루'가 마주 서있고 오른쪽 도로변을 따라가다 보면 중국식 건물인 '한중문화관', 낡은 벽돌 건물의 '인천아트플랫폼'이 차례로 나타난다. 1883년 항구를 개방한 후 인천항은 서구 문물이 들어오는 길목이었다. 아직도 인천항 곳곳에 수탈의 흔적이 남아있다. 인천항은 차이나타운과 일본식 건물이 또렷한 경계를 이뤄 이채로운 풍경을 선보인다.

중국인과 일본인 거주지의 경계가 되었던 계단 아래 '인천아트플랫폼'이 자리한다. '일본우선주식회사' 사옥을 비롯해 1930~1940년대 개항장에 들어선 물류창고와 인쇄소, 점포 건물 등이 예술촌으로 재탄생했다. 광장을 사이에 두고 작가들의 작업실과 공방, 교육관, 전시관, 공연장 등 13개 동이 양옆으로 죽 늘어서 있다.

인천아트플랫폼 공연장 뒤편

인천아트플랫폼은 문턱 없는 예술 공간을 지향한다. 입·출구가 구별되어 있지 않고 담장조차 없어 아이들을 데리고 동네 마실 가듯 둘러보기 좋다. 장르도 자유로이 넘나든다. 미술 전시뿐 아니라 연극, 문학, 음악, 퍼포먼스 등 다양한 장르의 예술을 접할 수 있다.

 근대 건축물에 예술의 온기를 덧대다

입구에 들어서면 '대한통운' 글씨가 적힌 벽돌 건물이 눈에 띈다. 1948년 해운업체 창고로 지어졌다가 최근까지 대한통운이 사용하던 건물이다. 붉은 외벽과 샛노란 철제 대문이 인상적이다. 현재는 공연장으로 쓰이는데 뒤편 야외 공연장에서 바라보면 한중문화관의 중국풍 지붕과 어우러져 독특한 풍경을 연출한다. 같은 역사를 지닌 옆 동 전시관에서는 회화, 사진, 미디어 아트 등 매년 다양한 장르의 기획전이 열린다. 내부로 들어서면 천장의 철골 구조물이 훤히 보여 옛 창고였다는 사실을 실감

 생각 발산하기

광장 시계탑에는 비밀이 숨어있다고요?

광장에 선 시계탑을 자세히 볼까? 시곗바늘이 가리키는 숫자가 독특하지? '1883, 1902' 등 특정 연도가 적혀 있어. 1883년은 인천 '제물포항'이 문을 연 해고, 1902년은 인천에 '해관 등대국'이 생긴 해야. 그해 5월부터는 '팔미도등대' 공사를 시작했어. 팔미도등대는 우리나라에서 가장 오래된 등대란다. 1902년에는 또 다른 역사적 사건이 일어나기도 했어. 인천 제물포에서 무려 121명이 하와이로 이민을 떠났어. 절반은 인천 사람이었는데, 이들이 우리나라 최초의 이민자들이란다.

케 한다. 벽면을 빙 둘러 2층으로 연결된 공간은 특별한 장치 없이도 멋스럽다. 아이들이 자유롭게 오르내리며 친숙하게 작품을 감상할 수 있다.

맞은편 노란색 타일 건물은 인천아트플랫폼에서 가장 오랜 역사를 지녔다. 1888년에 지은 '일본 우선주식회사' 사옥(등록문화재 제248호)이다. 지금은 입주 작가들을 위한 자료실과 열람실로 쓰인다. 옆 동은 작가들의 게스트하우스 겸 작업실이다. 1년에 단 한 번 축제 기간에만 개방한다. 교육관으로 변신한 옛 '삼우인쇄소' 건물 또한 개항기 일본식 건물의 전형을 보여준다. 세모 모양의 기와지붕과 아치형 창문이 고풍스럽다. 대들보와 서까래가 보이는 천장, 내부 벽에 뚫린 총탄 자국 등 옛 흔적이 그대로 남아있다.

맞은편 '커뮤니티관'은 1943년에 건축한 점포형 주택이다. 오래전 '금마차다방'이 있던 건물로 지역 문인과 예술인들의 단골 사랑방이었다. 현재는 '모나리자의 하품'이라는 특이한 이름의 카페가 있다. 교육관과 커뮤니티관 사이에는 육교처럼 보이는 철제 통로가 있

1. 옛 삼우인쇄소 건물
2. 아치형 창문
3. 커뮤니티관
4. 야외 설치작품 〈순환〉
5. 야외 설치작품 〈쉬어갑시다〉

1~2. 키즈 북정글

는데, 이곳에 올라서서 보는 풍경도 재미있다. 1층에서 무심코 지나쳤던 야외 설치작품들이 새롭게 보인다.

창의력을 키우는 어린이 전용 공간

커뮤니티관 뒤쪽으로 돌아가면 아이와 부모가 가장 좋아하는 공간이 나온다. '키즈 북정글'이다. 오후 1시부터 6시까지 무료로 이용할 수 있다. 키즈 북정글은 만 7세 이하 어린이들의 놀이터다. 블록, 인형, 공 등의 장난감과 동화책이 마련되어 있어 아이와 함께 쉬어가기 좋다. 인디언천막과 해먹은 아이들이 특히 좋아한다. 이 공간은 인천아트플랫폼에서 진행하는 '토요창의예술학교' 수업의 결과물이기도 하다. 수업에 참여한 디자인고등학교 학생들이 '바다, 자연, 캠핑'을 콘셉트로 해서 직접 꾸몄다.

예술가와 직접 만나고, 역사와 연계하기도 하는 다양한 예술 체험 프로그램

인천아트플랫폼의 교육 프로그램도 적극 활용해보자. 다양한 예술 분야에서 활동하는 입주 작가들이 직접 진행을 맡아 교육 주제와 내용이 다채롭다. 디자인, 미디어아트, 연극, 요리 등 매년 다양한 장르와 주제로 진행한다. '토요창의예술학교'는 인천아트플랫폼의 대표적인 예술창작 워크숍이다. 아이들이 아트플랫폼의 입주 작가가 되어 창작과 전시까지 전 과정을 경험해본다.

1. 토요창의예술학교
2. 페스티벌 기간에 진행하는 오픈 스튜디오
3~4. 플랫폼 페스티벌

또 개항장 일대의 역사와 연계해 예술 교육을 진행하는 등 특화된 콘텐츠가 돋보인다. 2015년에는 교육 기간 중 학부모를 대상으로 한 예술 특강 '미학오딧세이'를 열기도 했다. '토요창의예술학교'는 매년 상·하반기로 나누어 진행하는데 초등학생부터 고등학생까지 대상 연령층이 그때그때 바뀐다. 이외에도 '방학예술캠프', 전시와 연계한 체험·교육 등의 프로그램을 진행한다.

비정기적으로 진행하는 '플랫폼 페스티벌'도 놓치지 말자. 작가들의 작업실을 일반인에게 공개하는 '오픈스튜디오', 다채로운 장르의 기획 공연, 특별 교육 프로그램 등 볼거리와 체험거리가 풍성하다. 페스티벌 기간 외에도 특별 행사가 종종 열린다. 홈페이지에서 일정을 미리 확인해두면 더욱 유익한 시간을 보낼 수 있다.

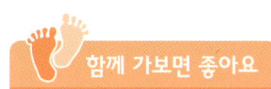 함께 가보면 좋아요

인천근대역사문화타운

'인천근대역사문화타운'은 인천아트플랫폼에서 시작해 바로 옆 건물인 '한국근대문학관'으로 방향을 틀면 나온다. 한국근대문학관에서는 1890년대부터 1948년까지 국내의 근대 문학 작품을 만날 수 있다. 문학관에서 오르막길을 따라 올라가면 '은행가 거리'가 이어진다. 일본 제18은행, 일본 제1은행 등 일본식 석조 건물이 차례로 등장한다. 일본 제18은행은 현재 '인천개항장 근대건축전시관'으로 일본 제1은행은 '인천개항박물관'으로 운영 중이다. 개항기 최초의 건축물과 근대 문물을 관람할 수 있다.

인천근대역사문화타운

차이나타운

개항기 제물포에 거주하던 외국인들이 파티나 무도회를 열었던 '제물포구락부'를 지나 '자유공원'에 오르면 인천항 일대와 바다가 시원하게 펼쳐진다. 공원을 한 바퀴 돌고 제3패루를 통과하면 '차이나타운'이다. 왼쪽으로 꺾으면 '삼국지 벽화거리'가 시작된다. 이 거리를 따라 '짜장면박물관'까지 내려가는 동안 형형색색의

짜장면박물관

중국 음식점들이 늘어서 있다. 짜장면박물관은 1908년에 지은 중국집 '공화춘' 건물에 들어섰다. 화교들을 통해 우리나라에 처음 소개되었던 짜장면의 역사와 변천사를 재미있게 살펴볼 수 있다. 차이나타운에서 가까운 '송월동 동화마을'도 아이와 들르기 좋다. 『오즈의 마법사』 등 동화 속 주인공이 벽화와 함께 입체적으로 꾸며져 있다.

교과서 밖 문화재 여행
070 인천시립송암미술관

주소 인천시 남구 비류대로 55번길 68
관람 시간 09:00~18:00(매월 마지막 주 수요일은 20:00까지 연장)
휴관일 매주 월요일(월요일이 공휴일인 경우 정상 개관), 1월 1일
관람료 무료
홈페이지 songam.incheon.go.kr
전화 032-440-6770

인천시립송암미술관은 한국 고전 미술의 보물 창고다. 석기시대 고미술품부터 근현대 화가들의 회화작품까지 9000여 점의 국내 유물을 소장하고 있다. 아이들과 함께 교과서에 수록된 문화재를 하나하나 발견해보는 건 어떨까. 어렵고 딱딱하게만 느꼈던 고미술을 친근하게 접하는 계기가 될 것이다. 인천 문학산 끝자락에 숨은 듯 자리하고 있어, 한적하게 관람을 즐길 수 있는 것도 매력이다.

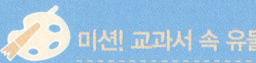 미션! 교과서 속 유물 찾기

송암미술관은 1992년 현재의 위치로 옮기기 전에는 서울 종로구에 있었다. '송암'은 동양제철화학(현 OCI) 창업자인 고(故) 이회림 선생의 호다. 이회림 선생은 세계 각지에 흩어진 국내 미술품을 40년에 걸쳐 수집해 1989년 개인 미술관을 열었다. 2005년 미술관을 인천시에 기증한 뒤 2011년 인천시립송암미술관으로 재개관하기까지 적지 않은 시간을 거쳤다.

조용한 골목을 지나 미술관에 들어서면 그간의 흔적들이 켜켜이 쌓여있다. 고풍스러운 미술관 건물과 마주한 소나무 정원에는 이회림 선생이 수집한 석조물이 곳곳에 서있다. 바위와 소나무를 딴 그의 호 '송암'을 연상케 하는 공간이다. 특히 아기자기한 동자석과 거북 모양의 비석 받침돌인 귀부, 광개토대왕비가 볼거리다. 6m에 이르는 광개토대왕비는 중국 지린성에 있는 비를 원형 그대로 제작한 것이다. 공원 한 켠에는 활쏘기, 투호놀이, 굴렁쇠 등 전통 놀이를 즐길 수 있는 공간이 마련되어 있

1. 귀부
2. 벅수
3. 광개토대왕비
4. 소나무 정원

다. 미술관 내에 카페나 식당이 없으니 도시락을 싸와서 아이들과 소풍 온 듯한 기분을 만끽하는 것도 좋겠다.

미술관은 상설전시관인 '공예실'과 '서화실', 그리고 '기획전시관'으로 나뉜다. 상설전시관의 주요 유물 300여 점은 6개월~1년마다 교체한다. 전시관에 입장하기 전에 로비에 마련된 모니터로 미술관 안내를 받아보자. 전시 공간과 주제별로 미술품 정보를 미리 검색할 수 있다. 교과서에서 봤던 유물을 점 찍어두고 아이들과 하나씩 찾아가는 놀이를 해보자. 그야말로 '교과서 밖 문화재 여행'이다. 안내데스크에는 체험활동지 '송암 유물 보따리'가 비치되어 있다. 부모와 아이가 함께 질문하고 답하며 관람하기에 유용하다.

선사시대부터 근현대까지 한국 미술의 흐름

1층 공예실은 '고고실', '도자실', '불교실', '민속실'로 구성되어 있다. 고고실에는 청동기시대부터 삼국시대까지 제작된 토기들을 전시했다. 입구에 들어서면 캡슐처럼 생긴 커다란 토기 항아리가 눈에 띈다. 사람의 시신이나 뼈를 묻는 데 썼던 '옹관'이다. 삼국시대의 매장 풍습을 알 수 있는 귀한 유물이다. 아이들은 주로 생활 용기로 쓰이는 토기가 관으로도 사용되었다는 사실을 신기해한다. 이외에 옛 선인들이 사용했던 항아리, 접시, 컵 등을 둘러보면서 고미술품이 현재 우리의 생활과 결코 동떨어져 있지 않다는 것을 배운다.

고고실을 지나면 고려시대 청자부터 조선시대 분청사기, 백자 등 우리나라의 화려한 도자기 역사가 펼쳐진다. 패널을 통해 도자기의 시대별 변천 과정과 다양한 기법을 한눈에 살펴볼 수 있다. 도자 기술을 가진 나라는 우리나라와 중국, 베트남 등 몇몇 국가 정도다. 우리나라 도자기는 모양이 단아하고 색이 은은해서 세계적으로 인정받고 있다. 특히 고려청자의 푸른빛은 중국 송나라 사신이 '고려의 비색은 천하제일'이라고 감탄할 정도였다. 우리나라 청자는 처음에는 송나라 영향을 받았지만 고려인들의 뛰어난 솜씨로 더욱 아름답게 재탄생했다.

고려의 청자, 조선의 분청사기와 백자를 차례로 돌아보면서 문양도 눈여겨보자. 연못에 버드나무가 하늘거리는 풍경이나 학이 날아가는 모습 등 청자의 문양이 차분하고 귀족적이라면, 분청사기는 물고기, 새, 풀처럼 자유분방하고 서민적인 문양이 많다. 귀족들만 사용하던 도자기가 조선시대로 넘어오면서 대중에게 확산되었다는 반증이다. 도자기가 시대를 거치면서 더욱 실용적으로 변모한 이유에 대해 아이들과 얘기를 나눠봐도 좋겠다.

불교실에서는 통일신라시대의 〈금동불·보살상〉을 비롯해 조선시대에 제작된 〈목조여래좌상〉 등 불교 조각의 시대별 변천 모습을 한눈에 살펴볼 수 있다. 초등학교 교과서에 실려있는 〈철제석가여래좌상〉, 〈청동미륵보살반가사유상〉, 익살스러운 동물 모양의 〈십이지〉 등을 눈여겨볼 만하다. 조선시대의 사랑방과 안방을 재현한 민속실을 지나면 공예실에서의 문화재 여행이 끝난다. 출구 벽에 걸린 한국미술사연표도 살펴보자. 선사시대부터 근현대까지 한국 미술의 흐름을 간단하게 훑어볼 수 있다.

 조선시대 명작 그림이 한 보따리!

2층 계단을 오르다 보면 천장을 가득 메운 그림에 눈길이 간다. 장수를 염원하는 신비로운 그림이 커다란 글씨 '壽(목숨 수)'를 빙 둘렀다. 인천상륙작전을 재현한 그림도 눈에 띈다.

2층은 인장, 서예, 회화, 민화 등을 전시한 '서화실'이다. 겸재 정선의 〈노송영지도〉, 운보 김기창의 〈백두산 천지도〉, 오원 장

천장을 가득 메운 그림

1. 옹관
2. 〈청자상감유노수금문매병〉
3. 〈분청조화물고기무늬병〉
4. 〈백자청화운용문호〉
5. 〈철제석가여래좌상〉
6. 〈청동미륵보살반가사유상〉
7. 오규일이 조각한 인장
8. 겸재 정선 〈노송영지도〉
9. 〈십이지〉
10. 김기창 〈백두산 천지도〉

인천시립송암미술관

승업의 〈화조도〉를 비롯해 인물화, 사군자화 등 한국 미술사의 대표 작품이 전시되어 있다. 교과서에서 실린 작품 외에도 유명한 화가들의 숨은 그림들을 감상할 수 있다. 서화실의 전시품은 주기적으로 바뀌므로 방문할 때마다 새로운 명작을 발견하는 재미도 있다.

소산 오규일이 조각한 인장도 또한 눈여겨봐야 하는 작품이다. 오규일은 조선 후기의 대표적인 전각가다. 서화실 입구에는 그가 직접 새긴 다산 정약용, 추사 김정희의 인장이 전시되어 있다. 포도, 게, 소나무, 성모마리아상 등 정교한 무늬가 인상 깊다.

아이들이 어려워한다면 민화 전시관으로 이동해보자. 민화는 전문 화가가 아닌 일반 서민들이 상상력을 펼친 그림이다. 옛 서민들의 관습이나 소망, 민간 설화 등 민화에 담긴 소소한 이야기를 아이들에게 들려주면 어떨까. 그림마다 숨은 이야기를 하나하나 벗겨가다 보면 아이들은 금세 눈을 반짝인다.

고미술이 어렵다는 편견을 깨주는 기획전시

인천시립송암미술관의 기획전시 역시 특별하다. 방대한 소장품을 재미있는 주제로 엮어, 고미술이 어렵다는 편견을 깨준다. 해마다 한 번씩 가족 관람객을 위해 흥미로운 전시를 연다.

'교과서 속 아름다운 우리 미술(2014~2015)'은 초·중·고등학교 교과 과정과 미술품을 연계한 전시였다. 해당 작품이 실린 교과서 내용을 직접 발췌해 아이들이 쉽게 이해할 수 있도록 전시했다. 김홍도, 이중섭 등 유명한 화가들의 그림뿐만 아니라 퇴계 이황과 백범 김구의 글씨, 역사 교과서에 나온 유물 등 50여 점의 소장품을 만나는 자리였다. '호야가 들려주는 옛날 옛적 민화 이야기

1. 기획전시실
2. 유물 그리기 체험

(2013~2014)'는 아이들의 눈높이에 맞춘 특별한 전시였다. 호랑이 '호야'가 이야기꾼이 되어 민화 속 동물, 글자 등을 재미있게 해석해주는 식으로 전시를 진행했다.

관람하기 전에 특별전 체험활동지를 꼭 챙겨두자. 특별전 체험활동지는 초등 저학년·고학년용과 학부모용 해설지로 나뉘어 있다. 전시 내용과 관련한 부모의 질문팁, 아이들 학습에 도움이 되는 내용 등 학교 숙제를 해결할 수 있을 만큼 알차게 구성되어 있다. 관람 후에는 기획전시실 앞에 마련된 '구름도서관'에서 다양한 체험을 할 수 있다. 체험 내용은 전시가 바뀔 때마다 다르니 미리 홈페이지를 참고하자. 교육 프로그램도 다채롭게 운영한다. 여름방학 가족체험 프로그램, 성인을 대상으로 한 '송암예술아카데미', 초등학생 단체를 대상으로 하는 '알송달송 미술관', '꿈을 그리는 미술관' 등이 있다.

생각 발산하기

정조 임금이 처음 고안한 〈책거리〉는 어떤 그림인가요?

민화는 건강과 행복, 출세 등을 기원하는 부적 같은 그림이야. 호랑이와 곤충, 산수 풍경, 글자가 주요 소재지. 근데 〈책거리〉라는 민화에는 책, 화분, 탁자, 부채, 과일 등 온갖 물건이 늘어져 있어. 그만큼 많은 뜻을 담고 있는 그림이지. '책'과 '탁자'는 학문에 대한 열망을 뜻해. 아이를 쑥쑥 낳게 해달라는 뜻에서 씨가 많은 '수박'과 '석류'를, 화목한 부부애를 기원하기 위해 '새'와 '나비' 한 쌍도 그려 넣었어. 〈책거리〉를 처음 만든 이는 정조 임금이야. 책을 워낙 좋아하기도 했지만, '학문으로 신하들을 다스리겠다'는 뜻도 있었대. 〈책거리〉는 당시 고관대작들 사이에서 인기를 끌었고, 차츰 궐 밖의 상류층 양반과 서민들에게 퍼져나갔어. 그 과정에서 다산이나 출세 등을 상징하는 물건까지 그림 속에 잔뜩 들어가게 되었어.

〈책거리〉

071 대구예술발전소
역사를 감싸 안은 예술 놀이터

주소 대구시 중구 달성로 22길 31-12
관람 시간 11~3월 10:00~18:00, 4~10월 10:00~19:00
휴관일 매주 월요일, 1월 1일, 설날·추석 당일
관람료 무료
홈페이지 www.daeguartfactory.kr
전화 053-803-6251~7

대구예술발전소는 담배를 만드는 공장이었던 옛 연초제조창을 새로이 단장해 만든 예술 공간이다. 다양한 예술가들이 드나들며 시민과 호흡한다. 어린이 예술 체험터 키즈스페이스가 있어 아이와 찾기에도 제격이다. 대구가 국채보상운동의 발상지라는 것을 떠올리면서 공간에 스며든 우리네 역사를 함께 공부하자.

담배공장이 예술 발전소로 변신!

대구 중구는 아직도 남아있는 근대 풍경이 인상적인 곳이다. 대구근대역사관과 향촌동, 이상화고택 등이 길을 잇대며 시간을 거슬러 오른다. 아이와 함께 골목을 따라 걷는 것만으로도 역사 체험이다. 거기에 예술의 색채도 더한다. '김광석다시그리길'이 있는 방천시장이 3~4km 범위에 있고 대구예술발전소도 지척이다. 중구 골목 투어의 연장선에서 즐기면 한층 더 흥미롭다. 특히 대구예술발전소는 건물 또한 옛 흔적을 흡수했다.

대구 중구 태평로 인근에는 우리나라 최초의 대구연초제조창이 있었다. 연초제조창은 담배를 만들던 공장이다. 일제 강점기인 1923년 대구에 청사와 공장, 창고 등이 지어졌다. 대구연초제조창 건물도 1949년에 지어 몇 차례 증축을 거쳐 현재에 이르렀다. 1999년까지는 오롯이 연초제조창의 역할을 했다. 대구예술발전소는 1976년에 증축한 대구연초제조창의 별관 창고를 개조한 것이다. 본 공장과는 좁은 도로 하나를 사이에 두고 위치한다.

대구예술발전소가 옛 대구연초제조창의 일부였다는 사실은 국채보상운동과 연계해 기억하면 좋다. 대구는 1907년에 일어난 국채보상운동의 발상지다. 국채보상운동은 국민 모두가 조금씩 절약해 일본에게 진 빚을 갚자는 운동이다. 취지문에는 '2000만 동포가 석 달만 담배를 끊어 한 사람이 한 달에 20전씩 모으면……'이라는 구절이 나온다. 실제로 대구예술발전소에서 국채보상운동기념공원이 2km, 국채보상로가 500m 떨어진 거

• **국채보상운동**

청일전쟁 이후 일본에게 빌린 국채를 갚기 위해 일어난 운동이다. 1907년 대구 광문사의 김광제와 서상돈이 담배를 끊고 그 돈으로 국채를 갚자는 취지문을 「대한매일신보」에 실으며, 전국민의 호응이 이어졌다. 부녀자들도 각종 패물을 보내 동참했다.

리에 있다. 그 사실을 알고 돌아보면 연초제조창의 의미가 새롭게 다가온다.

 개방적 구조의 참여형 전시장과 북라운지 만권당

대구예술발전소는 문화체육관광부의 '지역 근대 유산을 활용한 예술창작벨트 조성' 프로젝트에 선정돼 2011년에 개관했다. 주변으로 아담한 공원도 조성됐다. 골목길에 들어서면 단숨에 건물로 시선이 향한다. 대구예술발전소는 지상 5층, 지하 1층의 정방형 철근콘크리트 건물로 생각보다 높고 크다. 층층마다 붉은 벽돌도 인상적이다.

1층 외부의 아케이드를 지나면 내부다. 1층 실내는 너른 홀이다. 몇몇 대형 조형물을 전시했다. 조각이나 미디어 작품을 설치할 수 있는 유동적인 공간이다. 정면 오른쪽 끝에는 예술 테마 카페가 있다. 카페 바닥에 있는 문구가 인상적이다. "낭만주의는 천상의 것이건, 지옥의 것이건 간에, 우리에게 영원한 상흔을 남기는 은총이다." 이 말을 곱씹으며 발걸음을 옮겨보자. 입구 왼쪽에는 '제1전시실'과 '사무실', '수장고' 등이 있다. 미술관이 주는 중압감이 없다. 개방적인 구조라서 아이들도 망설임 없이 다가선다. 거리를 두고 보는 전시보다 만지고 공유할 수 있는 전시가 잦다.

층간의 이동은 엘리베이터를 이용할 수도 있지만 정문 오른쪽 계단을 추천한다. 5층까지 시원스럽게 열린 구조인데 공중 역시 전시장이다. 무사들이 낙하하는 모양의 설치작품 〈기습〉 등 3차원 입체 전시가 또 한 번 시선을 사로잡는다. 검정 옷을 입고 검을 휘두르며 하늘에서 떨어지는 무사의 모습이 역동적이다.

2층은 '제2전시실'과 북라운지 '만권당'이다. 만권당에서는 문화예술 도서를 기반으로 관람객과 예술가가 소통하는 문화 살

1. 카페 바닥의 문구
2. 이선규 〈기습〉

1. 1층 로비 전시 공간
2. 2층 갤러리 전시 공간
3. 2층 만권당
4. 야외 이동로 벽에 그려진 동화 캐릭터

롱이 열린다. 예술가와 함께 팝아트나 크로키 등을 체험한다. 성인 프로그램이 주를 이루지만 아이들을 위한 프로그램도 열린다. 미리 확인 후 방문하면 유용하다. 물론 만권당은 편안하게 독서를 즐길 수 있는 미술관 속 도서관 역할도 한다.

아이들이 가장 좋아하는 키즈스페이스와 예술정보실

3층은 '키즈스페이스와 '예술정보실'이 있다. 아이들이 가장 좋아하는 층이다. 계단에 올라설 때부터 난간에 붙은 만화캐릭터들이 반긴다.

키즈스페이스는 다른 예술 공간과 달리 대구예술발전소만의 자랑이다. 주로 유치원생과 초등학교 저학년들이 즐기는 예술 체험터다. 키즈스페이스는 곡면의 중심을 가로지르는 입구부터 색다르다. 왼쪽에는 '블록 쌓기'와 '발판 피아노 방', 오른쪽에는 '샌드아트'와 '고무줄놀이 방'이 있다. 발판 피아노는 발끝으로 눌러 연주하는 피아노다. 샌드아트는 라이트박스 위에 모래로 그리는 그림이다. 아이들에게는 세련된 흙 놀이다. 두 놀이 모두 영화나 CF에 많이 나와 아이들에게도 익숙하다. 두 방 사이를 지나 안쪽 중앙에는 체험 놀이시설이 알차게 자리했다. '핀스크린'은 단순하지만 재미나다. 손으로 스크린을 누르면 촘촘하게 자리한 블록이 들고나며 다양한 형상을 연출한다. 쉬운 놀이인데 중독성이 있다. '공길 만들기'는 여러 개의 블록을 연결해 공이

5. 키즈스페이스 내 샌드아트
6. 키즈스페이스 내 핀스크린
7. 키즈스페이스 내 발판 피아노

지나는 길을 만드는 놀이다. 평면의 벽에 아이의 아이디어가 더해지면 재미난 공길이 만들어진다. '디지털캔버스'는 말 그대로 디지털 화면을 캔버스 삼아 그림을 그리며 노는 체험이다. 그밖에도 '동작인식게임'이나 '칠교놀이', '디지털테이블' 등도 흥미롭다. 대부분의 체험 놀이는 사용법이 단순하다. 하지만 약간의 창의성이 더해지면 수준 높은 작품이 된다. 아이 혼자 노는 것에 그치는 게 아니라, 부모 역시 흥미를 가지고 함께 즐길 만하다. 게다가 무료로 개방한다.

키즈스페이스를 나와서는 예술정보실에 들리자. 타지에서 방문한 이들에게는 대구시 홍보전시실을 겸하는 곳이다.

 작가와 호흡하고 직접 만지고 느끼는 예술발전소

4층과 5층은 입주 작가 '스튜디오'와 '게스트룸', '커뮤니티룸'이다. 휴일에는 일반 방문객에게도 개방하고 있어 작가들의 작업실을 둘러볼 수 있다. 또한 복도에는 종종 작가들의 작품을 전시해 또 다른 볼거리를 제공한다. 입주 작가와 교감을 원하면 '텐토픽프로젝트'의 시민 체험 프로그램을 이용하는 것도 좋은 방법이다. 작품에 관한 작가의 설명을 듣거나 작가와 같이 창작 체험을 하는 프로그램이다.

조금 더 다채로운 프로그램을 만나고 싶다면 날짜를 맞춰 방문하는 것도 좋겠다. 2월부터 12월까지 매주 둘째, 넷째 주 토요일에는 아트마켓을 연다. 지역 예술가들이 직접 만든 수공예품을 보고 살 수 있다. 아이들이 예술작품을 구매함으로써 예술작품의 가치를 인식하고 향유하는 법을 스스로 익힐 수 있는 기회다. 흥겨운 공연도 같이 이뤄진다. 매주 수요일 오후 4시에는 아이들을 위해 애니메이션을 상영한다. 매월 마지막 주 수요일 문화가 있는 날에는 오후 6시 한 차례 더 상영한다. 10월에는 '컬러풀대구페스티벌'이 열리고, 방학 기간에는 좀 더 특별한 프로그램이 진행된다. 대구예술발전소는 직접 보고 만지고 느끼며 예술 감성을 키워나가는, 말 그대로 '예술 발전소'다.

함께 가보면 좋아요

대구근대골목 투어

중구의 대구근대골목 투어는 다섯 코스로 이뤄져 있다. 대구예술발전소는 1코스 '경상감영달성길'의 끝자락이다. 경상감영달성길은 대구근대역사관이 있는 경상감영공원에서 대구예술발전소 인근의 달성토성을 잇는 2시간 30분 코스다. 향촌문학관, 공구박물관 등을 지나는데 대구 근대 풍경을 볼 수 있다. 2코스 '근대문화골목'도 근대 역사의 흔적이 짙게 묻어있다. 동산선교사주택을 출발해, 계산성당, 이상화·서상돈 고택, 약령시 한의약박물관 등을 지나 대구화교소학교에 이르는 2시간 코스다. 아빠, 엄마를 위해 4코스 '삼덕봉산문화길'을 걸어보는 것도 좋다. 가수 김광석의 벽화가 있는 방천시장을 지나는 길이다. 4코스는 국채보상운동기념공원도 지나간다. 나라를 위해 담배를 끊었던 옛 어른들의 굳은 결의가 담겨있다. 4코스는 대구골목 투어 가운데 가장 긴 코스다. 4.95km 길이의 코스로 2시간 50분을 걸어야 하니, 쉬엄쉬엄 돌아보길 권한다.

대구근대골목

072 종로구립박노수미술관
역사의 길을 따라 걷다 도착한 화가의 집

주소 서울시 종로구 옥인1길 34
관람 시간 10:00~18:00
휴관일 매주 월요일, 1월 1일, 설날·추석 당일
관람료 성인 2000원, 청소년 1200원, 어린이 800원
홈페이지 www.jfac.or.kr
전화 02-2148-4171

남정 박노수
1927~2013

화가는 실제로 어떤 집에서 살았을까? 아이에게 화가의 숨결을 좀 더 가까이에서 느끼게 하고 싶다면 종로구립박노수미술관을 찾아가 보자. 경복궁역에 내려 자하문로 방향으로 선다. '세종마을'의 입구다. 흔히 '서촌'으로도 불리는 지역이다. 분주한 통인시장 길을 지나 과거와 현재가 공존하는 옥인길을 따라 걷는다. 길섶마다 과거 조선시대의 모습들이 고개를 내민다. 이내 격조 있는 미술관 한 곳이 보인다. 한국화 1세대 화가 남정 박노수가 40여 년 거주하던 곳이다.

이상, 윤동주, 겸재, 추사의 집터를 따라 걷다

세종마을은 경복궁역 주변 15개 동을 아우른다. 볼거리가 많아 항상 사람들로 붐빈다. 세종마을은 이 일대에서 세종대왕이 태어나 성장했다는 것에서 유래한 이름이다. 서촌이라는 이름과 뒤섞여 불린다.

서촌에는 재능 있는 화가, 문인, 학자의 흔적이 유독 많다. 시인 이상과 윤동주, 겸재 정선과 추사 김정희 등 부연 설명이 필요 없는 쟁쟁한 인물들이다. 게다가 골목을 휘돌 때마다 역사의 중요한 장면이 보물처럼 숨어있다. 서촌은 조선시대 권력자들이 살았던 곳이다. 한국전쟁과 재개발 열풍을 이겨내고 한옥 마을의 색깔을 잃지 않은 소중한 곳이다. 아이 손을 잡고 역사 산책을 하기에 최적의 장소다.

옥인길을 걷다 보면 하얀색 기둥에 '박노수'라는 명패가 보인다. 이곳이 바로 종로구립박노수미술관이다. 박노수는 해방 이후 국내 화풍에 남은 일제의 잔재를 극복하고 독자적 화풍을 시도한 한국화 1세대 화가다. 이전의 한국화에서는 찾아볼 수 없었던 소년, 선비, 달, 산, 강, 말, 나무 등의 소재를 독창적인 화법으로 표현했다. 이러한 주제들을 청색, 노란색, 녹색, 적색 등 강렬한 색으로 거침없이 표현했다. 2011년 박노수는 오랜 시간 생각해오던 일을 행동으로 옮겼다. 거주하던 집과 함께 자신의 작품(약 500여 점), 수집

1. 박노수가 살았던 집이라는 것을 알려주는 명패
2. 박노수미술관 입구
3. 박노수 〈고사〉
4. 박노수 〈산〉
5. 박노수의 수집품

● **박노수** 서울대학교 회화과를 졸업한 화가 박노수는 젊은 시절부터 화가로서 재능을 보여 대통령상, 국무총리상, 예술원상, 문화훈장 등을 수상하며 영예를 누렸다. 서울대학교와 이화여자대학교에서 후학들을 가르쳤으며 국전 초대 작가와 심사위원, 운영위원 등을 역임했다. 또한 국내외에서 다수의 개인전을 개최하기도 했다. 박노수 그림은 강한 색감과 표현 방법이 특징이다. 여기에 특유의 한국화 기법이 뿌리처럼 자리한다. 이상적인 자연 안에서 고상한 영혼으로 살고 있는 그림 속 주인공은 화가 박노수 자신임을 추측할 수 있다.

말년의 그는 집과 작품, 수집품들을 기증하기로 결심했다. 하지만 안타깝게도 미술관 개관을 몇 달 앞두고 2013년 별세했다. 대표작으로는 〈산〉, 〈고사〉, 〈달과 소년〉, 〈류하〉, 〈월하취적〉 등이 있다.

박노수

품(수석, 도자기, 고가구, 고미술품 등 약 500여 점) 모두를 종로구에 기증하기로 결심한 것이다. 종로구는 박노수의 뜻에 따라 2013년에 종로구립박노수미술관을 개관하게 되었다.

할아버지댁에 방문해서 작품을 보듯 친근한 공간

박노수미술관의 추천 관람 동선은 건물 1, 2층과 정원, 전망대 순서로 돌아보는 것이다. 미술관 건물 안팎으로 아이에게 보여줄 게 많은 곳이다. 건물 입구에 아치형 포치(건물 입구에 밖으로 튀어나와 지붕을 덮고 있는 부분)가 보인다. 포치 아래에는 눈에 띄는 글씨가 걸려있다. 추사 김정희가 쓴 것으로 알려진 '여의륜(如意輪)'이라는 글씨다. '이 집에 들어오는 사람들은 모든 일이 뜻대로 될 것이다'라는 의미다.

관람을 위해서는 입구에서 신발을 벗어야 한다. 마치 친척 할아버지 댁에 방문한 것 같다. 1층은 복도가 길게 뻗었고 양옆으로 응접실, 거실, 안방, 식당 등이 자리하는 형태다. 화가 박노수가 사용했던 공간들이 현재 전시실로 쓰이고 있다.

2층은 박노수의 개인 공간이다. 전시

1. 여의륜
2. 제1전시실
3. 제4전시실

실로 사용 중인 화실 겸 서재와 다락방을 볼 수 있다. 박노수가 실제 사용했던 안경, 붓, 그림 도구도 전시 중이다. 발길을 옮길 때마다 들리는 홍송 마룻바닥의 삐걱거리는 소리도 건물 안에서만 느낄 수 있는 매력이다.

관람객을 위한 선물, 정원과 산책로 그리고 전망대

관람객이 놀랄 만한 공간이 또 있다. 정원과 산책로, 전망대다. 특히 정원은 박노수의 호를 붙여 '남정의 뜰'로도 불린다. 정원과 산책로는 절묘하게 조화를 이뤄 작품으로 변모한다. 박노수미술관의 정원이 그리워 미술관에 여러 차례 다시 오는 이들도 많다. 돌로 만든 탁자, 수석, 장독 등의 위치가 오밀조밀하다. 주인이 정원에 쏟았던 정성이 느껴진다.

정원에서 보는 건물도 빼놓을 수 없는 감상 포인트다. 박노수미술관은 원래 친일파이자 조선 후기 문신인 윤덕영이란 사람이 딸과 사위를 위해 1939년에 지은 건물이다. 설계는 당시 화신백화점과 보화각(현재의 간송미술관)을

4~5. 화가 박노수가 사용했던 그림 도구

지은 건축가 박길룡이 맡았다. 마룻바닥, 문짝, 문설주 등에 홍송이 쓰였다. 홍송은 붉은색을 띠는 소나무로 시간이 지나도 변하지 않는 나무다. 건물은 한식과 양식을 섞은 절충식 기법으로 지었다. 박노수미술관 건물은 해방과 전쟁의 혼란으로 한때 귀신의 집이라 불릴 정도로 황폐했지만 박노수가 집을 사들여 가꿨다.

 건물 뒤편으로 돌아가면, 전망대로 오르는 돌계단이 나온다. 전망대라고 해서 너무 높은 곳은 아니다. 아이도 쉽게 오를 수 있다. 오르는 길은 동자석과 향로석, 석등이 관람객을 환영한다. 전망대에서는 세종마을을 조망한다. 건물 지붕이 보는 이와 눈높이를 맞추며 넘실댄다. 벤치에 앉아 아이와 함께 오늘 감상한 작품에 대해 이야기를 나누기에 좋은 장소다.

1. 박노수미술관의 정원
2. 향로석
3. 동자석
4. 석등

 **관람 예절에서 창작 체험까지 배우는
어린이 예술 교육 프로그램**

어린이를 대상으로 한 전시 연계 프로그램도 눈여겨볼 만하다. 전문가가 아이들에게 미술관 관람 예절과 예술 창작 체험 활동을 교육한다. 창작 활동을 통해 조형 감각을 키우기도 하고 전문가가 들려주는 작품 설명을 들을 수도 있다. 참가를 위해서는 종로문화재단 홈페이지에서 신청서를 작성해 메일로 보내야 한다.

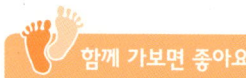

1~2. 예술 교육 프로그램에 참가한 어린이들

함께 가보면 좋아요

수성동계곡

박노수미술관 주변에는 역사적으로 유명한 곳이 참 많다. 수성동계곡도 그중 하나다. 미술관에서 10분쯤 걸으면 수성동계곡과 만날 수 있다. 경치가 아름다워 조선시대부터 선비들이 매우 좋아하던 곳이다. 예부터 선비들은 경치가 아름다운 곳에 모여 학문과 예술을 즐기곤 했다. 수성동계곡을 즐겨 찾았던 유명한 선비로는 안평대군과 겸재 정선이 있다. 안평대군은 한글을 만든 세종대왕의 셋째 아들로, 수성동계곡에 그의 집터가 있다. '진경산수화'를 그려 유명한 겸재 정선은 〈장동팔경첩〉이란 화첩에 수성동계곡의 아름다움을 남기기도 했다. 겸재 정선이 장동 일대 풍경을 8폭의 그림으로 남긴 〈장동팔경첩〉은 국립중앙박물관과 간송미술관 두 곳에서 소장하고 있다. 계곡 입구에는 정선이 그린 수성동계곡이 인쇄되어 걸려있다. 지금의 풍경과 그림을 비교해보는 것도 재미있다.

수성동계곡

073

천 년을 버틴 비색의 신비를 만나다
강진청자박물관

주소 전라남도 강진군 대구면 청자촌길33
관람 시간 09:00 ~ 18:00
휴관일 연중무휴
관람료 성인 2000원, 청소년 1500원, 어린이 1000원
홈페이지 www.celadon.go.kr
전화 061-430-3755

1913년 전남 강진에서 고려청자 조각이 발견되었다. 지금의 청자박물관 자리였다. 이후 본격적인 조사를 시작해 지금까지 강진 일대에서만 188개의 가마터를 확인했다. 이렇게 발굴한 청자를 보관·연구·전시하기 위해 강진군은 1997년 '강진청자자료전시관'을 개관했다. 그리고 2007년부터 '강진청자박물관'으로 이름을 바꾸어 운영하고 있다.

흙으로 보물을 만드는 과정

강진에서 고려청자가 많이 발견될 수 있었던 것은 강진의 흙 때문이다. 강진 흙은 점성이 뛰어나 그릇의 형태를 만들기 좋고, 고려청자 특유의 푸른빛을 내는 데 꼭 필요한 산화제2철이 알맞게 들어 있다. 아이에게 이런 설명을 해주며 박물관 문을 열어보자.

강진청자박물관은 '상설전시실', '기획전시실', '특별전시실' 등 3개의 전시실을 운영 중이다. 2층에 있는 상설전시실을 둘러본 후 1층에 있는 기획전시실과 특별전시실을 보는 관람 동선을 추천한다. 상설전시실에서 고려청자의 제작 과정과 역사 등을 살펴본 후 기획전과 특별전이 열리고 있는 전시실을 보는 게 아이가 이해하기 쉽다.

입구에 들어서서 2층으로 올라가면 상설전시실이다. 고려청자의 모든 것을 한눈에 볼 수 있는 공간이다. 가장 먼저 청자의 제작 과정에 관한 설명을 본다. 청자는 수비, 연토, 성형, 정형, 초벌구이, 시유, 재벌구이 등의 순서를 거쳐 완성품으로 탄생한다. 상설전시실에는 사진과 함께 제작 과정을 설명해놓았다. 특히 제작 단계를 작은 인형으로 재현해 아이 눈높이에서 쉽게 설명하고 있다. 전시실 중간에는 12세기에 청자를 운반했던 배의 축소 모형이 놓여있다. 아이는 배를 보면서 강진 지역에서 전국으로 퍼져

고려청자

나갔을 고려청자의 유통 경로를 상상해볼 수 있다.

 숨겨진 보물을 찾아보듯 관람하는 청자박물관

다음으로는 순청자, 화청자, 상감청자 등으로 나눈 청자의 종류와 고려청자의 연료를 확인하는 순서다. 순청자는 문양이 없거나, 고려의 고유색인 비취색을 살린 청자를 말한다. 화청자는 하얀색을 내는 백토, 검은색을 내는 자토 혹은 안료를 사용하여 붓으로 문양을 그려 넣은 청자를 말한다. 상감청자는 표면에 문양을 조각한 다음 흙을 메꾸어 장식한 청자를 말한다. 특히 상감청

 생각 발산하기

청자의 제작 과정을 알아볼까요?

1. **수비** 채취한 흙을 물속에 넣어서 흙물로 만들고 이물질을 제거하는 과정이야.
2. **연토** 수비 과정에서 여과한 흙을 바닥에 편 다음 골고루 밟아서 점성을 높이고 한 덩어리의 진흙을 만드는 과정이야.
3. **성형** 연토 과정에서 만든 진흙을 물레 위에 올려놓고, 돌리고 다듬어가며 그릇의 모양을 빚어내는 과정이지.
4. **정형** 성형 과정에서 만들어진 그릇 모양에 굽을 깎고 조각을 새겨 넣는 과정이야.
5. **초벌구이** 정형하고 난 후 그릇을 높은 온도에서 처음으로 굽는 과정이란다.
6. **시유** 유약과 색깔을 내는 발색제를 입히는 과정이지. 유약을 입히면 물리적으로도 강도가 높아지고 심미적으로도 아름다워져.
7. **재벌** 시유한 것을 한 번 더 구워서 빛깔과 견고함을 높이는 과정이란다.

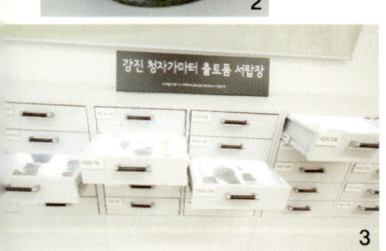

1. 순청자
2. 상감청자
3. 강진 청자가마터 출토품 서랍장

자는 고려가 독자적으로 만든 상감기법을 이용한 도자기다. 고려만의 아름다운 미학을 엿볼 수 있다.

상설전시장의 하이라이트는 고려청자의 시작부터 부흥기를 거쳐 쇠퇴기를 보여주는 전시다. 중국에서 청자 제작 기술이 도입된 9세기경부터 14세기 쇠퇴기까지 시기별로 정리한 유물과 설명문을 함께 볼 수 있다. 상설전시장이 끝나는 지점에는 강진군 일대에서 발굴한 청자와 기증 유물 등의 전시를 볼 수 있다. 특히 강진군 일대에서 발굴한 출토품을 서랍장에 보관해 보여주는 방식이 재미있다. 아이는 마치 방에 숨겨진 보물을 찾아보듯 서랍을 하나씩 열어보는 놀이에 흠뻑 빠진다.

고려청자에 새겨진 꽃, 글자, 기호의 비밀

다시 1층으로 내려간다. '특별전시실'에서 '꽃과 청자'라는 주제로 전시를 하고 있다. 고려청자에 그려 넣은 꽃무늬는 종류에 따라 의미가 다르다. 전시는 청자에 새긴 꽃을 계절별로 나눠 보여준다. 봄을 상징하는 꽃은 모란과 작약으로 문인을 상징했다. 여름을 상징하는 꽃은 연꽃으로 당시 문인들이 특히 사랑했다. 가을에는 군자의 고결함과 기상을 상징하는 국화를 주로 청자에 새겼다. 전시실에는 각 계절을 상징하는 실제 꽃과 청자에 새긴 무늬를 비교한 사진이 있어 아이들의 이해를 돕는다. 고려 문인들의 향기가 청자 하나하나에 묻어있다.

특별전시실 맞은편은 '기획전시실'이다. 이곳에서는 '고려청자의 명문과 강진청자요지'라는 주제로 전시를 열고 있다. 강진에서 발굴한 청자에는 글자와 기호가 새겨져 있는 것이 많다. 이러한 글자와 기호는 청자의 제작 시기를 추정해볼 수 있는 중요한 자료다. 바닥 면, 뚜껑 안쪽, 몸체 안쪽에 새겨진 글자는 청자의 제작자 또는 소유자를 나타낸다. 청자에 새겨진 도교와 관련한 글자를 토대로 고려시대에 도교 제례가 빈번했음을 추측해볼 수 있다.

글자 외에 특수 기호를 새긴 고려청자도 다수 발굴됐다. 이 기호들은 제작 과정 중 완전히 건조되기 전에 도장으로 찍어 표시한 것으로 'O', 'ⵙ' 등의 모양이다. 그러나 이런 기호가 어떠한 의미를 갖고 있는지는 아직까지 밝혀지지 않았다.

기획전시실에서 놓치지 않고 봐야 할 작품은 〈청자상감연국모란문과형주자〉다. 이 청자는 12개의 면으로 나뉜 몸통에 연꽃, 국화꽃, 모란꽃 등을 상감했다. 전체 빛깔과 모양이 매우 우수한 작품이다. 기획전시실을 둘러보면서 고려청자에 새겨진 글자와 기호의 의미에 대해 상상해보는 것도 아이와 함께할 수 있는 좋은 공부다.

강진청자박물관에서는 '강진 고려청자의 최근 발굴 조사 성과 특별전'(2013), '강진청자박물관 소장유물 100선'(2012), '고려시대 분묘출토 청자유물 특별전'(2007), '강진 고려청자 500년-강진 청자요지 발굴유물 특별전'(2006) 등 강진 지역을 중심으로 융성한 고려청자에 관한 다양한 기획전과 특별전을 개최해왔다.

1~2. 특수 기호가 새겨진 고려청자
3. 〈청자상감'천황전배명'과형병〉
4. 〈청자상감연국모란문과형주자〉

아이들이 청자를 직접 만들어볼 수 있는 청자빚기체험장

강진청자박물관의 또 다른 재미는 청자를 직접 만들어볼 수 있는 체험이다. 박물관을 나와 오른쪽 길을 따라 가면 청자빚기체험장이 나온다. 체험 프로그램은 조각, 코일링, 모자이크, 물레성형 체험 네 가지다. 아이들은 물컵이나 머그 컵에 자유롭게 글씨나 그림을 새기는 '조각 체험', 흙을 원하는 모양으로 말아 붙여 작품을 만드는 '코일링 체험' 등을 할 수 있다. 또는 제공된 청자 파편을 틀 안에 붙이는 '모자이크 체험', 물레를 이용해 흙으로 작품을 만드는 '물레 체험'을 경험할 수 있다. 각 체험 프로그램의 비용은 5000~1만 5000원 사이이며, 택배 비용을 부담하면 굽기 과정을 마친 작품을 집으로 보내준다. 아이가 직접 무늬를 새기고 만든 도자기 작품을 집에서 받을 수 있는 기회다.

박물관 뒤로 가면 청자재현연구동이다. 전문 연구원들이 실제 청자를 만드는 생생한 모습을 보여준다. 연구동은 '상형실', '성형실', '조각실'로 나누어 운영 중이다. 상형실에서는 물레에서 만들 수 없는 연꽃, 사자, 기린 등의 형태를 만든다. 성형실에서는 정제한 흙을 물레 위에서 회전시켜 여러 형태를 만들고 건조시킨다. 조각실에서는 도자기에 음각, 양각, 투각 등의 기법을 이용해 조각을 한다.

이 외에도 박물관 건물 주변에 자리한 '청자제작공방터', '강진요 제1호', '옹기전시장', '가마터 샘', '청자장인상', '사당리 41

1. 상형 작업
2. 성형 작업
3. 조각 작업

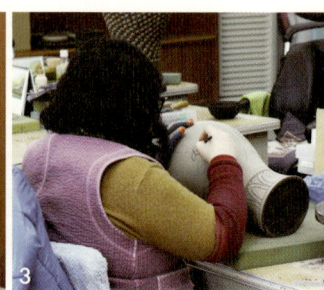

호 청자가마(1968년 발견)' 등도 아이와 함께 산책하며 볼 수 있다. 특히 박물관 앞마당에 있는 '계룡정'은 눈여겨볼 만하다. 지붕을 덮은 자재가 특이하게 청자 기와이기 때문이다. 푸른빛의 기와 색이 햇빛에 반사되어 아름다운 자태를 내뿜는다. 고려시대 의종(재위 1146~1170년) 대에 '양이정'이라는 정자를 만들 때 실제로 청자 기와를 사용했다는 기록이 있다. 계룡정은 이런 기록을 토대로 재현한 정자다. 아이들은 청자가 건축 자재로도 사용되었다는 새로운 사실을 알게 된다.

계룡정

함께 가보면 좋아요

강진청자축제

전라남도 강진은 강진청자박물관 외에도 매년 7월 말에서 8월 초까지 열리는 '강진청자축제'가 유명하다. 축제 기간 중에는 누구나 청자와 관련한 다양한 행사와 체험을 즐길 수 있다. 고려 왕실의 복식 문화를 엿볼 수 있는 행차 퍼레이드를 시작으로 강진청자박물관에 있는 가마에서는 직접 불지피기 행사도 열린다. 축제 기간 내내 콘서트, 풍물놀이, 연주회 등 다양한 공연이 펼쳐지고 행사장 곳곳에서는 백일장, 사생대회, 어린이 한마당 잔치도 열린다. 약 9일 동안 펼쳐지는 강진청자축제는 즐길거리가 많은 행사다.

강진청자축제

074 국립현대미술관 - 덕수궁관

대한제국의 역사가 흐르는 궁궐 속 미술관

주소 서울시 중구 세종대로 99(정동)
관람 시간 화·목·금·일요일 10:00~19:00, 수·토요일 10:00~21:00
휴관일 매주 월요일, 1월 1일
관람료 전시에 따라 다름(홈페이지 참조. 덕수궁 입장료 별도)
홈페이지 www.mmca.go.kr
전화 02-2022-0600

인문학 체험은 결코 한 가지로만으로 이뤄질 수 없다. 철학과 문학, 역사, 예술은 모두 하나의 고리로 이어져 있기 때문이다. 국립현대미술관 덕수궁관에서는 예술과 역사를 함께 둘러볼 수 있다. 국립현대미술관 덕수궁관은 1938년 일제 강점기 시절 일본이 미술관으로 사용하기 위해 지은 건물로, 해방 이후에는 석조전(지금의 '대한제국역사관') 부속 건물로 사용했다. 한국전쟁이 끝난 이후에는 국립박물관, 국립현대미술관 등으로 사용하다 1998년 국립현대미술관 분관으로 개관해 오늘에 이르렀다. 건물에는 우리의 역사가 흐르고 그 안에는 근현대 미술품이 가득하다.

 역사를 산책하는 길

수백 년의 시간이 공존하는 곳에 국립현대미술관 - 덕수궁관이 자리한다. 미술관 가는 걸음은 역사 산책이다. 아이는 그림을 보러 가는 길에서 과거로 떠나는 경험을 한다. 덕수궁관 가는 길은 미술뿐 아니라 조선시대 궁궐과 그 안에 자리한 고건축물을 함께 감상하는 코스다. 건물 하나하나가 품은 사연과 역사를 살피는 과정이 아이에게는 곧 살아있는 교육이다.

덕수궁 대한문을 지나 길을 따라가면 이내 웅장한 규모의 근대 건축물이 나온다. 바로 덕수궁관이다. 정면에 6개의 석조 기둥이 서있고 건물은 좌우대칭을 이룬다. 한눈에 봐도 권위가 느껴진다. 계단을 따라 올라가 입장하면 중앙홀이 보인다. 전시실은 중앙홀을 두고 양옆으로 마주보고 있는 구조다. 각각의 전시실을 나와 계단을 이용하면 자연스럽게 2층 전시실로 이동한다. 1층엔 제1전시실과 제2전시실, 2층엔 제3전시실과 제4전시실이 있는 구조다. 2층 전시실 중간에는 벤치가 여럿 있어 관람하다

1. 중화전 앞 분수
2. 덕수궁 대한문

가 잠시 휴식을 취하기에 적당하다. 관람이 모두 끝난 후에는 자연스럽게 아트숍으로 이동한다. 미술 관련 도서, 잡지, 기념품을 구경할 수 있는 공간이다.

궁궐 속 다양한 전시와 체험

덕수궁관은 지금까지 다양한 '특별전', '기획전', '소장품전'을 개최해 미술 애호가들에게 큰 호응을 얻었다. '명화를 만나다 – 한국근현대회화 100선(2013년 10월~2014년 3월)'은 한국 근현대 대표 작품 100점을 한 자리에서 감상할 수 있는 보기 드문 기회였다. 전시는 한국 미술사에 큰 공적을 남긴 화가 57명의 회화 작품으로 구성했다. 이들 작품들을 1920년대부터 1970년대까지 시기별로 정리해 관람객들에게 선보였다. 박수근, 천경자, 김환기, 이응노, 김기창 등 쟁쟁한 작가들이 전시회에 이름을 올렸다. 이외에도 '한국근대미술소장품 기획전 : 관물, 사물을 보는 법'(2015년 3~6월), '조르조 모란디 : 모란디와의 대화'(2014년 11월~2015년 2월), '프라하의 추억과 낭만 : 체코프라하국립미술관 소장품전' 등의 전시가 개최되었다.

덕수궁관에서는 어린이 대상 교육 프로그램도 무료로 운영 중이다. 주말에 아이와 함께 덕수궁관을 찾는다면 '씽씽토요일 : 어린이 대상 작품 감상 프로그램'에 참여해보자. 매주 토요일 오전 10시 30분 시작하는 씽씽토요일은 해당 시기 전시회와 연계한 내용으로 꾸며진다. 프로그램을 진행하는 도슨트는 아이에게 작품을 설명하고 자유롭게 감상하도록 유도한다. 아이는 자연스럽

1~2. 씽씽토요일 프로그램에 참여한 아이들

3. 국립현대미술관
  – 덕수궁관 입구
4. 국립현대미술관
  – 덕수궁관 입구 전경

게 함께 참여한 친구들과 작품을 감상하거나 수다를 즐긴다. 프로그램에 참여한 아이는 미술 감상이 틀에 얽매이는 게 아니라 자유로운 과정임을 자연스럽게 깨닫는다. 씽씽토요일 마지막 회에는 도슨트와 함께 간단한 그림을 그려본다. 아이가 가장 좋아하는 시간이다. 어떤 그림이든 아이는 자기 생각대로 그리고 상상력을 발휘한다. 이때만큼은 아이도 자신만의 예술 세계를 펼치는 한 명의 예술가다. 완성한 그림을 가지고 도슨트는 다시 아이들과 대화를 시도한다.

'학교 연계 감상 교육 프로그램'은 단체가 참가하기에 적당하다. 공교육과 미술 교육의 연계를 위해 실시하는 프로그램으로 미술관 관람 예절과 전시회 설명 등이 주 내용이다. 이 프로그램은 매주 금요일 오전 10시 30분에 시작한다. 덕수궁관에서 운영 중인 교육 프로그램에 참가하기 위해서는 국립현대미술관 홈페이지에서 미리 신청해야 한다.

대한제국역사관으로 사용하고 있는 석조전

덕수궁관에서 미술 관람을 마쳤다면 아이 손을 잡고 여유 있게 궁궐을 둘러볼 차례다. 덕수궁은 고건축과 근대건축, 정원과 분수가 묘한 대조를 이뤄 독특한 분위기를 자아낸다. 관람을 마치고 나오면 왼쪽에 덕수궁관과 다른 듯 닮은 건물이 있는데 바로 1910년 완공해 고종 황제가 정전*으로 사용한 석조전이다. 두 건물의 외관이 비슷해 석조전을 '본관' 또는 '동관'으로 부르고 덕수궁관을 석조전 '서관'이라 칭하기도 한다.

정전
왕이 나와 조회를 하던 곳이다. 경복궁은 '근정전', 창덕궁은 '인정전'이 정전이다.

1. 석조전
2. 중화전

현재 '대한제국역사관'으로 사용하고 있는 석조전은 영국인 건축가 G. D. 하딩이 설계했다. 석조전은 지하 1층, 지상 2층 건물로 18세기 유럽 궁전 양식을 따랐다. 이곳은 1946년 대한민국 임시정부 수립을 위해 미국과 소련 양국의 대표가 설립한 '미소공동위원회 회의장'으로 사용하기도 했으며, 한국전쟁 이후에는 '국립중앙박물관'과 '궁중유물전시관'으로 사용했다.

지하는 시종들이 머물던 공간이었고, 1층에는 대식당과 접견실, 2층에는 황제와 황후의 침실과 거실, 서재 등이 있었다. 지하는 자유롭게 관람이 가능하나 1, 2층은 인터넷으로 신청해야 관람할 수 있다.

고종 황제가 커피를 마시던 정관헌과 덕수궁의 정전 중화전

면적으로 따지면 덕수궁은 경복궁에 비해서 작지만 석조전뿐만 아니라 다양한 건축물과 정원수가 있어 아이와 함께 산책하듯 둘러보기 좋다. 준명당과 즉조당, 석어당 사이를 걷다보면 숨은 듯 자리한 특이한 건물 한 채가 나타난다. 고종 황제가 커피를 즐긴 장소라고 해서 유명해진 '정관헌'이다.

정면 7칸, 측면 5칸의 이 건물은 러시아 건축가 사바틴의 설계로 지어졌다. 건축 당시부터 정관헌은 고종 황제가 다과와 음악을 즐기거나 연회를 열 목적으로 만들어졌다. 정관헌의 발코니와 장식은 화려하고 아름다워 그 자체로도 훌륭한 미술관이다. 기둥과 난간에 새긴 대한제국의 상징인 오얏꽃(자두나무 꽃)과 소나무, 사슴, 박쥐 등을 아이와 함께 찾아보는 것도 체험이자 공부다. 또한 '고요하게 내다보는 곳'이라는 건물 이름의 의미를 설명한다면 아이 눈에는 정관헌이 달리 보일 것이다.

덕수궁에서 꼭 봐야할 건축물로는 중화전도 있다. 덕수궁의 정전이다. 처음에는 2층으로 지었으나 1904년 화재로 소실되었다. 이후 1906년에 복원했다. 중화전을 정면에 두고 문무백관의 위치를 표시한 품계석이 눈에 띈다. 중화전 내부에 있는 어좌는 왕이 실제로 앉던 자리다. 아이가 호기심을 느낄 만한 장소다. 품계석을 지나면 중화전의 정문인 중화문이다. 중화전과 마찬가지로 원래 2층으로 지었으나 1904년 화재 때 소실된 후 1906년 보수했다.

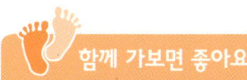
함께 가보면 좋아요

덕수궁 수문장 교대 의식

덕수궁 대한문 앞에서 펼쳐지는 왕궁 수문장 교대 의식도 놓치지 말자(월요일 휴무). 하루 세 번(11:00, 14:00, 15:30) 교대의식을 하기 때문에 미술관 관람을 전후해 보기 좋다. 예정된 시간이 되면 교대 의식을 재연하는 수문장과 부하들이 대한문 앞에 나타난다. 붉은색, 푸른색, 노란색 등의 화려한 복장 색깔이 궁궐의 단청과 비슷하다. 전통 악기로 연주하는 음악을 듣고 있으면 흥이 난다. 교대 의식 중간에는 무술 시범도 보여주고 나레이터가 순서별로 설명도 해준다. 행사가 끝난 후에는 누구나 자유롭게 수문장과 사진 촬영을 할 수 있다. 아이가 덕수궁을 관람한 추억을 남기기 좋은 기회. 교대 의식이 펼쳐지는 대한문 앞에는 전통 복장을 입어볼 수 있는 부스도 있으니 아이가 원한다면 체험해볼 것을 권한다. 덕수궁 수문장 교대 의식은 우리나라 사람뿐만 아니라 외국인들에게도 특히 인기가 많은 행사다.

▲ 덕수궁 수문장 교대 의식

075 장영실과학관

조선시대의 에디슨을 만나러 가요!

주소 충청남도 아산시 실옥로 220 환경과학공원 내
관람 시간 3~10월 10:00~18:00, 11~2월 10:00~17:00(관람 종료 1시간 전까지 입장)
휴관일 매주 월요일(월요일이 공휴일인 경우 그 다음 날), 1월 1일, 설날·추석 전날 및 당일
관람료 성인 2500원, 청소년·어린이 1500원
통합권(장영실과학관, 생태곤충원, 전망대) - 성인 5000원, 청소년·어린이 3200원
홈페이지 www.jyssm.co.kr
전화 041-903-5594

장영실은 조선시대를 대표하는 과학자다. 사농공상의 분별이 엄격했던 시대에 노비로 태어나 세종대왕과 함께 조선시대 과학 르네상스를 이끌었던 인물이다. 장영실과학관에 가면 해시계, 물시계, 측우기 등 그가 만든 놀라운 발명품들을 만날 수 있다. 그의 발명품을 통해 아이들은 조선시대 과학 수준을 가늠해보고, 과학 원리를 배울 수 있다.

세종대왕이 사랑한 과학자

고려와 조선시대에는 사농공상이라 해서 직업에 차등을 두는 문화가 있었다. 사농공상은 선비, 농민, 공장, 상인 순으로 더 좋은 대접을 받았던 직업의 우선순위를 뜻한다. 조선시대에 공장의 직업을 갖고서도 단연 두드러지는 인물이 있었다. 바로, 장영실이다. 그는 어릴 때부터 물건을 고치거나 만드는 재주가 빼어나기로 소문이 났다. 조선 3대왕 태종 때 장영실은 궁궐의 과학자로 발탁되었다. 그의 활약은 눈부셨다. 교과서에 등장하는 세종대왕 때의 발명품이 대부분 그의 성과다. 과학의 전 분야를 망라한다. 세종대왕은 『세종실록』에 "공교(工巧)한 솜씨가 보통 사람보다 뛰어나므로 태종께서 보호하시었고, 나도 역시 이를 아낀다"고 기록했다. 세종대왕은 신분제 사회에서 신하들의 반대에도 불구하고 그에게 종 3품인 상호군 벼슬까지 내렸다.

장영실과학관은 그의 과학에 대한 열정과 결실을 탐구할 수 있는 명소로 2011년 7월에 문을 열었다. 구성과 전시 기획이 체계적이고 알찬 편이라 서울의 여느 과학관 못지않다. 장영실의 발명품과 과학 원리를 아이들의 눈높이에 맞게 잘 연결했다.

위치는 아산시 북서쪽의 곡교천 변에 있는 아산환경과학공원이다. 공원 내에 아산시생활자원처리장, 생태곤충원, 그린타워 전망대 등과 이웃해 있다. 규모는 총 3층으로 1층 '어린이과학관'과 '과학공작', 2층 '장영실관', 3층 '사무실'과 '수장고'로 구성되어 있다. 건물 한가운데는 중정이 있다. 옥외 전시 및 휴게 공간으로 하늘을 향해 열려있다.

1. 장영실과학관 외관
2. 장영실 동상
3. 장영실 초상화

 ### 다양한 체험물을 통해 꼬마 장영실을 꿈꿔요!

주 출입구로 들어서면 '실내 휴게 공간'이다. 맞은편에 '카페테리아'와 '뮤지엄숍'이 있고 오른쪽으로는 '도서 자료실'과 '4D 상영관'이 자리한다. 카페테리아 뒤편으로는 타원형 카페의 야외 정원이다. 정원과 접한 실내에는 '기획전시실', '과학공작실', '어린이과학관'이 도너츠 모양으로 빙 둘러 자리하고 있다. 어린이과학관은 동선의 전개를 하나의 이야기로 엮었다.

'탐험의 시작'을 지나, 과학 세상을 체험하고, 꼬마 장영실을 꿈꾸는 순서다. 과학관 입구에 있는 탐험의 시작 코너에서 아이들은 마치 위인전 책장을 넘기듯이 과학 세상에 진입한다. 첫 순서는 꼬마 장영실이 건네는 자기소개다. 그런 다음 호기심을 여는 '작은 세상과 큰 세상', '이상한 세상' 테마로 이동한다. '출발! 후룸라이드', '띄워라 열기구', '기찻길 놓기', '알록달록 서커스' 등의 재미난 체험 전시물이 차례로 나타난다. 전시물의 알록달록한 색깔이 아이들의 시선을 빼앗는다. 체험 내용도 아이들에게 익숙한 일상의 소재를 끌어와서 어렵지 않게 관람할 수 있다.

'작은 세상' 코너의 '기찻길 놓기'는 기차 모형과 레일 세트를 이용해 노는 체험물이다. 도체 레일 위에서는 기차가 달리고, 부도체 레일 위에서는 기차가 멈춰 경적을 울린다. 이를 통해 도체와 부도체의 성질을 이해할 수 있다. 도체는 전기를 잘 전달하는 성질이 있고 부도체는 그렇지 않다. 도체와 부도체를 설명으로 배우는 게 아니라 체험을 통해 배우기 때문에 아이들은 쉽게 이해하며, 오래도록 기억한다. '큰 세상' 코너에서는 '우리 집 변기 속에서 빙빙빙'이 흥미롭다. 대형 변기 세트 안에 공을 넣어 물이 흐르는 원리를 체험한다. 볼풀에 있는 공을 바구니에 담아 도르레로 올려 수조통을 채운 후 물 내림 버튼을 누르면 공이 수조 속

1. 꼬마 장영실이 건네는 자기소개
2. 기찻길 놓기
3. 우리 집 변기 속에서 빙빙빙 체험

으로 쏟아지는 방식이다. 대부분의 전시물이 어른의 간섭이나 권유 없이 아이 스스로 호기심을 가지고 들여다볼 만하다.

본격적으로 만나는 장영실의 발명품

1층을 돌아보고 2층으로 올라가면 본격적으로 장영실의 발명품을 만난다. 장영실관은 과학기술자 장영실과 세종대왕 때의 역사를 소개하는 것에서부터 출발한다. 그리고 이어서 '물, 바람, 금속, 빛, 우주-우리-나' 순으로 테마 전시가 펼쳐진다. 딱딱한 발명품의 이름이 아니라 그 안에 담긴 자연의 소재를 빌려 아이들에게 친숙하게 다가간다. 먼저 '물' 테마관은 '자동물시계', '자격루' 등 물을 이용한 장영실의 발명품을 선보인다. 옛 자격루를 아이들이 보기 쉽게 현대적으로 재현해 놓았다. 당시의 이미지도 곁들여 아이들의 이해를 돕는다. 빗물의 재활용과 온도에 따른 물의 부피 변화 등 물을 주제로 한 과학 상식도 전시한다. '심해잠수함'도 있다. 혈압측정기처럼 관람자의 팔에 압력을 가하는 장치로 수압과 부력을 느껴볼 수 있다.

'바람' 테마관에서는 바람의 방향과 속도를 관측하는 '풍기대'와 비의 양을 측정하는 '측우기' 등의 원리를 공부한다. 자격루와 마찬가지로 디지털화된 계기로 옛 발명품의 원리를 이해할 수 있게 돕는다. 뿐만 아니라 바람이 가지는 특징을 따로 설명하는 체험 시설을 두었다. 이어지는 빛과 우주 테마관에서도 같은 방식으로 체험하고 관람한다. 마지막 동선인 어린이과학관에서

4. '빛' 테마관 중 빛의 원리를 담은 해시계 체험
5. '바람' 테마관 중 바람개비로 바람 세기 알아보기 체험
6. '우주' 테마관 중 간의 작동 원리 체험
7. '물' 테마관 중 빗물 재활용의 원리를 알아보는 워터시티

는 체험한 내용을 자연스레 복습하도록 했다. 예를 들어 마지막 동선은 조선시대부터 가까운 미래까지의 발명품을 모형으로 전시하는 쇼케이스다. 호기심을 끄는 체험 전시물과 장영실의 발명품을 관람하고 온 터라, 아이들이 한층 더 관심을 보인다. 바로, 과학자의 꿈이 커가는 순간이다.

 체험 프로그램으로 배우는 과학 원리

두 공간의 주 전시실 외에도 돌아볼 공간이 많다. 1층 어린이과학관과 이어지는 기획전시실은 '기후변화체험관'이다. 기후 변화의 심각성을 알리기 위해 조성했다. 성인보다는 아이들을 위한 공간에 가깝다. 간단한 체험 장치에도 이야기를 더해 아이들의 시선을 끈다. 예를 들면 지구온난화 온도계 앞에는 자전거가 있다. 페달을 밟으면 온난화 온도계가 조금씩 내려가고 일정 온도가 되면 북극곰이 집으로 돌아갈 수 있다. 아이들은 기후 변화가 단순한 온도의 변화가 아니라 지구 생태계와 관련 있다는 사실을 입체적으로 이해한다.

80석 규모의 '4D 상영관'에서는 약 18분 분량의 애니메이션

- **자격루** 장영실, 이조 등이 제작한 물시계다. 물의 부력을 이용했다. 아쉽게도 임진왜란 때 불에 타 없어졌다.
- **측우기** 강우량을 측정하는 기계다. 세종대왕 때 세계 최초로 만들어졌다. 장영실이 발명한 것으로 많은 사람들이 알고 있으나 세종대왕의 아들 문종의 발명품이다.
- **해시계** 세종대왕 때 장영실이 개발한 '앙부일구'가 우리나라의 대표적인 해시계다. 태양의 움직임으로 시간을 알 수 있도록 설계한 장치다. 임진왜란 때 유실된 것을 후대에 다시 제작해, 국립고궁박물관에 보관 중이다. 경복궁 사정전 앞에 그 형태를 재현하고 있다.
- **간의** 천체의 위치를 측정하는 천문 관측 기구다. 세종대왕 때 이천과 장영실이 나무를 이용해 만들었다.

자격루 / 측우기

앙부일부 / 간의

《코코와 쿠쿠 이야기》를 상영한다. 데이터 수집 로봇 코코와 개미 쿠쿠의 우정을 다룬 작품이다. 장영실과학관과 생태곤충원의 성격을 잘 녹여낸 애니메이션이다. 하루 8회 상영을 하니 시간을 확인한 후 과학관 관람에 나선다.

인근 지역에 있는 초등학생은 생명과학탐구교실에 참여해도 좋겠다. 월 4회 수업을 하며 교과와 연계한 실험을 진행한다. 다른 지역에서 방문하는 이들은 미리 공지를 확인해 방학 일일 특강에 맞춰 참여해도 좋다. 또는 4월 '과학의 달'과 10월 '장영실의 날'에 맞춰 방문하면 더 좋다. 만들고 체험하며 몸으로 느낄 수 있는 과학 프로그램을 중심으로 과학 축제가 열린다.

기후변화체험관

함께 가보면 좋아요

아산생태곤충원 & 그린타워전망대

장영실과학관은 아산환경과학공원 내에 위치한다. '아산생태곤충원', '그린타워전망대', '아산시생활자원처리장', '온양4동주민센터'가 작은 마을처럼 공원을 이룬다. 이들 주변 시설과 연계해 즐기는 것도 방법이다. 통합 입장권을 발행하는 데 가격이 비싸지 않다. 세 시설을 모두 5000원으로 돌아볼 수 있다. 먼저 아산생태곤충원은 그린타워 1층 유리 온실 안에 있다. '수서곤충관', '토양곤충관', '곤충먹이식물관' 등 5개의 테마관이 있다. 특히 토양곤충관에서는 토양 위의 곤충을 좀 더 가까이에서 만날 수 있다. 야외에도 곤충 모형과 수변 생태 공간 등이 눈길을 끈다. 아산생태곤충원과 이어지는 그린타워전망대는 소각장 굴뚝을 이용해 만들었다. 150m 높이에서 아산 시내 전경을 내려다볼 수 있다.

아산생태곤충원

그린타워전망대

CHAPTER · 6

바다 가까이에 있는 미술관 과학관

공부가 되는 여행이야말로 아이와 함께하고 싶은 여행이다. 온 가족이 함께하는 바다 여행을 계획했다면 체험 공부도 더해보자. 바다로 향하는 길에 과학관을 들러보기도 하고, 바다 옆에서 예술을 감상하기도 한다. 공부에 낭만이 더해지면 더 이상 어렵고 지루하지 않다. 아이들에게 특별한 추억을 선물해보자.

076 동양 최대 규모의 해양 과학관
아쿠아플라넷제주

주소 제주도 서귀포시 성산읍 섭지코지로 95
관람 시간 10:00~19:00(매표 마감 17:50)
휴관일 연중무휴
관람료 종합권 - 성인 3만 9200원, 청소년 3만 7500원, 어린이 3만 5600원
홈페이지 www.aquaplanet.co.kr/jeju
전화 064-780-0900

지상에서 바닷속을 구경하는 잠수함이 있다면 바로 아쿠아플라넷제주가 아닐까? 아쿠아플라넷제주는 동양에서 가장 큰 해양 과학관이다. 제주 문섬의 생태, 해녀의 물질, 상어와 가오리의 유영까지 좀체 볼 수 없었던 바닷속을 이곳에서 볼 수 있다. 아이와 부모가 손잡고 아쿠아플라넷제주를 걷는 것만으로도 해양생태계 공부가 시작된다.

동양 최대 아쿠아리움에 가다!

육상생태계와 달리 해양생태계는 좀처럼 접하기가 쉽지 않다. 교과서에서 배워 아는 게 전부인 경우가 많다. 사진이나 영상 자료로 아쉬움을 달래지만 한계가 있다. 그럴수록 해양과 수중 생태계에 대한 아이들의 관심은 높아진다. 해양 생물을 본 아이들은 공룡만큼

아쿠아플라넷제주 외관

은 아니지만, 육상동물을 봤을 때보다 더 크게 호응한다. 아쿠아플라넷은 해양생태계에 관한 호기심을 풀기에 더없이 좋은 장소다. 아이들은 간접적이나마 해양생태계를 경험하고, 해양 생물을 만날 수 있다.

아쿠아플라넷제주는 2012년에 문을 열었다. 코엑스아쿠아리움의 3.6배이며 여수 아쿠아리움의 1.5배로 규모가 어마어마하다. 우리나라는 물론 동양에서 가장 큰 해양 과학관이다. 1만 700t의 수조에 전시 생물만 500여 종, 4만 8000여 마리로 세계 10위권 규모다. 아쿠아플라넷이 제주의 새로운 명물로 각광받는 것도 그런 까닭이다. 아쿠아플라넷제주는 서귀포 서쪽의 성산읍에 자리하고 있다. 드라마 《올인》의 촬영지로 잘 알려진 섭지코지 인근이다. 광지기해변과 신양섭지코지해변을 잇는 휘닉스 아일랜드의 길목이다. 옆으로 긴 사다리꼴 모양의 건물이 낮은 언덕 위에 자리 잡고 있다. 얼핏 봐서는 그 크기를 가늠할 수 없다. 하지만 중앙광장인 센트럴 코트에 발을 내딛는 순간 곧바로 생각이 달라진다.

 다양한 해양생태계를 볼 수 있는 곳

아쿠아플라넷제주는 크게 세 가지 공간으로 나뉜다. 주 출입구로 들어서면 '센트럴 코트'다. 센트럴 코트의 왼쪽에 '마린 사이언스'가, 오른쪽에 '아쿠아리움'과 '오션아레나'가 위치한다. 지

문섬
제주 서귀포 앞 바다에 있는 섬이다. 아무도 살지 않는다 해서 '민둥섬'이라 불렸던 게 '민섬'이 되었고, 이것이 '문섬'으로 불리게 됐다. 수중 생태계가 아름다워 스쿠버다이버들에게는 '제주의 천국'이라고 불린다.

상 2층에서 지하 1층을 넘나들며 해양생태계를 마주한다. 2층 센트럴 코트에서 아쿠아리움으로 들어서며 관람을 시작한다.

지상 2층에서 지하 1층에 걸쳐 있는 아쿠아리움을 돌아본 후 오션 아레나 공연장으로 이동한다. 첫 번째 전시물은 '웰컴수조'다. 제주도 문섬*의 해양 생태를 재현했다. 문섬은 스쿠버다이버들이 즐겨 찾는 다이버 포인트다. 아직 스쿠버다이빙이 힘든 아이들에게는 지상에서 경험하는 스쿠버다이빙이다. 문섬의 수중을 보고 나서는 세계의 섬 주변에 사는 해양 생물을 보며 걷는다. 각각의 수조 속 생물이 위치에 따라 어떻게 다른지 비교하는 것도 흥미롭다. 모퉁이를 돌 때는 벽면의 수조가 보인다. 지하 1층까지 이어진 물범의 공간이다. 사람들이 몰려들었다면 물범이 수조 바깥에 눈을 맞추고 있는 찰나다.

물범 수조 다음은 '펭귄 플라넷'이다. 역시 지하 1층부터 이어져있다. 펭귄은 아이들이 가장 친하게 생각하는 해양 동물로, 꼬마 관객들의 사랑을 독차지한다. 그 가운데는 쌍둥이 아기 펭귄 '펭킹'과 '펭콩'도 있다. 펭귄 플라넷을 본 후에는 제주의 주상절리 터널 수조를 지난다. 곧 지하 1층의 펭귄 수조가 모습을 드러낸다. 수조 안에서 물속을 헤엄치는 펭귄은 뒤뚱거리며 육지를 걷는 펭귄과는 다른 동물인 듯하다. '플라잉 펭귄'이라는 애칭이 팬스럽지 않다.

펭귄

1. 펭귄 플라넷
2. 세계의 섬 주변에 사는 해양 생물들

물범과 상어도 만나고, 해저터널도 지나고

지하 1층의 하이라이트는 '피쉬볼'과 '해저터널'이다. 물론 1층에서 실린더관을 통해 춤추듯 지하층까지 내려오는 물범 또한 시선을 뗄 수 없다. 피쉬볼은 2만 마리 정어리와 상어 떼가 유영하는 큰 수조다. 무리 지어 내달리는 정어리 떼의 유영은 눈을 뗄 수 없다. 피쉬볼은 해저터널의 한쪽 벽면을 차지한다. 해저터널은 피쉬볼과 메인 수조 사이를 지나는데 머리 위까지 삼면을 두른 터널이다. 이 안에 있으면 마치 물속으로 들어온 듯하다. 아이들은 걸음을 멈추고 수조 안을 뚫어져라 바라본다. 그저 멀뚱하게 들여다보는 게 못내 아쉽다면 아쿠아리움 교육 프로그램을 활용하자. 물범(10:20, 16:40), 펭귄(10:30, 16:30), 수달(10:30, 16:30), 부리왕 펠리컨(10:50, 16:50), 터치풀 설명회(11:40, 14:00) 등 정해진 시간에 바닷속 생태 설명회를 연다. 약 10분간 해당 동물이나 생태에 관한 설명이 이어져서 지루하지 않게 들을 수 있다. 또한 따로 이동하거나 신청할 필요 없이 현장에서 진행해서 편리하다.

피쉬볼과 해저터널을 지나면 '터치풀' 코너다. 수조 속을 직접

펠리컨

수달

3. 피쉬볼
4. 쪼그려 앉아서 창 너머의 메인 수조를 들여다보는 아이
5. 해저터널
6. 실린더 관을 통해 춤추듯 지하층까지 내려오는 물범

1. 메인 수조 '제주의 바다'
2. 가오리 먹이 주기
3. 해파리 관람

만지고 체험할 수 있다. 터치풀을 체험한 아이들은 곧 반대편으로 향한다. 메인 수조인 '제주의 바다' 쪽으로 여러 개의 커다란 창이 나있다. 창은 안에 몸이 들어갈 만큼 크다. 그 안에 쪼그려 앉아서 창 너머의 메인 수조를 들여다본다. 해저터널보다 한 걸음 더 바닷속으로 가까이 들어온 듯하다. 바로 옆을 지나며 헤엄치는 물고기들이 가까운 친구처럼 느껴진다. 아이와 눈높이를 맞춘 보물 같은 창이다.

극장 크기의 거대한 수조

터치풀을 지나 계단을 내려오면 드디어 '제주의 바다' 수조다. 아쿠아플라넷제주 최고의 볼거리다. 수조 안에는 5100t의 해수에 2만 7000마리의 어류가 돌아다닌다. 단일 수조로는 세계 최대 규모로 가로 23m, 세로 8.5m이다. 상어와 가오리, 줄고등어 등 온갖 물고기 떼들이 물속을 오간다. 가장 바다와 가까운 시설이다. 그저 바라보는 것만으로 넋을 잃는다. 아이들은 수조 가까

● 해파리

해파리는 물을 아래로 밀어내며 그 반작용으로 움직인다. 하지만 혼자 힘으로 이동할 만큼의 힘은 아니다. 대체로 해류에 의지해 수동적으로 움직인다. 해파리는 보기와 달리 독을 가졌는데, 물속에서 사람을 만나도 스스로 피할 수 없다. 그래서 해파리를 만나면 피하거나 만지지 않는 게 좋다. 최근에는 해수 온도가 올라가며 우리나라에도 해파리 수가 부쩍 늘었다.

해파리

가오리

이 다가가 얼굴을 대고 들여다보기도 한다.

메인 수조를 무대로 한 이벤트도 있다. 하루 두 차례(12:10, 16:10) '가오리 먹이 주기'와 하루 네 차례(10:40, 12:20, 14:30, 16:30) '제주 전통 해녀 물질 시연'이 있다. 원래 점박이 고래상어가 주인공이었으나 방사를 결정한 후에는 여러 종류의 가오리들이 바다의 신비를 전한다. 잠수부들이 수조로 내려가 가오리들에게 먹이를 주는 과정을 보여준다. 10분 남짓한 짧은 시간이지만 먹이를 따라다니는 가오리들의 움직임이 눈길을 끈다. 먹이 주기가 끝난 후에는 수조 안의 아쿠아리스트(잠수부)와 기념 촬영을 할 수 있다.

'해녀 물질 시연'에서는 실제 성산에 거주하는 해녀들이 물질을 보여준다. 망사리(자루)에 전복 등을 따 넣는 과정을 보며 해녀들의 물질이 어떻게 이뤄지는지 알 수 있다. 현직 해녀가 나와 짧은 이야기도 들려준다. 메인 수조 옆으로는 카페가 있는데, 수조의 한쪽 벽면을 활용해 물속을 보며 차를 마시는 이색 카페다. 지하 1층에는 메인 수조 외에 오타리아, 바다코끼리, 큰돌고래와 해파리를 만나는 수조가 있다. 아이와 어른 모두 해파리에게서 쉽게 시선을 떼지 못한다. 아쿠아리움의 마지막 전시 공간이라서가 아니다. '보름달물해파리', '문어해파리' 등이 물속을 움직이는데, 그 몸짓이 때로는 귀엽고 때로는 시선을 떼지 못할 만큼 우아하다.

1. 싱크로나이즈 공연
2. 해양 동물 생태 설명회
3. 마린 사이언스

또 하나의 즐거움, 오션아레나 쇼!

아쿠아리움을 관람한 후에는 오션아레나 공연장이나 야외 정원으로 나간다. 오션아레나 공연은 선택한 관람객들만 관람한다. 1부 '싱크로나이즈 공연'과 2부 '해양 동물 생태 설명회'로 나눠 하루 네 차례 약 50분가량 진행한다. 싱크로나이즈 공연은 해적 이야기를 한 편의 모험극처럼 꾸몄다. 좋은 해적, 나쁜 해적, 장난꾸러기 요정 등이 등장해 이야기를 따라가며 공연을 즐길 수 있도록 했다. 11m 고공 다이빙이나 싱크로나이즈 등의 역동성이 보는 이들을 즐겁게 한다. 해양 동물 생태 설명회는 익히 잘 알고 있는 돌고래, 물개, 바다표범 등이 주인공으로 등장하는 무대다. 영리한 물개나 육중한 몸의 바다코끼리, 날렵한 돌고래가 각자의 개성을 살려 재미나고 화려한 장면을 연출한다.

아쿠아플래닛 야외에서 본 성산일출봉

실내를 벗어나고 싶을 때는 야외 정원으로 이동할 수도 있다. 성산일출봉과 광치기해변이 보이는데 전망이 일품이다. 마지막으로 2층에는 '마린 사이언스'와 '3D 영상관'이 있다. 마린 사이언스는 해양 지질 과학관에 가깝다. 아쿠아리움의 해양 동물들이 사는 지질 환경을 보여준다. 대륙붕 등의 해저 지형을 재현한 도입부를 지나 안쪽으로 진입한다. 해저의 깊이는 어떻게 측정하는지, 태풍은 어떻게 발생하는지 등을 살펴본다. 모세의 기적이 일어나는 제주의 섬 서건도에 물이 차고 빠지는 24시간을 빠르게 재생한 영상도 볼 수 있다.

마린 사이언스라고 과학 공부를 강요할 필요는 없다. 살아있는 바다 동물을 보고 관심과 호기심을 키워갈 수 있다는 사실만으로도 충분히 유익하다. 천천히 바닷속을 산책하듯 거닐며 아이와 함께 바다 이야기를 나눠보자.

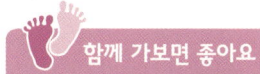 함께 가보면 좋아요

김녕금속공예문화마을

아쿠아플라넷제주에서 북쪽으로 올라가면 '김녕'이라는 동네가 있다. 해안에 거대한 풍력 발전기가 돌아가고 있는 마을이다. 2015년 마을 안 길부터 해변까지 약 3km 구간에 새로운 볼거리가 생겨났다. '다시방프로젝트'로 의기투합한 10여 명의 작가들이 'GNG 아트빌리지-고장난 길'을 조성했다. '망사리에 해산물 대신 꽃을 담은 해녀 상'이나 '종이비행기를 날리는 소년', 김녕에 방류한 남방큰돌고래 '제돌이' 등 34개의 금속 공예 벽화와 금속 조형물이 마을을 장식하고 있다. 숨은 그림을 찾듯 마을을 돌며 작품을 감상해보는 건 어떨까? 김녕성세기해변은 제주에서 물빛이 아름다운 해변으로도 유명하다.

김녕금속공예문화마을

대한민국 우주 개발 역사의 생생한 현장
나로우주센터 우주과학관

주소 전라남도 고흥군 봉래면 하반로 490
관람 시간 평일·주말 10:00~17:30
휴관일 매주 월요일(월요일이 공휴일인 경우 그 다음 날), 1월 1일(설날·추석 당일 오후 1시 개관)
관람료 성인 3000원, 청소년·어린이 1500원(3D 영상관, 4D 영상관 입장료 각 1000원)
홈페이지 www.narospacecenter.kr
전화 061-830-8700

한국 최초의 인공위성 나로호는 두 차례 발사 실패 후 2013년 1월 31일 발사에 성공했다. 우리나라 우주 개발 역사에 한 획을 그은 사건이었다. 아이와 함께 과학사의 현장으로 발걸음을 옮겨보는 건 어떨까? 나로우주센터 초입에 있는 우주과학관에서는 아이의 두 눈을 끊임없이 반짝이게 하는 신기한 우주 세계가 펼쳐진다.

🔬 우주과학의 기본 원리와 로켓을 배우는 1층 전시장

바다 여행을 가는 길에 우주 여행을 함께하는 건 어떨까? 전라남도 땅끝 아름다운 바다를 지나쳐 도착한 나로우주센터는 우리나라 과학 발전의 역사가 숨 쉬는 곳이다. 우리나라 최초의 인공위성 '나로호'가 바로 이곳에서 발사됐다.

나로우주센터 우주과학관에서는 우주과학 이론을 배우고 체험한다. 이를 위해 네 개의 전시 공간에 우주과학의 이론과 실재를 체계적으로 꾸며놓았다. 90여 종의 전시물과 돔영상관, 야외 로켓 전시장은 아이의 이해를 돕는다. 이 중 직접 체험 가능한 전시물은 32종이다. 아이들은 보다 역동적으로 과학 원리를 배울 수 있다.

나로우주센터 캐릭터

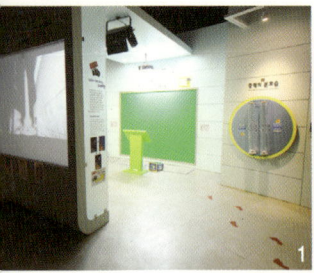

1. 크로마키로 떠나는 우주 여행
2. 로켓 관제센터
3. 로켓존 전시물
4. 로켓의 구성

우주과학관 1층에 입장하면 관람객을 환영하는 나로우주센터 캐릭터가 보인다. 이곳을 지나면 '기본원리존'이다. 이름처럼 우주과학의 기본 원리를 체험하는 공간이다. 기본원리존은 '우주를 향한 문을 열고', '진공과 중력', '간단한 우주과학', '궤도운동', '대기의 저항' 등의 세부 주제로 이뤄졌다. 아이는 복잡하고 어려운 우주과학을 기본 원리부터 배우고 체험한다. 체험 과정이 꼭 머리 아프지만은 않다. '크로마키로 떠나는 우주 여행' 코너는 우주복을 입고 인공위성 옆에 있는 장면을 연출할 수 있어 아이들이 좋아한다.

'로켓존'은 '우주를 향한 발자취', '로켓의 구성', '로켓 발사', '로켓 세상' 등의 세부 주제로 전시물이 구성되어 있다. 국내 로켓 개발의 역사와 로켓 내부 구조를 배우고 발사 체험 등을 할 수 있다. 아울러 다른 나라 우주 발사체도 비교하며 관람한다. 로켓존에서 가장 인기 있는 전시물은 로켓 관제센터와 발사 체험을 할 수 있는 공간이다. 관제센터로 꾸민 공간은 실제로 로켓을 발사하는 것 같은 경험을 할 수 있어 아이들의 반응이 좋다. 이곳을 지나 발사체 아래에 서면 로켓을 발사할 때의 진동도 느낄 수 있다. 아이는 로켓이 굉음을 내며 하늘로 솟을 수 있다는 사실을 생생하게 체험한다.

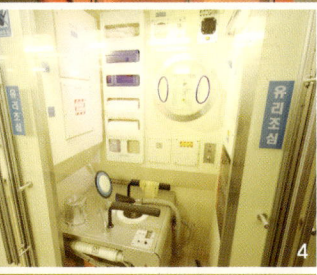

1. 아리랑 위성 2호
2. 우주복 전시물
3. 국제우주정거장
4. 국제우주정거장 화장실
5. 우주 식량

흥미로운 인공위성과 우주 탐사

2층 '상설전시실'에서는 인공위성과 이를 이용한 우주 탐사에 대한 전시를 연다. 인공위성은 '인류가 만든 별'이라 불린다. 열악한 조건의 우주에서 인류를 위해 다양한 임무를 수행한다. 인공위성이 기후와 지상 등을 관측하는 모습을 확인하고 실제 위성인 '천리안'과 '아리랑 위성 2호' 모습도 본다.

'우주탐사존'은 '우주인과 우주생활', '국제 우주 정거장', '행성 탐사'로 구성되어 있다. 이곳에서는 우주 탐험의 현재와 미래를 본다. 우주탐사존에서 가장 인기 있는 전시물은 '우주복'과 '국제 우주정거장'이다. 극한의 온도와 무중력, 방사능이 위협하는 우주 공간에서 신체를 보호하기 위해서는 첨단기술이 집약된 우주복이 필수다. 실제 우주복을 통해 아이는 우주의 신비를 새롭게 깨닫는다. 국제우주정거장 또한 아이가 매우 좋아하는 전시물이다. 실제 국제우주정거장을 재현한 이곳에서는 우주인들이 생활하고 임무를 수행하기 위해 필요한 샤워실, 화장실, 실험실, 우주 식량 등을 본다. 우주의 흥미로움에 빠져드는 순간이다.

1. 돔영상관
2. 실제 크기의 나로호 모형

돔영상관과 실제 크기의 나로호를 볼 수 있는 야외 전시장

우주과학관을 방문했다면 꼭 가봐야 하는 곳이 '4D 디지털 돔영상관'이다. 이곳에서는 돔 형태의 180도 대형 스크린을 통해 우주와 관련한 흥미로운 영상을 상영한다. 영상이 시작하면 진동, 바람, 안개, 물 등이 오감을 자극한다. 특히 화면 내용에 맞춰 좌석이 흔들려 실제 우주에 떠있는 듯한 느낌을 받는다. 상영 프로그램 제목은 《타임 스페이스》, 《우주공원360》, 《화성탐사》, 《골판지 로켓의 비밀》 등이다. '우주 탄생'과 '달 착륙', '화성으로 가는 험난한 여정', '로켓의 우주 여행' 등의 내용이 담겨있다. 3D 입체영상관도 추천할 만하다. 대형 화면을 통해 보는 신비한 우주 모습은 아이뿐아니라 어른들까지 압도한다.

우주과학관은 우주과학교실을 운영하고 있다. '자유과학 교실', '우주과학 영상 상영', '달의 위상 변화 모형 만들기' 등에 참여하다 보면 멀리 있는 것만 같았던 우주가 더욱 가깝게 느껴진다.

실내 전시를 모두 둘러봤다면 야외 전시장으로 향해보자. 가장 눈에 띄는 전시물은 역시 실제 크기의 '나로호' 모형이다. 우리나라는 세계에서 열한 번째로 '우주클럽'(스페이스클럽)에 가입했다. 나로호 발사 성공으로 가능한 일이었다. 모형 나로호 주

> ● 우주클럽(스페이스 클럽)
> 자국 기술로 자국 땅에서 인공위성을 개발해 발사한 나라를 지칭하는 말이다. 하지만 구체적인 단체나 기구가 존재하는 것은 아니다. 우주클럽에 가입한 국가를 순서대로 나열하면 러시아(1957년), 미국(1958년), 프랑스(1965년), 일본(1970년 2월), 중국(1970년 4월), 영국(1971년), 인도(1980년), 이스라엘(1988년), 이란(2009년), 북한(2012년), 한국(2013년)이다. 북한이 쏘아 올린 '광명성 3호'의 경우 교신이 확인되지 않아 우주클럽 가입에 논란이 있었지만 궤도에 진입시켰다는 점을 인정해 열 번째 우주클럽 가입국으로 인정하는 추세다.

3~4. 우주과학교실

변에는 신기한 곡면 모양의 '포물면 통신'을 볼 수 있다. 곡면으로 만들어진 포물면은 약한 소리나 전파를 효과적으로 전달해 주는 기능을 한다. 포물면 앞에 아이와 함께 마주 서면 먼 거리에서도 말소리가 잘 들리는 경험을 할 수 있다.

 생각 발산하기

'나로호'의 첫 번째와 두 번째 발사는 어땠나요?

나로호는 우리나라 기술로 만든 인공위성을 싣고 지구 궤도에 올리기 위해 쏘아 올린 한국형 우주 발사체야. 한국항공우주연구원 주관으로 2002년부터 개발을 시작해 2009년 8월 25일 첫 발사를 시도했지. 하지만 발사체 상단부에 문제가 생겨 궤도 진입에 실패하고 말았어. 이후 2010년 6월 10일 2차 시도를 했지만 발사 후 137.19초만에 비행 중 폭발하고 말았단다. 3차 시도는 2013년 1월 30일 이뤄졌어. 정확히 오후 4시 발사대를 떠난 나로호는 드디어 발사에 성공했지. 발사에 성공한 다음 날 나로호에 탑재한 인공위성은 정상 궤도에 진입했고 한국과학기술원(KAIST) 인공위성센터와의 교신도 성공

▲ 나로호 3차 발사 장면

했단다. 나로호의 전체 길이는 약 33m이며 총 중량은 140t이야. 1단 액체엔진 개발에는 러시아가 참여했고, 2단 상단 로켓은 우리나라의 기술로 개발했어.

078 자연을 품은 물의 미술관
제주도립미술관

주소 제주도 제주시 1100로 2894-78
관람 시간 10~6월 09:00~18:00, 7~9월 09:00~20:00(관람 종료 30분 전까지 입장 가능)
휴관일 매주 월요일, 1월 1일, 설날·추석 연휴
관람료 성인 1000원, 청소년 500원, 어린이 300원(일부 기획전시 입장료 다름)
홈페이지 jmoa.jeju.go.kr
전화 064-710-4300

제주도에는 사람들을 매혹하는 미술관과 박물관이 많다. 그중에서 가장 아름다운 미술관을 말하라면 많은 이들이 제주도립미술관을 꼽는다. 반사연못이 있는 물의 미술관과 너른 잔디마당, 멀리서 지켜보는 한라산만으로도 충분히 아름답다. 제주도립미술관의 관람 방법은 간단하다. 예술의 감성을 열어두는 것 외에 어떤 것도 구애받지 않을 것! 여행의 일부로서 보고 누리고 상상할 것! 제주도립미술관에서는 좀 더 여유롭게 예술을 품어보자.

여행하듯 관람하는 미술관

대부분 가족 여행으로 제주도를 찾는다. 제주의 미술관 또한 다르지 않다. 미술 체험을 위한 미술관이라기보다는 제주 여행지 중 한 곳으로 접근할 때 한층 효율적이다. 제주에는 실제로 여행의 즐거움을 배가하는 미술관이 많다. 미술을 담은 건물에 머물지 않고 제주의 지형이나 자연을 품는다. 그중 제주도립미술관을 빼놓을 수 없다. '도립'이라는 말이 주는 대표성과 경직성을 떠올리며 주저하는 이도 있을 테지만 괜한 걱정이다. 여행의 기분을 만끽하기에 손색이 없다.

제주도립미술관 외관

제주도립미술관은 우선 지리적으로 제주국제공항에서 가장 가깝다. 공항과 7km 거리로 대중교통을 이용해도 30분 남짓이다. 1100번 도로에서 미술관 정문으로 걸음을 옮긴다. 눈앞에 완만한 수평의 건물이 보인다. 사람을 편안하게 만드는 모양새다. 미술관 주변으로는 너른 초록의 정원이 펼쳐진다. 감상의 강박보다는 향유의 너그러움이 찾아든다. 실제로 제주도립미술관을 찾는 여행자들은 작품 관람 못지않게 미술관을 공원처럼 누린다. 여행하듯 관람하는 미술관이다.

 제주 하늘을 품은 캔버스, 반사연못

미술관 입구에서 곧장 달려 들어가는 아이도 있다. 그 정도로 미술관이 넓고 평온하다. 미술관은 주위의 자연을 압도하지 않고 자연스럽게 조화를 이룬다. 몇 개의 직육면체를 쌓아올린 건물 모양도 특색 있다.

제주도립미술관은 야트막한 오름처럼 서서 주변의 평지를 끌어안는다. 건물까지 가는 여정도 안정감 있다. 주차장과 완만한 경사를 이루는 잔디마당, 그 사이의 야외 조각품들이 여유로운 시간을 허락한다. 미술관에 가까워질 때 즈음에 가장 큰 매력을 발견한다. 미술관 주변을 반사연못이 둘러싸고 있다. 거울연못

1. 하늘빛에 따라 색이
   변하는 반사연못
2. 잔디마당과 야외 조각품
3. 미술관으로 들어가는 통로
4. 제주정원이라고 불리는
   '자연갤러리'
5. 장리석 기념관

이라고도 불리는 잔잔한 물가다. 그 한가운데로 미술관으로 들어가는 통로가 가로지른다. 반사연못 안의 미술관은 마치 제주 바다 위에 떠있는 섬인 듯하고 배인 듯도 하다. 그 위로 미술관의 물그림자가 어른댄다.

반사연못은 바다처럼 하늘빛에 따라서 색깔이 변한다. 흐린 날과 맑은 날 그리고 눈비 오는 날에 모두 다른 표정을 짓는다. 연못은 캔버스고 하늘은 물감을 풀어 그린 수채화 같다. 자연과 조화를 이루는 건물과 사람은 작품이 된다. 미술관의 실내외를 오가며 이 같은 숨은 작품을 찾는 재미가 쏠쏠하다. 제주도립미술관은 아이들의 상상을 불러낼 만한 요소들이 여기저기에 자리한다. 용눈이오름에 오르듯, 절물자연휴양림을 거닐듯, 협재해변을 산책하듯, 여행하며 감상해보자.

다양한 예술 세계를 경험할 수 있는 전시

미술관 본관 안쪽 역시 오감을 자극한다. 가운데는 하늘로 열린 야외 중정이다. 제주정원이라 불리는 '자연갤러리'다. 햇빛이 깊숙이 스미고 제주의 억새가 서성댄다. 네모난 정원 주변으로 전시실이 뿌리 내렸다. 입구의 좌우로는 편의시설, 강당 등이 있다. 왼쪽 안으로 접

- **장리석** 평양 출신의 작가로 피난 시절 4년간 제주에 머물며 제주를 그렸다. 그림에 제주의 해변, 해녀, 말 등의 풍경이 등장한다. 고갱이 타히티에서 새로운 영감을 얻었듯, 장리석은 제주에 그만의 노스텔지어를 담았다.
- **김창열** 물방울 그림으로 잘 알려진 거장이다. 한국 전쟁 당시 피난길에 제주와 인연을 맺었다. 현재 제주 저지예술마을에 그가 기증한 200여 점의 작품을 모아, 김창렬제주도립미술관(가칭)이 건립 중이다.

장리석 　　　　　김창열

 어들면 첫 번째 전시실인 '장리석기념관'이다. 화가 장리석이 기증한 소장품을 정기적으로 교체 전시한다. 입구 오른쪽은 '시민갤러리'다. 주로 어린이의 눈높이에 맞춘 전시 주제를 선정한다. 최근 전시로는 어른과 아이 모두에게 친근히 다가선 팝아트 '헬로우! 팝', 그림책 원화를 빌려 아이들에게 말을 걸었던 '행복한 그림책 이야기', 작가의 작품을 빌려 가족의 의미를 되돌아본 '가족의 시간' 등이 있었다. 공간은 작지만 아이들의 시선을 끄는 기획력이 돋보인다.

 1층 가장 안쪽에는 기획전시실1, 기획전시실2가 자리잡고 있다. 2층의 상설전시실과 더불어 제주도립미술관의 메인 전시실이다. '바람, 빛, 제주'처럼 제주의 풍광을 담은 전시나 '청춘을 달리다'처럼 제주의 젊은 작가를 발굴하는 전시, 장리석이나 김창열처럼 제주와 인연을 맺은 거장의 전시 등 제주와 관련 있는

6. '헬로우! 팝!' 전시
7. '모니카와 함께하는 세계명화여행' 전시

1. 옥상정원
2. 반사연못의 북쪽 모서리에서 보는 한라산
3. 백록담을 형상화한 이벤트광장
4. 제주석으로 만든 계단과 벽

기획전시가 주로 열린다. 때로는 '모니카와 함께하는 세계명화여행'전처럼 아이들과 눈높이를 맞춘 전시가 미술관 전체를 채우기도 한다.

1층과 2층을 잇는 계단은 제주석*을 사용했다. 작은 구멍들이 제주의 화산석임을 증명한다. 시민갤러리 옆 계단도 마찬가지로 제주석으로 장식했다.

한라산이 또 하나의 작품을 만드는 미술관

2층은 남쪽 바깥으로 옥상정원이 있다. 가장자리에는 나무를 심은 공간과 조각작품이 어울리는 장소다. 쉬어갈 수 있는 탁자와 의자도 놓여있다. 옥상정원에서 남쪽 바깥으로 멀리까지 시선을 던져보자. 한라산이 바다를 향해 완만한 경사를 이루며 펼쳐진다. 미술관 벽이 여러 개의 네모 액자를 만들어 가로로 긴 한라산을 분할한다. 미술관이라는 액자에 대자연의 작품을 담은 듯하다.

한라산은 미술관 바깥 반사연못의 북쪽 모서리에서 봐도 좋다. 미술관 건물과 한라산이 하나의 그림처럼 눈에 들어온다. 제주의 미술관과 제주 여행을 되새기기에 부족함이 없는 풍경이다.

반사연못을 돌아 미술관 뒤편으로도 걸음을 옮긴다. 옥외정원의 이벤트광장이 나온다. 가운데는 백록담 모양의 야외 무대다.

제주석
건축 재료로 쓰는 돌에는 그 지역의 이름을 붙인다. 제주도립미술관은 제주에서 난 제주석을 활용했다. 주로 화산석인 현무암을 사용했는데, 돌 표면에 자잘한 구멍이 뚫린 현무암이 제주만의 지역색을 잘 표현한다.

특별한 날에는 이벤트나 공연이 열린다. 주변으로는 가볍게 걸을 수 있는 산책로가 있다. 미술관 뒤편에 은밀한 공간이라는 사실이 아이들에게 색다른 느낌을 안긴다. 미술관 실내 카페테리아에서 차 한잔을 마시며 쉬어가도 좋다. 창 가까이 반사연못이 있어 아이들이 흥미로워한다. 제주의 별미 당유자*차도 맛이 일품이다.

전시에 따라 연계 프로그램도 운영한다. 하지만 굳이 욕심낼 까닭은 없다. 제주도립미술관은 여행을 거스르지 않는 범위 내에서 누리고 체험하는 게 제일이다. 제주의 바람, 간간이 길목을 막아서는 제주의 돌담, 그 모두를 묵묵하게 지켜보는 한라산을 눈에 담고 느껴보자. 제주도립미술관에서 짧은 순간이나마 예술 감성이 열렸다면 그걸로 족하다. 결국 예술이란 아이와 어른 모두에게 영혼이 떠나는 가장 자유로운 여행지와 다름없지 않은가.

당유자
제주에서는 댕유자, 뎅유지 등으로 부른다. 제주에서 자라는 귤나무의 일종으로 씁싸래한 맛이 특징이다.

함께 가보면 좋아요

서귀포시립기당미술관

제주에는 제주만을 그린 화가가 있다. 바로 변시지다. 그는 원래 제주 사람인데 일본을 중심으로 활동하다 고향으로 돌아와서는 제주만을 그리기 시작했다. 그래서 변시지의 작품들은 '제주화'라고도 부른다. 변시지는 태양, 바다, 말, 초가집 등 제주적인 요소들을 그림 소재로 택했다. 노란 황금빛과 검은색 선만으로 표현한 그림이 인상적이다. 뜨거운 제주, 열정의 제주 그리고 폭풍의 제주가 생생하게 살아 숨 쉬는 것만 같다. 서귀포시립기당미술관은 변시지의 그림을 상설전시한다. 서귀포에서 꼭 들러봐야 하는 미술관이다.

서귀포시립기당미술관

079 사천첨단항공우주과학관

새처럼 날아보고, 우주선 속을 유영하고

주소 경상남도 사천시 사남면 공단1로 108
관람 시간 3~10월 10:00~18:00, 11~2월 10:00~17:00(관람 종료 1시간 전까지 입장 가능)
휴관일 매주 월요일(월요일 공휴일인 경우 그 다음 날), 1월 1일, 설날·추석 당일
관람료 성인 3000원, 청소년 2000원, 어린이 1500원, 만 6세 이하 무료
홈페이지 www.sasm.co.kr
전화 055-831-3344, 051-831-3340

날고자 하는 인간의 욕망은 작은 상상력에서 시작되었다. 인류는 자유롭게 하늘을 유영하는 새를 보며 인간다운 날갯짓을 꿈꿔왔다. 하늘을 날고 싶은 욕망과 호기심은 어른과 아이가 다르지 않다. 사천첨단항공우주과학관은 비행에 대한 욕망과 궁금증을 말끔히 해소해준다. 날고자 하는 인간의 욕망에서 우주 비행까지 항공의 발전사를 체험 위주로 알차게 엮었다.

항공 산업의 메카, 경남 사천

경남 사천은 수려한 바다 경관으로만 유명한 것이 아니다. 1953년 최초의 국산항공기 '부활호'가 만들어진 도시 또한 경남 사천이다. 경남 사천에서는 2004년부터 매해 '경남사천항공우주엑스포'가 열리고 있다. 사천은 현재도 우리나라를 대표하는 항공 산업 도시로 손꼽힌다.

사천첨단항공우주과학관은 사천시외버스터미널에서 약 3~4km 떨어진 사남면에 위치한다. 사남면 일대가 사천시 항공 산업 단지다. 터미널에서 대중교통으로 이동할 때는 택시가 편리하다. 시내버스는 하차 후 약 1km를 걸어 들어가야 한다. 다행히 '항공우주박물관'과 'KAI에비에이션센터'가 과학관과 가깝다. 사천첨단항공우주과학관은 체험 중심이고, 항공우주박물관과 KAI에비에이션센터는 실물 비행기 전시가 주를 이룬다. 사천첨단항공우주과학관에 비중을 두고 돌아본 다음 이웃한 항공우주박물관 쪽으로 이동해 여유롭게 감상하기를 권한다.

1. 국산 1호 비행기 부활호
2. 과학관 로비의 태양계 모형

사천첨단항공우주과학관은 3층 건물로 마치 비행기가 비상하는 모습이다. 건물 모양부터 과학관을 궁금하게 만든다. 과학관 내부 중앙전시홀에 서면 한층 더 들뜬다. 투명한 천장으로 자연광이 스미고 공중은 작은 우주다. 태양을 중심으로 공전하는 태양계의 행성 모형이 걸려있다. 안내데스크 옆에 자그마한 노란색 로봇이 앙증맞다. 음성인식으로 대화가 가능한 로봇이다. 로봇은 팔을 움직이고, 말을 걸며, 얼굴 표정도 변한다. 로봇과 가벼운 인사를 나눌 수 있다. 악수나 포옹을 청하는 로봇이 제법 신기하고 반갑다.

비행기의 원리를 체험하다!

관람은 안내데스크 왼쪽의 1존에서 시작한다. 1층은 1존 '생각을 발견하다'와 2존 '에너지를 발견하다' 그리고 '기획전시실'로 이뤄진다. 2층은 3존 '항공을 경험하다'와 4존 '우주를 탐험하다' 5존 '우주를 향한 무한한 상상'과 '4D 입체 영상관'으로 구성돼 있다. 각 전시실은 다양한 체험으로 채워져 있다.

1존 '생각을 발견하다'는 인류의 비행에 대한 꿈을 주제로 관람객에게 말을 건넨다. 비행 신화부터 무동력 비행과 동력 비행, 항공스포츠와 우주 비행까지 비행에 관한 인간의 꿈이 전진해 온 과정을 보여준다. 먼저 그리스 신화에 나오는 다이달로스의 날개*나 레오나르도 다빈치의 날개* 스케치 등 사람이 하늘을 날 수 있기 전의 이야기로 전시를 시작한다. 비행은 사람들의 작고 엉뚱한 상상에서 출발했다는 사실을 일깨운다. 스케치를 재현한 공중 모형도 아이들의 이해를 돕는다. 날갯짓을 체험해볼 수 있는 코너도 있다. 갈매기, 파리, 나비의 비행 원리와 비행 속도 등을 선택해 게임으로 즐기는 놀이시설도 재미있다. 동물마다 다른 비행 원리를 몸으로 느껴볼 수 있다. 전시실 가운데 커다란 유리구도 눈길을 끈다. 열기구가 하늘을 나는 원리를 알려주는 장치다. 버튼을 누르면 유리구 안에 공기가 주입되고 연료의 가열로 부력을 만드는 걸 볼 수 있다.

1존이 비행 역사를 아우르는 도입부라면, 2존은 비행의 원료와 동력이 되는 에너지에 관한 내용이다. 비행과 관련한 과학 원리를 좀 더 세밀하게 체험한다. 특히 '제트팬엔진의 터빈' 체험이 궁금증을 불러일으킨다. 마치 다람쥐가 쳇바퀴를 굴리듯 원통 안에서 달려보는 것으로 항공기의 추진 원리를 체험한다. 원통 안에서 아이들이 빨리 달리면 회전 속도 역시 빨라진다. 자전거 페달을 밟아 전기에너지를 만드는 체험이나, 조이스틱으로 공중에

다이달로스의 날개
다이달로스는 그리스 신화에 나오는 공예의 명인이다. 조카를 죽인 후 크레타 섬으로 도망쳤다. 후에 날개를 만들어 아들 이카로스와 함께 크레타 섬을 탈출했다.

레오나르도 다빈치의 날개
레오나르도 다빈치는 철학자이자 예술가요, 과학자였다. 그는 새의 날개에서 착안해 인공 날개를 스케치했다. 뿐만 아니라 프로펠러의 개념도 고안했다.

서 비행기에 기름을 넣는 놀이식 체험도 아이들이 좋아한다.

 비행도 체험하고, 사진도 찍으며 직접 느끼는 우주 세계

2층은 3존 '항공을 경험하다'에서 출발한다. 아이들의 호응도가 높은 체험 구간으로 실제 비행사가 된 듯한 경험을 할 수 있다. '항공기 비행 체험'에서는 짧은 시간이나마 비행기를 타볼 수 있다. 비행기가 이륙해서 착륙하기까지의 여정을 체험으로 구성했다. 대류권과 성층권에서의 기체 상황을 체험한다. 고도에 따라 좌석이 흔들리기도 한다. '비행 시뮬레이터'에서는 승객이 아니라 조종사에 도전한다. 조종석에 앉아 세계 어디든 떠나볼 수 있다. 같은 조종석이지만 'T-50 고등훈련기 블랙

1. 1존 '생각을 발견하다' 2. 열기구 원리 체험
3. 동물들의 날갯짓 체험 4. 게임으로 배우는 동물들의 날갯짓
5. 제트팬엔진의 터빈 체험
6. 자전거 페달을 밟아 전기에너지를 만드는 체험

> ● **제트팬엔진의 터빈**
>
> 엔진의 흡입구로 들어온 공기는 일정 과정을 거친 후 연료와 섞여 연소 가스로 변하고 에너지를 발생한다. 한마디로 터빈은 물, 가스, 증기 등의 에너지를 기계식 에너지로 바꾸는 역할을 한다. 체험 시설 옆에 설명 문구가 있지만 부모가 이해하기도, 아이에게 이해시키기도 쉽지 않다. 터빈은 비행기 엔진의 에너지를 생산하는 일종의 수차나 물레방아 정도로 설명하면 좋겠다.

터빈

'이글'의 인기는 줄을 서서 기다릴 정도로 남다르다. 아이는 직원의 안내를 들은 후 1인 조종석에 앉아 파일럿으로 변신한다. 체험물은 중간, 좌우 세 개의 화면 모니터 등 실제 T-50과 흡사하게 제작됐다. 체험을 마친 후에는 파일럿, 승무원, 조종사, 정비사 등의 포토존도 색다른 의미로 다가온다.

4존 '우주를 탐험하다'는 나로호 발사 과정 등 우주 탐험에 대해 알아보는 전시 공간이다. 공기 압축 방식으로 우주선을 발사하거나, 달 표면 모형 위에 있는 월면차를 조이스틱으로 움직여보는 체험을 한다. 촬영한 사진을 우주 스크린에 합성하는 체험도 흥미롭다. 우주에 대한 호기심을 키워볼 수 있는 체험이다. 중력과 무중력 상태에서의 사진 촬영도 흥미롭다. 중력과 무중력 상태에서 혈액이 다르게 몰려 얼굴색이 변하는 것을 확인할 수 있다.

동작을 인식하는 화면을 빌려 우주선 안의 생활도 체험할 수 있다. 팔을 움직여 씨앗을 실험 장치에 넣거나, 라면의 물을 붓는 등 우주선 안의 일상은 그 자체로 특별하다. 5존에서는 '허블 망원경으로 본 우주'나 크로마키 체험 '우주로 소풍을 떠나는 세

1. 3존 '항공을 경험하다'
2. T-50 고등훈련기 블랙이글 체험
3. 얼굴로 비교하는 우주 중력
4. 달 표면 모형 위에 있는 월면차를 조이스틱으로 움직여보는 체험

상' 등을 통해 우리 생활과 한층 가까워진 항공 우주 산업을 알아본다. 2층에는 '4D 입체 영상관'도 있다. 3차원 입체 영상에 바람이나 향기, 진동 등의 특수 효과를 더해 흥미진진하다. 1층으로 내려오면 기획전시가 열린다. 기획전시실은 항공우주와 사천 관광 등의 내용을 두루 아우른다.

과학관 주변으로는 옥외 전시도 이어진다. '은하수광장'이나 '별자리정원'에서 계절별 별자리를 알아볼 수 있다. 천체 관련 과학 발명품 모형도 감상한다.

월면차
달 위에서 사용하는 탐사용 자동차다. 암석 표면이나 관측 장치를 옮길 때 사용한다.

 함께 가보면 좋아요

항공우주박물관 & KAI에비에이션센터

사천첨단항공우주과학관의 담장 너머로 커다란 비행기가 보인다. 항공우주박물관의 야외 전시장이다. 항공우주박물관은 사천첨단항공우주과학관과는 별개의 박물관이다. 전시는 실내와 야외로 나뉘는데 야외에는 전투 항공기와 수송기, 전차 등을 전시한다. 특히 국산 항공기 1호 '부활호', 한국전쟁 참전

항공우주박물관

항공기 'B-29' 등 26대에 달하는 실물 항공기가 흥미롭다. 그 가운데 대통령전용기로 쓰인 'C-54E'나 미군수송기 'C-124C' 등은 탑승해서 실내를 들여다볼 수 있다. 실내 전시인 '항공우주관'에는 세계 항공 발달사와 우주 전시물 등을 보여준다. 우주복, 우주 디지털 카메라, 우주비행사 식량 등 전시물도 촘촘히 구성돼 있다. 또 다른 실내 전시 '자유수호관'은 한국전쟁 당시 참전국에 관한 전시물을 선보인다.

박물관 옆에는 KAI에비에이션센터도 있다. 한국항공우주산업KAI에서 운영하는 캠프다. 2층 '체험학습관'은 빼어난 시설을 자랑하나 중학생 이상의 단체 관람객에게만 개방한다. 1층 '항공산업관'은 캠프와 무관하게 상시 개방한다. 항공산업관은 '전술기 탑승 포토존', 'AIR SHOW 영상관'을 중심으로 돌아볼 것을 추천한다.

080 오감으로 체험하는 바닷속 여행
목포어린이바다과학관

주소 전라남도 목포시 삼학로 92번길 98
관람 시간 09:00~18:00
휴관일 매주 월요일, 1월 1일
관람료 성인 3000원, 청소년 2000원, 초등학생 1000원, 유치원생 500원
홈페이지 mmsm.mokpo.go.kr
전화 061-242-6359

2013년 목포 삼학도 근린공원에 문을 연 목포어린이바다과학관은 바다를 테마로 한 과학·문화 공간이다. 이곳은 여느 해양박물관이나 수산과학관처럼 볼거리가 방대하거나 교육 프로그램이 잘 짜여있지는 않다. 그러나 아이들 눈높이에서 마음껏 보고, 듣고, 만지고, 뛰어놀 수 있는 체험형 전시물이 알차다. 목포어린이바다과학관은 바다에 관한한 국내 최초 어린이 전용 과학관이라는 점에서 의미가 크다.

🔬 잠수정을 타고 바다에 풍덩! 상상 그 이상의 바다

목포어린이바다과학관은 전시 내용뿐만 아니라 디자인, 색감, 동선 등 세세한 부분까지 아이들의 호기심을 자극하고 교감할 수 있도록 구성되어 있다. 주요 전시 공간은 '바다상상홀', '깊은바다', '중간바다', '얕은바다'로 총 4곳이다. 가장 깊은 바다부터 수심 200m까지의 중간 바다를 지나 갯벌로 이루어진 얕은 바다까지, 마치 잠수정을 타고 수면 위로 올라가는 것처럼 동선이 짜여있다.

1층 로비는 바닷속 세상을 맛보기로 보여주는 '바다상상홀'이다. 로비에 들어서자마자 천장에 대롱대롱 매달린 듀공 모형과 노란색 잠수정이 눈에 띈다. 잠수정 안으로 들어가면 빛이 점차 옅어지고 심해의 물소리가 들려 바다 깊숙한 곳으로 들어가는 듯한 느낌이 든다. 바다상상홀의 한쪽 벽면에는 디지털 수족관이 설치되어 있어 물고기들이 자유롭게 헤엄치는 모습을 볼 수 있다. 세발낙지, 홍어, 조기, 민어, 먹갈치 등 목포 근처 바다에 살고 있는 생물들의 모습이 대형 스크린에 펼쳐진다.

🔬 바다 밑바닥을 훤히 볼 수 있는 곳

바다상상홀을 지나면 곧바로 '깊은바다 전시관' 입구다. 본격적으로 바닷속 세상을 체험할 수 있는 공간이다. 깊은 바다는 빛이 전혀 들지 않는 수심 1000m 이하의 공간이다. 깊은바다 전시관에서는 해저 지형과 해저 광물, 잠수정 내부 모습, 수압·수심 등에 대해 알아볼 수 있다.

전시관으로 들어서면 형광색 빛을 내뿜는 물고기 모형들이 눈길을 사로잡는다. 모형들 앞에는 해저지형을 가상으로 꾸며놓은 '바닷속 산을 올라요' 코너가 있다. 밧줄을 잡고 올라가면 바다 밑바닥에 움푹 들어간 해구와 해저산을 볼 수 있다. 잠망경으

1. 바다상상홀
2. 잠수정
3. 디지털 수족관
4. 듀공 실제 모습

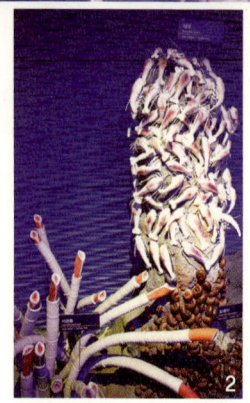

1. 깊은 바다 전시관
2. 열수공 주변 생물

로 심해 생물들을 관찰해보자. 평소에는 볼 수 없는 신기한 바닷속 생물들이 아이의 호기심을 자극한다.

아이들에게는 바닷속 지형을 산과 비교해 설명해주자. 깊은 바닷속에는 땅 위처럼 산도 있고 계곡처럼 생긴 곳도 있다. 대륙붕은 바닷가에서부터 시작되는 경사가 완만하고 평탄한 바닷속 땅이다. 광물자원과 우리가 먹는 수산자원은 대부분 이곳에서 나온다. 해구는 깊은 바다 밑바닥에 움푹 들어간 좁고 긴 지형을 말한다. 해저산은 깊은 바다 밑에 울퉁불퉁 솟아 있는 '바닷속 산'이라 생각하면 쉽게 이해할 수 있다.

해저산을 지나면 수증기가 뿜어져 나오는 '열수공'을 만날 수 있다. 열수공은 해저에서 뜨거운 물이 솟아나오는 구멍으로, 쉽게 말해 '바닷속 화산'이다. 열수공은 20세기 해양학의 위대한 발견으로 꼽히는데, 1977년 잠수정 앨빈호를 탄 과학자 세 명이 동태평양 갈라파고스제도 주변의 심해에서 처음 발견했다. 관벌레, 게, 폼페이벌레 등 열수공 주변에서 발견한 새로운 생물종들의 모형도 흥미롭다. 해양 생물에 대해 이야기를 나누며 바닷속 생물에 대한 무한한 상상력을 펼쳐보자.

그밖에도 우리나라가 미국, 일본, 프랑스에 이어 세계에서 4번째로 개발한 무인 잠수정 '해미래'를 볼 수 있다. 또한 손으로 질감을 만져볼 수 있는 해저광물과 센서 작동으로 로봇 팔을 움직여서 해저 자원을 채취하는 탐사로봇 등 신기한 체험거리가 다양하다.

 쉿! 잠수정이 밝히는 바다의 속사정

깊은바다 전시관에서 아이들이 가장 오래 머무르는 곳은 잠수정 내부다. 잠수정 내부는 무전기, 모르스 통신 등 다양한 기계들을 작동시켜 잠수정의 원리를 알아보고, 게임을 즐기면서 바닷속 생태를 접해볼 수 있는 코너다. '얼마나 깊이 잠수할 수 있을까?', '수심에 따른 수온 변화', '어두운 바닷속에서는 어떻게 볼까?' 등 과학 원리를 기초로 한 이야깃거리들이 가득하다. 잠수정 내부는 직관적인 체험을 통해 기본 원리를 터득할 수 있게 구성되어 있다. 여기에 아이들의 즐거움도 더해지니 유익한 시간을 보낼 수 있다.

'잠수정 조종사 게임'은 아이들이 특히 좋아한다. 게임기로 물고기를 잡으면 해당 물고기에 대한 정보가 뜬다. 물고기에 대한 정보도 습득하고, 우리나라 해저지형과 생태에 대해서도 어렵지 않게 배울 수 있다. 아이들이 물고기를 잡는 데만 집중하지 않게 물고기의 생김새와 이름을 같이 이야기하며 관심을 유도해보자.

 오감충족! '중간바다 전시관'

깊은바다 전시관을 빠져나오면 복도 벽면에 디지털 수족관이 길게 이어진다. 산호와 해초, 갖가지 물고기 떼가 스크린 속을 실감나게 떠다닌다. 스크린 앞에 의자가 놓여있으니 잠시 앉아서 감상을 해보는 것도 좋겠다.

디지털 수족관을 따라 나가면 2층 '중간바다 전시관'이다. 중간바다는 수심 200~1000m 사이에 빛이 희미하게 있는 바다다. '대구, 먹장어, 도루묵' 등의 심해어와 '김, 청각, 매생이' 등의 해조류가 서식한다. 깊은바다 전시관이 해양 원리를 체득하는 곳이라면 중간바다 전시관은 귀로 듣고 눈으로 자세히 들여다보며 오감을 활짝 열 수 있는 공간이다.

1~2. 잠수정 내부
3. 중간바다 전시관 내부
4. 디지털 수족관

'바다교향곡' 코너에서는 해양 생물들이 물속에서 내는 소리를 들어볼 수 있다. 아이와 함께 펭귄, 귀신고래 등이 적혀있는 바다 판넬에 올라서보자. 발이 닿을 때마다 다양한 생물의 소리가 합주처럼 들리는 재미난 체험을 할 수 있다.

이밖에도 물고기의 머리, 몸통, 꼬리 부분을 회전형 패널로 맞춰보는 '물고기퍼즐', 어두운 바닷속에서 스스로 빛을 내며 살아가는 생물들을 조명과 영상으로 표현한 '중간바다 불꽃놀이', 버튼을 누르면 오징어가 로켓을 쏘듯 튕겨 올라가는 '발사! 오징어 물로켓' 등 아이들 눈높이에 맞춘 체험물이 가득하다.

1. 얕은바다 전시관 내부
2. 바다를 나는 위그선

 더 재미있는 체험거리가 필요하다면
'얕은바다 전시관'으로 GO GO!

'얕은바다 전시관'은 바다 표면부터 수심 200m 사이의 바다 환경을 알아보는 체험 전시관이다. '노 젓기', '돛 올리기', '파도와 조류가 만들어지는 원리 체험하기' 등 해양 에너지와 관련된 전시물이 주를 이룬다.

아이들의 관심을 끄는 코너는 '바다를 나는 위그선'이다. 위그선은 미래의 수상 교통수단이다. 위그선 모형에 앉아서 시뮬레이션 화면을 통해 가상의 다도해를 항해하는 게임을 할 수 있다. 위그선은 오전 10시부터 11시 30분까지 15분 단위로 운영하며 만 7세 이상만 탑승 가능하다. 맞은편 '바다 스튜디오'에서는 아이들이 아나운서가 되어 방송 체험을 해볼 수 있다. 뉴스 화면에 아이가 뜨면 기념 촬영을 해두자.

관람이 끝나면 '4D 입체 영상관'에도 들러보자. 애니메이션을 보는 동안 아이들의 흥을 돋우는 4D 특수 효과를 체험할 수 있다. 오전 10~11시, 오후 1~5시까지 매시간 정각에 시작한다. 1인

2000원이며 단체 관람 시 미리 얘기하면 시간 조정이 가능하다.

다시 1층으로 내려오면 커다란 수조에 담긴 갯벌이 나온다. 짱뚱어와 게, 갯지렁이 등을 가까이에서 관찰할 수 있다. 살아있는 바다 생물과 상상력을 자극하는 바닷속 체험이 아이들에게 신선한 하루를 선물할 것이다.

 생각 발산하기

생물들은 빛이 부족한 바닷속에서 어떻게 살아가나요?

암흑천지의 깊은 바다(무광층)는 얕은 바다보다 수압이 100배 이상 세고, 수온은 1~2°C로 엄청 차가워. 열악한 환경이다 보니 당연히 먹이도 부족하지. 그래서 깊은 바닷속 생물은 뛰어난 사냥꾼이 되어야만 해. 깊은 바다는 깜깜해서 아무것도 안 보이니 이곳에 사는 생물들은 눈이 작거나 없는 대신, 미세한 움직임을 느낄 수 있도록 몸 구조가 발달했어.

빛이 약한 중간바다(박광층)에 사는 물고기들 또한 먹이 부족에 시달린단다. 사냥 능력뿐만 아니라 자신을 잡아먹으려는 포식자의 눈도 잘 피해야 해. 그래서 먹이를 유인하는 능력이나 위장술이 뛰어나지. 중간바다에 사는 오징어나 문어는 몸이 투명해서 어둠 속에서 눈에 잘 띄지 않아. 심해아귀는 이마에 솟아있는 낚싯대 모양의 돌기에서 빛을 뿜어낼 수 있는데, 물고기들이 이 빛을 보고 호기심에 가득 차 다가온단다. 이때 심해아귀는 큰 입을 벌려 물고기를 잡아먹어 버리지. 풍선장어, 도끼고기처럼 심해에 사는 물고기들은 입이 크고 이빨도 날카로운 특성이 있어. 먹잇감을 구하기 힘들다 보니 한 번 잡은 먹이를 절대 놓치지 않기 위해서야.

심해아귀

복어가 노래를 부른다고요?

복어는 번식기가 다가오면 물속에서 소리를 낸단다. 부레 위에 있는 근육을 수축시켜 진동으로 소리를 내는데, 한 마리가 노래를 부르면 다른 복어들도 다가와서 더 크게 노래를 부르지. 우리 귀에는 마치 귀신 소리처럼 들리지만, 복어에게는 감미로운 '러브송'이란다.

복어

081 화가 이중섭의 예술혼이 살아 숨 쉬는
이중섭미술관

주소 제주도 서귀포시 이중섭로 27-3
관람 시간 09:00~18:00, 7~9월 09:00~20:00(관람 종료 30분 전까지 입장 가능)
휴관일 매주 월요일, 1월 1일, 설날·추석 당일
관람료 성인 1000원, 청소년(13~24세) 500원, 어린이 300원
홈페이지 jslee.seogwipo.go.kr
전화 064-733-3555

천재 화가로 불리는 이중섭은 우리나라 대표 화가 중 한 명이다. 그가 그린 〈흰 소〉와 〈황소〉는 교과서에도 실려 모르는 이가 없다. 이중섭이 가족과 함께 가장 행복한 시절을 보낸 곳이 바로 서귀포다. 그는 서귀포에 머물며 〈서귀포의 환상〉, 〈섶섬이 보이는 풍경〉, 〈바닷가와 아이들〉 등을 그렸다. 이중섭미술관은 그의 작품뿐만 아니라 손 편지와 만화 등 그의 일상까지 엿볼 수 있는 전시물이 많다. 미술관 주위로는 이중섭의 생가와 공원도 있어 아이와 손잡고 거닐기 좋다.

아버지 이중섭의 모습을 떠올리게 하는 미술관

제주도는 크게 제주시와 서귀포시로 나뉘는데 남쪽 서귀포는 변시지, 이왈종 등 많은 예술인들의 터전이다. 그 가운데 이중섭을 빼놓을 수 없다.

이중섭은 한국전쟁 당시 원산에서 남쪽으로 내려와 1951년 서귀포로 피난을 왔다. 그는 서귀포에서 다시 부산으로 돌아갈 때까지 약 1년 동안 가족과 함께 제주 살이를 했다.

서귀포 생활은 이중섭의 일생에 있어 그리 긴 시간은 아니었다. 그럼에도 이중섭의 일생에 있어 가장 행복한 시절이었을 것이라고, 그의 작품을 통해 유추할 수 있다. 이중섭은 〈흰 소〉나 〈황소〉 같은 소 그림으로 잘 알려져 있다. 그러나 그는 자연과 아이, 가족도 그림 소재로 자주 다뤘다. 소 그림이 통영 시절의 작품이라면 자연과 아이, 가족에 관한 그림은 서귀포 시절에 즐겨 그린 작품이다. 한 가족의 행복한 한 철이 그림 속에 녹아있다. 아빠이자 남편인 이중섭의 면면을 떠올릴 수 있다. 특별한 체험 프로그램이 없어도 가족과 함께 가볼 만한 미술관으로 추천하는 건 그런 까닭이다. 그의 작품 속 서귀포와 지금의 서귀포 모습을 비교하는 재미도 쏠쏠하다.

1. 이중섭 〈황소〉
2. 이중섭

- **변시지** 제주 태생의 화가이며 '제주화'로 유명하다. 태양, 바다, 말, 초가집 등 제주의 자연을 노란 황금빛의 농담으로 그려냈다. 그의 그림을 통해 새로운 제주의 심상을 발견할 수 있다.
- **이왈종** 동양화가다. 1990년부터 제주에 살며 제주의 자연과 생활을 담은 〈제주 생활의 중도〉를 그리고 있다. 동양적이고 색감이 화사한 그의 작품은 아이들에게도 친근하게 다가선다.

변시지

이왈종

길을 따라 걸으며 만나는 이중섭

이중섭미술관은 '이중섭거주지'와 '이중섭공원'이 맞닿아 있다. 진입로는 태평로와 이중섭거리 두 곳이다. 태평로에서 들어오면 올레길이 정감 있게 펼쳐진다. 길과 나란한 돌담 곁에는 고목의 팽나무 두 그루가 방문객을 반긴다. 이중섭의 그림 〈섶섬이 보이는 풍경〉*에 그려 넣은 나무가 아니었을까 짐작해본다. 200년 된 수령이나 나무의 위치로 봤을 때 어렵잖게 가늠해볼 수 있다.

봄날에는 돌담 길을 따라 유채꽃이 노랗게 피어난다. 돌담의 좌우는 이중섭 거주지와 이중섭공원으로 길이 이어진다. 이중섭공원에는 계절마다 벚꽃과 유채, 매화 등이 곱게 수를 놓는다. 미술관 관람 전후로 느릿하게 가족 산책을 즐기기에 안성맞춤인 곳이니 여유롭게 들를 것을 추천한다.

돌담 왼쪽의 이중섭거주지는 이중섭거리와 이어진다. 마당이 딸린 조촐한 초가집이 바로 이중섭거주지다. 이중섭의 네 식구는 초가집의 오른쪽 구석 쪽방에서 살았다. 문턱을 넘어서면 솥을 얹을 수 있는 자그마한 아궁이가 있고 안쪽으로 1.5평 남짓한 방이 있다. 방 안에는 전구 하나와 이중섭의 사진이 걸려있다. 작은 방에서 가족끼리 발을 맞대며 오순도순 지낸 게 행복했다는 이중섭의 편지 구절이 떠오른다.

그는 서귀포에 머물며 〈서귀포의 환상〉, 〈섶섬이 보이는 풍경〉, 〈바닷가와 아이들〉 등을 그렸다. 제주의 바다와 게, 아이들이 주

> **〈섶섬이 보이는 풍경〉**
> 이중섭 거주지에서 본 서귀포 바다와 섶섬을 그린 유화다. 팽나무 두 그루와 돌담, 초가집, 등이 등장한다. 현재 서귀포 풍경과는 차이가 있어 세월의 변화가 느껴진다.

1. 이중섭 공원
2. 이중섭 거주지
3. 이중섭이 살던 방

| 이중섭 갤러리 |

1. 〈서귀포의 환상〉
2. 〈황소〉
3. 〈파란 게와 어린이〉
4. '은지화'
5. 〈섶섬이 보이는 풍경〉
6. 〈꽃과 아이들〉
7. 〈물고기와 게와 아이들〉

인공인 그림은 당시 그의 삶을 반영한다. 가족을 향한 이중섭의 애틋한 마음을 느낄 수 있다.

이중섭의 실험 정신이 돋보이는 은지화

이중섭거주지에서 조금 더 올라오면 이중섭미술관이 나타난다. 미술관의 형태가 독특하다. 가만 보니 게 모양이다. 아이와 같이 상상력을 동원해 살펴봐도 재밌겠다. 게는 이중섭의 서귀포 그림에 자주 나오는 소재다. 가난했던 그는 아이들과 바다에 나가 게와 조개를 잡아서 끼니를 때웠다. 그리고는 게들에게 미안해 넋을 달래듯 그림 속에 그려 넣었다. 이중섭 그림에서 나오는 동화적 상상력과 역동적인 에너지는 바로 이런 순수한 마음에서 나온 게 아니었을까.

게를 닮은 미술관은 1층 전시실과 2층 전시실 그리고 옥상 전망대로 이루어져 있다. 1층 왼쪽에는 '상설전시실'이, 오른쪽에는 '기념품 판매점'이 있다. 상설전시실에서는 이중섭의 작품과 편지, 그에 관한 신문 기사 등을 전시한다. 시선을 끄는 건 단연 그의 작품들이다.

이중섭미술관은 〈선착장을 내려다본 풍경〉, 〈꽃과 아이들〉, 〈파란 게와 어린이〉, 〈섶섬이 있는 풍경〉 등을 소장하고 있다. 눈여겨볼 작품은 '은지화'다. 은지화는 담뱃갑 은박지에 송곳으로 그린 그림이다. 물감이나 붓을 살 돈이 없었던 이중섭이 자주 사용했던 기법이다. 〈게와 가족〉, 〈아이들〉, 〈물고기와 게와 아이들〉 같은 작품이 은지화다.

그는 1년 만에 서귀포를 떠나 부산으로 갔다. 경제 상황이 어려워지자 부인과 아이들을 일본으로 떠나보내고, 계속해서 은지화를 그렸다. 은지화는 그림에 대한 이중섭의 열정과 실험 정신을 엿볼 수 있는 작품이다.

1. 익살스런 그림이 그려져 있는 편지
2. 이중섭이 쓰던 팔레트

미술관에는 그의 은지화 여섯 점이 나란히 걸려있다. 자그마한 은박지에 세밀하게 그린 그림은 아이들의 탄성을 자아낸다. 미술 재료에 대한 고정관념을 깨는 은지화는 그 자체로 교육이다. 이어지는 벽에는 아내 남덕과 주고받은 편지가 걸려있다. 가족에 대한 그리움을 느낄 수 있다. 전시실 중앙에는 그가 생전에 쓰던 팔레트도 놓여있다.

 이중섭의 손 편지와 익살스런 그림을 볼 수 있는 전시

가족에 대한 이중섭의 사랑은 2층에서도 계속 느낄 수 있다. 2층은 '기획전시실'로 다양한 화가들의 작품을 만나볼 수 있다. 기획전시실에는 이중섭의 또 다른 편지도 걸려있다. 편지에는 글만 있는 것이 아니라 아이들을 위한 익살스런 그림도 그려져 있다. 특히 네 사람이 한데 어울려 얼싸안고 있는 모습은 잔잔한 감동을 불러일으킨다. 일본어로 쓰인 편지라 내용을 짐작하기는 어렵지만, 그림만으로도 편지가 품고 있는 마음을 가늠해볼 수 있다.

1, 2층 전시관을 돌아보고 옥상으로 올라가면 제주도 일대의 전경을 한눈에 내려다볼 수 있다. 미술관 앞쪽으로 이중섭공원과 이중섭거주지, 이중섭거리 등이 보이고 바다 쪽으로는 섶섬*과 문섬* 그리고 서귀포항과 새섬* 등이 보인다. 이중섭의 〈섶섬이 있는 풍경〉을 자세히 봤다면 섶섬을 찾기 어렵지 않다. 이중섭의 그림처럼 세모 모양이다. 풍경과 그림을 비교해보는 재미가 있다.

섶섬, 문섬, 새섬
서귀포 남쪽 바다에 떠있는 세 개의 섬이다. 동쪽에서 서쪽으로 섶섬, 문섬, 새섬 순이다. 문섬과 새섬은 거리가 가깝다. 새섬은 육지와 이어져 있다.

1. 이중섭거리에 있는 보도블럭
2. 이중섭거리

나오는 길에 있는 1층 기념품 판매점에서는 이중섭미술관이 소장하고 있지 않은 작품들을 기념품을 통해 간접 관람할 수 있다. 특히 〈서귀포의 환상〉, 〈그리운 제주 풍경〉 같은 작품은 서귀포 시절 이중섭의 소박한 행복을 느껴보기에 부족함이 없다. 〈서귀포의 환상〉은 노란색과 파란색으로 이뤄진 그림이다. 바닷가에서 아이들이 과일을 나르는 모습을 담았다. 유토피아나 무릉도원으로써의 제주를 연상케 한다. 〈그리운 제주도 풍경〉은 이중섭이 제주도를 떠나 제주 시절을 그리워하며 그렸다. 모래사장에서 게를 잡는 아이들을 흐뭇하게 바라보는 이중섭과 아내 남덕의 모습을 담았다.

아쉬움이 남는다면 이중섭공원이나 이중섭거주지에 앉아, 이중섭처럼 사랑하는 가족의 얼굴을 서로 그려봐도 좋겠다. 작가의 그림처럼 서로의 행복한 모습을 담는것보다 훌륭한 작품과 체험은 없다.

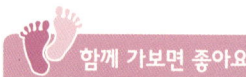

작가의 산책길

이중섭미술관 주변에는 예술가들의 혼이 깃든 공간이 많다. 그중 '작가의 산책길'은 꼭 추천하는 코스다. 이중섭공원과 이중섭미술관을 출발해 '동아리창작공간', '기당미술관', '자구리해안', '소정방', '소암기념관'을 잇는 4.9km의 코스다. 도는 데 약

작가의 산책길

4시간이 걸린다. 가다가 만나는 기당미술관은 꼭 들어가서 작품 감상을 해보자. 제주를 사랑한 화가 변시지의 작품을 볼 수 있다.

해설사와 함께 작가의 산책길을 돌아보는 방법도 있다. 매주 토요일 오후 1시에 10명 이상의 참여자가 모일 경우 이중섭공원에서 작가의 산책길 탐방이 시작된다.

이중섭거주지와 접한 이중섭거리에서는 아트마켓도 열린다. 매 주말 오전 10시부터 오후 6시까지 다양한 예술 소품과 체험, 공연 등이 어우러진다. 은지화 그리기 체험도 가능하다.

082 해안가를 따라 밟는 공룡 발자국
고성공룡엑스포 & 고성공룡박물관

| 고성공룡박물관
주소 경상남도 고성군 하이면 자란만로 618
관람 시간 3~10월 09:00~18:00,
　　　　　11~2월 09:00~17:00
　　　　　(관람 종료 1시간 전까지 입장 가능)
휴관일 매주 월요일
　　　　(월요일이 공휴일인 경우 그 다음 날),
　　　　1월 1일
관람료 성인 3000원, 청소년 2000원,
　　　　어린이(만 3세 이상) 1500원
홈페이지 museum.goseong.go.kr
전화 055-670-4451

| 당항포관광지
주소 경상남도 고성군 회화면 당항만로 1116
관람 시간 3~10월 09:00~18:00,
　　　　　11~2월 09:00~17:00
　　　　　(관람 종료 1시간 전까지 입장 가능)
휴관일 매주 월요일(월요일이 공휴일인 경우 그 다음 날),
　　　　설날 당일 오전
관람료 성인 7000원, 청소년 5000원,
　　　　어린이(만 3세 이상) 4000원
　　　　고성군민 1000원
홈페이지 dhp.goseong.go.kr(당항포관광지),
　　　　　dino-expo.com(경남고성공룡세계엑스포)
전화 055-670-4501

아이들은 "와 공룡이다!"라고 말하지 않는다. "티라노사우루스", "이구아노돈"이라고 정확한 명칭을 이야기한다. 발음하기도, 기억하기도 어려운 단어임에도 그렇다. 아이들에게 공룡은 그만큼 흥미롭고 신기한 존재다. 살아있는 백악기 공룡 공원으로 떠나는 타임머신이 고성에 있다. 고성은 우리나라 최초로 공룡 발자국 화석이 발견된 고장이다. 실제 공룡 발자국 화석지는 물론 '공룡박물관', '공룡엑스포 전시장' 등 공룡에 관한 볼거리가 다양하다.

2억 4천만 년 전의 공룡 발자국을 찾아서

'티라노사우르스', '타르보사우르스', '니게르사우르스', '이구아노돈', '트리케라톱스' 등 어른이 읽기에도 쉽지 않은 공룡의 이름을 아이들은 줄줄 왼다. 각 공룡의 특징 또한 정확하게 알고 있다. 아이들은 그만큼 공룡을 좋아한다. 지금은 존재하지 않지만, 지구 역사상 가장 큰 생명체에 대한 경외는 어찌 보면 당연하다. 상상의 나래를 펼치기에 그보다 나은 대상이 또 어디 있을까.

공룡은 중생대 트라이아스기에 출연해 중생대 마지막인 백악기에 그 수가 최대에 달했다. 우리나라 남쪽의 경남 고성, 전남 해남, 화순, 여수 등지는 백악기 공룡 화석지로 유명하다. 특히 경남 고성은 군 전역에 걸쳐 약 5100여 개의 공룡 발자국 화석이 나왔다. 공룡은 발자국 모양에 따라 세 분류로 나뉘는데, 고성에서 발견된 공룡 발자국은 조각류가 60%, 용각류가 35%, 수각류가 5%다. 미국 콜라라도, 아르헨티나 서부 해안과 더불어 세계 3대 공룡 화석지로 불리는 규모다. 또한 죽은 공룡의 골격 화석이 아닌, 살아있을 때 공룡이 걸어 다녔던 발자국이다. 영상이나 그림만으로 공룡을 보던 아이들에게는 이보다 더 생생한 자료는 없다.

제1전시실에 있는 공룡 골격 모형

고성은 공룡 발자국이 군 전역에서 나왔듯 견학지도 여럿이다. '하이면 상족암군립공원', '개천면 옥천사', '회화면 당항포관광지', '어신

- **공룡의 분류**

공룡은 골반 모양에 따라 파충류와 비슷한 구조의 용반류, 새와 비슷한 골반을 가진 조반류로 나뉜다. 또 발자국에 따라 뭉툭한 삼지창 모양의 조각류, 삼지창 모양에 날카로운 발톱을 가진 수각류, 뭉툭한 발가락에 타원형의 발자국을 가진 용각류로 분류한다.

리 발자국 화석지', '동해면 구학포 발자국 화석지' 등이다. 그 가운데 상족암군립공원과 당항포관광지가 대표적이다.

🔬 브라키오사우루스 조형물에서 오비랍토르 화석까지

1982년 상족암군립공원에서 우리나라 최초의 공룡 발자국이 무더기로 발견됐다. 하이면 덕명리에서 월흥리에 이르는 해안 6km에 퍼져있는 발자국으로 세계적인 화제를 모았다. 현재는 '공룡박물관'과 '공룡공원', '상족암'과 '공룡데크길' 구간으로 방문객을 맞이한다.

그 가운데 공룡박물관은 2004년에 개관했다. 공룡박물관 광장에는 높이 24m, 길이 34m, 너비 8.7m에 달하는 세계 최대 규모의 '공룡탑'이 눈길을 끈다. 어른은 몰라도 아이들은 금세 "브라키오사우루스"를 외친다. 쥐라기공룡 브라키오사우루스는 지금까지 알려진 가장 크고 긴 공룡이다. 공룡탑을 지나면 곧 공룡박물관이다. 외관은 고성 공룡 발자국의 대표 격인 백악기 공룡 이구아노돈의 몸체에서 본땄다.

전시실은 실내 2층 로비에서 출발한다. 2층에는 공룡 골격을 전시한 '제1전시실', 고성의 공룡 발자국 화석을 전시한 '제2전시실'과 3D 입체 영상 디노 어드벤처를 관람할 수 있는 '영상관'이 있다. 공룡 골격 전시는 모형이 많은데 1전시실의 '오비랍토르류'와 1층 중앙홀

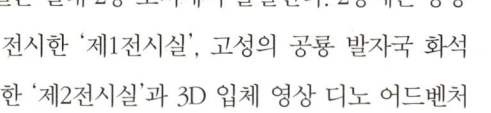

1. 백악기 공룡 전시물
2. 클라멜리사우루스
3. 공룡탑

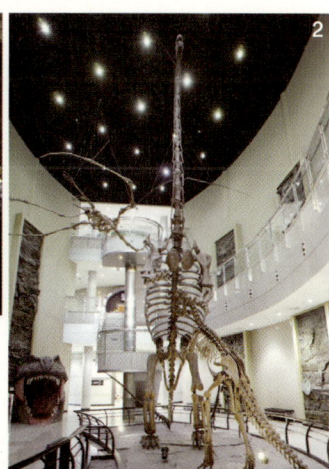

옆에 '프로토케라톱스'는 진품 화석이다. 제2전시실은 상족암 군립공원 일대의 공룡 발자국 화석과 연계할 수 있다. 고성 공룡 발자국 복제품을 미리 보고 공룡 발자국은 어떻게 재는지, 조각류와 수각류, 용각류는 발자국이 어떻게 다른지 알아두면 유익하다.

전시실을 이동할 때마다 중앙홀을 차지하는 공룡의 전신 골격을 볼 수 있다. 가장 큰 골격은 길이 17m의 '클라멜리사우루스'다. 그 앞쪽에는 길이 5m의 모놀로포사우루스가 있다. 클라멜리사우루스는 초식 공룡이고 모놀로포사우루스는 육식 공룡이다. 얼핏 보면 앞발을 들고 서있는 클라멜리사우루스가 모놀로포사우루스를 공격하는 것 같지만 실은 반대다. 공중에는 하늘을 나는 가장 큰 익룡 '케찰코아틀루스'를 비롯한 세 마리의 익룡이 있다.

1층 제3전시실은 백악기 공룡의 모습을 생생하게 재현했다. 입구는 공룡이 입을 벌린 모양이다. 내부에는 '파키케팔로사우루스'의 박치기 대결이 볼거리다. 제4전시실은 체험을 통해 공

 생각 발산하기

공룡 발자국 화석은 어떻게 만들어졌을까요?

공룡은 몸집이 크기 때문에 어디를 걸어 다니든 발자국이 남아있을 거라고 생각하기 쉬워. 실제로 그랬을 거야. 하지만 공룡 발자국 화석은 흔치 않아. 주로 공룡이 진흙을 밟았을 때만 남는 흔적이기 때문이지.

고성을 예로 들면 과거에는 그 주변이 거대한 호수였

고성 공룡 발자국

대. 호수나 늪지대의 진흙 위를 공룡이 걸어 다녀 발자국이 남았던 거지. 진흙에 남겨진 발자국 위에 흙이 쌓이며 돌로 굳었을 거야. 세월이 지나 지각 변동이 일어나고 땅속에 있던 돌이 지상으로 올라왔을 거야. 고성의 바닷물이 그 돌 위를 들어오고 나가며 흙을 씻어내자 마침내 공룡 발자국이 모습을 드러낸 거란다.

룡을 알아간다. 공룡 퍼즐을 맞추거나 공룡과 함께 달리기 시합을 해볼 수 있다. 제5전시실은 선캄브리아대에서 신생대에 이르는 대표 화석을 전시한다. 3층에는 기획전시실과 전망대 등이 있다. 트릭아트도 있는데 다채로운 공룡 그림과 더불어 입체 체험 사진을 촬영할 수 있다. 박물관 홈페이지에서 체험학습지를 다운받아 가면 더욱 알찬 관람을 할 수 있다.

한걸음 한걸음, 공룡 발자국 따라 걷기

박물관을 나와 상족암으로 향하는 야외에는 제일 먼저 '공룡공원'이 사람들을 맞이한다. 공룡공원은 '토피어리 동산'과 '편백숲 산책로', '미로공원', '전망대' 등으로 이뤄진다. 틈새마다 20여 점의 공룡 조형물이 아이들을 기다린다. 공룡공원은 박물관 못지않게 아이들의 반응이 좋은 곳이다.

상족암군립공원을 찾는 이유는 공룡박물관과 더불어 해안에 있는 공룡 발자국 화석지를 보기 위해서다. 공룡공원을 지나서는 천연기념물 제411호 '고성 덕명리 공룡'과 '새발자국 화석산지'로 발걸음을 옮긴다. 첫 번째 공룡 발자국은 해안으로 내려서면 바로 만날 수 있다. 밥상 다리를 닮은 상족암에서 공룡 발자국을 볼 수 있다. 주변으로는 시루떡처럼 켜켜이 쌓인 판상절리가 화석이 만들어질 수 있었던 환경임을 보여준다. 그중 바닥에 해당하는 너른 암반 위에는 움푹한 자국이 남았다. 직경 35cm, 깊이 20cm의 공룡 발자국들이다. 발자국이 일정한 간격을 유지하는 것으로 보아 공룡이 줄지어 걸어 다녔던 흔적임을 알 수 있다. 좀 더 다양한 발자국을 보고 싶다면 청소년수련원 방면으로 난 '공룡데크길'을 걸어보자. 일대에는 공룡 한 마리가 세 발자국 이상 걸은 보행렬이 250개 이상 있다. 무리 지어 있는 발자국은 초식 공룡이고, 홀로 찍혀있는 삼지창 모양의 발자국은 육식 공룡의 것일 확률이 높다.

판상절리
용암이 굳은 후 풍화가 시작되면 암석에 틈이 생긴다. 그 모양이 판대기 같은 것을 판상절리라고 부른다. 반대로 주상절리는 오각형 또는 다각형의 기둥 모양이다.

1. 공룡공원
2. 상족암군립공원
3. 공룡테크길의 공룡발자국

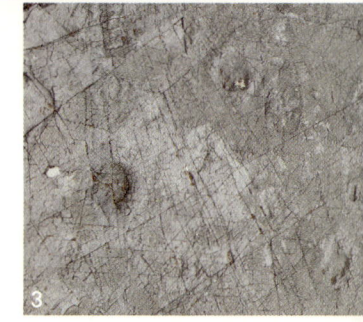

부안의 적벽강 못지않은 절벽의 경관과 멀리 보이는 바다를 감상하며, 발아래 공룡 발자국을 찾는다. 1억 2000만 년 전 상족암 일대는 호수 가장자리에 해당했다. 경상남북도를 포함할 정도의 큰 호수였다. 그 주변으로 공룡들이 살았고 그들의 발자국이 퇴적과 침식을 거치며 화석을 이뤘다. 백악기 공룡들이었지만 머릿속으로 영화《쥬라기공원》을 그려봄직하다. 물때에 따라 화석지가 잠기기도 하니 박물관에 문의해 시간을 맞춰 찾아가길 권한다.

당항포에서는 공룡도 이순신 장군과 어깨를 나란히

고성 공룡 여행은 거리가 떨어져 있음에도 불구하고 상족암군립공원(공룡박물관)과 당항포관광지(공룡엑스포 전시장) 중 어느 하나만 선택하기 쉽지 않다. 당항포는 공룡엑스포 이전부터 이순신 장군의 임진왜란 승전지로 잘 알려져 있다. '충무공전승기념탑', '충무공디오라마관', '당항포해전관' 등은 우리 민족의 역사가 고스란히 어려있다. 2006년 '경남고성공룡세계엑스포'가 열린 뒤로는 공룡도 당항포의 주인공으로 자리를 잡았다.

당항포관광지는 생각보다 면적이 크다. 이순신 장군 유적은 서쪽 '바다의 문'으로, 공룡·자연사 체험은 캠핑장이 있는 북동쪽 '공룡의 문'으로 진입하는 게 가깝다. 공룡·자연사 체험은 공룡 관련 주요 전시관과 빗물·환경체험 관련 시설로 나뉜다. 모두 돌아보고 나서는 '공룡발자국탐방로'와 '공룡발자국보호각' 쪽을 산책한다. 공룡발자국탐방로에서 바다의 문 방면으로는 해상레포츠 체험과 자연사박물관, 이순신 장군 유적이 이어진다. 걸어 다니기에는 거리가 만만치 않은데, 공룡열차와 거북선열차가 주요 구간을 오가니 이용해보자. 편도보다 자유이용을 택하면 횟수에 상관없이 자유롭게 이용할 수 있다. 주말과 공휴일에는 30분 간격으로 운행한다.

공룡발자국탐방로 입구

아이들의 창의력과 상상력을 키워주는 공룡 체험 속으로!

공룡엑스포 관련 전시는 언덕 위의 주제관 외에 '공룡콘텐츠산업관', '공룡동산', '공룡캐릭터관', '한반도공룡발자국화석관' 등에서도 이루어진다. 전시관은 건물 자체가 공룡 모양인 경우가 많다. 또 전시관 사이의 길목, 정원이나 분수 등에서도 공룡 조형물이 수시로 나타난다. 아이들은 자연스레 공룡의 나라를 실감한다. 물론 전시실 내부는 말할 것도 없다.

여러 전시관이 있지만 우선 한반도공룡발자국화석관을 향한다. '5D 원형 입체 상영관'을 중심으로 한 전시관이다. 공간 전체를 활용한 360도 입체 영상과 촉각으로 느낄 수 있는 4D 체험이

1. 한반도공룡발자국화석관
2. 공룡캐릭터관
3. 공룡동산의 쥐라기공원

더해져 한층 생생하게 체험을 할 수 있다. 상영관으로 들어가는 유리 통로도 아이들에게는 재미난 놀이터다. 초등학교 저학년이나 취학 전 아이들은 공룡캐릭터관을 추천한다. 공룡엑스포 캐릭터와 미니어처가 8가지 이야기로 이루어져 있다. 아이들이 좋아하는 공룡캐릭터로 상황극의 단면을 연출한다. 작은 몸짓과 조명 등으로 시선을 끈다. 캐릭터 자체의 매력이나 장면 구성만으로도 흡인력이 높다. 공룡동산은 야외에 만들어놓은 쥐라기공원이다. 차 위에 올라타 있는 공룡, 포효하는 공룡, 다투거나 쫓고 쫓기는 공룡 등의 공룡 조형물이 가득하다. 눈빛이나 이빨 하나까지 정교하게 만들어져 특별한 놀이시설이 아니어도 아이들이 좋아한다. 자연스레 포토존 역할도 담당한다. 공룡콘텐츠산업관은 고학년 아이들에게 알맞다. 공룡을 소재로 한 예술작품과 디자인 상품 등을 전시해 창의성과 꿈을 키워준다.

함께 가보면 좋아요

당항포관광지 빗물체험관

경남고성공룡세계엑스포가 열리는 당항포관광지에는 빗물체험관이 있다. 당항포관광지에는 빗물저장탱크가 있어 비를 저장했다가 행사장 내에 빗물벽천, 공룡조형분수, 빗물커튼, 빗물화장실 등에 사용한다. 경남고성공룡세계엑스포가 열릴 때

당항포관광지 빗물체험관

사용하는 물의 3분의 1이 빗물일 정도로, 당항포관광지는 빗물을 적극적으로 사용하고 있다. 공룡을 만나러 다닐 때 보는 분수, 벽천, 화장실의 물 등은 빗물일 확률이 높다. 빗물체험관에서는 애니메이션으로 빗물에 대해 배우고, 당항포관광지 내에 빗물을 사용하는 시설이 어디인지를 볼 수 있다.

083 유리섬미술관
유리로 빚은 섬 속의 동화 세상

주소 경기도 안산시 단원구 부흥로 254
관람 시간 4~10월 9:30~19:00, 11~3월 09:30~18:30,
토요일 야간 개장 7~8월 21:00까지, 9~6월 20:00까지
휴관일 매주 월요일(월요일이 공휴일인 경우 정상 개관), 1월 1일
관람료 성인 1만원, 청소년 9000원, 어린이 8000원, 만 3세 미만 무료
홈페이지 www.glassisland.co.kr
전화 032-885-6262

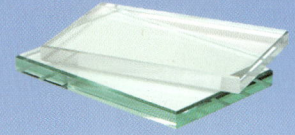

아이들은 늘 동화 속 세상을 꿈꾼다. 안산 대부도 끝자락에 있는 유리섬미술관은 아이들의 꿈을 채워주는 곳이다. 색색깔의 유리 조형작품이 너른 바다와 갈대숲이 펼쳐진 야외 공원과 미술관 내부를 환상적인 공간으로 완성한다. 마술쇼 같은 유리공예 시연도 흥미롭다. 일상에서 흔히 접하는 유리가 예술품이 되는 과정을 온전히 체험할 수 있다.

1. 하늘을 향해 손을 번쩍 든 유리 조형물
2. 야외 조각공원
3. 〈슈만과 클라라〉
4. 바다의 여신 '테티스'

🎨 바닷가 산책길이 있는 야외 공원

유리공예는 역사가 짧다. 토기나 도자기에 비해 박물관에서 흔히 볼 수 없는 이유다. 2012년에 개관한 유리섬미술관은 유리 예술에 관한 모든 것을 보고 체험할 수 있는 공간이다. 30여 명의 작가들이 직접 참여해 이탈리아의 유리공예 도시 '무라노'를 모델로 해서 만들었다. 4만 3000㎡의 부지에 유리를 테마로 한 '박물관', 현대미술 작품을 전시하는 '맥아트미술관', 국내 최초의 '극장식 유리공예 시연장', '산책로'와 '야외 조각공원'이 들어섰다.

매표소를 지나면 하늘을 향해 손을 번쩍 든 유리 조형물이 먼저 반긴다. 야외 공원 곳곳에 유리로 만든 벤치, 얼룩말 조형물 등 아이들의 시선을 뺏는 작품들이 놓여있다. 공원 오른쪽에는 민낯을 드러낸 갯벌이 훤하다. 물때를 맞춘다면 찰랑찰랑한 바다를 곁에 끼고 산책할 수 있다. 바닷길을 따라 구불구불 이어진 '나무데크길'에는 영화 속 러브스토리 장면을 재현한 작품들이 놓여있다. 포토존으로 인기 있는 '러브로드'다. 작품 앞에 마련된 벤치에 앉아 여유롭게 바다 풍광을 담아보자.

🎨 반짝반짝 빛나는 몽환의 공간

유리로 만든 연잎이 사시사철 피어있는 수변 공간을 지나면 미술관 입구다. 로비에 들어서자마자 바다의 여신 '테티스'가 관람객을 맞는다. 여신상에 박힌 6만 개의 큐빅이 신비로운 빛을 뿜어낸다. 8m가 넘는 대형 유리 의자도 눈길을 끈다. 로비 벽면에는 유리의 역사를 한눈에 살펴볼 수 있는 패널이 붙어있다. 관람

러브로드

전에 찬찬히 읽어두면 아이들에게 훌륭한 가이드 역할을 해줄 수 있다. 먼 옛날 지중해를 항해하던 선원들이 모래밭에 불을 피우다 우연히 유리 만드는 법을 발견했다는 이야기를 들려주자. '유리가 없다면 일상생활에 어떤 불편함이 생길까?' 등에 대한 이야기도 아이들과 함께 나눠보면 좋겠다.

1층 '테마전시관'은 유리로 꾸민 동화 속 세상이다. 열에 녹고 휘는 유리의 성질과 다양한 기법을 활용한 작품이 가득하다. 전시관에 들어선 순간 어른 아이 할 것 없이 탄성을 내지른다. 신데렐라가 타고 있을 것 같은 호박마차, 어린왕자가 여우를 만났던 사막, 물고기가 헤엄쳐 다니는 바닷속 풍경이 온통 유리 공예로 재현되어 있다. 아이들은 심슨 가족, 미키마우스, 도라에몽 등 유리로 만든 미니어처 앞에서 눈을 떼지 못한다. 전시실 한쪽에는 구슬 5000개를 겹쳐 만든 유리 말과 유리 거미줄에 매달린 거미 여왕이 전시돼 있다.

각 전시실을 넘나드는 공간도 유리를 활용했다. 옆 전시관은 사방이 거울로 된 방으로 연결된다. 시시각각으로 변하는 조명이 몽환적이다. 2층 '기획전시실'로 올라가는 계단 또한 유리를 이용한 아이디어 공간이다. 유리로 된 한쪽 벽면에 조명을 비추면 유리에 반사된 빛이 맞은편 하얀 벽을 수놓는다.

2층 기획전시실에서는 일상에서 흔히 쓰이는 유리가 얼마나

1. 미술관 입구
2. 유리말

● 유리공예의 역사를 바꾼 무라노섬

이탈리아 베네치아 무라노섬은 유리공예로 유명한 곳이다. 장인들이 운영하는 유리 공방과 유리 전시장, 박물관 등이 몰려있다. 베네치아에서 유리공예는 10세기 이후 이익을 창출하는 중요한 산업 중 하나였다. 13세기 말, 베네치아인들은 유리공예의 비밀을 유지하기 위해 장인들을 무라노섬으로 이주시켰다. 이후 무라노섬의 장인들에 의해 다양한 유리 제작 기법이 개발되었고, 지금껏 천 년의 역사를 이어오고 있다.

무라노섬

호박마차

심슨 가족

어린왕자

다채로운 얼굴을 지녔는지 배울 수 있는 공간이다. 스테인드글라스를 활용한 '틈 그리고 그 느낌', 일상 속 유리공예품을 전시한 '유리, 생활 속 예술' 등 2개월에 한 번씩 다채로운 작가전을 열고 있다.

 불고 녹이고 그리는 유리 체험

기획전시실에서 나오면 '유리공예 시연장'이다. 극장처럼 꾸며진 시연장은 작가들의 작업 공간이기도 하다. 유리가 만들어지는 모든 과정을 코앞에서 볼 수 있어 아이들이 마냥 신기해한다.

 생각 발산하기

유리는 액체일까요, 고체일까요?

유리는 딱딱하니까 고체라고 생각하기 쉬워. 재료를 녹여 뜨거운 액체 상태에서 모양을 만드니까 본질적으로는 액체라고 생각할 수도 있지. 결론은 유리는 일반적으로 알고 있는 고체와는 성질이 달라. 예를 들면 물(액체)이 얼음(고체)으로 변할 때, 알갱이들(입자)은 질서 있게 변화를 거쳐. 그때 생긴 물질을 '결정'이라고 해. 고체 고유의 특성이란다. 하지만 유리는 말랑말랑한 상태에서 식는 동안 알갱이들이 제멋대로 자리를 잡은 채 굳어버려. 그래서 결정이 생기지 않아. 고체의 특성에서 벗어나는 거지. 유리를 끈기가 있고 딱딱해진 액체라고 볼 수도 있는데, 정확히 말하면 '비결정성 고체'에 속해. 결정이 없는 고체라는 뜻이지. 양초, 엿, 설탕을 녹여서 만든 사탕도 비결정성 고체야. 유리가 고체냐, 액체냐에 대한 의견은 여전히 분분해. 고체형 액체, 또는 액체형 고체라고 생각하면 이해하기 쉽겠지?

유리공예 작품

펭귄

글라스 페인팅 체험

유리공예 시연

맥아트미술관 내부

　젤리처럼 흐물대는 유리볼이 와인잔이나 화병으로 탄생하는 과정은 마치 마술쇼 같다. 손발이 척척 맞는 작가들의 몸동작도 신기하다. 1200도가 넘는 가마에 유리볼을 넣고 빼기를 반복한다. 긴 파이프를 훅 불어 모양을 잡기도 한다. 그동안 아이들의 호기심은 마구 치솟는다. 작가의 설명이 곁들여져 유리의 성질도 함께 배울 수 있다. 유리는 뜨거우면 찌그러지고 차가우면 깨지고 만다. 만드는 동안 500도를 계속 유지해야 제대로 된 작품이 나온다. 전시장을 관람하기 전에 시연을 먼저 보길 권한다. 아이들의 흥미를 끌 수 있을 뿐만 아니라 학습 효과도 높일 수 있다. 시연은 하루 3회(토요일 4회), 약 30분 동안 진행한다.

　작가와 함께하는 체험 프로그램에도 참여해보자. 유리를 녹여 액세서리를 만들어보는 '램프 워킹', 고압으로 모래를 뿌려 문양을 새기는 '샌딩', 유리 전용 안료로 유리컵에 그림을 그려보는 '글라스 페인팅' 등 다양한 프로그램이 마련되어 있다. 모든 체험은 작가와 일대일로 진행한다.

🎨 현대미술을 접할 수 있는 맥아트미술관

　유리섬미술관 옆 동에는 '맥아트미술관'이 자리한다. 이곳에서는 유리 미술을 기반으로 한 회화, 조각, 설치, 영상 등 다양한 장르의 현대미술을 만날 수 있다. 어린왕자가 별을 떠난 뒤부터 시작하는 이야기를 그림으로 엮은 '장미와 왕자 이야기'(2015), 다양한 주제의 책들을 캔버스에 그린 다음 중간중간에 책을 잘라 이어 붙인 '향연'(2013) 등 개성 뚜렷한 전시를 열고 있다. 전시

갈대숲

〈소행성 B612〉

G카페

주제가 다소 어렵게 느껴질 수 있지만 아이들이 흥미롭게 다가설 수 있는 작품들이 많다.

맥아트미술관 1층에 있는 아트숍도 놓치지 말자. 시계, 컵, 그릇 등 핸드메이드 유리공예 작품이 빼곡하다. 유리섬미술관 속 또 하나의 갤러리다.

 유리섬미술관의 히든카드 갈대숲

미술관 뒤편 갈대숲은 유리섬미술관의 히든카드다. 아이들은 키만큼 자란 갈대숲을 헤치며 신나게 뛰어논다. 산책로에는 유리로 만든 나무와 유리 터널, 『어린왕자』에 나오는 〈소행성 B612〉 조형물이 전시되어 있다. 갈대밭 한쪽에는 전망 좋은 'G카페'가 있다. 미술관 2층에 자리한 '무라노레스토랑'은 전망이 빼어나다. 야외 공원과 바다가 시원하게 내려다보인다. 미술관 관람을 겸해 한나절 가족 여행지로도 손색이 없다.

 함께 가보면 좋아요

낙조전망대 & 시화달전망대

구봉도 낙조전망대와 시화방조제에 위치한 시화달전망대는 대부도의 해넘이 명소다. 구봉도 낙조전망대에는 일몰과 노을빛을 형상화한 조형물이 있어 아이들과 기념사진을 찍기에 좋다.

시화달전망대는 75m 높이에서 낙조와 달, 야경을 감상할 수 있는 곳이다. 밤

구봉도 낙조전망대

10시까지 문을 연다. 전망 좋은 레스토랑과 카페가 있어 여유롭게 일몰을 감상할 수 있다. 1시간에 15분씩 진행하는 '미디어파사드'도 볼거리다. 전망대 외관 기둥에 설치한 대형 스크린에서 화려한 미디어쇼가 펼쳐진다.

084 제주항공우주박물관

제주 여행에서 항공 과학의 원리를 배우다

주소 제주도 서귀포시 안덕면 녹차분재로 218
관람 시간 09:00~18:00
(관람 종료 1시간 전까지 입장 가능, 테마관은 최종회 영상 상영 10분 전까지 입장)
휴관일 매월 첫 번째 월요일(월요일이 공휴일인 경우 그 다음 날)
관람료 성인 1만 원, 청소년 9000원, 어린이 8000원
홈페이지 www.jdc-jam.com
전화 064-800-2000

제주도 중산간의 너른 들녘에는 비행기 격납고를 닮은 박물관이 자리한다. 제주항공우주박물관이다. 제주항공우주박물관에서는 미국 스미소니언 국립항공우주박물관의 40여 가지 비행 원리 체험 콘텐츠를 즐길 수 있다. 뿐만 아니라 실내외에 전시된 20여 대의 비행기와 우주 발사체는 아이들의 관심을 끌기에 충분하다. 5가지 주제의 우주 영상 테마관은 아이들의 호기심과 상상력을 한층 돋운다. 제주항공우주박물관은 과학 원리를 배울 수 있는 신나는 놀이터다.

하늘을 날고자 하는 인간의 욕망과 도전을 만날 수 있는 곳

1. 팬텀 전투기
2. 한국전쟁 당시 전투기
3. 항공역사관

오설록티뮤지엄의 초록빛 녹차밭을 끼고 돌자 제주항공우주박물관이 보인다. 대로에서 조금 떨어진 곳에 위치한다. 건물은 지상 4층으로 1층과 2층은 전시 체험 시설, 3층과 4층은 휴게 및 편의 시설이 있다. 우주 테마에 교육과 엔터테인먼트를 결합한 시설이라 가족 단위 여행객이 즐겨 찾는다.

로비로 들어서면 2층 테마관을 구성하는 지구 모양의 구가 공간을 채운다. 천장에는 '아리랑 위성 5호' 모형이 떠다닌다. 중간 벽의 스크린은 로비 풍경을 실시간으로 보여주는데, 우주선과 외계인 캐릭터가 등장해 아이들의 반응이 좋다.

박물관 관람은 매표 후 받은 팔찌를 차며 시작한다. 첫 번째 전시장인 '항공역사관'은 입구 왼쪽 편이다. 비행기를 전시하는 '에어홀'과 다섯 개의 테마존으로 이뤄져 하늘을 날고자 하는 인간의 욕망과 도전을 볼 수 있다. 대한민국 군용기와 비행기의 원리와 구조 등을 관람한다. 한국전쟁 당시 사용한 전투기에서 최근의 팬텀 전투기까지 20여 대의 항공기가 공간을 가득 채운다. 단순히 바닥에 전시하는 방식이 아니라 내부 구조를 들여다볼 수 있게 전시했으며, 일부 비행기는 공중에 전시했다. 실제 비행하는 것처럼 보여 더욱 실감난다. 실물 크기의 비행기여서 아이들의 반응이 뜨겁다.

아리랑 위성 5호

● **아리랑 위성 5호**
지상 관측을 위해 2013년 발사했다. 정식 명칭은 다목적실용위성 5호(KOMPSAT-5)다. 98분에 한 번씩 지구를 돌아 하루에 14바퀴 반을 돈다. 크기는 가로 4m, 세로 3.7m, 폭 9.1m에 달한다.

미국 스미소니언 국립항공우주박물관이 제주로?

항공역사관은 비행기를 전시하는 에어홀 주변으로 다섯 개의 존이 있다. 첫 번째 존은 '항공의 역사'가 주제다. 라이트 형제가 만든 인류 최초의 동력기 '플라이어호' 모형이 눈길을 사로잡는다. 12초 동안 36m를 날아간 인류 최초의 비행기가 어떻게 생겼는지, 라이트 형제는 비행기에 어떻게 탑승했는지 확인할 수 있다. 안쪽의 두 번째 존은 '공군갤러리'다. 우리나라 공군의 비행 변천사를 엿볼 수 있다. 세 번째 존은 '항공기에 숨겨진 비밀'을 다룬다. 글라이더, 비행선, 헬리콥터까지 항공 기계들의 비행 원리에 대해 배운다. 네 번째 존은 '세상을 바꾸는 항공 기술'이 주제다. 자동차전방디스클레이장치, 선글라스, 안전시트처럼 항공 기술이 우리의 생활로 스민 흔적을 살핀다. 각 테마 존은 굳이 구분 짓지 않아도 무방하다. 시선이 닿는 대로 오가며 항공 과학에 대해 학습할 수 있다. 주제와 어우러진 체험도 있다. 조종사 복과 헬멧을 착용하고 T-37C에 탑승해 기념사진을 찍을 수 있다. 시뮬레이션 게임기를 이용해 비행기나 드론* 조종 체험도 할 수 있다. 열기구 체험은 탑승하면 영상이 변화해서 마치 하늘로 떠오르는 듯한 느낌을 준다.

그 가운데 다섯 번째 존 'HIF(How Things Fly)'는 좀 더 관심을 가져볼 만하다. 미국 스미소니언* 국립항공우주박물관의 40여 가지 비행 원리를 체험 콘텐츠로 구성했다. 양력, 중력, 추력, 항력 등 다양한 비행 원리를 체험하는 항공 원리 체험관이다. 2층 테마관이 테마파크식 놀이 체험을 제공한다면 HIF는 간단한 체험 기구로 비행 원리를 이해하도록 돕는다. 좀 더 학습적이다. 가볍게는 비행기 비즈니스 좌석을 체험한다. 또, 지구와 다른 행성에서 중력의 차이로 몸무게가 달라지는 것을 체험하기

1. 라이트 형제가 만든 인류 최초의 동력기 '플라이어호' 모형
2. 열기구 체험
3. 공군 갤러리

드론(drone)
무선 전파로 원격 조종하는 무인 항공기다. 군에서 전투기나 미사일의 공격 표적으로 사용했으나 현재는 기술의 발달로 민간에서도 촬영, 배송 등 다양한 용도로 쓰이고 있다.

스미소니언(Smithsonian) 협회
워싱턴D.C에 위치하며 산하에 미술관, 자연사박물관, 우주항공박물관, 동물원 등이 있는 세계 최대 규모의 박물관 집합체다. 영국 과학자 제임스 스미슨이 기부한 유산으로 설립됐다. 제주항공우주박물관은 스미소니언 항공우주박물관의 자문을 받아 건립했다.

● 양력, 중력, 추력, 항력

비행기의 비행에 영향을 미치는 네 가지 힘이 '양력, 중력, 추력, 항력'이다. 양력은 기압 차로 비행기를 뜨게 하는 힘이고, 중력은 그 반대로 비행기를 지구 중심으로 잡아당기는 힘이다. 추력은 비행기를 앞으로 나가게 하는 엔진의 힘이고, 항력은 마찰 등으로 비행기가 앞으로 나가지 못하게 하는 힘이다. 예를 들면 양력이 강하면 비행기는 상승하고 중력이 강하면 비행기는 하강한다. 비행기는 이륙부터 비행, 착륙까지 이 네 가지 힘을 활용한다.

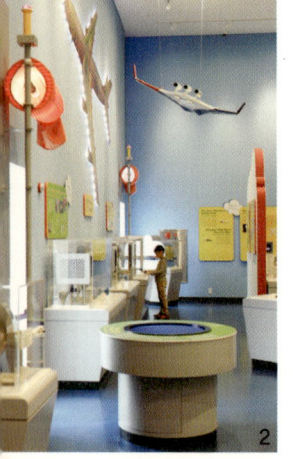

1. T-37C
2. 다섯 번째 존 'HTF' (How Things Fly)

도 한다. 과학 원리에 좀 더 깊게 들어가는 체험도 있다. 비행기가 공기를 통과할 때 생기는 양력의 원리를 실제 실험 장치로 설명하고, 날개에 달아놓은 실 다발의 변화로 기류의 변화를 보여준다. 또한 송풍기 바람으로 공중에 떠있는 공을 빌려 날개의 작동 원리와 양력을 이야기한다.

여기에 각 체험 전시마다 '전에 어디서 봤지?'라는 코너를 통해 일상에서 쉽게 접할 수 있는 사례로 과학 원리를 설명한다. 초등학교 저학년에게는 다소 어려울 수 있지만 고학년에게는 진지한 탐구의 시간이다. 혼자 풀기 힘든 궁금증이 있다면 매시 정각에 진행하는 HTF 해설을 신청한 후 돌아봐도 좋겠다.

🔬 다양한 전시물을 체험하며 키워가는 우주에 대한 꿈

2층은 '천문우주관'과 '테마관'이다. 천문우주관은 우주 탐험에 관한 인류의 역사이자 꿈에 관한 기록이다. 첫 번째 주제는 '하늘을 보는 과학, 천문학'이다. 우주 탐험 이전에 천체에 대한 관심을 이끈다. 첨성대 내부를 보여주고, 망원경의 발명이 가져다 준 천체 관측의 발전상 등을 감상한다. 회전식 통로를 따라 걸으며 밤하늘의 별자리와 나의 별자리를 찾아볼 수도 있다. 그런 다음 스페이스 워크를 이용해 다음 존으로 이동한다.

이어진 전시 공간은 '우주를 향한 도전 우주 탐험', '미지의 우주 세계', '미래로의 초대' 등의 주제를 담고 있다. '우주 탐험의 역사'와 '우주정거장의 실험', '혜성과 별', '은하계' 등의 전시도 볼 수 있다. 2013년 1월 발사한 나로호의 실제 크기 모형도 있다. 추진체 로켓의 내부를 들여다볼 수 있도록 꾸며 아이들의 호기심을 충족한다. 나만의 우주인 아바타를 만들고 우주 행성 속으로 여행을 떠날 수도 있다. 우주 여권 사진을 촬영하고, 아바타의 우주복을 선택하는 과정 하나하나가 우주에 대한 꿈을 키워가는 과정이다. 그렇게 만든 아바타는 영상 속 우주를 탐험한다. 그밖에 우주 음식과 운석 등도 흥미로운 볼거리다. 좀 더 깊은 궁금증이 생긴다면 매시 정각과 30분에 진행하는 전시관 해설 프로그램이나 무료로 대여하는 무인 음성 안내기를 이용해 보자. 항공역사관과 천문우주관에 관한 해설이 포함되어 있다.

1. 천문우주관
2. 첨성대 내부
3. 회전식 통로를 따라 걸으며 찾아보는 밤하늘 별자리
4. 추친체 로켓의 내부

다섯 가지 체험으로 이뤄진 놀이식 우주 테마 파크

천문우주관과 같은 층에 위치한 테마관은 다섯 가지 체험으로 구성된다. '폴라리스'는 높이 5m, 둘레 50m의 360도 스크린을 빌려 우주 여행을 떠나는 체험 코너다. 제주의 바다와 화산 등을 배경으로 우주 탐험대 3총사가 모험을 펼친다. '캐노프스'는 우주에 대한 이야기를 상영하는 돔영상관이다. 우주인에 관한 23분의 영화와 애니메이션《코코몽의 우주 모험》을 상영한다.

'인터렉티브 월 프로시온'과 인터렉티브 영상관 '아리어스'는 조금 더 능동적인 체험을 할 수 있는

1. 폴라리스
2. 오리온
3. 인터렉티브 월 프로시온
4. 캐노프스
5. 나만의 외계인 캐릭터 만들기

공간이다. 프로시온은 일종의 외계인 비밀 실험실이다. 나만의 외계인 캐릭터를 만들어 가상 공간에서 교감한다. 5개의 멀티 터치테이블에서 캐릭터 이름을 짓고, 다리의 수와 몸통을 정하고, 색을 칠한다. 또한 내가 만든 외계인 캐릭터는 현장에서 출력하거나 이메일로 전송할 수 있다.

아리우스에서는 길이 30m의 대형 파노라마 영상과 27개의 개별 모니터를 통해 콘텐츠를 학습한다. 퀴즈 형식을 이용해서 아이들의 집중도가 높다. '오리온'은 다섯 가지 종류의 3D 시뮬레이터 게임이다. 캡슐 안에서 잠시나마 다른 세상을 느껴본다. 테마관 체험은 초등학교 저학년에게 더욱 알맞다. 우주에 대한 관심을 가지도록 돕는다. 놀이처럼 체험할 수 있어 아이들이 가장 좋아하는 공간이다.

박물관에서는 상설 프로그램도 운영한다. 박물관에 전시 중인 최초의 국산 비행기 '부활호'에 대한 이야기를 듣고 직접 비행기를 만들어본다. 조선시대 '해시계의 원리', 물로켓 체험 발사로 '로켓의 원리' 등을 배워보는 시간도 있다. 체험 프로그램도 다양하다. 가족이 함께 재료를 받아 '풍선 로켓'이나 '발 펌프 에어로켓'을 만들 수 있다. 다빈치가 구상한 최초의 동력 비행기 '오르니톱터'도 만들어본다. 박물관 1층에는 어린이 '상상공작소'가 있

오르니톱터 (Ornithopter)
새를 의미하는 그리스어 'Ornithos'와 날개를 의미하는 'Pteron'에서 유래했다. 새처럼 날갯짓으로 나는 기계 장치다. 레오나르도 다빈치가 설계한 스케치가 유명하다.

다. 다양한 모양의 입체 블록으로 각자의 창의력을 발휘한다. 때에 따라서 '3D PEN 나는 입체 화가'와 '드론 파이터'처럼 시의성 있는 과학 체험도 이뤄진다.

박물관 관람이나 체험이 끝난 후에는 4층 전망대도 가보자. 푸른 녹차 밭과 제주의 중심 한라산과 오름, 남쪽 해안의 산방산과 바다 등을 조망할 수 있다. 잠시 숨을 고르며 쉬어가도 좋겠다.

야외 전시장에서는 10여 대의 실물 항공기와 헬리콥터, 대통령전용기 등을 볼 수 있다. 일부는 조종석에 탑승할 수 있으며, 실내도 관찰할 수 있다. 박물관을 떠나기 전 마지막 전시 관람 코스로 삼을 만하다.

레오나르도 다빈치가 스케치한 '오르니톱터'

함께 가보면 좋아요

제주별빛누리공원 & 서귀포천문과학관

별 관측은 공기가 맑은 곳에서 유리하다. 이런 점에서 제주 중산간 한라산국립공원 가장자리에 있는 제주별빛누리공원과 서귀포천문과학문화관은 최적의 관측 장소라고 할 수 있다. 먼저 한라산 북쪽의 제주별빛누리공

제주별빛누리공원

원은 지상 3층 규모로 1층에는 '전시실'과 '4D 영상관'이, 2층에는 '전시실'과 '천체투영실' 등이 있다. 관측은 '주관측실'과 '보조관측실', '전망대'가 있는 3층에서 주로 이뤄진다. 야외 공원에는 태양계 광장이 있어 야간에도 볼거리를 제공한다.

한라산 남쪽에 있는 서귀포천문과학문화관은 제주별빛누리공원에 비해 규모는 작지만 관측 체험은 이에 못지않다. 특히 평생 한 번 보기만 해도 무병장수한다는 별자리 '노인성'을 관측하기에 가장 좋은 천문대로 알려져 있다. 노인성은 2~3월 사이에 관측할 수 있으니, 그때 제주도에 있다면 서귀포천문과학문화관을 꼭 다녀오길 바란다.

085 하슬라아트월드
망망대해가 펼쳐지는 자연 속 예술 체험장

주소 강원도 강릉시 강동면 율곡로 1441
관람 시간 09:00~18:00
휴관일 연중무휴
관람료 조각공원 6000원, 미술관 7000원, 공원+미술관 1만 원
홈페이지 www.haslla.kr
전화 033-644-9411

해돋이 명소인 정동진에는 빼어난 경관을 자랑하는 하슬라아트월드가 있다. 강릉을 부르는 옛말인 '하슬라'와 복합 문화 예술 공간을 표방하는 '아트월드'가 만났다. 동해바다가 내려다보이는 야외 조각공원과 동화 속 작품이 전시된 미술관은 아이들이 마음껏 뛰어놀 수 있는 놀이터다. 다양한 체험 학습 패키지와 레스토랑, 호텔까지 갖추고 있어 예술 여행지로 딱이다. 아이들에게 기억에 남을 추억을 선물하고 싶다면 이곳으로 발걸음을 옮겨보자.

미로처럼 얽혀있는 전시 공간

하슬라아트월드는 7만 7000평에 달하는 부지에 들어선 갤러리 겸 호텔이다. 2003년부터 10여 년에 걸쳐 조각공원과 갤러리, 호텔이 차례로 들어섰다. 이곳의 대표이자 관장인 박신정, 최옥영 부부는 조각가다. 각양각색의 테마 공간을 손수 설계하고 가꿨다.

망망대해가 펼쳐진 언덕을 오르면 색색깔의 유리 벽 건물에 다다른다. 뮤지엄호텔이다. 호텔 건물을 중심으로 '현대미술관', '피노키오 & 마리오네뜨 갤러리'가 미로처럼 연결되어 있다. 야외 조각공원까지 모두 둘러보려면 넉넉하게 3시간은 잡아야 한다.

1층 홀 안으로 들어서면 '아트샵', '레스토랑', '기획전시실'이 차례로 이어진다. 벽 곳곳에 걸린 그림과 레스토랑 천장에 매달린 슈퍼맨 목조각, 스템플러 심을 일일이 박아서 만든 악어 모양의 조형물 등 눈길 닿는 곳이 전부 작품이다. 그중 기획전시실에 놓인 대형 나무 그릇 〈우주〉는 하슬라아트월드의 대표적 작품이다. 자작나무 합판을 층층이 이어 붙였는데, 뮤지엄호텔의 각 방마다 침대로도 활용하고 있다.

1. 〈우주〉
2. 터널미술관

기획전시실을 지나 미술관 화살표가 그려져 있는 문을 열면 신비로운 조명이 인상적인 '터널미술관'이 나온다. 지하 미술관으로 내려가는 통로이기도 하다. 회화작품이 걸려있는 지하 미술관을 지나면 '미술관 친구들이 머무는 곳'이라는 코너가 복도를 따라 이어져 있다. 아이들에게 색연필을 쥐어주고 즉석에서 그림을 그려보게 할 수 있는 코너다. 벽면에는 아이들이 손수 그린 그림이 다닥다닥 붙어있다.

1. 파이프 터널
2. 율곡 이이와 신사임당 흉상
3. 마리오네뜨 '피노키오', '팅커벨'

🖼 피노키오가 사는 동화 속 미술관

옆 동 '현대미술관'으로 가는 길은 파이프 터널로 연결된다. 터널에 들어서면 색색깔의 조명이 화려하게 춤을 춘다. 아이들에게는 공간을 넘나드는 것 또한 하나의 놀이다. 파이프 터널을 빠져나오면 푸른 바다를 배경으로 서있는 현대미술관 건물이 나온다. 기획전시와 초대전시가 열리는 공간으로, 바닥을 뚫고 나온 듯한 율곡 이이와 신사임당의 청동 흉상이 특히 인상적이다. 강릉의 대표 인물인 신사임당과 그의 아들 율곡 이이에 대해 아이와 이야기를 나눠보는 것도 좋겠다.

현대미술관 지하에는 아이들의 흥미를 끄는 전시물이 가득하다. 만화영화를 틀어주는 '피노키오 영상관'을 지나면 '피노키오 & 마리오네뜨 전시관'이다. 피노키오를 모티브로 한 작품과 이곳 관장이 이탈리아에서 수집한 피노키오 인형, 유럽 각국에서 모은 마리오네뜨가 넓은 공간을 가득 채우고 있다.

센서가 작동하면 코가 길어지는 피노키오 인형 앞에서 아이들은 마냥 신기해한다. 천장에 줄을 타고 매달린 '팅커벨', '유령신부', '삐에로' 등 동화나 영화 속의 마리오네뜨도 한자리에서 만나볼 수 있다. 줄이 흔들릴 때마다 마리오네뜨가 어떤 동작을 하는지 살펴보자. '피노키오는 왜 코가 길까?' 등 동화 속 캐릭터에 대한 재미있는 이야기도 들려주자.

마리오네뜨
마리오네뜨는 '줄 인형'이라는 뜻의 프랑스어다. 관절마다 매달린 끈을 조종하면 마치 사람의 신체처럼 자유자재로 움직여서 걷고, 뛰고, 춤출 수도 있다.

시원하게 펼쳐진 수평선을 배경으로 삼은 야외 조각공원

갤러리를 나와 호텔 뒤편 계단을 따라 올라가면 탁 트인 전망대가 나온다. 바다카페 '항상'에 마련된 테라스다. 시원하게 펼쳐진 수평선을 내려다보며 차 한잔 마시기 좋다. 콘크리트 벽 꼭대기에 아슬아슬하게 서있는 조각상에도 눈길이 간다. 〈포세이돈의 귀환〉이라는 작품이다. 넥타이를 맨 사내가 금방이라도 바닷속으로 풍덩 뛰어들 것만 같다.

카페를 지나면 야외 조각공원 탐방로가 시작된다. 해안 절벽 언덕을 따라 조성된 3만 3000평의 공원은 자연 속 예술 체험장이다. 체험 학습 및 조각공원의 안내를 받고 싶다면 미리 일정을 문의해서 예약하면 된다. 공원은 '소나무정원', '시간의 광장', '놀이정원', '하늘정원', '바다정원' 등의 테마로 나뉜다. 2km쯤 되는 산책길은 쉬엄쉬엄 걸으면 1시간 정도가 걸린다.

100여 개의 조각작품과 300여 종의 야생화가 숨바꼭질하듯 곳곳에 숨어있으니 매표소에서 조각공원 안내도를 미리 챙겨두자. 특히 시간의 광장에 놓인 초대형 '해시계', 바다를 향해 공중에 매달린 〈그림자 자전거〉, 다산과 풍요를 상징하는 〈발렌도르프 비너스상〉은 하슬라아트월드의 랜드마크라고 할 수 있는 작품들이다. 길바닥에도 재미있는 설치작품이 있다. 실제 신던 신발을 엎어서 묻어놓은 〈로드 아트〉, 다양한 얼굴 표정을 타일로 표현한 〈내 얼굴 밟지 마〉 등을 살펴보자.

1. 〈발렌도르프 비너스상〉   2. 〈포세이돈의 귀환〉   3. 〈그림자 자전거〉
4. 〈내 얼굴 밟지 마〉   5. 해시계   6. 〈로드 아트〉

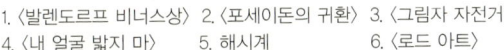

1. 뮤지엄호텔 로비
2. 뮤지엄호텔 욕조

만들고, 먹고, 자는 것도 예술 체험이 되는 곳

실내외 곳곳에 마련된 작품을 보고 만지는 것 외에도 즐길거리가 많다. 바다카페 옆 체험관에서는 움직이는 마리오네트 인형, 양초, 나무액자, 나만의 티셔츠, 머그잔 만들기 등 다양한 체험을 할 수 있다. 작가와 함께하는 '어린이 미술 워크숍', 야외 조각 공원에서 이루어지는 '아트사파리', '숲체험' 등도 사전 예약제로 운영하고 있다. 단체 관람객 위주로 운영하지만 예약 시 일정을 미리 문의하면 개인 가족도 참여할 수 있다.

이곳에서는 하룻밤 잠자리마저 예술 체험이다. 개성 넘치는 디자인의 욕조와 테이블, 여성의 자궁을 본떠 만든 침대 등 뮤지엄호텔의 각 방마다 배치된 가구가 모두 작품이다. 당일뿐만 아니라 1박 2일 체험 패키지도 고를 수 있으니 홈페이지에서 미리 확인해두자.

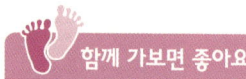
함께 가보면 좋아요

참소리축음기박물관 & 에디슨과학박물관 & 영화박물관

강릉 경포호수에 자리한 참소리축음기박물관과 에디슨과학박물관은 아이들과 함께라면 그냥 지나칠 수 없는 곳이다. 20여 종의 오르골과 1920년대부터 제작된 15개국의 축음기와 음반 15만 장, 그 외 에디슨이 발명한 온갖 생활용품 및 가전제품이 세계 최대 규모로 전시되어 있

참소리축음기박물관 내부

다. 미리 견학 신청을 하면 해설사와 함께 오르골과 축음기에서 나는 다양한 소리를 들어볼 수 있다.

바로 옆 영화박물관도 함께 둘러보길 권한다. 영화와 관련된 기기들과 영화의 역사를 살펴볼 수 있다. 미키마우스, 스파이더맨 등 영화 속 캐릭터들이 전시되어 있어 아이들과 사진을 찍기도 좋다. 고전 영화의 하이라이트 장면과 영화 음악을 감상할 수 있는 코너도 있다.

086 로보라이프뮤지엄
로봇과학자의 꿈에 한걸음 다가서는 공간

주소 경상북도 포항시 남구 지곡로 39
관람 시간 10:00~17:00
(인터넷 및 전화 예약자에 한함, 예약 확인 위한 신분증 지참)
휴관일 매주 일요일, 1월 1일, 설날·추석 연휴
관람료 3000원
홈페이지 www.robolife.kr
전화 054-279-0427

로봇은 아이들의 오랜 판타지다. 아이들 대상의 애니메이션이나 영화에 로봇이 유난히 많이 등장하는 것도 이런 이유 때문일 것이다. 아이가 온종일 TV 앞에 앉아 로봇이 나오는 애니메이션만 보거나 로봇 장난감만 보면 사달라고 졸라서 걱정이라면, 로보라이프뮤지엄을 방문해보는 건 어떨까? 로봇은 아이를 과학 세상으로 이끌어줄 가장 좋은 친구다.

🔬 로봇과학자의 꿈을 키워주는 로봇연구소

장난감에 눈을 뜬 아이들이 가장 즐겨 찾는 건 로봇이다. 시대가 변하고 세대가 바뀌어도 다르지 않다. 로봇의 생김만 달라질 뿐 로봇이라는 사실에는 여전히 변함이 없다. 다만 요즘 아이들에게 로봇은 공상 과학 영화나 애니메이션에 나오는 주인공이 아니라, 가까운 미래에 실현 가능한 현실이다. 청소로봇, 산업로봇, 애완로봇 등은 로봇이 더 이상 비현실적인 이야기가 아니라는 것을 보여준다.

로보라이프뮤지엄에서는 로봇이 어디까지 발전했는지 살펴볼 수 있고 로봇과 짧은 소통 시간도 가져볼 수 있다. 다른 로봇박물관과 달리 한국로봇융합연구원에서 운영한다는 게 가장 큰 차이다. 한국로봇융합연구원은 우리나라 최초의 로봇전문생산기술연구소다. '철강', '의료', '해양', '문화로봇'의 4대 연구 분야를 중심으로 로봇의 핵심 기술을 연구한다. 매해 10~11월 사이에는 한국지능로봇경진대회를 열기도 한다. 로봇전문 기관에서 운영하는 뮤지엄이라 역시 세세한 볼거리가 많다. 로보라이프뮤지엄을 방문하는 것은 로봇을 연구하는 전문 연구소를 찾는 일과 같다. 연구소 안을 견학해볼 수는 없지만, 아이에게 로봇연구소가 주는 상징성은 유효하다. 로봇연구소에 발을 디디는 것만으로도 로봇과학자의 꿈에 한 발짝 가까이 다가갈 수 있다. 그러니 이곳이 로봇연구소라는 사실을 아이에게 꼭 알려주고 뮤지엄을 돌아보자.

🔬 생각하는 사람, 생각하는 로봇

로보라이프뮤지엄은 포항공과대학교 안에 있다. 자가용으로 이동할 때는 포항IC에서 곧장 포항공과대학교 쪽으로 방향을 잡는 게 가깝다. 입구에서는 한국로봇융합연구원답게 높이 5.8m의 대형 로봇 조각상이 반긴다. 강리나, 장길태, 유영쾌 등이 작업한

1. 공상 과학 영화나 애니메이션에 나올 법한 모습의 로봇
2. 로봇 체험을 즐기는 아이

오귀스트 로댕
〈생각하는 사람〉

〈생각하는 로봇〉이다. 〈생각하는 로봇〉은 오귀스트 로댕의 〈생각하는 사람〉에서 모티브를 얻어, 로봇 연구에 몰두하는 과학자들을 형상화했다. 붉은색은 포항 영일만의 해돋이와 제철 도시의 용광로를 상징한다. 또한 한국로봇융합연구원을 지키는 수호신이라는 의미도 있다. 아이들과 함께 〈생각하는 로봇〉과 〈생각하는 사람〉을 비교해보는 건 어떨까? 어른들은 생각할 수 없는 재미있는 반응이 쏟아질 것이다.

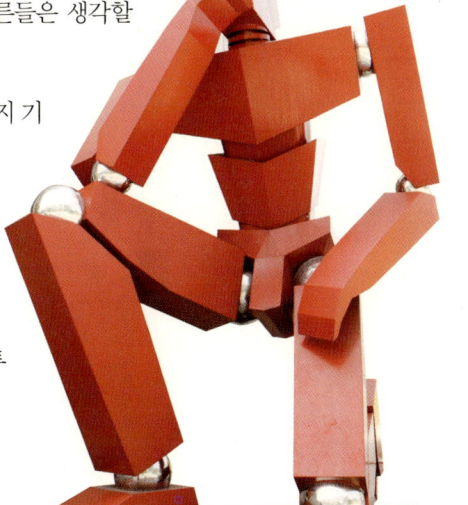

강리나, 장길태, 유영쾌
〈생각하는 로봇〉

로보라이프뮤지엄을 방문하기 전에 한 가지 기억해야 할 내용이 있다. 관람이 100% 예약제로 이뤄져 방문 전에 인터넷이나 전화로 예약을 해야만 전시를 관람할 수 있다는 점이다. 투어는 오전 10시, 오후 1시, 오후 3시 세 차례 있다. 안내 사원의 설명에 따라 투

 생각 발산하기

'로봇공학(robotic)'이란 말을 소설가가 만든 거라고요?

우리가 즐겨보는 영화 가운데는 로봇이 주인공인 영화가 많아. 영화에 등장하는 대부분의 로봇은 '로봇공학 3원칙'을 따른다 해도 과언이 아닐 거야. 로봇공학(robotic)이란 SF의 3대 거장이라 불리는 소설가 아이작 아시모프가 만든 말이야. 아이작 아시모프는 로봇공학 3원칙도 만들었는데 이런 내용이야. 첫째, 로봇은 인간에게 해를 가할 수 없고 인간이 위험에 처했을 때 보고만 있으면 안 된다. 둘째,
아이작 아시모프
로봇은 첫 번째 조건에 위배되지 않는 범위 내에서 인간의 명령에 복종한다. 셋째, 로봇은 첫 번째와 두 번째 조건을 제외한 상황에서 자신을 보호해야 한다. 아이작 아시모프의 소설 『아이, 로봇』과 『파운데이션』에 나오는 내용이지. 이 로봇공학 3원칙은 아마 로봇을 주인공으로 하는 모든 이야기가 따르는 기준일 거야. 그만큼 아이작 아시모프는 로봇 이야기에 있어서는 장르를 떠나 위대한 작가야. 로봇에 관심이 있다면 아이작 아시모프의 소설을 읽어봐도 좋을 것 같아. 어린이를 위한 책도 따로 나와 있단다.

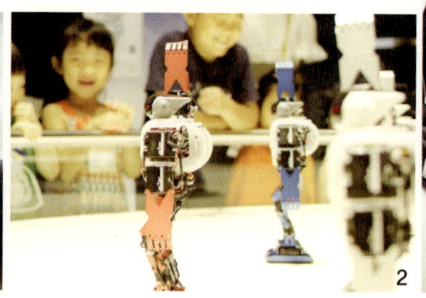

1. 가정용 경비 로봇 '번룡'
2. 춤추는 로봇 '로보노바'
3. 물개로봇 '파로'

어를 한 후 자유 체험 시간을 갖는다.

전시실은 한국로봇융합연구원 1층에 위치한다. 제1전시실 '지능로봇흥미관', 제2전시실 '지능로봇체험관', 제3전시실 'KIRO 홍보관' 그리고 '로봇교육실', '화상강의실', '로보카페' 등으로 이뤄져 있다.

집도 지키고, 춤도 추고, 유리창도 닦는 다양한 로봇

전시 관람은 화상 강의실에서 한국로봇융합연구원과 로봇산업에 대한 간략한 소개 영상을 보고 나서 출발한다. 첫 전시실인 '지능로봇흥미관'에는 우리 실생활에 영향을 주고받는 지능로봇들을 주로 전시하고 있다. 그 가운데 '번룡'은 네 발로 걷는 가정용 경비 로봇이다. 아이들이 "앉아"라고 외치면 앉고, 센서를 쓰다듬으면 발을 내민다. 흥미로운 광경에 아이들의 반응이 좋다. 물개로봇 '파로'는 애완 로봇이다. 사람 손길에 다양하게 반응한다. 이 로봇은 심리 치료 등 환자 간호에 쓰인다. 아이들이 직접 로봇을 만지며 소통할 수 있는 기회도 주어진다. 짧은 접촉이지만 아이에게는 새로운 경험이다.

'제니보'와 '로보노바'를 보는 즐거움도 있다. 제니보는 강아지처럼 생긴 로봇이다. 물구나무를 서거나 태권도를 하고 음악에 맞춰 춤을 춘다. 생김새와 동작이 귀여워 아이들이 무척 좋아한다. 춤추는 로봇으로는 로보노바도 빠질 수 없다. 음악에 맞춰 군무를 추는 장면은 볼 때마다 신기하다. 박수 소리나 진동에 반응해 날개를 움직이는 '나비로봇' 역시 신기한 로봇이다. 우리 생활과 밀접한 '산업형 로봇'도 볼 수 있다. 스스로 움직이며 유리창을 닦는 로봇은 고층 빌딩의 유리창 청소에 유용하다. 유비쿼터스와 로봇을 접목한 미래의 사회와 가정 환경을 간접적으로 느껴볼 수 있다. 로봇들은 고난이도의 복잡한 작업을 시연하지는 못하지만, 기초적인 소통이나 몸짓을 스스로 구현한다. 로봇과 인간의 소통을 체험하는 것은 아이들에게는 경이로운 경험이다.

1. 수중 로봇
2. 산업형 로봇
3. 한국융합로봇연구원 홍보관 전시물

다양한 로봇을 만지고 놀며 배우는 로봇 원리

지능로봇흥미관을 나오면 '체험관'이다. 흥미관이 실제 로봇과 만나고 노는 장소였다면, 체험관은 로봇의 원리를 배울 수 있는 장소다. 흥미관에 비해 아이들이 자발적으로 움직일 수 있는 시설이 많다. 로봇의 센서, 구동부 등을 직접 조작해보며 로봇을 이해할 수 있다. 수조에 부딪치지 않고 물속을 돌아다니는 '수중로봇'이나 사람의 목소리와 얼굴을 인식하고 표정을 연출할 수 있는 '감성 로봇', 짧은 대화를 나눌 수 있는 '키티 로봇' 등이 그 예다. '무선 로봇 축구'는 부모와 아이가 게임처럼 즐길 수 있다. '권투 로봇'은 댄스 로봇의 업그레이드 버전이다. 춤이 아니라 실제 권투 선수처럼 팔다리 관절을 움직여 권투 시합을 펼친다. 신기한 광경에 아이들 눈이 휘둥그레진다.

마지막은 한국로봇융합연구원 '홍보관'이다. 이곳에는 한국로봇융합연구원에서 개발한 대표적인 로봇을 전시한다. 각 로봇의 기술과 특징 등을 설명하고, 실제 사용 사례를 영상으로 보여준다. 아이들은 '로봇' 하면 사람처럼 생겨 팔다리가 있거나 동물 모양을 한 형태를 떠올린다. 하지만 산업형 로봇은 목적에 적합한 틀을 가지기 때문에 일반적으로 생각하는 로봇과 형태가 다

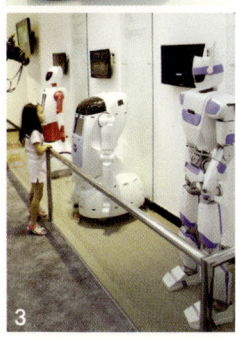

르다. 홍보관에서 로봇 기술이 적용된 다양한 사례를 보며 아이들은 로봇 형태에 대한 고정관념을 깬다. 또한, 앞서 체험한 로봇이 전시물에 그치지 않고 실생활에 접목되고 있음을 알게 된다. 전시실 관람이 끝난 후에는 '로봇교육실'에서 조립 형태의 로봇 완구를 구입해 만들어본다. '로봇카페'에서는 로봇 관련 퀴즈를 풀거나 3D 퍼즐 등을 맞추며 놀 수 있다.

로보라이프뮤지엄 전시는 어른과 아이 모두에게 호기심의 대상이다. 괜스레 어른인 척 점잔을 빼고 있을 일이 아니라 아이와 같이 적극적으로 로봇의 세계를 알아가는 것이 한층 교육적이다. 물론 학습 효과에 지나치게 집착할 필요는 없다. 아이가 로봇에 관심을 갖게 만드는 것만으로도 충분하다. 로보라이프뮤지엄으로 들어서는 순간 아이들은 미래의 로봇과학자를 꿈꾸고 있을지도 모른다.

함께 가보면 좋아요

포항시립미술관

포항시립미술관은 포항 시내 환호공원에 있다. 영일대해수욕장의 북쪽 끝자락 언덕 아래 위치한다. 포항시립미술관은 2009년에 개관했다. 지하 1층 지상 2층 규모에 전시실이 5개다. 여느 시립미술관에 뒤지지 않는 규모다. 다양한 작품을 전시하고 있는데, 특히 주목할 만한 건

포항시립미술관

'스틸 아트(steel art)'다. 제철 도시 포항의 특징을 살린 작품들이다. 우리나라 유일의 스틸 아트페스티벌도 여기서 열린다. 야외에는 철을 소재로 한 조각작품이 여럿 놓여있다. 그 모양이 참 재미있다. 야외 조각작품 사이를 걷다보면 자연스레 환호공원까지 산책로가 이어진다. 환호공원에서 보는 영일대해수욕장의 전망도 일품이다. 과학관도 보고, 미술관도 보고, 또 포항의 바다도 보는 여행을 함께 해보자.

세계적인 조각가가 고향에 선물한 미술관
창원시립마산문신미술관

주소 경상남도 창원시 마산 합포구 문신길 147
관람 시간 09:00~18:00
휴관일 매주 월요일, 1월 1일, 설날·추석 연휴
관람료 성인 500원, 청소년·어린이 200원
홈페이지 moonshin.changwon.go.kr
전화 055-225-7181

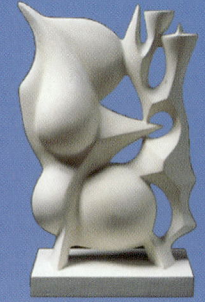

올림픽공원에 있는 〈올림픽-화합〉을 조각한 문신은 일본에서 태어나 유년 시절을 마산에서 보냈다. 그는 프랑스 파리를 중심으로 활동하며 추상 조각가로 큰 명성을 얻었다. 세계적인 조각가가 되었지만, 그가 평생을 바쳐 이룩한 예술적 성과는 유럽이 아닌 제2의 고향 마산에 남기고 싶어 했다. 그의 꿈을 실현한 공간이 바로 창원시립마산문신미술관이다.

먼저 만나는 추산야외조각미술관

창원시립마산문신미술관을 찾는 관람객은 '추산야외조각미술관'을 먼저 만난다. 추산야외조각미술관은 2010년에 개최한 '문신국제조각심포지엄'에 참가한 조각가들의 작품을 전시한 야외미술공원이다.

관람은 주차장부터 시작된다. 로버트 모리스 작가의 〈LABYRINTH〉가 가장 먼저 반긴다. 철을 소재로 한 작품이다. 안으로 들어가면 삼각의 미로를 걷는 묘한 경험을 한다. 짧은 미로를 빠져나오면 세키네 노부오의 〈Phase of Nothingness〉가 눈에 띈다. 사각 스테인리스 기둥 위에 바위를 얹은 모양이다. 문신길을 지나 숲으로 내려가면 가와마타 타다시의 〈Tree Hut in Moonshin〉이 나온다. 나무 위에 집이 올라간 모양으로 아이가 특히 좋아하는 설치미술이다. 다시 문신길로 나오면 마치 인간의 이중성을 표현한 것 같은 피터 버크의 〈Head Space〉가 나온다.

 ### 바다와 마주 서있는 미술관

작품에 취해 길을 걷다 보면 어느새 문신미술관에 도착한다. 전시관 두 개가 마주보고 서있고 그 사이 야외 조각전시장이 자리한다. 무엇보다 눈에 띄는 건 야외 조각전시장 앞으로 멀리 보이는 바다 풍경이다. 평생 예술혼을 불태웠을 거장의 창작열이 바다를 향해 뻗어나가는 것만 같다.

● **문신** 세계 미술의 경향을 공부하기 위해 두 차례 프랑스로 건너갔던 문신은 1980년 영구 귀국했다. 이후 그는 자신의 미술관 건립에 본격적으로 뛰어든다. 건축 비용을 모으기 위해 개인전으로 얻은 수익금을 모두 내놓았다. 또한 정문에 돌을 세우는 위치와 연못 땅을 단단히 하는 작업까지 모든 과정에 참여하고 결정했다. 작품 활동도 꾸준히 매진했는데 서울올림픽을 기념해 제작한 〈올림픽 1988〉은 문신의 예술 인생을 대표하는 작품이다. 그토록 염원했던 미술관은 1994년 드디어 개관했지만 안타깝게도 문신은 다음 해 타계했다.

문신

입구 가까이 있는 건물이 '제2전시관'이다. 야외 조각전시장을 지나면 '제1전시관'이다. 가까이 있는 제2전시관부터 둘러보고 제1전시관, 문신원형미술관을 관람하는 순서가 가장 편하다. 문신미술관은 문신의 작품은 물론이고 회화, 사진, 영상, 퍼포먼스, 설치미술 등 여러 방면에서 역량 있는 작가들의 전시회를 꾸준히 개최해왔다. '문신 예술 70년 회고전'(2015), '기획 초대전 : 돌연변이'(2014), '노스탤지어'(2013~2014) 등이 그것이다. 제2전시관에서는 지역 작가와 문신미술상 수상 작가의 작품을 만나는 기획전, 특별전시회 등을 개최한다. 또한 거장의 작품을 볼 수 있는 초대전도 꾸준히 열고 있다.

문신의 작품을 상설전시하는 제1전시관에서는 자연이 만든 작품도 감상할 수 있으니 아이 손을 잡고 2층까지 꼭 올라가보자. 넓은 창을 통해 마산항과 바다가 펼쳐진다. 문신미술관은 작가의 작품만큼이나 멋진 풍경이 방문객들을 유혹하는 곳이다.

1. 로버트 모리스 〈LABYRINTH〉
2. 세키네 노부오 〈Phase of Nothingness〉
3. 피터 버크 〈Head Space〉
4. 박종배 〈못과 大地〉
5. 데니스 오펜하임 〈FALLS〉

1층으로 내려가는 계단 중간에서는 문신의 〈개미〉를 만난다. 청동으로 제작된 작품이다. 문신이 주로 활용한 '시메트리(symmetry)' 기법으로 만들어졌다. 시메트리는 중심점이나 중심축을 두고 좌우와 상하를 배치하는 기법으로 조각과 회화에서 많이 사용한다. 작품에 안정, 엄숙, 신비한 느낌을 준다. 문신의 〈개미〉는 좌우 대칭과 세 부분의 덩어리로 나뉘는 모양이 실제 개미를 떠올리게 한다.

문신미술관의 가장 큰 볼거리 야외 전시장

문신미술관의 가장 큰 볼거리는 야외 전시장이다. 스테인리스 스틸, 흑단, 청동을 소재로 만든 야외 전시장의 조각들은 문신의 대표작들이다. 아이에게 〈우주를 향하여〉, 〈콩코드〉, 〈和Ⅱ〉, 〈무제〉 등 작품 제목과 모양을 번갈아 설명해주자. 작품이 의미하는 바를 함께 상상해보는 것도 좋다. 작품은 언뜻 보기에 좌우가 똑같아 보이지만 꼭 그렇지만은 않다. 문신의 작품은 곤충이나 식물을 닮은 것도 같기도 하고, 인체 일부를 닮은 것 같기도 하다. 또 어떤 작품은 하늘로 치솟으려는 것처럼 날개를 활짝 펼친 모양이다. 작품 모양에 대해 아이와 이야기를 나눠보자. 작품을 두고 아이가 자신만의 의견을 갖는 것은 훌륭한 미

1. 문신미술관 입구
2. 바다가 보이는 야외 전시장
3. 제1전시관
4. 제2전시관
5. 문신 〈개미〉

1. 야외 전시장
2. 문신이 직접 디자인한 야외 전시장 바닥 타일 모양

술 체험 교육이다.

야외 전시장에서 놓쳐서는 안 될 작품이 하나 더 있다. 전시장 바닥 타일이다. 문신은 미술관을 건립하면서 기계를 구입해 직접 타일을 하나하나 자르고 디자인해 바닥 공사를 마무리했다. 이것을 알고 보면 바닥 디자인과 야외에 설치된 조각이 유기적으로 맞닿아있다는 사실을 발견한다. 아이에게 지금 딛고 있는 바닥 또한 문신의 작품이라고 알려주자. 원형과 사각으로 디자인된 바닥은 문신의 작품 세계를 투영했다.

문신원형미술관과 아이들을 위한 조각 체험 교실

문신은 세상을 뜨기 전 "사랑하는 고향에 미술관을 바치고 싶다"는 유언을 남겼다. 오랜 시간 공들여 건립한 미술관이 많은 사람들의 사랑을 받았으면 하는 바람에서 나온 뜻이었다. 그의 유지에 따라 문신미술관은 2003년 마산시에 기증되었다.

야외 전시장을 지나면 '문신원형미술관'이다. 조각작품을 만들 때 가장 먼저 하는 작업이 바로 원형 만들기다. 작품에 숨결을 불어넣는 첫 단계이자 밑바탕이기 때문에 원형을 만드는 과정이 중요하다. 특히 문신의 석고 원형은 그 자체만으로도 훌륭한 작품으로 평가받는다. 석고 원형의 백색은 문신이 작품을 대하는 순수한 열정을 상징한다. 색깔뿐 아니라 좌우의 간결한 대칭은 문신의 예술 세계를 집약한다. 문신은 1972년 파리 최초 지

3. 문신원형미술관 실내
4. 문신의 작업실을 재현해놓은 공간
5. 조각 체험 교실
6. 문신의 석고 원형 작품

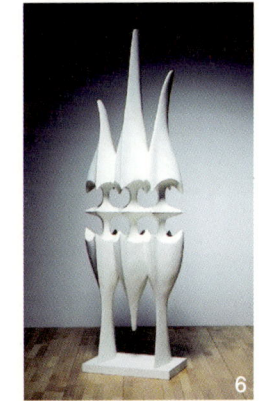

하철 전시회 '살롱드마르스 국제 조각전'에 석고 원형 작품 〈우주를 향하여〉를 출품해 호평을 받았다. 그는 타계하기 전 석고 원형 전시를 열어달라는 유언을 남겼다. 석고 원형에 대한 작가의 애정이 얼마나 깊었는지를 짐작할 수 있다. 석고 원형을 별도로 전시하는 미술관은 흔치 않다. 아이는 이곳에서 특별한 경험을 할 수 있다.

문신미술관에서는 어린이를 위한 다양한 미술 프로그램들을 운영 중이다. 방학과 주말에는 '조각 체험 교실'을 이용해보자. 체험 교실에 참가한 아이들은 전문 강사의 도움을 받아 점토, 석고, 철사 등을 이용해 조각작품을 만든다. 이 과정을 통해 아이는 창작 감수성을 키우고, 문신의 작품 활동을 간접 체험한다.

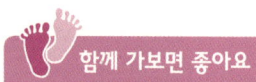
함께 가보면 좋아요

창동예술촌

문신미술관에서 멀지 않은 곳에 골목마다 예술의 향기가 피어나는 예술촌이 있다. 옛 마산시의 중심가였던 창동예술촌이다. 2011년 창원시는 쇠락해 가던 창동의 50여 개 점포를 빌려 지역 예술인들에게 무상으로 공간을 마련해주었다. 지역 예술 발전과 상권 부활을 꾀한 도심
창동예술촌

재생 운동의 시작이었다. 이를 위해 어지럽던 골목을 정비하고 담벼락엔 미술작품을 그려 넣었다. 창동예술촌은 크게 '문신예술골목', '마산예술흔적골목', '에꼴드창동골목' 등 세 가지 테마로 나뉜다.

세 개의 골목에는 작업실과 갤러리, 공방이 자리하고 있다. 공방에서는 '포크아크 기법(갤러리 문)', '그림책 만들기(SPACE 1326)', '아트 타일(보리도예공방)', '석고틀 조형 제작하기(르네상스 아틀리에)', '동화 만화 그리기(ART&STORY)' 등 30여 개의 프로그램을 운영 중이다.

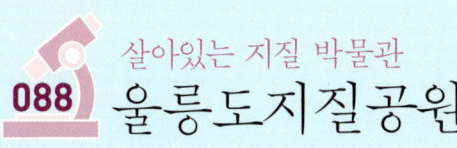

살아있는 지질 박물관
088 울릉도지질공원

주소 경상북도 울릉군 울릉읍 북면과 서면 일대
홈페이지 geopark.ulleung.go.kr
전화 054-791-2191

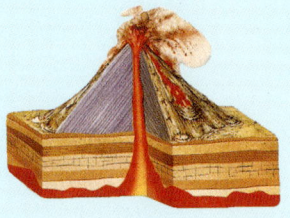

울릉도에 들어서는 순간부터 마치 다른 나라에 온 듯하다. 신기한 절벽과 바다 사이에 점점이 떠있는 섬, 분화구의 평원까지 기존의 국내 여행지와는 다른 풍경이다. 살아있는 자연은 아이에게 훌륭한 배움터다. 섬 이곳저곳을 오가는 자체만으로도 아이들의 머릿속에는 신기한 자연 풍경이 자리 잡는다. 굳이 지질 탐사를 핑계 삼지 않아도 된다. 물론 한두 마디 설명을 덧붙이면 쏠쏠한 체험 학습 효과를 거둘 수 있다.

신기한 지질 박물관, 울릉도

아이들에게 지질학은 어렵고 낯설거나 막연한 학문이다. 하지만 모험을 다룬 많은 영화에 빠짐없이 등장하는 인물이 지질학자다. 블록버스터 재난 영화에서도 지질학자들이 지구를 구한다. 지질학은 '지각*'을 연구 대상으로 하는 자연과학의 한 분야'다. 직접 대상을 보고 만지며 자연과학 전반을 활용해 연구한다. 연구실보다는 야외에서 땅이 간직한 시간의 비밀을 찾는 것이 바로 지질학의 묘미다.

1

지각
지구의 표현을 둘러싸고 있는 흙과 바위다. 육지의 두께는 35km, 바다의 두께는 5~10km이다. 영어로는 'earth crust'다. 파이나 피자의 크러스트와 같은 의미다.

지질학의 명소만 떠올려도 지질학에 대한 생각은 바뀐다. 특별한 곳일 거라 생각하지만 제주도의 '주상절리'나 고성의 '상족암군립공원', 부안의 '격포 퇴적층'처럼 우리가 이미 알고 있는 자연의 볼거리인 경우가 대부분이다. 이처럼 지질학적으로 중요한 지역을 환경부는 국가지질공원으로 인증했다. 지질을 파헤쳐볼 수 있는 흥미로운 장소가 전국 각지에 많다. 조금만 더 넓게 생각하면 우리나라 곳곳이 야외 지질 박물관이다. 아이와 함께 여행을 하며 지질학에 한걸음 다가서 보자.

훌륭한 지질 경관을 자랑하는 미지의 섬 여행

가장 먼저 떠오르는 지질공원은 제주도다. 제주도는 우리나라를 넘어 유네스코가 지정한 세계지질공원이다. 울릉도·독도 국가지질공원 또한 제주도 못지않은 훌륭한 지질 공원이다. 지질학자들 사이에서도 제주도 못지않은 '지질학의 보고'라고 불린다. 울릉도는 우리나라 동쪽 끝 섬으로, 서해나 남해와 달리 섬이 많

1. 울릉도의 독특한 지질
2. 행남해안산책로
3. 대풍감 전망대

지 않은 동해 바다의 형성 과정을 밝혀줄 단서다.

울릉도와 독도의 유명한 여행지 대부분이 빼어난 지질 경관을 자랑한다. 울릉도 여행이 곧 지질 여행이라 해도 과언이 아니다. 가장 두드러지는 지질은 울릉도 가장자리에 해당하는 해안 절벽 '해식애'*다. 울릉도는 부서지기 쉬운 응회암질이라 파도(파랑)나 바람에 예민하게 반응한다. 그래서 기묘한 형상의 절벽이 많다. 도동의 '행남해안산책로', 태하의 '대풍감전망대' 등은 그 진수다. 행남해안산책로는 해안 도보 산책 코스로 울릉도의 자랑거리다. 절벽 아래 난 데크를 따라 '아아용암'* 등의 지질을 살피며 걷기에 좋다. 초기 울릉도의 화산 활동 특징을 간직한 곳이다. 해안폭포와 해식동굴 등도 만난다. 서면의 대풍감전망대도 가볼 만하다. 우리나라 '10대 비경'이라 불리는 울릉도의 명소다. 대풍감전망대에서는 해식애를 한눈에 내려다볼 수 있다.

해식애
주로 파도(파랑) 등에 의한 침식 작용으로 해안에 생겨난 절벽이다.

아아용암
표면이 울퉁불퉁한 요철(凹凸) 모양의 용암이다. 반대로 매끈한 경우는 '파호에호에용암'이다. 용암의 점성에 따라 나뉜다. 용암의 점성이 낮으면 넓게 퍼지며 굳어 부드러운 파호에호에용암이 된다. 용암의 점성이 높으면 뭉쳐있는 상태에서 아아용암이 될 확률이 높다.

바다의 아치 '시아치'와 바다의 굴뚝 '시스택'

바람이나 파도가 행남해안산책로나 대풍감 일대로 계속 불어들면 어떻게 될까? 파도나 바람이 절벽이나 바위를 공격하면 약한 부분이 부서지고 강한 부분만 남게 된다. 그 모양이 아치(arch)

1. 악어터널(시아치)
2. 시아치
3. 라바볼

를 닮은 것은 '시아치', 지붕도 없는 굴뚝 모양을 닮은 것은 '시스택'이라고 부른다.

울릉도는 해안 절벽과 더불어 해안의 다양한 바위가 여행의 묘미를 선사한다. 시아치는 북면의 '악어터널'이 잘 알려져 있다. 아치 모양이 마치 악어가 입을 벌린 모양이다. 그 아래로 해안 도로가 통과한다. 이곳을 지나갈 때 거짓말을 하면 악어가 입을 닫는다는 이야기도 전해진다. 닭다리처럼 생겼다고 주장하는 이들도 있다.

울릉도의 대표 시스택은 울릉읍 저동항의 '촛대바위'와 서면 통구미항의 '거북바위'다. 방파제에 기댄 저동항의 촛대바위는 육지와 떨어져 촛대처럼 서있다. 아침 해가 뜰 때 가장 아름답다. 통구미항의 거북바위는 포구 근처의 커다란 바위로 한 마리 거북이 육지를 향해 들어오는 모양이다. 보는 방향에 따라서는 바위를 오르는 대여섯 마리의 거북으로 보인다. 거북바위는 비슷한 크기의 다른 바위에 비해 비교적 가까이에서 관찰할 수 있는 게 장점이다. 물때에 따라 주변을 한 바퀴 돌아볼 수도 있다. 거북바위 서쪽 면에 공 모양으로 생긴 용암 덩어리 '라바볼'(용암구)'도 아이들의 호기심을 자극한다.

라바볼(Lava Ball)
공 모양의 용암 덩어리로 용암구라고도 부른다. 흐르는 용암이 공기와 접촉할때 급속한 냉각이 이뤄지면 흐르는 속도 차가 발생한다. 그때 용암은 눈덩이처럼 서로 뭉쳐져서 둥근 덩어리의 라바볼을 만든다.

4. 거북바위
5. 이선암과 삼선암(시스택)
6. 코끼리바위

거북바위 같은 지형은 시간이 지나면 외딴 섬으로 바뀐다. 가까이 접한 육지가 바람과 파도에 부서지며 점점 침식하기 때문이다. 북면 앞 바다에 있는 '코끼리바위'나 '삼선암' 등이 이런 경우다. 코끼리바위는 코 부분이 10m 높이의 시아치다. 누가 가르쳐주지 않아도 코끼리바위라는 걸 알 수 있을 만큼 코끼리와 닮았다. 코끼리바위의 코 부분은 시간이 지나면 침식되어 떨어져나갈 확률이 높다. 삼선암이 그 예다. 삼선암은 울릉도 북면 해안에 솟아있는 세 개의 바위섬이다. 그 가운데 이선암과 삼선암은 지척에 있는 섬이다. 원래 두 섬은 시아치로 이뤄진 하나의 바위였는데 시간이 지나 침식이 이루어져 두 개의 바위가 됐다.

화산 폭발로 생겨난 나리분지

그럼 해안의 해식애나 시아치, 시스택이 생기기 이전 태초의 울릉도는 어떤 섬이었을까? 울릉도는 제주도와 마찬가지로 화산 폭발로 생겨난 섬이다. 신생대 3기 화산 활동이 섬의 큰 틀을 만들었고, 신생대 4기 동안 바람과 파도의 침식과 퇴적 과정을 거치며 완전히 새로운 모습으로 변화했다.

화산 폭발이 만든 울릉도의 가장 흥미로운 지형은 '나리분지'다. 북면 천부항에서 고개를 넘으면 사방이 산으로 둘러

나리분지 분화구

싸인 울릉도 최대의 평지가 나온다. 절벽의 해안 도로를 오갈 때 상상할 수 없는 평원이 펼쳐진다. 더 놀라운 것은 거대한 평원이 화산 폭발로 생겨났다는 사실이다. 나리분지는 원래 너른 분화구였지만, 지하 공간이 비며 한 차례 함몰이 생겼고 지금과 같은 평지가 됐다. 나리분지 뒤편으로는 '알봉'이라는 작은 봉우리가 있다. 이 지형은 분화구 안에서 또 한 번의 화산 폭발로 생겨났다. 일대의 가을 단풍과 겨울 설경은 우리나라 어디에 내놓아도 빠지지 않는다.

울릉도에서 꼭 봐야 할 주상절리와
계속해서 걸음을 멈추게 하는 자연 경관

주상절리
용암이 바다로 흐르면서 급격히 식어 형성된 지형이다. 긴 기둥 모양의 절리로 단면은 육각형이나 오각형 등 다각형이다.

주상절리*도 빼놓을 수 없다. 주상절리는 제주도 대포주상절리가 먼저 떠오르지만 울릉도에는 그 못지않은 주상절리 명소가 많다. 남양에는 국수 가락처럼 생긴 '국수바위'가 있다. 비파라는 악기를 닮아서 '비파산'이라고도 한다. '관음도' 역시 주상절리 명소다. 관음도는 울릉도 본섬에서 보행연도교를 건너 진입하는데, 다리 아래쪽에 해안과 접한 경사면이 주상절리다. 바다를 향해 부채처럼 펼쳐진 모양이다.

코끼리바위는 전체가 주상절리로 덮여있다. 몸통은 관음도와 마찬가지로 부챗살 모양이고 코와 다리는 바둑판 모양이다. 마치 코끼리의 피부를 새겨 넣은 듯하다. 독도리 서도에 있는 탕

1. 국수바위
2. 관음도 주상절리

함께 가보면 좋아요

예림원

예림원은 울릉도 유일의 예술 공원이다. 예술할 때 '예(藝)'와 수풀 할 때 '림(林)'을 따서 예림원이라고 부른다. 또 다른 이름은 '문자조각공원'이다. 예림원 내에는 문자 모양의 조각작품이 많다. '꿈', '와~', '사랑', '행복해' 같은 한글 모양의 조각작품도 있고 '閑暇', '大' 같은 한자 모양의 조각작품도 있다. 문자 조각작품은 예림원을 만든 박경원 원장의 작품이다. 박경원 원장은 예림원의 조각은 물론 나무와 꽃, 집까지 직접 만들었다. 예림원에는 '울릉자생식물원'도 있다. 울릉도가 고향인 '울릉국화', '섬개야광나무', '솔송나무' 등을 볼 수 있다. 또한 예림원에서 보는 울릉도 앞바다 전망도 일품이다.

예림원

건봉에서도 주상절리를 볼 수 있다. 이밖에도 울릉도 해안 도로를 달리다 보면 곳곳에서 멈춰 설 수밖에 없는 경관이 나타난다. '송곳봉'이나 '노인봉', '투구봉'처럼 해안에 우뚝 솟아있는 항구의 랜드마크는 물론, 도로 옆에 절벽과 바위 하나도 예사롭지 않다. 그 신기한 모양이 어떻게 생겨났을까 궁금증을 갖는 순간 지질학은 더 이상 지루한 공부가 아니다.

3. 노인봉 주상절리
4. 송곳봉

089 부산시립미술관

바다로 떠나는 미술관 여행

주소 부산시 해운대구 APEC로 58
관람 시간 본관 10:00~20:00, 어린이미술관 10:00~18:00, 이우환공간 10:00~18:00
(관람 종료 1시간 전까지 입장 가능)
휴관일 매주 월요일(월요일이 휴일인 경우 그 다음 날), 1월 1일
관람료 부산시립미술관 무료, 이우환공간 – 성인 2000원, 청소년·어린이 1000원
홈페이지 art.busan.go.kr
전화 051-744-2602(본관), 051-740-4205(어린이미술관)

1998년 수영만 올림픽공원 옆에 부산시립미술관이 뿌리를 내렸다. 격년으로 열리는 부산비엔날레의 주 전시장으로 세계 각국의 실험적인 예술가들이 찾는다. 부산시립미술관은 별도의 어린이미술관전시실을 갖춰 어린이만을 위한 전시도 연다. 물론 연계 체험도 활발하다. 2015년에는 거장 이우환의 작품을 볼 수 있는 이우환공간도 생겼다. 이우환의 작품은 아이들에게 낯설지만 분명 새로운 예술 경험이다.

해변에서 예술을 향유하다

부산은 예술의 고장이다. 매해 다채로운 예술의 향연이 바다의 도시를 물들인다. 부산국제영화제만 해도 2016년 21주년을 맞는다. 부산국제영화제에 비해 유명세는 덜 하지만 부산비엔날레도 지나칠 수 없다. 1981년 부산청년비엔날레를 시작으로 부산국제아트페스티벌을 거쳐, 2002년부터는 부산비엔날레로 이름을 바꿔 격년으로 열리고 있다.

1998년 3월에 개관한 부산시립미술관은 부산비엔날레의 중심이다. 지하 2층, 지상 3층 규모로 부산 예술의 상징이자 심장이다. '전시실'과 '야외 조각공원' 외에 '어린이미술관', '도서자료실', '카페테리아', '아트숍' 등으로 이뤄졌다. 외관은 직육면체 모양의 건물 네 개를 연결한 형태다. 지붕을 'V'모양으로 설계한 것이 특이하다. 미술관 외관과 미술관 내부 구조는 비슷하다. 직육면체가 각각 미술관의 전시실을 이루고 그 사이를 통로와 야외 테라스가 잇는다. 봄가을 날씨가 좋은 날에는 테라스를 휴식처로 개방한다.

2015년에는 별관인 이우환공간이 문을 열었다. 다른 지역의 시립미술관과 차별화한 부산만의 예술 공간이다. 이우환의 작품을 중심으로 천천히 예술의 감흥에 젖어 봄직하다. 창의력의 폭을 넓히기에도 좋다.

오감으로 느끼는 기획전시와 어린이를 위한 체험 프로그램

부산시립미술관은 지하철 시립미술관역에서 걸어 이동이 가능하다. 1층은 너른 로비와 카페테리아, 아트숍, 수유실 등이 위치한다. 2층과 3층은 전시실이 주를 이룬다. 지하 1층은 강당과 어린이미술관 전시실, 교육실 등으로 이뤄졌다.

1. 부산시립미술관 외관
2. 도서자료실
3. 야외 테라스
4. 1층 로비에 전시 중인 백남준 〈덕수궁〉

미술관 공간 전반은 비밀스럽다기보다 넓고 정직하다. 답답한 느낌이 적고 시원스럽다. 전시 내용은 부산의 지역 미술과 현대미술 전반을 아우른다. 2015년 기증상설전에는 부산 출신의 조각가 '주명우'와 프랑스 인상주의 화가 '르누와르'의 판화를 전시했다. 독일현대미술의 현재를 만나볼 수 있는 '세계로의 여행 : 독일현대미술'전도 있었다. 광복 70주년 기념으로는 '남도미술 200년 : 탄생과 열려진 지평'전을 광주시립미술관과 함께 개최하기도 했다. 또 '부산의 발견전'과 '부산미술대전'으로 끊임없이 지역 작가들을 만나고 소통한다.

대부분 아이가 볼 수 있는 전시지만 어렵게 느껴진다면 어린이미술관을 권한다. 부산시립미술관은 아이를 위한 별도의 전시실이 있다. 내용과 전시 방식을 아이의 눈높이에 맞췄다. 전시 내용도 흥미롭다. 2015년 4~8월까지 '우리 동네, 우리 집'전이 열렸다. 어린이미술관의 캐릭터 미수리가 새로운 동네로 이사를 간다는 내용으로 전시를 꾸몄다. 작품을 보며 집과 관련된 이야기를 나누며 자연스럽게 집에 대한 아이의 생각을 알아볼 수 있는 시간이었다. 2014년 4~6월까지는 '발랄한 돋보기'전을 열었다. 작품이 만들어지는 과정에서 작가의 오감이 어떻게 작용하는지 상세히 들여다볼 수 있는 전시였다.

전시와 연계한 체험 프로그램도 운영한다. '우리 동네, 우리 집'전은 미수리네 집안이나 정원, 벽 등을 아이들이 직접 꾸미는 프로그램과 연계했다. 그 밖에도 눈에 띄는 프로그램이 많다. 미술관 작품을 감상하고 나만의 감상법을 만드는 '숨은그림찾기'와 전시와 연계한 '특별 체험 프로그램', 방학 기간에 열리는 '여름미술관 교육' 등이 그것이다. 개인 단위 프로그램도 열리고 가족 단위로 참가하는 프로그램도 있다. 작가가 함께 참여해 창작 가이드 역할을 하기도 한다. 오감을 활용해 예술 감성을 몸으로 느끼고 깨우치게 한다.

1. '부산미술대전' 전시 풍경
2. '우리 동네, 우리 집' 전시 풍경

'추상의 극치' 이우환공간과 만나다

2015년 4월부터는 부산시립미술관을 찾아야 할 또 하나의 이유가 생겼다. 별관으로 새롭게 문을 연 '이우환공간' 때문이다. 이우환은 경남 함안에서 태어나 부산에서 중학교를 다녔다. 그의 이름을 건 미술관으로는 일본 나오시마의 이우환미술관에 이어 두 번째다. 그는 일본의 미술 운동 '모노파'를 주도했으며 〈선으로부터〉, 〈관계항〉 등 회화와 조각을 넘나들며 철학적인 작품으로 인정을 받고 있는 세계적인 거장이다.

이우환공간은 부산시민공원에 조성할 예정이었으나 작가의 뜻에 따라 부산시립미술관 별관으로 지어졌다. 그는 자신의 작품 20여 점을 기증하고 전시장 기본 설계부터 작품 설치 작업까지 손수 챙겼다. 미술관 공간 또한 하나의 작품이라는 생각으로 접근했다. 내부는 지상 1층, 지하 2층 규모로 1층은 〈관계항〉을 중심으로 한 작품이, 2층은 〈대화〉를 중심으로 한 작품이 관객

● **이우환**
화가이자 조각가다. 서울대학교 미술학부를 중퇴하고 일본으로 건너가 니혼대학교 철학과를 졸업했다. 프랑스 파리 유네스코미술상, 일본 세계문화상 등을 수상했다. 2011년 뉴욕 구겐하임미술관과 2014년 파리 베르사유궁전에서 초대전을 가졌다.

이우환

● **나오시마 이우환미술관**
일본의 예술섬 나오시마에 들어선 미술관이다. 나오시마의 여러 미술관과 마찬가지로 안도 다다오가 설계했다. 건축 또한 하나의 작품으로 이우환의 작품과 조우한다. 반면 부산시립미술관은 이우환 작가가 직접 설계에 참여했다. 공간 또한 그의 작품으로 보고 접근할 수 있다.

나오시마 이우환미술관

● **모노파**
1960~1970년대 일본에서 나타난 미술 경향이다. 모노는 '물(物)'의 일본어로 물건, 물체 등을 의미한다. 모노파는 캔버스에 붓으로 그림을 그리는 것에서 탈피했다. 돌이나 철판, 종이, 나무 등의 소재를 변형하지 않고 작품에 그대로 사용했다. 소재 자체보다 소재끼리의 관계에서 여러 가지 의미를 생각해볼 수 있다. 이우환은 그 이론적 토대를 마련해 모노파의 창시자, 선구자로 불린다.

1. 이우환 〈관계항〉
2. 야외 조각공원
3. 이우환공간 야경

들을 기다린다. 회화작품은 14점이며 조각작품은 10점이다.

그의 작품은 아이와 어른 모두에게 낯설다. 회화작품은 점이나 선으로만 이뤄져 있다. 또, 조각작품은 철판과 돌덩이 몇 개가 놓여있는 듯하다. 추상의 극치다. 이 또한 작가가 의도한 바다. 그렇다고 너무 복잡하게 생각할 필요는 없다. 아이에게는 "돌을 작품이라고 뒀으니 뭔가 다른 의미가 있지 않을까?" 하는 질문을 던지며 자신만의 해석을 찾게 해보자. 한 작가가 평생을 걸쳐 정립한 예술 세계를 어찌 단번에 이해할까. 아이다운 해석은 아이의 세계관 내에서 찾을 수 있는 최선의 감상이다. 작가가 바라는 작품 감상법 또한 크게 다르지 않을 것이다.

야외에서도 〈관계항-길모퉁이〉와 〈회의〉를 만

이우환공간 전경

나볼 수 있다. 〈관계항-길모퉁이〉는 2015년에 만든 최신작이다. 공간을 달리하니 느낌 또한 달라진다. 초록의 잔디와 열린 하늘이 작품에 새로운 느낌을 더한다.

  이우환공간까지 돌아본 후에는 야외 조각공원을 거닐다 바다로 걸음을 옮기는 것도 방법이다. 부산시립미술관은 해운대와 광안리가 지척에 있다. 부산 바다의 정취를 느껴보기에도 안성맞춤이다. 마침 9월이라면 '부산비엔날레'나 '바다미술제'도 즐길 수 있다.

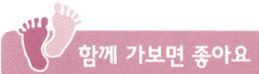

부산비엔날레 & 바다미술제

부산비엔날레는 '부산청년비엔날레'와 '바다미술제', '부산조각심포지움' 등 3개의 국제 전시를 통합해 만들었다. 2016년 9회째를 맞이한다. 보통 9~11월까지 두세 달 동안 열린다. 실험적인 전시와 다채로운 예술 체험이 가능한 행사다. 비엔날레 기간에는 어린이를 위한 프로그램도 진행한다. 작품을 보고 자신만의 작품을 만들기도 하고, 마음에 드는 작품 위에 OHP필름으로 나만의 상상력을 더해보기도 한다.

부산비엔날레는 부산시립미술관을 중심으로 전시를 열지만 고려제강 수영공장이나 부산진역 건물, 광안리해수욕장 등 새로운 공간에서 전시를 열기도 한다.

2011년부터는 '바다미술제'도 부활했다. 짝수 해에는 부산비엔날레가 홀수 해에는 바다미술제가 9월의 부산을 예술 도시로 바꿔놓는다. 바다미술제는 해수욕장에서 독립적인 미술제로 열린다. '바다의 도시' 부산이 가진 매력을 맘껏 누려볼 수 있다. 뿐만 아니라 다채로운 공연이 더해져 '해변의 예술 축제'라고 말할 수 있다.

부산비엔날레

바다미술제

090 여수세계박람회장
환상적인 바다 쇼가 펼쳐지는 곳!

주소 전라남도 여수시 박람회길1
관람 시간 09:00~20:00, 월요일 09:00~20:00
　　　　　(공원 내 시설 입장 시간은 별도 확인 필요)
휴관일 연중무휴 (공원 내 시설 휴관일은 별도 확인 필요)
관람료 무료(공원 내 시설 입장료 및 프로그램 이용료 별도)
홈페이지 www.expo2012.kr
전화 1577-2012

지구 면적의 70%가 바다. 드넓은 바다에는 그만큼 많은 종의 생물이 살고 있다. 바다 생물은 끊임없는 연구 대상이다. 아직 풀리지 않은 바다 생물의 비밀도 많다. 여수세계박람회장은 미지의 바다 그 자체다. 다양한 볼거리와 환상적인 쇼를 즐기다 보면 아이의 꿈과 상상력은 바다를 향하게 된다.

고래가 머리 위로 헤엄치는 것을 볼 수 있는 곳

정문으로 들어서면 먼저 커다란 인형이 아이들의 시선을 잡아끈다. 기념관 건물 계단 옆에 앉아있는 목각 인형의 이름은 '연안이'다. 연안이는 여수세계박람회 기간 중 줄에 매달려 퍼레이드를 선보였다. 관람객들에게 인기가 많았던 인형이다. 여수박람회가 끝난 후에는 지금처럼 기념관 옆에 앉아있다. 마치 정문으로 들어오는 관람객들을 환영하는 것 같다.

여수세계박람회장의 핵심 시설물은 '엑스포디지털갤러리(EDG)', '스카이타워', '빅오(Big-O)', '아쿠아플라넷 여수' 등으로 여수세계박람회 기간 동안 가장 인기를 모았던 곳이다. 각 시설물의 이용 및 프로그램 시간이 다양하니 방문 전 미리 확인해야 한다. 빅오쇼는 저녁에 공연을 하고, 아쿠아플라넷은 아이와 함께 모두 둘러보는 데 시간이 많이 걸린다는 점을 유념해서 동선을 짜자. 구경을 하느라 지쳤다면 스카이타워에 올라가 잠시 바다 전망을 감상하며 휴식을 즐기는 것도 좋다. 다만 이 모든 시설물의 이동 거리가 멀다는 점도 잊지 말자.

1. 목각 인형 '연안이'
2. 엑스포디지털갤러리 천장 LED 스크린에서 상영하는 화려한 영상

1. 엑스포디지털갤러리 안에 서있는 가족 인형
2. 스카이타워
3. 스카이타워에 설치한 파이프오르간

정문으로 입장하면 정면에 보이는 건물이 엑스포디지털갤러리다. 엑스포디지털갤러리 안에는 커다란 가족 인형이 서있다. 물놀이를 하러 가는 가족의 행복한 모습이다.

엑스포디지털갤러리에서는 신기한 장면을 접한다. 머리 위로 고래가 지나다니는 모습이다. 실재처럼 보이는 고래를 보고 아이는 고래가 날고 있다고 해야 할지 헤엄을 치고 있다고 해야 할지 몰라 잠시 고민에 빠진다. 고래뿐만이 아니다. 바다 속 각종 해양 생물들이 고래와 함께 날고 있다. 이 영상은 여수박람회 기간 중에도 인기가 매우 많았다. 길이 약 218m, 폭 약 30m의 세계 최고 해상도(654만 화소) 대형 LED 스크린은 신기한 볼거리와 감동을 선물했다. 영상의 내용은 바닷속 해양 생물들의 평화로운 한때이다. 영상의 장르는 뮤직비디오, 애니메이션 등 다양하다. 아이 손을 잡고 산책하면서 즐길 수 있다. 상영은 4~10월에만 하고 있으니 미리 확인하고 방문하자.

 세계에서 가장 큰 소리를 내는 파이프오르간과 공원 가장 높은 곳에서 보는 바다 전망

엑스포디지털갤러리를 빠져나오면 '스카이타워'와 '파이프오르간'이 보인다. 파이프오르간은 최장 6km까지 소리가 퍼져 세계에서 가장 큰 소리를 내는 파이프오르간으로 인정받아 기네스북에 올랐다. 3월에서 12월 중순까지 매일 약 15분씩 연주하는

4. 해수담수시설
5. 스카이타워 카페

데(월요일 제외, 정확한 시간은 홈페이지 참조) 스카이타워 앞 부스에서 연주자의 연주 실황을 볼 수 있다. 연주자가 건반을 누르면 스카이타워 외벽에 설치된 80개의 파이프에서 소리가 흐른다. 뱃고동과 비슷한 소리다. 현재는 관람객의 청각 보호를 위해 가장 작은 소리로 연주한다. 실제 파이프오르간 연주를 듣는 건 드문 경험이다. 아이에게 잊지 못할 추억이 될 것이다.

스카이타워는 여수박람회를 위해 새로 지은 건물이 아니다. 시멘트 저장고였던 곳을 철거하지 않고 전망대로 이용하고 있다. 입장하면 가장 먼저 바닷물을 식수로 바꾸는 '해수담수시설'을 볼 수 있다. 이곳을 지나 엘리베이터를 이용해 전망대로 올라간다. 엘리베이터 문이 열리면 전망대를 겸한 카페다. 끝없이 펼쳐진 바다를 높은 위치에서 감상할 수 있다. 박람회장 전경도 한눈에 담을 수 있다. 공원 팸플릿에 나온 지도와 전망대에서 보는 위치를 서로 확인하는 것도 아이에게는 재미있는 놀이다.

카페를 둘러보면 실내 중앙에서 특이한 지점을 발견한다. 사각으로 뚫린 부분을 강화유리로 덮어 전망대 아래를 볼 수 있게 했다. 유리만 없으면 67m 아래로 추락할 수 있는 곳이다. 아찔한 높이를 눈으로 생생하게 확인할 수 있다.

 여수 밤바다의 판타스틱 쇼

'빅오'는 박람회 기간 동안 가장 인기를 끈 시설물이었다. 지름 43m 구조물인 '디오(The O)'와 '해상 분수'를 합쳐 '빅오'라고

1~2. '빅오쇼' 장면

부른다. 이곳에서는 매일 저녁(월요일 제외) 약 45분 동안 환상적인 쇼가 펼쳐진다. 쇼는 분수, 안개, 화염, 레이저, 조명, 음향 등으로 화려하게 구성됐다. 보는 이의 오감을 만족시키는 국내 유일의 뉴 미디어 쇼다.

디오의 뚫린 가운데 부분은 워터스크린 역할을 한다. 폭포수 같은 물이 쏟아지는가 싶더니 목각인형 연안이가 나타나 공연의 시작을 알린다. 이내 스크린에 다양한 캐릭터가 나타나 환경오염의 심각성을 보여준다. 빅오쇼가 관람객들에게 전하려는 메시지는 마지막 부분에 한마디로 요약해 보여준다. '우리는 어떤 미래를 선택해야 하나요?' 환경오염이 당면 과제로 떠오르는 현실을 생각해본다면 인류에게 가장 중요한 질문이라고 하겠다. 공연을 본 후 아이와 함께 이 질문을 화제로 삼아 대화를 나눠보는 것도 좋겠다.

바닷속 해양 생물들을 만나요!

아쿠아플라넷은 수많은 종류의 해양 생물들을 가까이에서 볼 수 있는 대형 해양생태관이다. 네 개의 테마로 구성됐다. 아이와 함께 자세히 둘러보려면 여유 있게 시간을 잡아야 한다. 기본 관람 동선은 3층과 4층의 '마린라이프', '아쿠아 포리스트'(3층)와 '오션라이프'(3층) 순이다. 각 전시실마다 인기 있는 해양 생물들이 관람객을 맞이한다.

마린라이프에는 아쿠아플라넷 최고 인기 생물이 산다. 바로 '벨루가다'. 매끈한 몸매에 웃는 듯한 얼굴의 벨루가는 관람객 모두가 사랑하는 동물이다. 벨루가를 볼 수 있는 수족관 앞에는 항상 사람들로 붐빈다. 벨루가가 천천히 헤엄치며 장난감을 갖고 노는 모습을 보고 있노라면 시간 가는 줄 모른다. 하루 3회 열리는 벨루가 생태 설명회는 꼭 참여해보자. "루이(아쿠아플라넷에서 지어준 벨루가의 이름)야!" 하고 부르면 헤엄쳐 사람들 앞으로 다가오는 벨루가의 재롱을 볼 수 있다.

아쿠아 포리스트는 아마존 밀림처럼 꾸민 전시관이다. 이곳에서는 아마존 수조가 가장 인기가 많다. 피라루크, 캣피쉬, 파쿠 등 아마존 지역에서 사는 대형 물고기들이 노는 모습을 볼 수 있다.

오션 라이프는 360도에서 해양생태계를 관람할 수 있는 수중 전망대다. 수중 전망대로는 국내 최대 크기로, 바닷속을 걷는 듯한 기분을 느끼며 해양 생물들을 볼 수 있다. 이곳에서는 태평양, 카리브해, 대서양, 홍해, 북해도, 그리고 여수 앞바다 등에서 사는 바닷속 생물들을 만날 수 있다.

아쿠아플라넷에서는 해양 생물 프로그램 시간도 확인해 꼭 참석해볼 것을 권한다. 라쿤, 펭귄, 피라니아, 바이칼 물범 등의 이야기를 들려주는 생태설명회는 살아 있는 체험 학습의 현장이다. 특히 메인 수조에서 진행하는 환상적인 '수중 발레 공연'과 '오션라이프 만찬'은 기억에 오래도록 남는다.

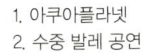
1. 아쿠아플라넷
2. 수중 발레 공연

벨루가

091
갈대와 갯벌이 만든 생명의 보고
순천만습지

주소 전라남도 순천시 순천만길 513-25
관람 시간 10:00~18:00
휴관일 매주 월요일
관람료 성인 8000원, 청소년 6000원, 어린이 4000원(순천만자연생태관은 무료)
홈페이지 www.suncheonbay.go.kr
전화 061-749-6052

여수반도와 고흥반도가 만나 항아리 모양의 순천만을 이뤘다. 갈대밭과 갯벌의 풍광이 끝이 보이지 않을 만큼 뻗어있다. 이곳은 각종 희귀 철새들과 갯벌의 생명들이 평화롭게 공존한다. 순천만자연생태관은 순천만이 지닌 환경과 생명의 의미를 배울 수 있는 공간이다. 이 지역 대표 철새인 흑두루미 가족도 만나고 순천만의 모습을 실시간으로 볼 수 있다. 아이들은 갯벌의 생명체와 철새, 텃새들을 관람하면서 순천만의 가치와 환경의 중요성을 자연스럽게 체득한다.

우리나라 최초 람사르 습지에 등록된 순천만

순천만습지는 5.4km²의 갈대밭과 22.6km²의 갯벌이 마치 바다처럼 펼쳐져 있다. 철새와 갯벌 생물들이 살기 좋은 자연 조건을 모두 갖춘 곳이다. 순천만은 국내 연안습지 중 처음으로 2006년 람사르 습지*에 등록되었다.

순천만 갈대밭 전경

연안 습지는 만조 때와 간조 때 바닷물이 들어가고 나오는 경계 사이의 지역을 말한다. '만조'는 밀물이 꽉 차서 바닷물의 높이가 가장 높을 때이고, '간조'는 물이 빠져 바닷물의 높이가 가장 낮을 때이다. 연안습지는 강에서 실려온 흙이 강 하류 지역에 넓게 쌓이면서 만들어진다. 삼각주 지역이나 해안 갯벌이 대표적인 연안습지다. 연안습지는 다양한 생태계의 변화가 일어나는 곳이기 때문에 자연에 있어 매우 중요한 곳이다.

람사르 습지
전 세계를 대상으로 습지로서의 중요성을 인정받아 람사르 협회가 지정하여 보호하는 습지를 말한다.

순천만에는 매해 겨울이면 흑두루미, 노랑부리저어새, 큰고니, 검은머리물떼새 등의 철새가 찾아온다. 순천만이 조류가 살 수 있는 천혜의 환경 조건을 갖췄다는 증거다. 철새 외에도 각종 게류, 조개류, 갯지렁이류 등이 갯벌을 터전 삼아 생명을 이어간다.

또한 갈대는 순천만의 상징과 같다. 우리나라 다른 지역에서도 갈대가 자라는 모습을 흔히 볼 수 있지만 순천만은 그중 가장 큰 군락지를 형성하고 있다. 너른 들판에 펼쳐진 갈대가 바람에 움직이는 모습은 그야말로 장관이다. 가까이서 보면 갈대만 있는

순천만 전경

게 아니다. 무성한 갈대밭 사이에 물억새와 쑥부쟁이가 무리 지어 있다. 갈대밭의 붉은 칠면초 군락지도 훌륭한 구경거리다. 한 마디로 갈대밭은 자연 생태계의 보고다. 갈대는 적조를 막는 정화 기능과 홍수를 예방하는 구실도 한다. 이렇듯 순천만자연생태관에서는 때 묻지 않은 자연 생태계를 관찰할 수 있다.

안녕! 흑두루미야

흑두루미

흑두루미 가족 모형

자연생태관에 들어서면 대형 흑두루미 가족 모형이 관람객을 반긴다. 흑두루미는 순천만을 찾는 대표 철새로 전시장에는 암수 두 마리가 새끼 두 마리를 보호하고 있다. 부화를 준비하는 알도 두 개 놓여있다. 흑두루미는 천연기념물 228호로 보호받고 있는 조류다. 성장을 마친 흑두루미의 전체 몸 길이는 약 1m다. 자연생태관 1층에서 보듯 흑두루미는 주로 가족이 모여 생활하며 겨울에만 우리나라를 찾는 철새다. 일부는 다른 나라로 가기 전 잠시 들르는 나그네새다. 무리를 지어 하늘을 날 때는 'V' 형태를 만든다.

흑두루미 가족 오른편에는 순천만의 모습을 실시간으로 보여주는 모니터 세 대가 있다. 용산전망대와 갈대밭에서 보는 순천만의 모습이다. 용산전망대는 순천만 전체가 가장 잘 보이는 위치로 자연생태관 앞에서 출발하면 걸어서 약 50여 분이 걸린다. 해가 질 때쯤 보는 노을 풍경과 바닷물이 빠진 후 나타나는 S라인 물길은 용산전망대에서만 감상할 수 있는 순천만 최고의 경치다. 잠시 아이의 손을 잡고 자연이 만드는 풍경 앞에서 마음을 놓아보자.

1~2. 갯벌 내부를 실제처럼 만들어 놓은 조형물

순천만의 갯벌을 체험할 수 있는 곳

2층으로 오르면 제1전시실이 나온다. 이곳에서는 갯벌 탐험에 관한 전시를 볼 수 있다. 우선 '모래갯벌', '모래펄갯벌', '하구역 갯벌' 등 갯벌의 종류를 소개하고, 갯벌의 생태적 특징과 가치를 알려준다. 갯벌은 육지 중 가장 낮은 곳이며 바다와 맞닿은 곳이다. 때문에 풍부한 유기물들이 모여 농축된다. 또한 주기적으로 산소 공급이 이루어져 많은 생명체들이 서식하며, 번식 장소로도 이용된다. 전체 어획량의 60% 이상이 갯벌에서 생산되며, 멸종 위기에 처한 생물 3분의 1이 갯벌에서 서식하는 것으로 알려져 있다.

아이들이 가장 좋아하는 전시물은 갯벌 내부를 실제처럼 만들어놓은 조형물이다. 바닥을 강화 유리로 마감하고 그 안을 갯벌처럼 꾸몄다. 이 전시물은 갯벌 내부와 이곳에 살고 있는 낙지, 갯지렁이, 게, 조개 등의 생물을 사실감 있게 보여준다. 관람객은 갯벌 위를 걷고 있는 듯한 생생한 느낌을 받는다.

아이들에게 인기 높은 전시물은 또 있다. 바로 전시실 바닥에 설치된 망원경 모양의 모니터다. 아이들이 쉽게 영상을 볼 수 있도록 높이를 낮게 설치했다. 모니터를 들여다보면 순천만과 관련한 다양한 영상을 감상할 수 있다.

제2전시실의 주제는 '철새이야기'와 '텃새이야기'다. 올빼미, 황조롱이, 쇠물닭, 물떼새 등 각종 새 모형이 전시 중이다. 전시

노을길 여행

실 한쪽 벽면에는 철새와 텃새에 관한 다양한 자료가 설치되어 있어 실제 새 모습과 비교하며 읽을 수 있다. 아이들이 제2전시실에서 가장 좋아하는 곳은 각종 새알 모형을 비교해 보여주는 곳이다. 제2전시실이 끝나는 지점에 있는 대형 새알 모형 안으로 들어가면 개개비알, 깍도요알, 참새알, 쇠물닭알 등이 전시 중이다. 실제로 보기 어려운 새알들의 크기, 모양, 색깔 등을 비교해볼 수 있는 드문 경험이다.

마지막으로 제3전시실에서는 전 세계에서 서식하는 두루미와 순천만 탐사 활동을 영상으로 소개한다. 제3전시실 옆 영상실에서는 《흑두루미의 꿈》이라는 제목의 영상을 상영 중이니 이 또한 지나치지 말자.

순천만자연생태공원에서는 다양한 체험 프로그램도 운영 중이다. 그중 아이와 함께 참여해볼 만한 것으로는 '동행 해설 프로그램'이 있다. '용산 전망대 동행 해설', '생태관 동행 해설',

● **세계 5대 갯벌**

세계 5대 갯벌로는 북해 갯벌, 우리나라의 서해안 갯벌, 미국 동부 해안 갯벌, 캐나다 동부 하구 갯벌, 아마존 하구 갯벌이 있다. 북해 갯벌은 네덜란드, 독일, 덴마크 해안에 걸쳐 발달한 갯벌이다. 우리나라 서해안 갯벌은 완만한 경사, 얕은 수심, 큰 조차 등 갯벌의 모든 요건을 갖추고 있어 유명하다. 미국 동부 해안 갯벌은 미국 대서양에 걸쳐있는 습지로 크기가 다양하다. 캐나다 동부 하구 갯벌은 대서양을 따라 나타나는 염습지로 바다표범의 서식지다. 아마존 하구 갯벌은 세계에서 가장 큰 강인 아마존 하구에 펼쳐져 있다.

서해안 갯벌

'문학관 동행 해설', '람사르길 동행 해설', '탐조대 동행 해설' 등의 프로그램이 있다. 전문 해설자가 20분~2시간 정도 동행하며 프로그램을 진행한다. 순천만에 대한 이해를 높이는 데 큰 도움을 받을 수 있다. 이외에도 '순천만 선상 투어', '천문대 하늘 체험(별빛 체험, 하늘 체험, 하늘 이야기, 꼴딱 세워 내별 찾기)', '순천만 여행(2층 버스 여행, 노을길 여행, 1박 2일 순천만 품으로)', '순천만 생태체험', '어린이 생태교실', '순천만 정원 체험' 등을 진행한다. 자세한 내용은 홈페이지를 참고하자.

 생각 발산하기

람사르협약이 뭐예요?

람사르협약은 습지 보호를 위해 1971년 이란의 람사르에서 조인되었어. 정확한 명칭은 '물새 서식지로써 국제적으로 중요한 습지에 관한 협약'이야. 우리나라는 1997년 101번째로 협약에 가입했고, 순천만은 2006년 람사르협약에 등록되었어. 순천만은 물새 서식지로써의 중요

도요새

성을 인정받아 등록될 수 있었지. 도요새, 물떼새, 흑두루미, 검은머리갈매기 등 다양한 조류들이 순천만을 이동 경로나 월동 지역으로 삼는다는 사실에 주목했어.

람사르협약에 가입한 국가는 등록된 습지를 꾸준히 관찰하고, 훼손되었을 경우 협약사무국에 보고할 의무가 있어. 이런 규정 덕분에 순천만의 생태계가 파괴되지 않고 보존되고 있는 거란다. 2014년 7월 현재 우리나라 람사르습지는 대암산 용늪(강원 인제군), 우포늪(경남 창녕군), 장도습지(전남 신안군), 순천만·보성갯벌(전남 순천시), 물영아리오름습지(제주 서귀포시), 무제치늪(울산 울주군), 두웅습지(충남 태안군), 무안갯벌(전남 무안군), 오대산국립공원습지(강원 평창군), 매화마름군락지(인천 강화군), 물장오리오름습지(제주 제주시), 1100고지습지(제주 서귀포시), 서천갯벌(충남 서천군), 고창·부안갯벌(전북 부안군), 동백동산습지(제주 제주시), 운곡습지(전북 고창군), 증도갯벌(전남 신안군), 밤섬(서울 영등포구), 송도갯벌(인천 연수구) 등 19곳이야.

CHAPTER·7

숲 속에 있는
미술관
과학관

어른이나 아이 할 것 없이 대부분 콘크리트 건물에 둘러싸여 하루를 보낸다. 일상의 터전에서 잠시 벗어나 아이 손을 잡고 숲으로 들어가 보자. 나무가 내뿜는 신선한 공기와 나뭇잎을 통과하며 한층 부드러워진 햇살과 바람, 발끝으로 전해지는 부드러운 흙의 감촉을 느끼며 산책하다 보면 아이의 몸과 마음이 건강해진다. 예술작품과 숨바꼭질할 수 있고 고개를 들어 밤하늘을 올려다보면 별이 총총 빛나는 숲이 있다. 예술과 과학의 숲을 찾아 떠나보자.

092 모란미술관
자연을 닮은 조각 전문 미술관

주소 경기도 남양주시 화도읍 경춘로 2110번길 8
관람 시간 11~2월 09:30~17:00, 3월과 10월 09:30~17:30,
　　　　　　4월과 9월 09:30~18:00, 5~8월 09:30~18:30
휴관일 매주 월요일
관람료 성인 5000원, 청소년 4000원, 어린이 3000원,
　　　　　36개월 미만 무료, 경기도민 50% 할인, 매월 마지막 주 수요일 무료
홈페이지 www.moranmuseum.org
전화 031-594-8001~2

조각과 현대미술을 부담 없이 즐기고 싶다면 모란미술관이 제격이다. 모란미술관은 조각 전문 미술관이다. 남양주의 수려한 경관을 병풍처럼 두르고 있는 넓은 조각공원은 조각품을 전시하는 데 안성맞춤이다. 최근에는 야외 피크닉 페스티벌을 열어 대중과 현대미술의 거리를 좁히고, 예술을 즐겁게 관람할 수 있는 기회를 만들고 있다.

자연과 예술이 어우러진 조각공원

모란미술관은 자연을 닮았다. 금남산에서 뻗어나온 산줄기를 병풍처럼 두른 채 숨은 듯 자리하고 있다. 조각 전문 미술관인 만큼 이곳의 백미는 야외 조각공원이다. 8600평의 잔디밭이 계절마다 아름다운 풍경을 선사한다. 미술관 건물을 빙 둘러싼 조각공원은 네 구역으로 나뉜다. '모란 국제조각 심포지엄'에 출품한 국내외 유명 작가들의 조각작품 110여 점이 조각공원 곳곳에 있다. 매표소로 들어서는 길에 만나는 파란색 대문도 작품 중 하나다. 페루 출신 조각가 알베르토 구즈만의 〈문〉이다. 정문을 지나면 잔디밭 곳곳에 있는 조각작품을 감상하며 산책할 수 있다. 울창한 나무 그늘 아래 돗자리를 깔고 아이와 소풍을 즐기기도 좋다.

1. 백현옥 〈장날〉
2. 백현옥 〈아낙네〉

조각공원 전경

모란미술관의 조각품들은 친근하고 개방적이다. 눈으로 감상하는 작품을 넘어 아이들이 거리낌 없이 다가설 수 있는 놀이도구가 되어준다. 모란미술관에서는 조형물에 들어가거나 올라타는 아이들을 심심찮게 만날 수 있다. 마치 소설의 한 장면 같은 작품 〈장날〉은 아이들에게 특히 인기가 높다. 아이들은 뒷짐 진 할아버지를 따라 포즈를 취하고 염소 등에 올라타기도 한다. 담소를 나누는 여인들의 몸동작과 표정을 재치 있게 살린 〈아낙네〉, 고꾸라질 듯 위태로운 직장인의 모습을 표현한 〈이대리의 백일몽〉, 역동성 넘치는 〈돈키호테-수직낙하〉 등 구석구석 재미있는 작품이 쏟아진다. 미술관 뒤편 호수에는 어른 팔뚝만 한 잉어가 살고 있다. 이 역시 아이들의 호기심을 자극한다. 호수를 뛰어다니며 잉어에게 말을 거는 아이들도 보인다. 호수를 따라 호젓한 산책길도 이어져 있어 아이와 함께 여유로운 시간을 보내기 좋다.

야외 전시장은 꼭 봐야 할 작품이 또 있다. 수장고 옆에 비스듬히 기운 채 서 있는 〈모란탑〉이다. 건축가 이영범이 만든 27m 높이의 탑도 흥미로운 볼거리지만, 탑 내부로 들어서면 더욱 신비한 볼거리가 나타난다.

1. 알베르토 구즈만 〈문〉
2. 이영범 〈모란탑〉
3. 구본주 〈이대리의 백일몽〉
4. 성동훈 〈돈키호테-수직낙하〉

바로 조각가 로댕의 〈발자크상〉이다. 탑 안에 우뚝 서있는 〈발자크상〉은 루브르박물관에서 교육용으로 만든 석고 조각품이다. 조각 미술에 큰 획을 그은 로댕에 대해 아이와 이야기를 나눠보는 것도 좋겠다. 〈발자크상〉에 얽힌 재미있는 일화도 들려주자.

 원시 부족 미술부터 현대미술까지 다양한 장르를 아우르는 전시

세모난 지붕을 얹은 미술관 건물은 나지막한 산등성이와 어울려 한 폭의 그림처럼 아름답다. 자연광이 쏟아지는 중앙홀 천장, 바깥 경관을 감상할 수 있는 커다란 창문과 테라스 등 자연과 어우러진 건물 내부도 멋스럽다. 지하 1층, 지상 2층 규모의 전시

 생각 발산하기

〈발자크상〉이 비대한 괴물이었다고요?

로댕(1849~1917년)은 '현대 조각의 아버지'라 불리는 프랑스 조각가란다. 미술에서 조각이 제대로 인정받기까지 큰 공헌을 한 인물이지. 가장 잘 알려진 작품으로 〈생각하는 사람〉이 있단다. 〈발자크상〉도 그에 못지않게 유명한 작품이야. 발자크는 19세기 프랑스 소설가로, 1891년 프랑스 문인협회가 발자크 사망 40주년을 기념해 로댕에게 조각상을 의뢰했어. 로댕은 6년이나 공을 들여 〈발자크상〉을 완성했는데 문인협회에서 주문을 취소하는 일이 벌어졌지. 배는 불룩하고 누더기 같은 수도복을 걸친 발자크의 모습이 엄청난 논란을 불러일으켰기 때문이야. 결국 로댕은 재료비를 물어줘야 하는 처지에 놓였고, 자신이 필생의 역작이라 여긴 이 작품을 집 정원에 두고 밖으로 내보내지 않았어. 〈발자크상〉은 로댕이 죽고 난 뒤 1939년이 되어서야 파리 시내에 세워졌단다. '비대한 괴물', '형체 없는 뚱뚱보' 등의 혹평을 받았던 이 작품은 뒤늦게야 진짜 발자크를 불러냈다는 평가를 받을 수 있었어.

〈발자크상〉

실은 6개의 전시 공간으로 나뉜다.

1년에 네 번 정도 열리는 기획전은 원시 부족의 전통 조각부터 현대미술에 이르기까지 다양한 장르를 아우른다. 매년 4월에는 조각을 위주로 한 대규모 전시를 연다. 조각 전문 미술관이지만 회화, 사진, 영상, 설치미술 등 다채로운 분야의 작품을 만날 수 있는 것도 장점이다. 전시 연계 체험 프로그램에도 참여해 보자. 아이들 눈높이로 진행하는 '전시 투어', '만들기 체험'이 있

함께 가보면 좋아요

남양주 코코몽팜빌리지

유기농에 대해 배우고 체험할 수 있는 곳으로 2014년 유기농테마파크 내에 개관했다. '헛간놀이터', '전통체험장', '아로미텃밭', '트랙터놀이터', '동물농장' 등 아이들이 좋아하는 체험 시설이 가득하다. 일일 농부가 되어 직접 텃밭을 일구는 '꼬마농부의 하루', 유기농 재료로 만드는 '요리교실' 등 체험 프로그램도 다양하다. 가는 길에 '피아노폭포'에 들러보는 것도 좋겠다. 하수처리수를 활용한 인공폭포로 생태 공원과 물놀이장을 갖추고 있다. 폭포 앞 '피아노화장실'도 이색적인 볼거리다.

피아노화장실

황순원문학촌 소나기마을

황순원의 소설 「소나기」를 모티브로 꾸민 문학촌이다. 소설 속 배경을 재현한 산책길을 따라 아이와 함께 거닐기 좋다. 문학관에는 4D 입체 애니메이션으로 「소나기」를 감상할 수 있는 '남폿불영상실', 황순원의 작품과 생애를 한눈에 볼 수 있는

야외 소나기광장

'전시실', 문학카페 '마타리꽃 사랑방'이 마련되어 있다. 야외 소나기광장은 아이들이 특히 좋아한다. 오전 11시부터 오후 5시까지 매시간 정각에 인공 소나기가 뿜어져 나온다.

다. 전시장을 둘러보고 나오는 길에 '백련당'에서 차 한잔을 마시는 것도 좋겠다. 작은 연못이 있는 테라스에 앉아 탁 트인 야외 전경을 즐길 수 있다.

콘서트도 보고 체험도 하는 나이트뮤지엄

모란미술관 문화센터에서는 계절마다 정기 교육 프로그램을 진행한다. 1993년부터 운영 중인 청소년 미술 교육 프로그램 '모란미술관학교'는 모란미술관의 대표 교육 프로그램이다. 정기 교육 프로그램은 5세 이상 미취학 아동을 대상으로 하는 '상상미술'과 초등학생 대상의 '열린미술'로 나뉜다. 매학기 토요일마다 유료로 진행한다.

이외에도 전시 연계 무료 체험 프로그램과 상시 체험 프로그램인 '흙 놀이 도예 교실'을 운영하고 있다. 모든 프로그램은 홈페이지를 통해 접수할 수 있다. '나이트뮤지엄'도 놓치지 말자. 다양한 체험 프로그램과 야외 콘서트로 진행된다. 미술관은 공부하러 가는 곳이 아니라 예술과 교감하고 즐기러 가는 자리라는 인식을 아이에게 심어줄 수 있는 기회다.

1~2. 전시장 내부
3. 솟대 만들기 체험
4. 흙 놀이 도예 교실

093 한반도의 배꼽에서 별 보기
국토정중앙천문대

주소 강원도 양구군 남면 국토정중앙로 127
관람 시간 9~2월 14:00~22:00, 3~8월 15:00~23:00
휴관일 매주 월요일(월요일이 공휴일인 경우 그 다음 날)
관람료 성인 2000원, 청소년·어린이 1000원
홈페이지 www.ckobs.kr
전화 033-480-2586

강원도 양구는 우리 땅 정중앙에 위치해 '한반도의 배꼽'이라 불린다. 배꼽에 해당하는 지점 부근에 국토정중앙천문대가 자리하고 있다. 이 일대는 전국에서 산소 농도가 가장 높다고 알려진 청정 지역이다. 덕분에 밤이면 맨눈으로도 은하수를 볼 수 있다. 평지에 위치해 있어 접근성이 좋은 데다 천문대 곁에 야영장도 있다. 맑은 공기를 들이마시며 별도 보고 캠핑도 하고! 그야말로 '별 헤는 밤'을 보내기 좋다.

🔬 신비한 우주 세계로 출발!

천문대 앞 잔디 광장에 들어서면 '국토정중앙천문대'라는 이름을 상징하는 조형물이 눈에 띈다. 커다란 한반도 지도가 바닥에 누워있는데, 역삼각형 추를 매달아 우리나라 정중앙을 표시하고 있다. 기둥에는 별자리를 나타내는 사자, 게, 전갈 등을 새겨놓았다. 3층 규모의 천문대는 '천체투영실', '관측실', '전시실', '전망대'와 '휴게실'로 구성되어 있다. 별도의 예약 없이 현장에서 입장권을 끊어 자유롭게 관람할 수 있다.

국토정중앙천문대 야경

잔디 광장 조형물

먼저 전시실부터 둘러보자. 세계 주요 국가의 국토 정중앙에 대한 소개와 우주의 탄생, 태양계와 지구, 은하 등 신비한 천문학의 세계가 펼쳐진다. 1층 전시실에 들어서면 바닥에 그려진 행성이 우주에서 온 초대장을 건네듯 아이들을 반긴다. 지구에서 가장 멀리 떨어진 해왕성부터 천왕성, 토성, 목성까지 동선을 따라 차례로 행성들이 그려져 있다. 복잡한 천문 이론은 아이들

에게 어려울 수 있으니, 달 표면이나 혜성 사진 등 이미지를 중심으로 둘러보자. '달은 왜 앞면만 볼 수 있을까', '소행성에 이름을 붙인 우리나라 과학자는 누구누구일까' 등의 패널을 참고해 아이들이 이해하기 쉽게 설명을 곁들여주는 것도 좋겠다.

 ### 천체사진도 보고, 별자리 스탬프도 찍고

2층 전시실에는 커다란 망원경도 전시해놓았다. 반사망원경, 굴절망원경 등 천체 관측에 쓰이는 망원경의 종류를 살펴볼 수 있다. '망원경으로 본 우주' 코너에는 과학 교과서에서 봤던 사진이 가득하다. 이글이글 끓어오르는 태양 사진은 마치 야광 탱탱볼 같다. 다채로운 모양과 색깔을 지닌 성운, 성단, 은하와 천체사진 공모전 당선 작품들도 신비롭기 그지없다. '나의 별자리' 코너에는 염소자리, 물병자리, 황소자리 등 별자리 모양을 새긴 스탬프가 마련되어 있다. 팸플릿을 미리 챙겨뒀다가 자신의 별자리 스탬프를 골라 기념으로 찍어보자. 한쪽 벽면에는 별자리 지도도 그려져 있으니 계절마다 바뀌는 별자리의 종류도 함께 살펴보면 좋겠다.

 ### 대낮에도 한밤에도 흥미진진한 관측 체험

전시실을 둘러보고 나면 아이들이 좋아하는 우주 여행 코스가 기다리고 있다. 1층 '천체투영실'에서는 우주 이야기를 주제로 한 공상 과학 애니메이션과 《별자리 여행》 등 3D 영상을 30분

1. 선조 과학자들의 이름이 붙여진 소행성 전시물
2. 망원경으로 관측하는 아이들
3. 별자리 스탬프

단위로 상영한다. 관심 있는 주제를 골라 시간대별로 여러 번 볼 수 있다. 아이들에게는《공룡의 멸종》이 단연 인기다. 행성의 비밀스러운 모습을 생생하게 볼 수 있는《고리왕자 토성》도 흥미롭다.

하루 각각 세 차례 진행하는 태양 관측과 야간 관측도 빼놓을 수 없다. 낮에는 인솔자의 안내에 따라 태양의 '흑점'과 '홍염'을 망원경으로 관찰한다. 태양의 가장자리에 아지랑이처럼 피어오르는 홍염은 교과서에서 봤던 것보다 훨씬 신기하다. 홍염은 태양 표면에서 폭발하는 불기둥으로 높이 치솟을 때의 길이가 무려 지구 지름의 5배라고 한다.

야간 관측 코스인 '함께 떠나는 하늘빛 여행'은 천문대 관람의 하이라이트다. 계절 별자리 영상을 관람한 다음 옥상에서 별자리를 직접 관찰한다. 안내자가 레이저 포인터로 밤하늘 구석구석을 가리키며 해설을 해주는 과정이 재미있다. 영화《스타워즈》의 광선검이 절로 떠오른다. 별자리 해설이 끝나면 망원경 관측이 이어진다. 울퉁불퉁한 달 표면의 분화구와 행성, 성단 등을

 생각 발산하기

별은 왜 반짝일까요?

천체망원경으로 별을 관찰하면 좁쌀보다 작은 점으로 보여. 그런데 맨눈으로 밤하늘을 보면 별이 반짝반짝 빛나는 것처럼 보여. 왜 그럴까? 그건 바로 하늘의 공기가 움직이기 때문이란다. 하늘에는 두꺼운 공기층이 있는데 별빛은 이 공기층을 뚫고 우리 눈에 보이

밤하늘에 떠있는 별

는 거야. 공기가 움직이니까 별빛도 흔들리는 것처럼 보이는 거지. 아지랑이가 피어오를 때 아지랑이 너머의 물체가 흔들려 보이는 것과 같은 이치야. 그래서 공기도 없고 바람이 불지 않는 달에서는 별이 반짝거리지 않는단다.

1. 오리온대성운
2. 토성
3. 천체투영실 외부
4. 관측실 내부
5. 휘모리탑
6. 국토정중앙 별축제

볼 수 있다. 비행접시 모양의 토성은 귀한 볼거리다. 망원경으로 보면 콩알만한 크기지만 토성을 둘러싼 고리까지 확인할 수 있어 아이들이 무척 신기해한다.

캠핑하며 맞이하는 별 헤는 밤

캠핑 장비가 있다면 천문대에서 하룻밤 묵어가는 건 어떨까. 천문대 주차장 바로 옆에 캠핑 사이트와 음수대, 화장실이 설치되어 있다. 별빛 가득한 밤하늘을 천장 삼아 야영도 즐기고 아이들에게 특별한 추억도 안겨주자. 천문대 가까이에는 '하늘빛관찰공원'과 산책로가 있어 낮 시간을 즐기기 좋다. 산책로를 따라 20여 분 올라가면 국토 정중앙 지점을 알리는 '휘모리탑'을 만난다. 탑 안에 든 옥돌을 만지면 미세한 진동을 느낄 수 있는데, 이 돌에 한반도의 기가 담겨있다고 전해진다. 국토정중앙천문대에서 진행하는 행사도 여럿이다. 추석 즈음 열리는 '국토정중앙 별축제', 연 4~5회 1박 2일로 진행하는 '하늘빛천문캠프' 등이 있다. 행사는 '추석 보름달 관측', '퀴즈 대회', '물로켓 만들기', '우주왕복선 만들기' 등 아이와 함께 다양한 체험을 즐기기 좋다.

함께 가보면 좋아요

양구시티투어

양구에는 수려한 경관을 뽐내는 계곡 '두타연'과 '양구생태식물원' 등 생태 여행을 즐길 수 있는 곳이 많다. 뿐만 아니라 세계적으로 분지 지형의 교과서로 꼽히는 '펀치볼'을 볼 수 있어 지리 여행까지 겸할 수 있다. 펀치볼은 고지대에 발달한 분지 지형이다. 한국전쟁 당시 종군 기자가 양구 분지를 보고 마치 '화채그릇(punch bowl)'처럼 생겼다고 해서 붙인 이름이다. 양구에는 '양구백자박물관', '선사박물관', '박수근미술관' 등 아이와 가기 좋은 박물관과 미술관도 여럿이다. 여러 여행지를 편하게 돌고 싶다면 춘천역과 양구명품관에서 출발하는 양구시티투어를 이용하자. '두타연 코스(화~토요일)', '펀치볼 코스(일요일)'로 나누어 운영한다. 당일 코스는 모두 저녁 6시 반쯤 일정이 끝나니 천문대 야간 관측과 병행하기 좋다.

양구 펀치볼

공공미술과 만나는 숲 속 예술 산책
094 안양예술공원

주소 경기도 안양시 만안구 석수동 산21
관람 시간 09:00~18:00(안양파빌리온)
휴관일 연중무휴
관람료 무료(작품 투어 요금 1000원)
홈페이지 apap.or.kr
전화 031-389-5552

예술작품을 꼭 미술관에서만 봐야 하는 것은 아니다. 숲 속을 산책하며 예술작품을 볼 수도 있다. 안양예술공원에서는 마치 동화 속 주인공이 되어 숲 속으로 빨려들어 가듯 예술작품을 관람을 할 수 있다. 안양예술공원에 전시되어 있는 작품은 공공미술이다. 공공미술은 대중과 소통하는 미술을 뜻한다. 곳곳에서 만나는 다양한 작가들의 이채로운 작품은 아이와 대화하며 하루를 즐기기에 안성맞춤이다.

숲 속으로 들어간 공공미술

산길을 오르고 내려야 하는 안양예술공원 코스는 편한 신발이 필수다. 아이는 숲길을 오가며 공공미술과 만난다. 개방된 장소에 모두가 즐길 만한 작품을 설치하는 작업이 공공미술이다. 공공미술 작품은 작가가 만들지만 대중이 함께할 때 비로소 완성된다.

'안양공공예술프로젝트(ANYANG PUBLIC ART PROJECT)'는 2005년에 시작됐다. 쇠락한 주변 환경에 생명을 불어넣는 작업이었다. 시간이 흘러 이제 작품은 자연과 하나가 되었다. 감상의 시작은 대개 '안양예술파빌리온'부터지만, 굳이 정해진 순서를 따르지 않아도 된다. 시작과 끝을 마음대로 정할 수 있는 것도 공공미술 관람의 장점이다. 그러니 아이와 의논하며 동선을 정하자.

가장 먼저 만나는 작품은 안양예술파빌리온이다. 안양예술공원 시작점에 자리한 흰색 외벽의 건물이다. 포루투갈 건축가 알바루 시자가 설계했다. 안양예술파빌리온은 보는 각도마다 다채롭다. 이 건물은 도서관과 작품 전시와 공모전 등을 개최하는 장소로 사용된다.

안양예술파빌리온 안에서 가장 눈에 띄는 건 지름 7.2m의 원형 벤치다. 모양도 근사하지만 벤치를 만든 소재가 독특하다. 신혜원 작가가 1~1.5cm 두께의 골판지를 이용해 만든 것이다. 벤치뿐만 아니라 책상과 의자도 골판지를 이용해 만들었다. 종이로 벤치를 만든 발상이 놀랍다. 아이는 보고 싶은 책을 골라 이곳에 앉아서 독서를 즐길 수 있다. 비치된 DVD 자료도 볼 수 있다.

안양예술파빌리온을 들러야 하는 이유가 하나 더 있다. 안양예술공원 작품 설명

1. 안양예술파빌리온
2. 7.2m의 원형 벤치
3. 이불 〈벙커-엠. 바흐친〉

1. 켄고 쿠마 〈종이 뱀〉
2. 예페 하인 〈거울 미로〉
3. 볼프강 빈터, 베르트홀트 회르벨트 〈안양상자집-사라진(탑)에 대한 헌정〉

과 위치를 알려주는 약도가 그려진 팸플릿을 받기 위해서다. 방문하면 무료로 받을 수 있는 데 매우 유용하다.

안양예술파빌리온 옆에는 이불 작가의 〈벙커-엠. 바흐친〉이 있다. 검은색 빙산 모양의 작품이다. 작가는 조선의 마지막 황세손 '이구'의 삶을 작품으로 구현하고자 했다. 작품 제목에 들어간 '엠. 바흐친'은 러시아 문학 이론가의 이름이다.

작품과 숨바꼭질하는 숲 속 미술관

관악1교를 지나 숲길로 들어선다. 본격적인 숲 속 미술관의 시작이다. 이렇게 넓은 미술관에 들어서는 것도 아이와 부모 모두에게 드문 경험이다. 길을 돌아 나무 뒤에 숨은 작품을 찾는 재미도 크다. 아이는 자기가 원하는 대로 다음 동선을 정한다.

다리를 건너 만나는 작품은 켄고 쿠마 작가의 〈종이 뱀〉이다. 뱀을 종이접기하듯 표현했다. 작가는 '페이퍼 허니콤'이라는 재료를 개발해 작품이 숲에 자연스럽게 스며들도록 의도했다. 환경 파괴를 우려해 일부러 콘크리트를 사용하지 않은 작품이다. 자연 친화적인 작품을 통해 아이에게 환경과 조화롭게 사는 법을 일러줄 수 있다.

다음은 예페 하인의 〈거울 미로〉다. 원형의 거울 기둥 114개를 미로로 만들어 설치했다. 거울이 거울을 비추거나, 그 안에 다시 관람자가 보이는 모습이 묘하다. 숲 속에 설치한 미로 안에 서면 다시 갇히는 것 같은 느낌도 든다. 거울로 미로를 표현한 신기한 작품에 아이는 호기심을 드러낸다.

숲길을 따라 조금 더 오르면 볼프강 빈터와 베르트홀트 회르벨트 작가의 〈안양상자집 - 사라진(탑)에 대한 헌정〉이 나온다

음료 박스를 재활용해 곡면의 집을 만들었다. 날씨가 좋은 날에는 빛이 상자를 통과해 내부를 비추는 신비로운 모습도 볼 수 있다.

숲을 거닐며 만나는 특색 있는 작품들

〈안양상자집-사라진(탑)에 대한 헌정〉을 지나면 이승하 작가가 도자기 기법으로 완성한 〈정령의 숲〉이 나온다. 불상을 모티브로 한 작품은 각기 다른 표정과 몸짓을 한 채 숲 속에 서있다. 제목에서 느껴지듯 작품을 보고 있으면 묘한 기분에 젖어든다.

숲길을 걷다보면 땅에 묻힌 것 같은 거대한 기와지붕 모양의 작품을 발견한다. 이승택 작가의 〈용의 꼬리〉다. 작가는 작품이 설치된 삼성산을 큰 용으로 간주했다. 그리고 작품은 용의 꼬리에 해당하는 셈이다. 작품에 쓰인 1500여 장의 기와는 용의 비늘을 연상케 한다.

숲길이 조금씩 가팔라진다. 높은 곳으로 올라가는 느낌이 들 때 삼성산의 등고선을 떠오르게 하는 MVRDV의 〈전망대〉가 나온다. 나선형의 작품에 오르면 주변 경관을 감상할 수 있다. 〈전망대〉 아래에서 고개를 들어 〈전망대〉를 올려다보는 것도 색다른

4. 이승택 〈용의 꼬리〉
5. 서정국, 김미인 〈신종생물〉
6. MVRDV 〈전망대〉
7. 에코 프라워토 〈안양 사원〉
8. 헬렌 박 〈장소성/비장소성〉
9. 이승하 〈정령의 숲〉

느낌이 든다. 〈전망대〉는 전시나 공연 장소로도 활용한다.

전망대에서 내려오면 서정국, 김미인 작가의 〈신종생물〉을 본다. 작가들은 다른 종의 생물을 결합해 기괴해 보이는 모습을 만들어냈다. 낯선 작품 앞에서 아이는 어떤 생각을 할까? 작품을 보고 느낀 점에 대해 대화를 나눠봐도 좋겠다.

대나무로 만든 돔 형태의 작품은 에코 프라워토의 〈안양 사원〉이다. 에코 프라워토는 짚, 대나무, 코코넛 나무 등을 소재로 작품을 만드는 작가다. 산 모양으로 솟은 〈안양 사원〉은 땅과 하늘을 연결하는 매개체라는 의미다. 헬렌 박 작가의 〈장소성/비장소성〉 즈음에서 숲 속 관람이 일단락된다.

여정이 끝날 때까지 선물을 안기는 숲 속 길

다시 예술공원으로 내려와 찻길을 따라 걷는다. 주차장 위로 튜브 형태의 통로가 보인다. 단지 이동만을 위한 흔한 통로에서 벗어나, 작품으로 탄생한 장소다. 중간에는 벤치와 계단을 설치해 이곳을 걷는 이들의 휴식과 접근성을 도왔다. 통로는 숲의 경관을 해치지 않는다. 유려한 곡선으로 뻗어있다. 걷는 내내 지루하지 않다. 이 길을 걷는 중요한 이유는 아콘치스튜디오의 '나무 위의 선으로 된 집'으로 가기 위해서다. '나무 위의 선으로 된 집'은 무대와 객석의 경계를 허문 야외 공연장이다. 공연장 자체가 작품이다. 가장 독특한 건 객석의 모양이다. 위에서 보면 마치 물결

1. 아콘치스튜디오
 '나무 위의 선으로 된 집'
2. 사미 린탈라
 '4 원소 집(地. 水. 火. 風)'
3. 존 로저 홀트 〈평온〉

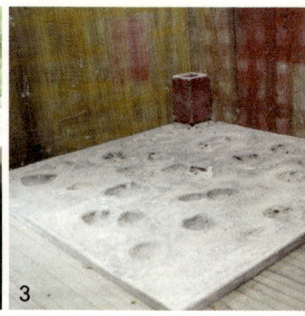

1 2 3

치는 모양이다. 어디에 앉든 눈높이가 다르다. 아이가 마음에 들어 하는 자리에 앉아 잠시 쉬기 좋은 장소다.

숲 속으로 다시 들어가면 큐브 형태의 집이 한 채 나온다. 네 개의 공간을 연결한 사미 린탈라의 '4 원소 집(地, 水, 火, 風)'이다. 각각의 공간은 자연의 기본 요소인 흙, 물, 불, 공기를 상징한다. 관람객들은 건축물 안팎에서 자유롭게 휴식을 취한다. 작품 안에 들어서면 창을 통해 숲을 관찰한다. 자연을 보며 잠시 명상에 빠지기 좋은 장소. 작품이 감상자에게 주는 선물이다. 불을 상징하는 방에는 존 로저 홀트의 〈평온〉이라는 작품도 설치되어 있다.

안양예술공원 홈페이지를 방문하면 전문 도슨트가 안내하는 작품 투어를 신청할 수 있다. 작품 설명을 비롯해 안양예술공원과 공공미술에 관한 내용을 전문가에게 들을 수 있다.

함께 가보면 좋아요

김중업박물관

안양예술공원을 오르기 전에 김중업박물관이 보인다. 한국의 대표적인 건축가 고(故) 김중업 선생을 기리기 위해 개관한 박물관이다. 김중업은 한국 건축가로는 처음으로 르 코르뷔지에 건축연구소에서 강의했으며
서울대학교와 홍익대학교 교수로도 재임했다. 프랑스 문화부 고문건축가와 미국 하버드 대학교 객원 교수로도 활약했다. 그는 건국대학교 도서관, 서강대학교 본관, 주한 프랑스 대사관, 한국미술관, 서산부인과 등 다수의 건축물을 설계했으며, 한국을 대표하는 건축가로 평가받고 있다. 김중업박물관은 새 건물을 짓지 않고 김중업이 설계한 (주)유유산업의 공장을 리모델링했다. 공장 생산동이었던 건물은 '문화누리관', 보일러실은 '어울마당'으로 재탄생했다. 박물관 맞은편에는 '안양사지관'도 개관했으니 함께 둘러보자.

095 옥토끼가 반기는 우주 체험관
옥토끼우주센터

주소 인천시 강화군 불은면 강화동로 403
관람 시간 평일 09:30~18:00(입장 마감 17:00),
주말 09:30~19:00(입장 마감 18:00)
휴관일 연중무휴
관람료 대인(고등학생~65세) 유아(4~5세) 1만 3000원,
소인(6세~중학생) 1만 5000원, 36개월 미만 무료
홈페이지 www.oktokki.com
전화 032-937-6917~9

우주선이 없었다면 달나라는 여전히 옥토끼가 쿵덕쿵덕 떡방아를 찧는 세계로 남아있을 것이다. 아이들에게 전설 속 옥토끼와 실제 달나라에 대한 이야기를 생생하게 들려주고 싶다면 옥토끼우주센터를 방문해보자.

옥토끼가 반기는 우주 체험관

숲 속에 신비로운 건물 하나가 우뚝 솟아있다. 옥토끼우주센터라는 이름처럼 신비로운 외관이다. 옥토끼우주센터는 전시관과 체험 기구를 갖춘 '우주과학박물관', 야외 물놀이 장인 '은하수유수풀', '로봇공원', '사계절 썰매장', '공룡의 숲', '물대포공원', '엔젤가든', '토끼의 성' 등 8개 코스로 나뉜다. 4층 규모의 우주과학박물관에는 500여 점의 우주 탐사 장비와 체험 기구들이 가득하다. 또한 케네디 우주센터, 미국 항공우주국, 러시아 항공우주센터의 협력을 받아 실물 크기의 10분의 1 또는 20분의 1로 축소한 모형들을 전시해놓았다.

센터 로비를 가로지르면 달 표면에서 떡방아를 찧는 옥토끼가 전시관 입구를 알려준다. 이곳의 캐릭터인 '코스(COS)'와 '모프(MOPE)'다. 문을 열고 들어서면 드디어 태양계 여행이 시작된다. 통로를 따라 태양, 수성, 금성, 지구, 화성, 목성, 토성, 천왕성, 해왕성에 대한 설명 패널과 영상이 이어진다. 다음 코너로 이동하기 전에 우주 탄생의 비밀을 간단히 살펴보자.

1. 옥토끼우주센터 전경
2. 통로를 따라 이어진 태양계 설명과 영상
3. 우주과학박물관 1층 내부

달도 보고, 화성도 보고

본격적으로 우주 탐험이 시작되는 '항공발전존'은 마치 우주선을 타고 지구 밖을 유영하는 듯한 느낌을 준다. 색색깔의 전구가 반짝이는 천장에 비행기와 인공위성 모형이 매달려 있다. 세계 최초 인공위성인 '스푸트니크 1호'를 비롯해 시대별 로켓을 만

1. 항공발전존
2. 국제우주정거장
3. 화성탐사관

날 수 있다. 비행의 원리가 궁금하다면 전시관 한쪽에 마련된 대형 책을 참고하자. 열기구와 행글라이더, 헬리콥터, 로켓에 이르기까지 비행의 역사와 원리에 대해 그림을 곁들여 쉽게 설명해놓았다. 항공발전존에 있는 '3D 상영관'에서는 우주와 관련된 재미있는 영상도 상영한다. 우주 탐험을 시작하기 전에 영상을 먼저 관람하는 것도 좋다. 아이들의 흥미를 두 배로 끌어올릴 수 있다.

3D 상영관을 지나면 국내 최초 위성 발사장인 '외나로도우주센터'를 재현한 코너와 '화성탐사관', '우주생활 체험관', '달탐험존'이 이어진다. 화성탐사관에는 1997년 화성 착륙에 성공한 탐사 로봇 '스피릿'과 '소저너' 등이 모형으로 전시되어 있다. 우주생활 체험관은 우주인들이 어떻게 생활하는지를 엿볼 수 있는 코너다. 중력이 없는 우주에서는 모든 물체들이 둥둥 떠다닌다. 몸이 뜨지 않도록 고정 장치가 설치된 침낭, 샤워실과 화장실 등을 살펴보면서 우주에서의 생활이 일상생활과 어떻게 다른지 비교해보자. 달탐험존에는 '국제우주정거장 모형'과 '아폴로 캡슐', 전 세계에 3대밖에 없는 희귀 전시물인 '달 착륙선'이 전시되어 있다. 달 표면에 인류 최초로 발을 내딛은 '닐 암스트롱'에 대한 이야기를 아이와 나눠봐도 좋겠다.

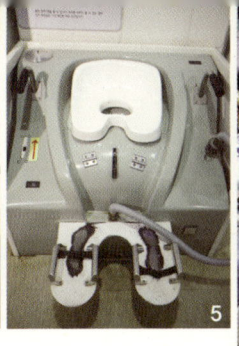

🔬 우주인이 되어보는 체험존

옥토끼우주센터의 백미는 '우주 체험존'이다. 1층과 3층 전시관에 총 7대의 체험 기구가 있다. 우주에서 겪는 느낌을 간접적으로 체험할 수 있는 코너다. '사이버인스페이스'는 실제 우주 비행사들이 훈련을 받을 때 쓰는 기구를 본뜬 것이다. 온몸이 위아래로 빙글빙글 도는 동안 중력 저항 체험을 할 수 있다. 비행접시 모양의 'G - FORCE'는 대기권을 빠져나갈 때의 느낌을 경험해볼 수 있는 기구다. 우주왕복선이 발사될 때 우주인들은 몸무게의 6배에 해당하는 강한 중력을 느낀다고 한다. 비행접시가 빠른 속도로 돌면 몸이 무거워지

4. 우주생활체험관
5. 우주선 화장실
6. 아폴로 캡슐
7. 달 착륙선

💡 생각 발산하기

화성은 왜 '제2의 지구'라 불릴까요?

화성은 태양계의 행성 중 지구와 환경이 가장 비슷해. 그래서 무인 탐사선을 가장 많이 보낸 행성이기도 하지. 1965년 미국의 '마리너 4호'가 처음으로 화성 표면을 관측했고, 1971년 '마리너 9호'와 '마스 3호'가 뒤를 이었어. 화성에도 지구처럼 화산이 존재한다는 사실이 밝혀지면서 전 세계 사람들이 놀랐단다. 지구의 하루는 정확

화성

히 23시간 56분이고 화성의 하루는 24시간 37분이래. 화성도 지구처럼 사계절이 있고, 북극과 남극에 얼음이나 드라이아이스가 덮여있어. 최근에는 화성에서 물이 흐르는 걸 발견했어. 지구와 환경이 유사한 화성은 생명체가 살고 있을 가능성이 큰 행성이야. NASA는 2030년 즈음 사람을 태운 유인 탐사선을 화성에 보낼 계획을 세우고 있단다.

면서 등 뒤에서 누군가가 잡아당기는 느낌이 든다. 쿵, 떨어지는 순간 무중력 상태를 느껴볼 수 있는 '우주엘리베이터'와 우주로 날아가는 기분이 드는 미니 로켓 '코스모프호', 원형으로 된 천장과 바닥이 통째로 돌아가는 '블랙홀 체험관'도 아이들이 좋아한다.

3층 전시관에는 미래의 우주 도시를 재현해놓았다. 꼬마기차를 타고 화려한 모형 도시를 둘러보면 만화영화《은하철도 999》가 절로 떠오른다. 한국의 첫 우주인 이소연 박사가 탔던 '소유즈호'도 만나볼 수 있다. 다양한 우주복과 우주 식량, 우주 촬영용 카메라 등이 함께 전시되어 있다. 4층 포토존에서 우주복을 입고 기념사진을 남겨보자. 1층 로비에서는 '야광액으로 별자리 만들기'를 무료로 체험할 수 있다.

공룡과 토끼가 사는 야외 놀이터

우주 체험이 끝나면 야외 놀이터가 아이들을 기다린다. '은하수유수풀'은 계절마다 물놀이장, 보트장, 얼음썰매장으로 개방한다. 여름에는 수영복과 튜브를 빌려 온 가족이 물놀이를 즐길 수 있다. 근처에 샤워실과 식당도 마련되어 있다.

1. 튜브로 된 우주 식량
2. 코스모프호
3. 미래 우주 도시
4. 우주복 전시물
5. 사이버인스페이스
6. G – FORCE
7. 우주엘리베이터

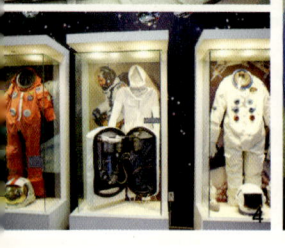

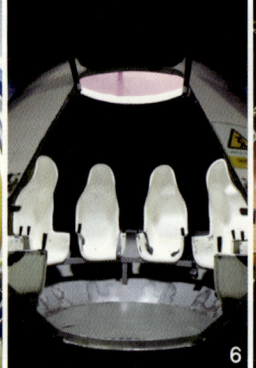

이외에도 야외 놀이터에는 '사계절썰매장', '로봇공원', '공룡의 숲', '물대포공원', '토끼의 성' 등 온종일 머물러도 모자랄 만큼 즐길거리가 많다. 특히 30여 마리의 공룡 모형을 전시한 '공룡의 숲'은 아이들에게 인기가 많다. 숲 속 산책로에 들어서면 공룡 소리가 여기저기서 울려 퍼진다. 앞발을 구르거나, 꼬리를 흔들고, 머리를 주억거리는 공룡 모습에 아이들은 물론 어른들도 신기해한다. 실제 토끼가 살고 있는 '토끼의 성'에서는 먹이주기 체험도 가능하다. 여름방학 기간에는 '야간개장 별빛축제'와 '천체관측' 프로그램 등이 준비돼 있어 더욱 풍성한 체험을 즐길 수 있다.

1. 은하수유수풀
2. 로봇공원
3. 공룡의 숲
4. 물대포공원

함께 가보면 좋아요

해든뮤지움

강화도의 자연 경관과 잘 어우러진 해든뮤지움은 2013년 '올해의 건축 베스트상'을 수상했다. 특히 진달래가 만발하는 봄에는 뮤지엄 카페에서 내다보는 풍경이 압권이다. 해든뮤지움은 피카소, 샤갈 등 세계적으로 유명한 현대 작가들의 작품과 김환기, 장욱진, 백남준 등 국내 유명 작가의 작품도 다수 소장하고 있다. '예술창작 아뜰리에'(매주 화~토요일), '전시감상+예술창작 프로그램'(상시) 등 교육 프로그램도 잘 갖춰져 있어 아이와 방문하기 좋다.

해든뮤지움

096 어메이징파크

숲 속에서 경험하는 놀라운 과학 원리

주소 경기도 포천시 금동리 606번지
관람 시간 월~금요일 10:00~21:00, 토·일요일 10:00~22:00
휴관일 연중무휴
관람료 일반 자유이용권 1만 6000원, 어린이 자유이용권 1만 4000원
홈페이지 www.amazingpark.co.kr
전화 031-532-1881

어메이징파크는 수도권 지역에서 접근이 편한 과학 테마 공원이다. 놀이하듯 체험하면서 자연스럽게 과학 원리를 깨닫도록 꾸몄다. 숲길 산책과 아슬아슬한 모험도 어메이징파크에서만 할 수 있는 특별한 경험이다. 울창한 숲 속에 자리해 가족과 함께 휴식을 즐기기에도 매우 좋다.

아찔한 구름다리와 세상 어디에도 없는 물 그네

시선을 압도하는 다리 하나가 보인다. 공중에 길게 연결되어 있는 '서스펜션 브릿지'다. 저 다리 건너에는 무엇이 있을까, 하는 궁금증에 아이의 발걸음이 빨라진다.

길이 130m의 서스펜션 브릿지는 체중 70kg의 성인 800명이 동시에 지나가도 안전하게 설계됐다. 튼튼하게 만들었다. 그래도 무서운 높이다. 다리 중간쯤에 도착하니 제법 흔들리기까지 한다. 돌아갈 수도 그대로 직진할 수도 없어 당황스럽다. 그러나 아이가 먼저 씩씩하게 용기를 낸다. 다리 건너에는 음악이 나오는 원목 벤치가 있다. 벤치에 앉아 듣고 싶은 음악 버튼을 누르면 노래가 흐른다. 마치 여기까지 오느라 수고했다는 인사 같다. 음악은 동요, 팝, 트로트, 발라드, 클래식 등 장르가 다양하다. 아이와 함께 음악 감상을 즐겨보자.

어메이징파크는 면적이 매우 넓고, 곳곳에 아이가 재미있어할 시설물이 무척 많다. 그러니 어메이징파크에 왔다면 서두르지 말고 천천히 둘러볼 것을 권한다. 서스펜션 브릿지를 건넜다면 아이 손을 잡고 과학관으로 향하자.

과학관은 200여 개의 공학 기구들을 체험하는 공간이다. 아이는 가구를 직접 손으로 돌리고, 만지고, 버튼을 눌러보면서 과학 원리를 깨닫는다. 많은 기구

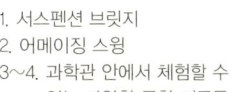
1. 서스펜션 브릿지
2. 어메이징 스윙
3~4. 과학관 안에서 체험할 수 있는 다양한 공학 기구들

들이 설치되어 있으니 아이가 원하는 대로 놀 수 있게 두어도 좋다. 시간 가는 줄 모르고 체험하는 재미에 빠질 것이다.

과학관에서 가장 인기 있는 시설물은 바로 그네 모양으로 만든 '어메이징 스윙'이다. 아이는 그네를 움직이기 위해 애써 몸을 움직이지 않아도 된다. 기계 동력으로 왕복 운동하는 그네다. 어메이징 스윙이 인기 있는 이유는 자동으로 움직여서가 아니라, 물줄기 때문이다. 그네가 움직일 때마다 머리 위에서 물이 시원하게 떨어진다. 물에 젖을까 걱정할 필요는 없다. 그네가 움직이는 반대쪽에서 물이 떨어지는 구조여서 젖지 않고 스릴을 만끽할 수 있다. 물이 제 몸에 닿지 않을 거란 걸 알면서도 아이들은 무섭다는 듯 소리를 지른다.

숲 속 하늘길을 걷는 시간

과학관에서 나와 별관 사이로 난 길을 오르면 음악이 귀를 사로잡는다. '음악의 거리'다. 무심코 올랐다가 기대하지도 않은 선물을 받은 느낌이다. 아이는 숲 속 음악회에 온 것 같아 신기해한다. 소리는 눈앞에 길게 뻗은 레일에서 흘러나온다. 레일이 아름다운 소리를 내는 원리는 간단하다. 구슬이 레일을 따라 핸드벨 위로 떨어지면서 소리가 난다. 아이와 잠시 음악에 빠져보자.

숲 속으로는 동화에나 나올 법한 하늘길이 연결되어 있다. '히든 브릿지'다. 잣나무들을 연결해 설치했다. 아래에서는 잘 몰랐지만 막상 올라가보면 아찔한 높이다. 다리 위에 선 사람을 놀리기라도 하려는지 적당히 흔들려 아슬아슬하다. 한 번 출발하면 뒤에서 따라오는 사람 때문에 돌아가는 것도 쉽지 않다. 그렇게 가야할 거리가 300m이고 거쳐야 할 중간 플랫폼이 18개다.

흔들거리는 다리를 걷는 동안 아이는 신이 난다. 나무 사이를 지나고 울창한 숲도 바라보면서 마치 용감한 탐험가가 된 듯한

1. 음악을 들을 수 있는 벤치
2. 음악의 거리
3. 히든 브릿지

기분에 빠진다. 맑은 공기를 마시는 건 히든 브릿지에서 받는 또 다른 선물이다. 오늘밤 아이는 나무 위를 건너는 만화 속 주인공이 되는 꿈을 꿀지도 모르겠다.

 과학 탐험을 떠날 시간

히든 브릿지에서 내려왔다면 다음은 자연 속에서 과학 탐험을 떠날 차례다. 과학관에서 밑으로 내려가면 주황색의 '와인딩 로드'가 보인다. 전망대처럼 생긴 이곳에 서면 어메이징파크 전체를 감상할 수 있다. 100개의 계단이 나선형 모양으로 쌓여있는 와인딩 로드는 아이 손을 잡고 조심스럽게 내려가야 한다.

계단을 다 내려오면 '솔라시스템'이 기다린다. 물의 힘을 빌려 만든 기구를 통해 태양계를 공부하는 장소다. 펌프를 통해 물이 물레방아에 공급되면 수력 에너지로 바뀌고 톱니바퀴를 움직인다. 83개의 톱니바퀴로 만든 태양계인 셈이다. 바닥이 회전하는 테이블에 앉아 잠시 휴식을 즐길 수도 있다. 와인딩 로드와 솔라시스템 주변에 대형 '다람쥐 쳇바퀴'가 설치되어 있다. 손잡이를 잡고 뛰면 다람쥐 쳇바퀴를 돌듯 원통형 시설이 움직인다.

솔라시스템에서 좀 더 산을 오르면 야외 카페. 날씨만 좋으면 도시락과 간단한 음료를 즐기기에 좋은 장소다. 그네도 있고 손잡이를 돌려 물이 나오게 하는 소형 분수도 보인다. '사랑의 자'는 두 사람 정도 들어가기에 적당한 크기의 박스형 시설물이다. 안에 들어가 버튼을 누르면 45도로 기울어진다. 자연스럽게 앞에 앉은 사람에게 몸이 쏠리게 만든 의자다. 무심코 들어가 앉았다가 깜짝 놀라는 아이들이 많다. 이름처럼 사랑스러운 의자다. 야외 카페 주변에는 아이가 좋아할 만한 이모티콘 캐릭터와 바람개비가 여럿이다. '사랑합니다.', '감사합니다', '웃음', '하하하' 같은 단어와 '하트', '자전거', '새우', '헬리콥터' 등의 캐릭터가 옹기종기 모여있다. 배경 삼아 아이 사진을 찍기 좋다.

숲 속에서 배우는 판타스틱 과학 원리

경사가 조금 가파르지만 힘을 내 올라가면 '자이언트 분수'다. 솔라시스템부터 보이던 대형 분수다. 이름처럼 키가 큰 분수로 높이가 23m, 무게만 32t이다. 22개의 노즐에서 뿜어나오는 물줄기가 시원하다. 애니메이션 작품에서 본 듯한 생김새다. 분수를 보는 것만으로도 아이의 상상력이 자극된다. 높은 위치에서 물이 뿜어져 나와 바람이라도 불면 주위로 물방울이 튄다. 이마저도 아이에게는 신나는 경험이다. 더 오르면 '장수코끼리'다. 파크 전체로 흘러내려 가는 물은 이곳에서 시작한다. 코끼리 모형이 있는 곳에서는 물에 발을 담가볼 수도 있다.

'에어링 로드'를 이용해보자. 에어링 로드는 모두 세 개가 설치되어 있다. 계단 수를 모두 합하면 570개다. 가장 적은 수의 계단이 소형 분수 옆에 있는 '에어링 로드166'이다. 조금 힘이 들

1. 와인딩 로드
2. 솔라시스템
3. 다람쥐 쳇바퀴

1. 자이언트 분수
2. 소형 분수
3. 사랑의자
4. 행복의 종

지만 계단을 다 오르면 신나는 그네가 기다리고 있다.

 잠깐 쉬었다면 포기하지 말고 정상에 올라보자. 도착할 때쯤에 뜻하지 않은 선물을 만난다. '행복의 종'이다. 로프로 연결된 손잡이를 움직이면 세 개의 종이 움직여 소리가 난다.

 산을 오르며 만났던 하나하나의 체험물들은 아이의 상상력을 자극하기 충분하다. 뿐만 아니라 모두 과학 원리가 녹아있어 아이들을 자연스럽게 과학 세계로 끌어당긴다. 여기까지 오는 게 쉽지 않았을 아이에게 칭찬 몇 마디 해주는 것도 잊지 말자. 잠깐 땀을 식히고 조심히 내려가면 체험형 과학 테마 파크 방문이 마무리된다.

097 국립현대미술관-과천관
우리나라 최초의 국립 미술관

주소 경기도 과천시 광명로 313
관람 시간 3~10월 10:00~18:00, 11~2월 10:00~17:00,
매주 토요일 10:00~21:00(매월 마지막 주 수요일)
휴관일 매주 월요일(월요일이 공휴일인 경우 그 다음 날), 1월 1일
관람료 상설전시 무료, 기획전시 전시별 별도
홈페이지 www.mmca.go.kr
전화 02-2188-6000, 02-2188-6137(어린이미술관)

서울대공원과 가까운 국립현대미술관-과천관은 나들이 장소로 인기가 높다. 울창한 숲에 둘러싸인 야외 조각공원과 멋진 산책길을 갖추고 있기 때문이다. 게다가 아이들이 좋아하는 동물원과 캠핑장도 가깝다. 특히 미술관으로 이어지는 길은 일찍이 단풍 명소로 이름난 곳이다. 여기에 '어린이미술관'이라는 히든카드까지 있으니, 아이들과 온종일 자연을 벗 삼아 미술 놀이를 하기에 더없이 좋다.

보고, 만지고, 퀴즈도 풀면서 노는 숲 속의 조각공원

국립현대미술관-과천관은 국내 최초의 국립 미술관이다. 건축, 디자인, 공예 등 다양한 시각 예술 장르를 아우르며 아름다운 자연과 전시를 함께 즐길 수 있다.

미술관은 크게 '야외 조각공원'과 '상설·기획 전시실', '어린이미술관'으로 나뉜다. 공간이 방대한 만큼 아이들과 즐길거리가 많다. 관람하기 전 국립현대미술관 홈페이지 교육 자료실에서 활동지를 미리 챙겨두는 게 도움이 된다. 유아부터 초등 고학년까지 연령대에 맞는 활동지를 다운받을 수 있다.

미술관 탐방은 마치 소풍을 나온 듯 야외 조각공원을 걸으며 시작하면 좋다. 입구에 들어서면 공공미술 작품으로 유명한 세계적인 조각가 조나단 보로프스키의 〈노래하는 사람(Singing man, 1994)〉이 가장 먼저 반긴다. 서서 노래하는 조각상이다. 작가가 직접 녹음한 콧소리가 청계산 자락의 수려한 풍경과 어울려 울려 퍼진다. 조각품이 듬성듬성 서있는 너른 잔디밭은 아이들의 웃음소리로 가득해 작품과 평화로운 조화를 이룬다.

1. 조나단 브로프스키
   〈노래하는 사람
   (Singing man, 1994)〉
2. 이승택 〈마이산에〉
3. 백남준 〈다다익선〉
4. 쿠사마 야요이 〈호박〉

조각장을 알차게 돌아보고 싶다면 '미술관으로 온 편지'라는 활동지를 참고하자. 지도에 표시된 곳들을 찾아다니며 퀴즈를 풀다 보면 작가와 작품에 대해 재미있게 공부할 수 있다. 공원에서 오른쪽으로 난 길을 따라 야트막한 언덕을 오르면 '미술관 옥상'이다. 조각작품 몇 점이 있는 미술관 옥상에서는 조각공원과 멀리 떨어진 관악산이 한눈에 들어온다. 다시 내려와서 성곽을 따라 미술관 후문 쪽으로 가면 미술관에서 가장 아름다운 산책길이 나온다. 이 길 끝까지 걸어가면 '인디언마을 조각장'이다. 색색깔의 돌탑을 쌓아 올린 〈마이산에〉, 동그란 구멍 사이로 인디언마을 조각장이 보이는 〈접시〉, 여러 사람이 커다란 공을 힘껏 밀고 있는 〈각축의 인생〉 등 흥미로운 작품이 많다. 아이들은 조각품 안으로 들어가 보거나 공을 밀어보기도 하면서 온몸으로 작품을 감상한다. 몸으로 예술을 체험할 수 있는 소중한 시간이다.

엄마들에게는 미술관 건물로 들어서기 전 호수 앞 야외 카페에서 여유로운 시간을 보내는 것도 매력적이다. 청계산과 마주한 전망이 빼어나 자연과 하나가 된 기분이 든다.

과학과 인문학을 넘나드는 상설전시와 기획전시

이제 본격적으로 미술관 탐방에 나서보자. 건물 앞 야외 마당에 설치작품이 여럿 있다. 물방울 무늬가 박힌 커다란 호박이 유독 눈에 띈다. 일본 현대 예술의 거장 쿠사마 야요이의 〈호박〉이라는 작품이다. 마당을 지나 로비에 들어서면 백남준의 비디오아트 〈다다익선〉이 정면으로 보인다. 비디오아트 전시실은 국립현대미술관-과천관의 상징적인 공간이자, 각 전시실을 연결하는 중심축이다. 건물 꼭대기까지 층층이 쌓아올린 TV를 중심으로 나선형 복도가 이어진다. 아이들에게는 비디오아트도 빙글빙글 돌아 올라가는 통로도 호기심의 대상이다.

총 3층으로 구성된 전시실에는 회화, 디자인, 건축, 사진, 미디어, 공예 등 다채로운 분야의 국내외 작품이 빼곡하다. 전시는 2층과 3층 복도부터 시작된다. 회화와 조형 예술이 복합적으로 어우러진 전시다. 확 트여있는 복도 중앙 전경에 자연스럽게 눈길이 간다. 국립현대미술관-과천관에서는 매년 20여 개의 전시가 열리므로 홈페이지에서 미리 확인해두자. 각 전시마다 바뀌는 해설 시간표도 홈페이지에서 확인할 수 있다. 아이들에게는 다소 어려운 전시도 많으니 간략히 설명해줄 수 있는 것들만 추려보는 것도 방법이다.

신나는 미션으로 가득한 어린이미술관

다시 1층으로 내려오면 아트숍을 지나 어린이미술관 입구다. 입장료는 따로 없다. 어린이미술관에서는 마음껏 뛰고, 구르고 놀면서 배우는 체험형 전시를 관람할 수 있다. 미디어아트를 체험할 수 있는 '해뜰', 또래 친구들의 작품을 감상하고 만드는 과정을 볼 수 있는 '봄뜰', 교육 프로그램을 진행하는 '배움뜰' 등 주제별로 공간이 나뉘어 있다. 입구에 비치된 학부모와 아이들용 활동지를 미리 챙겨두면 관람에 도움이 된다.

'상상뜰'에서는 분기별로 상시 프로그램을 운영한다. 〈조각들이 사는 세상〉, 〈어린이 아틀리에〉 등 작가들이 그때그때 다른 콘셉트로 설치작품을 만들어놓으면 아이들이 미션을 수행하며

1. 어린이미술관 입구
2. 놀뜰
3. 배움뜰

공간을 꾸며나가는 방식으로 진행한다.

아이들이 바글바글 몰려드는 '놀뜰'은 이름 그대로 노는 뜰이다. 나무젓가락, 스펀지, 수세미처럼 일상에서 흔히 볼 수 있는 재료를 자석으로 만들어 벽에 요리조리 붙여보는 코너가 특히 인기다. 전시관 소장품을 활용해 각 재료의 질감을 손으로 만져보거나, 놀이를 통해 '점·선·면' 등 조형 요소를 온몸으로 표현하는 코너도 있다.

 어린이미술관의 자랑, 무료 체험 프로그램

무료로 진행하는 다양한 교육 프로그램은 어린이미술관의 자랑이다. 방학을 제외한 주중에는 단체 대상 프로그램 위주로 운영하니 개인 가족은 주말을 이용하는 게 좋다. 전시 작품 앞에서 그림을 그려보는 '작품 앞 드로잉', 직접 작품 주제를 정하고 재료를 골라서 만들기 체험을 할 수 있는 '아트카페'는 어린이미술관의 대표 프로그램이다. 특히 아트카페 프로그램은 아이가 엄마와 소통하면서 주도적으로 문제 해결 능력을 기르는 과정을 체득할 수 있게 돕는다. 그래서 아이들뿐만 아니라 엄마들 사이에서도 인기가 높다.

이외에도 감상 교육 프로그램인 '출발! 작품 속으로', 다양한 미술 재료의 표현법을 배우는 '별별 내 모습', 소장품 연계 워크숍 등 다채로운 프로그램이 분기별로 줄줄이 쏟아진다. 대부분의 프로그램은 6세부터 초등학교 6학년까지 참여 가능하고 홈

4. 상상뜰
5. 아트카페

페이지 예약 50%, 현장 예약 50%로 진행한다. 현장 예약은 당일 오전 10시부터 배움뜰에서 선착순으로 접수를 받으니 일찍 서두르는 게 좋다. 어린이미술관 상상뜰에서는 한 달에 한 번씩 마임, 구연동화, 클래식 감상 등 아이들이 문화 예술과 친숙해질 수 있는 행사도 열린다. 학부모 대상 프로그램인 '내 아이를 위한 아트러닝'도 주목해볼 만하다. 매년 바뀌는 프로그램과 일정은 홈페이지에서 확인할 수 있다.

모든 관람과 체험이 끝난 뒤에는 아이들이 좋아하는 리프트를 타고 내려가 보자. 발아래 미술관과 동물원, 과천호수가 시원하게 내려다보인다. 서울대공원을 오가는 코끼리열차도 아이들에게 인기 만점이다.

 함께 가보면 좋아요

기린나라

서울대공원 내에 있는 어린이 체험 교육 놀이터다. 2013년 '아비온'이라는 이름으로 개관했다가 2014년 11월 '기린나라'로 이름을 바꿔 재개관했다. 정글짐, 회전목마, 썰매 타기, 소꿉놀이, 기차놀이, 마술 공연 등 영·유아들이 할 수 있는 모든 놀이가 총동원되어 있다. 그림자나 빛의 원리, 거울의 반사 원리 등 과학적 원리를 놀이로 배워보는 코너도 마련되어 있다.

기린나라

098 곡성섬진강천문대
증기기관차 타고 떠나는 우주 여행

주소 전라남도 구례군 구례읍 섬진강로 1234
관람 시간 14:00~22:00(입장 마감 21:00)
휴관일 매주 월요일, 1월 1일, 법정 공휴일 다음 날, 설날·추석 연휴
관람료 성인 3000원, 청소년(만 13세~만 18세) 2000원,
　　　　 어린이(6세 이상~만 12세) 1000원
홈페이지 star.gokseong.go.kr
전화 061-363-8528

전남 곡성 가정마을에 자리한 섬진강천문대는 아담하지만 알차다. 주변에 섬진강과 기차를 테마로 한 즐길거리가 가득하다. 이웃한 기차마을에서 천문대까지 이르는 길은 국내에서 가장 아름다운 철길로 정평이 나있다. 하얀 연기가 뭉게뭉게 피어오르는 증기기관차를 타고 별을 보러 떠나는 여행은 아이에게 특별한 추억이 될 것이다.

기찻길 옆 천문대로 가는 길

섬진강천문대는 찾아가는 길마저 즐겁다. 증기기관차와 레일바이크의 종착역인 가정역에서 출렁다리를 건너면 곧바로 천문대다. 다리를 건너는 동안 아기자기한 산등성이 아래 납작 엎드린 섬진강이 수려한 경관을 뽐낸다. 천문대 주변으로 철길과 도로, 물길, 자전거길이 한데 어울려 독특한 풍경을 연출한다. 벚꽃이 만개하는 봄이면 아이와 함께 강변을 따라 자전거 하이킹을 즐겨도 좋겠다. 여느 천문대에 비해 규모와 프로그램은 소박하지만 추천 여행 순위에 빠지지 않고 오르는 이유다.

1. 섬진강 출렁다리
2. 강변을 달리는 증기기관차

천문대에서는 오후 2시부터 매시간 정각에 관측 및 상영 프로그램을 시작하니, 시간에 맞춰 입장하면 된다. 계절에 따라 운영 시간이 달라지므로 홈페이지에서 시간표를 미리 확인해두자. 특히 주말과 공휴일, 날씨가 좋은 날에는 야간 입장권이 빨리 매진된다. 아쉽게 발길을 돌리지 않으려면 미리 도착해서 발권하는 것이 좋다.

막연한 우주에 가까이 다가가는 기회!

천문대에 들어서면 은하수와 별자리를 수놓은 천장이 관람객을 맞는다. 바깥에선 "뿌우우" 하는 기적 소리가 연신 울려 퍼진다. 동요 〈기찻길 옆 오막살이〉가 절로 떠오르는 풍경이다. 낮 프로그램은 2층 '야외 관측실'에서 시작된다. 계단을 오르는 동안 색색깔의 성운과 행성이 머리 위를 가득 메우고 있어 마치 우주를 유영하는 느낌이 든다. 야외 관측실에서는 태양의 흑점과 홍염 등을 망원경으로 관찰할 수 있다. 흑점은 태양의 표면 온도인

1. 1층 로비
2. 2층 복도

6,000K보다 낮은 온도에서 나타난다. 망원경으로 태양 표면에서 검은 점이 둥둥 떠다니는 모습을 볼 수 있다. 멀리 산꼭대기에 놓인 탑이나 기차역을 망원경으로 관찰하면서 굴절망원경과 반사망원경 렌즈의 차이, 이탈리아의 천문학자 갈릴레이와 망원경의 역사에 대해서도 배운다.

1층 '천체투영실'의 돔스크린에서는 30분 동안 화려한 우주 쇼가 펼쳐진다. 달에서 쿵덕쿵덕 떡방아를 찧던 토끼가 나타나 달 이야기를 들려주기도 하고, 태양계 행성과 은하*, 성운*, 성단* 등 천문과학의 기본 개념을 쉽고 재미있게 알려준다. 아이들은 막연하기만 한 우주나 천문과학에 한층 가깝게 다가설 수 있다.

은하
우주에 모여있는 별들의 집단이다.

성운
별과 별 사이에 있는 가스와 티끌의 집합체다.

성단
은하보다 작은 규모로 수백 개에서 수십만 개가 모인 별들의 집합체다.

 생각 발산하기

인류 최초로 망원경을 이용해 천체를 관측한 사람은 누구인가요?

사람들은 갈릴레이가 망원경을 발명했다고 알고 있는데 사실 그렇지 않아. 1608년 네덜란드의 안경 제조업자 리프셰가 우연히 렌즈 두 개가 멀리 떨어져 있을 때 물체가 크게 보인다는 사실을 발견했어. 이듬해 이 사실을 전해 들은 갈릴레이는 볼록렌즈와 오목렌즈를 조합한 망원경을 제작했어. 1610년 갈릴레이는 인류 최초로 자신이 제작한 망원경을 이용해 목성, 금성, 달 등을 관찰했단다.

갈릴레이

  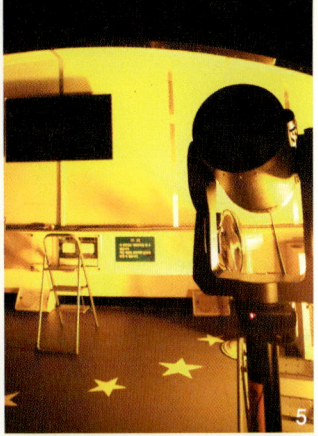

보석처럼 빛나는 섬진강의 밤하늘

야간에는 보석처럼 빛나는 밤하늘이 아이들을 기다린다. 고개를 한껏 젖힌 채 우수수 쏟아지는 별들의 향연에 빠져들 시간이다. 해설사가 녹색 광선을 쏘아 올려 북극성을 찾는 방법에 대해 알려주자, 여기저기서 탄성이 터진다.

여름철 가장 밝게 빛나는 '직녀성'과 직녀성을 마주한 '견우성'은 아이들에게도 익숙하다. 동화책에서 봤던 견우와 직녀 이야기를 떠올리며 망원경에서 눈을 뗄 줄 모른다. 구름이 없는 날에는 두 별 사이에 흐르는 은하수도 선명하게 볼 수 있다. 솜털처럼 보송보송한 모양의 '헤라클레스 구상성단', 고리를 가진 '토성' 등도 신기한 볼거리다.

돔 지붕이 있는 '주관측실'에서는 노란색과 푸른색으로 빛나는 '알비레오 이중성'을 관찰하며 온도에 따라 달라지는 별 색깔에 대해 알아본다. 두 별 중 온도가 높은 별은 파란색, 온도가 낮은 별은 노란색으로 보인다. 파란색 별은 온도가 무려 5만 도에 달하는데도 찾기 힘들다는 사실이 흥미롭다.

여름과 겨울 방학에는 별자리 교실에 참여해보는 것도 좋겠다. '섬진강 물길 따라 떠나는 별빛 여행'이라는 주제로 '회전 별자리판 만들기', '야광 고리 만들기', '에어로켓 발사' 등 아이들

3. 보조관측실
4. 천체투영실 돔스크린 상영 영상
5. 야간 관측
6~7. 곡성섬진강천문대 야경

이 좋아하는 체험을 진행한다.

기차마을 100배 즐기기

천문대와 가까운 기차마을은 곡성의 대표 여행지다. 옛 곡성역 일대에 조성한 테마 파크로 아이들이 마음껏 뛰어놀기 좋다. 표를 끊고 들어가면 까만 증기기관차가 가장 먼저 눈에 띈다. 만화영화나 장난감으로만 봐왔던 증기기관차 모습에 아이들은 마냥 즐거워한다. 기차마을에서 출발해 천문대가 있는 가정역까지 증기기관차를 타고 달려보자. 창밖으로 보이는 섬진강 비경에 눈이 즐겁다. 증기기관차 대신 레일바이크를 직접 발로 굴려 이동해도 좋다. 기차마을 내에는 아이들이 좋아할 만한 체험거리가 가득하다. 도깨비 전시관인 '요술랜드', '천적 곤충관', '동물농장'은 아이들에게 특히 인기다. 이외에도 5월에 장미축제를 여는 '장미공원', 놀이 기구를 탈 수 있는 '드림랜드', '짚풀공예 교육관' 등이 기차마을 안에 있다.

1. 옛 곡성역
2. 기차마을의 증기기관차

함께 가보면 좋아요

곡성청소년야영장

천문대 바로 곁에 위치한 곡성청소년야영장은 섬진강을 내다보며 캠핑하기 좋은 곳이다. 오토캠핑장, 글램핑장 외에도 숙박 시설이 따로 마련되어 있다. 바베큐장, 취사장, 샤워실 등을 깔끔하게 갖춰놓아 가족 여행객에게 안성맞춤이다. 낮에는 섬진강 물줄기를 따라 래프팅을 즐기거나 자전거를 빌려 하이킹에 도전할 수 있다. 무료 만화영화 상영, 풍등 날리기 등 야간 이벤트도 종종 진행한다. 좀 더 한적한 캠핑을 원한다면 기차마을에서 약 5km 떨어진 도림사 오토캠핑리조트도 좋다. 도림 계곡의 청정한 자연을 마음껏 누릴 수 있다.

곡성청소년야영장

099 겸재정선미술관
우리 산하를 여행하고 그린 겸재 정선의 화폭 속으로

주소 서울시 강서구 양천로 47길 36
관람 시간 3~10월 10:00~18:00, 11~2월, 토·일요일과 공휴일 10:00~17:00, (관람 종료 1시간 전까지 입장 가능)
휴관일 매주 월요일, 1월 1일, 설날·추석 당일
관람료 성인 1000원, 청소년 500원, 7세 이하 무료
홈페이지 gjjs.or.kr
전화 02-2659-2206~7

임진왜란과 병자호란, 두 차례 외침을 겪은 조선은 전쟁의 상흔을 씻고 조선 고유의 문화를 만들고자 했다. 이 시기를 '진경(眞景)시대'라 한다. 겸재 정선은 진경 문화의 선봉에 있었다. 정선의 예술혼을 오롯이 담고 있는 곳이 겸재정선미술관이다. 이곳에서 조선 후기 화풍을 엿보고 정선이 직접 답사하며 화폭에 담은 아름다운 우리 산하를 감상해보자.

🎨 중국 화풍을 깨고 우리 식 그림을 그린 겸재 정선

정선 〈독서하여가〉(이 작품을 정선의 자화상으로 본다.)

겸재정선미술관을 찾기 전에 아이와 함께 해야 할 일이 있다. 천 원짜리 지폐를 꼼꼼히 살펴보는 것이다. 천 원짜리 지폐에 등장하는 인물은 조선 중기의 학자 '퇴계 이황'이다. 그런데 지폐를 뒤집으면 산수가 어울린 옛 그림 한 장이 나온다. 바로 겸재 정선이 그린 〈계상정거도〉다. 퇴계 이황과 관련한 그림은 그의 유적만큼이나 많다. 그럼에도 정선의 그림이 천 원짜리 지폐에 있는 것은 그가 우리나라 고미술을 대표할 만한 화가이기 때문일 것이다.

정선은 조선 후기 사람이다. 조선시대를 대표하는 화가를 보통 '삼원삼재'라고 부른다. 호가 '원'으로 끝나는 세 명과 호가 '재'로 끝나는 세 명을 일컫는다. 삼원에 속하는 사람은 '단원 김홍도, 혜원 신윤복, 오원 장승업'이고, 삼재에 속하는 사람은 '겸재 정선, 현재 심사정, 공재 윤두서'이다. 화가마다 다른 개성을 갖고 있어 비교하기는 어렵지만 초등학교 교과서에 자주 등장하는 화가는 단연, 정선과 김홍도다. 정선은 기존에 익숙한 중국풍 그림에서 벗어나 우리 식의 산수화를 그렸다. 정선이 나타나기 전까지는 중국 시화에 나오는 풍경이나 중국 그림을 따라 그리는 관념산수가 주를 이뤘다. 그러나 정선은 실제 우리나라 풍경을 직접 보고, 느껴지는 감흥을 그림에 담았다. 그것이 바로 '진경산수화'다. 정선의 〈인왕제색도〉, 〈금강전도〉 등이 초등학교 미술 교과서에 꾸준히 언급되는 것도 이런 이유 때문이다. 풍

1. 천 원짜리 지폐에 있는 〈계상정거도〉
2. 〈계상정거도〉와 〈인왕제색도〉 관련 전시물

경화는 보통 풍경을 있는 그대로 표현하지만 정선은 달랐다. 풍경 속에 자신의 느낌과 생각을 집어넣었다. 풍경의 일부를 실제보다 크게 그리기도 하고 붓 두 자루를 동시에 쥐고 그리기도 했다. 그런 까닭에 정선의 화풍은 단원 김홍도, 혜원 신윤복 등 후대의 화가들에게 많은 영향을 끼쳤다.

● 〈계상정거도〉

정선은 퇴계 이황이 학문을 닦고 제자들을 가르치던 안동의 '도산서당'을 그렸다. 이 그림이 바로 〈계상정거도〉다. 이 그림은 보물 585호 『퇴우이선생진적(退尤二先生眞蹟)』에 실려있다. 『퇴우이선생진적』은 겸재 정선 외에 이황, 송시열, 정선의 아들 정만수 등의 그림을 모아 엮은 그림첩이다.

〈계상정거도〉

● 〈인왕제색도〉와 〈금강전도〉

정선의 〈인왕제색도〉와 〈금강전도〉는 그의 그림 가운데 가장 유명하다. 국보 제 216호 〈인왕제색도〉는 당시 정선이 살던 동네(지금의 서촌)에서 그린 그림이다. 소나기가 내린 후 개기 시작하는 인왕산의 풍경을 담았다. 먹을 여러 번 덧칠하는 '적묵법'과 옆으로 뉘여 그린 '측필' 등 개성 넘치는 기법이 잘 드러난다. 그림 속의 집은 정선의 벗 이병연의 집이다. 그는 정선과 평생을 같이 한 벗으로, 〈인왕제색도〉는 죽음을 앞둔 친구를 위해 그린 그림이다.

국보 제 217호 〈금강전도〉는 눈 덮인 금강산을 그렸다. 금강산을 수직으로 죽죽 내려 그리는 '수직준법'을 썼다. 점을 찍는 '미점준'으로 소나무와 흙을 그렸다. 그는 실물과 똑같이 그리기보다는 특징을 잡아 그렸다. 잘 그리기보다 자신의 생각을 잘 표현할 수 있는 여러 가지 방법을 생각했다. 그래서 〈금강전도〉는 더욱 명작으로 손꼽힌다.

〈인왕제색도〉

〈금강전도〉

살아있는 듯 움직이는 그림으로
생생히 느끼는 겸재 정선의 그림

미술관 입구에는 정선의 그림을 현대적을 재해석한 설치작품이 있다. 임옥상의 〈신新 진경산수화〉다. 높이 3m, 길이 30m의 초대형 작품이다. 장대한 크기가 관람객을 압도한다.

미술관은 지하 1층, 지상 3층의 규모다. 전시실은 1층 '기획전시실'과 '양천현아실', 2층 '겸재기념실'과 '체험학습실', 3층 '다목적실'과 '뮤지엄숍' 등으로 이루어졌다. 아쉽게도 정선의 원본 작품은 많지 않다. 〈청풍계도〉와 〈조어〉 정도가 그 아쉬움을 달랜다. 하지만 전시 구성은 알차다. 정선의 생애와 작품을 눈으로 보는 데 그치지 않고, 직접 만지고 재구성할 수 있도록 했다.

1층은 정선이 양천에 머물던 시절을 중심으로 구성했다. 정선이 그린 양천현 일대는 현재 겸재정선미술관이 위치하고 있는 강서구다. 강서구의 현재 지도와 함께 위치별로 그림을 표시해서 전시한다. 2층은 좀 더 재미나다. 전국 지도를 펼쳐서 정선의 발자취와 그의 그림을 찾아본다. 시간 순으로 그가 머물던 곳들을 나열했다. 특히 서울 한강 일대는 실제 지형을 모형으로 만들어놓았다. 지형에서 원하는 위치를 선택하면 정선이 그린 그림을 보여준다. 흥미로운 전시 방식에 아이들의 눈이 커진다. 대략의 위치와 그림 속 풍경을 비교하는 재미도 있다. 겸재정선미술관이 위치한 양천 일대의 그림도 있다. 실제로 미술관 옆 궁산에 오르면 그림 속 풍경과 현재의 풍경을 비교할 수 있다.

정선의 금강산 그림도 한축을 차지한다. 〈금강전도〉는 금강산의 일만이천봉이 한눈에 들어올 수 있는 부감법을 사용했다. 부감법은 마치 물고기의 시선처럼 둥근 어안렌즈로 보는 듯한 기법이다. 풍경을 직접 보고, 자신의 느낌을 잘 살린 정선의 화법을 느낄 수 있다.

애니메이션으로 표현한 전시도 주목하자. 정선의 금강산 그림

1. 임옥상 〈신新 진경산수화〉
2. 정선기념실의 금강산 관련 전시물
3. 애니메이션으로 보는 정선의 〈금강산〉

이 계절에 따라 변화한다. 꽃잎, 비, 눈 등의 애니메이션이 더해져 살아있는 풍경처럼 계절을 생생히 느낄 수 있다.

   체험학습실은 정선의 그림을 좀 더 꼼꼼히 들여다볼 수 있는 공간이다. 스크린과 디지털 터치 방식으로 체험 감상을 한다. '진경 속 여행'에서는 강아지나 새가 살아있는 듯 움직이고 시냇물 소리가 들린다. 작품 속의 인물을 확대해 들여다볼 수도 있다. 이런 체험을 통해 아이들은 호기심을 총족하고, 특정 부분을 확대해 그리기도 했던 정선의 예술 감성을 간접적이나마 느낄 수 있다. 또 〈진경산수화〉의 장면들을 몇 개의 스탬프로 찍어보는 체험도 재미있다. 원본의 경우 훼손의 위험성 때문에 들여다보기만 해야 하지만, 디지털로 이미지화하니 마치 그림 속을 여행하는 듯 다채로운 체험이 가능해진다.

그림 속 풍경을 눈에 가득 담다

정선의 그림과 연계한 체험 프로그램도 있다. 정선의 그림으로 나만의 뱃지를 만들 수 있다. 그림에 찍는 낙관도 디자인해볼 수 있다. 아이들은 낙관을 찍으며 조선의 그림 문화를 신기해한다. 정선의 그림을 함께 감상하고 진경산수화를 그린 후 병풍을 만드는 체험도 재미나다. 평소에는 '뱃지 만들기'와 '탁본' 위주의 체험 프로그램을 진행하다가 방학 기간에는 '병풍 만들기'나 '미술작품 복원', 명절 때는 '배씨댕기 만들기'와 '연 만들기' 등 다양한 프로그램이 추가된다.

1. 소악루
2. 궁산 전망대
3. 스탬프로 만드는 진경산수화

전시와 체험 프로그램이 끝난 후에는 정선의 그림 속 풍경을 직접 감상해보는 건 어떨까? 겸재정선미술관 옥상공원은 드라마《착한 남자》의 촬영지다. 옥상에 오르면 강서구 일대의 노을 지는 풍광을 볼 수 있다. 미술관의 뒷산인 궁산으로도 산책로가 나있다. 궁산 자락은 사적 372호인 '양천고성지'로 조선시대 옛 성터인 유적지다. 임진왜란 때 의병들이 권율 장군과 힘을 합쳐 싸웠던 자리다. 정선과 관련해서는 '소악루(小岳樓)'가 있다. 영조 때 세워진 정자로 정선이 이곳에 앉아 한강의 풍광을 그렸다. 소악루는 화재로 소실되었으나 강서구청에서 재건했다. 소악루에 앉아 조용히 정선의 시선을 느껴봄직하다. 궁산 정상에서 내려다보는 발밑의 풍광도 장대하다. 궁산은 방화대교와 가양대교 사이에 있어 발 아래로 한강이 흐른다. 건너편 월드컵공원도 가시권이다. 가만히 머물러 바라보면 정선의 그림이 눈에 가득 안긴다.

겸재 정선이 여행가였다고요?

조선시대 화가들은 정선이 나타나기 이전까지 중국의 그림을 보고 산수화를 따라 그렸어. 그러니까 굳이 밖으로 나가 그림을 그릴 필요가 없었지. 정선이 다른 화가들과 다른 점은 우리나라의 풍경을 자신만의 느낌으로 그림에 담았다는 것이지. 그러기 위해서는 실제 풍경을 보러

진경산수화의 현장

다녀야 했어. 그러니 정선은 여행가였을 거야. 정선의 그림이 높은 평가를 받기 시작한 것도 37세에 금강산을 유람하고 그린 〈신묘년풍악도첩〉 이후였어.

조선시대 영조 때의 대신 원경하는 "김창흡의 시와 정선의 그림이 있으면 높은 곳에 수고로이 오르지 않고도……이 몸은 늘 금강산에 있고, 누워서 명산을 유람하니 옛사람이 부럽지 않다."고 했대. 정선은 하양현감, 청하현감 등 부임하는 지역마다 여행을 하며 그림을 많이 그렸어. 58세 때는 내연산에 다녀와 〈내연삼용추도〉를 그리고 62세 때는 청풍, 단양, 영춘, 영월 등을 여행하고 〈사군첩〉을 그렸단다. 72세 때는 금강산을 유람하고 〈해악전신첩〉을 그렸어. 그는 그림을 좋아해 여행을 많이 다녔지만 또 한편으로는 여행을 좋아해서 그림을 그릴 수 있었던 게 아니었을까?

겸재정선미술관은 왜 강서구에 있나요?

겸재 정선은 조선시대 사람으로는 드물게 84세까지 장수했어. 나이 들어감에 따라 그림도 완숙해졌는데, 그의 대표작 〈진경산수화〉도 중년 이후에 완성했단다. 그는 60세에 모친상을 당하고 청하현감 직을 그만두고 서울로 올라왔어. 3년 상을 치르고 나서 그의 그림이 만개하기 시작했지. 양천현감으로 부임한 건 65세 전후야. 〈청풍계도〉(64세), 〈한양전경도〉(65세), 〈경교명승첩〉(66세), 〈양천팔경첩〉(67세) 등 모두 노년의 작품이야. 일대의 역작인 〈인왕제색도〉를 그린 것도 그로부터 10년 후인 76세의 일이야.

당시 양천현이 지금의 강서구 일대야. 양천현청이 있던 자리가 바로 겸재정선미술관이 있는 궁산 아래란다.

빛으로 만나는 과학과 예술 이야기
필룩스조명박물관

주소 경기도 양주시 광적면 광적로 235-48
관람 시간 10:00~17:00
휴관일 1월 1일, 설날 추석 당일, 필룩스창립기념일(6월 20일)
관람료 성인 5000원, 청소년·어린이(0~19세) 4000원,
36개월 미만 무료, 주말 공연과 크리스마스 특별전 입장료 별도
홈페이지 www.lighting-museum.com
전화 070-7780-8911

조명은 사람들의 생활을 송두리째 바꾼 인류 최대의 발명품 가운데 하나다. 조명 덕분에 밤은 낮처럼 환할 수 있었고, 일할 수 있는 시간이 더 많아지면서 산업혁명이 일어났다. 필룩스조명박물관에서는 조명 기구의 시대별 변천사부터 빛과 관련된 과학 이야기, 조명 미술, 공연까지 한 자리에서 만나볼 수 있다.

조명 기구는 어떻게 발전했을까?

양주시 노고산 끝자락을 내려오는 길에 우리나라에서 유일한 조명 박물관이 있다. 조명 회사 필룩스에서 운영하는 곳으로 과학을 넘어 미술까지 아우른다. '조명역사관'을 비롯해 '라이트아트 전시실', '빛 공해 전시관', '어린이 빛 공해 체험관', '조명놀이터' 등 9개 체험 공간과 공연장, 카페테리아로 구성되어 있다.

멋진 샹들리에와 자연 채광이 어우러진 카페를 지나면 조명역사관이다. 횃불, 초롱과 같은 전통조명, 에디슨이 발명한 백열전구, 세계 각국의 엔틱 조명 기구, LED 등 시대별로 조명의 역사를 살펴볼 수 있다. 특히 전통조명관과 엔틱관에는 '주마등', 백제 무령왕릉에서 발견된 '백자등잔', '티벳 의례용 등잔', '데이비 램프' 등 재미있는 전시물이 많다. 안내 패널을 참조해 아이와 각 조명이 등장한 배경이나 쓰임새에 대해 이야기를 나눠보는 것도 좋다. 복도 벽면에는 '인류 문명을 빛낸 빛의 마법사들'을 그려놓았다. 에디슨, 아인슈타인 등 전기와 조명을 발명한 유명 과학자들에 대해 살펴볼 수 있다. 유럽풍 거실을 재현한 포토존에서 기념사진도 남겨보자.

조명의 역사에 대해 알아봤다면 다음은 예술로서의 조명작품을 만날 차례다. 라이트아트 전시실에는 신비한 조명 예술작품이

1. 1879년형 에디슨 전구
2. 인류최초의 인공조명 '불'
3. 티벳 의례용 등잔
4. 데이비 램프

가득하다. '필룩스 라이트아트 페스티벌' 수상작과 소장품을 매년 2회 이상 돌아가며 전시한다.

조명을 활용한 체험 놀이터

전시실 맞은편은 아이들을 위한 체험 공간이다. 비치된 교구를 가지고 놀며 잠시 쉬어가기 좋다. 빛 막대를 벽에 붙여 철로와 텃밭 만들기를 할 수 있는 '조명놀이터', 알록달록한 조명 색깔을 이용해 빛의 삼원색에 대해 알아보는 '우드라이트 테이블' 등이 있다.

그 옆 '빛 공해 전시관'은 인공조명이 동식물에 미치는 영향에 대해 배워보는 코너다. 만들기 공간과 '미니 LED 식물 공장', 애니메이션 영상 《아기 반딧불이의 모험》 등으로 구성되어 있다. 또한 안내데스크에서 '빛탐험꾸러미'를 구입해두면 유용하다.

생각 발산하기

〈마라의 죽음〉은 왜 빛에 따라 분위기가 달라 보일까요?

지하 1층 복도에는 〈마라의 죽음〉이라는 그림이 걸려있어. 1793년 당대 최고의 궁중 화가였던 자크 루이 다비드가 그린 작품이야. 마라는 프랑스 혁명을 이끌었던 인물인데 피부병 때문에 목욕을 자주 했다고 해. 그는 목욕을 하며 편지를 읽던 중 샤를로트 커르테라는 젊은 여성의 칼에 찔려 죽고 말아. 이 소식을 전해 들은 다비드는 자신의 친구였던 마라를 위해 이 그림을 그려 세상에 알렸어.

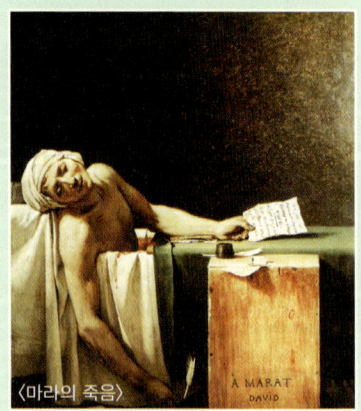

〈마라의 죽음〉

그런데 그림을 가만히 살펴보면 푸른 조명, 붉은 조명, 노란 조명 등 조명색에 따라 그림 분위기가 달리 보인다는 걸 알 수 있어. 이는 바로 빛의 온도 때문이야. 빛의 온도가 높을수록 파란색이 더해져서 차가워 보이고, 낮을수록 붉은색이 감돌아 따뜻하게 보이는 거란다.

1. 조명놀이터
2. 우드라이트 테이블
3. 빛 공해 전시관

'기름종이로 부엉이 그리기', '매미와 개구리 모양 종이접기' 등 아이 스스로 즐기고 배울 수 있는 체험 도구가 들어있다. 아이들에게 '매미는 왜 밤에도 울어댈까?', '가을에 피는 코스모스가 왜 봄부터 피어날까?' 등의 질문을 던져봐도 좋겠다. 옆 전시실의 '빛 공해 사진전'도 함께 둘러보면서 우리 생활에 조명은 꼭 필요하지만 지나치게 사용하면 동식물의 생태 리듬이 망가질 수 있다는 얘기를 들려주자.

빛 과학이 예술을 만나면?

지하로 내려가면 빛, 과학, 예술을 접목한 동화 속 세상이 아이들을 기다린다. 조명박물관의 하이라이트 공간이다. '빛 상상공간', '라이팅빌리지', '과학이 들려주는 빛 이야기', '크리스마스 특별전시실'로 구성됐다.

빛 상상공간에는 테마를 가진 방들이 미로처럼 이어져 있다. 방마다 빛을 이용한 미디어아트작품이 설치되어 있는데 모두 발을 구르거나 손으로 만지거나 소리를 내는 체험형 작품들이다. 우르르 쾅쾅 번개가 치는 방, 커다란 실로폰을 발로 밟으면 LED 조명이 반응해 소리를 내는 방, 다양한 모양의 레이저가 춤추듯 뿜어나오는 거울방 등 아이들의 호기심을 끄는 작품이 가득하다.

라이팅빌리지에는 9세 미만 아이들이 뛰어놀 수 있는 '불똥이

1. 빛상상공간
2. 불똥놀이터

놀이터'를 마련해놓았다. 불 모양의 종이로 만든 미끄럼틀과 터널 등이 흥미롭다. 아이에게 빛의 원리를 쉽고 재미있게 알려주고 싶다면 '과학이 들려주는 빛 이야기' 코너로 이동해보자. '카메라 옵스큐라', '빛의 착시 효과', '빛의 삼원색' 등 과학 체험 기구를 이용해 빛이 지닌 무한한 능력에 대해 배울 수 있다. 대부분 부모와 아이가 짝을 이뤄 즐길 수 있는 기구들이다.

'크리스마스 빌리지'는 아이들이 가장 좋아하는 코너. 매년 11월부터 1월 말까지 크리스마스 특별전을 연다. 해당 기간에는 입장료에 포함된 체험 키트로 다양한 체험을 즐길 수 있고, 평소에는 전시 관람만 가능하다. 이곳에서는 『스크루지 영감』, 『크리스마스 선물』, 『호두까기 인형』 등 '동화 속 장면을 재현한 방', '트릭아트 포토존', '크리스마스 라이팅 쇼' 등 화려한 빛의 세계가 펼쳐진다.

등 만들기 체험

LED램프인형

내 손으로 만드는 조명

박물관 관람이 끝나면 지하 1층 체험 교육실에도 들러보자. '반짝반짝 조개 목걸이', 'LED야광탱탱볼', 'LED램프인형' 등 다양한 조명 만들기 체험을 할 수 있다. 개인 가족은 주말에만 이용 가능하며 체험비는 별도다.

주말마다 여는 공연도 조명박물관의 자랑이다. 3개월마다 마당극, 연극, 뮤지컬, 크리스마스 특별

3. 카메라 옵스큐라의 방
4. 크리스마스 라이팅 쇼

공연, 과학 체험극 등을 돌아가며 연다. 동화와 그림, 즉흥 연주를 가미한 '마법 같은 스케치북', 종이접기 체험과 마술쇼가 어우러진 퍼포먼스 뮤지컬 '종이나라 앨리스', 생활 속 과학을 연극으로 풀어낸 '어린이 과학 체험극' 등이 대표적이다.

이외에도 어린이날 행사인 '빛나는 어린이축제', 전시 연계 프로그램, 주말 특별 체험, 비정기 프로그램인 '에디슨 탐험대' 등 과학과 미술을 결합한 프로그램을 다양하게 진행 중이다.

함께 가보면 좋아요

양주자연생태관

조명박물관에서 승용차로 5분 거리에 있는 양주자연생태관은 동물 체험관이다. 장수풍뎅이, 사슴벌레, 다양한 나비 등을 볼 수 있는 '세계 곤충관'과 앵무새, 부엉이 등이 있는 '세계 조류관' 그리고 '동물원' 등으로 구성되어 있다. 뱀, 이구아나, 거북이 등을 손으로 만져볼 수 있어 아이들이 동물과 교감을 나누기 좋다. 사육사의 안내를 받으며 여러 동물에 대한 상식도 얻을 수 있다. '조랑말 타기', '동물 먹이주기', '물고기 잡기', '꼬마기차 타기' 등 아이들이 좋아하는 체험거리도 가득하다. 생태관 곳곳에 쉴 수 있는 원두막이 마련되어 있어 도시락을 챙겨가도 좋다.

양주자연생태관에 있는 앵무새

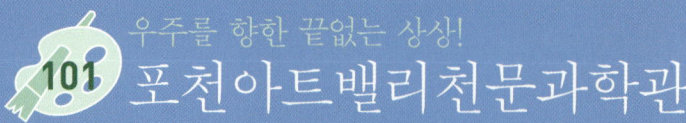

101 포천아트밸리천문과학관

우주를 향한 끝없는 상상!

주소 경기도 포천시 신북면 아트밸리로 234
관람 시간 3~10월 09:00~21:50, 11~2월 09:00~20:50,
　　　　　설날·추석 당일 10:00 개관
휴관일 연중무휴
관람료 포천아트밸리 입장권 소지자에 한하여 관람 가능
　　　　포천 아트밸리 입장료 – 성인 5000원, 청소년 3000원, 어린이 1500원
　　　　모노레일 운임료(왕복 기준) – 성인 4500, 청소년 3500, 어린이 2500원
홈페이지 astro.pcs21.net
전화 031-538-3487~9

포천아트밸리를 찾는 것은 과학 전시뿐 아니라 예술 전시도 함께 관람할 수 있는 일석이조의 기회다. 병풍처럼 선 천주산 속에 조각공원과 산책로, 공연장 등 다양한 문화 시설이 있다. 시원하게 뚫린 경치에 잠시 마음을 뺏기고 아이와 함께 산자락에 올라선다. 푸른 산에 안겨있는 신비로운 건물 앞에서 걸음을 멈춘다. 정상에 위치한 천문과학관이다. 옥상을 덮은 돔 지붕엔 어떤 망원경이 기다리고 있을까, 아이는 벌써부터 발걸음을 재촉한다.

천주산 정상으로 떠나는 우주 탐험

아트밸리는 포천을 대표하는 문화 예술 공간으로 알려져 있지만 과거에는 사뭇 다른 모습이었다. 포천석으로 알려진 이 지역 돌들은 재질이 매우 단단하고 외양도 아름다워 건축물 재료로 많이 쓰였다. 청와대, 국회의사당, 대법원, 인천공항 등 우리나라를 대표하는 건물이 포천석으로 지어졌다. 상황이 이렇다보니 채석이 끝난 포천의 환경은 파괴되기에 이르렀다. 포천시는 쓸모없이 버려진 이 땅을 복원해 사람들이 모이고 문화와 예술을 즐길 수 있는 공간으로 만들었다. 모노레일을 설치하고 천주호 주변으로 전망대와 산책로를 조성했다. 조각공원, 카페, 야외 공연장 등은 여가를 즐기기 좋은 장소가 되었다.

포천아트밸리 입구에 들어서면 깜찍하게 윙크하는 모습이 그려진 모노레일이 가장 먼저 아이들을 반긴다. 과학관까지 걸어

1. 천문과학관 앞까지 왕복 운행하는 모노레일
2. 1전시실 '지구의 탄생'

산에 둘러싸인
포천아트밸리천문과학관

올라가는 것도 가능하지만 처음부터 힘들일 필요는 없다. 산책을 하고 싶다면 내려올 때를 권한다. 아이는 모노레일을 타고 마치 우주 기지국으로 향하는 기분에 빠진다. 모노레일은 포천아트밸리 전체뿐 아니라 천주산을 둘러싼 경치를 감상하기 매우 좋은 이동 수단이다. 또한 천문과학관을 방문한 후 아트밸리의 관람 동선을 짜는 데도 도움 된다.

모노레일에서 내리면 드디어 웅장한 천문과학관이 모습을 드러낸다. 이제부터 우주 탐험이다. 아이 마음이 본격적으로 두근거릴 시간이다. 천문과학관에는 지구와 태양계, 은하계, 별자리 등 우주에 관한 내용을 이해하기 쉽게 꾸며놓았다. 최신 시설을 이용한 체험 프로그램도 알차다. 아이에게 방명록을 기록하게 하는 것도 좋다. 종이 위에 쓰는 게 아니라 사진을 찍어 기록을 남기는 '디지털 방명록'이 마련되어 있다. 찍은 사진을 메일로 보낼 수도 있다.

1층 로비 오른쪽이 '1전시실'이다. 1전시실에서는 지구와 관련한 자료를 볼 수 있다. '지구 구조', '판구조론', '일식', '월식', '지구의 탄생'에 관한 자료를 한눈에 볼 수 있도록 정리해놓았다. 전시실 중앙에는 지구 내부 구조를 바다, 지각, 암석권, 연약

● **지구의 내부 구조**
지구는 크게 내핵, 외핵, 맨틀, 지각으로 구성되어 있다.
내핵과 외핵 중심부 내핵은 고온이지만 고압 때문에 용해되지 않은 고체 상태를 유지하고 있다. 바깥쪽의 외핵은 고온이지만 용해된 상태로 되어있다.
암석권 암석으로 이루어져 있는 지각 표층부를 말한다.
지각 지구 표면을 둘러싸고 있는 부분으로 토양과 암석으로 이루어져 있다.
맨틀 지구의 지각과 핵 사이의 부분으로 깊이 약 30km에서 약 2900km까지를 가리킨다.

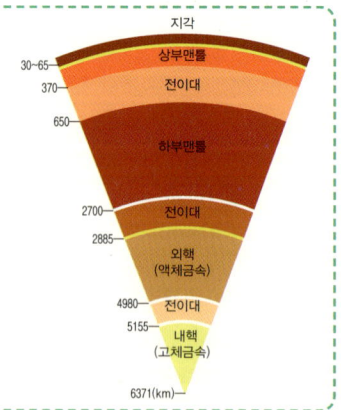

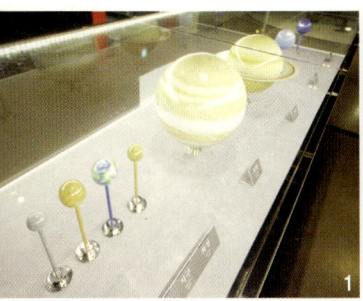
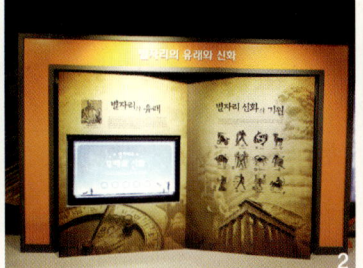

권, 전이대, 하부맨틀, 외핵으로 나눈 전시물도 있다.

🔬 태양계를 공부하고, 가상 우주 여행을 떠나요!

계단을 오르면 2층 2전시실이다. 우주를 관측할 때 가장 기본이 되는 '망원경의 원리와 역사'에 관한 자료가 전시되어 있다. 뉴턴식, 케플러식, 갈릴레이식 망원경을 관찰할 수 있다. 이 코너에서는 세 종류의 망원경을 직접 체험해본다. 바닥에 그려진 관측 위치에 서서 망원경 렌즈에 눈을 대고 별과 달, 행성 등을 관찰한다. 실제는 아니지만, 아이에게는 천체를 관찰하는 흥미로운 경험이다.

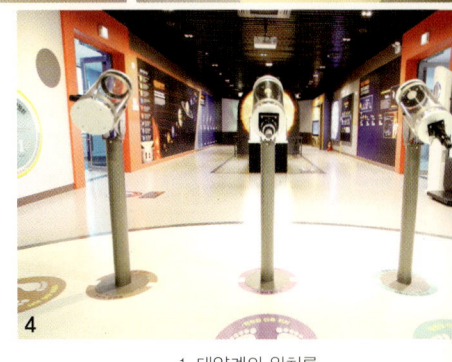

1. 태양계의 위치를 알려주는 전시물
2. 별자리의 유래와 신화
3. 우주 탐험 시뮬레이터
4. 망원경 체험

2전시실 중앙은 태양계를 공부하는 장소다. 태양계를 상징하는 대형 전시물이 계속 색을 바꾸는 모습이 신기하다. 이곳에는 '태양계 행성 정보'와 '행성 간 거리 비교' 전시물도 전시되어 있다. '행성간 거리 비교' 전시물 앞에서는 어마어마한 거리에 놀란다. 빛의 속도로도 몇 억 년 이상을 가야 다른 은하계와 만날 수 있기 때문이다. 맞은편에서는 '별자리의 유래와 신화', '황도 12궁' 자료를 확인할 수 있다. 손으로 화면을 조작해 사계절 별자리에 대해 공부하는 코너도 흥미롭다.

3전시실 양쪽에서는 '우주 탐험 시뮬레이터'와 '오늘의 별자리' 체험을 할 수 있다. 우주 탐험 시뮬레이터에서는 가고 싶은 행성을 정해 조이스틱으로 우주선을 조종해볼 수 있다. 가상으로 하는 우주 여행이다. '별의 일생', '별의 진화'에 관한 자료도 전시되어 있다. 특히 태양의 모습을 실시간으로 보여주는 모니터가 설치되어 있어 우주에 대한

상상력을 과학과 연결해준다. 우주에서 날아온 운석도 직접 만져볼 수 있다. 아이는 멀리 있는 우주를 가까이서 느껴보는 경험을 한다.

우주에 대한 상상력을 한층 키워주는 천체투영실과 천체관측실

3층과 4층은 '천체투영실'과 '천체관측실'이다. 천문과학관에서 아이들에게 가장 인기 있는 장소다. 천체투영실에서는 과학관 직원이 계절별 별자리와 밤하늘을 보면서 방향을 찾는 방법에

 함께 가보면 좋아요

천주호

포천아트밸리에서 가장 유명한 장소는 역시 천주호다. 비취빛 수면이 유난히 곱다. 호수는 채석을 위해 깎은 높이 50m의 절벽과 묘한 대조를 이룬다. 채석 과정에서 웅덩이가 패였고 빗물이 고여 수심 20m의 호수가 만들어졌다. 천주호는 물이 1급수로 가재, 도롱뇽, 피라미 등이

천주호

산다. 인간이 파괴한 자연이 스스로 새 생명을 품어 재탄생한 셈이다. 호수 위쪽과 앞에 설치한 전망대는 포토존으로 유명하니 아이와 함께 추억을 남겨보자.

1. 천체투영실
2. 4D 영상을 관람하는 아이들
3. 천체관측실에 설치된 천체망원경

관해 설명해준다. 그리고 인류 최초로 달 착륙에 성공한 '아폴로 11호', '공룡 시대 대륙의 이동과 운석 구덩이', 진화론 이야기를 다룬 '찰스 다윈의 갈라파고스 여행' 등에 관한 4D 영상을 관람한다. 영상을 관람할 때는 내용에 따라 의자가 움직여서 실감난다. '아폴로11호'가 달에 착륙할 때의 감동이 아이에게 그대로 전달되는 순간이다. 지름 12m의 돔스크린에 가득 펼쳐진 별자리를 보면서 아이는 우주에 대한 꿈을 키운다.

마지막으로 4층에 마련된 천체관측실에 오른다. 천장이 막혀 있어 의아해하자, 곧 버튼 하나로 천장 전체가 개방된다. 이 모습에 어른 아이 할 것 없이 감탄한다. 하늘을 향한 천체망원경 6대도 호기심을 자극한다. 저 작은 렌즈에 눈을 갖다 대면 과연 무엇이 보일까.

우주는 미지의 영역이다. 현재 인간이 가지고 있는 과학과 기술로 우주를 전부 알아내기엔 턱없이 부족하다. 때문에 무한한 상상이 가능한 세계이기도 하다. 아이가 이런 궁금증을 해결하기 위한 노력을 시작한다면, 포천아트밸리천문과학관을 방문한 의미를 다 찾은 셈이다.

APPENDIX

미술관과 과학관
여행이 100배
즐거워지는
특별 부록

부록 1 **손 안의 미술관·과학관**

미술관과 과학관 여행을 떠나기 전, 미술사와 과학사를 살펴보면 아이의 관심은 한층 높아질 것이다. 과학사의 결정적 순간과 죽기 전에 꼭 봐야 할 명화를 연대순으로 정리했다.

부록 2 **지하철로 갈 수 있는 미술관·과학관**

평일에 아이와 데이트하듯 방문하고, 주말에 대중교통을 이용해 갈 수 있는 지하철역에서 가까운 미술관과 과학관을 소개한다.

1202년
피보나치가 자연계의 일반 법칙을 나타내는 '피보나치수열' 발견

1258년
중국의 종이, 인쇄 기술, 화약이 페르시아 지역에 전래

754년
〈네 명의 복음사가에게 둘러싸인 그리스도〉

1285~1286년
〈천사와 예언자와 있는 옥좌의 마리아〉

1305년
〈그리스도의 죽음을 슬퍼함〉

〈천사와 예언자와 있는 옥좌의 마리아〉
치마부에, 1285~1286년, 목판에 템페라, 223×385cm, 우피치미술관

〈네 명의 복음사가에게 둘러싸인 그리스도〉
754년, 군도히노 복음서 삽화, 24.5×32cm

〈그리스도의 죽음을 슬퍼함 또는 애도〉
조토 디 본도네, 1305년경, 프레스코, 200×185cm, 이탈리아 파도바 스크로베니 예배당

중세 미술

중세시대는 교회의 종소리가 사람들의 영혼까지 지배했던 시대로, 인간보다 신이 우선시되었다. 종교(기독교)의 힘이 매우 강했던 이 시기에 미술은 종교를 보조하는 수단으로, 아름다움을 표현하는 것보다는 사람들을 교화할 목적으로 제작되었다. 로마제국이 기독교를 국교로 공인한 325년부터 비잔틴 제국(동로마)이 멸망한 1453년까지를 중세로 본다.

조토 디 본도네 (1266~1337년)

르네상스의 시작을 알린 화가다. 중세시대 화가들은 그림 속 인물의 감정 묘사에 관심이 없었지만, 조토는 그림 속 인물의 감정을 생생하게 표현했다. 성스러움을 강조하고자 그림 배경에 천편일률적으로 금색을 칠했던 기존 화가들과 달리 조토는 그림에 파란 하늘을 그렸다.

1347년
유럽에 흑사병 유행, 유럽 인구의 4분의 1이 흑사병으로 희생

1455년
구텐베르크가 금속활자로 『42행 성서』 인쇄

1425~1428년
〈성삼위일체〉

1434년
〈아르놀피니의 결혼〉

1442~1443년경
〈수태고지〉

〈성삼위일체〉
마사초, 1425~1428년, 프레스코, 317×667cm, 산타마리아노벨라

〈수태고지〉
프라 안젤리코, 1442~1443년경, 프레스코, 297×230cm, 산마르코미술관

〈아르놀피니의 결혼〉
얀 반 에이크, 1434년, 목판에 유화, 60×82cm, 런던 내셔널갤러리

원근법 도입
르네상스시대에는 멀리 있는 것은 작게 보이고 가까이 있는 것은 크게 보이는 원근법이 회화에 도입돼, 입체적인 느낌을 표현하기 시작했다. 마사초의〈성삼위일체〉는 수학적으로 계산된 원근법을 도입한 작품이다.

유화 발명
염료에 달걀노른자를 섞는 템페라 기법은 물감이 너무 빨리 마르기 때문에 물감을 섞어 원하는 색을 만들기 힘들고, 충격에 약해 균열이 생기기 쉽다. '유화의 창시자'로 불리는 얀 반 에이크는 염료에 아마인유(linseed oil)를 섞은 유화물감을 만들어낸다. 아마인유는 녹는 점이 낮아 상온에서 액체 상태지만 시간이 지나면서 굳어져 단단하게 된다. 유화물감의 발명으로 사실적인 묘사와 섬세한 입체감 표현이 가능해졌으며, 그림의 색채가 더욱 풍요로워졌다. 또한, 작품을 오랫동안 보존할 수 있게 되었다.

1492년
마르틴 베하임이 최초의 지구본 제작

1492년
콜럼버스 신대륙 발견

1485년
〈비너스의 탄생〉

1486년
〈암굴의 성모〉

1495~1497년
〈최후의 만찬〉

〈비너스의 탄생〉
산드로 보티첼리, 1485년, 캔버스에 템페라, 278.5×172.5cm, 우피치미술관

〈암굴의 성모〉
레오나르도 다빈치, 1486년, 캔버스에 유채, 199×122cm, 루브르박물관

〈최후의 만찬〉
레오나르도 다 빈치, 1495~1497년, 회벽에 유채와 템페라, 880×460cm, 산타마리아 델레 그라치에 성당

르네상스 미술

무역으로 부를 쌓은 피렌체, 베네치아와 같은 부유한 도시 국가를 중심으로 발전한 인간 중심적이고 합리적인 사고를 중시하는 문화 운동을 가리켜 르네상스라고 한다. 르네상스시대 미술은 신 중심의 세계관에서 탈피해 인간의 표정과 육체의 아름다움을 표현하고, 자연을 연구하여 그 모습을 정확하게 묘사하고자 했다. 르네상스 미술의 3대 거장으로 레오나르도 다빈치, 미켈란젤로 부오나로티, 라파엘로 산치오가 꼽힌다. 이들은 과학을 기초로 한 엄격한 구도, 완벽한 비례, 원근법 같은 르네상스의 대표적 기법을 작품에 담아 미술사에 빛나는 걸작들을 남겼다.

1498년
중국 백과사전에 칫솔 등장

1500년
〈자화상〉

1503~6년
〈모나리자〉

1504년
〈다비드상〉

1506년
〈검은 방울새의 성모〉

〈자화상〉
알브레히트 뒤러, 1500년, 목판에 유채,
49×67cm, 뮌헨알테피나코텍

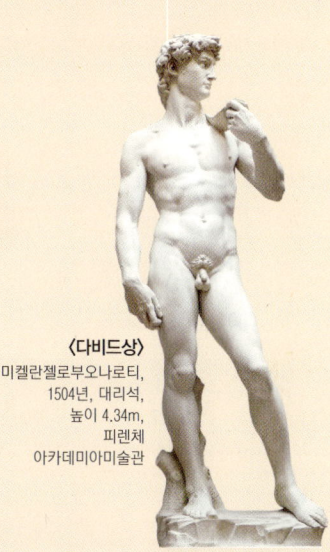

〈다비드상〉
미켈란젤로부오나로티,
1504년, 대리석,
높이 4.34m,
피렌체
아카데미아미술관

〈모나리자〉
레오나르도 다빈치,
1503~6년,
나무판 위에 유채,
53×77cm,
루브르박물관

〈검은 방울새의 성모〉
라파엘로 산치오, 1506년, 목판에 유채,
77×107cm, 우피치미술관

초상화와 자화상

신의 위대함을 알리기 위해 그림을 그렸던 중세 예술가들에게 자신의 얼굴을 그리는 것은 상상조차 할 수 없는 일이었다. 인문주의와 인간중심주의가 싹튼 르네상스시대 들어 초상화와 자화상이 등장한다. 특히 자화상은 예술가의 사회적 지위가 향상되었음을 나타내는 증거이자, 자신의 내면을 탐구하는 자아 성찰의 산물로 볼 수 있다. 16세기에 활동하던 독일의 대표적인 화가 알브레히트 뒤러는 개인적인 목적으로 자화상을 그린 최초의 화가다.

645

1510~1511년	1511~1512년	1518년
〈아테네 학당〉	〈아담의 창조〉	〈성모승천〉

〈아담의 창조〉
미켈란젤로 부오나로티, 1511~1512년, 프레스코화,
570×280cm, 바티칸미술관

〈아테네 학당〉
라파엘로 산치오, 1510~1511년, 프레스코화,
700×500cm, 바티칸미술관

〈성모승천〉
베첼리오 티치아노, 1518년,
패널에 유채, 360.7×685.8cm,
산타 마리아글로리오사 데이 프라리

캔버스에 유화를 그린 최초의 화가 티치아노

'근대 회화의 아버지' '회화의 군주'라 불리는 베첼리오 티치아노는 캔버스에 유화를 그린 최초의 화가다. 유화는 15세기 초 플랑드르(벨기에 서부를 중심으로 네덜란드 서부와 프랑스 북부에 걸쳐 있는 지방)에서 본격적으로 사용하기 시작한 이래 나무판에 그려졌다. 베네치아 화가들은 배의 돛을 만드는 캔버스천을 나무로 만든 사각틀에 씌워 그림을 그리기 시작했다. 캔버스는 나무판보다 비용이 저렴하고 운반이 쉽고 물감이 잘 발려 나무판을 대체하게 되었다.

1543년	1589년	1590년
코페르니쿠스가 태양이 우주의 중심이라는 주장이 담긴 『천체의 회전에 관하여』 출간	윌리엄 리가 최초의 편직기계 발명	한스 얀센이 현미경 발명

| 1533년 〈대사들〉 | 1538년 〈우르비노의 비너스〉 | 1592~1594년 〈최후의 만찬〉 |

〈최후의 만찬〉
틴토레토, 1592~1594년,
캔버스에 유채, 569×366cm,
산조르조마조레교회

〈대사들〉
한스 홀바인, 1533년,
목판에 템페라, 209×207cm,
런던 내셔널갤러리

〈우르비노의 비너스〉
베첼리오 티치아노, 1538년, 캔버스에 유채, 165×119cm, 우피치미술관

여성 누드의 전형을 만든 티치아노

베첼리오 티치아노가 그린 비너스는 고개를 살며시 들어 올리고 있는 전통적인 비너스와 달리 감상자를 똑바로 바라보고 있다. 감상자의 시선을 그림 속 대상에게 머물게 하는 표현 방법은 이후 서양 미술에서 여성 누드를 그리는 전형적인 방식이 되었다.

1597년	1608년
갈릴레오 갈릴레이가 케플러의 『우주의 신비』를 지지하는 편지를 씀	리페르세이가 망원경에 대한 특허를 신청

1593년	1602~1604년	1605년
〈병든 바쿠스〉	〈그리스도의 매장〉	〈교황 인노첸시오 10세의 초상〉

〈그리스도의 매장〉
미켈란젤로 다 카라바조, 1602~1604년,
캔버스에 유채, 203×300cm,
바티칸미술관

〈병든 바쿠스〉
미켈란젤로 다 카라바조, 1593년,
캔버스에 유채, 53×67cm,
보르게제미술관

〈교황 인노첸시오 10세의 초상〉
디에고 벨라스케스, 1605년,
캔버스에 유채, 120×140cm,
도리아팜필리미술관

바로크미술

1600년경에서 1750년 사이 이탈리아를 비롯한 유럽 가톨릭 국가에서 유행했던 미술 양식이다. 바로크 시대에는 종교개혁으로 약해져 가던 신도들의 신앙심을 다시 강하게 만들고자 교회를 더 화려하게 꾸미고, 그림도 감정을 올리는 방식으로 그려졌다. 바로크 미술은 르네상스 미술보다 빛나는 색채, 명암의 극명한 대비, 과상된 붓짓, 자유로운 붓질 등 남성적이고 과장된 표현이 두드러진다. 대표적 화가로 미켈란젤로 다 카라바조, 디에고 벨라스케스, 렘브란트 반 라인, 요하네스 베르메르가 있다.

- **1609년** 갈릴레오 갈릴레이가 망원경으로 목성 발견
- **1616년** 케플러가 행성들의 움직임을 설명하는 세 가지 법칙이 담긴 논문 「세계의 조화」 발표
- **1633년** 갈릴레이가 코페르니쿠스의 '태양 중심설'을 옹호했다는 이유로 종교 재판을 받음
- **1637년** 페르마가 소수의 수열을 추측함

1608~1614년경 〈요한 묵시록의 다섯 번째 봉인의 개봉〉

1618년 〈삼미신〉

1640년 〈자화상(34세)〉

〈요한 묵시록의 다섯 번째 봉인의 개봉〉
엘 그레코, 1608~1614년경, 캔버스에 유채, 193×222cm, 메트로폴리탄미술관

〈자화상(34세)〉
렘브란트 반 라인, 1640년, 캔버스에 유채, 80×90cm, 런던 내셔널갤러리

〈삼미신〉
페테르 파울 루벤스, 1618년, 캔버스에 유채, 181×221cm, 프라도미술관

매너리즘

르네상스 미술은 라파엘로에 이르러 정점을 찍었다. 다빈치, 미켈란젤로, 라파엘로의 벽에 부딪힌 1510년대 미술가들은 뛰어난 예술작품 자체를 모델로 삼고 거장의 방식을 모방했다. 이중 몇몇은 거장의 방법을 바탕으로 새롭고 독특한 분위기의 작품을 만들어냈다. 1520년경부터 1600년 사이 르네상스 정신이 쇠퇴하는 시기에 등장한 양식을 매너리즘이라고 한다. 매너리즘 화가들은 불안정한 구도, 왜곡된 공간, 길게 늘어진 인물, 현실과 비현실, 불안한 내면 세계를 캔버스에 담았다. 매너리즘의 대표적인 화가가 베첼리오 티치아노와 엘 그레코다.

649

1644년	1655년	1656년	1665년
에반젤리스타 토리첼리가 수은 기압계 발명	월리스가 무한대(∞) 기호를 처음 사용	크리스티안 하위헌스가 추시계 발명	로버트 훅이 현미경으로 세포를 관찰한 글을 모아 『마이크로그라피아』 출간

1642년	1656년	1665년경
〈야경〉	〈시녀들〉	〈진주 귀고리를 한 소녀〉

〈야경〉
렘브란트 반 라인, 1642년, 캔버스에 유채, 437×363cm, 암스테르담 국립박물관

〈진주 귀고리를 한 소녀〉
요하네스 베르메르, 1665년경, 캔버스에 유채, 39×44.5cm, 마우리트하우스

〈시녀들〉
디에고 벨라스케스, 1656년, 캔버스에 유채, 316×276cm, 프라도미술관

렘브란트의 자화상

렘브란트 반 라인은 평생 100점이 넘는 자화상을 그렸다. 자화상의 붓 터치와 색채는 삶의 굴곡에 따라 변해갔다. 30대에 그린 자화상에서는 성공한 화가의 자신감과 야심이 보였다면, 가족과 재산, 명예를 모두 잃은 말년의 자화상은 어둠 속으로 사라질 듯 아스라하다.

〈자화상(53세)〉

〈제욱시스로 분한 자화상(63세)〉

- **1687년** 뉴턴이 만유인력의 법칙과 운동의 세 가지 법칙을 담은 『프린키피아』 출간
- **1735년** 린네가 동식물의 종류를 체계적으로 분류·정리하여 『자연의 세계』 출간
- **1717년** 〈키테라 섬 순례〉
- **1755년** 〈퐁파두르 후작 부인〉
- **1756년** 〈마담 퐁파두르 초상〉

〈키테라 섬 순례〉
장 앙투안 와토, 1717년,
캔버스에 유채, 194×129cm,
루브르박물관

〈마담 퐁파두르 초상〉
프랑수아 부셰, 1756년, 캔버스에 유채, 157×201cm,
뮌헨 알테피나코텍미술관

〈퐁파두르 후작 부인〉
모리스 켕탱 드 라투르, 1755년,
종이를 댄 캔버스에 파스텔, 178×213.6cm,
루브르박물관

로코코 미술

자유롭고 향락적인 인간 감정이 존중받기 시작한 1700년대 초 프랑스에서 발생하여 프랑스 왕권의 흥성과 함께 전 유럽에 퍼진 양식이다. 로코코 미술가들은 귀족의 연애와 연희를 주제로 많은 작품을 그렸다. 바로크 미술이 역동적이고 관람자를 압도하는 커다란 스케일로, 남성적인 분위기를 풍긴다면, 로코코 미술은 세련되고 화려하며 아기자기한 멋으로, 여성적인 분위기를 풍긴다. 대표적 화가로 장 앙투안 와토, 프랑수아 부셰, 프란시스코 고야가 있다.

- **1792년**: 제너가 우두를 이용한 천연두 백신 개발
- **1793년**: 〈마라의 죽음〉
- **1797~1800년경**: 〈벌거벗은 마하〉
- **1800년**: 볼타가 최초의 전지인 볼타 전지 발명
- **1801년**: 〈알프스를 넘는 나폴레옹〉

〈마라의 죽음〉
자크 루이 다비드, 1793년, 캔버스에 유채, 128.3×165cm, 벨기에브뤼셀왕립미술관

〈알프스를 넘는 나폴레옹〉
자크 루이 다비드, 1801년, 캔버스에 유채, 221×259cm, 나폴레옹국립박물관

〈벌거벗은 마하〉
프란시스코 고야, 1797~1800년경, 캔버스에 유채, 191×98cm, 프라도미술관

신고전주의

1793년 프랑스 혁명을 기점으로 화려하고 향락적인 로코코 미술이 막을 내리고 신고전주의 시대가 도래한다. 신고전주의는 그리스, 로마, 르네상스가 추구했던 질서와 비례, 조화로움을 계승하는 미술 양식이다. 신고전주의 그림은 단순한 구도와 붓 자국 없는 매끈한 화면, 절제된 표현이 특징이다. 신고전주의의 대표적 화가로 자크 루이 다비드, 장 오귀스트 도미니크 앵그르가 있다.

1810년
괴테가 색채현상을 밝음과 어둠이라는 두 양극의 상호작용 결과라고 분석한 「색채론」 발표

1821년
패러데이가 코일과 막대자석으로 전기 만듦

1805년
〈옷 입은 마하〉

1814년
〈1808년 5월 3일〉

1819년
〈그랑드 오달리스크〉

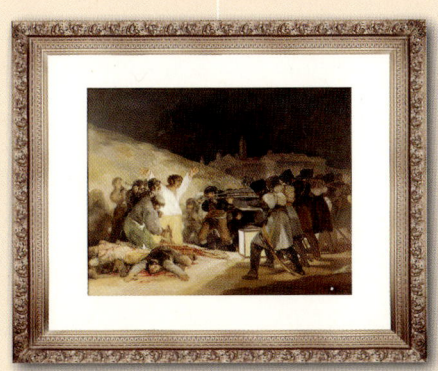

〈1808년 5월 3일〉
프란시스코 고야,
1814년, 캔버스에 유채,
345×266cm,
프라도미술관

〈그랑드 오달리스크〉
장 오귀스트 도미니크 앵그르,
1819년, 캔버스에 유채,
162×91cm,
루브르박물관

〈옷 입은 마하〉
프란시스코 고야, 1805년,
캔버스에 유채, 190×95cm,
프라도미술관

같은 모델을 같은 자세로 두 번 그린 고야

〈벌거벗은 마하〉 이전의 여성 누드화는 여성이 벌거벗은 몸을 수줍게 숨기는 것처럼 표현되었거나 신화 속 인물로 그려졌다. 〈벌거벗은 마하〉 속 여성은 아무것도 가리지 않은 상태에서 관람자를 똑바로 바라보고 있다. 당시 보수적인 가톨릭 국가였던 스페인은 누드화를 공식적으로 금지하고 있었다. 프란시스코 고야의 도전적인 누드화는 사회에 커다란 파란을 일으켰고, 그는 이 그림으로 종교재판에까지 끌려가게 된다. 고야는 1805년 〈벌거벗은 마하〉에게 옷을 입힌 〈옷을 입은 마하〉를 그리게 된다. 〈벌거벗은 마하〉는 신이 아닌 인간을 그린 최초의 누드화로 불린다.

1824년	1824년	1832년	1839년
주석튜브 발명	브라유가 시각장애인을 위한 점자 발명	베셀이 별의 시차를 이용해 지구에서 백조자리 61번 별까지의 거리를 계산	루이스 다게르가 다게레오 타입 사진기 발명

1821년 〈건초마차〉

1830년 〈민중을 이끄는 자유의 여신〉

1844년 〈비·증기·속력〉

〈건초마차〉
존 컨스터블, 1821년, 캔버스에 유채, 130.5×185.5cm, 런던 내셔널갤러리

〈비·증기·속력〉
윌리엄 터너, 1844년, 캔버스에 유채, 122×91cm, 런던 내셔널갤러리

〈민중을 이끄는 자유의 여신〉
외젠 들라크루아, 1830년, 캔버스에 유채, 325×260cm, 루브르박물관

낭만주의

객관보다는 주관을, 지성보다는 감성을 중요하게 여기게 된 19세기 전반에 전 유럽에서 유행한 예술 경향이다. 낭만주의 미술가들은 감정을 배제하고 그리스나 로마의 엄격함을 추구했던 신고전주의에 반기를 들었다. 역동적이고 생생한 현실, 모호한 분위기를 풍기는 색채 효과가 낭만주의 미술의 특징이다. 낭만주의의 대표적 화가로 존 컨스터블, 윌리엄 터너, 테오도르 세리코, 외젠 들라크루아 등이 있다.

- 1850년 멘델이 완두콩 실험을 통해 유전자의 역할을 밝힘
- 1858년 뫼비우스가 면의 안팎 구분이 없는 '뫼비우스의 띠' 발견
- 1859년 다윈이 자연 선택설의 주장을 담은 『종의 기원』 출간

- 1849년 〈돌 깨는 사람들〉
- 1857년 〈이삭 줍는 여인들〉
- 1864년 〈3등열차〉

〈이삭 줍는 여인들〉
장 프랑수아 밀레, 1857년, 캔버스에 유채, 111×83.5cm, 오르세미술관

〈3등열차〉
오노레 도미에, 1864년, 캔버스에 유채, 90.2×65.4cm, 캐나다국립미술관

〈돌 깨는 사람들〉
구스타브 쿠르베, 1849년, 캔버스에 유채, 257×165cm, 드레스덴국립미술관

사실주의

'리얼리즘'이라고도 부르는 사실주의는 19세기 후반에 등장한 과학과 객관적인 사실을 중요하게 여기는 예술사조다. 이전까지 그림이 현실을 미화하거나 이상화했다면, 사실주의 그림은 서민의 일상을 주제로 사회현상을 솔직하게 표현한다. 상상력과 감성을 중요하게 여기는 낭만주의와 달리 화가가 실제로 보고 경험한 것을 있는 그대로 표현한다. "나는 천사를 본 적이 없으므로 천사를 그릴 수 없다"는 구스타브 쿠르베의 말에 사실주의의 특징이 집약되어 있다.

1860년
파스퇴르가 질병의 원인이 세균임을 밝힘

1870년
맥스웰이 전기장과 자기장의 운동에 관한 법칙과 전기장과 자기장은 항상 붙어 다닌다는 사실을 발견

1876년
그레이엄 벨이 전화기 발명

1863년
〈풀밭 위의 점심 식사〉

1872년
〈인상 : 해돋이〉

1877년
〈스타〉

〈풀밭 위의 점심 식사〉
에두아르 마네, 1863년, 캔버스에 유채, 264.5×208cm, 오르세미술관

〈스타〉
에드가 드가, 1877년, 종이에 모노타프와 파스텔, 42×58cm, 오르세미술관

〈인상 : 해돋이〉
클로드 모네, 1872년, 캔버스에 유채, 63×48cm, 마르모탕미술관

인상주의

19세기 후반 프랑스를 중심으로 일어난 회화 운동으로, 풍경이라는 자연현상을 묘사하는 데서 출발했다. 인상주의 화가들은 빛에 따라 시시각각 변화하는 순간의 인상을 포착하고, 빛에 따른 색의 아주 작은 변화까지 고려해 살아있는 그림을 그리려고 했다. 그래서 인상주의 화가들은 실내에서 벗어나 야외로 나가서 그림을 그렸다. 대표적인 인상파 화가로는 클로드 모네, 에두아르 마네, 피에르 오귀스트 루느아르, 에드가 드가, 폴 세잔, 폴 고갱, 빈센트 반 고흐 등이 있다.

- **1878년** 에디슨이 전구 발명
- **1885년** 칼 벤츠가 최초로 외기통 휘발유 엔진으로 동력이 공급되는 삼륜자동차 발명

| 1881년 〈두 자매〉 | 1884~1886년 〈그랑드르 자트 섬의 일요일 오후〉 | 1879~1882년 〈사과가 담긴 정물〉 | 1879~1889년 〈생각하는 사람〉 |

〈그랑드르 자트 섬의 일요일 오후〉
조르주 쇠라, 1884~1886년, 캔버스에 유채, 308×207.5cm, 시카고 아트인스티튜트

〈생각하는 사람〉
오귀스트 로댕, 1879~1889년, 청동 조각, 높이 49cm, 리옹미술관

〈두 자매〉
피에르 오귀스트 르누아르, 1881년, 캔버스에 유채, 81×100.6cm, 시카고 아트인스티튜트

〈사과가 담긴 정물〉
폴 세잔, 1879~1882년, 캔버스에 유채, 54×43.5cm, 글립토테크미술관

점묘화법

점이나 작은 터치로 색을 찍어 표현하는 것이 점묘화법이다. 일렁이는 빛의 움직임을 표현하는 데 효과적이다. 모네, 피사로 등의 초기 인상주의 화가가 처음 시도한 점묘화법은 조르주 쇠라 이르러 대상의 표면만 두드리듯 표현하는 기법으로 발전했다.

1891년	1895년
에디슨이 영사기 발명	뢴트겐이 엑스(X)선 발견

1889년	1889년	1889년
〈별이 빛나는 밤〉	〈자화상〉	〈황색의 그리스도〉

〈별이 빛나는 밤〉
빈센트 반 고흐, 1889년, 캔버스에 유채, 92.1×73.7cm,
뉴욕현대미술관

〈황색의 그리스도〉
폴 고갱, 1889년,
캔버스에 유채, 72×91cm,
앨브라이트녹스갤러리

〈자화상〉
빈센트 반 고흐,
1889년,
캔버스에 유채,
54.5×65cm,
오르세미술관

튜브 물감 덕분에 인상주의가 탄생했다?

튜브 물감의 발명은 인상주의 화가에게 날개가 되었다. 1824년 주석튜브를 발명한 영국인 뉴튼이 안료 기술자인 윈저와 손잡고 휴대 가능한 튜브 형태의 물감을 생산했다. 이전까지는 돼지 방광으로 만든 주머니에 물감을 저장했다. 금속튜브가 생긴 이후 물감이 말라서 사용하지 못하거나, 별도로 새로운 색을 만들어야 하는 불편함이 사라졌고, 야외에서 그림을 그리는 것이 가능해졌다. 화가들은 야외에서 오랜 시간 그림을 그릴 수 있게 됨에 따라 시시각각 변하는 사물의 색상과 빛의 변화에 주목하게 되었다.

1898년
퀴리 부부가 최초로
방사성원소
(폴로늄, 라듐) 발견

1905년
아인슈타인이
시간과 공간에 관한
'특수 상대성 이론'을 발표

1907년
〈뱀을 부르는 주술사〉

1907~1908년
〈키스〉

1910년
〈절규〉

〈뱀을 부르는 주술사〉
앙리 루소, 1907년, 캔버스에 유채, 189.3×169cm,
오르세미술관

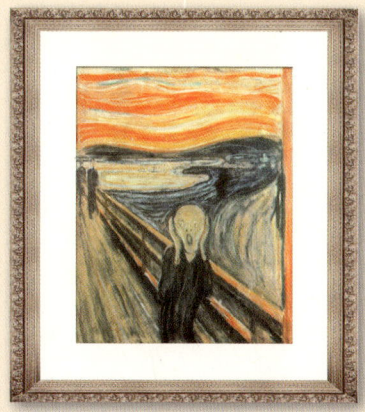

〈절규〉
에드바르 뭉크, 1910년, 템페라, 66×83.5cm, 뭉크미술관

〈키스〉
구스타프 클림트, 1907~1908년,
캔버스에 유채, 180×180cm,
오스트리아미술관

아르누보

19세기 말에서 20세기 초에 걸쳐서 유럽 및 미국에서 유행한 장식 양식이다. 아르누보 작가들은 과거 양식에서 벗어나 새로운 양식을 창조하고자 했다. 건축에서는 그리스, 로마, 고딕 등 모든 역사적 양식을 부정하고 자연 형태에서 모티브를 빌려 새로운 표현을 하고자 했다. 아르누보 작품은 의도적으로 좌우대칭이나 직선적 구성을 피하고 곡선과 곡면을 살려 생동감 있다. 스페인의 건축가 안토니 가우디와 오스트리아 출신의 화가 구스타프 클림트와 알퐁스 무하가 아르누보의 대표적 작가다. 아르누보(Art Nouveau)는 새로운 예술을 뜻한다.

1912년
베게너가 지구의 모든 대륙이 원래는 하나였다가 떨어져 나간 것이라는 '대륙 이동설'을 주장

1916년
아인슈타인이 중력에 관한 '일반 상대성 이론'을 발표

| 1910년 ⟨춤(Ⅱ)⟩ | 1911년 ⟨마을과 나⟩ | 1912년 ⟨꽈리열매가 있는 자화상⟩ | 1917년 ⟨샘⟩ |

⟨마을과 나⟩
마르크스 샤갈, 1911년, 캔버스에 유채, 151×162cm, 뉴욕현대미술관

⟨샘⟩
마르셀 뒤샹, 1917년, 혼합재료, 63×48×35cm, 조르주퐁피두센터

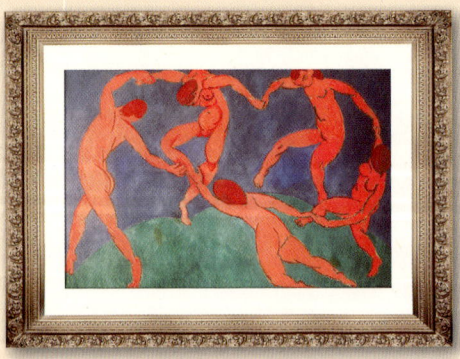

⟨춤(Ⅱ)⟩
앙리 마티스, 1910년, 캔버스에 유채, 391×260cm, 상트페테르부르크미술관

⟨꽈리열매가 있는 자화상⟩
에곤 실레, 1912년, 목판에 유채 및 불투명 물감, 39.8×32.2cm, 레오폴드미술관

야수파

야수파는 인상파-신인상파-후기 인상파로 이어지는 화품에 의문을 제시하면서 시작되었다. 야수파는 강렬하고 대담한 색채를 사용하여 감정 상태를 표현하고, 어떤 형식에도 얽매이지 않는다. 야수파라는 명칭은 1905년 제3회 '살롱 도톤'에 출품되었던 17전주의 양식의 조각상을 보고 평론가 루이 보셀이 "야수의 우리에 갇힌 도나텔로와 같다"라고 평한 것에서 시작되었다. 앙리 마티스가 야수파의 대표적 화가다.

1923년	1946년	1953년	1957년	1969년
허블이 최신 망원경으로 우리은하 외에도 우주 공간에 흩어져 있는 무수히 많은 은하를 발견	전자계산기 에니악 탄생	왓슨과 크릭이 DNA 구조 발견	소련의 '스푸트니크 1, 2호' 위성 궤도 진입	미국의 '아폴로 11호' 달 착륙

1918년~1919년경	1923년	1930년	1932년	1948년	1966년	1967년
〈큰 모자를 쓴 잔 에뷔테른〉	〈구성8〉	〈빨강, 파랑, 노랑의 구성Ⅱ〉	〈꿈〉	〈넘버26A〉	〈데칼코마니〉	〈메릴린 먼로〉

〈큰 모자를 쓴 잔 에뷔테른〉
아메데오 모딜리아니,
1918년~1919년경,
캔버스에 유채,
37.5×54cm, 개인 소장

〈꿈〉 파블로 피카소, 1932년,
캔버스에 유채, 97×130cm, 개인 소장

〈데칼코마니〉
르네 마그리트, 1966년,
캔버스에 유채, 100×81cm,
개인 소장

〈넘버26A〉
잭슨 폴록, 1948년, 캔버스에 회화, 205×121cm,
조르주퐁피두센터

〈메릴린 먼로〉
앤디 워홀, 1967년,
실크스크린, 91×91cm,
런던 테이트갤러리

〈구성8〉
바실리 칸딘스키, 1923년,
캔버스에 유채, 201×140cm,
구겐하임미술관

〈빨강, 파랑, 노랑의
구성Ⅱ〉
피에트 몬드리안, 1930년,
캔버스에 유채, 51×51cm, 개인 소장

초현실주의 2차 세계대전이 끝나고 이성의 지배를 거부하고 비합리적인 의식 세계를 표현하는 예술 운동이 나타났다. 이를 초현실주의라고 한다. 초현실주의자들은 이성에 의한 합리주의가 전쟁의 원인이라고 생각했다. 초현실주의 미술가들은 꿈과 환상, 인간의 무의식 세계를 캔버스에 표현했다. 대표적인 화가로 살바도르 달리, 르네 마그리트, 호안 미로 등이 있다.

추상주의 1912년부터 피에트 몬드리안을 중심으로 네덜란드에서 일어난 미술 경향을 추상주의라고 한다. 추상주의 미술은 색채, 질감, 선, 창조된 형태 등의 추상적 요소로만 작품을 표현한다.

팝아트 1960년대 뉴욕을 중심으로 일어난 미술의 한 경향이다. 팝아트 미술가들은 추상표현주의의 엄숙함에 반대하고, 매스미디어와 광고 등으로 익숙한 대중문화의 시각 이미지를 미술에 적극적으로 받아들이고자 했다. 앤디 워홀, 백남준, 로이 리히텐슈타인 등이 팝아트의 대표적인 작가다.

* 아래 표시한 사진은 해당 미술관과 과학관에 저작권이 있음을 알려 드립니다.

KT&G상상마당 – 춘천
· 24~25쪽 메인 사진
· 27쪽 3번 사진

강진청자박물관
· 461쪽 '강진청자축제' 사진

곡성섬진강천문대
· 619쪽 6, 7번 사진

과학동아천문대
· 351쪽 '별학교 수업' 사진
· 352쪽 1, 2번 사진
· 353쪽 1, 2번 사진

관악어린이창작놀이터
· 338쪽 메인 사진
· 340쪽 2, 3번 사진
· 341쪽 8번 사진
· 342쪽 1, 2번 사진

국립광주과학관
· 385쪽 1, 2, 3번 사진

국립생태원
· 92쪽 1, 2번 사진

국립현대미술관–과천관
· 610~611쪽 메인 사진

국토정중앙천문대
· 587쪽 '국토중앙천문대 야경' 사진
· 590쪽 1, 2, 5, 6번 사진

나로우주센터우주과학관
· 484~485쪽 메인 사진
· 489쪽 3, 4번 사진

대전시립미술관
· 377쪽 〈서 있는 경비원〉 작품 사진
· 378쪽 3, 4번 사진

모란미술관
· 585쪽 1, 2, 4번 사진

박수근미술관
· 205쪽 '즐토프로그램에 참여한 아이들' 사진

반달미술관
· 386쪽 메인 사진
· 388쪽 2번 사진, '하늘에서 본 여주도자세상' 사진
· 390쪽 '경기도세계도자비엔날레 체험 프로그램에 참가한 아이들' 사진

부산시민공원
· 122쪽 '공방 체험 프로그램 모습', '하늘빛 폭포', '터널분수' 사진

삼성미술관 리움
· 189쪽 1번 사진(ⓒYong Kwan Kim)
· 191쪽 2번 사진(ⓒYong Kwan Kim), 3번 사진

삼탄아트마인
· 43쪽 1번 사진
· 46쪽 2번 사진

서대문자연사박물관
· 399쪽 1, 2, 3번 사진
· 400쪽 1번 사진

서울시립미술관–서소문 본관
· 415쪽 1, 2, 3번 사진

서울특별시과학전시관–본관
· 395쪽 '융합과학체험마당' 사진

성곡미술관
· 38쪽 1, 2번 사진
· 39쪽 2번 사진

송암스페이스센터
· 31쪽 1, 2번 사진
· 32쪽 2번 사진
· 33쪽 4번 사진

순천만습지
· 573쪽 '순천만 갈대밭 전경' 사진
· 576쪽 '노을길 여행' 사진

순천시립그림책도서관
· 320쪽 1번 사진

양주시립장욱진미술관
· 162쪽 메인 사진
· 163쪽 1번 사진
· 166쪽 2번 사진

양평군립미술관
· 131쪽 '전시 관람 중인 아이들' 사진
· 134쪽 '어린이예술학교에 참여한 아이들' 사진
· 135쪽 2, 3번 사진

어린이생태미술체험관풀잎
· 107쪽 2, 3번 사진

여수세계박람회장
· 567쪽 2번 사진
· 568쪽 1번 사진
· 570쪽 1, 2번 사진

영천 보현산천문과학관
· 241쪽 1, 2번 사진(ⓒ보현산천문과학관)
· 244쪽 1, 2번 사진(ⓒ영천시청)

장흥아트파크
· 101쪽 3번 사진

종로구립박노수미술관
· 454쪽 1, 2번 사진

지니어스로사이
· 146쪽 '지니어스로사이 전경' 사진
· 149쪽 7번 사진

창원시립마산문신미술관
· 551쪽 5번 사진

창의발명체험관
· 337쪽 1번 사진

클레이아크김해미술관
· 84쪽 2번 사진
· 85쪽 '도자 체험 프로그램에 참가한 아이' 사진

트릭아이뮤지엄
· 329쪽 2번 사진

포천아트밸리천문과학관
· 635쪽 '산에 둘러싸인 포천아트밸리천문과학관' 사진
· 638쪽 1번 사진
· 639쪽 2번 사진

한국만화박물관
· 308쪽 3번 사진
· 309쪽 3번 사진
· 310쪽 '체험 프로그램에 참여한 아이들' 사진

헤이리 블루메미술관
· 283쪽 5번 사진(ⓒ블루메미술관)
· 284쪽 1, 2, 3번 사진 (ⓒ한향림 현대도자미술관)

환기미술관
· 212쪽 메인 사진
· 217쪽 7번 사진
· 218쪽 '어린이 전시 연계 프로그램' 사진

| 어바웃어북이 출간한 우수 교양 도서 |

별 하나에 낭만, 별 하나에 과학
별 헤는 밤 천문우주실험실
| 김지현, 김동훈 지음 | 강선욱 그림 | 336쪽 | 20,000원 |

■ 한국출판문화산업진흥원 선정 '이 달의 읽을 만한 책'

가장 간단한 실험으로 만나는 가장 심오한 우주!
커피와 우유를 섞는 순간 은하가 탄생하고, 헤어드라이기로
드라이아이스에 바람을 쏘이는 순간 혜성이 나타난다. 베일에 싸인
신비로운 우주를 간단한 실험을 통해 눈앞에 생생하게 펼쳐놓는다.

일상공간을 지배하는 비밀스런 과학원리
시크릿 스페이스
| 서울과학교사모임 지음 | 368쪽 | 16,000원 |

■ 교육과학기술부 선정 '우수 과학 도서'
■ (사)행복한아침독서 '추천 도서'
■ 네이버 '오늘의 책' 선정

과학교육의 최일선에 있는 여덟 명의 교사가 과학의 눈으로 파헤친
물건의 속사정. 나사, 냉장고, 자동차, 3D영화 등 일상생활 속에서 찾을
수 있는 흥미로운 과학원리를 쉽게 풀어낸 이 책은, 교과서 각 단원에
흩어져 있던 낱낱의 개념과 원리를 통합적으로 이해할 수 있게 한다.

우리 몸의 미스터리를 푸는 44가지 과학열쇠
시크릿 바디
| 의정부과학교사모임 지음 | 396쪽 | 18,000원 |

모든 길이 로마로 통하듯 모든 과학은 인체로 통한다!
우리 몸은 세상의 모든 과학을 연결하는 플랫폼이다.
이 책은 다섯 명의 생명과학 교사가 탐구한 '우리 몸 탐사보고서'다.
우리 몸 자체가 과학의 결정체라는 경이로운 사실을
저자들은 이 책을 통해 쉽고 재밌고 명쾌하게 풀어낸다.

| 어바웃어북이 출간한 우수 교양 도서 |

이성과 감성으로 과학과 예술을 통섭하다
미술관에 간 화학자
| 전창림 지음 | 372쪽 | 18,000원 |

- 과학교육기술부 선정 '우수 과학 도서'
- 한국출판산업문화진흥원 선정 '이 달의 읽을 만한 책'
- 네이버 '오늘의 책' 선정
- (사)행복한아침 '추천도서'

미술은 화학에서 태어나 화학을 먹고사는 예술이다. 미술의 주재료인 물감이 화학물질이기 때문이다. 또 캔버스 위 물감이 세월을 이기지 못해 퇴색하거나 발색하는 것도 모두 화학작용에서 비롯한다. 명화는 화학자 손에 들린 프리즘에 투영되어 그동안 어느 누구에게도 들키지 않았던 흥미진진한 속내를 비로소 드러낸다.

그림에 번진 아이의 상처를 어루만지다
아이의 스케치북
| 김태진 지음 | 332쪽 | 16,000원 |

- 문화체육관광부 선정 '우수 교양 도서'

여기 한 미술교사가 있다. 어린 시절 상처받는 아들이었고, 어른이 되어 상처를 준 아버지이기도 한 그는, 이제 그림으로 아이들의 상처를 어루 만진다. 아이들은 그의 미술실로 달려와 감추었던 마음 속 이야기를 그림에 펼쳐놓는다. 그 속에는 부모에게 받은 상처, 친구와의 갈등, 좌절된 꿈에 대한 이야기가 아이들의 일기장처럼 오롯이 담겨있다.

작품이, 당신의 삶에 말을 걸다
명작을 읽을 권리
| 한윤정 지음 | 324쪽 | 16,000원 |

- 문화체육관광부 선정 '우수 교양 도서'
- 네이버 '오늘의 책' 선정

책과 영화를 종횡무진 누비며 숨어있는 명작을 찾아내고 왜 이 작품이 명작으로 불리는지를 알려주는 '나만의 명작독법'에 관한 치침서. '작품', '작가', '사회(배경)', '독자' 라는 네 가지 키워드를 통해 이 시대의 매력적인 작품들을 만난다.

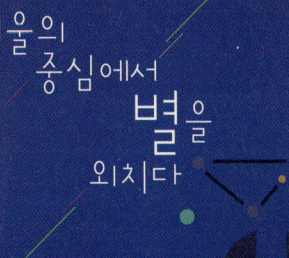

〈과학동아천문대장〉과 함께 하는
별 스카우트 교실

초등 4-6학년 대상

공작
태양계 행성모빌,
망원경 만들기 등

탐방
밤하늘 별빛 가득한
천문대로 별자리캠프

임무
달에서 살아남기,
우주선에서 생활하기 등을
수행하며 창의력과 사고력 증진

수료
별 스카우트
수료증 수여

★★★ 친구들과 그룹신청하면 원하는 요일과 시간에 교육 받을 수 있습니다.
★★★ 10명 이하의 소수정예로 진행해서 아이들 모두의 눈높이에 맞는 교육이 가능합니다.
★★★ 아이들이 다양한 활동에 참여하는 모습을 포트폴리오로 담을 수 있습니다.
★★★ 별스카우트 수강 시 과학동아천문대가 제공하는 모든 상품에 대해 10% 할인혜택을 받을 수 있습니다.

장소 : 과학동아천문대 서울시 용산구 청파로 109 나진전자월드 7층
강사 : 김영진 과학동아천문대장
신청 : http://star.dongascience.com 접수
문의 : 02-3148-0722
※자세한 내용은 홈페이지 참조

과학동아천문대는 '서울의 중심에서
별을 외치다'라는 슬로건과 함께
운영되는 서울도심 대표천문대입니다.

동아사이언스